Le travail
en Europe occidentale
1830-1939

La collection *Clefs concours - Histoire contemporaine* est dirigée par **Sylvain Venayre**.

La collection *Clefs concours - Histoire* est dirigée par **Pascal Brioist**.

Direction scientifique des *Clefs concours* : **Philippe Lemarchand**.

Édition : Maxence Bonin
Maquette : Dorian Truffert
Cartographie : Jean Lis

ISBN : 978-2-35030-665-0

CLEFS CONCOURS HISTOIRE CONTEMPORAINE

Marion Fontaine François Jarrige Nicolas Patin

F. Bensimon G. Candar A. Chatriot Chr. Chevandier E. Jousse

e Bot Cl. Lemercier Th. Le Roux L. Machu C. Marache M. Pigenet

nsolle P. Raggi G. Ribeill M. Saraceno Fr. Vatin M. Zancarini-Fournel

Le travail
en Europe occidentale
1830-1939

Atlande

Les auteurs :

Marion Fontaine est membre junior de l'IUF, maîtresse de conférences en Histoire à l'université d'Avignon et chercheuse au Centre Norbert Elias (UMR 8562). Ses travaux portent sur l'histoire des mondes ouvriers, sur l'histoire politique et culturelle et sur l'histoire du socialisme. Elle est membre des comités de rédaction des revues *Mil Neuf Cent, Cahiers Jaurès* et *Vingtième Siècle*. Elle a récemment publié *Fin d'un monde ouvrier. Liévin 74* (EHESS, 2014), et codirigé *Une contre-histoire de la IIIe République* (La Découverte, 2013) ainsi que *Pour que vive l'histoire. Madeleine Rebérioux. Écrits* (Belin, 2017). Elle a ici rédigé les contributions suivantes: "1880-1914. Vers un nouveau monde ouvrier" ; "La Grande Guerre, un tournant pour la main d'œuvre et les relations de travail " ; "Travail/Hors-travail : cultures ouvrières" ; "Les mineurs".

François Jarrige est agrégé d'Histoire. Il est maître de conférences à l'université de Bourgogne (LIR3S, UMR-CNRS 7366), membre junior de l'IUF. Il a notamment publié *Au temps des tueuses de bras. Les bris de machines à l'aube de l'ère industrielle* (PUR, 2009) ; *Technocritiques. Du refus des machines à la contestation des technosciences* (La Découverte 2014) ; et (avec Thomas Le Roux) *La contamination du monde. Une histoire des pollutions à l'âge industriel* (Le Seuil, 2017). Dans la partie Repères du présent ouvrage, il a rédigé les deux contributions suivantes: "Les mondes du travail et de l'industrie dans l'Europe des années 1830" et "Mutations du travail et affermissement de l'industrialisation au milieu du XIXe siècle" ; dans la partie Thèmes, il est l'auteur du chapitre sur "Les mécanismes de l'industrialisation européenne" ; et dans la partie "Outils", on lui doit les textes sur "Les ouvriers du livre" et "Les tisserands".

Nicolas Patin est maître de conférences en histoire contemporaine à l'université Bordeaux Montaigne. Il est spécialiste de l'Allemagne entre 1914 et 1945, et plus particulièrement de l'histoire sociale des élites politiques. Il a publié chez Fayard: *La catastrophe allemande* (2014) ; et *Krüger, un bourreau ordinaire* (2017). Il a contribué aux deux chapitres de la partie Repères qui concernent la Première Guerre mondiale et l'entre-deux-guerres.

Ils ont aussi rédigé ensemble chrononologie, bibliographie et glossaire.

Avec la participation de :

Fabrice Bensimon est professeur d'Histoire britannique à Sorbonne Université. Il a notamment publié, aux éditions de la Sorbonne (2017), *Les Sentiers de l'ouvrier. Le Paris des artisans britanniques (autobiographies, 1815-1850),* ouvrage réunissant des textes de John Colin, Charles Manby Smith et William Duthie, traduits de l'anglais par Sabine Reungoat ; et, avec Quentin Deluermoz et Jeanne Moisand (eds.), *"Arise Ye Wretched of the Earth". The First International in a global perspective* (Brill, 2018). Dans le présent ouvrage, il est l'auteur du chapitre sur "Les migrations de travail".

Gilles Candar est président de la Société d'études jaurésiennes, professeur honoraire de chaire supérieure en Histoire aux lycées Gabriel Guist'hau (Nantes) et Montesquieu (Le Mans), et ancien responsable du secteur pédagogique au musée d'Orsay. Il est docteur en Histoire, et a coordonné avec Jean-Jacques Becker l'*Histoire des gauches en France* *XIXe-XXe siècles* (La Découverte, 2004 et 2005). En 2014, il publie *Jean Jaurès* (Fayard) avec Vincent Duclert et remporte le prix de la Biographie de l'Académie française. En 2018, il publie *Édouard Vaillant. L'invention de la gauche* (Armand Colin). Dans le présent ouvrage, on lui doit le chapitre "Travail et travailleurs en littérature et dans les arts"

Alain Chatriot est professeur des universités au Centre d'histoire de Sciences Po, agrégé du secondaire en 1997. Il a notamment publié *La démocratie sociale à la française. L'expérience du Conseil National Économique, 1924-1940* (La Découverte, 2002) ; codirigé *Les Politiques du Travail (1906-2006). Acteurs, institutions, réseaux*, avec Odile Join-Lambert et Vincent Viet aux Presses universitaires de Rennes (2006), ainsi que *La codification du travail en France sous la IIIe République. Élaborations doctrinales, techniques juridiques, enjeux politiques et réalités sociales*, avec Jeanne-Marie Tufféry-Andrieu, Francis Hordern (PUR, 2011). Il a contribué au présent ouvrage par la rédaction du chapitre intitulé "Commander et gérer le travail ? Patrons, ingénieurs, et logiques du paternalisme".

Emmanuel Jousse est agrégé et docteur en Histoire contemporaine, enseignant contractuel à l'ENS et chercheur associé à l'Institut d'histoire moderne et contemporaine. Il a publié chez Fayard, en 2017, *Les hommes révoltés. Les origines intellectuelles du réformisme en France (1871-1917),* et plus récemment encore (2020) : *Jean Jaurès, Pensée dans la* mêlée (1907-1910), dans une édition établie par Jean-François

Chanet et lui-même. Sa contribution au présent ouvrage s'intitule "Les formes de la mobilisation politique du travail. Socialisme, révolution et partis de masse".

Thomas Le Roux est agrégé et docteur en Histoire, chargé de recherches au CNRS (CRH-EHESS). Il a notamment publié *Le laboratoire des pollutions industrielles. Paris, 1770-1830* (Paris, Albin Michel, 2011), *Les paris de l'industrie, 1750-1920. Paris au risque de l'industrie*, (Grâne, Créaphis, 2013) et, avec François Jarrige, *La contamination du monde. Une histoire des pollutions à l'âge industriel* (Paris, Le Seuil, 2017), désormais également publié au format poche, aux éditons Points (2020). Il est ici l'auteur du chapitre sur "Les corps ouvriers au risque du travail et de sa régulation".

Laure Machu est agrégée d'Histoire et maîtresse de conférences en histoire contemporaine (université de Paris Nanterre, IDHE.S). Elle a notamment publié *Mains-d'œuvre en guerre pendant la Première Guerre mondiale* avec Isabelle Lespinet-Moret et Vincent Viet (Paris, La Documentation française, 2018), ainsi que "Les conventions collectives en Europe dans la première moitié du vingtième siècle", dans l'ouvrage de Nicolas Hatzfeld, Michel Pigenet et Xavier Vigna intitulé *Travail, travailleurs et ouvriers d'Europe au XXe siècle* (Dijon, Éditions universitaires de Dijon, 2016). Dans le présent volume, elle a rédigé le chapitre sur la "Naissance et développement des États sociaux et du droit du travail".

Dominique Pinsolle est agrégé d'Histoire et maître de conférences en histoire contemporaine à l'université Bordeaux Montaigne. Il a notamment contribué à l'ouvrage collectif *Wobblies of the World. A Global History of the IWW* (Pluto Press, 2017) et a codirigé le livre *Déstabiliser l'État en s'attaquant aux flux. Des révoltes antifiscales au sabotage (XVIIe-XXe siècles)*, à paraître aux éditions Arbre bleu. Sa contribution à ce manuel s'intitule "Résister, lutter et s'organiser sur le terrain économique".

Marco Saraceno est maître de conférences en sociologie, à l'université Reims Champagne Ardenne (Laboratoire PSMS). Il a publié *Pourquoi les hommes se fatiguent-ils? Une histoire des sciences du travail* (Toulouse, Octarès, 2018). Avec François Vatin, il a rédigé le chapitre intitulé "Les savoirs du travail. Observer, penser et changer le travail".

François Vatin est professeur de sociologie à l'université Paris-Nanterre, et membre du laboratoire "Institutions et dynamique de l'économie et de la société" (IDHES). Parmi ses derniers ouvrages publiés sur la question du travail: *Le travail et ses valeurs* (Paris, Albin Michel,

2008) ; *L'espérance-monde. Essais sur l'idée de progrès à l'heure de la mondialisation* (Paris, Albin Michel, 2012) ; *Le travail. Activité productive et ordre* social (Paris, Presses universitaires de Paris Ouest, coll. "Essais et conférences", 2014) ; *Reynold Arnould, la poétique de l'industrie* (Paris, Presses universitaires de Nanterre, 2019, avec Gwenaële Rot). Avec Marco Saraceno, il a rédigé le chapitre sur "Les savoirs du travail".

Michelle Zancarini-Fournel est professeure émérite d'histoire des femmes et du genre, à l'université Lyon 1 (LARHRA). Elle a notamment publié une *Histoire des femmes en France (XIXe-XXe siècle)* aux Presses universitaires de Rennes, en 2005, et *Les Luttes et les rêves. Une histoire populaire de la France de 1685 à nos jours*, aux éditions La Découvertes/Zones, en 2016. Dans le présent ouvrage, elle a rédigé le chapitre "Genre et travail".

Avec l'aimable participation de :

Christian Chevandier est professeur émérite d'Histoire contemporaine à l'université du Havre, auteur notamment de *La Fabrique d'une génération. Georges Valero, postier, militant et écrivain* (Les Belles Lettres, 2009) et de l'ouvrage publié chez Belin en 2018, *Le travail en France. Des "Trente Glorieuses" à la présidence Macron*. Il est l'auteur du chapitre intitulé "Infirmières : des métiers en construction".

Florent Le Bot, docteur en Histoire contemporaine, est enseignant-chercheur à l'université d'Evry Paris-Saclay (IDHES Evry CNRS 8533) et directeur adjoint de l'INSPÉ de l'académie de Versailles. Il a notamment publié *La fabrique réactionnaire. Antisémitisme, corporatisme et spoliations dans le cuir, 1930-1950* (Paris, Presses de sciences Po, 2007) et, avec Audrey Millet, *Le travail en Europe occidentale, 1830-1939. Documents* (Paris, Atlande, 2020). Sa présente contribution s'intitule "Cordonniers et ouvriers de la chaussure".

Claire Lemercier est agrégée d'Histoire et directrice de recherche au CNRS (Centre de sociologie des organisations – Sciences Po). Elle a réalisé, pour le présent ouvrage, le tableau p. 65, ainsi que la fiche métier "Les couturières". Elle travaille, avec Clare H. Crowston et Steven L. Kaplan, à une histoire de l'apprentissage en France aux XVIIIe et XIXe siècles. Elle est également l'auteure, avec Pierre François, de l'ouvrage *Sociologie historique du capitalisme*, à paraître en janvier 2021, aux éditions La Découverte.

Corinne Marache est agrégée et professeur d'histoire contemporaine à l'université Bordeaux Montaigne. Elle a notamment publié avec Philippe Meyzie et Maud Villeret (dir.) *Des produits entre déclin et renaissance (XVI-XXIe siècles)* aux éditions Peter Lang (2018) ; elle a également publié *Les métamorphoses du rural. L'exemple de la Double en Périgord (1830-1939)*, (CTHS/FHSO, 2006) et, avec Caroline Le Mao (dir.), *Les Élites et la Terre* (Paris, A. Colin, coll. "Recherches", 2010). Elle a ici rédigé le chapitre sur les "Ouvriers et salariés agricoles".

Michel Pigenet, agrégé de Géographie, est professeur émérite d'histoire contemporaine à l'université Paris 1 Panthéon-Sorbonne, et membre du Centre d'histoire sociale des mondes contemporains, dont il fut le directeur. Spécialiste de l'histoire du travail, des travailleurs et des mouvements sociaux, il a notamment publié l'ouvrage issu de sa thèse d'État et intitulé "Les Ouvriers du Cher, fin XVIIIe siècle-1914. Travail, espace et conscience sociale" (1990), et codirigé, entre autres, les *Mémoires du travail à Paris* (2008), *Le Prix du travail, France et espaces coloniaux, XIXe-XXIe siècles* (2019), *La CGT (1975-1995). Un syndicalisme à l'épreuve des crises* (2019). Dans le présent ouvrage, il est l'auteur de la notice sur "Les dockers".

Pascal Raggi est maître de conférences et habilité à diriger des recherches en histoire contemporaine à l'université de Lorraine. Il a notamment publié *Les mineurs de fer au travail* (Éditions Serpenoise, 2007) et *La désindustrialisation de la Lorraine du fer* (Éditions Classiques Garnier, 2019). Il est l'auteur de la contribution "Les ouvriers du fer".

Georges Ribeill, de formation multidisciplinaire, ingénieur de l'École Centrale des Arts et Manufactures (1968), docteur en Sociologie (1974, dir. Georges Balandier) et docteur en Histoire (1988, dir. Michelle Perrot), s'est spécialisé dans l'histoire des ingénieurs et des chemins de fer français. Sa carrière de chercheur s'achèvera au Laboratoire Techniques, Territoires et Sociétés (LATTS) de l'École nationale des Ponts et Chaussées. Membre fondateur en 1987 de l'Association pour l'Histoire des Chemins de fer en France (devenue Rails et histoire), il y pilote un projet d'histoire de la cabine de conduite, de la vapeur à la traction électrique. Il publie ses recherches actuelles dans la revue trimestrielle *Historail*. Il est ici l'auteur de la notice sur les "Employés et ouvriers des chemins de fer".

SOMMAIRE

THÈMES

OUTILS

NOTICE Un système de circuation entre les fiches est proposé en cours de texte. Exemple : (v. Cheminot). Les renvois à la bibliographie sont indiqués entre crochets; Exemple : [BARJOT, 2005] renvoie à l'ouvrage publié par D. Barjot en 2005 cité dans la bibliographie. Le signe * placé après un mot signifie que celui-ci figure dans le glossaire.

INTRODUCTION

Étudier un fait social aussi essentiel que le travail, à l'échelle d'un continent entier (l'Europe occidentale) et d'un siècle (1830-1939), en s'intéressant aussi bien aux mains d'œuvres artisanales et industrielles qu'aux pratiques et questions sociales, est une gageure. Mais c'est également une nécessité.

À l'heure de la grande crise pandémique de la Covid-19, qui accroît le chômage et contraint les entreprises à réorganiser le travail de leurs salariés, la question du travail semble plus centrale que jamais. Délocalisation, globalisation et interrogation sur l'avenir des territoires industriels, *burn-out* et nouvelles formes de management, robotisation et vagues d'automatisation à l'ère numérique, télétravail et travail précaire, rapports entre travail, santé et environnement, grèves et conflits sociaux à répétition, tous ces thèmes ne cessent d'occuper le devant de la scène médiatique et d'imposer la question du travail au cœur des politiques publiques et des imaginaires sociaux.

Objet central dans l'historiographie ouest-européenne, l'histoire des ouvriers et des activités productives a connu un recul sensible à la fin du XXe siècle, avant de renaître à l'aube du XXIe siècle. En France, dès 2002, le Comité des travaux historiques et scientifiques avait choisi comme thème de son congrès annuel "le travail et les hommes", initiant plusieurs publications collectives qui témoignaient déjà d'un net renouveau [Barjot, 2005 ; Marcilloux, 2005]. Dans les années qui suivirent, les historiens du travail se sont organisés à l'échelle nationale et internationale et un réseau européen des historiens et historiennes du travail fut même créé, avec des branches dans les principaux pays européens – comme en France où l'Association française pour l'histoire des mondes du travail (AFHMT) a vu le jour en 2013. La nouvelle question mise au concours du Capes externe d'histoire-géographie et des agrégations d'histoire et de géographie prolonge et témoigne de ce renouveau. La lettre de cadrage publiée en avril 2020 insiste d'ailleurs sur l'abondante bibliographie désormais disponible, qui offre de multiples relectures des questions classiques de l'histoire sociale du travail, tout en pointant l'importance pour les futurs enseignantes et enseignants de réfléchir à ce thème essentiel et très actuel, en dépit d'une place qui demeure limitée dans les programmes de l'enseignement secondaire.

Le programme invite les futurs enseignants à se familiariser avec l'histoire du travail au cours du long siècle de l'industrialisation ouest-européenne, en mêlant étroitement considérations épistémologiques, historiographiques, civiques et politiques. La focale mise sur le travail, avec une nette insistance sur les pratiques et sur l'histoire sociale, sur la diversité des mondes ouvriers, contre les catégories trop globales et abstraites, suggère une lecture renouvelée de l'histoire du travail et des travailleurs, nourrie des apports de la sociologie ou de l'anthropologie, mais aussi des nouveaux questionnements sur le genre, sur les enjeux environnementaux, ou sur les perspectives comparées et connectées – autant de pistes parmi d'autres pour renouveler l'histoire du travail.

La chronologie et les espaces retenus se concentrent sur le siècle de l'industrialisation et la coexistence des activités industrielles et artisanales, ainsi que sur les multiples fils qui les relient. Le siècle qui s'étend des années 1830 aux années 1930 correspond en effet à la phase conquérante de l'industrialisation ouest-européenne. Il s'agit d'une période profondément marquée dans toutes ces dimensions par les dynamiques industrielles, une période de basculement décisif qui voit naître la société industrielle moderne. L'enjeu est d'étudier la croissance du travail industriel au XIXe siècle (un travail encore largement enchâssé dans les anciennes sociétés rurales et agricoles), puis sa mutation à la fin du XIXe siècle, suivi, dans la première moitié du XXe siècle, de l'émergence d'un travail industriel spécifique, plus autonome et désormais de plus en plus "rationalisé", donnant naissance à de nouvelles formes sociales (à commencer par le prolétariat moderne et la grande usine concentrée). Cette histoire sociale du travail interrogera la genèse du capitalisme industriel qui redéfinit le travail, de plus en plus pensé comme une marchandise, et soumis à de nouvelles logiques de contrôle et d'encadrement au moyen des institutions comme la grande entreprise ou le syndicat.

Si la question ne porte pas sur l'histoire économique, celle-ci sera néanmoins essentielle et les candidats devront se familiariser avec ses catégories, ses théories et ses modèles, afin de comprendre les mécanismes de l'industrialisation (elle-même décisive pour saisir les mutations du travail et l'évolution de la main d'œuvre). Ainsi, à l'échelle macro-économique, il faudra être attentif aux grands mouvements de la production, aux variations de la conjoncture, aux évolutions des produits, des ressources, des matières premières selon les secteurs d'activités, dans la mesure où cela conditionne par exemple les salaires ou certains mouvements de main d'œuvre. À l'échelle micro-économique, si les outils et théories des économistes seront d'une aide limitée, il faudra en revanche être attentif à l'entreprise et ses différents acteurs, à ses marchés, ses stratégies de gestion des ouvriers, comme l'enseigne l'histoire des entreprises.

L'échelle retenue est à la fois classique, par son européocentrisme revendiqué, mais aussi originale en ce qu'elle invite à une approche réaliste d'histoire comparée et croisée. Si les travaux d'histoire globale du travail s'étendent en donnant lieu à des réalisations importantes [STANZIANI, 2020 ; VAN DER LINDEN, 2008], une telle échelle demeure difficile à manier dans le cadre des concours de recrutement aux métiers de l'enseignement. Elle devra néanmoins être prise en compte dans la mesure où la question de l'esclavage et du travail forcé hors d'Europe ne cesse d'interagir et de modeler les débats sur le travail dans les États-nations européens qui sont également, pour la plupart d'entre eux, des puissances coloniales en expansion. Mais le sujet invite d'abord à centrer sur l'Europe de l'Ouest, à explorer et comparer les pays précurseurs en matière d'industrialisation comme le Royaume-Uni, la Belgique, et ceux qui prennent cette voie plus tardivement (l'Allemagne et en général l'espace germanique) ou un peu autrement (la France), mais aussi des pays plus ruraux où l'industrialisation est beaucoup plus lente et partielle (l'Italie et l'Espagne). Les candidats sont ainsi invités à dépasser l'échelle nationale pour penser l'emboîtement des espaces et des temporalités.

Le travail et ses significations

Explorer l'évolution du travail au cours du long siècle de l'industrialisation soulève d'emblée la question du langage et de ses mutations. La fin du XXe siècle et le début du XXIe ont été traversés par un grand nombre de débats sur le travail, stimulés par la publication d'essais à succès sur sa "fin" supposée et de sa "crise" continue (à l'heure du surgissement des enjeux écologiques qui imposent de repenser nos rapports au monde, à la matière, et à sa transformation ; à l'heure, également, des nouvelles vagues d'automatisation qui menacent d'accentuer la précarité des travailleurs alors que s'inventent de nouveaux tâcherons modernes comme les "travailleurs du clic" de la nouvelle économie numérique [RIFKIN, 1996 ; MEDA, 1998 ; CASILLI, 2019]). Mais il y a peu de termes plus ambigus et polysémiques que le travail. Alain Cottereau en repérait 14 significations différentes dans un numéro spécial de la revue *Sociologie du travail* significativement consacrée aux "énigmes du travail" [COTTEREAU, 1994]. Le travail est à la fois un système de contraintes source de souffrances et d'exploitation, et l'une des principales activités sociales permettant la réalisation de soi et l'émancipation. Le travail est fondamentalement un rapport social ; il change parallèlement aux rapports de production, même si chaque discipline des Science humaines et sociales investit le mot de significations différentes : pour le juriste, le travail est d'abord un ensemble de règles et de normes ; l'économiste, lui, n'y voit souvent qu'un facteur de production abstrait qui peut être substitué au capital, alors que le psychologue y voit d'abord un ensemble d'activités par lesquelles un sujet se développe et se construit. L'historien, comme le sociologue, se doit de prendre en compte ces enjeux tout en insistant sur la dimension fondamentalement sociale – et donc évolutive – du travail, qui se transforme en permanence en fonction des rapports de force socio-politiques et des structures économiques [LALLEMENT, 2007].

Il convient également de rappeler d'emblée que, dans beaucoup de sociétés, il n'y a pas d'équivalent au mot français de "travail", pas de mot distinct pour désigner les activités productives des autres activités humaines. Le cas de la Grèce antique, analysé par Jean-Pierre Vernant, montre ce qui fit longtemps défaut pour que la notion de travail trouve sa place parmi les considérations de la cité [VERNANT, 1965]. L'artisan, et *a fortiori* l'esclave, ne pouvaient de fait se concevoir comme producteurs de valeur sociale : leur situation relevait du rapport de service ; leur production n'était évaluée que sous son seul aspect de valeur d'usage pour celui auquel elle était directement destinée. Pourtant, dès avant le grand siècle de l'industrialisation européenne, le mot travail et ses termes associés s'inventent progressivement en Occident, définissant un nouveau paradigme intellectuel pour penser l'activité productive et la transformation de la nature à des fins sociales. Tel que nous le concevons aujourd'hui, le travail constitue en effet une invention historique récente, propre à certaines sociétés européennes. Pour de nombreux auteurs et théoriciens du travail, comme Max Weber ou plus récemment André Gorz, la notion contemporaine de travail comme activité créatrice essentielle n'apparaît pas avant le XVIIIe siècle et le surgissement de nouvelles formes de productions associées à la manufacture, et à la genèse d'un nouvel "esprit du capitalisme". Ainsi, pour Gorz, "le travail tel que nous l'entendons aujourd'hui n'a pu naître qu'avec le capitalisme manufacturier, puis industriel. Jusque-là, *travail*, *Arbeit*, *labour*, *trabajo* désignaient seulement les besognes humbles, pénibles, répétitives, rebutantes, tout sauf gratifiantes, accomplies par nécessité ou sous contrainte [...] Le travail, loin d'être une source d'appartenance à la société et à l'humanité, était source d'exclusion : il était réservé aux esclaves, aux serfs, aux femmes en tant que soumission indigne aux basses besognes, aux nécessités naturelles.

On appartenait à l'humanité et à la société par le contraire du *travail*, notamment par la méditation et la contemplation, mère de toute sagesse et ouverture à la vérité de l'Être" [GORZ, 2008].

Il convient sans doute de repartir de l'étymologie bien connue du mot "travail". Il serait issu, au XIe siècle, du mot latin populaire *tripalium* qui désignait un instrument d'immobilisation (et éventuellement de torture) à trois pieux. Les aventures et mutations sémantiques du mot travail ont depuis longtemps retenu l'attention des historiens, comme Lucien Febvre au milieu du XXe siècle [FEBVRE, 1948]. Le travail renvoyait aussi à un appareil servant à immobiliser les chevaux rétifs pour les ferrer ou les soigner. Il désignait l'état d'une personne qui souffre, d'où la persistance de son usage en obstétrique. Sous l'Ancien Régime, travailler signifie donc d'abord faire souffrir, tourmenter, avant que ne s'opère une série de déplacements et d'élargissements progressifs (par exemple, au XVIIe siècle, on commence à employer l'expression "faire travailler son argent"). Mais dans la société d'ordre et de privilège de l'Ancien Régime, le travail reste attaché à la sujétion et renvoie moins à la richesse qu'à la pauvreté.

Une première transformation a lieu avec la Réforme dans le monde germanique qui légitime le travail sur le plan religieux en reformulant sa signification : il n'est plus souffrance pour obtenir un gain dans l'au-delà, mais un signe d'élection par Dieu ici-bas (Max Weber, *L'éthique protestante et l'esprit du capitalisme*, 1904-1905). Mais c'est surtout au XVIIIe siècle que le terme trouve son unité et un sens nouveau [COATS, 1958]. Il devient alors possible de dire "le" travail à partir du moment où un certain nombre d'activités, jusque-là régies par des logiques diverses, deviennent suffisamment homogènes pour pouvoir être rassemblées sous un seul terme.

Au milieu du XVIIIe siècle, *l'Encyclopédie* de Diderot et d'Alembert réhabilite ainsi le travail manuel contre les jugements dévalorisants. L'article "oisiveté" va jusqu'à affirmer que le travail est source de plaisir et qu'il permet une autoréalisation de soi dans la production des choses [PICON, 1992]. Les libéraux comme Turgot en France ou Adam Smith outre-Manche contribuent à cette réhabilitation et à cette mutation intellectuelle de la fin du XVIIIe siècle : le libéralisme repose sur le présupposé de l'individualisme et l'idée que la vie sociale est composée de tous les intérêts individuels régulée par le libre commerce. Pour ces penseurs, le travail est le temps incorporé dans les choses produites ; il est ce qui permet d'en mesurer la valeur et ce qui crée la richesse matérielle. Le travail désigne dès lors toute activité qui permet d'ajouter de la valeur à un objet matériel (que ce soit du travail agricole, ou artisanal). Il perd progressivement toute connotation morale au profit d'une conception matérielle, quantifiée et marchande. Cette interprétation du travail comme unité de mesure, cadre d'homogénéisation des efforts, et instrument permettant de rendre différentes marchandises et différentes actions comparables, s'étend avec l'essor et le rôle croissant joué après 1830 par l'économie politique dans ses diverses variantes. Le travail devient aussi le fondement et le ciment de l'ordre social : dans une société qui doit être tout entière tendue vers la recherche de l'abondance, le rapport qui lie les individus est fondamentalement celui de leur contribution à la production, et de la rétribution, dont le travail est la mesure. Mais même s'il prend cette place nouvelle, le travail n'est pourtant en aucune manière valorisé ou glorifié. Il reste chez Smith et ses contemporains synonyme de peine, d'effort, de sacrifice.

C'est surtout la période ultérieure, qui s'ouvre dans les années 1830, qui voit l'aboutissement du processus de création d'une image positive du travail. Divers penseurs européens en font alors le modèle de l'activité créatrice par excellence. C'est avec l'âge industriel naissant, à l'époque même où se développent des conditions de travail inhumaines et où fleurissent les discours sur le paupérisme, que se met en place une véritable idéologie du travail. Celui-ci apparaît à la fois comme une liberté-créatrice – le symbole de l'activité humaine, dont l'exercice complet est entravé par les conditions d'organisation de la production mais qui, un jour, engendrera un ordre social plus juste, fondé sur l'apport de chacun à la production (un ordre des capacités) – et comme le moyen d'une véritable œuvre collective. Le XIXe siècle construit le mythe du travail épanouissant et de la possible libération du travail aliéné. Il rêve d'une société où le travail deviendrait œuvre, premier besoin vital, et dirige toutes les énergies utopiques de l'époque vers la sphère de la production (comme le montre l'essor des divers mouvements dits socialistes après 1830). Ces mouvements insistent aussi sur le rôle positif des travailleurs comme classe, force porteuse d'avenir destinée à construire une nouvelle société. Le travail devient, au cours du XXe siècle, non seulement le moyen de gagner sa vie, d'avoir une place, une utilité et une reconnaissance dans la société, mais aussi la principale arène où s'opère la compétition entre les individus, le principal moyen d'expression de sa singularité, le lieu du lien social et de l'épanouissement personnel, une fin en soi. Marx, et avec lui de nombreux penseurs ou réformateurs sociaux européens, avait conscience de la contradiction entre la valorisation du travail comme œuvre et ce qu'il observait dans les villes industrielles du milieu du XIXe siècle. Aussi explique-t-il que dans la société industrielle capitaliste, le travail est aliéné, détourné de son vrai but. Loin de libérer, il enchaîne.

Cette situation est pour lui le résultat de la propriété et de l'assimilation du travail à une marchandise que les théoriciens de l'économie politique ont réfléchi. La révolution intellectuelle introduite par Marx consiste à penser une société égalitaire, débarrassée du capital, où le travail deviendrait pleinement libre et désaliéné.

Au-delà de ce même mouvement global d'invention et de réhabilitation du travail décrit ici, il convient d'être attentif aux différences qui existent entre les espaces européens, qui se traduisent dans les différentes langues. Alors qu'en français, il n'y a qu'un mot pour désigner le travail, en anglais et en allemand, un terme désigne "l'effort mécanique abstrait" (*work*, *Werk*) un autre un "investissement des qualités humaines" (*labour*, *Arbeit*). C'est d'ailleurs au XIXe siècle qu'émerge la notion de travail dans les sciences physiques, en tant que force mécanique. Inversement, s'il existe deux mots dans les langues latines pour désigner le "travailleur" et "l'ouvrier", (*lavoratore* / *operaio*; *trabajador* / *obrero*), il n'en existe qu'un seul en anglais (*worker*) même si le substantif "laborer" existe. Le terme allemand *Arbeiter* ("travailleur") est parfois concurrencé par *Handwerker* ("qui travaille de ces mains"), terme qui fait cependant souvent référence au monde de l'artisanat. Il n'y a pas ici qu'une question d'esthétique de la langue : ces désignations donnent un sens aux réalités sociales qu'elles nomment, et peuvent aboutir à des débats sur la définition même des classes et des grands secteurs économiques (primaire ; secondaire ; tertiaire). Elle montre également, par-delà l'unicité de l'importance prise par le travail en Europe, la diversité des situations locales.

Penser et écrire l'histoire du travail en Europe de l'Ouest

À côté de l'histoire intellectuelle et philosophique du concept de travail, et de ses réagencements progressifs, l'histoire du travail est fondamentalement une histoire située qui a pris des formes diverses dans le temps et l'espace, et qui n'a cessé d'être modelée par les enjeux politiques et intellectuels du moment. L'étude de la production et de ceux qui l'exercent est très ancienne. Elle n'a cessé d'accompagner les mutations industrielles. Dès le XIXe siècle – siècle de l'histoire par excellence –, lorsque naissaient la question sociale et les interrogations sur l'organisation du travail, documenter les anciennes formes de production est devenu une obsession dans des groupes très divers.

Pour les conservateurs et traditionalistes comme pour les penseurs socialistes, inquiets devant les bouleversements économiques, l'histoire des ouvriers et des métiers devait permettre de résister à l'imposition de nouvelles logiques déshumanisantes. Pour les ouvriers et militants syndiqués, qui revendiquent leur connaissance intime du travail contre les jugements et expertises extérieurs, rappeler l'histoire du métier devient un instrument politique. Lors des expositions universelles, par exemple, de nombreux rapports des délégués ouvriers rappellent l'évolution de leur métier et en font l'histoire. Confrontés aux transformations industrielles, ils énoncent leur vision de l'avenir et leurs revendications en mettant en récit le passé de leur activité et de leur identité, à l'image des imprimeurs typographes faisant l'historique de la production du livre lors de l'exposition de 1867. Sur le continent européen, le maçon de la Creuse Martin Nadaud, proscrit outre-Manche pendant 18 ans, publie en 1872 une *Histoire des classes ouvrières en Angleterre*, conçue comme un modèle édifiant pour les travailleurs français. Tout au long du XXe siècle, décrire le travail et la condition des ouvriers reste un enjeu profondément politique, suscitant de multiples enquêtes, récits et témoignages dans lesquels l'histoire est souvent présente [VIGNA, 2016].

Mais c'est surtout dans l'entre-deux-guerres, après les bouleversements de la grande Guerre et alors que le travail est de plus en plus nettement pris dans les mailles de la rationalisation, que s'invente une histoire du travail académique parallèlement à la montée en puissance du socialisme et du communisme dans le champ universitaire ; parallèlement, aussi, à la nouvelle vogue de l'histoire sociale qui accompagne, en France notamment, le tournant des *Annales*. Prenant leur distance à l'égard de l'histoire méthodique et de la focalisation sur les grands hommes, les historiens se tournent alors vers les sciences sociales et le sort des plus modestes, faisant des ouvriers et de la main d'œuvre, des travailleurs anonymes, un nouvel horizon épistémologique et politique. C'est d'abord l'époque moderne qui retient l'attention, comme le montrent par exemple les publications en France d'Henri Hauser dont les *Travailleurs et marchands dans l'ancienne France*, aux éditions Félix Alcan (1920). Parallèlement s'invente la sociologie du travail : dès 1893, dans sa thèse de doctorat, Émile Durkheim s'interrogeait sur la notion de division du travail alors qu'un auteur comme Gabriel Tarde questionnait les relations entre travail et loisir. Les enquêtes sur le travail se multiplient dans les années 1930, à la faveur de la crise et de la rationalisation [GEERKENS *et alii*, 2019]. Dans toute l'Europe des enquêtes sont menées sur l'expérience du travail et son évolution, comme celle du philosophe italien Adriano Tilgher qui publie en 1924, à Rome, *Le travail dans les mœurs et dans les doctrines, histoire de l'idée de travail dans la civilisation occidentale* ("*Storia del concetto di lavoro nella civiltà occidentale*"), ouvrage traduit en français dès 1931. En France, l'œuvre du jeune Georges Friedman interroge le travail et la technique, et pose les jalons de la sociologie française du travail qui s'institutionnalise surtout après 1945.

Après la Seconde Guerre mondiale, au temps de la Guerre froide et de la reconstruction/modernisation productiviste rapide de l'industrie européenne, l'histoire du travail ne cesse de s'étendre. Elle devient même un genre en soi alors que les publications se multiplient, à la frontière du monde savant et politique. L'histoire du travail est alors dominée par l'obsession à l'égard de la machine et de la modernisation technique. Dans son histoire du travail publié en 1957, Georges Lefranc distingue ainsi deux périodes très nettes: l'âge de l'outil et l'âge de la machine [LEFRANC, 1957]. Durant les décennies de Guerre froide, l'histoire du travail est surtout dominée par le cadrage imposé par les partis communistes, variable selon les pays, et le langage de la classe ouvrière qui pousse à s'intéresser prioritairement aux organisations du mouvement ouvrier [MATONTI, 2006]. Quelques grandes réalisations individuelles et collectives sont élaborées à cette époque comme l'histoire générale du travail publié par Louis-Henri Parias, à la fois romancier, critique et journaliste. Citons encore, de l'autre côté du rideau de fer, l'œuvre immense que l'historien communiste est-allemand Jürgen Kuczynski a consacré à l'histoire de la condition ouvrière dans les grands pays capitalistes, où se mêlent les séries statistiques et les témoignages concrets sur les conditions de vie et de travail de la main d'œuvre (sa *Geschichte der Lage der Arbeiter unter dem Kapitalismus* contient 40 volumes; une version courte a été publiée en français en 1967). En dépit de ces réalisations, Jean Lhomme, rendant compte de l'ouvrage de Georges Lefranc en 1960, constate encore qu'"une histoire du travail est toujours une gageure"!

Les années 1960-1970, qui voient à la fois l'apogée de la "centralité ouvrière" dans les sociétés ouest-européennes et le retournement de conjoncture qui accélère la fermeture des mines et la désindustrialisation douloureuse de l'Europe, constituent sans doute un premier apogée de l'histoire du travail et des travailleurs. Les thèses et travaux se multiplient dans toute l'Europe alors que le continent connaît les grèves les plus massives de son histoire à la faveur des années 1968 [HATZFELD, 2009]. Si la majeure partie de ces travaux se penche avant tout sur la morphologie et les structures de la classe ouvrière, elle commence aussi à aborder d'autres domaines: les pratiques de la grève [PERROT, 1974], le genre [SCOTT, 1988], la santé [COTTEREAU, 1983], etc. L'œuvre de l'historien britannique E. P. Thompson constitue un jalon et une étape décisive à cet égard en ce qu'elle cherche à s'émanciper de l'histoire dominante, surplombante ou économiciste, au profit d'une approche par le bas, davantage soucieuse de l'expérience vécue des travailleurs [THOMPSON ; 2017 (1963)]. Son œuvre exerce une influence décisive dans toute l'Europe où elle est abondamment lue et commentée.

La fin du XXe siècle, traversée à la fois par "l'adieu au prolétariat" de nombreux intellectuels, par l'effondrement de l'URSS et par la crise des partis et organisations du mouvement ouvrier, a été marquée par un net reflux de l'histoire ouvrière, de plus en plus perçue comme un domaine périmé et dépassé. Au début du XXIe siècle, Michel Pigenet et Christian Chevandier observent ainsi que "le travail en tant que tel, longtemps considéré comme le cœur de l'histoire sociale, ne [l'est] plus. Les plus abrupts des procureurs admettent que des chercheurs puissent s'en soucier, mais ajoutent aussitôt qu'ils vont à contre-courant de la tendance dominante" [CHEVANDIER et PIGENET, 2002].

Aujourd'hui, vingt ans après ce constat, la situation a indéniablement beaucoup changé. L'histoire des ouvriers et des mondes du travail a fait l'objet de nombreuses réévaluations. Les analyses macroéconomiques fondées sur des comparaisons nationales et des indicateurs statistiques souvent fragiles ont laissé la place à une plus grande attention aux singularités des situations et des expériences, au caractère éclaté et fractionné du processus d'industrialisation et des formes de travail. L'historiographie des dernières décennies s'est également attachée à déconstruire les catégories dominantes de l'histoire économique et sociale de l'après-guerre, à commencer par les notions de "révolution industrielle" ou de "classe". Celles-ci sont relues comme des artefacts discursifs plutôt que comme des réalités objectives et mesurables, et ne cessent d'être mises à l'épreuve de la diversité des situations concrètes. Cette évolution a été nette en Grande-Bretagne avec la montée en puissance de l'histoire intellectuelle et le "tournant linguistique" des années 1980 [STEDMAN JONES, 1983], comme en Italie et en Allemagne autour de la *microstoria* et de l'histoire dite du "quotidien" (*Alltagsgeschichte)*, développée notamment sous l'impulsion d'Alf Lüdtke ou Hans Medick, davantage attentive aux expériences singulières et nourrie des travaux anthropologiques [LÜDTKE, 1994].

Contours et enjeux du sujet

Plutôt que de disparaître, l'histoire du travail s'est donc réinventée dans les dernières décennies. La question au programme du Capes et de l'agrégation d'histoire offre l'occasion de tenter un bilan de cette histoire en mouvement. Au cours des dernières décennies, et en fonction de modalités variables selon les pays, l'étude du travail dans ses diverses dimensions s'est transformée par l'intégration des "tournants" historiographiques successifs, qu'il s'agisse des apports de l'histoire du genre ou de l'histoire environnementale, de l'attention croissante aux gestes et aux postures, des mutations de l'histoire culturelle et des représentations, ou encore de la réflexivité croissante à l'égard des catégories juridiques comme des mesures statistiques. Des essais de synthèse remarquables – que les candidats devront connaître – ont été publiés dans chaque pays, à commencer par ceux de Gérard Noiriel et Alain Dewerpe en France à la fin du XXe siècle. Des numéros de revues ont également été consacrés à l'histoire du travail, comme celui des *Annales* en 2010. L'histoire des mondes ouvriers et du travail, vaste thème un temps délaissé au profit de l'histoire des entreprises et des entrepreneurs ou d'une histoire culturelle orientée par les élites, est aujourd'hui en plein renouvellement. Pour le XIXe siècle qui s'étend ici des années 1830 aux années 1930, la question prépondérante est celle de l'impact du processus d'industrialisation, long et inégal, sur les contours de la main d'œuvre. L'ancien modèle de la classe ouvrière qui naîtrait des transformations économiques a laissé la place à l'étude des stratifications diverses et des itinéraires variés des acteurs. L'histoire du travail est celle de groupes sociaux hétérogènes aux évolutions complexes et discordantes dans le temps et l'espace. Ainsi, si l'intitulé du sujet insiste sur l'étude de la main d'œuvre industrielle et artisanale et invite à se concentrer sur les espaces les plus tôt et les plus fortement industrialisés, il faut garder en tête la place qu'occupe le travail agricole, qui constitue l'expérience de la très grande majorité des populations et détermine la situation de la plupart des autres secteurs d'activité, sans même parler de la pluriactivité omniprésente à la campagne jusqu'au XXe siècle.

Chaque pays concerné a connu une voie singulière de l'industrialisation qui a modelé aussi les spécificités de sa main d'œuvre et les traits singuliers de sa prolétarisation. Nous n'avons cependant pas fait le choix – et c'est un parti pris – de consacrer dans notre volume un chapitre à chaque espace national du programme. En effet, au-delà de l'échelle nationale, c'est l'emboîtement des échelles, depuis l'atelier et l'usine, jusqu'aux circulations transnationales globales, en passant par les régions et bassins industriels, qui devront être au cœur de l'analyse. Si l'historiographie francophone, ancienne ou nouvelle, est très importante dans le domaine du travail et des travailleurs, il s'agit aussi d'inciter les candidats à connaître et à fréquenter, autant que faire se peut, les autres historiographies européennes en la matière.

Insubordinations, révoltes, conflits individuels : le comportement des populations laborieuses, enserrées dans les relations de travail mais aussi dans le rapport plus vaste au monde, est également un chantier ouvert et prometteur. Ainsi, le corps au travail a fait l'objet d'assez nombreuses enquêtes d'ethnologues ou de sociologues, moins d'historiens. L'histoire sociale ne cesse de se recomposer autour de nouveaux objets et de nouvelles problématiques. Les réflexions menées sur le risque et la santé au travail illustrent bien ces réagencements : "on peut voir dans la santé au travail l'un des objets qui permettent la recomposition d'une histoire sociale à la fois attentive, comme autrefois, au sort des hommes et à leur soubassement économique, mais aussi à son interaction avec les dynamiques institutionnelles et avec la construction et la diffusion des savoirs" [Rosental et Omnès, 2009]. Dans un contexte de montée en puissance des questions de risque et des préoccupations liées la "souffrance au travail", ces réflexions invitent à rouvrir les anciens dossiers de l'histoire ouvrière en croisant les approches juridiques, anthropologiques et institutionnelles.

Les années 1830 se situent à cheval entre deux mondes pour les travailleurs et la main d'œuvre européenne. Alors que le continent reste dominé par de grandes monarchies autoritaires nées dans la foulée des réorganisations postrévolutionnaires, l'industrialisation commence à faire sentir ses effets selon des temporalités décalées à l'échelle du continent, donnant naissance à des situations très diverses. Ainsi, ce qu'on appelait traditionnellement "la révolution industrielle" était déjà bien amorcé en Grande-Bretagne et en Belgique, mais aussi dans certaines régions françaises comme la Normandie et l'Alsace quand, en revanche, dans la plupart des régions européennes et en particulier dans les espaces germanique, italien et ibérique, le processus démarrait à peine. L'ancien régime du travail, dominé par les gens de métier et le travail agricole, continuait de l'emporter même si l'industrialisation s'accélérait et commençait à faire sentir ses effets, comme l'observent ceux qui visitent alors la Grande-Bretagne et annoncent la généralisation de ce modèle à l'ensemble du continent, marquant la grande divergence de la trajectoire européenne à l'échelle globale [Pomeranz, 2010 ; Osterhammel, 2017]. La fin de la période est quant à elle dominée par la double crise économique et politique qui accélère les difficultés et accentue le chômage de masse tout en intensifiant les logiques de rationalisation et l'effritement des anciennes formes d'organisation, alors que s'imposent des régimes autoritaires et que des formes de travail forcé se réinventent. La formulation de la question de concours invite à être attentifs aux cadres politiques des espaces considérés et aux dynamiques de politisation qui accompagnent l'évolution du travail et des travailleurs.

L'histoire du travail au cours du long siècle de l'industrialisation européenne sera explorée ici en trois temps. Tout d'abord, la première partie tentera d'offrir aux candidats les grands repères chronologiques et les connaissances essentielles qu'ils doivent acquérir, en dessinant les trajectoires globales de l'évolution du travail des années 1830 aux années 1930. L'objectif sera d'indiquer les moments charnières, de réinscrire la question du travail dans les enjeux sociaux, politiques, et économiques plus globaux de la période, tout en discutant de l'échelle pertinente pour penser ce sujet. L'étude des dynamiques européennes globales ne doit pas faire disparaître les rythmes et singularités de chaque région, nation, place de fabrique et bassin industriel.

La seconde partie présentera les grandes thématiques indispensables à la compréhension du sujet. Chaque chapitre rédigé par un spécialiste offre aux candidats une synthèse comparatiste étendue dans le temps et l'espace, et qui articule bilan historiographique, synthèse des savoirs et études de cas.

La dernière partie proposera aux candidats une série d'outils afin de faciliter leur travail, sous forme de cartes, de chronologie, d'un index et d'une série de monographies par métier. Plus que les biographies d'acteurs qui nous semblent peu pertinentes ici, d'autant qu'il existe les dictionnaires Maitron, il nous a paru utile d'introduire des entrées par métiers et groupes afin d'offrir des synthèses qui pourront nourrir les exercices des étudiants, en s'intéressant à quelques figures centrales du monde du travail, qu'il s'agisse des mineurs et des dockers, des ouvriers du livre ou du fer, ou encore des couturières. Ces entrées par métiers permettent de pénétrer dans le concret du procès de travail et dans l'analyse des pratiques, des gestes, des singularités de chaque groupe alors qu'au cours de la période "l'ouvrier" n'existe pas vraiment en dehors des discours et du langage politique qui vise à unifier la classe. L'enjeu sera donc de présenter un panorama qui n'aura rien d'exhaustif mais visera à faire sentir la richesse et la diversité des mondes du travail, ainsi que les principales questions et problématiques que soulève leur étude.

REPÈRES

LES MONDES DU TRAVAIL ET DE L'INDUSTRIE DANS L'EUROPE DES ANNÉES 1830 : HÉRITAGES, CONTINUITÉS ET RUPTURES

L'histoire sociale et l'historiographie des mondes ouvriers ont souvent pris 1830 comme repère et date butoir de leur récit, soit comme fin soit comme commencement. En Angleterre, Edward P. Thompson arrêtait ainsi sa grande fresque de la formation de la classe ouvrière anglaise à l'aube des années 1830 : "à ce point, écrit-il, les limites de notre étude sont atteintes ; car, en un sens, la classe ouvrière n'est plus en formation, mais s'est déjà formée. En 1833, la présence de la classe ouvrière peut être ressentie dans chaque comté et dans la plupart des domaines de la vie", ajoutait-il [THOMPSON, 1988, p. 726]. À l'inverse, en France, en Belgique comme en Allemagne, les années 1830 sont plutôt vues comme un point de départ, les barricades de 1830 et les révoltes des canuts lyonnais inaugurant les débuts de la formation de la classe ouvrière et "la naissance des temps nouveaux" [MOSS, 1986 ; WILLARD, 1993]. Dans l'Europe du Sud, en revanche, il faut attendre une génération supplémentaire pour que ce nouveau langage et ces expériences de travail inédites commencent à circuler.

En dépit des décalages et discordances à l'échelle européenne, les années 1830 constituent à la fois une phase de reconfiguration majeure des systèmes productifs, et un moment de renouvellement des manières d'appréhender comme de penser le travail et la question sociale en Europe. Il s'agit dans ce chapitre de cerner la singularité et la diversité des mondes du travail des années 1830, avant la grande crise économique, sociale et politique qui touche le continent européen au cours des années 1840, en évitant de les appréhender comme un début ou une fin, un archaïsme ou une modernité, selon des lectures téléologiques ou des interprétations évolutionnistes. Si en 1830 les sociétés européennes ont encore peu changé par rapport au siècle précédent – puisque pour la majorité des femmes, des enfants et des hommes d'Europe, le champ et l'atelier constituent toujours le principal lieu de travail quotidien –, des signes de changement et de nouvelles formes de travail voient toutefois le jour à certains endroits.

DOMINATION ET PERSISTANCE DES MONDES DU TRAVAIL ANCIEN

En 1830, les dynamiques industrielles et les formes d'organisation de la production demeurent extrêmement diverses sur le continent européen, et les ouvriers ne constituent pas une réalité homogène. Par ailleurs, même en Angleterre, ni l'artisanat ni le système domestique ne sont condamnés. Loin de disparaître, l'ancien artisanat est l'une des modalités fondamentales de l'industrialisation européenne. Lorsqu'on cherche à dessiner les contours du monde du travail à l'aube des années 1830, il ne faut jamais perdre de vue l'importance fondamentale des formes anciennes de travail, qu'il s'agisse des gens de métiers et des artisans, de la pluriactivité et de la production à domicile.

Nomenclatures et statistiques : contours et limites

Au début de la période, les nomenclatures et données statistiques permettant de reconstituer les contours du monde ouvrier et de la population active sont fragiles et incertaines. Les enquêtes industrielles du début des années 1840 et les premiers recensements offrent néanmoins des éléments [Chanut *et alii*, 2000]. Le recensement de 1851, l'un des premiers considérés comme fiables en France, recense ainsi 568 travailleurs dans l'agriculture sur 1000 personnes actives, 218 travaillant dans la petite industrie et l'artisanat, et pas plus de 58 dans la grande industrie – c'est-à-dire les secteurs concentrés, principalement le textile –, le même constat existant dans la plupart des pays européens. En Angleterre, bien qu'il soit également difficile de disposer de statistiques précises les données disponibles montrent néanmoins la forte singularité du pays par rapport au reste du continent dans les années 1830. D'abord, la part des agriculteurs dans la population active y décline plus tôt et bien plus rapidement qu'ailleurs. Elle est ainsi estimée autour de 46 % en Grande-Bretagne vers 1830 contre 75 % en France et 80 % en Allemagne à la même date. La population urbaine britannique connaît par ailleurs une très forte croissance : plus de 50 % entre 1800 et 1850. Dès 1841, le nombre d'urbains dépasse celui des ruraux dans le pays. Au recensement britannique de 1841, la population active industrielle est estimée quant à elle à 3,5 millions. Dans les années 1830, même si l'artisanat urbain considéré comme qualifié demeure important, l'industrie textile emploie déjà 880 000 ouvriers, plus qu'aucun autre secteur ; la métallurgie rassemble déjà 400 000 ouvriers en 1840 dans le pays – chiffre qui doublera à 900 000 en 1871 –, et les mineurs de charbon peuvent être évalués autour de 200 000 dans le pays, avant de voir ensuite leur nombre augmenter fortement. Dès les années 1830, la part de la main d'œuvre peu qualifiée et sous-payée augmente. Ainsi dans l'industrie du coton, on estime à environ 13 % le nombre d'enfants de moins de 13 ans et à 40 % celui des femmes employées [parmi quelques synthèses sur l'histoire sociale de ce pays : Thompson, 1988 ; Marx, 1992 ; Hobsbawm, 1997]. La Belgique se rapproche de la situation britannique [Lebrun, 1979] alors que l'Espagne et l'Italie conservent une population active dominée par la paysannerie, avec peu d'artisans urbains et d'ouvriers d'usine.

Même si toutes ces données offrent des repères commodes pour comparer les situations nationales, elles demeurent fragiles. Au début de la période domine le foisonnement des formes intermédiaires entre l'atelier artisanal et l'entreprise industrielle. Toute classification trop simple est dès lors difficile tant sont fréquentes, au cours de la vie mais aussi pendant l'année voire la journée, les circulations entre les statuts de chef d'atelier et de compagnons, entre artisan et ouvrier. Dans les années 1950-1960, à l'âge d'or de l'histoire quantitative, diverses tentatives ont été menées pour élaborer – à l'échelle nationale – des indices et courbes de l'évolution de la main d'œuvre par secteur, aboutissant à de beaux graphiques qui remontent toutefois rarement avant le milieu du XIXe siècle [TOUTAIN, 1963 ; CREBOUW, 1967 ; MARCZEWSKI, 1965]. L'objectif était alors de reconstruire l'évolution de la population active et de la main d'œuvre par grands secteurs d'activités, tels qu'ils sont définis après 1945 par l'INSEE [MARCHAND et THÉLOT, 1991].

Même si les séries statistiques de longue durée sur l'évolution du marché du travail, souvent reprises, offrent sans doute des éléments utiles pour reconstituer les dynamiques chronologiques, elles doivent être traitées avec prudence pour les périodes les plus anciennes tant les procédures d'enregistrement, les recensements et les appareils statistiques sont embryonnaires et souvent douteux, même en France et en Grande-Bretagne où les autorités se dotent précocement de procédures apparemment standardisées. Par ailleurs, les catégories de "population active" ou de salariés sont largement inadéquates pour rendre compte des situations de la première moitié du XIXe siècle et ont d'ailleurs été abondamment discutées [DESROSIÈRES, 1992]. Dans l'Europe méridionale, les recensements sont encore plus tardifs et fragiles. Toute l'histoire sociale des trente dernières années a ainsi insisté sur l'inadaptation des catégories dominantes pour penser les mondes du travail ancien et l'importance de "mettre en valeur l'arbitraire, les contradictions, les enjeux que recouvrent les nomenclatures administratives du passé" [NOIRIEL, 1986].

Ainsi, en France, même si la loi du 22 juillet 1791 impose la recherche de la profession lors des recensements, il faut attendre 1833 pour que soit créée la Statistique générale de la France, et les années 1840 pour disposer du premier dénombrement à peu près fiable. En outre, la plupart des grandes thèses régionales d'histoire sociale ont montré les imperfections de ces premiers recensements professionnels et industriels, ainsi que leurs oublis et les difficultés d'utiliser les catégories forgées au XXe siècle pour penser l'expérience du travail du début du XIXe siècle. Les notions mêmes de population active, de chômeur ou de salarié sont extrêmement ambiguës et floues dans l'Europe du premier XIXe siècle tant les trajectoires, mobilités et formes de pluriactivité étaient nombreuses.

Artisans et gens de métier

Dans l'Europe de la première moitié du XIXe siècle, le travail manuel artisanal et la production "en miettes" dans de petits ateliers reste la norme [FAURE, 1986 ; SAMUEL, 1977]. Loin de les faire disparaître brutalement, l'industrialisation contribue d'ailleurs à multiplier le nombre d'artisans alors que la mécanisation du travail fait naître de nouveaux savoir-faire: l'émergence de la filature mécanisée exige ainsi une quantité croissante de mécaniciens qualifiés et de tisserands à domicile.

Si la définition de l'artisan en fait un travailleur indépendant, possesseur d'une qualification professionnelle, et qui exerce une activité manuelle à son propre compte, il convient de noter combien le terme est flou et évolue au cours de la période. La définition et les frontières de l'artisanat ne vont pas de soi, et au début de la période la plupart des travailleurs sont aussi artisans. Comme l'ont montré, entre autres, les travaux de G. Crossick, l'artisan et l'artisanat sont des mythes et des identités inventées pour l'essentiel à la fin du XIXe siècle, une catégorie générale qui regroupe un grand nombre de métiers divers et d'activités concrètes [CROSSICK, 1997; RANCIÈRE, 1986]. Il convient donc d'être prudent lorsqu'on utilise ces termes pour caractériser les années 1830. Dans la plupart des pays européens, et en dehors de quelques villes belges et britanniques comme Manchester, l'artisan, l'ouvrier de métier et l'expérience du travail dans un petit atelier urbain ou rural l'emportent largement sur l'ouvrier d'usine, qu'on nomme à l'époque "fabrique" ou "manufacture". Presque partout, la forme typique du travail à l'heure de l'industrialisation naissante est celle du petit atelier et des métiers parfois organisés en compagnonnages, qui restent dynamiques autour de 1830, et dont la liste peut être allongée à l'infini: charpentiers, selliers, tonneliers, ébénistes, imprimeurs-typographes et relieurs, fondeurs, marbriers, gantiers, mégissiers, cordonniers, chapeliers; autant de groupes qui partagent une expérience commune du travail dans des petits ateliers mais gardent aussi des traits spécifiques du fait de leur activité concrète.

La relation entre industrialisation et artisanat a d'ailleurs fait couler beaucoup d'encre. Il s'agit moins d'un remplacement et d'une substitution de l'un par l'autre que d'un réagencement de leurs rapports. Les maîtres et artisans ne disparaissent pas mais sont de plus en plus placés dans une relation de dépendance à l'égard des marchés lointains et des grands capitalistes, que ce soit pour l'acquisition des matières premières ou pour la commercialisation et les débouchés. Par ailleurs, l'artisanat n'est pas une réalité stable et immuable malgré les discours sur la routine artisanale qui freinerait les progrès, véritable lieu commun sans cesse répété dans l'Europe du XIXe siècle. Afin de répondre à la demande, l'organisation du travail des gens de métier évolue via de nouvelles formes de gestion et de rémunération de la main d'œuvre. Ainsi, le marchandage* et la division croissante du travail deviennent des instruments de plus en plus utilisés autour de 1830 pour faire advenir un nouvel ordre dans les ateliers. Autrement dit, avec l'essor de la sous-traitance et le fractionnement du savoir-faire dans une division élargie du travail, les gens de métier perdent de plus en plus le contrôle sur le processus de production. Le changement technique, d'abord timide, accompagne et accentue progressivement ces modifications.

Les nomenclatures et types d'activités professionnelles sont innombrables et extrêmement divers : d'anciens métiers se maintiennent, d'autres surgissent ou se réorganisent. Prenons le cas des ouvriers de l'habillement, très nombreux dans toutes les grandes villes européennes. Ils sont environ 30 000 à Paris au début du XIXe siècle, répartis en une multitude de spécialités, depuis les tailleurs et les couturières jusqu'aux chapeliers et perruquiers :

Ouvriers occupés dans le secteur du vêtement à Paris (1807)

Tailleurs	3700
Cordonniers et bottiers	474
Chapeliers	1912
Couturières	12 000
Perruquiers	2460
Fourreurs	47
Parfumeurs-gantiers	420
Brodeurs	19
Marchandes de mode	2500
Divers	119
Total	30 651

Source : [VAUTHIER, 1913]

Dans ce monde très hétérogène, la masse des artisans anonymes (eux-mêmes hiérarchisés en fonction de la qualité de leur production ou de leur clientèle) côtoie quelques artisans célèbres qui chaussent ou habillent le grand monde. À la différence des ouvriers du textile, qui travaillent les matières premières ou les produits semi-finis, les artisans du vêtement comme les cordonniers-bottiers, les chapeliers ou les tailleurs élaborent encore un produit fini. La production des chaussures et des habits demeure une activité artisanale et manuelle ; les outils utilisés et les arts de faire changent encore peu. Certaines opérations tendent néanmoins à être mécanisées dès les années 1830, à l'image du cloutage des chaussures, de la découpe mécanique des peaux de chapellerie, de la couture des habits à l'aide des premières machines expérimentées sans grand succès au début des années 1830.

L'apogée du travail paysan et agricole

En dehors de la Belgique et de la Grande-Bretagne, où la part des ouvriers de la grande industrie augmente dès le début du XIXe siècle, l'essentiel du continent européen demeure dominé par le travail agricole qui reste fondamental pour la vie de la grande majorité des populations. C'est le travail des paysans et la production agricole qui forment toujours l'élément essentiel de l'économie et de sa croissance, alors que la question des subsistances façonne les modes de vie et activités productives des classes populaires et détermine largement leurs revenus. Partout en Europe, le travail agricole domine dans des territoires principalement ruraux, même si les effectifs des travailleurs de l'industrie commencent à croître. Le terme "paysan" est par ailleurs flou et incertain. Il s'agit d'une catégorie générale, principalement forgée par les élites, et qui englobe des réalités très variées. Il ne serait d'ailleurs venu à l'idée de personne, dans les sociétés essentiellement rurales des années 1830, de se désigner ainsi. On était laboureur, journalier, fermier, manouvrier ou vignerons, mais rarement "paysan" ou "agriculteur" [BÉAUR, 2018].

Pour simplifier, il est possible de distinguer quelques types d'organisation du travail agricole et paysan à l'échelle européenne en fonction du statut des travailleurs et du degré de concentration de la propriété foncière. En Angleterre domine précocement un capitalisme agricole mobilisant de nombreux salariés et journaliers. Au milieu du XIXe siècle, près de 60 % des surfaces cultivables sont détenues par l'aristocratie terrienne prompte à procéder aux enclosures et à moderniser le travail dans de vastes fermes modèles. La paysannerie est alors rapidement prolétarisée et composée d'ouvriers sans terre, ce qui aggrave une situation déjà triplement tendue dans les campagnes anglaises des années 1820 : les suites des guerres napoléoniennes et les *corn laws* y ont engendré le doublement des prix des grains ; le retour de 250 000 militaires y a accru le chômage ; les premières expérimentations de machines agricoles, menées par les grands propriétaires fonciers, ont commencé à subtiliser aux travailleurs pauvres les ressources que des tâches comme le battage leur offraient durant l'hiver. Le système de la grande propriété permettait aux fermiers britanniques de disposer de capitaux suffisants pour acquérir des machines coûteuses, qui ne commencent à être utilisées sur le continent que plusieurs décennies plus tard.

Dans l'Europe de l'Est et du Sud subsiste également un modèle latifundiaire fondé sur de grands domaines agricoles. Dans la péninsule Italienne, les *latifondi* appartenant à l'aristocratie et à l'Église dominent les exploitations agricoles du Mezzogiorno dans les années 1830.

Les propriétaires résident à Naples ou Palerme, et confient la gestion des terres à des espèces de contremaîtres appelés *caporati* qui dirigent les ouvriers de manière autoritaire. Dans le sud de la péninsule Ibérique également (Andalousie, Estrémadure, sud de la Meseta), les *latifundios*, domaines immenses appartenant à l'aristocratie madrilène généralement absente, contribuent à la persistance de modes d'exploitation agraire confinant les travailleurs à un rang subalterne.

La "voie paysanne" française se caractérise de son côté par l'importance de la petite propriété et la longue tradition d'exploitation familiale qui n'a cessé de s'adapter et de résister aux logiques de concentration [Barjot *et alii*, 2005]. La petite exploitation rurale est "triomphante" dans la France du XIXe siècle [Mayaud, 1999], alors que le nombre des paysans est particulièrement important, définissant même la spécificité d'une "voie française de développement" largement réhabilitée dans l'historiographie. La première moitié du XIXe siècle voit néanmoins se renforcer la structure duale entre une petite propriété agricole qui s'est accentuée depuis la Révolution française – notamment dans le Midi – et des grandes fermes concentrées dans la moitié nord, qui se lancent à la conquête de nouveaux marchés en utilisant les systèmes de production les plus récents. Telle que décomptée au recensement de 1831 et "reconstituée" par les démographes sur la base du territoire actuel, la population rurale est certes déjà sur la pente d'un déclin relatif (avec un poids équivalent à 78 % de la population du pays, contre 83 % en 1806) mais, même si cette tendance se poursuit, son rythme moyen annuel de décroissance reste très lent. Les données absolues confirment la résistance démographique de la ruralité puisque le nombre de ruraux culmine en France en 1846 avec 27 millions d'habitants contre 24,5 millions en 1806.

Presque partout sur le continent européen, les travailleurs agricoles, petits propriétaires ou journaliers, représentent donc la majorité de la population active. En Italie, l'agriculture concentre toujours autour de 60 % de la population active à une date aussi tardive que 1881. De même, des années 1830 aux années 1870, les États qui formeront l'Allemagne en 1871 sont majoritairement agricoles : l'agriculture y concentre 59 % des actifs en 1825 et encore 50 % en 1871, pour une population totale qui passe de 25 à 39 millions d'habitants, malgré le début de l'industrialisation [Herment, 2019]. La pluriactivité constitue donc une réalité fondamentale et lesdits "ouvriers" sont généralement aussi "paysans" selon la saison, les nécessités de la conjoncture ou les trajectoires individuelles [Rinaudo, 1987].

Pluriactivité, travail à domicile et proto-industrie en Europe

Cette importance persistante du travail artisanal et agricole apparaît également dans le dynamisme du travail à domicile produisant des biens pour des marchés éloignés, et dont l'importance n'a cessé de croître en Europe depuis le XVIe siècle jusqu'à atteindre son apogée au milieu du XIXe siècle dans de nombreux territoires. De nombreuses recherches insistent sur le dynamisme de l'industrie rurale, des paysans-ouvriers et des logiques de pluriactivité, et cela jusque tard au XIXe siècle. Même si les enjeux et débats autour de la proto-industrie seront examinés dans un autre chapitre (v. Les mécanismes de l'industrialisation européenne), il convient dès maintenant de dresser un panorama de ses formes principales sur le continent dans les années 1830 [KRIEDTKE, MEDICK, SCHLUMBOHM, 1982 ; OGILVIE, 1993 ; DE VRIES, 2008].

La situation du travail et des travailleurs en Europe autour de 1830 s'inscrit dans la continuité des évolutions de longue durée de l'époque moderne. Dans chaque grande région d'Europe, de nombreuses nébuleuses proto-industrielles ont vu le jour pour répondre à la demande croissante en biens de consommation, aboutissant un peu partout à une intensification du travail des ruraux, notamment pour répondre à la baisse des prix des produits agricoles et au renchérissement des loyers. Pour beaucoup d'observateurs des années 1830 et 1840, cette forme de travail présente l'avantage d'accroître la production sans bouleverser la société alors que les soulèvements insurrectionnels et la figure du travailleur urbain révolté préoccupent.

Même en Angleterre, à côté des vastes usines concentrées du Lancashire, de nombreux travailleurs proto-industriels s'activent encore dans les campagnes pour produire des tissus commercialisés via les marchands urbains. Si l'on s'intéresse, par exemple, à l'industrie lainière et à la production des draps – qui demeure fondamentale malgré l'essor du coton –, l'on s'aperçoit qu'une grande partie de la production reste domestique. Dans le Yorkshire des années 1830 subsiste un univers de petits propriétaires indépendants, à mi-chemin entre le monde paysan et l'artisanat, caractéristique de ce que les historiens de la proto-industrialisation appellent le *Kaufsystem*: les petits fabricants achètent la matière première et revendent le drap tissé. En revanche, dans l'industrie de la laine peignée (*worsted*) de l'Ouest (*West of England*), les riches marchands fabricants possèdent les matières premières qu'ils donnent à travailler à façon à des ouvriers placés dans une relation de dépendance plus marquée à l'égard du donneur d'ordre (*Verlagssystem*). Dans ce cas, le marchand-drapier occupe une position centrale. Il distribue le travail à des ouvriers dispersés et spécialisés qui dépendent entièrement du salaire qu'ils perçoivent et du contrôle capitaliste. Cette spécialisation les rend plus vulnérables à l'égard du chômage technologique car le marchand contrôle l'ensemble du processus de production, et les travailleurs dépendent entièrement de leur revenu salarié pour vivre [HUDSON, 1986, 1989].

L'organisation du travail du type *Kaufsystem* dans le Yorkshire

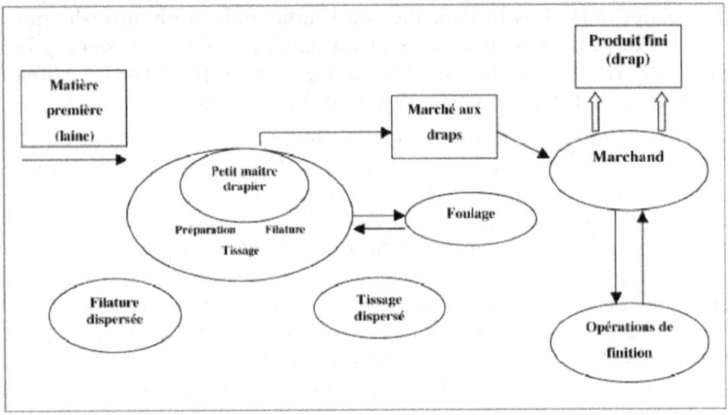

Source : [HUDSON (éd.), *Regions and Industries*, *ibid.*, p. 180]

En France, la proto-industrialisation persiste plus longtemps encore et demeure dynamique après 1830. Si l'industrie drapière du Languedoc disparaît peu à peu, dans d'autres régions le système proto-industriel reste dynamique et prend des formes diverses, à l'image de la proto-industrie montagnarde du fer qui s'étend dans les campagnes jurassiennes, définissant ce que J.-M. Olivier a proposé d'appeler "une industrialisation rurale douce" [OLIVIER, 1999, 2004]. Après la crise de l'époque révolutionnaire et impériale qui met à mal le tissu proto-industriel hérité de l'époque moderne, on assiste à l'apparition d'une "deuxième phase de la proto-industrie" au début du XIXe siècle. Le système de la manufacture dispersée atteint d'ailleurs une grande ampleur dans les années 1830 et 1840. L'industrie lyonnaise de la soierie offre un cas particulièrement riche qui a beaucoup été étudié : vers 1830 l'essentiel du tissage se faisait à Lyon même ou dans ses faubourgs, mais l'indocilité des "canuts" – surnom donné aux ouvriers en soie lyonnais – conduit les milieux dirigeants de la "Fabrique" à engager le déplacement de la production à la campagne, dans un rayon géographique de plus en plus large [CAYEZ, 1981]. Les deux révoltes des canuts lyonnais en 1831 et 1834, évènements considérables aux échos largement européens, impulsent tout particulièrement la ruralisation du tissage. Organisée de façon hiérarchique, la soierie lyonnaise est dirigée par les "fabricants", qui commandent et financent la production, en assurent la commercialisation et font travailler environ 10000 maîtres artisans tisserands, les "canuts" proprement dits, dont les ateliers sont pour la plupart installés sur les pentes du quartier de la Croix-Rousse. Propriétaires de leurs métiers à tisser, ces derniers travaillent à la pièce et emploient eux-mêmes 30000 compagnons, généralement payés à la journée et vivant souvent chez le maître qui les loge et les nourrit. En 1831 et 1834, ces artisans et ouvriers s'insurgent violemment devant le refus des autorités d'appliquer le tarif pourtant négocié avec les maîtres. Les barricades, les chants et la féroce répression de l'évènement en font rapidement un puissant mythe dans l'imaginaire social, et un encouragement pour les fabricants à redistribuer le travail dans les campagnes.

Dans la Confédération germanique, qui demeure une mosaïque d'États aux situations contrastées, le travail rural à domicile est également important, impliquant l'ensemble de la cellule familiale sous le contrôle du *Verleger*. Autour de 1830, des chemins divergents se dessinent toutefois entre certaines régions en fonction des cadres institutionnels et des structures sociales, à l'image du secteur textile de Rhénanie et de Silésie : croissance dans un cas, effondrement dans le second [KISCH, 1980 ; OGILVIE, 1996]. De même, en Italie, la proto-industrialisation s'étend dans le nord de la péninsule. Elle se réinvente aussi dans le Sud, dans la vallée du Liri, située dans le royaume de Naples, qui s'était engagé depuis la fin du Moyen Âge dans la fabrication de draps de laine utilisant la matière première des troupeaux transhumants des Abruzzes pour le marché intérieur, et, secondairement, dans celle du papier. Même si le passage à la grande industrie échoue finalement, la vallée connaît une phase prospère entre 1820 et 1860. Elle devient même la "*Valle delle industrie*" : la production lainière nationale du royaume de Naples en provient pour les deux tiers. Pour l'ensemble de la zone, Alain Dewerpe recense 12000 ouvriers dans la laine et 2000 ouvriers dans le papier pour 46000 habitants au milieu des années 1840, soit 30,4 % de la population totale employée dans le "secteur manufacturier" [DEWERPE, 1981]. Mais c'est bien sûr dans le nord de la péninsule que la proto-industrialisation est la plus importante et vivante. C'est peut-être à travers elle que le passage des anciennes sociétés agraires aux sociétés industrielles est le plus parlant. Toutefois, dans les années 1830-1840, la proto-industrie et la grande industrie concentrée ne s'opposent pas véritablement ; elles s'articulent plutôt et coexistent en fonction des ressources et des territoires.

UNE INDUSTRIALISATION TIMIDE ET INÉGALE

Ces diverses formes de travail, qu'on peut qualifier d'anciennes ou de classiques, ont été décrites soit comme des conditions de possibilité de la grande industrie dite moderne et de son déploiement sur le continent, soit à l'inverse comme des freins qui auraient joué contre la modernisation des structures productives. Pour de nombreux observateurs des années 1830 – comme pour des générations d'historiens après eux – il ne fait pas de doute que les nouvelles dynamiques industrielles et la grande usine devaient s'imposer et remplacer les anciennes trajectoires artisanales et industrieuses. Mais une nette discordance des temps se fait jour dans les années 1830 entre la réalité du travail et du labeur quotidien des hommes, des femmes et des enfants, et les représentations qui surgissent dans les discours, les enquêtes sociales et les travaux des économistes qui insistent sur la grande industrie mécanisée, annonciatrice, semble-t-il, de l'avenir du continent européen.

Panorama de l'Europe industrielle

Dans les années 1830, la grande industrie concentrée est encore rare, isolée et exceptionnelle sur le continent européen. Mais l'amélioration des transports, routes, canaux et premiers chemins de fer, inaugure une nouvelle étape de hausse des productions industrielles. Si les grands bassins industriels n'existent pas encore dans les années 1830, les nouvelles possibilités de transport qui permettent de localiser les implantations industrielles à proximité des nœuds et lignes ferroviaires, en périphérie urbaine ou sur les bassins miniers – comme dans la Ruhr – commencent à surgir [LEBOUTTE, 1997]. Ces grandes régions industrielles, avec leurs fumées, leur concentration de main d'œuvre, leurs rapports sociaux si singuliers, émergent pourtant lentement. En Europe, seules les Îles britanniques ont déjà vu fleurir les grands établissements concentrés. C'est notamment le cas dans la région enfumée de Manchester qui accueille dès les années 1830 près de 90 % de l'industrie cotonnière anglaise. La consommation de charbon dans la ville atteint déjà 737000 tonnes par an en 1834, et de vastes bâtiments réunissent les métiers à filer et à tisser.

Mais les grandes industries textiles, sidérurgiques et chimiques ne remplacent que très lentement les petits ateliers dispersés. Après la Grande-Bretagne, c'est notamment le cas du petit État belge qui acquiert son indépendance en 1830. Profitant d'une main d'œuvre bon marché et de nombreuses possibilités d'exportations, le pays connaît déjà une rapide croissance industrielle avant 1830 qui s'accélère encore après cette date. C'est par exemple le cas du pays de Charleroi, dans la vallée de la Sambre, en Wallonie. Déjà peuplée de 50000 habitants environ en 1831, la région bénéficie d'importants gisements de houille exploités depuis longtemps et qui avaient déjà modifié les paysages en profondeur. Comme dans la plupart des sites miniers, les nappes phréatiques sont contaminées, et le charbon utilisé comme combustible produit partout des panaches de fumée denses et toxiques pour la végétation et les populations [PARMENTIER, 2008]. Dès les années 1830, le pays de Charleroi accueille de nombreuses fabriques : les ateliers métallurgiques (clouteries, fonderies, etc.) travaillent en synergie et côtoient verreries, savonneries, brasseries, ateliers textiles, teintureries, tanneries, fabriques de tabac, briqueteries, fours à chaux et à poterie, etc. Les autorités sont tout entières dévouées au développement industriel, tandis que les habitants, qui en vivent, se plaignent peu tout en connaissant pourtant des taux de mortalité qui augmentent. Après 1830, le développement d'une sidérurgie et d'une puissante industrie des constructions métalliques s'accélère alors qu'en 1832 est ouvert le canal charbonnier en direction de Bruxelles.

En France, où persiste une proto-industrie dispersée, aucun bassin industriel n'atteint l'ampleur des régions de Manchester ou de Liège, même si des bassins charbonniers s'étendent également, comme à Saint-Étienne, dans le Nord et dans le centre du pays, de même que les grandes régions textiles en Normandie, en Alsace et dans le Nord [CHASSAGNE, 1991]. La situation de l'industrie en France reste profondément duale. En Suisse, la situation économique est très hétérogène également : si le centre et le sud restent dominés par le travail à domicile des paysans pour le marché intérieur, le nord, autour de Zurich, s'est en revanche engagé dans l'industrialisation avec l'ouverture précoce de grandes usines textiles concentrées qui en font un pays réellement industriel à l'époque. Les années 1830 sont celles de la consolidation des tendances antérieures : les industriels du coton se concentrent, les plus modestes disparaissent et les plus gros accroissent leurs investissements dans un équipement coûteux comme le sont les machines à vapeur et les nouvelles mécaniques de l'industrie textile pour filer et tisser. Ainsi, à Zurich, il n'existe plus que 69 entreprises en 1843. Si leur nombre a diminué, celles qui subsistent sont bien plus grosses, la moyenne du nombre de broches* par entreprise étant passé de 1900 en 1827 à 4350 en 1843. Au début des années 1840, 90 % de la production textile du pays se concentre dans la région zurichoise. Dans l'ensemble du pays il existe désormais 150 filatures mécaniques, employant 13 000 ouvriers, surtout des femmes et des enfants [Bergier, 1974, p. 101-102].

Dans l'espace allemand, l'industrialisation démarre plus tardivement, elle repose moins sur le textile et reste très inégale : le morcellement politique du pays donne des situations contrastées avant l'achèvement de l'unité en 1870. Au début des années 1830, l'espace germanique se caractérise par une structure duale avec une concentration élevée des activités industrielles qui se dessine en Saxe ou en Thuringe, ou dans le Sud-Ouest – Westphalie et Basse-Saxe – alors que d'autres territoires révèlent une quasi-absence de l'industrie, notamment dans la grande plaine du Nord – en Prusse, dans le Mecklembourg – ou en Bavière [Ogilvie, 2008]. Par ailleurs, à la différence de l'Angleterre et de la France, l'espace germanique ignore assez largement la phase textile (sauf en Saxe), et l'industrialisation ne démarre réellement qu'avec les chemins de fer après 1840, même si l'idée d'un retard est relativisée par la prise en compte de la pluralité des chemins et des modalités d'industrialisation, la voie anglaise n'étant plus considérée par l'historiographie comme un modèle inéluctable. D'une manière générale, les premiers pas de l'industrialisation se limitent à la production de biens de consommation simples et au traitement de produits agricoles (manufactures de lin et de laine, distilleries, brasseries, moulins à huile ou manufactures de tabac) et les premières usines ont pour la plupart recours à des techniques relativement simples : les manèges de chevaux et les simples manivelles sont d'un usage large et répandu, la force des bras et des animaux, comme les roues hydrauliques, rivalisent encore avec la machine à vapeur.

Cependant, même dans les pays considérés comme à l'écart de la "révolution industrielle" dans la première moitié du XIXe siècle, divers changements apparaissent autour de 1830. En Catalogne par exemple, le début des années 1830 marque ainsi le passage du capitalisme commercial au nouveau capitalisme industriel : en l'occurrence, une vaste usine significativement appelée *El Vapor* ouvre à Barcelone en 1832. Elle emploie des métiers à tisser mécaniques et concentre déjà plus de 600 ouvriers [Thomson, 1992].

Les filatures concentrées : les premières usines ?

En français, le terme “usine” se répand dans les années 1830-1840 pour désigner un nouveau type d’établissement productif concentré où le travail des hommes et des machines est réuni dans un bâtiment afin de baisser les coûts et mieux contrôler la main d’œuvre. Les équipements y sont actionnés par un moteur central, plus souvent hydraulique qu’à vapeur avant les années 1850. Le mot “usine” est issu de l’ancien français, son usage est d’abord limité au nord du pays et renvoie à un établissement artisanal mû par l’eau. Au XVIIIe, les usages du mot s’étendent avec le sens de “moulin, lieu où la force de travail est fournie par la puissance hydraulique”. Au début du XIXe siècle, il prend le sens d’“établissement industriel” et se distingue du terme manufacture, qui désigne plutôt un mode de fabrication qu’un lieu physique. À partir de 1830, le mot “usine” devient d’usage courant et sert de plus en plus à désigner un nouvel espace productif, distinct de l’atelier, de l’officine, de l’ouvroir ou de la boutique, des espaces de travail de taille plus restreinte à vocation essentiellement artisanale ou commerçante. Outre-manche, c’est le terme “*mill*” qui s’impose pour désigner les nouveaux bâtiments industriels, reprenant le terme utilisé à l’époque moderne pour décrire la machine servant à broyer et pulvériser les grains et plus généralement toute matière solide (qui donne “moulin” en français). Dès le XVIIIe siècle, le terme “*mill*” sert à décrire le grand bâtiment équipé de machines industrielles pour la fabrication, généralement mû par des roues hydrauliques comme les meules de meuniers.

Ce nouveau langage permet de décrire les bâtiments et paysages qui accompagnent les débuts de l’industrialisation dans certaines parties du continent. Néanmoins, le travail a encore peu à voir avec celui des ouvriers des grandes usines du XXe siècle Il s’agit moins d’espaces vastes et de concentration rationalisée d’hommes et de machines que de l’empilement de métiers regroupés sous un même toit, sans division profonde du travail ni mécanisation. Dans les années 1830, l’usine demeure embryonnaire, sans architecture spécifique, et comporte peu de surveillance. Les anciens ouvriers à domicile y répliquent souvent leurs pratiques et organisation productive, comme le travail en famille.

Ce sont surtout les filatures textiles qui incarnent la grande industrie moderne. Dans certains endroits comme à Manchester dans le Lancashire, à Lille en France, de vastes usines textiles mécanisées et concentrées voient en effet le jour en employant une main d’œuvre souvent peu qualifiée, issue des campagnes, produisant en quantité des produits standardisés pour les marchés extérieurs. Ces usines retiennent l’attention et frappent les observateurs qui tendent dès lors à exagérer leur nombre et leur importance. Dans le secteur cotonnier en particulier, ces premières usines accueillent plusieurs centaines d'ouvriers en moyenne dès les années 1830 (près de 300 en Alsace ou dans le Lancashire vers 1840). À Manchester, deux usines de coton sur les 75 que compte alors la ville dépassent déjà le millier d'ouvriers vers 1820 ; elles sont 5 sur 43 en 1841 [Verley, 1994].

Les mêmes dynamiques se retrouvent dans la plupart des places de fabrique cotonnière : le travail dispersé dans les campagnes commence à être réuni et rationalisé dans des bâtiments regroupant des hommes et des machines. En France, c'est également l'industrie cotonnière qui voit l'essor de l'usine, surtout après 1830. Mais le secteur du coton se structure lui aussi de façon duale. D'un côté, l'on trouve l'Alsace qui s'est spécialisée dans le marché de luxe (toiles imprimées et étoffes richement colorées) en recourant à des filatures et des usines de tissage largement mécanisées. De l'autre, les régions de l'Ouest, spécialisées dans les produits plus communs, comme les campagnes normandes, qui comprennent toujours une vaste population de producteurs à la main. Le cas du Nord, à la frontière avec la Belgique industrielle, présente une situation originale. Il y existait déjà une ancienne tradition textile centrée sur le travail de la laine et du lin. Peu à peu, au XVIIIe siècle, la nouvelle fibre du coton, qui se prête bien à la mécanisation des opérations productives, s'immisce dans les villes comme dans les campagnes. Autour d'elle divers changements technologiques, financiers, et organisationnels, voient le jour et aboutissent à la conquête de nouveaux marchés et à l'apparition de paysages et de rapports sociaux inédits. Ni les troubles sociaux et militaires ni le dérèglement des circuits commerciaux de l'époque révolutionnaire et impériale n'interrompent le processus. Au contraire, au cours des premières décennies du XIXe siècle, la mécanisation et la concentration de la main d'œuvre s'accentuent dans ce secteur, et de grandes dynasties de fabricants naissent en même temps que la taille des entreprises croît et que les très grandes filatures se multiplient, faisant, comme le dit Kasdi [2016], "entrer progressivement l'industrie de la région dans l'ère de l'usine". Au cours des années 1830, les actifs mobilisés augmentent d'ailleurs de façon significative, comme dans la ville de Roubaix. En 1832, la moyenne des broches détenues par les 49 entreprises lilloises recensées s'établit à 3686. Elle passe à 5185 en 1843, ce qui représente une progression de 40 % des capacités productives en une décennie [Kasdi, 2016].

Même dans l'espace germanique où le secteur textile n'a pas le même rôle moteur qu'en France ou en Grande Bretagne, les premières usines concentrées sont d'abord les filatures, auxquelles s'ajoutent, à partir des années 1830, les tissages mécaniques. Le Pays de Bade voit très tôt s'installer des filatures importantes, comme celle de Sankt Blasien, qui compte 28000 broches, ou celle d'Ettlingen, de taille similaire. En Allemagne, la transformation du coton émerge plus tardivement qu'en France et en Angleterre. Il s'agit d' un secteur encore relativement nouveau au début du XIXe siècle, que l'on retrouve surtout en Saxe, puis en Prusse et dans le Pays de Bade. Le centre le plus important en Prusse correspond au district de Düsseldorf. En 1836, les villes de Rheydt et Gladbach comptent ainsi 16 filatures [HAHN, 2011].

Partout en Europe, ces premières usines ne possèdent pas encore d'architecture spécifique. Les hommes et les animaux s'y côtoient souvent au milieu d'un amas de matières premières et d'outils. La discipline y demeure encore très lâche et les risques d'incendies y sont fréquents [JARRIGE et CHALMIN, 2008 ; JARRIGE et REYNAUD, 2014].

Machines, moteurs et énergies

Le travail industriel reste souvent identifié dans la culture populaire à une activité concentrée en usine, où une multitude de mécaniques sont actionnées au moyen d'un moteur central puissant, généralement la machine à vapeur. Pourtant, cette nouvelle technologie reste encore marginale avant 1840, les machines productives se multipliant surtout après cette date, parallèlement à la réunion des ouvriers dans de grands bâtiments. D'abord mises au point pour extraire l'eau dans les galeries des mines, les "pompes à feu" sont ensuite perfectionnées par James Watt qui améliore leur rendement au moyen d'un condensateur (1769), puis les adapte à toutes sortes d'usages grâce à ses améliorations techniques. Dès les années 1780, ces moteurs commencent à actionner les mécaniques des filatures de coton, les marteaux des forges, les moulins, mais aussi les bateaux puis les locomotives. Dès 1830, elles deviennent visibles et suscitent pléthore de discours et de querelles alors que la force motrice de la vapeur commence à être utilisée. Cette dernière vient bien souvent en complément des roues hydrauliques ou des manèges de chevaux qui, loin de disparaître, voit leur nombre augmenter dans l'Europe du début du XIXe siècle et dont la force est encore fréquemment utilisée dans les petites industries rurales comme les tuileries et les tanneries.

Dans les années 1830, les technologies de la vapeur deviennent une source de fierté et de grandeur, et leurs promoteurs de véritables héros célébrés dans leur pays respectif, à l'image de James Watt en Angleterre, ou Denis Papin en France [MacLeod, 2007]. Cependant, avant 1850, en dehors de quelques régions industrielles anglaises, le système usinier et ses mécaniques perfectionnées restent limités et la division du travail encore très partielle. L'essentiel du travail est toujours réalisé manuellement, en recourant à des outils simples. Pour accompagner la mécanisation, les machines à vapeur sont encore concurrencées par la persistance des "moteurs animés", c'est-à-dire le corps des bêtes et des hommes, et surtout les roues hydrauliques qui font l'objet de nombreuses améliorations, comme la mise au point des turbines dans les années 1830 [Benoit, 2020 ; Jarrige et Vrignon, 2020]. En France, comme dans la péninsule italienne, ce n'est ainsi pas avant les années 1860 que la puissance des machines à vapeur fixes égale celle des machines hydrauliques. En 1860 celles-ci fournissent encore le double de puissance de la vapeur et "le charbon n'a pas encore gagné la partie" [Leménorel, Désert, Dupré, Lecharbonnier, 1993].

Dès 1800, James Watt et son associé le maître de forges Matthew Boulton de Birmingham produisent environ 500 machines à vapeur. Le procédé tombe ensuite dans le domaine public et les constructeurs se multiplient. Leur diffusion en Europe est pourtant très lente et variable, et, en dehors de l'Angleterre, ses usages restent longtemps limités. Si l'industrie britannique utilise déjà 30000 machines à vapeur vers 1830, en France il n'y en a environ que 1000 à cette date, qui passent à 6000 en 1852, (leur nombre augmentant surtout à partir du Second Empire). Même dans un pays aussi précocement industrialisé que la Belgique, la vapeur et son système de machines combinées actionnées par un moteur central ne concernent en 1846 que 1000 établissements artisanaux et industriels – certes les plus gros – sur les 114000 que compte alors le pays, alors qu'il existe encore à cette date 2739 moulins à vent, 2633 moulins à eau et 1512 manèges de chevaux dans le pays [Van Neck, 1979]. En Angleterre aussi l'importance de la vapeur a été relativisée par des travaux soulignant combien, en plein cœur de l'ère victorienne, l'essentiel du travail reste manuel et artisanal, et à quel point l'énergie hydraulique demeure importante [Malm, 2016].

Le corollaire est qu'en 1830, le charbon est encore peu utilisé en dehors de la Grande-Bretagne. La force hydraulique, éolienne ou celle des animaux continuent de l'emporter dans de nombreux territoires. Au Royaume-Uni – où la pénurie de bois est particulièrement forte et les gisements de charbon abondants – la production augmente bien plus rapidement que partout ailleurs : de 500 % entre 1750 et 1830. Dans les années 1860, le pays extrait déjà 100 millions de tonnes de charbon de son sous-sol chaque année, soit plus de la moitié de la production mondiale. Grâce au charbon, la force motrice utilisée dans le pays croît d'environ 50 % tous les dix ans, ce qui permet de libérer les économies de leur dépendance à la terre auparavant nécessaire pour produire l'énergie primaire, sous forme de bois ou d'alimentation pour les animaux et les humains. Dès les années 1840 le charbon fournit ainsi une quantité d'énergie équivalente à deux fois la superficie totale du pays en bois, transformant en profondeur certaines activités productives.

Sur le continent, l'"âge du charbon" ne débute qu'au milieu du XIXe siècle, notamment en Prusse, où existent les plus vastes gisements. En 1850 on n'extrait encore de la Ruhr que 1,5 million de tonnes par an. En Allemagne, les premières machines actionnées à la vapeur sont construites et utilisées dès le début du XIXe siècle, avec par exemple l'entreprise des frères Franz et Johann Dinnendahl, constructeurs des premières machines à vapeur à Essen, essentiellement pour pomper l'eau des mines de la Ruhr. En 1836 il existait déjà dans la région d'Aix-la-Chapelle neuf entreprises de construction mécanique regroupant un millier de travailleurs. Toutefois, le nombre des machines à vapeur demeure encore très limité. En 1832, on n'en compte que 210 pour l'ensemble de La Prusse. Dans le royaume de Hanovre, la première n'est mise en service qu'en 1831 [HAHN, 2011]. Dans les régions méditerranéennes du sud de l'Europe, seules Marseille et Barcelone adoptent les machines à vapeur. En Espagne ou dans la péninsule italienne – à Turin comme à Milan –, l'abondance des cours d'eau et l'absence de charbon à proximité rendent pendant longtemps l'alternative hydraulique bien plus rentable [DAUMALIN et RAVEUX, 2001]. Pour l'Espagne, es années 1830 sont par ailleurs difficiles sur le plan économique. Les guerres et la perte des colonies américaines ont brisé la dynamique de croissance du XVIIIe siècle [BRODER, 1998 ; NADAL, 1973]. L'industrie reste restreinte dans la péninsule ibérique ; les mines comme la sidérurgie sont presque inexistantes faute de capitaux, de débouchés et de techniciens.

L'essor de l'énergie de la vapeur dans l'Europe industrielle naissante (1830-1850)

	Kilomètres de rails installés			Machines à vapeur fixes *en milliers de chevaux vapeur*	
	1830	**1840**	**1850**	**1840**	**1850**
Grande-Bretagne	157	2390	9797	620	1290
Belgique	-	334	854	40	70
France	31	410	2915	90	370
États allemands	-	469	5586	4	260

Source : d'après Mitchell W. R. (éd.), *European Historical Statistics, 1750-1970*, New York, 1975, p. 581-582.

En dépit de cette mécanisation lente et progressive, les promesses technologiques circulent de plus en plus et donnent naissance à un messianisme technique qui se retrouve dans de nombreux discours de l'époque annonçant une révolution du travail. La fascination et le culte pour les grosses machines puissantes s'étendent sur les décennies 1830 et 1840 en se nourrissant d'une rhétorique morale identifiant les techniques à un monde ordonné et pacifié. Dans le monde anglo-américain en particulier, la technologie s'affirme comme l'un des piliers de l'avenir et de la puissance de la nation. De nombreux auteurs deviennent des prophètes enthousiastes de l'âge mécanique en associant intimement les prouesses techniques de l'ère industrielle et un horizon d'abondance et d'émancipation. C'est par exemple le cas de John Etzler, un émigrant allemand installé aux États-Unis et auteur en 1833 d'un livre bientôt lu en Europe, dans lequel il annonce l'avènement du "Paradis à la portée de tous les hommes, sans travail, par la puissance de la nature et des machines". Etzler, fortement imprégné des théories du réformateur français Charles Fourier, voit l'Amérique comme un nouvel Eden où l'homme, être rationnel, pourrait construire, grâce aux machines, une société pacifiée et heureuse, à mille lieux des pesanteurs des monarchies autocratiques qui dominent le continent européen à l'époque. Il dépose lui-même de nombreux brevets. L'inventeur devient un héros célébré et le statut de l'invention se transforme avec la généralisation du modèle du brevet. Les législations nationales visant à protéger les inventeurs en leur reconnaissant un droit moral et sacré sur leur découverte apparaissent en effet partout, quoiqu'à des rythmes variables selon les pays [HILAIRE-PÉREZ, 2009].

Parallèlement à la multiplication des mécaniques qui recomposent les savoirs et les qualifications ouvrières, apparaissent de multiples théories des machines, c'est-à-dire des approches analytiques de leur fonctionnement, ainsi qu'un corpus de savoirs visant à standardiser leur fabrication et accroître leur nombre et leur rendement. Au milieu du XIXe siècle, la mécanique industrielle devient un domaine du savoir délimité, avec sa théorie des moteurs, des roues dentées ou de la transmission de l'énergie. Le groupe des ingénieurs et techniciens tend alors à s'autonomiser et à conquérir une position sociale de plus en plus importante, quoique là encore variable selon les pays, en définissant les formes optimales du travail. Alors qu'en Grande-Bretagne dominent les "ingénieurs civils", en France s'imposent, dans la foulée du XVIIIe siècle, les ingénieurs d'État comme ceux des mines, qui forment une véritable "technocratie d'État" dotée d'une autorité et d'un pouvoir très importants [BELHOSTE et CHATZIS, 2007]. Ces groupes deviennent des acteurs de premier plan de l'introduction des mécaniques et de leur justification. Portés par l'idéal méritocratique, convaincus d'être les agents du progrès, les ingénieurs exercent une influence croissante dans la définition du travail productif, bien au-delà du monde des entreprises et des ministères. Les échanges entre savants, hommes pratiques, fabricants ou chefs d'atelier, entre les laboratoires et l'usine, tendent à s'accentuer et à stimuler l'essor de la construction mécanique tout en modifiant l'organisation de l'industrie. Le mot "technologie", d'abord conçu à l'époque des Lumières comme la science des opérations artisanales, tend d'ailleurs à se transformer dans ce contexte pour désigner de plus en plus la "science des machines", un corpus de savoirs visant à optimiser la productivité des mécaniques, leur capacité à accroître les profits par une réforme du travail et de son organisation.

LIBÉRALISATION, DÉRÉGULATION ET CONTRÔLE DU TRAVAIL

L'Europe du travail des années 1830 aurait sans doute paru familière à un visiteur du XVIIIe siècle transporté dans le futur. Pourtant, le monde des métiers et l'organisation du travail ont connu des évolutions institutionnelles sensibles dans la foulée des dynamiques révolutionnaires et libérales de la fin du XVIIIe siècle. L'ancien monde des métiers dominé par les corporations et les systèmes de régulation de type mercantiliste laissent de plus en plus la place à l'idée d'un marché du travail libre, couplé à une étroite surveillance des classes populaires, dont l'insubordination préoccupe les élites économique et politique.

Abolitions et survivance des corporations

Le principal changement institutionnel des premières décennies du XIXe siècle concerne l'effritement, rapide ou très lent selon les pays, de l'ancien cadre juridique et institutionnel qui organisait le marché du travail à l'époque moderne, et en premier lieu les corporations, nommées *Guilds* en anglais et *Zünfte* en Allemand. Les corporations peuvent être définies comme des "structures multifonctionnelles, assurant le monopole de la production et de la vente, organisant une autogestion du métier par une juridiction spéciale et un *cursus honorum*, créant des institutions permettant la participation aux affaires de la ville et réunissant un ensemble de rites, de symboles et d'idiomes" [HAUPT, 1994]. Décidées en France dès 1791, les mesures abolissant ces institutions du travail se multiplient ensuite sur l'ensemble du continent, selon des chronologies variées. Dès le XVIIIe siècle, certaines activités comme les mines, les forges et le textile se développent déjà à l'écart du contrôle corporatif, dans le cadre des régimes des "concessions" et des "privilèges" concédés par l'État. C'est aussi pour échapper aux contrôles exercés par les corporations urbaines que des marchands fabricants encouragent la dispersion du travail dans les campagnes. Plus largement, l'historiographie a insisté sur le fait que, même dans les villes, de nombreuses activités ne sont pas incorporées, et des "faux ouvriers" s'installent dans les faubourgs en dehors de tout contrôle corporatif [KAPLAN, 1988].

Le processus d'effritement des guildes s'est d'abord engagé au Royaume Uni où, dès le XVIIIe siècle, les juridictions corporatives tombent en désuétude, leurs derniers vestiges étant définitivement abolis lorsque disparaît en 1814 le *Statute of Artificers and Apprentices*. Mais c'est l'expérience française qui exerce sans doute l'influence la plus durable sur le continent. La généalogie, le contexte et les effets de l'abolition des corporations décidée en France en 1791 suscitent de nombreuses recherches dans la foulée des réflexions menées sur l'impact de la révolution sur le développement du capitalisme [KAPLAN, 2001 ; MINARD, 2004 ; HIRSCH, 1991]. Le décret d'Allarde de 1791 proclame la disparition des "corps, jurandes et maîtrises", suivi par le décret Le Chapelier qui interdit les coalitions ouvrières et empêche la reconstitution de communautés organisées des travailleurs. Ces décrets façonnent les relations de travail en France pendant l'essentiel du XIXe siècle. Pourtant, il faut insister aussi sur le maintien et l'influence du langage corporatif jusqu'au milieu du XIXe siècle au moins [SEWELL, 1983], et sur la persistance de ces institutions corporatives dans de nombreuses autres régions d'Europe où elles conservent leur pertinence pour réguler et contrôler le travail.

Dans la péninsule ibérique par exemple, l'abolition est officiellement imposée dès 1810 par Joseph Bonaparte, mais les corporations renaissent après 1815 et leur suppression est en réalité très progressive et n'est effective que dans les années 1830 [HANNE, 2003]. Dans l'espace germanique, les corporations sont abolies assez tôt également avec l'intervention française sur la rive gauche du Rhin. En revanche, elles subsistent ou sont restaurées dans d'autres régions comme l'Allemagne du Sud ou la Saxe. On retrouve la même tendance à les restaurer en Autriche, et dans certaines parties de la péninsule italienne comme la région de Gènes. Dans ces territoires, les corporations subsistent et ne disparaissent réellement qu'autour de 1860. Cette survivance s'explique par le rôle que jouaient ces institutions, leur utilité pratique, notamment en matière de surveillance des produits comme avec les corporations des bouchers et des boulangers rétablis dans certaines villes, et du fait de l'influence maintenue des maîtres et boutiquiers qui constituent une part importante des notables urbains.

La Prusse se caractérise de son côté par une situation hybride. L'État reconnaît certes la liberté du commerce dès 1810 – les artisans ne sont dès lors plus obligés d'être membres d'une corporation et peuvent ouvrir un commerce sans formalité légale autre qu'une déclaration fiscale –, mais il n'abolit pas immédiatement les corporations comme l'ont fait les révolutionnaires français. Les années 1820 et 1830 voient même le retour d'un soutien aux corporations et leur renaissance dans de nombreux territoires comme la Bavière en 1834, même si leurs prérogatives sont plus limitées qu'auparavant. C'est finalement le seul Reich, unifié après 1870, qui abolit définitivement les corporations dans l'ensemble de l'espace germanique. Renoncer aux corporations semblait en effet bien trop risqué face à un monde turbulent et instable.

Longtemps évidente, l'idée que les corporations ont disparu à l'époque révolutionnaire et dans les décennies suivantes en raison de ce qu'elles représentaient – des institutions périmées, des reliques archaïques d'un ancien régime voué à l'effondrement – a été contestée par de nombreux travaux consacrés à la survivance et la fonction de ces institutions dans l'Europe du début du XIXe siècle [HAUPT, 1994]. Le débat a notamment porté sur l'apprentissage. Même si pour beaucoup d'observateurs du XIXe siècle la suppression des corporations (qui libère les travailleurs de l'obligation de passer par une phase d'apprentissage pour accéder à un métier) correspond à une mort de l'apprentissage, à une forme de décadence qu'ils rendent responsable d'une indiscipline croissante de la main d'œuvre et d'une détérioration de la qualité des produits, d'autres travaux récents insistent sur le fait que, loin de disparaître, l'apprentissage en réalité se réorganise. Bien que les tribunaux puissent le reconnaître comme un contrat valable, l'apprentissage est souvent conclu par un simple accord verbal et reste ainsi peu visible. À partir des recensements des années 1850, des enquêtes révèlent un taux de 5 à 15 % d'apprentis parmi les garçons de treize à dix-huit ans de six villes françaises [CROWSTON et LEMERCIER, 2019].

Travail, liberté et discipline

En Europe, la situation des mondes du travail dans les années 1830 est l'aboutissement d'une crise profonde des anciennes régulations. La liberté et le libre jeu de la concurrence commencent à émerger comme des impératifs. Les contraintes et servitudes sont levées, notamment sur le travail paysan. Si le servage n'était plus en France qu'un vestige lorsque la Révolution l'abolit, à l'Est de l'Europe en revanche, en Prusse, mais aussi en Hongrie, en Roumanie ou en Russie, les grands propriétaires fonciers conservaient un large pouvoir sur les paysans et leur travail, en attachant ceux-ci à la terre. Ce nouveau servage né à l'époque moderne garde toute sa vigueur jusqu'au XIXe siècle, voire, dans certains endroits, jusqu'aux premières décennies du XXe. Amorcée dès le début du XIXe siècle par les ministres prussiens Stein et Hardenberg, la disparition de l'ancien système féodal en Prusse s'accélère dans les années 1830. À l'ouest de l'Elbe, l'émancipation à l'égard des contraintes féodales s'opère ainsi en 1831 dans la Hesse électorale, en 1832 en Saxe, en 1831-1833 dans le Hanovre ; Bavière la situation ne change pas avant avant 1848 [PRASS, 2004].

Mais le mot d'ordre de liberté est profondément ambigu et l'idée de contrat de travail libre signé entre deux parties consentantes demeure souvent une fiction. Dans une grande partie de l'Europe du Sud et de l'Est subsiste un puissant encadrement paternaliste des ouvriers. Même dans les pays phares du libéralisme naissant que sont la Grande-Bretagne et la France, les recherches récentes insistent sur la persistance, la transformation et la réinvention de nouvelles formes de contraintes plutôt que leur disparition pure et simple dans la foulée des révolutions libérales [STANZIANI, 2010]. On sait en effet que le mot d'ordre de liberté du travail plonge les manufacturiers dans une vive inquiétude au début du XIXe siècle. Comment assurer la discipline de la main d'œuvre et la régularité de la production ? Cette question hante les acteurs du champ économique et pousse à l'élaboration de divers mécanismes institutionnels, juridiques ou techniques afin de contrôler et de discipliner les ouvriers [HIRSCH et MINARD, 1998].

Ainsi, en Angleterre, si les corporations ont disparu, le travail n'en devient pas libre pour autant : les *Master and Servant Acts* définissent un statut inégal entre employeur et employé. Le salarié n'a pas la possibilité de se défendre dans les cours de justice en cas de litige, et il est soumis à des amendes ou à de poursuites criminelles en cas de non-respect du contrat, ou de sa durée. Ces peines sont plus ou moins lourdes en fonction des crises et de la conjoncture économique. La tendance qui se dessine est au durcissement et à la criminalisation des ouvriers, en dépit de l'image idyllique mais fausse d'une Grande-Bretagne libérale. De nombreuses recherches ont montré comment les peines de prison prévues et effectivement infligées aux ouvriers pour inconduite ou rupture d'engagement deviennent plus longues, s'accompagnant même de plus en plus souvent de châtiments par le fouet et de travaux forcés pendant l'emprisonnement [HAY, 1998, 2000 ; STEINBERG, 2003]. Alors que les anciennes garanties offertes aux ouvriers par le vieux statut élisabéthain sont tombées en désuétude, la relation entre patrons et ouvriers devient de plus en plus inégale. Cette infériorité juridique des travailleurs perdure jusqu'au vote de l'*Employers and Workmen Act* de 1875 [DEAKIN et WILIKINSON, 2005]. Toutefois, ce carcan de la surveillance et du contrôle s'allège un peu avec l'abolition en 1824 des *Combination Acts* de 1799-1800, qui interdisaient toute organisation ouvrière sous le prétexte d'endiguer l'influence des clubs politiques qui s'étaient multipliés dans la foulée de la Révolution française.

La France n'est pas en reste en matière de surveillance et de contrôle de la main d'œuvre. Au début des années 1830, la situation reste modelée par la loi Le Chapelier de 1791, par le livret ouvrier institué en 1803 avant d'être généralisé en 1806, et par le délit de coalition fixé par le Code pénal de 1810. On sait également combien les Codes civil et pénal français exercent une grande influence en Europe. La Belgique et les Pays-Bas y sont soumis tout comme l'Allemagne : dès 1804 pour les territoires à l'ouest du Rhin, puis au fil des campagnes napoléoniennes pour les grands duchés de Bade et Francfort, pour la Rhénanie, ainsi que pour Hambourg et Brême. Dans la péninsule italienne, les codes napoléoniens s'appliquent dans les territoires annexés, comme le Piémont en 1802 ou la République de Gênes en 1805, puis par étapes dans l'ensemble de la péninsule.

L'histoire du livret ouvrier*, document où étaient inscrites les entrées et les sorties de la main d'œuvre, offre un cas particulièrement intéressant de dispositif de contrôle. Alain Dewerpe a proposé une passionnante relecture de ces livrets, comme un examen des trois logiques qui sous-tendent leur existence : normaliser les marges en luttant contre les vagabonds ; sécuriser les rapports sociaux via un contrôle strict ; gérer, enfin, le marché du travail et la mobilité des travailleurs. Ce livret ouvrier constituait un frein à la mobilité professionnelle et géographique, même s'il faut relativiser son impact : il n'est pas utilisé partout et souvent les femmes en sont exclues (car il fallait se rendre au commissariat, ce qui n'était pas moralement acceptable). Même si toute annotation était prohibée par la loi, les informations stipulées dans le livret permettaient néanmoins aux employeurs d'identifier certaines pratiques comme la grève (puisqu'étaient marquées les dates de changement de travail ou de déménagement). D'autre part, le livret était souvent conservé par l'employeur lui-même, même après l'interdiction de cette pratique en 1854. Il ne sera aboli qu'en 1890. Ce système du livret exista également dans l'espace germanique entre 1808 et 1829, sous la forme des “listes noires” (*Wanderbücher*).

D'autres outils et instruments devaient permettre de limiter l'insubordination des travailleurs et assurer leur contrôle autour de 1830. C'est notamment l'une des fonctions des innovations mécaniques qui retiennent de plus en plus l'attention et sont de plus en plus encouragées par les autorités, les économistes et certains fabricants. Dans son enquête sur l'impact de l'agitation syndicale en Grande-Bretagne au début des années 1830, Edward Carleton Tufnell (1806-1886), membre de *Statistical Society of London*, observe que l'introduction de procédés mécaniques a fréquemment comme premier objectif de résorber les conflits (*Character, Objects and Effects of Trade Unions, with some Remarks on the Law concerning them*, Londres, 1834 [1972], *section II: "Effect of Combinations on the Introduction and Improvement of Machinery"*). Il évoque par exemple le cas de l'introduction des machines d'élévation mues par la vapeur dans l'industrie du bâtiment. Dès le début des années 1830, plusieurs équipements de ce type sont employés pour acheminer les matériaux au sommet des édifices en construction. Samuel Holme, l'un des principaux industriels du secteur à Liverpool, raconte comment l'agitation de ses ouvriers pour obtenir une augmentation de salaire l'a poussé à investir dans une machine de 100 livres qui lui permettait de remplacer vingt travailleurs par quatre. Il ajoute que, devant ce premier succès, il s'est empressé d'adopter d'autres perfectionnements techniques afin de prévenir d'autres grèves en utilisant la menace de la suppression des tâches. Dans la biographie qu'il consacre au célèbre mécanicien anglais James Nasmyth, qui créa notamment l'établissement de fonderie Bridgewater près de Manchester, Samuel Smiles affirme de même que le progrès mécanique doit résorber l'agitation sociale [JARRIGE, 2009]. En France aussi les fabricants font de la mécanisation un outil pour discipliner leur main d'œuvre. Par exemple, Eugène Griolet, un important filateur de Paris qui employait 150 ouvriers dans la capitale et 1000 en province au début des années 1830, explique que "c'est par suite d'une coalition d'ouvriers fileurs [qu'il a] été forcé d'acheter ces dernières machines" (*Enquête relative à diverses prohibitions établies à l'entrée des produits étrangers*, Paris, 1835, Eugène Griolet, filateur de laine, désigné par la Chambre de commerce de Paris (22 octobre 1834), p. 118). Dans les centres textiles lainiers du Midi, le spectre des désordres ouvriers est également évoqué pour justifier les changements techniques et dépasser les méfiances et les réticences qui existent souvent chez les fabricants eux-mêmes.

Ouvriers, statuts et salariat

En 1830, le salariat, entendu comme une relation contractuelle entre un travailleur et un employeur, où le premier vend sa force de travail au second en échange d'un salaire (le produit du travail réalisé restant la propriété de l'employeur), demeure une réalité ambiguë qui est loin de caractériser l'ensemble du monde du travail. Le mot n'est d'ailleurs pas employé à l'époque, et pour Robert Castel il n'existe tout simplement pas [CASTEL, 1995]. Il n'y pas de classe ouvrière unifiée identifiable en Europe, ou clairement délimitée par le droit. Les trajectoires individuelles ne sont pas linéaires : l'on peut être apprenti ou compagnon dans une petite entreprise avant de s'installer à son compte – souvent après le mariage – et le cas échéant redevenir ouvrier en cas de crise. L'ouvrier ne doit donc pas être confondu avec le salarié. Le travailleur urbain type de 1830 est surtout le petit artisan qui travaille seul, en famille ou avec un aide ou un compagnon, à mille lieues du "prolétaire" d'usine, même s'il existe aussi des journaliers au statut précaire, souvent embauchés le matin et licenciés le soir. Une bonne partie des compagnons ne s'engagent qu'à la tâche, pour quelques mois. Beaucoup de travailleurs non agricoles dépendent de ce que les juristes nomment en France le "louage d'ouvrage*" : l'ouvrier ne vend pas son temps de travail mais s'engage à livrer une marchandise (son "ouvrage") qu'il produit en échange d'un paiement à la tâche, sans qu'aucune durée de travail ne soit explicitement prescrite ou imposée [LEMERCIER, 2019].

En 1830 il n'existe pas véritablement de droit du travail, entendu comme un droit séparé des codes généraux, même si en Angleterre existent les *Master and Servant Acts*. Sur le continent, c'est le Code civil qui fixe les obligations de la main d'œuvre. En France, le contrat de travail est défini par le Code civil de 1804 comme une forme de "louage de service" : comme tout contrat, il résulte d'un échange de libres volontés, et le salarié n'a donc pas à être protégé plus que l'employeur en cas de conflit. "Le louage de service – explique l'article de 1780 – fait sans détermination de durée, peut toujours cesser par la volonté de l'une des parties contractantes." Selon ce texte à l'influence majeure et durable, l'employeur n'a pas de responsabilité particulière du fait de l'existence d'un contrat de travail ; il peut ne donner du travail que pour quelques jours. Il est par ailleurs libre de fixer les conditions concrètes d'exercice de ce contrat puisque le salarié est libre de partir et, s'il ne le fait pas, il est présumé qu'il accepte les conditions fixées. En cas d'accident du travail, la responsabilité de l'employeur n'est pas en cause, sauf si l'ouvrier parvient à prouver la culpabilité de son patron.

Mais de plus en plus de voix commencent à s'élever autour de 1830 pour dénoncer l'inégalité des contractants et l'absence de réglementation du travail. Les libéraux commencent à réclamer la révision du Code civil pour y inclure une législation du travail alors que les premiers radicaux et socialistes des années 1830 demandent des réformes en faveur des ouvriers. Par ailleurs, les traditions juridiques et les jurisprudences locales et nationales qui définissent le statut des travailleurs, et leurs obligations, fluctuent beaucoup. En France, les prud'hommes, les justices de paix et les tribunaux de commerce voient ainsi dans les engagements ouvriers des obligations de résultats, des devoirs de parvenir à un produit matériel suivant les "règles de l'art", sans pour autant que cela n'implique une obéissance stricte au patron (comme en Angleterre, où les jurisprudences jugent l'emploi des ouvriers comme un engagement à obéir). C'est ce qu'affirme par exemple le manuel de droit de Burns en 1837, qui explique que "le salarié s'engage de façon tacite à obéir aux ordres légaux et raisonnables de son employeur dans le cadre des obligations de son contrat" [COTTEREAU, 2006]. En France, il existe une disjonction bien plus nette entre louage d'ouvrage et relation de subordination. La main d'œuvre parvient à négocier des tarifs et normes locales à l'échelle de la place de fabrique, grâce à des sphères de délibération publique légale locales comme l'étaient les tribunaux de Prud'hommes, dont l'étude a été renouvelée par Alain Cottereau.

Le monde du travail de 1830 se caractérise fondamentalement par l'absence de frontières étanches entre le petit patron et l'ouvrier de métier, ce qui explique aussi les singularités des modes d'organisation, des solidarités professionnelles et des engagements politiques du temps. La perspective de devenir patron anime de nombreux travailleurs dans le contexte post-révolutionnaire qui a vu la mobilité sociale promue comme un nouvel idéal pour beaucoup de ceux qui disposent de savoir-faire et de compétences reconnues [CASTEL, 1995]. Être un ouvrier en 1830 renvoie donc moins à un statut juridique précis, ou à l'appartenance au monde du salariat, qu'à l'expérience du travail manuel. Être ouvrier c'est appartenir au monde de ceux qui triment et œuvrent à la production de richesse, face au monde des oisifs, des aristocrates ou des bourgeois. Dans les écrits du temps, les notions de "peuple", de "classe laborieuse" et d'ouvriers sont d'ailleurs généralement employées de façon indistincte.

Rémunérations, salaires et niveaux de vie

La question des modes de rémunérations est également centrale pour définir les modalités du contrôle des ouvriers, les contours du monde du travail et la condition des travailleurs. La libéralisation et l'affranchissement à l'égard des liens et modes de régulation antérieurs conduisent à la constitution progressive du salariat, selon des chronologies qui peuvent être discutées. La question de savoir dans quelle mesure s'installe réellement une nouvelle régulation libérale et concurrentielle du marché du travail, et comment celle-ci influe sur l'évolution du salaire et des niveaux de vie, reste entière.

Les modes de paiement et les rémunérations sont complexes du fait de la diversité des situations et du manque fréquent de sources. Ainsi, pour les chefs d'ateliers (petits artisans possesseurs du métier et travaillant pour un négociant qui achète la matière première et la donne à travailler aux artisans), la rémunération n'est ni tout à fait un profit, ni un salaire : elle s'apparenterait plutôt à un "bénéfice", selon une sorte de système intermédiaire. On peut évoquer des chaînes de sous-traitance, où les chefs d'ateliers sont à la fois entrepreneurs et ouvriers. Cette situation se retrouve dans de nombreux secteurs dans les années 1830, qu'il s'agisse des premières filatures de coton, des soieries, de la bonneterie ou de la rubanerie de nombreuses régions européennes [DÉMIER, 2007]. Les premiers patrons adaptent les modes de rémunération anciens plus qu'ils ne les abandonnent, et le salaire désigne le paiement à la tâche. Les ouvriers des années 1830 ne se considèrent pas comme des salariés modernes, mais davantage comme des petits entrepreneurs plus ou moins indépendants, recevant un bénéfice pour leur tâche, et devant s'acquitter de diverses sommes pour payer la lumière ou l'utilisation de la vapeur dans les premières usines mécanisées [REDDY, 1981]. En bref, pour beaucoup d'artisans et d'ouvriers, il s'agit moins de vendre cette marchandise "étrange" qu'on appelle travail que les produits et marchandises bien réels fabriqués en quantité croissante pour répondre à l'augmentation de la demande.

Le salaire lui-même devient, au XIXe siècle, un prix comme un autre, soumis aux fluctuations de l'offre et de la demande plutôt que d'être fixé par la coutume, ou même le juge local comme en Angleterre. Dans ce pays, l'abolition de la "loi sur les pauvres" en 1834 marque un tournant. L'ancien système – la fixation des salaires par les juges – y laisse peu à peu la place au salaire conçu comme le résultat d'un mécanisme de marché. Pour reprendre l'expression de Karl Polanyi, il s'agit d'une "grande transformation", puisque le prix de la force de travail relève désormais de mécanismes strictement économiques, et non plus politiques ou sociaux. Cette "marchandisation" de la force de travail engendre des conséquences sur les salaires et leurs modalités de fixation [POLANYI, 1983].

En outre, le "salaire" demeure très variable selon les régions, les groupes professionnels, et la conjoncture. Les femmes perçoivent en général 50 % des salaires masculins, et les enfants 25 %. Ceux des cordonniers, des tailleurs ou des maçons sont très bas, comme ceux des tisserands de village de plus en plus paupérisés, alors que d'autres ouvriers des industries du luxe comme certains ébénistes et bijoutiers, ou encore le secteur en croissance des mécaniciens, peuvent être sensiblement supérieurs. La question des niveaux de salaires et de l'évolution des niveaux de vie dans la première moitié du XIXe siècle a également suscité de nombreux débats et essais de reconstruction parmi les spécialistes de la seconde moitié du XXe siècle. Le débat fut particulièrement

Types de contrats, modes de rémunérations et tribunaux compétents en France.

Personne concernée / personne qui l'emploie	**Type de contrat** *(selon les juristes)*	**Rémunération typique**	**Tribunal qui peut être saisi en cas de conflit**
Avocat / son client	Mandat, pour une affaire ou pour toutes les affaires à venir du client	"Honoraires" négociés à chaque affaire	Tribunal civil
Comptable / négociant	Contrat d'employé (pas de nom juridique spécifique), pour une ou plusieurs années	"Appointement" fixés pour l'année	Tribunal de commerce
Canut / négociant en soie	Louage d'ouvrage, pour une certaine quantité de soie d'un certain type	Paiement du prix négocié au préalable pour la soie tissée	Conseil de prud'hommes
Dévideuse (maîtresse) / canut qui lui passe commande	Louage d'ouvrage, pour une certaine quantité de soie d'un certain type	Paiement du prix négocié au préalable pour la soie dévidée	Conseil de prud'hommes
Ouvrière de la maîtresse dévideuse	Louage d'ouvrage, pour une certaine quantité de soie d'un certain type	Paiement du salaire (à la pièce) négocié au préalable pour la soie dévidée	Conseil de prud'hommes
Apprentie couturière / maîtresse couturière	Apprentissage, pour plusieurs années	Parfois nourrie et/ou logée, parfois payée à la journée, parfois par des pourboires	Conseil de prud'hommes
Garçon boucher / boucher	Louage d'ouvrage, pour une durée implicite mais courte	Salaire à la journée et nourriture	Conseil de prud'hommes
Journalier ou "homme de peine" / charpentier	Louage de services, pour une durée implicite mais courte	Salaire à la journée	Juge de paix
Ouvrier agricole ("domestique de ferme" ou "journalier") / cultivateur	Louage de services, pour un moment (ex. : moisson) ou plusieurs années	Salaire à la journée ou fixé pour l'année + logement et nourriture	Juge de paix
Bonne / sa maîtresse	Louage de services, pour au moins un an	"Gages" fixés pour l'année + logement et nourriture	Juge de paix

vif en Grande-Bretagne dans les années 1950-1960. Il est lancé en 1957 par l'historien marxiste Eric Hobsbawm qui concluait à une baisse de la consommation des ouvriers anglais avant 1850 ; l'économiste Hartwell publie en 1961 un article qui rejette cette vision pessimiste au profit d'une vision plus optimiste [Hobsbawm, 1957 ; Hartwell, 1961]. Dans le chapitre 10 de *La Formation de la Classe ouvrière anglaise*, intitulé "Niveau de vie et expérience", l'historien E. P. Thompson réplique en reprenant l'interprétation de "la révolution industrielle" comme catastrophe. Avec son style polémique si caractéristique, il s'en prend au "cynisme" de Hartwell qui "a survolé la question avec cet air blasé qui caractérise la conscience à toute épreuve de l'ère atomique", et entend "réaffirmer un point de vue plus traditionnel", selon lequel "l'exploitation de petits enfants, à cette échelle et avec cette intensité, fut l'un des événements les plus honteux de notre histoire" [Thompson, 2012, p. 318]. Le débat n'a cessé d'être relancé depuis, opposant des positions difficiles à réconcilier et à généraliser compte tenu de la diversité des situations et des contextes ainsi que de l'ambivalence des sources disponibles. Néanmoins, il fait peu de doute qu'autour de 1830 les débuts de l'industrialisation tendent à accentuer la misère : les revenus se contractent, les risques d'accidents s'aggravent, la mise au travail des enfants dans l'industrie s'étend – provoquant de nombreux scandales – alors que la durée du travail tend à augmenter parmi les ouvriers à domicile comme dans les premières usines.

La question de la durée du travail et son ampleur au début de la période – étroitement liée à celle des salaires et des niveaux de vie – reste elle aussi incertaine et débattue. Elle a surtout été scrutée de près en Grande-Bretagne. L'article classique d'Edward Palmer Thompson intitulé "Temps, discipline du travail et capitalisme industriel" a lancé le débat en distinguant le temps orienté par la tâche (*task-oriented*), dans lequel le travailleur reste indifférent au rythme de l'horloge et organise son activité comme il l'entend, et le temps mesuré (*timed labour*) du salarié, qui prend son essor au XIXe siècle, et dans lequel le travail est payé au temps, ce qui suppose prévision, synchronisation, régularité des tâches et donc aliénation de l'ouvrier [Thompson, 2004]. Dans cette perspective, l'industrialisation aurait vu l'accroissement de la durée travaillée et représenterait fondamentalement une bataille pour le contrôle du temps du labeur et de ses rythmes. Si ce constat est peu contesté, l'historiographie insiste désormais sur les nombreux indices qui montrent les limites de la discipline au travail alors que le contrôle des horaires demeure souvent très lâche, et que la multiplication des règlements d'ateliers témoigne sans doute davantage de l'impuissance des patrons que de leur capacité à imposer un contrôle strict [Melucci, 1976 ; Cottereau, 1989]. L'étude de Voth a en partie renouvelé le sujet en s'appuyant de façon originale sur des sources judiciaires afin de quantifier les occupations des travailleurs au cours de la journée, grâce à la parole des témoins appelés devant les tribunaux de Londres et du nord du pays. Selon ses conclusions, après une augmentation continue du temps de travail depuis le milieu du XVIIIe siècle, on assisterait à une première diminution autour de 1830 : la croissance industrielle d'avant 1830 tiendrait moins à un accroissement de la productivité qu'à celle du temps travaillé [Voth, 2000]. Sur le continent, il semble faire peu de doute que la durée du travail atteint son apogée historique dans les années 1830-1840, avec des durées quotidiennes qui peuvent atteindre 14 voire 15 heures durant l'été. Mais l'on manque d'études empiriques précises et les méthodes de calcul ont, là encore, suscité pléthore de discussions sur les formes, les causes et les conséquences du processus [Maitte et Terrier, 2011, 2014]. Des enquêtes menées sur le travail des ouvriers du textile et de la mine de la région liégeoise en Belgique concluent à la fois sur la dureté des conditions d'exploitation de la main d'œuvre concentrée, la longueur des durées du travail, mais aussi sur la diversité des situations individuelles, qui implique de prendre en compte les capacités de négociation et de résistance des acteurs [Terrier, 2014].

Des essais agrégés de longue durée ont également été proposés pour reconstituer l'évolution des salaires, malgré la fragilité des données disponibles et la grande hétérogénéité des situations selon les régions, les groupes professionnels et les périodes. Un consensus se dégage toutefois sur la stagnation des salaires, voire la régression du salaire réel en Europe dans la première moitié du XIXe siècle, avant une période de croissance après le milieu du siècle. Les séries nationales de salaires réels qui existent pour la France ou l'Allemagne, comme les informations éparses sur les salaires et les prix dans diverses localités et pour différents métiers sur le continent, suggèrent un déclin de quelque 20 % entre le milieu des années 1820 et le milieu des années 1840, avec une conjoncture de crise particulièrement marquée autour de 1830. De nombreux maîtres artisans, eux-mêmes parfois salariés ou travailleurs à domicile, subissent une baisse de revenus similaire. Les statistiques sur la consommation de viande en milieu urbain, comme les travaux anthropométriques récents menés sur les populations ouvrières de certaines régions soutiennent également cette hypothèse [Weir, 1997 ; Heyberger, 2009, 2011].

En France, des travaux sont conduits des années 1950 aux années 1970 pour tenter de reconstruire des indicateurs statistiques de l'évolution des salaires et du "pouvoir d'achat des ouvriers français" [Lhomme, 1968; Rougerie, 1968; Boyer, 1978]. Dans l'espace germanique, les efforts en ce sens subsistent plus longtemps, même si les données disponibles avant 1880 sont très incertaines. C'est seulement après cette date que s'ouvre réellement l'âge statistique, lorsque les organismes publics commencent à recueillir des informations sur les taux de rémunération en vue d'administrer les régimes de sécurité sociale mis en place en 1883-1884. Pour les périodes antérieures, Kuczynski, dans sa monumentale histoire de la classe ouvrière allemande, a rassemblé un grand nombre de séries de salaires pour diverses professions dans un échantillon d'entreprises et de villes, et a élaboré des indices de salaires pour les travailleurs non agricoles, tant au niveau de la branche qu'au niveau agrégé [Kuczynski, 1961-2]. Par la suite, les efforts de reconstructions des indices de salaire et de leur évolution se sont généralement appuyés sur les données salariales de Kuczynski, tout en les précisant au moyen des nouvelles séries statistiques disponibles montrant un accroissement continu des salaires, d'abord lent puis de plus en plus important à partir de 1860, avec de fortes différences selon les secteurs – les ouvriers du livre gagnant bien plus que les mineurs, les ouvriers du textile ou même les mécaniciens [Pfister, 2018].

Quelques enquêtes ont également été menées à l'échelle d'entreprises industrielles disposant d'importantes archives conservées, comme la grande usine de coton belge Voortman à Gand, l'une des plus importantes du pays, et même d'Europe, au XIXe siècle [Scholliers, 1996]. Les patrons y ont mené une politique de bas salaire systématique. À partir des années 1830, l'entreprise déploie diverses stratégies pour baisser les salaires, notamment en embauchant des femmes et des enfants. Alors que les années 1830 sont un moment de restructuration sous l'impact de la concurrence internationale, l'industrie cotonnière de Gand se spécialise dans les produits de qualité médiocre fabriqués au moyen de grandes machines, par une main d'œuvre exploitée de façon particulièrement dure et aux salaires très bas.

Un nouveau type de travailleur apparaît peu à peu autour de 1830 : le salarié des manufactures concentrées, à commencer par les filatures de coton qui regroupent le plus grand nombre de ces ouvriers. Le terme ouvrier commence d'ailleurs à être réservé à ce type de travailleur qui bénéficie d'une rémunération sous forme de salaire et s'inscrit dans un rapport de subordination inédit à l'égard de l'employeur. L'invention de ce nouveau salariat industriel, soumis à de fortes contraintes disciplinaires et à une pression salariale constante, est toutefois très lente et demeure une exception en Europe.

LA DÉCOUVERTE DU PAUPÉRISME

Si les mondes industriels s'inventent très progressivement, et de façon variable selon les territoires, dans toute l'Europe un intérêt nouveau pour l'industrie et ses effets s'empare des acteurs du champ économique autour de 1830. Face à ceux qui mettent dans cette industrie leurs espoirs d'abondance et d'émancipation, d'autres y détectent la source d'une nouvelle aliénation, à l'image du Français Lamennais, pourfendeur de l'"esclavage moderne" qu'il entrevoit dans les usines concentrées des années 1830, alors que dans les colonies subsistent de nombreuses formes de travail contraint. Les années 1830 voient l'émergence de nouvelles représentations du travail, en lien souvent étroit avec les évènements révolutionnaires qui traversent le continent.

Travail, révolution et politique en 1830

Les mondes du travail européen rencontrent les enjeux politiques autour de 1830. Dès les années 1820 des révolutions vite réprimées éclatent en Espagne, au Piémont et à Naples, en faveur de constitutions plus libérales. En Angleterre, en France et en Belgique, une opposition libérale de plus en plus puissante s'exprime également dans un espace public qui s'élargit, notamment via des pétitions, mais aussi des banquets, sérénades, charivaris et enterrements protestataires mobilisant des groupes sociaux variés [Fureix, 2009 ; Robert, 2010]. Les libertés publiques figurent alors au cœur des aspirations populaires. Une politisation souterraine, croisant élites et classes populaires des villes, commence à se manifester. Ailleurs, ce sont plutôt des sociétés secrètes (dans les États italiens, en Pologne, ou en Grèce) ou des fraternités étudiantes (*Burschenschaften* dans les États allemands) qui rêvent d'émancipation patriotique. La vague insurrectionnelle de 1830 naît de ce contexte de crises sociales et économiques que connaît le continent. Après 1828, des mauvaises récoltes entraînent en effet, en raison de l'importance de la consommation rurale, une baisse de l'activité et des investissements, avec comme corollaire la chute des salaires, la hausse des prix, et le manque de travail, entraînant à son tour un accroissement des tensions sociales et un cycle de protestations populaires [Gonnet, 1955 ; Johnson, 1975 ; Pilbeam, 1989].

Les Trois Glorieuses parisiennes des 27, 28 et 29 juillet 1830 ont de nombreux échos dans les grandes capitales européennes. Les barricades se multiplient en quelques heures dans la capitale française, au point de devenir des allégories de l'événement et de s'imposer durablement comme un élément fondamental des soulèvements ouvriers européens [Traugott, 2011]. Conséquence d'une captation de la révolution par les élites libérales, au grand dam des populations ouvrières et artisanales, le duc d'Orléans, Louis-Philippe, devient finalement roi des Français le 7 août 1830. Mais alors que les libéraux limitent la révolution à un strict plan constitutionnel, des ouvriers parisiens l'imaginent sous les traits d'un droit au travail et d'une dignité reconnue, et les ruraux la traduisent en abolition des impôts indirects, comme ceux sur les boissons ou les fenêtres. Le cycle révolutionnaire inaugure un essor des grèves, des protestations diverses, et la mise à l'agenda politique de la question du travail et de sa réforme. L'Europe voit ainsi se multiplier les troubles sociaux, de l'Angleterre à la Rhénanie. Un soulèvement populaire, devenu révolution, touche la Belgique en août et septembre 1830. En Pologne, une conjuration militaire débouche sur des émeutes contre la domination russe en novembre 1830. Certains États de l'Italie centrale connaissent des soulèvements libéraux. Des mouvements constitutionnels touchent également une partie des États allemands, ainsi que la Suisse. Une nouvelle "Europe des peuples" est imaginée par certains, fondée sur l'idée de souveraineté. Mais, dès 1831-1832, un reflux conservateur ou contre-révolutionnaire ne tarde pas à geler cette dynamique, poussant les ouvriers à réinventer leurs répertoires d'action et à prendre leur distance à l'égard des promesses de réformes politiques [Church, 1983 ; Aprile *et alii*, 2013].

Par ailleurs, les questions économiques et sociales s'internationalisent dans la foulée des circulations révolutionnaires. Les révolutions de 1830 s'insèrent en effet dans un processus d'intensification des échanges. Le livre le *Visiteur du pauvre* du baron Gérando, philanthrope et l'un des fondateurs de la Société française pour l'abolition de l'esclavage en 1834, est traduit en allemand dès 1829 et obtient un vif succès. L'économie politique anglaise des machines est traduite et importée en France comme remède aux insurrections, à l'image des traités de Charles Babbage ou Andrew Ure qui promeuvent la grande industrie automatisée [Jarrige, 2010]. La question du libre-échange est également promue en Europe après 1830 par l'arrivée au pouvoir des réformateurs libéraux en Angleterre, en France ou en Belgique, et l'ouverture des négociations commerciales. En 1831, le gouvernement britannique envoie ainsi en France le publiciste radical John Bowring afin de rallier la population à la cause du libre-échange en publiant dans la presse et en mobilisant l'opinion des régions exportatrices. En août 1830 ce polyglotte avait déjà conduit la délégation des radicaux britanniques venue adresser ses félicitations au peuple de Paris.

Entre 1831 et 1833, il quadrille le territoire français avant de poursuivre sa mission de lobbying en Suisse, en Italie en Allemagne, puis au-delà [Todd, 2008].

Insubordinations et protestations ouvrières

Les débuts de l'industrialisation, les nouveaux rapports sociaux qu'elle instaure, comme les paysages qu'elle dessine, créent souvent un environnement de méfiance à l'égard des expérimentations industrielles accusées de dégrader la qualité des produits et d'accentuer le paupérisme et la misère qu'il faut résorber et gouverner [Procacci, 1993]. Les écrivains romantiques dénoncent l'avènement d'un âge de fer oppressant pour les travailleurs, et les élites conservatrices partagent souvent une grande méfiance envers le nouveau monde industriel qui s'installe en remettant en cause les hiérarchies établies. La "question des machines", c'est-à-dire le débat sur leurs effets et leur rôle dans la production, est importante à l'époque. Dans les petits États du sud de la confédération germanique, comme dans les villes italiennes, les sentiments anti-industrialistes sont fréquemment la norme. Au sein du parti Tory britannique, l'industrie et l'avènement des grandes machines productives apparaissent également comme des menaces. Un peu partout, les années 1830 marquent néanmoins un basculement des élites européennes du côté du soutien à la grande industrie perçue de plus en plus comme la condition de la puissance des nations et de la perpétuation de leur pouvoir [Brose, 1993, 1997 ; Berg, 1982].

Parmi les classes populaires, un même basculement s'opère progressivement, même si les doutes et refus de la grande industrie, de ses rapports hiérarchiques et de ses équipements persistent. Les révolutions de 1830 en Europe ouvrent à cet égard un ensemble de possibilités inédites de s'exprimer pour les travailleurs, et un accroissement de la conflictualité sociale. Le nombre de grèves, d'émeutes, de troubles frumentaires augmente partout, plaçant de plus en plus la question du travail et de son prix, mais aussi celle de son organisation, au cœur de la réflexion.

Les situations britanniques et françaises sont particulièrement bien documentées à cet égard avec les travaux d'E.P. Thompson et la nouvelle histoire sociale des années 1970, et ceux de Jean-Pierre Aguet, Alain Faure et Charles Tilly, qui ont enquêté sur les grèves ouvrières avant leur légalisation. Tous insistent sur la montée des conflits du travail autour de 1830, notamment pour les salaires. Les "révoltes" des canuts de Lyon en 1831 et 1834, qui luttent pour la fixation d'un tarif et sont violemment réprimés, en constituent évidemment des illustrations spectaculaires et bien connues [Rude, 1982 ; Frobert, 2009].

Les émeutes de type luddite* et autres bris de machines, au cours desquels des groupes ouvriers détruisent les nouveaux procédés de production, voient également leur nombre augmenter aux lendemains de 1830 [Jarrige, 2009]. Ce type de désordres est ancien en France comme en Angleterre. Lors des troubles dit du luddisme en Angleterre, en 1811-1812, ils deviennent visibles et retiennent l'attention, frappant longtemps les esprits et restant encore dans les mémoires en 1830. Les protestations des travailleurs du textile anglais atteignent une ampleur inédite, alors que le pays connaît une grave crise et un chômage massif dans les comtés textiles. Nommées à partir d'un personnage mythique, Ned Ludd, qui aurait cassé le métier de son maître à la fin du XVIIIe siècle, ces émeutes dispersées mais de grande ampleur, au cours desquelles des travailleurs attaquent les usines et détruisent des machines, effraient les élites anglaises et trouvent un écho considérable jusqu'à faire du mot "luddisme" un terme générique pour décrire l'hostilité populaire à la mécanisation et l'action de détruire un équipement productif [Bourdeau, Jarrige, Vincent, 2006].

Alors qu'elles disparaissent dans les comtés textiles anglais, ces violences se retrouvent dans d'autres territoires en Europe au début des années 1830. En Angleterre, les vastes émeutes du Capitaine Swing au cours desquelles les travailleurs agricoles détruisent les nouvelles batteuses mécaniques retiennent ainsi l'attention [Griffin, 2012]. Des pétitions sont envoyées pour protester contre les transformations de l'outillage par les papetiers, ou par des tisserands comme ceux de Padiham ou de Leeds. Dès 1830, le tissage mécanique au moyen des *power loom* se généralise peu à peu alors qu'il commence tout juste à être utilisé sur le continent [Timmins, 1993]. En France, des conflits liés à la mécanisation ont également lieu autour de 1830, parmi les travailleurs du textile de l'ancienne industrie lainière du Midi en crise, mais aussi parmi certains groupes comme les imprimeurs typographes parisiens qui profitent de la révolution de Juillet pour briser les presses mécaniques de l'imprimerie royale, importées d'Angleterre l'année précédente [Jarrige, 2006].

En Belgique, la révolution libérale s'accompagne aussi de diverses protestations de ce type. À Verviers, capitale de l'industrie lainière, dès le lendemain des événements révolutionnaires bruxellois d'août 1830, la foule arborant le drapeau français se rend à l'hôtel de ville aux cris de "Vive Napoléon ! À bas Guillaume ! Brisons les machines !" Les autorités locales ne parviennent à restaurer le calme qu'en promettant une baisse de 30 % du prix du pain et la mise hors service des mécaniques. Le 30 août au matin, plusieurs fabricants font démonter leurs machines et les exposent à la vue de la population. À Bruxelles, plusieurs usines des faubourgs sont également attaquées par des ouvriers aux cris de “Plus de mécaniques ! À bas les machines !” En Suisse, c’est dans la zone cotonnière en pleine croissance autour de Zurich qu’éclate une émeute contre les machines à Uster en 1832, l’incident le “plus grave peut-être de notre histoire sociale” écrit un historien suisse [Bergier, 1974, p. 104]. Aux lendemains de 1830, divers troubles sont également signalés en Saxe, alors qu’à Leipzig a lieu une émeute dans une imprimerie [Spehr, 2000].

À côté des émeutes et violences de plus en plus repoussées comme des archaïsmes périmés, on observe l’émergence de nouvelles formes d’organisation des travailleurs et l’accroissement des expérimentations en vue de les émanciper. Contrairement au continent où elles restent interdites, en Angleterre les associations ouvrières sont autorisées depuis 1825. Les syndicats de métier connaissent dès lors une forte croissance et plusieurs tentatives d’union nationale sont amorcées : en 1830 est ainsi créée l’Association nationale pour la protection du travail ; en 1834, sous l’action de Robert Owen, est créée *la Grand National Consolidated Trades Union (Grande Union nationale des syndicats consolidés)* [Archer, 2000]. C’est sur le terreau des échecs de ces expériences successives que naît le mouvement chartiste à la fin des années 1830. Au début des années 1830, les artisans londoniens se rallient en effet de plus en plus aux réformes politiques après l’échec de leurs revendications et actions antérieures, que ce soit pour les tarifs, les lois sur le blé, ou contre les machines. Les cafés et lieux où l’on peut lire les journaux connaissent un réel essor. Face à la détresse économique, on assiste à un renouveau du radicalisme politique des populations ouvrières qualifiées des villes. La même chose s’observe en France même si le mouvement y est plus fortement réprimé en 1835 [Prothero, 1979, 2006].

Sur le continent, les lois restrictives restent en vigueur, ce qui n’empêche pas l’apparition de multiples formes d’organisations dans la plupart des régions en cours d’industrialisation. La révolution de Juillet accélère ainsi la prise de conscience des intérêts collectifs des travailleurs. Elle inaugure une phase d’essor des sociétés de secours mutuels, de résistance, des associations de production, des coopératives de consommateurs, mais aussi de la presse ouvrière et des expériences d’éducation à destination des ouvriers [Christen et Besse, 2017].

Paupérisme, question sociale et nouveau langage

Ces bouleversements industriels et les violences qu'ils suscitent dans certains groupes amènent les élites à interroger le travail et ses mutations. Même si on peut trouver des occurrences antérieures, l'expression "question sociale" se généralise d'ailleurs au lendemain de 1830 pour désigner la nouvelle misère née des transformations industrielles. En France, elle est popularisée notamment par le fouriériste Jules Lechevalier qui publie son livre *Question sociale. De la Réforme industrielle considérée comme problème fondamental de la politique positive* en 1833. Elle est utilisée largement par Victor Considerant dans ses *Destinées sociales* de 1835. Cette attention inédite à la question sociale se retrouve dans la littérature comme dans la pratique des enquêtes où se formule de plus en plus nettement un souci d'investigation des formes de la misère et du "paupérisme", mot emprunté à l'anglais "*pauperism*" et de plus en plus fréquemment employé dans les années 1830 [LYON-CAEN, 2004].

Dans l'espace allemand règne dans l'ensemble un consensus conservateur dur après la réaction post-1815. Les discours sur le monde du travail demeurent empreints de connotations folkloriques teintées de romantisme. Alors que le système de censure demeure strict, ce sont d'abord les exilés comme Heine ou Büchner qui, depuis Paris ou Londres, commencent à dénoncer la situation misérable des classes populaires qu'ils observent [HOOCK-DELMARE, 1999]. L'expression "*Die soziale Frage*" apparaît d'ailleurs après 1830 essentiellement comme traduction de l'expression française utilisée par Heine dans sa correspondance. En Angleterre, on sait que c'est Carlyle qui introduit l'expression équivalente de *condition of England question* dans son livre de 1839. [LEVIN, 1998 ; GRAY, 1996]. Les expressions espagnole "*cuestion social*" et italienne "*questione sociale*" émergent parallèlement, mais il resterait à suivre précisément leur circulation et leur appropriation.

Ce langage qui traduit un intérêt nouveau pour la misère, l'hygiène publique et le paupérisme est le fruit de l'inquiétude à l'égard des conséquences de l'industrialisation et de la croissance urbaine, mais aussi de l'obsession à l'égard du triomphe de l'individualisme, de la corruption et de la tyrannie de l'argent ou des horreurs de la grande ville. De façon plus générale, les années 1830 voient s'opérer le basculement des manières de penser le travail. La représentation du travail comme une souffrance imposée par Dieu à la masse des populations dominait dans l'Europe aristocratique et terrienne. Mais de plus en plus le travail est aussi pensé comme une source de richesse, voire un moyen d'émancipation. Le processus était bien entendu déjà engagé depuis longtemps, notamment dans les pays protestants dès le XVIIe siècle, puis à l'âge des "Lumières industrielles" et de l'essor de l'économie politique libérale [Coats, 1958]. Sous la Restauration, le français Saint-Simon avait déjà décrit l'ère industrielle naissante comme un nouveau moment de l'esprit qui succède au temps d'ignorance et de barbarie. Par contraste avec le parasitisme des oisifs de plus en plus dénoncé, le travail s'affirme progressivement comme l'essence de l'homme ; c'est par lui que s'opèrent l'humanisation de la nature et la libération des individus en lien avec les théories physiques [Vatin, 1993]. Ce nouveau paradigme s'intensifie et circule de plus en plus massivement après 1830.

Parmi les ouvriers et la main d'œuvre, on assiste également à l'émergence d'une revendication croissante d'autonomie et à la formulation d'un nouveau type de langage et d'un imaginaire social inédit du travail. Eric Hobsbawm constate en l'occurrence combien en France, comme en Angleterre, c'est surtout aux lendemains de 1830 que les expressions "classe ouvrière" et "*working classes*" – et la conscience qu'il existe une classe unifiée avec des intérêts et une identité partagés – commencent à circuler sous la plume des travailleurs eux-mêmes [Hobsbawm, 2000, p. 269]. Ces évolutions sont par ailleurs soutenues et légitimées par les divers courants socialistes – saint-simoniens et fouriéristes notamment – qui prennent leur essor en cherchant à établir une science de l'homme débouchant sur une meilleure organisation du travail, plus "harmonieuse" comme diraient les disciples de Fourier, mort en 1837. À Paris et à Londres en particulier, 1830 et ses suites constituent un moment extraordinairement riche en débats sur le travail et la question sociale. De nouveaux agencements théoriques apparaissent ; le néologisme "socialisme" ressurgit et se diffuse. À la suite des évènements révolutionnaires, certains comme Pierre Leroux s'éloignent de l'ancien mot d'ordre de liberté au profit de celui d'"association" qui fleurit massivement. Après une brève adhésion au mouvement saint-simonien, ce dernier, ouvrier typographe de métier, forge un socialisme républicain original qui entend faire toute sa place à la liberté tout en prônant un idéal d'égalité sociale. C'est d'ailleurs Pierre Leroux qui diffuse le néologisme "socialisme" aux lendemains de 1830, comme synonyme de science sociale, même si le mot avait déjà été employé avant et s'il existait en anglais (*socialism*, 1822) ou en italien (*socialismo*, 1803) [Guilhaumou et Branca, 1998].

De même, c'est dans les années 1830 que l'expression "révolution industrielle" commence à circuler pour décrire les bouleversements économiques. Elle est utilisée par Adolphe Blanqui en 1837 dans son *Histoire de l'économie politique* lorsqu'il compare les révolutions française et britannique : "tandis que la révolution française faisait ses grandes expériences sur un volcan, l'Angleterre commençait les siennes sur le terrain de l'industrie". En Belgique, c'est Natalis Briavoinne qui l'introduit en 1839 dans *De l'industrie en Belgique*. L'expression se banalise dans les années 1840 chez les observateurs continentaux de la Grande-Bretagne comme Friedrich Engels qui l'utilise dans *La Situation de la classe laborieuse en Angleterre* publiée à Leipzig en 1845. Elle reste néanmoins peu employée dans le pays lui-même, et l'expression ne traverse réellement la Manche que dans les années 1880 chez Toynbee interprétant et étudiant les débuts de l'industrialisation anglaise [CANNADINE, 1984 ; STEDMAN JONES, 2002]. Cette expression insiste sur la rapidité et la radicalité du processus d'industrialisation, tel que le percevaient les Continentaux observant les mutations outre-Manche ; elle contribue à dramatiser les enjeux et à faire du travail un point central des débats politiques.

Réformer le travail, assister et moraliser les travailleurs

En réponse à l'intérêt croissant des élites philanthropiques à l'égard de la misère des classes populaires, des observateurs sociaux radicaux et des artisans s'empressent de répondre en revendiquant une autonomie d'action et en modifiant le langage dans lequel ils formulent leurs revendications. Dans tous les pays européens, l'appellation "ouvrier", ou celle de prolétaire dans les milieux socialistes, remplace peu à peu la grande diversité de mots employés auparavant pour décrire chaque métier et activité singulière. L'industrie s'impose comme une donnée nouvelle qui modifie en profondeur les rapports de force et les équilibres sociaux et politiques antérieurs. L'Angleterre devient pour les observateurs du continent comme Eugène Buret un laboratoire monstrueux où s'invente la modernité industrielle, avec ses deux classes antagonistes qui semblent annoncer une future "guerre civile" (Eugène Buret, *De la misère des classes laborieuses en Angleterre et en France*, Paris, Paulin, 1840, t. II, p. 51). Dans un contexte marqué par la vogue croissante des enquêtes sociales et par un élargissement décisif de la sphère publique, les gouvernements bourgeois et libéraux tentent de proposer diverses réponses à la question sociale.

Les déceptions suscitées par les timides réformes libérales de 1831 et 1832, en France comme en Angleterre, conduisent ainsi à une accentuation des demandes réformatrices. Face à la misère de plus en plus visible, les ouvriers sont souvent peints comme de nouveaux "barbares qui menacent la société", selon la célèbre formule utilisée par le publiciste Saint-Marc Girardin dans *Le Journal des Débats* (8 décembre 1831) après la première révolte des canuts. Dans les années 1830, bourgeois et philanthropes imaginent divers dispositifs pour assister les travailleurs et moraliser le travail, dessinant les premiers jalons encore prudents d'une prise en charge de la question par l'État. En Angleterre, le *factory movement* milite ainsi pour la réduction du temps de travail dans les fabriques mais n'obtient que des concessions limitées en 1833. L'adoption de la nouvelle loi sur les pauvres (officiellement *Poor Law Amendment Act*) en 1834, qui modifie l'ancienne loi d'assistance aux pauvres de l'époque élisabéthaine, met fin à l'assistance à domicile aux indigents, considérée comme trop couteuse, et généralise leur enfermement en *workhouses**. Cette loi met malgré tout des décennies à s'appliquer dans le nord industriel, et s'accompagne de débats incessants et d'un grand nombre de protestations [EASTWOOD, 1994; CARRÉ, 2016]. En France, les réformes sociales demeurent encore plus limitées, suscitant le ressentiment de nombreux travailleurs ayant participé aux barricades de Juillet. Certains mouvements philanthropiques cherchent à résoudre le paupérisme par la généralisation des caisses d'épargne, ce qui s'exprime à travers la loi du 5 juin 1835 qui en fait des établissements privés d'utilité publique. Dans l'espace germanique, une logique réformatrice libérale se dessine également après 1830 pour accélérer l'industrialisation du pays et pour, pense-t-on, résoudre les tensions en réorganisant le travail : le *Zollverein*, ou union douanière, est instituée en 1834, à l'instigation de la Prusse notamment pour répondre à ces préoccupations. Ces premiers pas encore timides s'accélèrent au milieu du XIXe siècle à la faveur la grande crise économique et des révolutions politiques de 1848.

MUTATIONS DU TRAVAIL ET AFFERMISSEMENT DE L'INDUSTRIALISATION AU MILIEU DU XIXe SIÈCLE (ANNÉES 1840-ANNÉES 1870)

De la crise des années 1840 à celle des années 1880, l'industrialisation, auparavant encore timide en dehors de l'Angleterre, s'accélère et s'intensifie sur le continent alors que les travailleurs font massivement irruption dans l'arène publique. Les révolutions de 1848 constituent un moment charnière, de même que les années 1880 offrent à de nombreux égards un "seuil" [pour une discussion de la pertinence de ce seuil dans une perspective comparatiste et globale : OSTERHAMMEL, 2017, p. 102]. Après un rappel des principales caractéristiques de la crise du milieu du XIXe siècle, à la fois économique, sociale et politique, nous présenterons l'accélération de la croissance industrielle après 1850 et la recomposition de la main d'œuvre qui en découle, avant d'explorer la montée des organisations et de la conflictualité ouvrière.

LE TRAVAIL EN CRISE ET EN RÉVOLUTION (1845-1852)

La révolution de 1848 constitue un moment charnière car pour la première fois les ouvriers et la question du travail surgissent au cœur des revendications et des débats. En Angleterre, en France, mais aussi en Belgique et en Allemagne, les travailleurs de l'artisanat et de l'industrie sont en première ligne des revendications et des actions protestataires. Longtemps écrite dans une perspective essentiellement nationale, l'histoire des révolutions de 1848 et des crises sociales qui les précèdent est de plus en plus envisagée dans une perspective comparée à l'échelle de l'Europe, voire replacée dans une conjoncture globale à l'échelle du monde [APRILE *et alii* 1998 ; DOWE *et alii*, 2001 ; SPERBER, 2005 ; RAPPORT, 2008 ; DELUERMOZ *et alii*, à paraître].

Crises pré-révolutionnaires (1845-1847)

L'étude des crises économiques et sociales dans l'Europe des années 1845-1848 a été modelée par l'analyse proposée par Ernest Labrousse. Elles naîtraient d'abord de mauvaises récoltes qui entraînent une pénurie, laquelle créerait à son tour une crise démographique puis industrielle et même politique [LABROUSSE, 1956]. Considérée comme une crise "intermédiaire" entre celles d'Ancien Régime, essentiellement agraires, et les crises industrielles de la fin du XIXe siècle, la grande crise au milieu du XIXe siècle, et ses liens avec la flambée révolutionnaire, a suscité de nombreux débats [ROWLEY, 1986; VIVIER, 2011]. Mais l'enchaînement causal trop bien huilé rend mal compte de la diversité des situations. Si la crise de la pomme de terre, qui fait des ravages en Irlande, et les problèmes agricoles jouent un rôle indéniable et justifient qu'on parle des dernières grandes crises de subsistance d'Europe, elles ne suffisent pas à tout expliquer [O'GRADA, 2007]. Poussés par la spéculation sur les blés, les prix flambent – en France le prix du pain passe ainsi de 0,25 francs en 1845 à 0,47 francs en 1847 – créant des centaines de troubles frumentaires un peu partout sur le continent. À la fin des années 1840, la crise est telle qu'à part la Grande-Bretagne, où ces désordres s'amenuisent et ne concernent que quelques régions périphériques du Sud ou de l'Écosse, on les retrouve partout dans le Nord de l'Italie, dans la péninsule Ibérique, et surtout en France et dans l'espace germanique où on recense des centaines d'émeutes de subsistance mêlant populations ouvrières et paysannes [GAILUS, 1994; BOURGUINAT, 2002]. Ces crises sont suivies par un recul de la demande des industries de biens de consommation en 1847, à l'origine d'un accroissement du chômage et de difficultés pour les travailleurs urbains. Dans l'espace allemand, la crise de 1846-1847 est si terrible que la population pauvre explose. Dans de nombreuses villes et territoires, la main d'œuvre se retrouve sans travail, plongée dans l'indigence, alors que les contrats de travail n'existent pas et que le maître peut renvoyer ses ouvriers dès que l'activité diminue.

De nombreux observateurs contemporains ont interprété les bouleversements de 1848 comme la conséquence de ces difficultés économiques à court terme: la misère économique immédiate, et la peur qu'elle provoque presque partout, contribue à déclencher les révolutions politiques de 1848 [BERGER, SPOERER, 2001]. Les tensions sociopolitiques sont par ailleurs accentuées par la sclérose des monarchies autoritaires et la montée des idées libérales et radicales, qui acquièrent une audience croissante au sein de certaines franges des mondes du travail. La fin des années 1840 se caractérise en effet par la diffusion des théories, longtemps dites "utopiques", des réformateurs sociaux et des premiers socialistes. En Angleterre, Robert Owen, l'ancien patron philanthrope de New Lanark, obtient d'abord un immense succès dans le monde ouvrier; en 1834 il met en place la première organisation nationale qui tente de regrouper tous les syndicats du pays sous le nom de "Grand National Consolidated Trades Union" ("Grand Union nationale des syndicats consolidés"). Elle rassemble rapidement 500 000 membres, avant de disparaître. Owen reste méfiant envers les classes populaires, que les circonstances poussent selon lui trop facilement à la subversion. La démocratie équivaut pour lui à une dictature du prolétariat remplaçant celle des aristocrates et des capitalistes. Il estime que les classes populaires sont, en l'état actuel des choses, encore incapables de se gouverner elles-mêmes. L'exemple doit donc venir d'en haut, autrement dit de lui-même. Le mouvement owenite cède le pas au cours des années 1840 face à la montée du mouvement chartiste (v. Les formes de la mobilisation politique du travail. Socialisme, révolution et partis de masse), dont les initiateurs sont eux issus des classes populaires. Le chartisme* étend d'abord son influence parmi les artisans urbains ou les ouvriers du textile du Lancashire. Le mouvement politique et radical du chartisme évolue vers une organisation ouvrière qui accompagne et soutient les premiers syndicats anglais [CHASE, 2013].

En France surtout, un grand nombre de réformateurs sociaux, parfois issus des franges les plus qualifiées du monde artisanal, tentent de repenser l'organisation du travail comme fondement d'une nouvelle société. Charles Fourier (mort en 1837) et ses disciples, comme le polytechnicien Victor Considerant s'y emploient. Alors que le travail s'affirme comme le cœur de la création de richesse et que les travailleurs deviennent des acteurs centraux de la société, on trouve les mêmes préoccupations dans les diverses branches du communisme d'avant 1848, qu'il soit "néo-babouvistes" (en référence au révolutionnaire Gracchus Babeuf) ou "icarien" (du nom du livre d'Étienne Cabet, *Le voyage en Icarie*, publié en 1840). Plutôt que de prendre le pouvoir, ces auteurs envisagent d'émanciper le travail pour le rendre harmonieux, au moyen d'une nouvelle science de la société. Chaque groupe diffuse ses idées et projets par la presse, qui est de plus en plus lue par les travailleurs urbains. Les saint-simoniens, au début de la monarchie de Juillet, avaient déjà fondé des journaux comme *Le Globe* et organisés des "missions" auprès des ouvriers parisiens. Mais l'influence du saint-simonisme était restée limitée, comme celle de l'école sociétaire ou phalanstérienne, ces courants s'adressant davantage aux milieux industriels et à la bourgeoisie libérale urbaine. Le communisme icarien en revanche a bénéficié d'une plus grande audience ; son journal *Le Populaire de 1841* est d'ailleurs largement lu et diffusé parmi les ouvriers à la veille de 1848, promouvant la communauté des biens et le travail émancipé par le grand machinisme [Robert, 1999 ; Bouchet *et alii*, 2015 ; Jarrige, 2016].

Dans les autres pays d'Europe de l'Ouest, où domine la censure, les débats sur le travail et sa transformation restent bien plus limités. Dans l'espace germanique, depuis les décrets de Carlsbad de 1819 la répression freine l'essor des idées libérales et radicales. De jeunes journalistes comme Karl Marx doivent d'ailleurs fuir la censure officielle pour publier leurs analyses. Marx s'installe ainsi en 1843 à Paris, où il rencontre le jeune Engels de retour d'un voyage à Manchester. En 1845, suite à la demande des autorités prussiennes, il doit fuir Paris et s'installe en Belgique. Au printemps 1847, Marx et Engels rejoignent la Ligue des communistes, créée à l'origine par des ouvriers allemands installés à Paris, proches des idées de Gracchus Babeuf et de Wilhelm Weitling. Cette association devient une des premières organisations socialistes internationales. Marx et Engels y prennent une place croissante et doivent d'ailleurs rédiger le programme de l'organisation, le *Manifeste de la Ligue*, qui parait de façon anonyme en février 1848 sous le titre de *Manifeste du parti communiste*.

1848, une révolution européenne du travail

Il serait vain de tenter ici de rendre compte de la diversité et de la complexité des évènements et changements politiques qui traversent le continent européen en 1848 et de leurs liens avec le monde du travail. La chute du gouvernement de Louis-Philippe et la proclamation de la IIe République en France le 25 février, suivies immédiatement par la proclamation du "droit au travail" sous l'influence du socialiste Louis Blanc, ne constituent qu'une étape, certes majeure, dans une chaîne bien plus complexe d'évènements. Presque partout sur le continent les transformations économiques préoccupent et rendent de plus en plus insupportable la domination des anciennes élites. Des mouvements sociaux et des émeutes s'étendent ainsi à l'ensemble du continent, à l'exception peut-être de l'Espagne. C'est dans le sud de l'Italie, en Sicile, le 12 janvier 1848, qu'éclate l'une des premières révoltes lorsque les Palermitains se soulèvent contre les Bourbons. Par la suite, des insurrections ont lieu partout sur le continent mêlant question sociale et revendications politiques. En mars 1848, le continent européen s'embrase, de Vienne à Venise en passant par Prague et Berlin. Les révolutions de 1848 ont en commun, outre les barricades, un style romantique qu'incarnent les chants ou les habits des "quarante-huitards". Plus encore qu'en 1830, les soulèvements populaires mettent en branle l'ensemble du continent. Les contestations violentes mobilisent fréquemment les ouvriers et artisans, influençant les formes de révoltes et le contenu des revendications: reconnaissance des libertés privées et publiques, démocratisation des institutions, reconnaissance des nationalités demandes de nouveaux droits sociaux et, en dehors de la France, reconnaissance des nationalités.

L'année 1848 constitue un moment majeur de politisation des mondes ouvriers et de la main d'œuvre européenne. De nombreux travailleurs, en particulier ceux des secteurs de l'artisanat, participent en effet aux dynamiques révolutionnaires et utilisent le contexte pour avancer leurs propres revendications. Des artisans allemands tentent ainsi de rétablir le système des corporations et d'imposer des restrictions au nouvel ordre industriel. Les artisans et les ouvriers de Paris se rallient à ce qu'ils appellent "l'organisation du travail", voire au mot d'ordre du "droit au travail", c'est-à-dire des mesures immédiates prises contre le chômage [Gossez, 1967; Traugott, 1985]. Les insurrections de 1848 – contrairement à ce qu'on a longtemps cru – ne sont pas des soulèvements du prolétariat de la grande industrie moderne, encore limitée à quelques territoires qui ne sont jamais au cœur des évènements révolutionnaires. Elles sont davantage le fait des populations artisanales et des métiers anciens, qui s'insurgent parfois jusqu'à briser des machines ou attaquer les marchands, accusés d'imposer de nouvelles pratiques de travail et des logiques de marché incompatibles avec les anciennes organisations collectives [SPERBER, 2005].

En Angleterre, l'agitation chartiste atteint son apogée en 1848 avec l'immense pétition présentée au Parlement et la grande manifestation organisée par Feargus O'Connor à Londres – qui réunit de nombreux ouvriers et artisans le 10 juin 1848, mais qui se solde par un fiasco [EPSTEIN, THOMPSON, 1982; STEDMAN JONES, 2007]. Dans l'espace germanique, les manifestations de rue et actions pacifiques et festives comme les charivaris dominent dans un premier temps. Vient ensuite le temps des barricades et des actions armées qui transforment les révoltes sociales en révolutions politiques au cours des mois de mars et avril 1848. Les paysans d'Allemagne du Sud, de Bade, du Palatinat, de Bavière et de Nassau, puis ceux de Silésie, se soulèvent ; des ouvriers cassent des machines dans les villes de Rhénanie et dans les faubourgs de Vienne. En mars, la révolution devient politique lorsque s'installe à Francfort un *Vorparlament* (pré-parlement) afin de surveiller les élections au suffrage universel, mettant face à face les révolutionnaires et le roi de Prusse, Frédéric-Guillaume IV.

Dans l'Europe du Sud, les révolutions de 1848 s'inscrivent davantage dans la foulée des révoltes et insurrections libérales et romantiques antérieures, et la question du travail semble moins centrale. En Italie, la période est traversée par les débuts du *Risorgimento**, initié dès 1846 par les mesures libérales du pape Pie IX. Le *Quarantotto* italien, à la fois le plus précoce et le plus tardif des mouvements européens du "printemps des peuples", connaît un déroulement et des épisodes particulièrement complexes où se mêlent les poussées de libéralisme politique, des revendications nationales et, de plus en plus, les questions sociales. Des gouvernements provisoires se forment à Parme, Modène, Reggio d'Émilie, Plaisance, tandis que des constitutions sont promulguées à Florence (7 février), Naples (10 février), Turin (5 mars) et Rome (14 mars). Mais c'est sans doute en Espagne que l'écho des révolutions de 1848 fut le plus faible. La guerre civile entre les partisans d'Isabelle d'Espagne et les carlistes partisans de Don Carlos et de l'absolutisme s'est achevée en 1843 par la victoire de la reine Isabelle II. Durant son règne (1843-1868) la réalité du pouvoir appartient à l'armée et l'industrialisation demeure très timide et limitée, alors que la monarchie a été affaiblie par les guerres successives et la perte de ses principales colonies.

Dans ce panorama, les ouvriers et artisans, échaudés par l'échec des révolutions de 1830, s'organisent et se rassemblent via une multitude d'associations. La révolution de 1848 est souvent vue comme le moment de naissance du mouvement ouvrier sur le continent européen, ce qui est juste. Encore faut-il ne pas confondre les formes d'organisation du travail qui naissent et sont expérimentées en 1848 (associations, coopératives ouvrières) avec celles qui s'étendent à la fin du XIXe siècle à l'heure des fédérations syndicales et des partis socialistes de masse. En 1848, il existe certes déjà des syndicats dans certains groupes comme les typographes particulièrement bien organisés en France, en Italie, en Angleterre et en Allemagne, ou parmi les cigaretiers qui se réunissent en fédération. Mais ce type d'organisations reste une exception. La structure de la main d'œuvre demeure dominée par de petits producteurs qui aspirent d'abord à conserver leur indépendance face aux marchands. Pour reconquérir leur autonomie, beaucoup se tournent vers la création de coopératives, de production ou de consommation, qui se créent en grand nombre et sur une échelle inédite par rapport aux timides expériences antérieures, notamment en France. Ainsi, les artisans parisiens multiplient les coopératives ouvrières en 1848, parfois avec le soutien du gouvernement: 300 voient le jour à Paris entre 1848 et 1851, réunissant 120 métiers différents et près de 50 000 membres [GOSSEZ, 1967]. D'autres s'étendent en province, alors que les sociétés de secours mutuels connaissent une forte croissance de leurs effectifs.

Dans l'espace germanique (à Cologne, à Berlin et dans les capitales de petits États), un mouvement de regroupement des associations ouvrières de différents métiers apparaît également. Un congrès tenu à Berlin en août-septembre 1848 donne ainsi naissance à une confédération nationale appelée la "Fraternisation des travailleurs", qui compte environ 15 000 membres répartis dans 170 associations locales au printemps 1849. Dans l'espace germanique, les corporations de gens de métier demeurent vivantes. Les artisans refusent l'économie de marché et cherchent à instaurer des restrictions via des taxes et des règlements, sur l'utilisation des machines par exemple. Mais les tensions se creusent entre les maîtres et les compagnons. Alors que les premiers envisagent la restauration des corporations comme un moyen de contrôler la main d'œuvre, les seconds se rapprochent des autres ouvriers ou tentent de s'associer aux petits maîtres contre leur véritable ennemi : les marchands-fabricants. Si l'associationnisme ouvrier est un phénomène massif en France et en Allemagne, il reste en revanche plus discret en Espagne ou en Italie.

Réformes sociales et “droit au travail”

Sous la pression de la main d'œuvre, qui fait irruption sur la scène de l'histoire et s'organise d'une façon inédite en 1848, les gouvernements sont contraints d'introduire des réformes et des mesures à tonalité sociale, dessinant les prémices d'une intervention croissante de l'État dans les relations de travail, en particulier en France où s'installe pour quelques mois une “république démocratique et sociale”. Même si la plupart de ces mesures sont de courte durée et disparaissent dès l'été 1848 – mentionnons toutefois l'abolition de l'esclavage dans l'Empire français qui perdurera –, elles ont une influence majeure.

Le mouvement réformateur britannique s'était engagé depuis déjà plusieurs années dans la lutte en faveur de la diminution de la durée du travail des femmes et des enfants [Ward, 1962]. Après les premiers *factories act* de 1833, le *Ten Hours Bill* est adopté en 1847. Il prévoit que les garçons de treize à dix-huit ans ainsi que les filles et les femmes de tout âge ne pourront pas travailler plus de dix heures par jour. Les débats passionnés qui ont lieu outre-Manche sont connus et discutés en Europe. En France, l'économiste Léon Faucher met ainsi en garde dans ses *Études sur l'Angleterre* publiées en 1845 contre ce type de mesures, qui “ne peut manquer d'amener une diminution dans les profits du capitaliste, dans le salaire de l'ouvrier, et dans l'importance de la production”. Il évoque le spectre d'un accroissement de la misère provoqué par la baisse de la durée du travail qui pousserait au remplacement des travailleurs par des machines. En France, c'est la loi de 1841 sur le travail des enfants dans les manufactures de plus de vingt salariés qui inaugure les discussions sur l'intervention de l'État dans les contrats. Malgré son absence d'application, les vives discussions qu'elle suscite fixent le cadre du débat [Weissbach 1989 ; Lemercier 2011]. Les prises de position qui s'expriment sur la question en 1848 sont donc élaborées bien avant la révolution.

Les questions du salaire, de la durée du travail et du marchandage sont au cœur des revendications de la main d'œuvre en 1848. À la fin de février, les ouvriers parisiens se rassemblent au sein de leurs associations qui se multiplient depuis la proclamation de la République : sociétés de secours mutuels, “corporations”, sociétés fraternelles, toutes constituées pour réclamer l'organisation du travail et débattre des réformes à mettre en œuvre. Sous leur pression, dès le 27 février 1848, le gouvernement provisoire institue ainsi les “ateliers nationaux” censés réaliser le “droit au travail”, devenu un mot d'ordre important parmi les réformateurs sociaux et les artisans urbains les plus politisés. Dans chaque arrondissement, les maires doivent recevoir les demandes d'ouvrages des ouvriers sans travail qui seront ensuite affectés vers divers chantiers de travaux publics. Mais les autorités sont vite débordées par l'afflux des demandes. Le nombre d'ouvriers employés passe de 6000 le 15 mars, à 30000 le 30 mars, pour culminer à 117000 le 30 avril. Incapables de répondre aux besoins et organisés d'une façon militaire, les ateliers nationaux sont rapidement critiqués de toutes parts. Le 22 juin leur dissolution est finalement annoncée. C'est elle qui met le feu aux poudres, provoque l'insurrection de juin et marque le tournant conservateur du nouveau régime.

Pour compenser le refus de créer un ministère du Travail jugé trop subversif par la majorité de ses membres, le gouvernement provisoire de la République française concède également, le 29 février, la création d'une "Commission du gouvernement pour les travailleurs". Cette instance composée de délégués ouvriers doit réfléchir aux problèmes du travail et asseoir l'autorité du nouveau pouvoir en répondant aux demandes pressantes des ouvriers et artisans parisiens. Après l'organisation en hâte des élections des représentants, quelque 200 ouvriers de divers corps d'État se réunissent dès le 1er mars. Le maçon de la Creuse Martin Nadaud siège parmi eux. Louis Blanc et son collègue le mécanicien Albert président la séance. Les délégués des corporations ouvrières se succèdent à la tribune pour exiger la réduction des heures de travail et l'abolition du marchandage [Gribaudi et Riot-Sarcey 2008].

Le décret du 2 mars qui interdit le marchandage et réduit à 10 heures à Paris et 11 heures en province la durée du travail journalier (pour tenir compte des différences dans l'éloignement entre le domicile et le lieu de travail) est le résultat de ces fortes mobilisations ouvrières, même si son application est limitée et de courte durée [Jarrige, Reynaud, 2011]. Le marchandage était l'une des formes que prenait alors le louage d'ouvrage, notamment dans les métiers du bâtiment. Il désigne le fait pour un preneur d'ouvrage de se charger, à la suite d'une convention avec un entrepreneur principal et moyennant un certain prix, d'une portion de travail qu'il fait exécuter par des ouvriers de son choix qu'il rétribue d'après les accords passés avec eux. Le preneur d'ouvrage est donc un ouvrier vis-à-vis de l'entreprise et un entrepreneur vis-à-vis de ceux qu'il emploie. Il a intérêt à baisser les prix, pour rester compétitif, tout en rognant sur la part reversée aux ouvriers, afin de conserver son bénéfice, ce qui conduit à une pression et une baisse sur les salaires [Harison, 1997]. Or, c'est cette pratique qui est de plus en plus vivement dénoncée par les ouvriers, en raison de la misère qu'elle crée et des divisions qu'elle accentue au sein même de la main d'œuvre.

Dès la fin du printemps 1848, le "printemps des peuples" laisse la place un peu partout à des vagues de répression. En Italie, la ferveur nationale retombe vite dès la fin du mois d'avril, le pape Pie IX est effrayé par les insurrections et le radicalisme populaire, alors que les armées de l'empire d'Autriche entament la reconquête de la péninsule. En France, la répression touche plus directement les mondes ouvriers en première ligne de l'évènement lors des célèbres journées du 22 au 26 juin 1848, au cours desquelles la République réprime dans le sang la population insurgée, faisant entre 3000 et 5000 victimes, auxquelles s'ajoutent 1500 fusillés sans jugement, 25 000 arrestations et 11 000 condamnations à la prison ou à la déportation en Algérie. Quelques mois après ces évènements sanglants qui décapitent les milieux ouvriers et réformateurs parisiens, la police prussienne réprime de son côté les artisans à Berlin et dans les capitales de l'espace germanique.

Les protestations ouvrières refluent partout après 1849. En France comme en Allemagne, de nombreux militants sont arrêtés ou exilés, alors que les forces de police sont devenues plus expertes en matière de répression. Certaines franges du monde du travail choisissent de se replier sur des activités jugées respectables pour contourner la répression, réduisant l'agitation et les demandes de réformes pour quelques années, avant que celles-ci ne ressurgissent dans les années 1860, à la suite des transformations économiques et politiques.

L'ACCÉLÉRATION DES TRANSFORMATIONS INDUSTRIELLES (1850-1860)

Après la crise du milieu du XIXe siècle, l'Europe voit s'intensifier l'industrialisation, portée notamment par la mécanisation croissante des tâches et la "révolution des transports", ce qui conduit à une recomposition progressive du travail, de sa géographie comme de ses formes.

Mécanisation, concentration et progrès technique

À partir des années 1850, l'utilisation des machines à vapeur se généralise et la mécanisation s'accélère. Le développement du commerce mène à un essor de la demande qui accentue l'industrialisation de certaines branches comme le textile et la confection, mais aussi des industries extractives et de la métallurgie. Cet essor favorise l'extension des ateliers et des manufactures, comme la concentration croissante du travail en usine. Il impose aussi le recrutement d'une nouvelle main d'œuvre, principalement parmi les anciens métiers artisanaux dans les grandes villes industrielles comme Londres, Paris et Berlin ; davantage par le recrutement des paysans associés à leurs femmes et leurs enfants dans les villes industrielles qui surgissent dans le monde rural, souvent à proximité des bassins houillers, comme au Creusot en France. Les doutes à l'égard de la grande industrie, qui habitaient les notables et les classes populaires de la première moitié du XIXe siècle, laissent la place à un consensus productiviste inédit qui s'incarne par exemple dans les grandes expositions universelles organisées après 1851 sur le continent. La première a lieu à Londres en 1851, suivie par celles de Paris en 1855, Londres à nouveau en 1862, Paris en 1867, Vienne en 1873, et de nouveau Paris en 1878. Ces évènements mettent en scène le spectacle du progrès technique et industriel et ses réalisations. Ils sont l'occasion d'un vaste effort d'acculturation des sociétés hésitantes et réfractaires au "message industrialiste et progressiste" de "l'âge des machines" qui s'ouvre alors en Europe. De nombreux travailleurs de tout le continent, souvent des artisans appartenant aux anciens métiers, visitent ces expositions et en rendent compte à leurs compagnons via une multitude de rapports et d'écrits. Ils peuvent y observer l'avenir de leur travail, mais aussi s'associer et se rencontrer pour débattre de leur condition [REBÉRIOUX, 1983 ; PELLEGRINO, 2017].

Si l'accélération de l'industrialisation est indéniable dans l'ensemble de l'Europe, elle suit néanmoins des rythmes très différents selon les pays. Pendant longtemps domine une analyse en termes de retards par rapport à l'étalon britannique, mais celle-ci ne cesse d'être discutée au profit de l'étude des spécificités de chaque modèle d'industrialisation. L'Angleterre et la Belgique conservent leur prééminence comme "ateliers du monde", notamment dans les secteurs du textile, de la métallurgie et de l'extraction minière. La période victorienne connaît en effet une forte croissance des principaux secteurs industriels : les exportations doublent en volume comme en valeur ; les quantités de coton brut importé passent ainsi de 300 millions de livres dans les années 1830 à plus d'un milliard dans les années 1870 ; la production de fonte passe de 2 millions de tonnes en 1850 à 6 millions en 1875. Tous les secteurs d'activité connaissent une croissance importante : les houillères, les forges, les hauts-fourneaux, comme les chantiers navals et les arsenaux. La Grande-Bretagne devient la principale puissance mondiale et domine le commerce international en s'appuyant sur un empire en rapide expansion : en 1860 le pays produit ainsi à lui seul 60 % de l'acier et du charbon mondial, et 50 % des cotonnades. Il extrait à cette date environ 80 millions de tonnes de charbon de son sous-sol chaque année, bien plus que tous les autres pays d'Europe de l'ouest.

Production de charbon en Europe de l'Ouest en 1860

	Tonnes	% de la production totale de l'Europe
Belgique	9 611 000	8
France	8 304 000	3,9
Allemagne	16 731 000	13,9
Grande-Bretagne	81 327 000	67,6
Italie (1861)	34 000	0
Espagne	340 000	0,3

Source : D'après Mitchell B.R., *International Historical Statistics: Europe, 1750-2000*, London, Macmillan, 2003.

Encore limitée avant 1850, la grande industrie moderne s'affirme également en France sous le Second Empire. Julien Turgan s'en fait le chroniqueur en publiant en 1866 ses enquêtes sur "les Grandes usines de France". Même si l'industrie française souffre d'un déficit constant de charbon et doit en importer massivement d'Angleterre ou de Belgique, le secteur charbonnier connaît une croissance soutenue de 6 % par an, passant d'environ 5 millions de tonnes extraites en 1850 à 13 millions en 1870, les gisements du Nord et du Pas-de-Calais ayant tendance à s'imposer sur ceux de la moitié sud du pays. Même si le petit atelier urbain et le travail à domicile restent fondamentaux et omniprésents dans la plupart des secteurs, la tendance à la concentration et à la mécanisation s'accentue. Les machines à vapeur l'emportent définitivement sur les manèges utilisant la force animale ou les roues hydrauliques, malgré les perfectionnements de ces dernières. Les anciens métiers à bas dispersés dans les campagnes champenoises se regroupent par exemple dans la bonneterie troyenne, et dans les Vosges le secteur textile se mécanise avec la généralisation des métiers à filer automatiques (*self-acting*), encore peu nombreux en 1850.

Comme nous l'avons déjà dit, dans l'espace germanique, l'historiographie a longtemps insisté sur le "retard" de l'économie en comparaison de l'Angleterre, de la France et de la Belgique. Toutefois, ce retard ne cesse d'être relativisé. Ainsi en 1850, si le travail artisanal domine encore largement avec environ 2 millions de personnes, la "grande industrie" commence à s'étendre. Dans le secteur textile le processus est lent et variable selon les branches. L'industrie du lin demeure particulièrement archaïque. En Prusse, en 1849, le nombre des métiers actionnés à la main s'élève encore à 48 338 alors que celui des métiers mécaniques ne dépasse pas 46. L'industrie linière entre en décadence dans la seconde moitié du XIXe siècle. En revanche, la filature de coton et de lin se mécanise. Mais ce sont surtout les mines et les secteurs sidérurgique et chimique qui deviennent puissants. Entre les années 1840 et 1870, la production de charbon allemand est ainsi multipliée par 7. Des mines profondes sont ouvertes, en particulier dans le riche bassin houiller de la Ruhr. En 1850, seulement 10 % de tout le fer est cokéfié*. Dans les années 1850, la production de fer augmente à un rythme de 14 % par an. L'Allemagne en cours d'unification se caractérise par l'importance de son industrie lourde, largement soutenue par le gouvernement (l'essor ferroviaire ayant accentué la demande de charbon et de métal). Dans les années 1840, la Ruhr était encore une région agricole et rurale, et les villes d'Essen et de Bochum restaient petites. Il existait bien quelques mines peu profondes et des ateliers métallurgiques, mais ils étaient encore en retrait sur ceux de Haute-Silésie ou de Rhénanie, autour de Solingen. À cet égard, la trajectoire de la famille Krupp est instructive. À l'origine petite entreprise de construction mécanique (créée au début du XIXe siècle), la maison Krupp devient entre 1850 et 1880 l'un des géants du capitalisme industriel européen. Si l'entreprise n'avait encore que 700 ouvriers en 1855, elle en regroupe déjà 8000 en 1865, date où elle fournit près de la moitié de tout l'acier produit en Prusse. L'entreprise se spécialise alors dans la construction ferroviaire et l'armement, qu'elle exporte largement. L'entreprise adopte également les dernières innovations métallurgiques comme le convertisseur Bessemer en 1862 ou les fours Siemens-Martin en 1869, qui permettent une production d'acier en masse, donnant naissance à l'un des empires industriels les plus puissants d'Europe [Benaerts, 1932 ; Hau, 1994].

Dans ce paysage européen, l'Italie et l'Espagne font figure de pays "retardataires" et "archaïques" à l'époque. Leurs structures économiques et sociales demeurent plus traditionnelles en apparence, même si certaines régions comme la Catalogne ou le nord de la péninsule italienne connaissent également un début de croissance soutenue. En Espagne, dès les années 1850 les investissements étrangers dans le pays s'accroissent. Bien qu'elle soit surtout active après 1880, l'exploitation minière s'étend déjà en attirant des capitaux étrangers, à l'image des mines de plombs, ou du gisement de cuivre de Tharsis en Andalousie qui approche les 10 000 tonnes de métal pur extrait en 1876. Les Britanniques investissent quant à eux dans les mines de Rio Tinto à partir de 1874. En Italie, la croissance industrielle demeure également faible avant 1880, même si certains secteurs connaissent un début d'expansion comme la construction mécanique et ferroviaire qu'illustre le cas de l'entreprise de construction mécanique l'Ansaldo près de Gênes. Atelier mécanique de réparation travaillant à l'origine pour les chemins de fer, l'usine s'engage à partir de 1853 dans la production de locomotives puis, après 1860, dans la construction navale. Elle accueille autour de 1000 ouvriers et bouleverse en profondeur les petits bourgs de Sampierdarena et de Sestri Ponente, auparavant composés de paysans, de marins et de pêcheurs, et transformés en quelques décennies en véritable ville de la mécanique accueillant une population ouvrière salariée [Merger, 1989 ; Dewerpe, 2017].

Mobilités, transports et "révolution ferroviaire" en Europe

L'industrialisation croissante est portée par un essor considérable des circulations d'homme et de matières, soutenue par l'expansion du libre-échange et le développement des infrastructures de transport, notamment ferroviaires. En améliorant les transports et les complémentarités entre régions tout en homogénéisant les prix sur le marché, le chemin de fer participe de multiples manières à l'industrialisation du continent. Partout en Europe, les années 1850-1860 sont marquées par l'expansion massive du train qui s'impose sur les canaux et les routes. Même si elle était déjà bien engagée en Grande-Bretagne dès les années 1840 grâce à des financements essentiellement privés, la construction des réseaux ferroviaires a lieu pour l'essentiel entre 1850 et 1870 sur le continent, notamment en Belgique, en Allemagne et en France, où le réseau passe de 3200 km de lignes exploitées en 1851 à 16 500 km en 1869. Dans l'espace germanique, où les fleuves et canaux jouaient un rôle majeur dans le transport de marchandises, le chemin de fer se développe encore plus rapidement, sous l'impulsion de l'État prussien à partir de 1847. Dès 1850 le territoire du futur Reich est déjà parcouru par 5800 km de voies ferrées, souvent équipées de rails importés d'Angleterre. Dès 1860 le réseau atteint 11 600 km, faisant baisser de 50 % le prix de la tonne transportée au kilomètre.

En Espagne, en revanche, le chemin de fer reste encore à l'état d'ébauche en 1850. Le pays ne dispose ni des moyens financiers, ni de l'industrie lourde et des technologies permettant l'essor du chemin de fer. Par ailleurs, la situation périphérique de la péninsule à l'échelle du continent exclut l'intervention des capitaux étrangers pour réaliser des lignes de transit international comme cela se pratique en Europe centrale. La situation change cependant après 1860 et la construction du chemin de fer représente alors le plus grand investissement qu'ait connu l'Espagne au cours du siècle. Dès 1866, avec 4750 km de lignes, les grands axes sont réalisés. En 1885, avec 8400 km, les deux tiers du réseau sont en service et organisés, comme en France, en étoile autour de Madrid. En Italie également, le réseau ferroviaire s'étend, passant de 2400 km en 1860 à 9300 en 1880, soutenu notamment par la nouvelle monarchie unifiée.

L'impact du secteur ferroviaire sur l'industrialisation des sociétés européennes a fait couler beaucoup d'encre parmi les historiens de l'économie. Si son rôle a été central dans certaines branches comme les travaux publics, les matériaux de construction, l'extraction houillère ou la construction mécanique, il a varié selon les pays et les périodes. En Grande-Bretagne, on estime que 4 % des actifs masculins du pays travaillent en 1847 dans la construction du chemin de fer (qui absorbe par ailleurs un tiers de la production de briques de tout le pays). La construction des voies en Angleterre représente toujours de 8 à 9 % de la production totale de fonte du pays dans les années 1850-1860. En réduisant les coûts de transport de façon sensible, le train contribue également à l'élargissement des marchés, à l'intensification de la concurrence, tout en permettant une forte augmentation de la mobilité des travailleurs et en soutenant la croissance urbaine. Ce secteur voit même naître une nouvelle main d'œuvre très singulière, à l'image des ouvriers chargés de la construction des lignes comme ces *navvies** britanniques qui circulent sur le continent au gré des chantiers ferroviaires, ou les d'employés des compagnies, mécaniciens et cheminots, qui acquièrent progressivement une position toute particulière dans le monde du travail (v. Cheminot)

Poussée industrielle et main d'œuvre

La poussée industrielle du milieu du XIXe siècle, soutenue par une mécanisation croissante des tâches, entraîne une recomposition de la main d'œuvre. Partout, le nombre d'ouvriers de l'industrie s'accroît, quoiqu'à des rythmes très variables (bien plus rapidement en Angleterre où la population active industrielle passe de 3,5 millions à 6,5 millions entre 1841 et 1870). L'industrialisation de l'Europe occidentale entraîne le recrutement d'un nombre croissant de travailleuses et travailleurs qui interviennent sur des opérations de plus en plus précises à l'intérieur d'un procès de travail lui-même toujours plus contrôlé, au moyen de mécaniques de plus en plus puissantes, actionnées par un moteur central et sous la surveillance d'une hiérarchie intermédiaire qui s'étoffe.

L'essor des usines mécanisées et d'une nouvelle main d'œuvre industrielle inscrite dans des rapports hiérarchiques plus stricts, soumis à une discipline et une surveillance croissante, est indéniable quoique lente au cours de la période. Vers 1870 en Angleterre, les filatures de coton, industrie moderne par excellence à l'époque, ne concentrent encore que 171 ouvriers en moyenne. Dans de nombreux secteurs – les industries agro-alimentaires, la chapellerie, les tanneries et les industries du cuir, la confection ou même la petite métallurgie – le passage de l'artisanat à l'industrie est lent, de sorte que le petit atelier familial résiste longtemps, notamment dans les campagnes, en France ou en Italie du Nord. La proto-industrie elle-même est loin de disparaître. En France, elle s'étend même dans certains territoires : en 1877, l'on dénombre autant de métiers à tisser la soie dans les campagnes de l'Isère qu'à Lyon même [Cayez, 1981 ; Rojon, 2007].

Les anciens gens de métier et artisans à domicile résistent longtemps et protestent encore fréquemment contre l'usine et la mécanisation, en particulier dans les secteurs marqués par une industrialisation rapide comme le textile dans le Nord de la France. Dans la région de Roubaix, une vague de mécanisation s'engage entre 1856 et 1866. Le traité de libre-échange franco-anglais de 1860, accroissant la concurrence, pousse lui aussi les fabricants à mécaniser. Dans la filature, le nombre de "métiers* renvideurs" dépasse ainsi celui des "métiers ordinaires" alors que dans les tissages les "métiers à la mécanique" supplantent les anciens "métiers à la marche", c'est-à-dire ceux qui étaient actionnés à main à domicile. En mai 1858, des tisserands lancent d'ailleurs une pétition afin d'exiger l'interdiction des tissages à la vapeur, et en quelques semaines plusieurs centaines de signatures sont rassemblées pour être portées devant le Corps Législatif. Toutefois, les députés du Nord parviennent à faire échouer l'initiative, arguant du fait qu'"il faut que la marche progressive de l'industrie française se maintienne au moins au niveau de celle des puissances voisines" [Lentacker, 1987]. Alors que les tisserands ruraux tentent de préserver leurs modes de vie et leur autonomie en acceptant des baisses de salaire plutôt que de rejoindre les nouvelles usines mécanisées, le patronat textile importe des immigrés belges pour peupler les nouvelles fabriques et travailler aux mécaniques. Pour accroître encore les rendements, les industriels cherchent parallèlement à renforcer la discipline et les amendes, ainsi qu'à contraindre la main d'œuvre à conduire plusieurs métiers simultanément comme cela se pratiquait en Angleterre.

Cette émergence très lente de la grande industrie explique la diversité, voire la bigarrure, du monde ouvrier : à côté du travailleur de l'industrie subsistent le petit artisan mais aussi l'ouvrier-paysan évoqué dans le chapitre précédent (v. L'apogée du travail paysan et agricole). Mais là encore les contrastes sont importants entre l'Angleterre, où en 1880 les ouvriers de l'industrie représentent déjà près de 50 % de la population active totale, et les pays comme l'Italie, la France et l'Espagne, où ils n'en représentent qu'un quart – l'Allemagne et la Belgique correspondant à une situation intermédiaire. Malgré ces contrastes entre pays européens, les petites entreprises industrielles, loin d'être simplement des survivances, demeurent souvent dynamiques, à l'image de la rubanerie stéphanoise. La production de ruban apparaît à la fin du XVIIIe siècle à Saint-Étienne. Elle s'étend avec l'emploi des "métiers à la zurichoise" qui permettent de tisser plusieurs rubans à la fois. Cette activité façonne la ville et ses quartiers et emploie jusqu'à 30 000 personnes au milieu du XIXe siècle. Organisée en fabriques dispersées, la rubanerie étend peu à peu son territoire des monts du Velay à ceux du Lyonnais et en Forez, avec des produits exportés largement en Europe. Citons quelques-uns de ces nombreux districts industriels répartis sur le continent que de nouvelles recherches ne cessent de découvrir, comme à Prato (en Toscane) où la production textile déjà ancienne s'affirme après 1850 en s'adaptant à de nouveaux marchés [Maitte, 2001]. En France, citons Cholet dans le Maine-et-Loire où de nombreux tisserands produisent les fameux mouchoirs rouges, ou Oyonnax, dans l'Ain, connu pour la fabrication dispersée de peignes en bois, d'ornements ou de jouets.

Les femmes sont nombreuses et l'historiographie ne cesse de relever leur présence longtemps peu visible. La mécanisation du travail tend en effet à augmenter la proportion des femmes, leur salaire plus bas justifiant leur embauche aux mécaniques, au grand dam des ouvriers de métiers, comme les typographes, qui résistent à la féminisation du marché du travail. Les liens entre mécanisation, déqualification et féminisation du travail au XIXe siècle ont suscité de nombreuses recherches et analyses, pointant les phénomènes d'exclusion et d'inégalité croissants dans les rapports de genre à l'ère industrielle [Honeyman, 2000]. Le premier recensement de 1861 dans la toute jeune

Italie compte ainsi davantage de femmes (près de 1,7 million) que d'hommes (moins de 1,4) dans les secteurs industriels. En France, en 1856, les femmes représentent un tiers de la population active totale qui comprend 14 millions de personnes, proportion qui reste stable ensuite. Elles sont surtout employées comme domestiques, mais elles forment aussi près de 30 % de la main d'œuvre industrielle. Entre 1850 et 1880 le nombre de femmes travaillant dans l'industrie augmente autant que celui des hommes, surtout dans l'habillement (trois quarts des actifs en 1866) et le textile (45 %). La diffusion des machines à coudre stimule par ailleurs leur emploi comme couturière à domicile. Mises au point entre 1830 et 1850 en Europe et aux États-Unis, les machines à coudre voient leur emploi s'étendre après 1860 et l'apparition de grands ateliers de construction en série. Cette petite mécanique réactive peu à peu le travail à domicile des femmes en permettant l'essor de l'industrie du vêtement de série avec fabrication à domicile des pièces et assemblage dans des ateliers de montage [PERROT, 1978 ; COFFIN, 1996].

Le travail industriel des enfants reste quant à lui répandu après 1850, en dépit des plaintes et dénonciations de cette pratique et des premières mesures prises pour l'encadrer : dès 1839 en Prusse, en 1841 en France, en 1843 en Lombardie, en 1844 et 1847 en Angleterre, ou en 1848 en Belgique. Après 1867, le travail des enfants de moins de 8 ans est interdit partout en Angleterre et ceux âgés de 8 à 13 ans doivent recevoir au moins 10 heures d'enseignement par semaine. Mais les inspecteurs peinent à découvrir l'âge exact des jeunes ouvriers employés dans les usines. Ces mesures restent en outre limitées aux plus grands ateliers et sont peu appliquées, d'où la persistance du travail infantile [CHASSAGNE, 1998 ; CATY, 2002]. Les arguments moraux des patrons et les nécessités économiques des familles ouvrières justifient le maintien au travail précoce des enfants dans des secteurs très divers, qu'il s'agisse des enfants-ouvriers des établissements Schneider au Creusot, des nombreux enfants employés dans les mines, des enfants ruraux illettrés employés dans les filatures de coton ou de soie en Lombardie (environ 57 000 en 1876) et en Alsace (autour de 10 000), ou encore des enfants domestiques et des enfants rebelles enfermés dans les pénitenciers agricoles en France. Malgré les lois, en Angleterre aussi beaucoup d'enfants restent employés dans le textile et les mines au milieu du siècle (même si leur nombre diminue ensuite). C. Booth a calculé qu'il y avait encore 58 900 garçons et 82 600 filles de moins de 15 ans dans le secteur textile en 1881, et 30 400 garçons de moins de 15 ans dans les mines. En Belgique également, le travail des enfants est massif avant 1870-1880. Leur petit doigt est utilisé pour rattacher les fils dans les filatures et dans l'industrie dentellière où ils sont reçus dès l'âge de 5-6 ans.

On les retrouve aussi dans les sucreries et dans les fabriques de cigares à partir de 8 ans [Loriaux, 2000]. Mais l'utilisation de cette main d'œuvre particulièrement exploitée, soumise à des conditions de travail très dures et à de nombreux accidents, n'est pas sans susciter le scandale. La presse comme les médecins demandent de plus en plus son interdiction. Il faut pourtant attendre les années 1870 pour que des législations restrictives soient adoptées un peu partout pour interdire l'emploi de la main d'œuvre infantile : en Espagne en 1873, en France en 1874, en Belgique en 1878, ou en Italie en 1886.

Paysages, fumées et territoires du travail

Une autre conséquence de ces évolutions est l'apparition d'une nouvelle géographie des régions industrielles avec ses paysages et rapports sociaux caractéristiques et inédits. L'émergence de grands bassins industriels favorise en effet la concentration des populations, des usines, mais aussi des fumées et nuisances qui les accompagnent. La fabrique dispersée et artisanale commence à laisser la place à de vastes territoires sacrifiés à l'industrie, fondés sur des agencements visant à assurer un rendement maximal grâce à l'exploitation des matières premières, des sources d'énergie et de la main d'œuvre. Ainsi, autour ou à proximité des mines de charbon se greffent des usines sidérurgiques, métallurgiques ou chimiques, en particulier celles de cokéfaction, qui permettent de purifier le charbon de son soufre et d'autres substances toxiques néfastes à la combustion (benzène, phosphore, etc.). Or, de ces usines particulièrement polluantes, 30 % de la matière traitée s'échappe dans l'atmosphère sans aucun filtre, ce qui explique qu'elles soient de plus en plus rejetées hors des zones habitées lorsqu'elles y existent : à partir de 1870, par exemple, la municipalité de Londres les prohibe dans la métropole.

Dans les nouveaux bassins industriels, les fumées produites par la combustion du charbon deviennent une source importante de pollution. Elles modèlent les paysages et les imaginaires sociaux, identifiant de plus en plus le travail industriel à la fumée noire qui s'échappe des hautes cheminées d'usine. Le mot pollution apparaît d'ailleurs dans son sens moderne autour de 1860, en se détachant de l'ancien sens religieux de profanation. Les principaux sites sidérurgiques sont situés en Grande-Bretagne – au Pays de Galles du sud, dans le Yorkshire ou autour de Birmingham – mais aussi dans la Ruhr en Allemagne, en Wallonie Belge ; en France il faut citer le Creusot, le bassin stéphanois et la Lorraine du fer. Dans l'industrie textile de Manchester, où la consommation de charbon passe de 737 000 tonnes par an en 1834 à plus de 3 millions en 1876, la ville est massivement enfumée, provoquant l'accroissement des maladies respiratoires et la dévastation de la végétation. S'il y a des plaintes récurrentes, la résignation s'impose néanmoins alors que ces fumées deviennent la manifestation du travail productif et de la richesse [Mosley, 2001]. En 1870 la Grande-Bretagne possède déjà 100 000 machines à vapeur, à cette date les équipements restent défectueux et émettent quantité de dioxyde de soufre. De nombreux voyageurs, enquêteurs sociaux ou encore romanciers décrivent l'ampleur des fumées qui s'échappent des cheminées des usines. Parmi eux, citons Charles Dickens qui, en 1854, dans son célèbre roman *Hard Times* (*Les temps difficiles*), met en scène les "monstrueux serpents de fumée" au-dessus de Coketown, ville fictive qui représente Manchester [Jarrige, Le Roux, 2017b ; Mathis, 2010].

Les Midlands anglais, au centre du pays, deviennent à cette époque le "Pays Noir", victime des pluies acides, où l'on enregistre des taux de mortalité record. Environ 20 % des morts de bronchite en Grande-Bretagne résulteraient à l'époque de la pollution atmosphérique, notamment parmi les enfants [Beach et Hanlon, 2018]. En Angleterre, des mouvements contre les fumées industrielles commencent à apparaître et utilisent les données statistiques pour montrer les liens entre la hausse de la pollution et celle des maladies respiratoires. En 1873, le *Register General* (état civil anglais) montre ainsi une augmentation des décès lors des épisodes de brouillards intenses qui frappent Londres. En Europe toutefois, certaines zones échappent longtemps à l'emprise du charbon : ainsi, dans les régions méditerranéennes, seules Marseille et Barcelone se tournent réellement vers le système charbon-vapeur, alors qu'en Italie – en particulier à Turin et Milan – l'abondance des cours d'eau maintient longtemps l'utilisation de l'hydraulique [Chastagnaret, 1995 ; Raveux, 2013].

En France, et à plus forte raison en Italie, où persiste plus longtemps une proto-industrie dispersée, aucun bassin industriel n'atteint une ampleur équivalente au Lancashire textile ou à la Ruhr sidérurgique, et la question de la fumée n'atteint jamais la même proportion qu'outre-Manche. Il peut néanmoins exister des poches de pollutions comme en Espagne dans la province de Huelva, en Andalousie, où les calcinations de pyrites à l'air libre pour produire du cuivre pour les marchés européens provoquent des fumées très toxiques pour la santé publique, les activités agricoles et l'environnement, à l'origine de tensions sociales croissantes après 1870 [Chastagnaret, 2017]. Le Creusot, où la première machine à vapeur française à usage industriel a été adoptée dans les années 1780, devient un site industriel important entre 1840 et 1880: située sur des bassins miniers charbonneux et ferreux, la région est dynamisée par le développement des chemins de fer et la création de la société Schneider frères et Cie. Entre 1840 et 1870 la population de la ville passe de 1300 habitants à plus de 23000. Le Creusot est alors entièrement organisé autour de l'immense usine qui forme une vaste cité du fer et de l'acier, avec ses fumées esthétisées par les voyageurs de passage qui y voient d'abord un indice de prospérité et de richesse.

LIBÉRALISATION, ORGANISATION ET CONTRÔLE DU TRAVAIL

Face à ces transformations et à l'accélération de l'industrialisation, dans un contexte dominé par des régimes politiques autoritaires, le monde du travail évolue et se réinvente, notamment via de nouvelles formes d'organisation qui transforment peu à peu les répertoires d'action protestataires et les capacités de mobilisation de la main d'œuvre.

Amélioration de la condition ouvrière et niveaux de vie

Malgré de forts contrastes et le creusement des inégalités, et en dépit des nouveaux risques, maladies et accidents qui frappent les travailleurs de l'industrie, et des dernières grandes pandémies de choléra qui touchent particulièrement les travailleurs pauvres en 1849 et 1855 (v. Risques et santé au travail), la condition des ouvriers semble globalement s'améliorer après la crise du milieu du XIXe siècle. L'expansion de l'industrialisation et les revendications ouvrières commencent à porter leurs fruits: les salaires tendent à augmenter, l'accès à la consommation s'étend, quoiqu'à des rythmes très différents selon les groupes socio-professionnels et les régions. En dépit de leur fragilité, la plupart des enquêtes constatent ainsi une hausse des salaires réels après la grande crise du milieu du XIXe siècle, notamment après 1860, lorsque les États européens commencent à renforcer leur intervention, même si c'est surtout avec les réformes des années 1880 que s'engagent réellement l'émergence des États sociaux et la démocratisation de nouvelles pratiques de consommation.

Même si les taux de mortalité, comme les modes d'alimentation et les conditions de vie des travailleurs, s'améliorent après 1860, les situations demeurent encore une fois très variables et rendent toute généralisation difficile. La question reste d'ailleurs controversée, particulièrement dans le cas britannique [FEINSTEIN, 1998; GRIFFIN, 2018]. Les études quantitatives, qu'elles portent sur les salaires, sur la stature des classes populaires, ou sur les taux de mortalité différenciés, confirment un début d'amélioration des niveaux de vie [WEIR, 1997; HEYBERGER, 2003]. La structure des budgets et des dépenses ouvrières, telle que la décrivent par exemple les nombreuses monographies leplaysiennes*, montre un certain élargissement de la consommation ouvrière, même si l'alimentation demeure un poste essentiel. La figure du polytechnicien Frédéric Le Play est importante, en particulier parce qu'il est l'auteur d'une enquête célèbre sur les "ouvriers européens" (1855), qui constitue une mine d'informations, mais aussi parce qu'il est considéré comme un précurseur des enquêtes et des techniques de collecte de données à l'origine de la sociologie empirique [SAVOYE, 2007]. Les observateurs sociaux insistent d'ailleurs pour la plupart sur l'amélioration des conditions de vie des ouvriers après 1850, tout en stigmatisant fréquemment leur "insouciance" et leurs habitudes dispendieuses qui seraient responsables de leurs difficultés, à l'image d'Armand Audiganne dans son livre sur *Les populations ouvrières et les industries de la France* publié en 1860.

Les situations ouvrières diffèrent toutefois selon l'âge, la localisation, le sexe, ou les types de métiers. Il faut bien distinguer les mondes ouvriers les plus fragiles, au bord de l'indigence, comme le sont les femmes seules, les migrants et la main d'œuvre sans qualification, de la minorité des ouvriers dont le salaire est suffisant pour leur permettre d'épargner ou de contribuer à une caisse de secours mutuels qui les protège en cas de maladie ou d'accident. Denis Poulot, contremaître devenu patron, décrit les franges supérieures de l'artisanat urbain parisien dans son livre *Le Sublime ou le travailleur comme il est en 1870, et ce qu'il peut être* (1870). Il y présente les mœurs et les habitudes des ouvriers mécaniciens bien payés, qui gagnent jusqu'à 1500 francs par an, mais dont il dénonce les excès et l'immoralité [COTTEREAU, 1980]. Hors des grandes villes certains groupes comme les puddleurs*, ouvriers chargés de l'affinage de la fonte, peuvent vivre avec une certaine aisance, surtout s'ils sont logés et disposent d'un jardin qui offre un complément fondamental à l'époque. Dans certaines régions, notamment en Grande-Bretagne, en Belgique, ou en Alsace en France, le patronat commence par ailleurs à imaginer la construction de cités ouvrières pour loger et fixer la main d'œuvre. Citons celles édifiées par l'industriel protestant alsacien Dollfus à Mulhouse à partir de 1853, qui accueille 800 maisons et 6000 personnes en 1867, bénéficiant d'équipements collectifs et de petits jardins privatifs.

La quête d'un confort nouveau et l'accès à des biens matériels devient une expérience inédite pour les travailleurs. En ville, le commerce d'occasion et la fripe permettent aux classes populaires de diversifier leurs achats, alors que dans les campagnes les réseaux commerciaux s'étendent en même temps que les transports s'améliorent [DAUMAS, 2018]. Ainsi, le prix du livre baisse dans la plupart des pays d'Europe de l'Ouest. En France, il est divisé par sept entre 1838 et 1856, avant même que l'éditeur Hachette ne lance ses "livres de gare". Néanmoins, en 1856, un livre peu cher représente encore la moitié du salaire journalier d'une ouvrière du textile. Les grands magasins sont également une nouveauté qui frappe les observateurs. Dans son roman *Au bonheur des dames*, publié en 1883, Émile Zola s'en fait l'écho en s'inspirant notamment du *Bon Marché* et du *Printemps*, ouverts à Paris en 1852 et 1874. Pour la plupart des ouvriers, ces lieux font toutefois surtout figure de symbole et de rêve ; ils n'y achètent rien et préfèrent le commerce d'occasion et de friperie. Mais là encore, les situations sont très diverses et qu'il s'agisse du logement, de l'alimentation, de l'accès à de nouveaux biens de consommation, les situations sont très contrastées et ne commencent à s'améliorer réellement qu'à la fin du XIXe siècle.

Essor des grèves et renouveau des associations ouvrières

Les décennies du milieu du XIXe siècle représentent dans toute l'Europe un moment de transformation des "répertoires d'action collective", pour reprendre l'expression popularisée dans les années 1980 par Charles Tilly afin de décrire l'évolution des manières d'agir et de protester des classes populaires en Europe [TILLY, 1984]. Selon Tilly, les années 1850 marqueraient le basculement d'un régime d'action ancien, essentiellement local et patronné, consistant en destructions et soulèvements populaires, vers un répertoire "moderne" de plus en plus national et autonome, composé de grèves, de réunions politiques et de meetings, encadré par des organisations et associations en cours d'institutionnalisation. "Toute population a un répertoire limité d'actions collectives – explique-t-il –, c'est-à-dire des moyens d'agir en commun sur la base d'intérêts partagés. [...] Ces différents moyens d'action composent un répertoire, un peu au sens où on l'entend dans le théâtre et la musique, mais qui ressemble plutôt à celui de la *commedia dell'arte* ou du jazz qu'à celui d'un ensemble classique. On en connaît plus ou moins bien les règles, qu'on adapte au but poursuivi. [...] Le répertoire en usage dicte l'action collective." (1986, p. 541-542). Si cette notion a été beaucoup discutée et critiquée depuis, notamment pour préciser la chronologie et les formes du processus selon les pays, elle permet de comparer l'évolution des modes d'actions ouvrières sur le long terme.

Avant 1848, les actions collectives consistant à cesser le travail de façon concertée pour obtenir de meilleures rémunérations ou une réforme des conditions de travail étaient désignées par des termes très divers et fluctuants selon les régions et les professions. Une certaine homogénéisation du langage s'étend après 1848 dans chaque pays. En anglais, l'usage du mot "strike" pour décrire l'arrêt de travail afin de faire pression sur l'employeur était déjà utilisé au XVIIIe siècle, mais il se généralise surtout au XIXe siècle. Il proviendrait de la pratique des marins consistant à frapper (*striking*) les voiles d'un navire pour marquer leur refus d'aller en mer. Le terme circule sur le continent européen, et il est notamment repris en allemand dans la première moitié du XIXe siècle pour forger le terme "*Streik*". Des mots nouveaux surgissent aussi en français. La "grève", par exemple, désigne de plus en plus fréquemment l'interruption du travail, en concurrence avec l'ancien mot de "coalition*" encore en usage, et en référence à la place du même nom à Paris où se faisait l'embauche non réglementée des ouvriers. Le mot "grève" voit son utilisation s'accroître en 1848 puis après 1860, parallèlement à la montée des antagonismes sociaux. En juin 1848 apparaît d'ailleurs l'idée de "grève européenne", au sens de réunion des travailleurs à l'échelle du continent. Le typographe Marcel Deschamps, qui admire l'action des chartistes anglais, célèbre dans la presse la "grève anglaise permanente" qui parvient à faire pression sur les employeurs, et il annonce la création d'une "Convention des Travailleurs de la Grève Européenne", dotée d'un comité organisateur, mais qui sera sans lendemain (*Le Robespierre*, 8-11 juin 1848, cité par Tournier, 2002). En Italie, l'action de faire grève se traduit par "*sciopero*" et en Espagnol par "*huelga*".

Au-delà des mots, les grèves ouvrières deviennent peu à peu légales, et plus longues, même si c'est surtout à la fin du XIXe siècle qu'elles gagnent de l'ampleur sur tout le continent (v. Grèves et organisations ouvrières). Certes, les grèves étaient déjà fréquentes et parfois importantes dans certains groupes professionnels avant 1848. En Grande-Bretagne, au cours des conflits dits du *Plug Plot* en 1842, alors que le pays est traversé par une crise économique et l'essor du mouvement chartiste, des ouvriers du coton du Lancashire sabotent par exemple des machines à vapeur en tirant les bouchons pour imposer leurs revendications salariales. Ils développent ainsi un répertoire d'actions original pour faire pression sur les fabricants lors de ce qui est l'une des premières grèves quasi générales en Europe [ROSE, 1957]. Néanmoins, les statistiques des grèves demeurent fragiles et floues avant 1880 et leur ampleur varie selon les pays. En Angleterre, l'échec du chartisme en 1848 pousse les travailleurs à s'écarter du débat politique pour se replier sur la sphère des revendications professionnelles, locales ou sectorielles. Le nombre de syndicats – autorisés depuis les années 1820 – et le nombre de grèves augmente dans le pays. À Londres, un *London Trades Council* est mis sur pied en 1860 à la suite de la vaste grève des ouvriers du bâtiment en 1859. En 1868, le *Trades Union Congress* (TUC) voit finalement le jour lors d'un congrès réuni à Manchester, au terme d'un processus d'unification qui aboutit au rassemblement de tous les syndicats dispersés. Cette nouvelle institution connaît un succès rapide. Dès le milieu des années 1870 elle accueille un million d'adhérents, soutenant l'essor du nombre de grèves dans le pays, à l'image des travailleurs du bâtiment qui profitent d'une période d'intense construction pour imposer des augmentations de salaire [PRICE, 1980].

En France, les grèves comme les associations ouvrières renaissent après l'interruption provoquée par le coup d'État de 1851. Si les conflits sociaux restent plus discrets qu'outre-Manche, le Second Empire commence à relâcher la bride : en 1862 une retentissante grève des typographes a ainsi lieu à Paris. La même année, le pouvoir autorise les corps de métiers à élire de façon indépendante ses délégués à l'exposition universelle de Londres, et en 1863 les élections législatives voient naître les premières "candidatures ouvrières". Le 25 mai 1864, Napoléon III légalise finalement les coalitions. Le pouvoir cherche ainsi à se concilier les classes ouvrières urbaines en dépénalisant le fait de faire grève, les poursuites en la matière étant de plus en plus contestées dans les ateliers. Même si la grève au sens strict reste punissable comme atteinte à la liberté du travail, elle cesse d'être un délit pénal pour n'être plus qu'une faute contractuelle. Cette mesure vise à répondre aux revendications croissantes des ouvriers de métier. Les chambres syndicales qui se multiplient après 1864 concernent d'ailleurs surtout les métiers parisiens du bâtiment et de la métallurgie. Le nombre de grèves augmente fortement à la fin des années 1860, comme les expériences coopératives et les sociétés de secours mutuels, même si le mouvement est provisoirement interrompu par l'expérience de la Commune. En 1881, on dénombre déjà 500 chambres syndicales dans le pays, et des congrès ouvriers se réunissent pour faire pression sur le pouvoir.

Finalement, c'est la loi dite de Waldeck-Rousseau sur les syndicats professionnels qui légalise en 1884 les associations ouvrières [ROUGERIE, 2001].

L'espace germanique se trouve dans une situation singulière. L'industrialisation y est récente mais très rapide après 1850 ; le nombre d'ouvriers augmente vite dans les principales régions industrielles comme la Saxe, la Ruhr, la Silésie à l'est, ou autour de Berlin. Beaucoup ont le sentiment de vivre une expérience commune d'exploitation et de misère. Jusqu'aux années 1880 néanmoins, le syndicalisme reste plutôt à l'état embryonnaire. Comme en France et en Angleterre, les associations ouvrières allemandes sont d'abord des caisses de secours mutuels, parfois encouragées par l'État comme en Saxe et en Prusse dans les années 1850. Dans les années 1860, des unions ouvrières commencent à se créer autour de trois grands courants de pensée que sont les lassaliens (qui fondent la Ligue des Syndicats Allemands en 1868), les libéraux (qui prônent plutôt un syndicalisme "à la britannique") et les marxistes (dont l'influence s'étend et qui vont donner naissance à la social-démocratie à la fin du siècle). La politique de répression décidée par Bismarck et ses nombreuses lois d'exception freine néanmoins l'essor du syndicalisme ; et même s'ils sont autorisés en 1878, ils se structurent, s'unifient et gagnent en effectifs de façon très progressive.

En Italie et en Espagne, les mouvements ouvriers demeurent plus faibles avant 1880 même si dans les principaux centres industriels éclatent aussi des grèves et apparaissent des embryons d'associations. Dès les années 1840, des associations ouvrières se constituent ainsi à Barcelone ou Valence sous forme de sociétés de secours mutuels. Elles restent cependant fragiles et limitées. En 1854 apparaît une *Unión de Clases* qui regroupe les premières associations ouvrières et soutient les grèves en Espagne. Mais c'est la révolution politique de 1868 et l'introduction des idées de Bakounine dans le pays qui transforme la situation et donne sa spécificité au mouvement ouvrier espagnol marqué par sa méfiance à l'égard de l'État. Un grand congrès ouvrier se tient d'ailleurs à Barcelone en juin 1870. Les sociétés ouvrières et les conflits, parfois durs, se multiplient alors parmi les travailleurs du coton, malgré les répressions vives et les divisions qui traversent le mouvement.

Au-delà des grèves et des arrêts concertés de travail qui existent partout mais tardent à être légalisés et reconnus comme des armes légitimes, une partie de la main d'œuvre proteste de façon plus silencieuse en préférant être menacée de paupérisation plutôt que d'aller s'embaucher à l'usine, ou en résistant de façon sourde et souvent souterraine aux mutations industrielles en cours. À côté des émeutes, insurrections et grèves, il faut donc être attentif aussi aux formes d'action plus individuelles qui existent dans l'atelier et l'usine. Certains choisissent par exemple de freiner la production, de manifester leur désaccord de façon clandestine en perturbant le rythme du travail ou en dégradant la qualité des productions. Si la violence retient généralement l'attention des historiens car elle est à la fois plus spectaculaire et visible – et laisse donc davantage de traces –, les arts de la résistance populaire sont bien plus riches selon les métiers et les cultures professionnelles. Dans le secret et l'entre soi de l'atelier et de l'usine les travailleurs manifestent leur mécontentement par de multiples pratiques d'autonomie, contraignant les fabricants à inventer peu à peu de nouvelles logiques disciplinaires. Ces arts de résistance varient selon les groupes professionnels, leur position, leur rapport à l'équipement, les outils dont ils disposent, leur degré de liberté et d'autonomie au travail. Ainsi, de nombreux travailleurs récupèrent les "déchets" de tissus dans les usines textiles pour compléter leur salaire en les revendant de façon clandestine, bien que cette pratique soit de plus en plus condamnée comme du vol, outre-Manche plus tôt que dans les autres pays du continent, alors qu'au début du XIXe siècle il s'agissait encore d'un complément de revenu accepté [RANDALL, 1990 ; HILAIRE-PÉREZ, 1998].

Internationalisation et Commune de Paris

Les années 1860 sont également marquées par l'essor des liens entre ouvriers à l'échelle de l'Europe. En octobre 1864, à Londres, peu après que les travailleurs anglais et français ont annoncé leur désir de créer une Association internationale des travailleurs (AIT) avec des sections dans tous les pays, des statuts provisoires et une déclaration de principe sont adoptés. Dans cette "adresse inaugurale", rédigée par le théoricien communiste Karl Marx, plusieurs paradoxes sont mis en avant d'emblée : le mouvement ouvrier, en dépit des répressions qui ont suivi 1848, tend à renaître ; les grèves se multiplient un peu partout ; il en est de même des coopératives Pourtant, "la misère de la masse des travailleurs n'a point diminué", alors même que l'Europe connaît "un développement sans exemple de l'industrie" et "un accroissement inouï du commerce". L'AIT, cet "enfant né dans les ateliers de Paris et mis en nourrice à Londres" selon la formule souvent répétée, constitue l'une des réponses à ce paradoxe en organisant la solidarité ouvrière à l'échelle transnationale et en soutenant les grèves de plus en plus nombreuses. Née dans une période de renouveau de l'agitation ouvrière, qui se traduit par exemple par la publication en France du *Manifeste des Soixante** (février 1864), mais aussi dans une phase d'industrialisation et de mondialisation économique intense, l'AIT se veut une réponse à ces défis. Elle entend stimuler les pratiques de solidarité et permettre aux mondes du travail d'affronter les ravages du capitalisme [Katz, 1992, Holthoon et Van der Linden, 1988 ; Léonard, 2011 ; Bensimon *et alii*, 2018]. L'AIT, dont l'histoire a récemment été reprise, devient ainsi un réseau international de crédit ouvrier qui permet les circulations militantes, dans une logique de réciprocité, qui favorise le prêt au détriment du don, davantage inscrit dans des logiques philanthropiques et paternalistes [Delalande, 2019].

L'Association internationale des travailleurs également appelée Première Internationale fut dynamique de 1864 à 1876 au moins, la date de fin de l'AIT étant l'enjeu de nombreux débats. Elle est composée d'organisations ouvrières diverses et de membres adhérant sur une base individuelle ; elle est à la fois un forum de réflexion et d'échanges, une organisation syndicale et une société politique internationale. Son 5e congrès qui devait avoir lieu à Paris en septembre 1870 ne peut pas se tenir en raison de la guerre franco-prussienne. Le début des années 1870 est ensuite occupé par les scissions, divisions et luttes personnelles : alors que le conflit entre Marx et Bakounine s'exacerbe, la fédération romande de l'AIT se scinde ; les sections jurassiennes font ainsi sécession lors du congrès de la Chaux de Fonds d'avril 1870. Lors du congrès de La Haye organisé en septembre 1872, les délégués votent finalement l'exclusion de Bakounine et de ses partisans. Une semaine après, ces derniers réagissent en se réunissant à Saint-Imier en Suisse afin d'entériner la rupture et initier une Internationale "anti-autoritaire". Parallèlement l'AIT s'étend. Des sections voient le jour en Italie et en Espagne, mais aussi en Amérique du Nord et en Australie, dans des territoires ruraux où l'industrialisation demeurait plus limitée.

L'expérience de la Commune de Paris, entre le 18 mars 1871 et la "Semaine sanglante" du 21 au 28 mai 1871, s'inscrit dans cette conjoncture conflictuelle. L'évènement a de multiples racines mais il est principalement le produit de la montée des revendications ouvrières à Paris dans un contexte marqué par la défaite militaire face à la Prusse et par l'élection d'une assemblée conservatrice. L'expérience de la Commune constitue une étape majeure dans l'essor du mouvement ouvrier. Plus que les nouveaux prolétaires des grandes usines, ce sont les travailleurs manuels et artisans de métier qui sont au cœur de l'évènement, à Paris, sur les pentes de la Croix-Rousse à Lyon ou même à Thiers dans le Massif central. Même si, compte tenu de sa brièveté, la Commune n'adopte pas de réforme sociale de grande ampleur – sauf à propos du travail de nuit des boulangers – la question du travail est bien au cœur de l'évènement. Dès le 29 mars, la Commune crée d'ailleurs une "Commission du Travail, de l'Industrie et des Échanges" qui prend en charge la question sociale et dans laquelle siègent des internationalistes comme Fränkel, Malon, Longuet. Léo Fränkel, ouvrier bijoutier d'origine hongroise, devient ainsi le délégué de la Commission du Travail, où il proclame : "nous ne devons pas oublier que la Révolution du 18 mars a été faite exclusivement par la classe ouvrière. Si nous ne faisons rien pour cette classe, nous qui avons pour principe l'Égalité sociale, je ne vois pas la raison d'être de la Commune." Si la répression lors de la "Semaine sanglante" décapite pour au moins dix ans le mouvement ouvrier parisien, l'évènement marque toutefois durablement les esprits, son écho circulant largement en Europe et nourrissant les imaginaires révolutionnaires comme les espoirs de transformation sociale [Rougerie, 1971 ; Deluermoz, 2020].

1880-1914 VERS UN NOUVEAU MONDE OUVRIER ?

Pour l'historien britannique Eric Hobsbawm, les années 1880 introduisent une rupture qui signe la véritable naissance de la classe ouvrière [Hobsbawm, 1977]. Après le long enfantement des premières décennies du XIXe siècle, décrit magistralement par E. P. Thompson, et après les mutations des années 1850, le tournant du XIXe et du XXe siècle signerait donc l'affirmation, la consolidation du groupe des travailleurs industriels, marquant de plus en plus son identité et s'imposant comme une force dans l'espace public. Il faut bien sûr manier avec prudence ce type d'affirmations, qui témoigne aussi des attentes militantes et des espoirs d'une historiographie marxiste, dont E. Hobsbawm est l'un des représentants – historiographie qui s'est beaucoup intéressée à cette période, synonyme pour elle de l'avènement d'un prolétariat enfin conscient de lui-même.

La remarque d'E. Hobsbawm n'en invite pas moins à souligner l'importance des mutations survenues durant la période 1880-1914. L'industrie devient alors une réalité sinon généralisée, au moins beaucoup plus massive, dans une bonne partie des pays européens : dans l'Europe du Nord-Ouest bien sûr, mais aussi à l'Est, et même dans certaines parties de l'Europe méridionale. De nouvelles figures, de nouveaux espaces et de nouveaux paysages appelés à une longue postérité, commencent à s'imposer. En 1883, le peintre français Maurice Fallies représente les premiers changements de Saint-Denis, avec les ouvriers se pressant sur les quais et en arrière-plan la fumée de plus en plus dense des cheminées des grandes usines (*Gares et usines à Saint-Denis*, 1883). Les ouvriers du textile, et plus encore les ouvrières, s'ils constituent toujours des réalités sociales omniprésentes (les textiles représentent 30 % de l'activité industrielle en France en 1900) voient leur importance symbolique décliner, au profit des mineurs et, de plus en plus, des "métallos", qui représentent de nouveaux secteurs industriels.

Mais ces évolutions n'ont rien d'unilatéral ni d'absolu. La Belle Époque, comme on a nommé *a posteriori* la période allant de 1900 à 1914, est précédée et entrecoupée de crises. La question du travail, et du travail industriel en particulier, est traversée par de multiples formes d'ambivalences et de tensions. Entre l'ancien et le nouveau monde du travail tout d'abord. Les grandes usines allemandes de Siemens (matériel électrique) ou de Krupp, qui emploient plusieurs dizaines de milliers de personnes (20000 pour Krupp en 1887, près de 80000 pour Siemens en 1912) [KOTT, 1991], coexistent avec la force persistante du travail à domicile, qui est à son apogée en France en 1896. Les travailleurs s'insèrent pour partie dans les nouvelles cultures urbaines (à Paris, Berlin, Londres, Turin) mais restent ailleurs ancrés dans les rythmes et les modes de vie du monde rural. Le nouveau cycle d'industrialisation crée un sentiment d'unité parmi des travailleurs qui affrontent la même dureté des conditions de travail et une précarité qui reste une constante dans les vies ouvrières. Dans le même temps, les formes de fragmentation adossées à l'âge, au genre, à la qualification, à l'origine ethnique ou migratoire sont fondamentales. L'époque est enfin traversée par la question de la place de ces travailleurs dans des États-nations renforcés et, de plus en plus, en conflit [CHARLE, 2001]. Le travail et les travailleurs constituent-ils une force intégrée, même si elle reste subordonnée, dans ces États, ou ont-ils vocation à se constituer eux-mêmes en tant que force internationale indépendante, incarnée et portée par le mouvement socialiste et ouvrier ?

VERS L'ÈRE DES USINES

Malgré l'émergence de nouveaux concurrents – le Japon et surtout les États-Unis – la période 1880-1914 voit l'apogée de la domination européenne sur le monde. Les pays les plus anciennement industrialisées, Royaume-Uni, Belgique notamment, sont cependant concurrencés par d'autres, en particulier l'Allemagne, qui s'impose au début du XXe siècle comme la première puissance industrielle européenne. La dynamique économique de l'Europe coïncide avec la consolidation des États-nations anciens ou nouveaux : proclamation de l'Empire allemand en 1871 après la guerre contre la France, achèvement de l'unification de l'Italie en 1870. La rivalité entre ces États-nations se fait toujours plus vive, sur fond de développement des idéologies nationalistes, mais aussi de conflits croissants entre impérialismes. L'expansion coloniale des pays européens – la France, le Royaume-Uni en premier lieu, mais aussi la Belgique, l'Allemagne, l'Italie – offre des débouchés à l'industrie, intensifie une première mondialisation des échanges économiques, mais accentue aussi les tensions politiques et économiques (entre la France et l'Allemagne, entre le Royaume-Uni et l'Allemagne), ainsi que les menaces de guerre.

Un nouveau cycle industriel

La croissance de la production est en moyenne constante durant toute la période. Elle reste cependant perturbée. Schématiquement, les historiens [BRAUDEL et LABROUSSE, 1976], influencés par la théorie des cycles économiques développés dans les années 1920 par Kondratieff et Simiand, distinguent deux périodes. En 1873 survient la première crise bancaire moderne, à la suite de la faillite du *Kreditanstalt* à Vienne ; elle est suivie à l'automne par des faillites bancaires en Autriche et au Royaume-Uni et par une véritable crise financière internationale. Celle-ci ouvre une période de crise récurrente qui se prolonge jusqu'au milieu des années 1890 : secousses et effondrement bancaires (en 1882, 1889-1890), faillites d'entreprises, etc. La croissance redevient en revanche plus forte et plus régulière après le milieu des années 1890. Les travaux historiques des dernières décennies incitent cependant à ne pas trop rigidifier ces cycles descendants – 1873-1896 – et ascendants – 1896-1914 [SALY *et alii*, 1998]. Malgré la série de crises des années 1880-1890, la croissance demeure positive même si son rythme moyen a pu être ralenti par la répétition des accidents conjoncturels. La situation demeure par ailleurs très variable selon les pays. En Grande-Bretagne, les deux décennies sont perçues effectivement par les contemporains comme une période relativement sombre, une période de déclin des industries charbonnières et métallurgiques face à la concurrence étatsunienne et allemande. L'Allemagne renoue en revanche avec l'expansion dès la fin des années 1870, et voit alors sa mutation industrielle et urbaine s'accélérer. De la même manière en Italie, les années 1880 sont caractérisées par une forte croissance de la production, notamment dans les secteurs présentés comme les plus modernes (dans la métallurgie, la sidérurgie, la chimie) – même si la période 1887-1896 marque un très net ralentissement.

Quelle que soit la conjoncture, le véritable fil rouge et le trait distinctif de la période tiennent dans l'émergence d'un nouveau cycle d'industrialisation, amené à faire sentir ses effets jusqu'à la seconde moitié du XXe siècle. Il s'agit moins cependant d'une rupture absolue que d'une transition, les formes nouvelles venant se superposer aux anciennes. Le charbon continue ainsi de fournir 90 % de l'énergie consommée par les pays industriels en 1913. Mais de nouvelles sources d'énergie apparaissent. C'est le cas en particulier de l'électricité, servie par tout une série d'innovations : l'invention de la dynamo par le Belge Zénobe Gramme en 1870 ; la mise au point de la lampe à filament par Thomas Edison en 1879. L'hydro-électricité (la "houille" blanche) se développe tout comme les procédés en matière de transports du courant. L'électricité est d'abord surtout employée pour l'éclairage urbain et les transports, mais elle alimente aussi de nouvelles machines et à terme participe au remodelage de certaines branches : électro-chimie (avec la fabrication de l'aluminium) et électro-métallurgie. Les usages du pétrole se développent quant à eux dans le sillage du perfectionnement progressif du moteur à explosion, puis de la mise au point des véhicules à essence : en 1886, la firme allemande Benz produit le premier d'entre eux, il est ensuite perfectionné par Daimler en Allemagne, Forest en France.

Le premier cycle d'industrialisation fondée sur les machines textiles, le charbon et la mise en place des chemins de fer, continue bien entendu de faire sentir ses effets. Il reste que l'on assiste à une véritable recomposition du système technique, autour de l'électricité et du moteur à explosion à base de pétrole. Dans ce système, l'industrie chimique devient un secteur majeur et particulièrement de pointe : chimie organique, produits de synthèses, à l'instar des engrais (nitrate, phosphate, azote), des colorants (indigo), des médicaments (l'entreprise allemande Bayer réalise la fabrication industrielle de l'aspirine en 1899). L'autre secteur moteur est celui de la métallurgie. On entre dans l'ère de la fonte et de l'acier, illustrée par les grands ouvrages d'art : viaduc de Garabit près de Béziers mis en service en 1888 ; pont du *Firth of Forth* en Écosse la même année ; tour Eiffel en 1889. De nombreux perfectionnements voient le jour : procédé Bessemer (1856) pour la décarburation de la fonte, amélioré par l'Allemand Siemens et le Français Martin ; en 1878 les Anglais Thomas et Gilchrist inventent une nouvelle technique pour utiliser les fontes phosphoreuses (minette*), ce qui entraîne une croissance accélérée du bassin ferrifère lorrain partagé entre la France et l'Allemagne. La métallurgie prend dès avant 1914 la place du textile comme branche dominante.

Cette nouvelle organisation industrielle est incarnée et portée par des entreprises et en général des structures capitalistes de plus en plus concentrées et puissantes. Le phénomène est particulièrement remarquable en Allemagne qui est, à la veille de la guerre, le pays le plus électrifié, la puissance dominante en matière d'industrie chimique et le premier producteur d'acier (22 % de la production mondiale). Les entreprises sidérurgiques comme Krupp et Thyssen se sont considérablement étendues, ont diversifié leurs produits tout en intégrant dans leur structure les différentes étapes du cycle de la production, de la fabrication jusqu'à la vente. Dans la chimie, les trois firmes BASF, Bayer et Höchst assurent à elles seules les deux tiers de la production mondiale de colorants. En 1910, 75 % des produits de l'électro-technique sont fournis par les deux géants allemands Siemens et AEG (*Allgemeine Elektricitäts-Gesellschaft*, société fondée par Walter Rathenau en 1887) [Kott, 1991]. Il y a là une évolution et l'image d'un capitalisme tentaculaire dirigé par une poignée de magnats et de maîtres des forges, qui a de quoi fasciner les contemporains. C'est le cas notamment des épigones de Marx (mort en 1883) et surtout des théoriciens marxistes allemands qui, à l'instar de Karl Kautsky, Rosa Luxemburg ou de l'Autrichien Rudolf Hilferding (*Le capital financier*, 1910), s'interrogent sur les effets de cette nouvelle concentration capitaliste en termes de lutte des classes ou d'intensification des tensions bellicistes.

L'extension de l'industrialisation

L'activité industrielle, dans ses formes anciennes ou nouvelles, devient donc une réalité de plus en plus présente dans les territoires, les économies et les sociétés, même si cette réalité continue de se présenter de manière très différenciée.

Pourcentage de la population active employée dans l'industrie

	1880-1890	**1907-1912**
Allemagne	35	41
Belgique	36	46
France	28	33
Italie	24	27
Pays-Bas	30	33
Royaume-Uni	48	52

Source : [Saly *et alii*, 1998]

La variation s'opère tout d'abord entre les configurations nationales. Le tableau ci-dessus permet de distinguer des pays – Royaume-Uni, Allemagne, Belgique – où l'activité industrielle est devenue sinon majoritaire (au Royaume-Uni), au moins très importante (Allemagne, Belgique). La part de la population active employée dans l'agriculture demeure en revanche majoritaire en Italie, comme elle l'est en Espagne, malgré le développement rapide des industries minières et extractives (cuivre, etc.) durant cette période [CHASTAGNARET, 2017]. La France, malgré un net rattrapage, demeure dans une situation intermédiaire, avec une part de la population active employée dans l'industrie encore sensiblement inférieure à celle employée dans le secteur agricole. La croissance industrielle y a pourtant été bien réelle, en particulier dans la période 1910-1913. Les industries nouvelles en ont été les grandes bénéficiaires : cycle et automobile (Peugeot et Renault), mécanique de précision (Fives-Lille, Société alsacienne de construction mécanique), électro-métallurgie (Péchiney, Froges), matériel destiné aux grandes cités (Pont-à-Mousson), industries chimiques surtout (Gillet, Usines du Rhône) [PROST, 2019]. Reste que l'exode rural est demeuré plus lent, et que le monde ouvrier français s'affirme comme une réalité partielle et très éclatée, à l'inverse d'un monde ouvrier britannique déjà ancien dans certains cas de deux ou trois générations, ou d'un prolétariat allemand qui s'est massivement imposé.

Le nouveau cycle d'industrialisation remet en jeu aussi les fonctionnements intra-nationaux et redessine les économies régionales. Le fait est patent en Italie, où l'expansion industrielle des années 1880, puis des années 1900 accroît encore la prépondérance du Nord sur le Sud : le premier concentre 64 % des travailleurs de l'industrie italienne, contre 21 % pour le second ; des villes comme Milan et Turin voient leur population respectivement quadrupler et tripler, et Turin devient un centre industriel qui attire les migrants [GRIBAUDI, 1987]. En Espagne, de la même manière, le développement des industries minières et métallurgiques, souvent sous contrôle étranger (Rio Tinto Company), participe au développement de certaines poches – en Andalousie, dans les Asturies – alors que les régions environnantes conservent un mode de vie et des activités rurales. En France, les effets conjugués de la Grande Dépression et de la croissance des industries nouvelles font décliner certaines régions d'industrie ancienne : les micro-industries du Massif central et des Alpes, les centres textiles du Languedoc [MINOVEZ, 2019]. À l'inverse, ils renforcent la prédominance des grandes zones urbaines et industrielles, comme le Lyonnais, la région parisienne, le Nord et la Lorraine sidérurgique. Il se crée des paysages qui frappent les contemporains par leur aspect profondément disharmonique et leur rupture avec les formes urbaines traditionnelles. Le géographe Vidal de la Blache évoque ainsi le Nord : "parfois, le contraste prend une forme saisissante : Valenciennes, signalée au loin, comme dans les tableaux de van der Meulen, par les flèches élégantes de ses édifices, ramasse ses rues étroites autour de sa grande place ; mais à ses portes, comme une excroissance, s'étend l'énorme banlieue désarticulée, avec ses files de maisons, d'estaminets, d'usines" (*Tableau de la géographie de la France*, t. I, 1903, p. 82).

Ces bouleversements territoriaux sont aussi très sensibles au sein de l'Empire allemand. À l'origine les principales régions industrielles sont celles du charbon et du fer : nord de la Rhénanie, Sarre, Lorraine, Haute-Silésie, Ruhr (en 1913, 60 % de l'acier allemand est produit dans la Ruhr). Mais avec l'accélération de l'expansion, le développement de la chimie et de l'électro-technique, les grandes villes deviennent à leur tour des centres industriels. La nouvelle capitale, Berlin, concentre plus de la moitié des emplois dans l'industrie électro-technique et devient aussi un grand centre pour la fabrication des machines-outils. Les grandes entreprises chimiques s'implantent quant à elles dans la zone Rhin-Main, autour des pôles urbains de Francfort, Ludwigshafen ou Mannheim, qui connaissent une croissance démographique très rapide. La Ruhr continue de son côté son développement. En 1910, 400 000 mineurs extraient désormais 110 millions de tonnes de charbon, faisant de la région le premier bassin industriel centré sur la sidérurgie. Le charbon, transformé dans les fours à coke, alimente en effet les hauts fourneaux pour produire la fonte et l'acier. Tout cela ne va pas sans provoquer de graves dégâts environnementaux. En 1912, une enquête du gouvernement révèle que l'essentiel de la région est pollué par la fumée, les suies et les dépôts d'acide sulfurique qui enrayent la croissance des végétaux et contaminent les fruits. Aucune usine de retraitement ou mesure de restriction des rejets n'est adoptée avant 1914, tant la région et ses habitants s'identifient à la production de masse [BRÜGGEMEIER, 1990].

Les mutations sont enfin perceptibles à l'échelle intra-régionale. Le nouveau cycle d'industrialisation est susceptible d'amener d'importantes ruptures, y compris dans des territoires déjà pour partie industrialisés. Le phénomène est démontré avec une remarquable clarté par Yves LEQUIN [1977] dans sa thèse sur les ouvriers du Lyonnais (l'étude englobe aussi le bassin de la Loire autour de Saint-Étienne et les régions plus montagneuses des alentours, comme le Dauphiné). Il montre que la Grande Dépression brise certaines des formes anciennes d'industrialisation et entraîne une reconversion d'ensemble de l'industrie régionale.

La fabrique de la soie à Lyon entre alors en crise, tout comme la production charbonnière et métallurgique dans le Forez, près de Saint-Étienne. À leur place s'implantent de nouvelles usines spécialisées dans la fabrication de l'acier, tandis que les industries électro-techniques et chimiques se développent tout au long du couloir rhodanien. Il y a donc ici une réelle rupture. Le nouveau cycle génère des phénomènes conjoints de désindustrialisation et de réindustrialisation, en même temps qu'il remet en cause certains des cadres hérités du premier XIXe siècle (la fabrique, l'identité ouvrière associée au métier), et secrète une profonde incertitude pour les travailleurs.

Nouveaux cadres et nouvelle organisation du travail

L'accentuation de la mécanisation, le développement de nouveaux secteurs industriels et l'augmentation de la taille des entreprises bouleversent de manière générale les cadres du travail ouvrier. Il serait cependant excessif, surtout pour cette période, de croire que cette mutation s'impose partout et dans tous les secteurs. Si, dès 1907, près de 45 % des actifs allemands employés dans le secteur secondaire travaillent dans des entreprises de plus de 50 personnes, c'est très loin d'être le cas en France où, au contraire à la même date, près de 60 % des actifs travaillent encore dans des unités comptant moins de 10 salariés. Le phénomène est particulièrement net dans certains secteurs, comme le vêtement : les ouvriers à domicile – surtout les ouvrières – continuent à travailler dans le système de la fabrique, au service d'un donneur d'ordre qui passe les commandes et vend leur production, ou alors travaillent dans de tout petits ateliers (moins de cinq personnes). La figure du canut lyonnais est, on l'a dit, en voie de disparition – disparition accélérée avec l'apparition du métier mécanique autour de 1875. Mais les dentellières de Calais, les bonnetiers et les bonnetières autour de Troyes et les chemisières du Choletais continuent pour la plupart de travailler dans le cadre de ce système de la fabrique. L'industrie de la chaussure se perpétue, dans le même sens, sous des formes artisanales ou semi-artisanales, alors qu'elle s'est massifiée de manière beaucoup plus nette au Royaume-Uni et s'organise bien davantage dans le cadre d'usines [COTTEREAU, 1990].

La grande usine, “l'usine nouvelle”, concentrant plusieurs milliers d'ouvriers et d'employés, commence cependant à se développer dans la majeure partie des pays européens. Même si cela ne concerne qu'une partie de l'appareil productif, il s'agit d'un véritable saut qualitatif, qui a un impact majeur sur les conditions de travail des ouvriers concernés. Le phénomène est particulièrement marqué, et spectaculaire, dans certaines mines, dans la sidérurgie et la métallurgie lourde, mais aussi dans les industries nouvelles et dynamiques (chimie, électricité, mécanique). Toutes ont besoin d'espaces de plus en plus vastes pour abriter les machines (marteau-pilon*, hauts fourneaux*), pour organiser de manière plus efficace la production, pour déployer aussi des fonctions de plus en plus spécialisées, nécessitant des infrastructures et un personnel spécifiques : voies de chemin de fer pour le transport, entrepôts pour le stockage des produits, bureaux abritant le personnel chargé de l'administration ou encore des services commerciaux. De ce fait, les usines grandissent de plus en plus : les aciéries de Schneider au Creusot regroupent près de 20 000 ouvriers au total ; ces ordres de grandeur se retrouvent dans les fonderies et les laminoirs* des Krupp en Allemagne. Dans son usine de Ludwigshafen, l'entreprise chimique BASF abrite 8000 ouvriers en 1912, mais aussi près de 1000 employés. Ces grandes usines tendent de plus en plus à dévorer l'espace qui se trouve autour d'elles, et se déploient parfois sur des dizaines d'hectares. Alain Dewerpe, déjà cité, a bien montré comment la société d'Ansaldo, spécialisée dans la mécanique et la construction navale, qui compte près de 2000 ouvriers à la fin du XIXe siècle, vient bouleverser complètement le petit bourg de Sampierdarena, bourg de pêcheurs et de marins, en le transformant en ville de la mécanique, qui déborde largement sur l'espace rural des alentours [DEWERPE, 2017].

Cette transformation spatiale se conjugue avec une réorganisation des tâches et des fonctions, qui vise à amoindrir la marge d'action des travailleurs, et de manière globale à accentuer la subordination de la main d'œuvre. Le nouvel espace usinier se veut aussi un nouvel espace disciplinaire. Le premier règlement intérieur adopté dans les usines d'Ansaldo en 1883 vise ainsi à contrôler de manière beaucoup plus approfondie les conduites au travail (apprentissage, respect des horaires) afin d'obtenir une production optimale et l'obéissance à l'ordre politique et moral de l'entreprise. Les années 1880 constituent là encore un tournant, avec le développement de ces règlements intérieurs, qui cherchent à contrôler de manière accrue les mouvements du personnel et à obtenir le maximum de la force de travail. Au-delà de cet aspect réglementaire, on voit bien, durant cette période, une volonté patronale de redéfinir tous les aspects du travail, depuis la distribution et l'organisation des tâches jusqu'aux modes de rémunération, en passant par le contrôle des embauches, pour accroître la productivité et diminuer la part d'autonomie ouvrière. Dans les mines de Decazeville par exemple, les petites équipes de mineurs, souvent à base familiale, ont de moins en moins de latitude pour recruter leurs membres et organiser le travail du fond, et doivent de plus en plus se plier aux consignes des contremaîtres et des ingénieurs [Reid, 2009].

Le souci croissant du rendement et la sophistication de la production amènent, de fait, à l'affinement des structures hiérarchiques et au développement des bureaucraties d'entreprise. La figure du patron-propriétaire, régissant seul le travail et en contact direct avec "ses" ouvriers, figure que dépeint par exemple la romancière britannique Elizabeth Gaskell dans *Nord et Sud* (1885), devient de moins en moins représentative. En Grande-Bretagne, les usines sont de plus en plus administrées par des directeurs salariés ou *managers* qui gèrent la production au nom des propriétaires et/ou des actionnaires. En parallèle, les fonctions d'encadrement supérieur (ingénieurs) ou intermédiaire (contremaîtres) prennent, elles aussi, plus d'importance [Cohen, 2013]. Reste que, malgré la sophistication de ces fonctions, ce sont souvent les modes de commandement les plus durs, voire les plus brutaux, qui continuent de prédominer: on crie au fond des mines comme dans les usines pour obtenir l'obéissance et les amendes ainsi que les mesures vexatoires sont légion, pesant en particulier sur les plus jeunes – sans parler des formes de harcèlement ou de violence sexuelle que peuvent subir les femmes, lorsqu'elles sont dirigées par des contremaîtres.

L'usine moderne présente, dans ces conditions, pour une bonne partie des travailleurs, l'allure d'un carcan, voire d'un bagne: certains ouvriers syndiqués français, ceux par exemple de la toute nouvelle usine Renault à Boulogne-Billancourt, parlent même d'un petit "Cayenne", en faisant référence aux bagnes coloniaux. Les formes de résistance sont récurrentes, en particulier de la part des ouvriers qualifiés qui tiennent à conserver leur autonomie [Cohen, 2001], parcourant toute la gamme de la grève à la protestation sourde, en passant par le freinage ou au refus passif de certaines transformations du processus de production. Les tensions s'accroissent dans les années 1900, alors que commencent à se diffuser les premiers projets de rationalisation et d'organisation scientifique du travail. L'ingénieur étatsunien Taylor fait ses premières expériences dans les usines Ford à Detroit en 1903. Le Français Fayol, directeur de la société métallurgique de Commentry-Fourchambault promeut une division accrue des tâches, une organisation rationnelle et globale de l'entreprise dans *L'Administration générale et industrielle* (1906). Nombre d'ingénieurs cherchent à tirer parti du cadre des nouvelles usines et de l'apparition de machines-outils de plus en plus spécialisées, pour accroître la division et la spécialisation des tâches et faire des ouvriers les servants déqualifiés de la production mécanisée.

Dans les années 1910, l'entreprise Singer, qui fabrique des machines à coudre dans une immense usine près de Glasgow, s'efforce d'imposer les techniques tayloriennes de management : usage intensif de la mécanisation, réduction des équipes, individualisation du travail et chronométrage des tâches. L'ensemble n'est guère couronné de succès et l'entreprise doit faire face à une grève majeure en 1911 [MacIvor, 2001]. En 1912, chez Renault, la direction tente de mettre en place des chronométreurs dans huit ateliers. Mal préparée, l'initiative provoque, elle aussi, une grève retentissante, à laquelle le journal socialiste *L'Humanité* consacre de nombreuses pages. Si les années 1900 signalent en France comme ailleurs les débuts d'un tournant taylorien, celui-ci suscite de vifs conflits et, jusqu'en 1914, reste à l'état d'esquisse [Fridenson, 1987].

UN NOUVEAU PROLÉTARIAT ?

Entre homogénéisation et segmentation

Ce nouveau monde industriel, qui se répand peu à peu et dispute la place à l'ancien, a des effets ambivalents. D'un côté la massification du travail industriel, le cadre des usines et les expériences de vie et de travail communes créent de l'homogénéité ou au moins donnent davantage conscience à une partie des travailleurs de leur identité commune. Mais, de l'autre, ces travailleurs demeurent très divisés. D'abord, on l'a dit, parce que le nouveau monde industriel n'émerge que très lentement. Les situations, les expériences, le rapport au travail restent donc extrêmement différents. Le leader socialiste français Jean Jaurès, ancré dans le Tarn, est ainsi surtout en contact avec des ouvriers encore immergés dans le monde rural et représentants des formes anciennes de l'industrialisation : verriers, mineurs, petits artisans. Il peine en revanche davantage à intégrer dans son horizon de pensée le prolétariat particulièrement exploité de l'industrie chimique, ou celui de l'industrie automobile. Saisir l'ensemble des réalités ouvrières dans leur renouvellement et leur diversité demeure une tâche malaisée [Rebérioux, 1989].

Le renouvellement de l'industrialisation agit par ailleurs sur les divisions internes aux groupes ouvriers, en renforçant ou alors en déplaçant les lignes de fracturation qui les traversent, par exemple du point de vue des qualifications. L'extension des usines et la réorganisation du travail amoindrissent le rôle et la prévalence symbolique des ouvriers de métier. Cette évolution est très nette en Grande-Bretagne où, dans de nombreux secteurs, les *craftsmen* perdent de leur importance : sur les docks, comme dans les usines métallurgiques, on voit de plus en plus d'ouvriers peu qualifiés, catégorisés comme *semi-skilled* ou *unskilled*. Ils ont nettement moins de latitude dans leur travail et sont astreints à des tâches simples et répétitives, visant avant tout à accompagner les machines. Même si leur place grandit, il faut toutefois noter que, dans bien des secteurs, les ouvriers qualifiés, et en général syndiqués, conservent encore une certaine prépondérance, en maîtrisant l'embauche (*closed-shop*) ou en conservant la maîtrise d'une partie du processus productif. Nombre d'observateurs sont cependant très attentifs aux évolutions qui se dessinent, et aux changements qu'elles produisent dans le mouvement ouvrier. Sidney et Béatrice Webb, à la fois observateurs et membres du groupe réformiste des "Fabiens", voient ainsi dans cette mutation l'une des raisons principales de l'évolution des *trade unions**, qui se massifient et s'ouvrent de plus en plus aux travailleurs peu qualifiés (*The History of Trade Unionism*, 1894).

Beaucoup de travaux ultérieurs ont montré cependant que cette évolution était loin d'être unilatérale. En Allemagne par exemple, la nouvelle phase d'industrialisation laisse subsister au moins une partie des artisans qualifiés dans le travail du cuir, du verre ou dans l'imprimerie par exemple (près de 500 000 au tournant du XXe siècle). Ils représentent encore près d'un huitième de l'emploi industriel en 1895, alors que la législation allemande encadre et soutient le maintien du système des corporations [SCHRIEWER et HARNEY, dans ZIMMERMANN *et alii*, 1999]. Les ouvriers et les artisans qualifiés, toutes les formes d'aristocratie ouvrière en somme, ne relèvent d'ailleurs pas seulement d'un monde d'avant qui continuerait malgré tout de perdurer. Les secteurs dynamiques nécessitent aussi des compétences spécifiques. Les tourneurs allemands qui travaillent dans la mécanique savent calculer la vitesse du tour ou lire un dessin, et connaissent les métaux ; ils continuent de ce fait de bénéficier de bien meilleurs salaires et d'une forme d'auto-contrôle sur leurs métiers [LÜDTKE, 1984]. Le même phénomène se vérifie en France où, dans les ateliers de mécanique ou dans les premières usines de Renault, la maîtrise du montage final et de l'ajustage offre une autonomie encore très large à certaines catégories ouvrières.

Les années 1880-1914 n'aplatissent donc pas les hiérarchies entre travailleurs mais les renouvellent. Elles contribuent à accentuer la segmentation entre une masse déqualifiée et des travailleurs qui conservent ou acquièrent des compétences de plus en plus spécialisées. Celles-ci commencent à être normalisées et à faire l'objet d'une transmission pédagogique. À côté de l'apprentissage, l'enseignement professionnel se développe ainsi en Allemagne par le biais des *Fortbildungsschulen* (écoles de perfectionnement). Le processus est nettement moins abouti en France où, malgré la création du Certificat d'aptitudes professionnelles (CAP) en 1911 et le développement des cours pour adultes [LEMBRÉ, 2013], on ne parvient pas à se mettre en place avant-guerre une reproduction organisée et efficace de la qualification. La formation, parmi d'autres paramètres, contribue dans tous les cas à creuser les différences. D'un côté, les anciens ouvriers de métier ou les nouveaux ouvriers qualifiés accèdent à une certaine stabilité sociale et économique. Ils bénéficient aussi, au moins pour certains d'entre eux, d'un réel prestige symbolique et militant. La figure du "métallo" des usines mécaniques ou automobiles tend ainsi à supplanter des figures plus anciennes, comme les tisserands, dans la capacité à incarner le groupe ouvrier dans son ensemble et à être le porte-drapeau des luttes sociales : on le voit bien par exemple dans les mouvements de grève en Lombardie en 1905-1907 [PERROT, dans HAIMSON et TILLY, 1989]. Mais ils ne représentent qu'une réalité partielle face à celles et ceux qui continuent de travailler à domicile exercent les tâches les plus dures physiquement ou les plus répétitives, et se trouvent constamment dans la précarité.

Cette hiérarchisation est bien souvent corrélée à d'autres types de différenciation, celles qui sont liées au genre notamment. Les élites ouvrières sont avant tout des élites masculines, qui bloquent elles-mêmes l'accès aux femmes (v. Le genre du travail). Le travail féminin est partout une réalité, notamment pour les jeunes femmes célibataires, mais il concerne avant tout les emplois les plus déqualifiés, ou alors le vaste secteur du travail à domicile. En France par exemple, où le travail des femmes dans le secteur industriel est particulièrement important, il concerne dans une large majorité le textile, le vêtement, la confection (près de 73 % des femmes actives du secteur industriel y travaillent en 1896). Même si l'on trouve aussi des femmes dans les tabacs ou encore l'industrie chimique, l'ouvrière c'est avant tout la couturière ou la dentellière, à l'usine à domicile, en chambre ou dans de petits ateliers. Le livre de Marguerite Audoux paru en 1920, *L'atelier de Marie-Claire*, rend bien compte de ce modèle très dynamique avant 1914. Il restitue aussi bien la sociabilité qui se manifeste dans ces ateliers, que les contraintes extrêmement pesantes qui s'exercent sur ces ouvrières sans qualification, soumises à une forte concurrence interne sur laquelle jouent commerçants et donneurs d'ordre, et qui doivent accepter de très longues journées de travail pour des rémunérations souvent erratiques.

Les hiérarchies ouvrières recoupent donc les inégalités de genre, et de plus en plus aussi les inégalités en matière d'origine ethnique et migratoire. L'accélération de l'industrialisation accentue les besoins de main d'œuvre et les mouvements des hommes entre pays européens ou à l'intérieur de ces pays (avant 1914 en revanche, les migrants extra-européens, venus des pays colonisés par exemple, demeurent très peu nombreux). En général, ces migrants occupent les postes les moins qualifiés et se trouvent placés tout en bas des hiérarchies internes aux mondes ouvriers. C'est le cas des Irlandais en Grande-Bretagne, ou encore des Polonais venus de l'est de l'Empire allemand pour travailler dans les entreprises minières et sidérurgiques de la Ruhr. À un moment où l'idéologie nationaliste se renforce, il peut survenir des conflits parfois violents entre travailleurs autochtones et migrants, les premiers accusant les seconds d'exercer une concurrence déloyale en acceptant des salaires plus bas ou en ne s'inscrivant pas dans les organisations syndicales. De tels conflits sont récurrents en France, où la faible croissance démographique et les besoins de l'industrie alimentent de forts courants migratoires, venus de Belgique et de plus en plus d'Italie [Noiriel, 1988]. À Lens par exemple, dans le bassin minier du Nord, à l'été 1892, d'importantes rixes éclatent entre mineurs français et belges, contraignant une partie de ces derniers à fuir provisoirement le bassin. Le mouvement ouvrier, à l'échelle locale comme à l'échelle nationale, peine beaucoup à gérer ces affrontements, qui semblent segmenter sans remède le prolétariat [Cabot, 2017].

Saisir la nouveauté : enquêter sur le travail à la Belle Époque

Ce nouveau monde des travailleurs, dans ses expériences communes comme dans sa diversité, suscite plus que jamais l'intérêt des observateurs. Les questions posées et les problèmes qui apparaissent sont en effet nombreux : niveau des salaires, persistance du travail à domicile et expansion du travail en usine, accidents et risques sanitaires, soulèvements et conflits sociaux enfin. Les formes que prend le travail industriel nourrissent donc une multitude de travaux et d'enquêtes, qui ont à la fois une visée de savoir et une visée de réforme et d'action sociale. Depuis les remarques fondatrices de Michelle Perrot [Perrot, 1972], nombre de travaux historiques sont venus creuser cet aspect, indispensable pour comprendre comment se construit le groupe ouvrier, et dans le même mouvement les représentations et la réflexion autour de ce groupe [Geerkens *et alii*, 2019].

À la différence de la période précédente, ces enquêtes ne sont plus seulement le fait d'individualités. Elles s'inscrivent de plus en plus dans des groupes, des organismes indépendants qui forment une nébuleuse protéiforme, tournée vers la réforme sociale et l'amélioration de la condition ouvrière, et qui espèrent pallier par là la menace révolutionnaire [TOPALOV, 1999]. Dans l'Empire allemand, l'influent *Verein für Socialpolitik* (Association pour la politique sociale) diffuse ainsi ses analyses sur le travail. En Grande-Bretagne, les enquêtes de Charles Booth (*Life and Labour of the People in London*, 1903) et de Seebohm Rowntree (*Poverty. A Study of Town Life*, 1901) sur l'état des classes laborieuses à Londres et à York connaissent un retentissement certain et suscitent l'intérêt des pouvoirs publics. Mais il faut aussi mentionner les travaux de la *Fabian Society* (société fabienne). Animée par les idéaux d'un socialisme réformateur autour, entre autres, des époux Webb, le groupe multiplie entre 1884 et 1914 les études sur le monde ouvrier, études enrichies par les liens étroits entretenus avec le mouvement syndical. En 1908 est fondé le *Fabian Women's Group* (FWG) qui décide de lancer sa propre série de brochures. C'est dans ce cadre que la féministe Maud Pember Reeves publie en 1912 "La vie de famille avec une livre par semaine" (*Family Life on a Pound a Week*). Nourrie de données et d'observation de terrain, elle décrit le budget des familles ouvrières en situation intermédiaire et s'interroge sur la notion de "seuil de pauvreté" et sur la validité de la différenciation opérée par les moralistes et les organisations charitables entre pauvres "méritants" et "non méritants".

En France, il faut faire un sort particulier au Musée social créé par le comte de Chambrun en 1894 [HORNE, 2004]. Il se donne une mission à la fois pédagogique et politique : l'étude de la question sociale doit déboucher sur des conclusions qui puissent guider la réalisation de réformes concrètes, afin de préserver l'ordre social. Le Musée social réunit aussi bien des élèves ou des héritiers de Frédéric Le Play que des catholiques sociaux, des républicains, et même une poignée de socialistes indépendants. Il accumule lui aussi les travaux. L'un des principaux permanents, Léon de Seilhac, mène ainsi tout une série d'enquêtes sur le monde ouvrier, les grèves et le mouvement socialiste [VIGNA, 2017]. Le Musée social compte aussi dans ses rangs le polytechnicien et leplaysien Émile Cheysson. Un temps directeur des usines du Creusot, vice-président de la Société d'économie sociale, ce dernier multiplie articles et brochures. Accidents, assurance, assistance, logement, alcoolisme et hygiène sociale : aucun aspect des effets et des coûts sociaux de l'industrialisation ne lui échappe [DEWERPE, 1998]. L'activisme d'un Cheysson, d'un Seilhac et de bien d'autres enquêteurs n'est pas borné aux frontières nationales. Le Musée social multiplie les voyages d'étude sur différentes thématiques. Certaines enquêtes sont traduites et circulent à l'échelle européenne, comme celles du réformateur social allemand et député au *Reichstag* Hermann Schulze-Delitzsch sur les coopératives de construction solidaire, les associations d'épargne et d'achat. Les congrès des assurances sociales à partir de 1889 et l'Association internationale pour la protection légale des travailleurs à partir de 1901, offrent par la suite des lieux de rencontre plus institutionnels pour les réformateurs sociaux en tout genre et contribuent à faire circuler travaux et concepts autour de la réforme du travail.

L'autre nouveauté majeure de la période est que cette volonté de savoir, qui est aussi une volonté d'action, se diffuse peu à peu au sein des administrations publiques. Les États se montrent de plus en plus soucieux de connaître le travail et les travailleurs, afin de démontrer leur intérêt à cet égard et d'étayer les politiques susceptibles d'être menées dans ce domaine. Ils cherchent donc à leur tour à organiser des enquêtes, et surtout développent les bases d'un nouveau savoir statistique sur le travail. En Allemagne, le Bureau central des assurances de l'Empire, fondé en 1884 et rattaché au ministère de l'Intérieur, est ainsi la première administration centrale chargée des questions sociales [KOTT, 1995a]. En 1902, le département pour la statistique ouvrière (*Abteilung für Arbeiterstatistik*) créé en 1902 au sein de l'Office statistique de l'Empire (*Kaiserliches statistisches Amt*) est chargé, lui, de rassembler les données sur les questions du travail et d'organiser des enquêtes. Dans les années 1880, le Royaume-Uni, rapidement imité par la France et l'Allemagne, affiche sa volonté de collecter les données sur l'emploi et les conflits du travail via le rassemblement et la publication des statistiques de grève par exemple. C'est dans le même état d'esprit qu'est créé en France en 1891 l'Office du travail [LESPINET-MORET, 2007b]. Dirigé par Arthur Fontaine, il se donne pour but de coordonner, publier et diffuser toutes les informations concernant l'organisation et la rémunération du travail. Constitué d'ingénieurs, économistes, juristes et de quelques ouvriers (dont Isidore Finance), il rompt en partie avec la tradition de la monographie ouvrière et développe dès les années 1890 les premières grandes enquêtes statistiques sur les conditions de travail : l'enquête de Pierre de Maroussem sur le vêtement à Paris en 1896 (*Salaires et durée du travail dans l'industrie française 1893-1897*) ou encore l'enquête d'Albert Aftalion intitulé *Le développement de la fabrique et du travail à domicile dans les industries de l'habillement* en 1906.

Il y a là tous les éléments d'une mutation majeure, qui crée les catégories qui structurent progressivement l'intervention étatique dans le domaine du travail et rendent visibles un certain nombre de problèmes, peu à peu considérés comme des problèmes publics. C'est très visible par exemple pour la question du chômage [TOPALOV, 1994]. Les effets de la Grande Dépression incitent en effet observateurs et administrations à saisir la nouveauté et la singularité d'un phénomène qui se distingue des formes anciennes d'inactivité saisonnière. Les recensements de 1895 en Allemagne et de 1896 en France s'efforcent ainsi d'identifier plus précisément les chômeurs, en les distinguant d'autres catégories d'inactifs : vagabonds, inaptes au travail [ZIMMERMANN, dans ZIMMERMANN *et alii,* 1999]. Cet effort de catégorisation retentit à son tour sur l'appréhension générale du travail, en invitant à s'interroger sur les frontières du salariat (faut-il qu'un ouvrier soit salarié pour être considéré comme chômeur ?). Il s'accompagne aussi de réflexions plus générales. En 1909, l'économiste et administrateur britannique William Beveridge publie par exemple un livre qui fait du chômage "un problème pour l'industrie" (*Unemployment: A Problem of Industry*), appelant des réponses spécifiques. Ce type d'analyses influence les débats publics et joue un rôle dans le vote de la loi britannique de 1911, qui permet au chômeur "officiel" de bénéficier d'une indemnisation.

Entre subordination et émancipation : modes de vie ouvriers

La situation matérielle des travailleurs de l'industrie tend en même temps, dans l'ensemble, à s'améliorer, même si subsistent là aussi de très fortes variations. Globalement, les salaires ouvriers augmentent, en particulier durant la période de croissance plus rapide des années 1900 [SCHOLLIER, 1995]. Mais une partie de ces hausses est grignotée par l'augmentation des prix, comme au Royaume-Uni où le salaire réel baisse légèrement après avoir augmenté entre 1885 et 1900. Les salaires varient par ailleurs beaucoup, en fonction du mode de rémunération (les premières formes de salaire à la tâche ou au rendement se développent), de la qualification, du genre, etc. Les enquêtes de Booth et Rowntree sur Londres et York montrent ainsi que 15 % des ouvriers britanniques, surtout les ouvriers de métier, se situent dans une élite ouvrière et gagnent plus de 2 livres par semaine ; à l'inverse 40 % constituent un prolétariat sans qualification, menaçant à tout moment de basculer dans la précarité. Dans les zones minières espagnoles, les salaires, malgré une hausse nominale, restent eux aussi assez bas, et les principaux indices de développement sanitaire (mortalité infantile, etc.) encore très dégradés [ESCUDERO, BARCIELA, 2012].

Il reste que, pour tout une partie au moins des travailleurs de l'industrie, les années 1900 marquent un certain progrès. Témoignages et enquêtes, telles que celle de Maurice Halbwachs convergent pour estimer que même si l'amélioration est inégale, elle reste assez assurée (*La Classe ouvrière et les niveaux de vie. Recherches sur la hiérarchie des besoins dans les sociétés industrielles contemporaines*, 1912). La part de l'alimentation dans les budgets familiaux reste importante – souvent plus de la moitié du budget – mais elle se réduit et par ailleurs se diversifie : diminution de la part du pain, augmentation de la consommation de viande, de café et de thé, etc. La fréquentation des cafés, ou des *pubs* en Grande-Bretagne, constitue un élément majeur des vies ouvrières – des vies masculines du moins : on y consomme de l'alcool bien sûr, mais ils sont aussi des lieux majeurs de la sociabilité ludique – souvent le siège des associations sportives, musicales, etc. – et militantes [VULIC, 1988]. D'autres types de dépense augmentent elles aussi, et changent légèrement de nature. C'est le cas des dépenses vestimentaires. Une partie croissante des ouvriers n'acceptent plus que leur costume (la blouse par exemple) les identifie. Ils portent le paletot et la chemise, parfois le costume ou quelques pièces distinguées pour le dimanche. Les femmes quittent de leur côté le noir pour la couleur et cherchent, à travers les chapeaux et les robes, à imiter les tournures à la mode. Cet élargissement et cette diversification des consommations ouvrières suscitent parfois la réprobation des moralistes des classes dominantes [ALBERT et ROSSIGNEUX-MÉHEUST, 2013]. On s'indigne de ces nouvelles consommations jugées ostentatoires ou futiles qui brisent les barrières de classe. Les tentatives de moralisation font cependant long feu, et les travailleurs des classes populaires affirment leur intention, quand ils peuvent tenir à l'écart la misère et la précarité, de profiter des premières formes de consommation de masse.

Le logement reste en revanche fréquemment un marqueur des écarts de richesse. Les casernes de Berlin, les *slums* londoniens, les taudis et les garnis qui pullulent dans les quartiers périphériques et les banlieues de Paris sont là pour en témoigner. L'habitat ouvrier reste encore souvent précaire et surpeuplé, avec des problèmes d'hygiène et d'accès à l'eau récurrents. Venu soutenir les tisserands de la vallée de la Lys en 1903, Jaurès retrouve des accents hugoliens pour dénoncer les maisonnettes misérables de Caudry et d'Armentières, où des familles s'entassent à dix dans une même pièce, parfois sans même une pièce de drap pour les couvrir. Cette situation, qui concerne aussi bien les travailleurs des villes spécifiquement industrielles (Saint-Étienne, Manchester, etc.) que ceux des capitales, inquiète par ailleurs les pouvoirs publics et les hygiénistes. Les quartiers ouvriers sont perçus comme des lieux d'anomie et de violence potentielle où continuent de se diffuser des maladies comme le typhus, le choléra ou encore la tuberculose, et où la mortalité infantile atteint des niveaux particulièrement élevés. Ils nourrissent donc toutes les inquiétudes de désordre social mais aussi, à l'heure où s'intensifient les tensions guerrières, toutes celles qui concernent la dégénérescence de la "race" ou du "corps de la nation" (*Volkskörper*) [König et Julien, 2018]. Les réformateurs sociaux en France, en Allemagne, au Royaume-Uni et en Italie enquêtent donc pour analyser la situation de ces quartiers ouvriers et proposer des formes d'organisation urbaine jugées plus saines et plus rationnelles. Le modèle des cités-jardins élaboré par le Britannique Ebzener Howard soulève particulièrement l'intérêt et entraîne le développement de plusieurs projets urbains au Royaume-Uni, comme sur le continent, ainsi en Allemagne. Les États commencent de leur côté à intervenir dans ce domaine. En France, plusieurs lois (à partir de la loi Siegfried en 1894) encouragent la création de sociétés coopératives et d'offices pour le développement des HBM (Habitations à bon marché). Au Royaume-Uni, une première loi en 1909 permet de définir les modalités d'une planification urbaine municipale.

L'intervention des pouvoirs publics dans ces domaines reste cependant encore assez limitée et laisse donc une large place aux politiques sociales et urbaines des entreprises. Ces politiques, résumées en général par le terme de "paternalisme" [Noiriel, 1988], changent de forme, elles aussi, à partir des années 1880. Elles cherchent à gérer des masses ouvrières toujours plus importantes et lutter contre le *turn-over* très fort de la main d'œuvre (phénomène récurrent notamment dans le secteur de l'industrie lourde), qui préoccupe beaucoup un patronat désireux de stabiliser les forces ouvrières. Ces politiques paternalistes sont parfois très sophistiquées et ambitieuses et leurs promoteurs présentent avec fierté leurs réalisations (logements, écoles, etc.) lors des expositions universelles. Elles ne concernent guère les ouvriers des métropoles, mais bien davantage ceux qui sont installés dans des territoires plus excentrés, sans guère de logements ni d'infrastructures au départ. En Italie, à la fin des années 1870, la famille Crespi fait construire à côté de son usine de tissage un village, Crespi d'Adda, où chaque ouvrier possède sa maison et son jardin, et où toutes les fonctions de la vie sociale (soins, culture, école, et même cimetière) sont prises en charge par l'entreprise. De la même manière Krupp ou Siemens proscrivent les syndicats et exigent la soumission de leur main d'œuvre, en contrepartie d'un nombre impressionnant de bâtiments et de services sociaux : magasins, hôpitaux, logements, caisses de retraite et de maladies, écoles primaires et professionnelles. L'entreprise ici se substitue, comme le remarquent déjà les observateurs contemporains, à un État souvent absent ou défaillant dans ces zones. Cette volonté de domination patronale est loin cependant d'être toujours couronnée de succès. Dans le Cher, la société Rosières, spécialisée dans la métallurgie, déploie, elle aussi, à partir du milieu des années 1890, une ample politique de logements et d'œuvres sociales afin de retenir et de fixer ses ouvriers ; cela ne l'empêche pas de voir ses ouvriers la contester et de connaître plusieurs vagues de conflits sociaux [PIGENET, 1982].

Cultures et pratiques de la grève

La période est aussi celle où le monde des travailleurs industriels, dans toute sa diversité, affirme à la fois sa volonté d'émancipation et son identité collective sur la scène publique par le biais du conflit social. Comme l'a montré le travail de référence de Michelle Perrot [PERROT, 1984], l'époque est en particulier celle de la "jeunesse de la grève", comme moyen de lutte contre le patronat et de manifestation de l'appartenance ouvrière. Manifestations et cortèges, mouvements massifs ou très localisés frappent l'opinion, et deviennent un motif artistique. On pense à *Germinal* (1885) bien sûr, Émile Zola tirant la matière de son récit de la grève des mineurs d'Anzin, survenue en 1884. Tableaux, dessins, gravures mettent aussi en scène la grève : *La grève au Creusot* (Jules Adler, 1889), le célèbre *Quatrième État* du peintre italien Giuseppe Pellizza da Volpedo.

Cette mise en lumière renvoie à une réalité : les grèves deviennent alors un phénomène de plus en plus visible et présent [HAIMSON et TILLY, 1989]. En Allemagne, on passe ainsi de 40 000 grévistes et 104 mouvements de grève en 1890 à 250 000 grévistes et 2716 mouvements en 1913. Les cycles et les rythmes des grèves diffèrent en fonction des pays. On peut voir cependant différentes vagues se succéder. Les premières sont assez nettement liées au contexte de la Grande Dépression, à ses effets sociaux (baisse des salaires en particulier) et aux transformations du monde ouvrier : grèves britanniques autour de 1889-1890, françaises vers 1890-1893, grève des mineurs de la Ruhr en 1889. Certaines d'entre elles marquent les esprits et constituent des tournants majeurs pour les pays concernés. C'est le cas par exemple des grèves qui secouent la Belgique en 1886 [DENECKERE, 1993]. Concentrées surtout en Wallonie, le cœur industriel du pays, elles réunissent carriers, mineurs, verriers, sidérurgistes du Borinage, des bassins de Seraing, Jemeppe, Flémalle. Les ouvriers protestent surtout contre le chômage généralisé et l'érosion des salaires. Le conflit est très dur: aux émeutes et aux déprédations répond une répression sans nuance (on compte plus d'une vingtaine de tués parmi les manifestants). Il contribue en même temps à mettre au cœur du pays la question sociale, et les réponses législatives et politiques susceptibles de lui être apportées. Sept ans plus tard, en 1893, une nouvelle grève générale, emmenée cette fois par le Parti ouvrier belge (POB) constitue un élément décisif dans l'avènement du suffrage universel masculin dans le pays.

Les grèves des années 1900-1910 sont, elles, nettement plus nombreuses: en Allemagne en 1905-1906, puis autour de 1912 ou encore en Italie en 1901-1902 et en 1907-1908, avec le rôle prévalent des cheminots et des ouvriers des nouveaux secteurs, comme ceux de l'automobile à Turin. Elles s'inscrivent aussi dans un contexte sensiblement différent. La culture et les formes de la grève tendent alors à se stabiliser: port des bannières et des drapeaux, notamment du drapeau rouge du mouvement ouvrier, chants (*L'Internationale*, etc.). Les grèves sont surtout masculines, mais entraînent aussi la participation des femmes dans certains secteurs (textiles), et assez souvent dans les manifestations. Elles contribuent dans tous les cas à former la geste et la symbolique du mouvement ouvrier, comme autour du 1er mai [Rebérioux, 1994]. Le souvenir des 1er mai sanglants – en France encore, en 1891, la fusillade de Fourmies fait ce jour-là neuf morts dont deux enfants – contribue à fixer l'importance de ce jour, comme celui des grèves et des revendications ouvrières. L'Europe retentit alors de quelques 1er mai retentissants: en France en 1906, dans les années 1910 en Allemagne par exemple. En parallèle, croissance et modernisation aidant, les demandes des grévistes s'infléchissent et s'élargissent: réduction du temps de travail, avec la revendication de la journée de huit heures qui s'exprime à l'échelle internationale, lutte contre les nouvelles formes de rationalisation et d'intensification du travail.

La grève devient simultanément un enjeu politique. Les syndicalistes les plus révolutionnaires, ceux de la Confédération générale du travail (CGT, fondé en 1895) en France par exemple, rêvent alors au pouvoir subversif de la grève générale, outil de blocage et de renversement du système capitaliste. La grève est portée par le mouvement ouvrier; elle est aussi le révélateur des mutations qui traversent ce dernier. Au Royaume-Uni, le "Great Labour Unrest" des années 1911-1914 [Beliard, 2014] traduit les agitations et les contestations de la base ouvrière face aux prudences des *trade unions*. Elle est caractérisée par une protestation générale qui touche de nombreux secteurs : grève des ouvriers des transports de Liverpool en 1911, grève massive la même année des cheminots et des dockers, grève l'année suivante dans une bonne partie des bassins miniers britanniques, grève des travailleurs de Dublin en 1913. L'ensemble de ces mouvements secoue la vie et la pensée politique britannique, et contribue à forger l'identité militante de certains secteurs et de certaines régions : ainsi la vallée "rouge" de la Clyde, près de Glasgow, qui devient un bastion du radicalisme ouvrier en Ecosse [KENEFICK et MACIVOR, 1996].

La réaction du patronat et des États est d'abord presque exclusivement répressive. Les dirigeants des mines ou des usines recourent sans hésiter au *lock-out** et licencient sans scrupule ceux qui sont considérés comme les meneurs à la fin du conflit. Les gouvernements envoient de leur côté régulièrement la troupe pour mater les conflits. On a vu que c'était le cas en Belgique et en France dans les années 1880-1890. C'est vrai aussi à la même époque en Italie : le soulèvement des *fasci**, mouvement qui rassemble en Sicile les ouvriers agricoles mais aussi les mineurs, est écrasé par le gouvernement Crispi en 1894. En 1898 encore, à Milan, le général Bava Beccaris fait ouvrir le feu sur les manifestants et en fait tuer une centaine. En Espagne, dans les mines d'Andalousie, à Minas de Riotinto, en 1888, l'armée tire sans sommation sur des milliers de mineurs et d'habitants des villages, qui protestaient contre les effets de l'exploitation minière (des fumées toxiques qui affectent gravement la santé et l'activité agricole), faisant près de 200 morts [CHASTAGNARET, 2017]. Si ce type de répressions sanglantes tend par la suite à devenir plus rare, il ne disparaît pas : Georges Clemenceau, ministre de l'Intérieur de 1906 à 1909, se taille une réputation de "briseur de grève" intransigeant, par exemple au moment de la grève de Draveil-Villeneuve-Saint-Georges en 1908, où deux grévistes sont tués.

Mais, à partir de la fin du XIXe siècle, les pouvoirs publics se montrent aussi soucieux d'adopter une position plus arbitrale et de reconnaître les revendications ouvrières face à l'intransigeance patronale. C'est le sens de la loi française sur l'arbitrage des conflits du travail (1892) ou de la législation britannique qui vise dans le même sens à formaliser la négociation entre patronat et syndicats : *Conciliation Act* (1896), *Trade Disputes Act* (1906). Ces dispositifs sont loin toutefois d'être efficaces. Peu à peu une partie du patronat, comme celui d'entreprises telles que Cadbury au Royaume-Uni ou Daimler en Allemagne, accepte pourtant d'entrer en discussion avec les syndicats, en espérant diminuer par-là l'importance des grèves. Même en France, où le patronat est particulièrement peu porté à la négociation, les dirigeants des mines du Nord, à la suite d'une grève importante, consentent à dialoguer avec les représentants des ouvriers sur le niveau des salaires et les conditions de travail (conventions d'Arras, novembre 1891) [KOURCHID et TREMPÉ, 1994].

ORGANISATION ET INTÉGRATION SOCIALE DES TRAVAILLEURS : ENTRE LA NATION ET L'INTERNATIONALE

Le développement du mouvement socialiste et ouvrier

Il ne peut être question ici de revenir sur les détails de l'histoire du mouvement ouvrier européen, dont les développements et les débats sont d'une singulière richesse durant la période 1880-1914. Les uns et les autres ont été largement couverts par l'historiographie classique du socialisme [DROZ, 1974], une historiographie qui a été largement renouvelée ces dernières années (v. Les formes de la mobilisation politique du travail). Celle-ci a souligné l'importance des controverses théoriques – réformes ou révolution, rapports au marxisme – mais aussi les formes variables d'enracinement des idées et des organisations dans les différents pays. Elle a prêté aussi une attention renforcée aux échanges et aux circulations transnationales, extrêmement nombreuses et dynamiques durant cette période. Si le mouvement socialiste et ouvrier ne représente bien sûr pas à lui seul l'intégralité des expériences et des attentes des ouvrières et des ouvriers, dont une partie échappe à son influence, il en représente un élément essentiel, notamment en matière d'expression dans la sphère publique.

Le début de la période est marqué par un élargissement des possibilités d'expression légale du monde ouvrier et par la reconnaissance ou l'autorisation progressive des organisations le représentant. Les *trade unions* ont été légalisés au Royaume-Uni dans les années 1870. En 1884, la loi Waldeck-Rousseau autorise les syndicats en France. Si, dans l'Empire allemand, le chancelier Bismarck fait adopter en 1875 une législation anti-socialiste, qui condamne les organisations à une semi-clandestinité, celle-ci est un échec et elle est finalement abrogée en 1890. Les décennies suivantes sont donc celles de la structuration des organisations ouvrières. C'est vrai des grands syndicats nationaux :

la CGT par exemple en 1895, la CGdL (*Confederazione generale del lavoro*) en Italie en 1906. La nouveauté tient aussi dans la naissance de partis, portant les qualificatifs de socialistes ou d'ouvriers, et qui aspirent à la fois à renverser l'ordre capitaliste et à représenter spécifiquement le prolétariat industriel. Parmi ces partis, le marxisme devient une référence prédominante, même si elle est loin d'être exclusive: le *Labour Party* ou parti travailliste britannique, fondé en 1906, s'en tient par exemple très éloigné. En tous les cas ils se développent: parti social-démocrate allemand (SPD, définitivement constitué en 1890), Parti ouvrier belge (1885), Parti socialiste italien (PSI, 1892), Parti socialiste ouvrier espagnol (PSOE) ou encore, après une laborieuse gestation, unification des différentes tendances socialistes française dans la SFIO (Section française de l'internationale ouvrière, 1905). Si ces partis portent, au moins dans la rhétorique, un projet révolutionnaire et sont exclus du pouvoir gouvernemental, ils n'en deviennent pas moins, à la fin de la période, des forces politiques bien représentées dans les parlements nationaux, comme en France ou encore en Allemagne, et avec lesquelles il faut compter. En plus de cette mouvante socialiste, de plus en plus institutionnalisée et organisée, il faut prendre en compte l'existence des mouvements anarchistes, en particulier en France et en Espagne. Beaucoup moins massifs que le mouvement socialiste, ils n'en exercent pas moins une vraie influence, au moins sur une minorité ouvrière [Maitron, 1975]. À côté d'actions spectaculaires (attentats), ils marquent aussi de leur empreinte, de manière plus quotidienne, certaines organisations, syndicales en particulier. C'est le cas en France au sein de la CGT; les militants anarchistes sont aussi très présents parmi les groupes ouvriers d'Andalousie et de Catalogne.

Toutes ces organisations restent en règle générale très dissemblables. Question de taille pour commencer, le phénomène étant particulièrement remarquable du point de vue syndical. Les gros bataillons des *trade unions* (environ 2,5 millions d'adhérents en 1910) ou des syndicats socialistes allemands (2 millions à la même date) contrastent avec les effectifs beaucoup plus réduits de la CGdL (450 000 adhérents) ou de la CGT (334 000). Les variations s'observent aussi en matière de références idéologiques ou de relations entre les organisations. S'il faut se méfier des typologies nationales trop généralisantes – les pratiques locales sont parfois très différentes – on peut distinguer néanmoins de vrais traits distinctifs parmi les pays. En France, la CGT entend représenter l'autonomie et la pure énergie ouvrière, et proclame hautement dans la Charte d'Amiens (1906) son indépendance à l'égard de tous les partis politiques, y compris de la SFIO [Julliard, 1988]. Dans l'Empire allemand en revanche, les syndicats sont placés directement sous la houlette du SPD. À l'inverse, en Grande-Bretagne, ce sont les *trade unions,* soucieux d'obtenir une représentation parlementaire, qui leur permettent de faire avancer leurs revendications, qui sont à l'origine de la création du *Labour,* celui-ci n'étant d'abord que l'émanation politique des syndicats britanniques.

Les différences ne sont pas seulement affaire de structures ou de relations, mais mettent en jeu la place des organisations, et plus largement des travailleurs et des ouvriers dans chaque configuration nationale. La division et les soubresauts des organisations françaises reflètent ainsi une situation où les ouvriers sont, d'un côté, exclus socialement, réprimés par l'État républicain, mais où, de l'autre, ils adhèrent aussi en partie aux institutions promues par la République (école, associations). Le discours politique d'un Jaurès, qui construit le projet socialiste et le rôle que doit y jouer le prolétariat en mêlant Marx et l'héritage civique de la Révolution française, est tout à fait révélateur sur ce point. La social-démocratie allemande atteste une autre situation, avec un monde ouvrier beaucoup plus nombreux qu'en France, et qui demeure cantonné en même temps aux marges politiques et sociales de l'Empire. Elle tend donc beaucoup plus à constituer autour du groupe ouvrier une véritable contre-société : elle organise ainsi la vie syndicale, mais crée aussi coopératives, bureaux de placement, presse, associations de loisirs qui encadrent et structurent une partie au moins de la vie ouvrière [KOTT, 1991]. Moins connue, la dynamique du POB (Parti ouvrier belge), qui se refuse à utiliser officiellement le terme socialisme, est aussi remarquable : le POB s'appuie largement sur les syndicats, mais aussi sur les mutuelles et les coopératives qui représentent plus d'un tiers de ses effectifs. Il multiplie les institutions qui rayonnent sur la vie sociale ouvrière. C'est le cas des Maisons du peuple, "forteresses du socialisme", qui accueillent les organisations, vendent aliments et produits en coopérative, et sont le siège des fêtes et de la sociabilité militante. Le *Vooruit* ("En avant") de Gand qui date de 1880, et la Maison du Peuple de Bruxelles, inauguré en 1899, en présence de socialistes venus de nombreux pays, en constituent les exemples les plus frappants [REBÉRIOUX dans DROZ, 1974.]

La poussée des organisations socialistes et ouvrières ne se vérifie pas uniquement sur le plan national. Après l'échec de la Première, la Deuxième Internationale renaît en 1889. Largement dominée par la référence à Marx et le rayonnement de la social-démocratie allemande, elle se structure peu à peu et se dote de ses propres organismes de coordination, comme le Bureau international socialiste (BIS), dirigé par le Belge Émile Vandervelde. Si ces pouvoirs effectifs sont très faibles, la Deuxième Internationale constitue une arène de débats et de discussion décisive, où se structurent et se diffusent un certain nombre de revendications majeures en matière de législation et de réforme du travail : revendication pour la journée de huit heures, échanges sur les projets de retraite ouvrières et d'assurances sociales, et même discussions (par exemple entre socialistes français et belges) sur les demandes à émettre pour lutter contre les effets de concurrence salariale entre travailleurs migrants et autochtones [Marcobelli, 2019]. À côté de la Deuxième Internationale, on assiste à l'ébauche de fédérations syndicales elles aussi internationales, dans le textile par exemple, ou chez les mineurs [Fontaine, 2014]. La Fédération internationale des mineurs apparaît ainsi en 1890. Les syndicats des mineurs britanniques y sont très présents, mais aussi ceux de Belgique, d'Allemagne ou de France. Si la Fédération se montre bien incapable d'engager une grève générale internationale des mineurs, sur la journée des huit heures ou un peu plus tard contre la guerre, ses congrès permettent indéniablement de formaliser certaines des discussions et des revendications propres aux mondes miniers : durée du travail et négociations salariales, sécurité au travail, organisation de la production, etc.

La vie des organisations ouvrières est donc particulièrement riche et développée avant 1914, aspirant à affirmer le rôle et l'unité du prolétariat et son identité militante autour du socialisme. Mais l'entreprise est loin d'opérer pleinement. À certaines exceptions près, beaucoup d'organisations sont encore en phase d'implantation, ne touchent pas tous les territoires, pas plus qu'elles ne politisent et ne rassemblent la totalité des travailleurs. C'est vrai en particulier des femmes qui sont, dans une large mesure, tenues à l'écart de ces organisations. Les syndicats doivent faire face à la concurrence des syndicats "jaunes*" ou "libres". D'autres influences et d'autres cultures par ailleurs se manifestent, via par exemple les organismes impulsés dans certains pays par l'Église catholique. Surtout l'édification d'un "Nous" ouvrier, acteur de la lutte des classes et d'un futur renversement du capitalisme, se heurte à la consolidation d'un "Nous" national, entretenu par l'école, le service militaire et face auquel les efforts de réunion internationale des ouvriers paraissent bien fragiles.

État, droit du travail et protection des travailleurs

Les États européens cherchent à intégrer davantage les questions du travail et des travailleurs. Plusieurs facteurs les y incitent. Ils connaissent, pour commencer, une relative dynamique de démocratisation. Celle-ci est marquée par l'élargissement du droit de suffrage dans plusieurs pays – en 1884 en Grande-Bretagne, en 1893 en Belgique, en 1882 et en 1912 en Italie – ou par la consolidation des régimes parlementaires, ainsi avec la Troisième République en France. La participation, via le vote d'une partie des travailleurs au moins (les travailleuses à cette date sont exclues), prend donc une nouvelle importance. Ce phénomène est accru par le rôle politique croissant du mouvement ouvrier. Cette croissance agit comme une menace qui peut pousser à des réformes préventives : une bonne partie de la politique sociale du chancelier Bismarck dans les années 1880 est liée ainsi à la volonté de contrer l'influence grandissante des socialistes. Mais le mouvement ouvrier entre en jeu aussi de manière plus active : les conflits sociaux, l'intervention des socialistes dans la vie politique et parlementaire exercent une influence sur les États et poussent à l'adoption ou au développement de certaines réformes. L'époque est enfin celle des réflexions sur le fonctionnement des sociétés industrielles modernes : devant les craintes d'une atomisation et / ou d'une explosion sociale, penseurs et observateurs insistent sur la nécessité de prendre en compte davantage les ouvriers, qui sont parmi les plus exclus, et de créer davantage de solidarité entre les individus. Le sociologue français Émile Durkheim met ainsi en avant le passage des solidarités mécaniques anciennes aux solidarités organiques, fruit du contrat démocratique. Il ne s'agit pas là seulement d'une réflexion théorique et elle fait écho, au sein de la République, au solidarisme et aux réformes sociales que tente d'initier par exemple un Léon Bourgeois [Lespinet-Moret, 2007a ; Blais, 2007].

Ces différentes dimensions ont été largement élucidées par une historiographie récente, qui s'est notamment beaucoup penchée sur l'histoire de l'État et des politiques du travail [Kott, 1995b ; Chatriot *et alii*, 2006 ; MacIvor, 2001]. Elle a conduit à réévaluer l'importance dans ce domaine de la période 1880-1914, qui n'est pas seulement une préhistoire avant l'affirmation post-1945 des États-Providences. Il ne s'agit pas ici de revenir précisément sur toute la richesse de cette période (v. Naissance et développement des États sociaux et du droit du travail), mais d'en pointer quelques traits saillants [Guedj, 2003]. Le premier élément notable est celui de l'institutionnalisation des politiques du travail, sur la base des actions des cercles réformateurs et des premiers organismes publics. Si la France est l'un des rares pays à mettre en place, avant 1914, un ministère du Travail et de la Prévoyance sociale en bonne et due forme, les autres pays n'en suivent pas moins cette voie. En Grande-Bretagne, à la commission royale sur le travail, à l'œuvre de 1891 à 1894, succède, au sein du ministère du Commerce (*Board of Trade*), une “section du Travail” (*Labour Branch*). Cette section est rebaptisée “département du Travail” (*Labour Department*) en 1910. En revanche, malgré les demandes réitérées des sociaux-démocrates, en Allemagne, la gestion des questions sociales et ouvrières reste placée jusqu'à la guerre sous la tutelle du ministère de l'Intérieur. Dans le même temps, les différents pays achèvent de mettre en place des corps administratifs spécifiques, chargés notamment de contrôler la salubrité des usines et des lieux de travail, et en général de faire respecter les premières formes de législation sociale : c'est le cas en France en 1892 avec la structuration de l'Inspection du Travail ou encore au Royaume-Uni à la suite du *Trade Board Act* (1909).

Le deuxième point est le développement de la régulation des rapports et des conditions de travail par la loi. L'ensemble des textes adoptés dans les domaines les plus variés, accidents, assurances sociales, chômage, durée du travail, activité professionnelle à domicile forment le socle de véritables législations industrielles ou ouvrières : Code allemand des professions en 1891, Code du Travail en France en 1910 [Chatriot *et alii*, 2011]. Les années 1880 voient ainsi se succéder le vote dans les différents pays européens de lois réglementant les conditions et la durée du travail des femmes et des enfants : Italie (1886), Belgique (1889), Allemagne et Royaume-Uni (1891), France en 1892. On assiste de la même manière au développement de textes visant à indemniser les accidents du travail : après les premières avancées allemandes dans les années 1880, suivent le Royaume-Uni (*Workmen' Compensation Act* en 1897 puis en 1906), la France (1898), la Belgique (1903). Ces lois permettent une socialisation de certains risques industriels (accidents, certaines maladies dans le cas de la Grande-Bretagne), en accordant automatiquement aux ouvriers touchés une indemnisation garantie par la collectivité. En même temps, ces différentes mesures ne vont pas sans charrier avec elles de nouvelles ambiguïtés et inégalités : tous les travailleurs ne sont pas forcément concernés (v. Pluriactivité, travail à domicile et proto-industrie en Europe) ; certains secteurs, comme les mines, disposent d'une législation plus précoce et plus avancée que les autres ; l'indemnisation automatique rend invisibles d'autres questions, comme celles de la prévention des risques. Malgré ces ambiguïtés et inégalités, l'ensemble de ces dispositifs encadrent et protègent davantage la vie des travailleurs et ouvrent la voie au droit du travail.

Un nouveau pas est franchi durant cette période en matière de protection sociale des travailleurs. Ceux-ci sont en effet les plus exposés à la précarité, aux accidents de la vie et la vieillesse ouvrière est très souvent synonyme pour eux de basculement dans la pauvreté. L'Allemagne démontre à cet égard une vraie précocité. En 1883 et 1884, les lois d'assurance-maladie et d'assurance accidents voulues par Bismarck constituent une révolution, notamment en instituant le principe de l'obligation* pour les travailleurs salariés. Si elles donnent naissance à une véritable bureaucratie d'État, elles sont loin de donner tous les pouvoirs à l'État central : les caisses d'assurance sont avant tout gérées à l'échelle professionnelle et locale, et après 1890, les acteurs socialistes et syndicalistes y trouvent très vite une grande place [KOTT dans ZIMMERMANN *et alii*, 1999]. La loi d'assurance vieillesse adoptée en 1889 confirme encore le principe de l'obligation et étend la couverture à une plus large part de la population. La France et le Royaume-Uni ne se convertissent que plus tard à ce genre de dispositif : en 1910 avec la loi sur les Retraites ouvrières et paysannes, et en 1911 avec le *National Insurance Act*. L'introduction de ces mesures donne lieu à d'importants débats. Le mouvement ouvrier français est ainsi très divisé [CANDAR et DREUX, 2010]. Certains, à l'instar de Jaurès, voient dans la loi de 1910, même très imparfaite, les prémices d'une protection sociale sécurisante et donc donnant une nouvelle force à la classe ouvrière. D'autres, au sein de la CGT en particulier, dénoncent les risques d'intrusion arbitraire de l'État et le caractère dérisoire d'une réforme qui n'accorde le droit à la retraire à partir de 65 ans, bien au-delà de l'espérance de vie moyenne des ouvriers ("la retraite pour les morts"). Les différentes législations portent dans tous les cas très clairement la marque de chaque culture nationale et contribuent, malgré l'importance des circulations et des échanges transnationaux, à inscrire un peu la gestion du travail industriel et de ses conséquences dans le cadre de chaque État-nation.

LA GRANDE GUERRE, UN TOURNANT POUR LA MAIN D'ŒUVRE ET LES RELATIONS DE TRAVAIL (EUROPE ET EMPIRES)

C'est un truisme de le dire, mais la Première Guerre mondiale a été une guerre industrielle. Non seulement a-t-elle mobilisé des millions de soldats à une vitesse considérable (fin 1914, 8 millions pour les puissances centrales, 10,8 pour les alliés), mais elle a représenté une intégration inédite de l'"arrière" et un saut technologique majeur: les Allemands parlent, pour les grandes batailles de la Somme ou de Verdun de "*Materialschlacht**", la "bataille de matériel". En effet, si des changements techniques majeurs étaient déjà intervenus pendant la guerre de Sécession, la guerre des Boers ou la guerre russo-japonaise, c'est à partir de 1914 que l'industrie prend une place essentielle dans la stratégie militaire: durant le conflit, ce ne sont pas moins de 1000 navires de guerre, 300 sous-marins, 8000 tanks, 175 000 avions qui sont construits par les belligérants. En France, 331 millions d'obus et 6 milliards de cartouches d'infanterie sont fabriqués, et les 430 000 femmes qui travaillent dans ces industries finissent par représenter 25 % de l'emploi de l'industrie en guerre.

On le voit par l'ampleur des chiffres, la Grande Guerre change le monde du travail en profondeur, que ce soit dans le rôle de l'État face à l'industrie, dans les cadences à l'usine, dans la nature même des secteurs industriels touchés, et, malheureusement, dans les destructions encouragées, qui, elles aussi, s'industrialisent (en France, pendant le conflit, 550 000 maisons sont détruites, 1,3 million d'animaux domestiques tués, et 25 507 km² transformés en paysage lunaire). Face à cette reconfiguration majeure de l'activité des hommes – dont 75 millions sont occupés à se battre sur le front durant tout le conflit – la main d'œuvre connaît de profondes modifications, en particulier avec l'intégration croissante des femmes ou celle de la main d'œuvre coloniale. Ces transformations sont particulièrement visibles dans les pays les plus activement engagés dans le conflit – l'Allemagne et l'Autriche-Hongrie du côté de puissance centrale, la France, le Royaume-Uni du côté des alliés – même si elles se manifestent aussi dans les pays entrés plus tardivement dans la guerre (l'Italie en 1915 aux côtés des alliés), ceux qui sont occupés (la Belgique) ou qui conservent leur neutralité (l'Espagne).

L'ÉTAT ET L'ORGANISATION DE L'INDUSTRIE DE GUERRE

Les impératifs de la nouvelle guerre de masse changent le rôle des États et accroissent leur intervention, dans l'économie en général, dans le monde industriel en particulier, dans des proportions alors sans précédent. Passés les premiers mois s'impose l'idée que la guerre sera longue, et qu'elle nécessitera non pas seulement des soldats, mais aussi la production massive de matériel de guerre, la prise en charge des transports, des approvisionnements en matières premières, en produits alimentaires, etc. Dans ces conditions, ce qui se joue dans les usines, à l'arrière, s'avère aussi déterminant que ce qui se passe dans les tranchées, et constitue "l'autre front" [Fridenson, 1977], appelé *Homefront* chez les Britanniques, *Heimatfront* chez les Allemands. L'historiographie de la Première Guerre mondiale, comme celle des mondes du travail, a considérablement développé cet aspect [Machu *et alii*, 2018]. La reconfiguration de la place des États dans l'économie concerne principalement l'industrie de guerre, où les pouvoirs publics jouent peu à peu un rôle d'organisateur de la production et de la main d'œuvre. Les États tendent aussi à intervenir directement au cœur des usines et des relations de travail, donnant ainsi un nouveau sens aux politiques menées dans ce domaine.

La mise en place des économies de guerre

La mobilisation économique est d'abord placée sous le signe d'une grande improvisation, la majeure partie des états-majors s'étant placée dans la perspective d'une guerre courte. Mais très vite des problèmes criants apparaissent. À la mi-août 1914 en France, la moitié des établissements industriels est arrêtée, 25 % des ouvriers sont mobilisés, 40 % sont au chômage, 35 % sont au travail, et seuls 1000 obus sont produits par jour, quand il en faudrait 10 000 [CHARLE, 2001]. Par ailleurs, une partie du territoire, où se trouvent certaines des grandes régions minières et sidérurgiques (le Nord, l'Est) est occupée, et il faut trouver des moyens de suppléer aux importations allemandes, comme dans le domaine des produits chimiques. De ce fait, dès le mois de septembre, les premières réunions entre le gouvernement et les représentants des grands groupes patronaux ont lieu à Bordeaux. Peu à peu s'impose l'idée que l'État ne doit pas être uniquement un incitateur mais qu'il doit s'impliquer directement dans la coordination et la direction de l'économie, quitte à développer pour cela de nouvelles structures administratives et ministérielles. En juin 1915 est ainsi créé, sous la tutelle du ministre de la Guerre Alexandre Millerand, un sous-secrétariat d'État à l'Artillerie et aux Munitions, confié au socialiste réformiste Albert Thomas. Il est transformé en ministère de l'Armement, chargé de toute la gestion de la production de guerre, en décembre 1916.

Une prise de conscience similaire se manifeste en Allemagne, où les problèmes productifs sont redoublés par des problèmes majeurs d'approvisionnement et de ravitaillement, du fait du blocus maritime imposé au pays et qui coupe les routes commerciales. Le pays connaît, comme l'Angleterre, mais plus tôt, une crise des munitions en octobre 1914. À partir de l'automne a donc lieu une rapide transformation vers l'économie de guerre, l'État cherchant à réorienter la production par le biais des incitations financières et des discussions avec les industriels [ULLMANN, 2014]. L'industriel Walter Rathenau et son conseiller Wichard von Moellendorff créent par la suite un organisme spécial, le *Kriegsrohstoffabteilung* (Section de guerre des matières premières) pour approvisionner les usines en coton, en acier, etc., quitte à les réquisitionner pour les redistribuer ensuite en fonction des priorités de la guerre. Dans un pays où les rapports entre le pouvoir militaire et le pouvoir civil tournent rapidement au profit de l'armée et de ses deux chefs de guerre, Paul von Hindenburg et Erich Ludendorff, la tentation est très vite forte d'aller encore plus loin, vers une militarisation totale de l'économie, cadrant avec les fantasmes de l'OHL ("*Oberste Heeresleitung*", le Quartier général de guerre allemand). Suite à l'échec de la bataille de la Somme, Hindenburg défend un tel programme le 13 septembre 1916, dans une lettre adressée au chancelier Bethmann Hollweg. La mise sous contrôle par l'État de l'industrie et de la main d'œuvre, qui passe encore par la création de nouveaux organismes (comme le *Kriegsamt,* Bureau de la guerre) est loin cependant d'être une réussite, et ne parvient à réaliser ni les ambitions d'organisation, ni tout à fait celles d'augmentation de la production.

Reste que tout cela témoigne de la place croissante d'États qui se veulent tout à la fois coordinateur, producteur, recruteur, etc. Même en Grande-Bretagne, pays qui est non seulement peu touché par la guerre sur son sol mais dont la culture de l'intervention étatique est plus faible, l'interventionnisme progresse [Phillips, 2018]. En 1915, le grand "scandale des obus" (*Great Shell Scandal*) – une pénurie de munition – montre la nécessité de mieux organiser la production. Il n'est pas possible de gérer la guerre comme un "*business as usual*", comme l'avait dit Winston Churchill. En 1916, David Lloyd George devient Premier ministre. L'intervention de l'État britannique change alors d'échelle. Les chemins de fer sont placés sous le contrôle du *Railway Executive Committee*. Les mines sont virtuellement nationalisées en 1918. Le gouvernement de Lloyd George multiplie là encore les organismes administratifs ou ministériels pour contrôler l'approvisionnement en matières premières (*Coal Controller, Minister of Munitions)*, permettre la distribution des produits agricoles pour le ravitaillement de la population et augmenter la production dans les industries de guerre. La Grande-Bretagne est d'ailleurs l'un des rares pays où la production nationale augmente durant cette période, alors qu'elle diminue dans les autres pays en guerre.

L'évolution du produit intérieur brut

	1913	1914	1915	1916	1917	1918
Royaume-Uni	100	92,3	94,9	108	105,3	114,8
Allemagne	100	85,2	80,9	81,7	81,8	81,8
Autriche	100	83,5	77,4	76,5	74,8	73,3
France	100	92,9	91	95,6	81	63,9

Base 100 économie de chaque pays en 1913.
Source : [Broadberry, 2005]

Part de l'investissement de l'État dans les revenus nationaux (1913-1918)

	1913	1914	1915	1916	1917	1918
Royaume-Uni	8,1	12,7	33,3	37,1	37,1	35,1
Allemagne	9,8	23,9	43,8	50,3	59	50,1
France	10	22,3	46,4	47,2	49,9	53,5

En pourcentage.
Source : [BROADBERRY, 2005]

Le deuxième tableau ci-dessus permet également de constater la part croissante de l'État dans le revenu national, soit par le biais des dépenses publiques (l'État devient le plus gros client des industries, achète les matières premières, distribue les subsides aux mobilisés et à leur famille), soit parce que l'État lui-même prend en main une partie de l'industrie. En 1918, l'État britannique emploie ainsi directement près de 3,1 millions de personnes dans la construction, les mines, les industries chimiques et métallurgiques, mais aussi dans les industries alimentaires, du vêtement ou les administrations militaires. De manière générale, la part des services et du secteur public augmente de manière considérable dans la majeure partie des pays européens. Tout cela entraîne des besoins en financement considérables, comblés de manière diverse (impôts, endettement) mais qui pèsent ensuite durablement sur le fonctionnement des États.

Organiser l'industrie : production et main d'œuvre

La grande finalité et la grande conséquence de cette intervention publique sont la réorientation d'une bonne partie des structures et de la main d'œuvre industrielles vers les productions de guerre : obus, canons, fusils, casques, uniformes, etc. On assiste donc à une mutation majeure, même si elle est en partie provisoire. En 1918, en Grande-Bretagne, 90 % de l'activité de l'industrie métallurgique et 79 % de celle de l'industrie chimique se trouvent ainsi tournées vers l'effort de guerre. Les transformations en matière de main d'œuvre sont, elles aussi, considérables. En France, au début de la guerre, 40 000 à 50 000 personnes travaillent dans l'industrie de la Défense nationale ; quatre ans plus tard, on compte environ 1,7 million de travailleurs répartis dans 15 000 établissements [CHARLE, 2001].

Un tel changement d'orientation met plus que jamais en avant les impératifs, qui commençaient déjà à s'exprimer avant-guerre, de rationalisation et d'organisation de la production. Pour des hommes comme Walter Rathenau en Allemagne ou Albert Thomas en France, la guerre est une guerre d'usines, de techniques et de science, au sein de laquelle hommes et machines doivent être également organisés, rationalisés et scientifiquement alloués, pour assurer la production la plus massive et la plus efficace possible. “Produire, produire encore, produire chaque jour davantage des canons et des munitions, c'est le seul programme”, affirme ainsi Albert Thomas devant la Chambre des députés en février 1916 [BLASZKIEWICZ-MAISON, 2016].

Cette guerre du matériel passe par de nouvelles relations avec le secteur privé et les industriels. Dans le cadre du *Kriegsrohstoffabteilung*, Walter Rathenau met ainsi en place un certain nombre d'entreprises de guerre (*Kriegsgesellschaften*) [ULLMANN, 2014]. Celles-ci sont détenues par des entreprises privées, qui agissent sous le contrôle de l'État pour se répartir les matières premières et organiser la production du matériel. Ces compagnies, qui sont près de 200 à la fin de la guerre, dans de multiples secteurs, initient de nouvelles coopérations entre l'État et le monde de l'industrie. Albert Thomas multiplie de son côté les discours dans les usines et affiche sa bonne entente avec des industriels et des chefs d'entreprise comme Robert Pinot, Louis Loucheur ou encore Louis Renault. Si les États prennent donc en main directement une partie de la production dans les usines nationales, ils cherchent davantage encore à coordonner et à encourager les forces productrices privées. Celles-ci sont aussi incitées à mettre en œuvre les méthodes de modernisation et d'intensification du travail, via la diffusion du taylorisme notamment, qui connaît alors un développement rapide, par exemple dans les usines Renault.

L'autre grand enjeu est l'organisation et la répartition de la main-d'œuvre pour l'industrie de guerre [MACHU *et alii*, 2018]. Il s'agit là d'une question fondamentale, qui implique en permanence d'arbitrer entre les demandes des états-majors, qui cherchent à conserver le maximum d'hommes au front, et celles des industriels, qui veulent garder ou reprendre la main d'œuvre indispensable pour faire tourner les usines. En Allemagne, en 1915, 36 % des ouvriers de l'entreprise électrique AEG sont sous les drapeaux, ce qui entrave la reprise de la production [Baechler, 2016]. Les États sont donc amenés à agir de manière bien plus active en matière de placement de la main d'œuvre et en général d'organisation du marché du travail. En juin 1915, Albert Thomas crée ainsi un Service ouvrier chargé de réguler les flux de main d'œuvre pour satisfaire les besoins des industries de Défense nationale. Il s'appuie aussi sur des dispositifs législatifs spécifiques, en particulier la loi Dalbiez (août 1915) : à l'origine prévue pour lutter contre "l'embusquage*" [Ridel, 2007], elle permet d'examiner, en association avec des commissions mixtes patrons / ouvriers, le cas des techniciens, ingénieurs, mobilisés, pour voir ceux qui doivent être renvoyés dans les usines. Les travailleurs ainsi mobilisés à l'arrière ont le statut "d'affectés spéciaux*". Ils restent sous le contrôle indirect de l'armée et sont, entre autres, interdits de grève. Ils sont au total près de 787 000. À la suite du plan Hindenburg de 1916, l'Allemagne use de méthodes plus coercitives encore. En décembre est votée une loi sur le service auxiliaire (*Hilfsdienstgesetz*), qui vise à rendre le travail obligatoire, sous contrôle militaire, pour tous les hommes (de 17 à 60 ans) qui ne sont pas requis sur le front. Contestée par une partie des industriels comme par les syndicats, cette loi s'avère inefficace : la répartition de la main d'œuvre ne s'en trouve pas améliorée, et la production est désorganisée jusqu'au printemps 1917.

La situation de la Grande-Bretagne, où il n'y a pas de conscription jusqu'au printemps 1916, est, au départ, assez différente, et il s'agit d'abord d'inciter les travailleurs à aller sur le front. Mais la multiplication des appels au volontariat fait ensuite que, comme dans les autres pays, les usines se vident et que les problèmes de main d'œuvre se posent. À la mi-1915, 23,8 % des ouvriers des usines chimiques, 23,7 % de l'industrie électrique, 21,8 % des mineurs et 18,8 % de la sidérurgie ont ainsi rejoint le front [Phillips, 2018]. Le gouvernement britannique essaie donc à son tour de mieux distribuer la main d'œuvre, comme avec le *Munition of War Act* de 1915, qui vise à empêcher les départs incontrôlés dans les usines de guerre et renforce la surveillance sur les ouvriers de ces usines. Mais le dilemme entre les besoins du front et ceux de la guerre reste récurrent et rend le système très compliqué à gérer. En novembre 1916, après l'établissement de la conscription, un conflit social éclate ainsi à l'usine métallurgique Vickers de Sheffield : les ouvriers se mettent en grève contre la mobilisation d'un ajusteur. À l'occasion de cette grève, tous les membres du syndicat de la métallurgie obtiennent d'être exemptés de la conscription, avant que le gouvernement ne revienne sur cette décision.

L'État, les syndicats et les relations de travail

La réorientation de la production vers l'effort de guerre exerce enfin des effets manifestes sur la structuration des relations de travail. Ce qui se passe dans les usines, en particulier les relations entre patronat et salariés, n'est plus considéré uniquement comme une affaire privée, mais comme un enjeu nécessitant, au moins dans certains cas, l'intervention ou la régulation gouvernementale. Après la France en 1906, la Grande-Bretagne crée ainsi à son tour un ministère du Travail en 1916 (*Ministry of Labour*) afin, entre autres, d'assurer la paix sociale et de préparer les réformes de l'après-guerre. Cette intervention croissante des États dans le domaine des relations de travail est rien moins que désintéressée, et vise avant tout à contribuer à la maximisation de la production, en évitant grèves et conflits dans les usines. Si c'est là le but principal, il n'est pas forcément exclusif d'autres motivations. Pour un socialiste réformiste comme Albert Thomas, très attentif déjà avant la guerre à la vie industrielle et au rôle des syndicats, la guerre est aussi un laboratoire pour avancer dans la contractualisation des relations sociales au sein des usines et des secteurs professionnels. Il conserve d'ailleurs pendant toute la durée de la guerre des contacts étroits avec un certain nombre de syndicalistes, tel qu'Alphonse Merrheim, le président de la puissante Fédération des métaux de la CGT. S'il tente, comme ministre de l'Armement, de leur faire accepter le taylorisme et les objectifs de hausse de la production, il essaie aussi d'encourager les procédures d'arbitrage et la désignation de délégués d'ateliers sur le modèle britannique, même si cette politique n'est guère couronnée de succès.

La période pousse en général à des tentatives de collaboration élargie entre l'État et les syndicats, qui se voient davantage reconnus comme des interlocuteurs par les pouvoirs publics [Machu *et alii*, 2018]. La loi allemande de 1916 sur le Service auxiliaire, si elle réduit considérablement la liberté des travailleurs sur certains points, développe en échange des comités mixtes où sont représentés les employeurs comme les syndicats des salariés (ces derniers étant associés aux discussions sur l'allocation des ressources en main d'œuvre et sur le niveau des salaires et des prix). Le phénomène est plus tangible encore en Grande-Bretagne, où trois dirigeants syndicaux font leur entrée au gouvernement d'Union nationale en 1915 [Phillips, 2018]. Les syndicats britanniques prennent conscience que leur présence au cœur de l'État accroît leur influence, ce qui pousse en retour les employeurs, eux aussi, à davantage s'organiser. Entre les deux les représentants gouvernementaux continuent malgré tout de jouer un jeu assez ambivalent, comme en témoignent les négociations autour du *Munition of War Act* de 1915. Le gouvernement soutient alors les industriels dans leur stratégie de dilution: ces derniers cherchent, rationalisation aidant, à embaucher des travailleurs peu qualifiés (*unskilled*), ce qui présente aussi l'avantage à leurs yeux de mettre fin à la mainmise que les ouvriers qualifiés et syndiqués conservaient sur l'embauche (*closed shop*) et en général sur les processus productifs. Face aux virulentes protestations des *trade unions*, le gouvernement s'efforce en même temps d'adoucir la portée d'une telle stratégie et d'offrir des compensations. Il s'engage à ce que la stratégie de dilution reste temporaire ; les employeurs de leur côté, tels que ceux des grandes entreprises métallurgiques comme Vickers-Armstrongs, doivent accepter de limiter leur profit jusqu'à la fin du conflit.

Mais les États ne se veulent pas seulement arbitres et négociateurs. En même temps qu'ils exercent des contraintes très dures sur les travailleurs des industries de guerre, ils s'efforcent d'être davantage régulateurs. Ils pèsent davantage sur la fixation des salaires (décret Thomas du printemps 1917 sur l'échelle des salaires dans les industries de Défense nationale, encouragement en Grande-Bretagne au développement des normes de salaire minimum). L'assistance aux chômeurs produits par la crise des industries de paix, telle qu'une partie du textile, se structure en Allemagne. La présence croissante des femmes parmi la main d'œuvre ouvrière incite aussi à la mise en place de congés maternité, de salles d'allaitement ou de dispositifs pour la garde des enfants à l'usine. Ces nouvelles mesures attestent à la fois l'élargissement et l'importance croissante des politiques du travail [Rowe, 2014].

DES CHANGEMENTS MAJEURS DANS LA MAIN D'ŒUVRE

Les premières semaines et les premiers mois de la guerre ont vu, on l'a dit, une sous-estimation drastique des besoins humains de l'économie de guerre, et ont poussé les différentes autorités économiques à envoyer massivement les travailleurs sur le front pour répondre aux exigences des États-majors. Très rapidement, cependant, cela eut pour effet des pénuries de main d'œuvre, malgré les efforts des États pour maintenir une partie des travailleurs mobilisés dans les usines. La première réponse fut d'essayer, par tous les moyens, de compenser cet énorme manque de main d'œuvre par le recrutement des femmes, puis de la main d'œuvre coloniale. Il était tentant, alors que des millions de personnes se retrouvaient dans des zones occupées militairement, ou derrière les barbelés des camps de prisonniers, de recourir à un travail contraint. Tout cela modifie, de manière provisoire ou définitive, les traits des mondes ouvriers.

Un saut quantitatif et qualitatif dans l'emploi des femmes

Le premier phénomène est la croissance majeure de l'emploi des femmes. Tous les pays engagés dans le conflit sont peu ou prou concernés. En France, la part des femmes dans la main d'œuvre, déjà élevée, passe ainsi de 32 à 40 %. Parallèlement, les ouvrières accèdent à des secteurs industriels qui leur étaient jusque-là fermés. En 1918, dans la seule région parisienne, 100000 ouvrières, que l'on surnomme les "munitionnettes*" [Dubesset *et alii,* 1977], travaillent pour la production d'obus, de cartouches ou de fusées. Une même évolution se dessine, quoique dans des proportions moins élevées, en Allemagne (la part des femmes passe de 22 à 34 % de la main d'œuvre) [Stibbe, 2014] ou encore en Grande-Bretagne. La proportion des femmes dans la main d'œuvre s'élève ici de 24 à 38 %, atteignant presque la moitié entre l'été 1916 et le printemps 1917. L'augmentation est particulièrement remarquable, là encore, dans des domaines jusque-là presque exclusivement masculins: dans les industries britanniques, la part des femmes passe de 9,4 à 24,6 % pour la métallurgie, de 20,1 à 39 % dans l'industrie chimique, et de 2,6 % à 46,7 % dans les établissements publics, et parmi eux beaucoup d'usines de munitions [Rowe, 2014]. En tout, on estime que près de 900000 femmes britanniques ont été employées dans ces usines. Cette transformation se retrouve y compris dans des pays plus tardivement engagés dans le conflit, comme l'Italie. Près de 200000 femmes travaillent dans l'armement, près de 600000 dans les usines textiles fabriquant les uniformes et autres pièces pour les soldats. L'image des femmes ouvrières, mais aussi de toutes celles occupant des emplois considérés comme masculins – postières, conductrices de tramway, etc. – est présentée par la propagande comme le symbole de la modernité et de l'effort de guerre. La presse souligne cependant le caractère jugé étrange d'une telle situation, dépeinte comme provisoire, en attendant que la fin de la guerre permette le retour à une division plus traditionnelle des rôles.

La présence des femmes dans le monde du travail industriel, jugée indispensable, n'est donc pas forcément perçue comme légitime, y compris par les syndicats ouvriers qui continuent à les tenir à l'écart, ou les assignent à des structures subordonnées et séparées, comme dans le cas des syndicats de la métallurgie britannique. Même les militantes de la *National Federation of Women Workers,* qui ne sont que quelques milliers, ne contestent pas explicitement la division des rôles et le caractère présenté comme provisoire de l'occupation par les femmes des emplois industriels. En outre, si des images comme celles des munitionnettes font forte impression, elles ne doivent pas non plus faire illusion : la place des femmes dans l'industrie de guerre reste plus limitée que ce que l'on pourrait croire. Cela se perçoit très bien dans l'Empire allemand [Daniel, 1989]. Sans doute une partie des femmes des classes populaires, employées dans la domesticité ou dans des emplois très peu qualifiés, migrent alors vers l'industrie de guerre, qui offre quand même des salaires nettement plus élevés. Mais il n'y a pas de transfert massif des femmes vers le secteur industriel. D'abord parce que la guerre prive au contraire de leur emploi tout une partie des femmes qui étaient employées dans les industries de paix, comme le textile. Ensuite parce que les femmes, notamment celles qui ont des enfants, répugnent à s'engager dans le travail en usine ou préfèrent, notamment dans les campagnes, continuer leur labeur dans les formes traditionnelles de travail à domicile. À partir de 1916, les plus jeunes ou les veuves prennent cependant davantage le chemin des usines, mais il s'agit d'une évolution limitée, envisagée avec circonspection par le patronat allemand, qui cherche surtout à récupérer les ouvriers envoyés sur le front. Enfin, avant même la fin de la guerre, nombre de ces ouvrières sont licenciées ou renvoyées aux emplois qualifiés de "féminins". De tels licenciements se retrouvent dans les autres pays. Entre 1918 et 1919, les effectifs de l'usine Citroën à Javel passent de 11 700 travailleurs, dont 6000 femmes, à 3300, exclusivement des hommes [Rowe, 2014].

Même lorsque les femmes sont effectivement engagées dans le travail industriel et dans les usines de guerre, leur place demeure subordonnée. La guerre et la modernisation corrélative de l'appareil productif ne modifient guère les rapports de genre et les inégalités au travail. Les ouvrières des usines d'armement sont mieux payées que les "cousettes*" ou les ouvrières du textile, mais restent moins payées que les hommes. Les femmes sont avant tout envisagées comme une main d'œuvre peu qualifiée, utilisée, notamment par le patronat britannique, dans les stratégies de "dilution" visant à abattre la prépondérance des ouvriers qualifiés, ce qui explique aussi la résistance des syndicats à leur égard. Dans les usines métallurgiques ou d'automobiles, il y a une très nette corrélation entre le développement de l'emploi féminin et le développement du taylorisme [DOWNS, 2002]. Les femmes sont les premières astreintes à des tâches répétitives et bornées, au service des machines, sous les ordres des contremaîtres. Les environnements de travail sont bruyants, et la dangerosité certaine. Les injonctions productivistes multiplient les risques de maladies professionnelles, comme pour les ouvrières qui travaillent dans les usines chimiques. Les usines d'armement sont particulièrement exposées aux accidents (explosion, etc.), même si d'autres secteurs ne sont pas en reste. Pour 1917, en France, Françoise THÉBAUD comptabilise ainsi 218 000 accidents du travail dans la métallurgie [2013]. La présence des femmes entraîne toutefois le développement de nouveaux services dans les usines – crèches, cantines, dispensaires – chapeautés en 1917 par un nouveau personnel d'encadrement, les surintendantes d'usines, vouées à prendre en charge et à organiser, sur le lieu de travail, ces services sociaux [DOWNS, 1993].

En somme, la guerre ne modifie guère les inégalités de genre dans le monde du travail et dans la sphère publique, quand elle ne renforce pas des divisions très traditionnelles des rôles : les hommes sont soldats au front, les femmes assument les fonctions matérielles à l'arrière [THÉBAUD, 1992]. La hausse de la part des femmes dans la main d'œuvre est, de surcroît, en grande partie temporaire. En 1921, on compte seulement, dans la main d'œuvre britannique, 234 000 femmes de plus qu'en 1911 et la majeure partie des ouvrières employées dans l'industrie de guerre a été renvoyée au foyer [MACIVOR, 2001]. Si la guerre est moins émancipatrice que ce que l'on a pu dire, ses effets à moyen terme sont cependant bien réels. Les femmes, après 1918, délaissent ainsi de plus en plus les emplois dans la domesticité et dans le secteur agricole. C'est vrai en particulier des plus jeunes qui prennent davantage le train de cette modernisation [TODD, 2005]. Certaines professions trouvent dans le même temps une vraie légitimité, par exemple celle d'infirmière, développée en Grande-Bretagne durant la guerre dans le cadre du *Voluntary Aid Detachment* et du *First Aid Nursing Yeomanry.* Pour beaucoup de femmes, parmi lesquelles des centaines de milliers de veuves de guerre [BETTE, 2017], le conflit représente enfin une rupture majeure, synonyme de solitude, de deuil et de souffrances, mais aussi d'affirmation dans l'espace public et de gain d'autonomie.

La main d'œuvre coloniale en Europe

La thématique de l'intégration des colonies dans la guerre a très souvent tourné, dans l'historiographie, autour de la question de l'incorporation militaire des soldats coloniaux et autres "tirailleurs". Il est de coutume, dans les débats, souvent âpres, de citer le livre de Charles Mangin, *La Force noire* (1910), qui proposait une utilisation accrue des Africains dans l'armée en cas de guerre, et de s'interroger sur le taux de mortalité élevé des troupes africaines, notamment. La France et le Royaume-Uni, en tant que puissances coloniales majeures, ont utilisé de nombreuses troupes venues de leur empire au front – jusqu'à 600 000 soldats pour la France. Mais cette vision cache, en quelque sorte, la réalité vécue de millions d'autres membres des colonies qui ont bien plus souvent été utilisés comme main d'œuvre dans les industries de guerre et à l'arrière. Les empires ont été sollicités massivement dans l'économie de guerre, que ce soit dans les colonies elles-mêmes ou en métropole, avec un afflux massif de travailleurs étrangers. C'est d'ailleurs cela qui permet de parler, en dehors des combats qui ont eu lieu en grande majorité sur le sol européen, d'une guerre "mondiale". Ce sont au minimum 4 millions d'hommes non-blancs qui ont ainsi été mobilisés en Europe – au front ou à l'arrière – dans la Première Guerre mondiale : 1,5 million d'Indiens, 2 millions d'Africains [Das, 2011].

En France, la Grande Guerre représente une rupture dans l'histoire de l'immigration, car l'État devient l'acteur principal de la prise en charge des mouvements migratoires [Noiriel, 2007]. 350 000 hommes au total sont utilisés dans l'effort de guerre, dont plus de 200 000 hommes en métropole (130 000 venant du Maghreb, 50 000 d'Indochine, 5000 de Madagascar). Sur les 50 000 Indochinois, 22 500 viennent du Tonkin. Ces ouvriers ne bénéficient pas, comme les travailleurs européens recrutés dans les usines (Italiens, Espagnols), de négociations syndicales, ces organisations étant interdites dans les colonies. Les salaires et la durée de travail ne sont jamais alignés sur ceux des travailleurs européens. Les colonisés doivent, qui plus est, affronter la défiance d'une majorité des autres travailleurs, qui considèrent cette "main d'œuvre arabe et annamite" comme une concurrence déloyale, même si des liens de solidarité se tissent parfois. Les Vietnamiens représentent 20 % des effectifs des poudreries à Bergerac ou à Toulouse, et presque 50 % à celle de Saint-Médard-en-Jalles (Gironde). Les conditions de travail sont soumises à une discipline militaire. Les ouvriers coloniaux connaissent un taux de mortalité deux fois plus important que les autres travailleurs [Le Van Ho, 2015].

Des puissances non colonisées envoient également des travailleurs. 140 000 ouvriers chinois – appelés travailleurs "exotiques" – sont ainsi envoyés en France et y travaillent pendant toute la guerre. Dans le Pas-de-Calais, ils sont utilisés par les Britanniques dans de nombreux *Chinese Labour Camp*, comme à Calais, Boulogne ou Saint-Omer. Le camp de Calais compte 60 000 hommes, parmi lesquels 10 000 travailleurs étrangers provenant de différents pays [Ma, 2012 ; Dornel, 2019]. De nombreux Espagnols traversent quant à eux les Pyrénées – environ 250 000 – pour venir travailler en France, surtout dans l'agriculture. 117 000 travailleurs italiens (civils ou militaires) arrivent également dans l'hexagone [Heyriès, 2014].

Au Royaume-Uni, à côté de l'intégration des troupes et des travailleurs coloniaux, les autorités ont recours au travail dans les colonies elles-mêmes, notamment à partir d'août 1915, où une rencontre réunissant des représentants de l'Inde, de la Malaisie, de l'Afrique du Sud a lieu. Les discussions tournent autour de la répartition de l'effort de guerre. L'Inde produit ainsi entre 1915 et 1917 plus de 1,3 million d'obus. Le Canada devient un producteur essentiel pour l'économie de guerre britannique. Ni la Belgique, ni l'Espagne, ni l'Italie ne sont massivement concernées par l'emploi de ces nouvelles mains d'œuvres étrangères : soit les pays n'ont qu'un empire colonial restreint (Italie) et ne participent pas à la guerre (Espagne) ; soit, comme la Belgique occupée, ils sont dans l'incapacité de mobiliser leurs troupes.

L'Allemagne, de ce point de vue, constitue un cas à part : en effet, même si la mémoire coloniale allemande a été oubliée du fait de la perte totale des colonies par le pays en vertu du traité de Versailles en 1919, le Reich a possédé de nombreux territoires, surtout en Afrique : Togo, Cameroun, Afrique orientale allemande (actuels Tanzanie, Burundi, Rwanda), Sud-Ouest africain allemand (Namibie). Les Allemands ont peu eu recours aux supplétifs sur le front européen. Au tout début de la guerre, les intellectuels allemands s'insurgent d'ailleurs, dans le "Manifeste des 93" (*Appel aux Nations civilisées*) du fait que les deux puissances coloniales européennes, françaises et anglaises, "ne craignent pas d'exciter des Mongols et des nègres contre la race blanche" (*Le Figaro*, 13 octobre 1914). Mais cela cache une utilisation massive des dits supplétifs, les "Askaris*", dans les guerres qui font rage sur le continent africain lui-même.

Le monde du travail durant la Grande Guerre est très loin de se résumer aux nouvelles mains d'œuvres décrites ici. En effet, si les femmes et les coloniaux sont les deux groupes les plus massivement enrôlés, l'ensemble des acteurs travaille en permanence, y compris les soldats lors de leurs permissions. Se dessine alors une autre sociologie du travail dans l'Europe en guerre, centrée sur les "oubliés" : prisonniers de guerre, population occupée, soldats.

Les oubliés : prisonniers de guerre, populations occupées, soldats

On associe plus souvent les termes d'"occupation" et de "travail forcé" à la Seconde Guerre mondiale, mais à partir d'un renouveau historiographique récent, on a redécouvert les différentes politiques d'occupation allemande en Europe. Car outre la Belgique, des portions non négligeables de l'Europe de l'Est sont occupées par le Reich. Il y utilise massivement la main d'œuvre de ces régions d'Europe, et recourt au travail forcé (*Zwangsarbeit*). Aucun autre pays d'Europe de l'Ouest n'exploite à un tel niveau la main d'œuvre des pays étrangers (même si les Empires russes, austro-hongrois et ottomans recourent également au travail forcé). On estime qu'à la fin de la guerre, l'Allemagne fait travailler 3 millions d'étrangers, dont 2 millions de prisonniers de guerre (la moitié dans l'agriculture et près de 25 % dans l'industrie de guerre) ; cela représente au total 1/7e de toute la force de travail allemande. Contrairement à la France ou l'Angleterre, il s'agit, dans une très grande majorité, de ressortissants des pays ennemis, et beaucoup moins de pays neutres (à l'exception de 100 000 Néerlandais) [Lemmes, 2010]. Les situations sont très diverses : il existe parfois un contrat de travail temporaire, mais pour les travailleurs polonais de l'Empire russe, par exemple, on peut réellement parler de "travail forcé". L'épisode de la déportation de 60 000 Belges vers les usines allemandes, en 1916, a aussi beaucoup marqué les mémoires. Dans une ville comme Charleville-Mézières, de 1914 à 1918, 20 726 habitants ont été contraints au travail forcé, dont 8533 femmes et 881 enfants [Nivet, 2014].

Les prisonniers de guerre représentent, pour chaque belligérant, une manne en termes de main d'œuvre. Longtemps oubliés dans les études sur la Première Guerre mondiale – et même oubliés pendant la guerre même – les prisonniers ont pu représenter de 8 à 9 millions d'hommes durant le conflit, soit un mobilisé sur sept. On l'a vu, l'Allemagne recourt massivement au travail des prisonniers. Le Royaume-Uni fait quant à lui travailler 60 000 prisonniers de guerre allemands ; en France, 100 000 des 500 000 prisonniers de guerre travaillent. L'Autriche-Hongrie aboutit, quant à elle, à un chiffre bien plus élevé : un million de prisonniers travaillent dans la double-monarchie

[Butschek, 2016]. Le CICR (Comité international de la Croix Rouge, créé en 1863) surveille les conditions de détention. Quant aux conditions de travail, elles sont souvent difficiles : en juillet 1917, 240 prisonniers de guerre allemands qui travaillent aux hauts fourneaux de Pauillac (Gironde) se révoltent ainsi pour réclamer 36 heures de repos consécutifs. Les sabotages sur les lieux de travail ne sont pas rares : les détenus allemands dégradent ainsi le matériel de guerre qu'ils chargent au Havre, en 1916 ; la Fédération nationale des anciens prisonniers de guerre français revendique la réputation de saboteurs de ses membres [Jones, 2015].

En dehors des populations occupées et des prisonniers de guerre existe une troisième population, celle des réfugiés. Un certain nombre de Belges fuient ainsi au Royaume-Uni (on estime leur nombre à 250 000, au maximum) ou en France. Au moment du scandale international autour de la déportation des Belges en Allemagne, le Reich répand des rumeurs sur le très mauvais traitement reçu par les sujets d'Albert Ier en Angleterre. Une brochure est rédigée pour illustrer le traitement équitable des Belges : non seulement le travail de ces réfugiés demeure volontaire, mais ils sont traités exactement comme les ouvriers anglais, en ce qui concerne les salaires et le temps de travail. Les tourneurs reçoivent 1 shilling et 2 pence de l'heure ; le temps de travail moyen est de 54 heures par semaine, le paiement des heures supplémentaires est majoré de 25 %.

Les populations du Nord et de l'Est de la France ont fui elles aussi en nombre les régions occupées ou les zones de guerre. Philippe Nivet a consacré de nombreuses études aux 2 millions de ceux que l'on appelait les "Boches du Nord", réfugiés dans les zones de l'arrière [Nivet, 2004]. Mais les compétences des exilés sont loin d'être toujours adaptées au marché du travail de la région d'accueil ou aux places disponibles. Les frictions sont importantes : on affecte souvent des ouvriers aux travaux des champs ; des travailleurs de l'industrie cotonnière (fileurs, rattacheurs, tisseurs) ne trouvent pas de l'ouvrage dans la fabrication du drap de troupe.

Dernières catégories, enfin : les soldats eux-mêmes. Si un grand nombre d'ouvriers travaillent dans leurs propres usines, en étant réquisitionnés à la faveur de l'effort de guerre, il ne faut pas imaginer qu'existent deux mondes totalement séparés, celui des usines et celui du front. En effet, les soldats ne combattent pas sans interruption. En 1915, la plupart des états-majors européens font le deuil de la guerre courte et systématisent la permission, essentielle au moral des troupes dans cette guerre qui s'éternise. Ces congés, s'ils servent avant tout à se délasser et à revoir ses proches, sont également un moment de travail pour de nombreux soldats. Il est facile, notamment à la capitale, de se faire embaucher à la journée, sur des chantiers ou dans des usines, d'autant que les patrons ne vérifient que rarement les papiers militaires et peuvent, de ce fait, embaucher non seulement des permissionnaires mais parfois des déserteurs [Cronier, 2013].

Ces cas limites – sans être anecdotiques – de l'emploi des prisonniers, des réfugiés et des soldats montrent, en creux, les difficultés rencontrées par les économies en guerre pour assurer la production. Après avoir vu le rôle de l'État dans la production et l'industrie de guerre, et les multiples visages de la main d'œuvre, il faut se pencher sur les évolutions matérielles et organisationnelles, au sein des mondes du travail, durant cette période.

DANS LES USINES DE L'ARRIÈRE : DU TRAVAIL AU "SERVICE DE LA PATRIE" AU RETOUR DES CONFLITS SOCIAUX

On peut considérer la guerre qui s'abat sur l'Europe comme une immense période d'exception dans de nombreux domaines avec la suspension de la publicité des débats parlementaires, la censure dans les journaux et évidemment les inflexions majeures dans les normes et les pratiques du travail. Avec la conversion à l'économie de guerre, et surtout avec les énormes changements de la main d'œuvre et des objectifs de l'industrie, non seulement la géographie des territoires industriels change, mais les normes d'encadrement du travail sont aussi profondément modifiées, dans le sens d'un durcissement des conditions quotidiennes. Cependant cela n'empêche pas, après deux années de consensus autour des "Unions sacrées", un retour de la conflictualité dans les mondes du travail.

La mutation des structures et des territoires industriels

Si la guerre était dans l'horizon d'attente des Européens en 1914, personne n'avait appréhendé les conséquences concrètes d'une guerre longue en termes de territoires et en général d'organisation de la vie ouvrière et industrielle.

Dès les premiers jours de la guerre en août, les frontières se ferment, et le statut de nombreux travailleurs étrangers se complique. Les économies, pourrait-on dire, se rabattent sur leur territoire national, du point de vue commercial et également industriel, notamment dans les régions frontalières. L'Allemagne employait avant-guerre 1,2 million de travailleurs étrangers (austro-hongrois, italiens, russes...). Les Italiens et les Austro-Hongrois, qui travaillaient notamment dans les mines, quittent le territoire [BAECHLER, 2016]. La peur d'héberger sur son sol des représentants des nations ennemis conduit à une névrose généralisée à toute l'Europe, qu'on appelle "espionnite*" en France, et qui amène les citoyens d'un pays à s'attaquer très directement aux symboles, aux magasins ou même aux ressortissants des nations adverses. L'ensemble de ces phénomènes à un impact direct sur les échanges commerciaux qui avaient forgé, avant 1914, une première phase de mondialisation. L'Allemagne représentait en 1913 21,4 % des exportations mondiales; le niveau des échanges commerciaux de 1914 n'est retrouvé qu'à partir des années 1970 [FLAUBERT, 2012]. De telles conséquences se retrouvent aussi à l'échelle régionale. Les échanges intenses, qui structuraient la zone minière et sidérurgique en plein développement autour de la Sarre, de la Lorraine et du Luxembourg, se trouvent ainsi en bonne partie brisés [KÖNIG et JULIEN, 2018].

En dehors de la Belgique, du point de vue des territoires industriels, la France est évidemment le premier pays touché, bien que, en août 1914, l'Est de l'Allemagne soit également envahi par l'armée russe, rapidement stoppée à Tannenberg cependant. Dans le Nord de la France, région étudiée récemment par Jean-Luc Mastin [2019], des évacuations massives s'organisent à la fin août. Les banques, par exemple, rapatrient leurs encaisses en sécurité. Lille est occupée une première fois le 2 septembre. Durant deux semaines, la panique paralyse l'activité économique. La ville est bombardée et envahie définitivement le 13 octobre. Les matières premières sont réquisitionnées par l'occupant, les machines démontées et envoyées en Allemagne. La teinturerie Pneumatique de Roubaix (César Gaydet) est ainsi dépouillée de tout ce qu'elle recèle de cuivre. La France perd, avec cette occupation, une part énorme de son économie industrielle, que ce soit dans la sidérurgie ou le textile.

Avec 1917 et l'arrivée des soldats américains sur le sol français, le système productif connaît une nouvelle transformation. À Nantes et Saint-Nazaire, par exemple, l'économie de guerre transforme les deux villes dans leur ensemble. Des camps de soldats s'installent, et il faut adapter toutes les capacités logistiques de la ville: les chantiers navals de Penhoët sont ainsi utilisés pour remonter 2300 locomotives américaines qui arrivent en pièce détachée ; la voie ferrée des quais de Nantes est doublée ; à Montoir-de-Bretagne est ainsi érigée une des plus grandes gares de triage d'Europe. Les usines se reconvertissent au mieux, mais en décembre 1917, les forges de Trignac (3397 ouvriers) doivent s'arrêter faute de coke métallurgique [GUALDÉ, 2013].

En dehors de ces moments exemplaires de l'économie fluctuante de la guerre, des tendances de fond émergent, avec le développement de l'industrie de l'armement et les reconfigurations économiques et territoriales qu'elle encourage. Deux régions industrielles majeures émergent en France : la région parisienne d'une part, les industries de la ville de Saint-Étienne et les mines de la Loire de l'autre, ces dernières trouvant une nouvelle dynamique du fait de l'occupation des mines du Nord [BECKER, KRUMEICH, 2008]. Hubert Bonin [2019] a étudié le redéploiement de l'activité du groupe Schneider à l'échelle française. L'entreprise construit ainsi une nouvelle aciérie sur le site du Breuil, non loin du site originel du Creusot : en moins d'un an, deux fours Martin de 50 tonnes sont mis en fonction. À la fin de la guerre, l'usine peut produire 250 000 tonnes d'acier par an, grâce à l'ajout de six fours supplémentaires. Schneider développe également ses usines au Havre-Harfleur, et investit durant la guerre dans les Hauts-Fourneaux et Aciéries de Caen, abandonné par les investisseurs allemands (notamment Thyssen), au début de la guerre.

En Allemagne, pour de grands groupes industriels, comme Krupp ou AEG (*Allgemeine Elektricitäts-Gesellschaft*), les bénéfices de guerre sont très élevés : les profits du groupe sidérurgique passent ainsi de 21 à 80 millions de marks entre 1916 et 1917. De nouveaux secteurs naissent ou se développent. Le chimiste Fritz Haber travaille à la création des gaz de guerre – qui sont testés à Ypres pour la première fois en 1915. L'industrie des dirigeables militaires, que l'on appelle par extension "Zeppelins", connaît une augmentation importante. Avant la guerre, les quelques dirigeables allemands n'avaient transporté, au total, que 35 000 passagers au cours de 1500 trajets. Durant la guerre, 123 "zeppelins" sont construits en Allemagne, en majorité dans les usines de Friedrichshafen.

L'Italie, entrée en guerre plus tardivement, fait face à l'Autriche-Hongrie qui possède une population certes plus nombreuse, mais un développement comparable du point de vue économique. Le pays était profondément divisé entre le Nord et le Sud, où les salaires s'établissaient à la moitié de ceux du Nord. Le développement industriel n'avait concerné presque que le Nord, voire une petite zone du Nord-Ouest, entre Turin, Milan et Gênes. La guerre ne fait qu'accentuer cette division fondamentale de la toute jeune nation. En 1916, alors que le Sud ne compte que 8 % des usines qui œuvrent pour l'effort de guerre, 72 % se trouvent dans ces trois villes (pour la main d'œuvre de guerre : 32 % à Milan, 22 % à Turin, 16 % à Gènes). Les industries sidérurgiques et métallurgiques sont à plus de 80 % dans le triangle industriel, tandis que le secteur de la chimie de guerre est un peu mieux réparti, à 50 % sur le reste du territoire. Fiat bâtit, durant la guerre, un empire dans la production de véhicules : la production à indice 100 en 1913/1914 passe ainsi à 280 en 1918. L'électrification progresse énormément, la construction d'avion connaît une véritable explosion. En revanche, la production de fonte brute, d'acides sulfuriques ou nitriques diminue au fil de la guerre le pays manquant de matières premières [GALASSI, HARRISON, 2005]. L'Autriche-Hongrie fait face au même genre de manque de matières premières, notamment pour les métaux non ferreux. Mais un problème récurrent d'infrastructure s'y cumule, le réseau de chemin de fer étant sous-dimensionné. Pour autant, la double-monarchie produit tout de même 1 million de fusils par an en 1916-1917, et 15 500 mitrailleuses, ainsi que 1,4 million d'obus par mois.

Dans tous les pays engagés, la guerre accélère en général considérablement le nouveau cours de l'industrialisation déjà à l'œuvre durant les décennies précédentes [ROWE, 2014]. Le travail à domicile décline, tandis que la taille des usines continue de s'agrandir. La Grande Guerre a, à cet égard, des effets d'entraînement décisif, comme sur les nouveaux modes d'organisation du travail, production de masse en série et rationalisation, en particulier dans les industries métallurgiques et mécaniques. À Paris, Renault quadruple ses effectifs et emploie près de 22 000 ouvriers à la fin de la guerre, Delaunay-Belleville 12 000, contre 1000 en 1914, l'arsenal de Puteaux 6000 et les grandes usines d'automobile (Dion-Bouton à Puteaux) ou d'aviation (Blériot à Suresne) entre 4000 et 6000 [DEWERPE, 1998]. On observe une situation similaire dans l'industrie automobile italienne : à Turin, les usines Fiat voient ainsi passer leurs effectifs de 3500 en 1915 à 40 000 à la fin de la guerre, cette augmentation étant couverte par le recrutement en masse des jeunes, des femmes et des anciens travailleurs agricoles. La guerre fait en général clairement entrer l'industrie dans une nouvelle ère, du point de vue des structures, de la main d'œuvre, mais aussi de la vie au travail.

Le quotidien du travail sous pression

Les changements dans la main d'œuvre et les évolutions dans les secteurs industriels et leur implantation géographique sont deux manières, à l'échelle nationale, de faire face à l'effort de guerre, pour les États. Mais au sein même des usines, qu'elles soient des industries traditionnelles en conversion, ou des usines de défense nationale, il s'agit aussi de trouver les moyens pour maximiser la production et augmenter la productivité de la main d'œuvre, afin d'alimenter la machine de guerre. L'intensification du travail passe d'un côté par la mécanisation, la rationalisation et le développement des formes d'organisation scientifique du travail. Elle conduit de l'autre à l'abandon d'un certain nombre de régulations, bâties non sans peine avant-guerre pour encadrer tous les aspects du quotidien des ouvriers : le temps de travail, les horaires, les salaires, les cadences, la protection face aux accidents, et jusqu'à l'âge limite du travail. Tous les pays belligérants modifient ainsi en profondeur le droit du travail, et les conditions concrètes de la vie de milliers d'ouvriers.

L'élément le plus visible de ces changements est la dérégulation du temps de travail. Dans les usines de guerre en Autriche-Hongrie, la journée atteint 13 heures par jour, 12 heures pour la France. La semaine de travail en Italie compte 70 à 75 heures. Dans les autres pays, on revient à un temps de travail supérieur à l'avant-guerre [Rowe, 2014]. Ces décisions sont prises, la plupart du temps, dans les premières semaines de la guerre, à un moment où chacun espère encore que la guerre sera courte et souhaite jeter toutes les forces dans la mêlée. Au moins pendant les deux premières années de la guerre, cet "état d'exception" est relativement accepté. On revient également sur les limitations de travail par semaine. À l'usine Carde (Bordeaux), en mai 1917, les ouvriers travaillent ainsi en deux équipes de jour (6h30-13h00 ; 14h-20h30) ; et une équipe de nuit, en deux périodes (20h30-1h00 et 2h00-6h30) [Bonin, 2018]. La France autorise de nouveaux le travail de nuit (la loi de 1892 sur le travail de nuit des femmes est suspendue) ainsi que les activités dangereuses dans la fabrication de cartouches et d'obus. Tous les domaines du droit du travail sont touchés de cette manière, et, comme l'observe Vincent Viet [2002], "jamais une telle restriction des droits ouvriers ne s'était opérée sous l'égide de la protection légale".

L'application et le respect de la législation civile du travail sont rendus d'autant plus problématiques que se pose la question du statut des ouvriers renvoyés du front et affectés dans les usines. Dans bien des cas, comme celui des affectés spéciaux en France, ils restent considérés comme des militaires en “sursis” ou détachés, et sont privés de tout une partie de leurs droits en tant que travailleurs : ils ne peuvent quitter librement leur emploi, la grève leur est interdite, tout comme le sont les *lock-out* dans de nombreux pays. Plus la guerre s’allonge, plus un tel statut et de telles restrictions interrogent : où s’arrête le pouvoir des armées ? Où commence celui des entreprises ? L’enjeu n’est pas seulement celui du droit. Une autre question brûlante est celle de la relative équité des salaires dans les usines, qui doit composer avec des mains d’œuvre devenues totalement hétéroclites et n’ayant ni le même statut, ni les mêmes attentes ou revendications. La loi Dalbiez de 1915 en France tente de clarifier la donne en redonnant aux mobilisés d’usine un statut civil, dans l’enceinte de l’usine, tout en ne les exemptant pas de leur devoir de soldats, mais les interrogations et les sources de mécontentement demeurent. Le décret promulgué par Albert Thomas en janvier 1917, qui tente de fixer les salaires dans les industries de guerre, déclenche ainsi des protestations, aussi bien parmi les ouvriers et les ouvrières dans les usines que dans les autres catégories ouvrières (les ouvrières de la couture par exemple), chaque groupe protestant contre les inégalités salariales qui sont ainsi engendrées [Robert, 1995].

En même temps qu’elles s’appuient sur la dérégulation et la contrainte, les politiques de maximisation de la production s’adossent à la diffusion du taylorisme et en général aux nouvelles formes d’organisation du travail. Les changements profonds de la main d’œuvre, qui accentuent la part des femmes, des migrants, et en général des travailleurs peu qualifiés, accentuent considérablement cette tendance. Les usines automobiles Berliet à Lyon, fondées en 1899, sont un bon révélateur de cette évolution. D’un côté, est fondée une caisse de secours, cogérée par dix membres, dont la moitié d’ouvriers ; un *Bulletin de guerre des usines Berliet* appelant à “peiner jusqu’au bout” est mis en place, ainsi qu’une “Union sportive Berliet”... De l’autre, une tentative de taylorisation de l’usine, qui avait échoué avant-guerre, est relancée. Avec le recours massif à des travailleurs non qualifiés (7800 ouvriers, dont 1200 étrangers), il faut repenser la production dans son ensemble, organiser les cadences, lier la rémunération à la productivité de la main d’œuvre. Dans le même temps le système usinier se fait encore plus coercitif. Les augmentations de salaires sont refusées ; un système de mutation inter-usines est mis en place, sans compensation pour les travailleurs [Grevet, 2017]. On observe de la même façon, dans l’entreprise italienne de construction mécanique d’Ansaldo, étudiée par Alain Dewerpe, une volonté de rationaliser, à la faveur de la guerre, les étapes du travail, pour parvenir à une production de masse tout en menant une véritable “rééducation des travailleurs”, afin qu’ils se soumettent aux impératifs de cette rationalisation. Mais ici cette tentative de réorganisation (menée brutalement et sans prendre en compte les effets de la superposition des organisations du travail successives) échoue, d'autant qu'elle se heurte à une forte opposition ouvrière [DEWERPE, 2017]. L'acceptation en général de ces conditions difficiles et de ce travail sous pression n'est que temporaire. Dès l'année 1916, l'apparente cohésion nationale des différentes "unions sacrées" se fissure pour laisser place à un retour des conflictualités.

1917 et le retour des conflits

Le terme même d'"Union sacrée" ou de *Burgfrieden* en Allemagne ("trêve des châteaux") donne l'impression que, en plus des partis politiques qui mettent de côté leurs conflits en 1914, l'ensemble des sociétés aurait communié dans une relative unanimité, une forme de "culture de guerre". Ce n'est pas le cas. Bien évidemment, en France surtout, l'attaque sur le territoire conduit à un élan patriotique qui ne se dément que rarement. Mais, dans le grand débat qui a agité l'ensemble de l'historiographie française sur la question de savoir comment les soldats et les sociétés ont tenu face aux atrocités de la guerre, le comportement des acteurs ne se résume pas à une simple dichotomie entre "consentement" et "contraintes". Si la guerre est un immense changement social à l'échelle de l'Europe, elle ne change pas tout, et notamment les formes de dominations traditionnelles. De ce point de vue, le présent volume qui s'intéresse au travail dans le temps long montre combien les cadres de la domination économique sont posés à l'époque. Nicolas Mariot évoque cette question lorsqu'il analyse "la reproduction sous l'uniforme des hiérarchies du monde civil", notamment [MARIOT, 2013]. Les classes sociales n'ont pas disparu sous les uniformes. Inversement, cela ne doit pas faire oublier que la guerre est un temps de l'exception, qui conditionne un certain nombre de compromis. Charles Ridel, dans son étude sur les "embusqués" [2007], ces hommes mobilisables à qui les soldats reprochent de ne pas être sur le front, a montré comment la demande d'égalité devant le sacrifice conduit à une protestation massive de la société française. On accepte de servir au front ou à l'usine, mais si ces conditions exceptionnelles s'appliquent à tout le monde. À partir de 1916, cependant, le discours sur les "embusqués" diminue rapidement, car les soldats comprennent, comme l'ensemble des Européens, que la guerre sera gagnée aussi dans les usines. Ces deux exemples montrent donc que, dans l'économie symbolique générale de la guerre, il persiste beaucoup de déterminations de l'avant-guerre, comme des possibilités d'évolution majeure.

Après les deux premières années du conflit qui montrent, on l'a vu, ces changements majeurs dans le monde du travail, l'usure des "Unions sacrées" conduit ainsi à un retour des conflits dans le monde du travail. À l'échelle de l'Europe entière, en effet, le mécontentement est alimenté par plusieurs facteurs. Le premier est celui du salaire réel. Partout sur le continent, les salaires, pour les travailleurs et les travailleuses, qualifiés ou non, ont beaucoup augmenté, surtout dans les industries de guerre. Mais, dans le même temps, avec la reconfiguration de l'économie vers la production de guerre, les biens de consommations, et particulièrement l'alimentation, connaissent une augmentation très forte, plus forte que celle des salaires. La demande de main d'œuvre conduit les salaires à la hausse ; mais bien souvent, l'inflation, qui augmente plus vite, détruit les gains. L'indice des prix de détails en France passe, sur une base 100 en juillet 1914 à 261 à la fin de la guerre. Cela conduit à des formes de conflictualité précoces, comme lorsque des mineurs au Pays de Galles revendiquent une hausse de salaire en 1915 [COCHET, 2018].

L'année 1917 est, partout en Europe, une année décisive. Non seulement les fronts s'essoufflent dans des batailles inutiles ou des défaites – le Chemin des Dames en France, Caporetto en Italie – qui conduisent à de grandes mutineries*, mais la révolution russe de Février, puis celle d'Octobre, semblent vouloir réaliser le bon mot de Lénine au début de la guerre : la "guerre est le plus beau cadeau fait à la révolution". Dans tous les pays ont lieu de grandes grèves qui marquent les esprits et sont lues, au prisme de la mobilisation nationale, comme autant de manquements à l'effort de guerre.

En Angleterre, alors même que la main d'œuvre industrielle a diminué, le nombre de membres des *trade unions* passe de 4,1 à 6,5 millions (38,1 % de la population active). Si, en 1916, les grèves représentent l'étiage bas de 2 446 000 jours de grèves, en 1918, ce chiffre remonte à 5 875 000 jours, pour 1165 grèves [PHILLIPS, 2018]. La CGT, comme dans le cas britannique, gagne 600 000 membres en 1918. À Paris, les "midinettes*", les ouvrières de la couture, mais aussi une partie des "munitionnettes" (qui à l'inverse des "affectés spéciaux" continuent de pouvoir faire grève) sont au cœur des conflits sociaux de mai et juin 1917 [ROBERT, 1995]. Ces conflits, où la part des ouvrières est donc remarquablement importantes, portent avant tout des revendications matérielles : les ouvrières réclament la "semaine anglaise" (c'est-à-dire au moins la restauration du repos hebdomadaire) et une "indemnité de vie chère" pour contrer les effets de l'inflation. Elles témoignent aussi dans leurs grèves de leur lassitude devant l'intensification du travail et la brutalité des formes de commandement à l'usine. Les différentes fédérations de la CGT soutiennent avec un peu de prudence ces conflits où les femmes sont majoritaires. Reste qu'ils ont bel et bien un écho et, sans être révolutionnaires, obligent le gouvernement à un certain nombre de concessions. En juillet 1917 sont ainsi rétablis le repos hebdomadaire et la journée de 10 heures.

Le contexte est en revanche sensiblement différent dans les empires centraux. La situation alimentaire, en Autriche-Hongrie et en Allemagne, se révèle en effet de plus en plus catastrophique à mesure que les effets du blocus franco-britannique s'affirment. L'hiver 1916-1917, appelé "hiver des rutabagas", conduit à une véritable famine qui, selon les estimations, aboutit à la mort de 763 000 Allemands dans les années de fin de la guerre. L'incapacité des autorités à mettre en place une répartition équitable des denrées entre le front et l'arrière ne fait qu'empirer la situation et affaiblit en profondeur l'effort de guerre. Les premières grèves ont lieu dans la métallurgie à Berlin, dès 1916, à l'initiative des délégués syndicaux (*Obleute*). En avril 1917, 200 000 ouvriers sont en grève à Berlin. Mais ce sont surtout les grèves de janvier 1918 (*Januarstreik*), massives, et très directement politiques, qui marquent les esprits. Le mouvement se radicalise et aboutit à une manifestation de 500 000 personnes à Berlin, dispersée par les armes. L'OHL durcit le ton, et incite le gouvernement à envoyer les grévistes au front, dans des bataillons punitifs. Cette idée n'est d'ailleurs pas la plus adéquate, car cela permet à ces ouvriers de répandre des mots d'ordre antimilitariste dans les tranchées.

Ces agitations multiples dans le monde ouvrier trouvent leur épanouissement dans la sortie de guerre. Le conflit a engagé un certain nombre de changements majeurs dans les grands équilibres en Europe, parmi lesquels la place de l'État dans la gestion économique et l'organisation des migrations et du travail n'est pas le moindre. La guerre, en même temps qu'elle porte un coup très dur à l'imaginaire du progrès technique en en révélant la part d'ombre, renforce l'utopie d'une maîtrise rationnelle, à grande échelle, des forces productives.

DES CHAÎNES ET DES USINES. LE TRAVAIL À L'ÈRE DES MASSES ET DES CRISES (1918-1939)

La "sortie de guerre" de 1914-1918 est rarement associée, dans les grands récits historiques, avec l'idée de conquête sociale dans le monde ouvrier. Au bilan traumatique du conflit et à l'installation d'une paix internationale boiteuse succède la parenthèse dorée des "années folles", bien vite brisée par les conséquences de la crise de 1929. Le fascisme s'installe en Europe.

Or, l'entre-deux-guerres est une période extrêmement riche dans le domaine du travail et du monde ouvrier, une période frappée du sceau de l'ambiguïté, entre avancées sociales massives – dont la journée de huit heures n'est pas la moindre – et répression du mouvement ouvrier, dans les deux pays fascistes que sont l'Italie et l'Allemagne mais aussi dans les dictatures d'Europe, nombreuses. En deçà de cette vision événementielle, un processus marqué de modernisation du travail – au moment où le taylorisme et le fordisme s'installent dans le continent – lance un grand débat sur ce qui est appelé la "rationalisation" du travail. L'entre-deux-guerres est une période paradoxale : d'un côté, l'idéal de progrès lié à la technique entre en crise après la Première Guerre mondiale. Face à la vision des ravages de la guerre mécanisée – sur les corps, les âmes et les paysages, sur la culture européenne même – un pessimisme puissant vient remettre en cause l'idée que la modernisation technique pourrait aboutir à une société meilleure. D'un autre côté, de grandes avancées sociales et des Fronts populaires voient le jour.

LA “SORTIE DE GUERRE” ET LES CONQUÊTES SOCIALES D’UN CLIMAT RÉVOLUTIONNAIRE (1918-1923)

Des victoires sociales essentielles dans le monde ouvrier

75 millions d’hommes européens ont combattu sous les drapeaux des différents pays; 10 millions sont morts et des millions ont été mutilés, blessés, traumatisés. Ce fait majeur dans l’histoire mondiale – une guerre démocratique et industrielle, une guerre moderne [CHARLE, 2001] – conduit à des changements majeurs: les soldats ont payé “l’impôt du sang”, ils ont accompli leur devoir ou se sont sacrifiés pour la patrie. Georges Clemenceau, président du conseil français, le comprend bien, quand il déclare le 20 novembre 1917: “Ces Français que nous fûmes contraints de jeter dans la bataille, ils ont des droits sur nous”. L’immense majorité des soldats qui ont combattu sont des paysans et des ouvriers, et la sortie de guerre débouche donc sur des évolutions réelles et symboliques majeures dans les rapports de force entre groupes sociaux. De ce point de vue, les travailleurs parviennent, grâce aux grandes organisations ouvrières (partis et syndicats) à négocier un compromis social, un peu partout en Europe.

En Allemagne, les défaites militaires d’août conduisent à un écroulement progressif de l’armée en septembre, entériné par les autorités militaires, qui se gardent pourtant bien d’en faire publicité. C’est le nouveau gouvernement qui est chargé d’une véritable révolution “par en haut”, notamment la parlementarisation du régime – qui débouche, dans un contexte difficile, sur une révolution “par en bas”, à partir de la mutinerie des marins du port de Kiel, le 3 novembre 1918. En quelques jours fleurissent partout en Allemagne et sur le front des “Conseils d’ouvriers et de soldats” (*Räte*): la révolution allemande est née. Le régime s’écroule, et la république allemande est déclarée le 9 novembre par Philipp Scheidemann. C’est dans ce contexte qu’interviennent des négociations au sommet entre les principaux syndicats ouvriers et les représentants du patronat. Ce sont les accords Stinnes-Legien, du nom des deux principaux signataires, Carl Legien, dirigeant des syndicats libres (ADGV), et Hugo Stinnes, représentant des patrons. En pleine situation révolutionnaire, des conquêtes sociales massives deviennent réalité: la durée maximale du temps de travail quotidien est fixée, pour toutes les entreprises, à huit heures et les syndicats sont reconnus comme les représentants professionnels des ouvriers. Le vieux combat de la Deuxième Internationale pour les huit heures devient réalité [MARCOBELLI, 2019].

La France est dans une situation bien différente. En tant que pays ayant le plus souffert des destructions des quatre ans de combats sur son territoire, elle sort auréolée, à l'échelle européenne, du prestige de la victoire. Une victoire meurtrie, certes, mais la République est en mesure de rétribuer symboliquement le sacrifice des milliers de Français et de Françaises. Pour autant, le climat social des années 1919-1920 est tout sauf apaisé [STOVALL, 2012]. Dans leur étude longitudinale des grèves en France, Charles Tilly et Edward Shorter [1973] montrent bien le pic d'agitation sociale : en 1919, la conflictualité est presque au niveau de celle de 1907 ; l'année 1920, quant à elle, dépasse toutes les années précédentes. On compte 5600 grévistes pour 100000 travailleurs sur les deux années de l'après-guerre. La journée de huit heures est votée à la Chambre des Députés, puis au Sénat, le 23 avril 1919. Albert Thomas prend la parole le 17 avril à la Chambre. Il déclare : "Évidemment, le grand mouvement révolutionnaire qui s'est emparé de l'Europe a modifié les esprits. Non seulement en Russie, où la révolution chaotique peu prêter à bien des interprétations, mais dans d'autres pays où la révolution revêt tout à la fois un caractère national et un caractère populaire, la journée de huit heures a été décidée..." Il cite l'Allemagne, l'Autriche, la Hongrie, la Tchécoslovaquie... En effet, si les droits sociaux conquis par les ouvriers sont considérables, c'est autant du fait des sacrifices consentis durant la Première Guerre mondiale que d'une peur bien réelle, au sein des élites, d'un basculement révolutionnaire en Europe. Tout cela conduit, dans de très nombreux pays européens – y compris en Belgique et en Italie – à des conquis sociaux, dont la journée de huit heures est un symbole.

La journée de 8 heures en Europe

Allemagne :	15 novembre 1918
Luxembourg :	14 décembre 1918
Autriche :	19 décembre 1918
Italie :	20 février 1919 (métallurgie)
Espagne :	3 avril 1919
France :	23 avril 1919
Belgique :	4 juin 1921
Royaume-Uni :	pas de régulation

La naissance d'un pouvoir communiste à l'Est et la vague révolutionnaire en Europe

Les révolutions russes de Février et d'Octobre 1917 ont bien évidemment été scrutées par les observateurs européens, parfois avec crainte, parfois avec espoir. *Le Figaro* parle le 9 novembre de "folie révolutionnaire" ; le *Vorwärts*, le journal du SPD allemand, titre quant à lui sur "la victoire à Petersbourg" le 10 novembre. Anatole Sixte-Quenin, dans *L'Humanité*, ironise : "si le Soviet n'existait pas, il faudrait l'inventer !" Le contexte de la démobilisation et de la fin de la guerre voit déferler sur l'Europe une vague révolutionnaire, où le modèle russe est dans toutes les têtes. En Hongrie, Béla Kun, dans un contexte politique et militaire difficile, met en place une République des Conseils révolutionnaires de 133 jours.

En Italie, la protestation ouvrière prend des proportions considérables. La guerre n'a jamais été populaire, elle a été émaillée par des défaites très dures comme Caporetto – où l'Italie connaît des pertes à hauteur de 300 000 hommes – et se solde par les négociations ratées de la Conférence de Paix de Paris, que le ministre Vittorio Orlando quitte rapidement. Les nationalistes thématisent la "victoire mutilée" (G. D'Annunzio) et l'État libéral italien entre dans une crise profonde. Durant deux ans – le *biennio rosso* – "les deux années rouges", le monde ouvrier italien est agité par des mouvements radicaux qui aboutissent à des formes originales de contestation, comme des occupations d'usine, voire des tentatives d'autogestion. Les effectifs syndicaux explosent : la CGL (*Confederazione Generale del Lavoro*), passe ainsi de 321 000 membres à 2,2 millions en 1920. Des manifestations contre la vie chère, des grèves – voire même des pillages de magasins – ont lieu, surtout dans le Nord industriel du pays. En 1919, le pays compte 1860 grèves pour 1,5 million de travailleurs concernés [Foro, 2016]. Le milieu rural n'est pourtant pas en reste, avec des occupations de terres dans le *Mezzogiorno*. Des négociations qui réunissent la *Confindustria* (le patronat italien) et la CGL aboutissent à une augmentation des salaires de plus de 10 %.

En Allemagne, l'installation progressive de la nouvelle République n'a pas mis fin à l'agitation ouvrière. En mars 1920, puis de nouveau en mars 1921, les usines allemandes connaissent de grandes grèves. Le contexte évolue cependant rapidement, à mesure que s'éloigne la perspective d'une vague révolutionnaire européenne. La terreur blanche s'abat sur la Hongrie. Surtout, la création du *Komintern*, en 1919, a amené tous les partis révolutionnaires européens à se diviser : si, en Allemagne, le KPD a été créé dès le 31 décembre 1918, ce qui amène rapidement à une bipolarisation des forces de gauche entre le SPD et les communistes, dans les autres pays, les 21 conditions d'adhésion à la Troisième Internationale communiste, imposées par Lénine, aboutissent en France, en Italie et en Espagne à la scission des partis socialistes et communistes.

En Italie, Benito Mussolini, avec le soutien des élites en place, accède au pouvoir en octobre 1922. En Allemagne, avec l'occupation de la Ruhr – la région industrielle allemande par excellence – par les troupes françaises et belges, le pays plonge dans une profonde crise économique qui débouche, à la fin de l'année, sur une crise politique. Adolf Hitler se lance dans un putsch à Munich. Mais quelques semaines auparavant, les communistes ont tenté le coup de force – l'"octobre allemand" – qui échoue dans la répression à Hambourg. C'est la fin de l'espoir révolutionnaire en Allemagne. En France, c'est aussi le temps du reflux, car "l'hypothèse révolutionnaire a failli en 1920" [VIGNA, 2012].

Un marché du travail en mutation, le début d'une régulation internationale

Les quatre ans et demi de guerre, on l'a vu, ont laissé une marque très importante sur l'organisation du travail, à petite comme à grande échelle. Cependant, la fin du conflit témoigne, en parallèle même d'avancées considérables, d'un certain nombre d'évolutions plus ambiguës : les femmes, qui avaient été massivement employées dans les industries de guerre, sont congédiées en grand nombre et retrouvent leurs formes d'activité antérieure ; en revanche, les législations sur les blessures de guerre et les mutilations changent le regard sur la question des accidents du travail.

Dans tous les pays, l'emploi féminin a, comme on l'a vu, beaucoup changé durant la guerre. Mais, à la faveur de la fin de la guerre et sous la pression du poids symbolique du sacrifice des hommes au front, priorité est donnée à la réinsertion des soldats à leur ancien poste, notamment dans l'industrie. En France, la part des femmes reste élevée, à la différence des autres pays, car il faut compenser la saignée démographique dans une France peu dynamique de ce point de vue. Au Royaume-Uni, dans la reconversion de l'économie de guerre, le poids des femmes reste important : 47 % des jeunes femmes âgées de 15 à 24 ans travaillaient en 1911 ; 63 % en 1921. La tendance ne s'inverse pas avec les années 1920, puisqu'en 1931, 69 % d'entre elles occupent un emploi salarié [TODD, 2005]. En Autriche, en revanche, le retour des hommes conduit à un conflit autour de l'emploi et de nombreuses femmes sont renvoyées [DÖRFLER, WERNHART, 2016]. En Allemagne, l'emploi féminin est passé de 1,592 million de femmes en 1913 à 2,319 en 1918 [DANIEL, 1989]. Cette diminution ne signifie pas pour autant une décroissance totale de l'emploi féminin en Europe, car les constats sont différents selon les secteurs industriels.

Dans un autre registre, la guerre et les blessures qu'elle a provoquées ont profondément modifié le regard sur les accidents du travail et le rôle des entreprises dans la gestion de cette question. En Allemagne, par exemple, 6 millions de soldats sont soit blessés, soit dépendants après la guerre. Dès 1914, des associations et des groupes de pression se mettent en place pour défendre les mutilés, les orphelins, les veuves… Le 1er avril 1920 est votée une loi, la Loi nationale sur les pensions (*Reichsversorgungsgesetz*) qui vise à indemniser et soutenir les victimes de guerre. Son budget est de 5,7 milliards de marks en 1920, alors que le budget total de l'État allemand en 1913 était de 3 milliards [WHALEN, 1984]. Cette question des victimes de guerre est liée à celle des accidents du travail : un député catholique propose ainsi au Reichstag, le 12 mars 1920, de lier de manière consubstantielle la question des "victimes de la guerre" et celle des "victimes du travail", chacun méritant qu'on lui accorde une pension. En France, la question de l'emploi des mutilés de guerre fragilise la loi du 9 avril 1898 sur l'indemnisation des accidents du travail ; en effet, les majorations de paiement d'assurances sont un obstacle au retour des mutilés dans le monde du travail. L'État français anticipe donc, en créant la catégorie juridique des mutilés de guerre, qui permet de mieux prendre en compte la spécificité des situations [COLLARD, 2018].

Par ailleurs, dans une Europe où les antagonismes entre nations s'estompent progressivement, des institutions émergent dans une ébauche de régulation internationale du travail. En effet, dès 1918 et les idéaux multilatéraux du wilsonisme, en parallèle de l'idée d'une société des Nations, un projet d'organisation internationale du travail (déjà revendiqué par les syndicats depuis un certain nombre d'années) voit le jour. L'OIT (Organisation internationale du travail) est créée en avril 1919. Elle adopte rapidement six conventions internationales sur le travail, notamment sur la durée, le travail de nuit des femmes, l'âge minimum des enfants dans l'industrie, etc. [SOUAMAA, 2007 ; KOTT *et alii*, 2013]. L'ensemble de la partie XIII du traité de Versailles est d'ailleurs consacré à la question du travail : l'article 388 consacre la création du BIT (bureau international du travail), "attendu qu'il existe des conditions de travail impliquant pour un grand nombre de personne l'injustice, la misère et les privations, ce qui engendre un tel mécontentement que la paix et l'harmonie universelles sont mises en danger". Cependant, l'OIT développe un rapport ambigu aux grands changements de l'époque, notamment face à la "rationalisation" et au "*Scientific Management*" qui sont au cœur des années 1920 [CAYET, 2010], en essayant de développer un "taylorisme social". De nombreux spécialistes anglais du réformisme social se sont investis dans les travaux de l'OIT. En effet, face à "l'étrange mort du libéralisme anglais" (G. Dangerfield) et à l'importance profonde prise par le parti travailliste, David Lloyd George avait poussé à l'investissement dans cette instance internationale [HIDALGO-WEBER, 2017].

Un observateur décrit d'ailleurs cela. Louis Destouches est en effet recruté à Genève, à la Société des Nations, en tant que médecin, et il voyage dans de nombreux pays pour le compte de la Section d'hygiène. Il visite, en 1925, la chaîne de production des usines Ford, à Chicago. Dans *Voyage au bout de la nuit* (1932), celui qui a alors décidé de se faire appeler Louis-Ferdinand Céline écrit: "Tout tremblait dans l'immense édifice et soi-même des pieds aux oreilles possédé par le tremblement, il en venait des vitres et du plancher et de la ferraille, des secousses, vibré de haut en bas. On en devenait machine aussi soi-même à force…"

LA GRANDE VAGUE DE RATIONALISATION DU TRAVAIL: TAYLORISME, FORDISME, AMÉRICANISATION

Les années 1920 et les années 1930 sont marquées par un mouvement international qui touche tous les mondes du travail des sociétés occidentales, qu'on appelle "modernisation du travail", "rationalisation du travail", et qu'on associe encore aujourd'hui à deux termes souvent définis de manière floue: le taylorisme et le fordisme. Bien évidemment, comme pour les avant-gardes artistiques que l'on associe systématiquement aux "années folles" et aux *Roaring Twenties* américaines, ces phénomènes ont commencé avant la Grande Guerre. Mais avec les années 1920 se développent de nouveaux secteurs industriels, qui consacrent cette rationalisation du travail. Cette vague de modernisation, que nous décrivons ici, ne met pas fin aux conflits sociaux – la grève générale de 1926 au Royaume-Uni en est un exemple –, mais elle marque l'esprit du temps.

Des secteurs en expansion

La guerre a largement poussé à ce que l'État s'investisse dans certains secteurs industriels clefs. L'entre-deux-guerres est marqué par la très importante croissance de l'industrie automobile et l'émergence d'un certain nombre d'industries comme l'aviation [CHADEAU, 1987, 1996] ou la radiophonie, qui ont marqué les imaginaires de l'époque. D'autres secteurs ont laissé moins de traces : ainsi, dans un contexte général de pénurie de logements, le secteur des travaux publics connaît un boom important.

En France, la reconstruction aboutit à une expansion économique qui encourage la transformation industrielle. Les grandes entreprises sont les principales bénéficiaires de ces évolutions. On assiste, plus tardivement qu'en Angleterre ou en Allemagne, à une "ouvriérisation du prolétariat". Les territoires français mêmes changent, puisque le taux d'urbanisation de la France dépasse les 50 % en 1931, bien après l'Angleterre (1851) ou l'Allemagne (1911).

L'industrie automobile se développe rapidement : Citroën embauche 30000 ouvriers dans son usine parisienne de Javel qui avait, durant la guerre, produit 55000 obus par jour ; Renault emploie 20000 travailleurs dans son usine de Billancourt [NOIRIEL, 2018]. Les usines Fiat de Turin produisent, en 1918, 15000 véhicules par an. En Allemagne, les usines Opel de Rüsselheim sont les premières à expérimenter la chaîne de production (*Fliessband*) en mai 1924, avec la production en série de la 4/12-PS-Opel, surnommé "rainette" (*Laubfrosch*), du fait de sa couleur verte. À la fin des années 1920, l'Allemagne produit 72000 automobiles par an ; la France, 190000. En Angleterre, les usines de Longbridge (Birmingham) construisent, en 1922, le modèle Austin 7, qui rencontre un immense succès et marque l'histoire même du rapport de la population à l'automobile, bien que celles-ci restent, dans la période, un objet de consommation pour l'élite (les ouvriers européens n'ayant pas les moyens à la différence de leurs homologues américains d'acheter les voitures qu'ils produisent). Cette industrie naissante est évidemment typique des changements en cours, puisque la production s'inspire des méthodes de Henry Ford, le modèle américain en termes de production, avec la Ford T.

Il ne faut cependant pas oublier que d'autres secteurs sont beaucoup moins touchés par cette modernisation. Comme ce que nous avons évoqué dans les chapitres précédents, la diversité des situations est considérable : non seulement, il persiste des secteurs artisanaux, et un travail à domicile dans certaines campagnes, mais il y a de fortes disparités selon les régions. Par ailleurs, d'autres secteurs se développent sous des formes différentes. Dans les années 1920, les grandes villes d'Europe connaissent ainsi une crise du logement très importante. Berlin gagne 450 000 habitants en dix ans. À Paris, en 1910, 340 000 familles disposent de moins d'une demi-pièce par personne. La question du mal-logement se pose partout.

Or, si l'on retient surtout l'image de ces onze ouvriers américains qui déjeunent sur une poutrelle métallique à des dizaines de mètres au-dessus du sol à New York (*Lunch atop a Skyscraper*, 1932), l'Europe aussi a été une fourmilière pour les ouvriers du bâtiment. En 1914 fut créé, en France, l'Office public d'Habitations à bon marché (HBM): il permit de lotir rapidement, dans l'entre-deux-guerres, les fortifs de Paris, la "zone" de 300 mètres qu'avait laissé le "mur de Thiers" et que la ville de Paris racheta le 19 avril 1919. Il fallut 20 ans pour que 38 720 logements soient construits, et permettent de loger – ou reloger – 120 000 personnes [CHADYCH, LEBORGNE, 2007]. Ces constructions correspondent à l'émergence, à l'échelle internationale, d'un débat sur l'architecture et l'urbanisme, lancé à partir de la réflexion sur le purisme de Le Corbusier, couché sur le papier en 1918 dans *Après le cubisme*. Tony Garnier – le "Jaurès de l'urbanisme" – avait déjà réfléchi, à Lyon, à l'édification d'une "cité industrielle" et à un zoning* radical où toutes les fonctions étaient séparées (habitat, loisir, travail), projet qui faisait écho aux réflexions sur la cité-jardin de Ebenezer Howard. Les évolutions du béton armé permettent matériellement de grands changements dans la construction. Eugène Freyssinet met ainsi au point la technique du béton précontraint en 1928, qui annule les contraintes de traction. Les premiers grands ensembles sont construits en Allemagne – où l'école d'architecture du Bauhaus rayonne: à Francfort, Ernst May construit ainsi 15 000 logements pour 50 000 personnes dans les années 1920 [RAGON, 1986]. Formes anciennes et formes modernes cohabitent. On construit, en petite ceinture de Paris, en béton et en brique. À Berlin, la construction de milliers de *Mietskasernen* ("caserne locative"), débutée sous l'Empire pour loger les ouvriers, bat son plein. Dans son film *Berlin, symphonie d'une grande ville* (1927), Walter Ruttmann montre la capitale allemande comme un incessant mouvement de travailleurs et de constructions. Même réflexion en Belgique, où la Cité-Jardin catholique du Kapelleveld est, par exemple, érigée entre 1922 et 1926 et compte 400 maisons unifamiliales [VANDERPELEN-DIAGRE, 2014]. Vienne-la-Rouge s'érige quant à elle comme un modèle d'expérimentation architecturale et urbanistique dans les mêmes années.

Toutes ses logiques convergent parfois, avec un investissement nouveau des architectes dans la construction d'usines et de lieux de production, devenus symboles de la nouvelle modernité. À Turin, les usines Fiat embauchent ainsi l'architecte Giacomo Mattè-Trucco, qui construit le site du Lingotto : sur le toit du bâtiment industriel est installée une piste d'essai pour les voitures, d'une longueur totale de plus d'un kilomètre et de 24 mètres de largeur. Le lieu est inauguré en 1923.

Rationalisation du travail et réflexion sur l'aliénation

C'est l'ingénieur Frederick Winslow Taylor qui donne son nom à une forme d'organisation du travail, dès la fin du XIXe siècle, et plus largement encore à partir de la publication de son ouvrage *The Principles of Scientific Management*, publié en 1911. L'auteur cherche à souligner la perte incommensurable dont souffrent les États-Unis à cause de "l'inefficacité de presque toutes nos actions quotidiennes". La solution paraît simple : "un management systématique".

On peut résumer sa pensée autour de trois thèmes : "une certaine organisation, c'est-à-dire une certaine *division* du travail" ; "une certaine *rationalité* de son étude" ; "un certain ordre dans sa réalisation" [MONTMOLLIN, 1981]. L'"organisation scientifique du travail" (OST) vue par Taylor pose une double hiérarchie, une double division : d'abord, une division verticale entre les tâches de conception – qui créent "l'expert" en matière de travail –, et les tâches d'exécution, une idée nouvelle à l'époque ; et une division horizontale, celle de la "parcellisation" des tâches, répétitives et cadencées, que l'on associe parfois trop rapidement à l'idée de travail à la chaîne. En effet, les réflexions de Taylor concernent avant tout le management (*Scientific Management*), plus que la réduction de la production à des tâches simplistes.

Bien évidemment, Taylor est loin d'être le seul à réfléchir à la question, et le "taylorisme" doit aussi bien à une réflexion très vaste en Europe et en Occident, sur le besoin de chefs face à la "complexification des organisations" [COHEN, 2013] qu'à la Première Guerre mondiale et aux nécessités de la production de guerre. Il n'empêche, son nom permet au moins de désigner ce phénomène protéiforme d'adaptation des conditions du travail dans le capitalisme du premier XXe siècle.

Henry Ford ajoute à la réflexion de Taylor une dimension opérationnelle et concrète. En effet, le fondateur de la *Ford Motor Company* (1903) développe plusieurs idées en tant que chef d'industrie automobile : il conçoit une usine capable de répondre aux besoins de la "production de masse" et capable de produire en série, à la chaîne, et donc à de moindres coûts de production. En 1914, Ford produit 45 % des automobiles du marché américain. Aux États-Unis, 210000 voitures sont produites en 1911 ; 1 153 639 en 1918 [LOUBET, 1999]. Il y a une mécanisation totale de la ligne d'assemblage.

Taylorisme et fordisme suscitent un intérêt important en Europe et produisent de nombreux changements dans l'organisation du travail, que l'on appelle alors "modernisation", "rationalisation" et même parfois "américanisation du travail". Les patrons allemands sont particulièrement intéressés par le modèle américain. Carl Köttgen, le dirigeant de l'entreprise Siemens, voyage ainsi à Détroit et écrit *L'Économie américaine* en 1925 [BAECHLER, 2007]. À défaut d'une réelle application des préceptes américains, ils retiennent surtout l'idée de cartellisation* et de concentration: Bayer, Hoechst, Agfa, Weiler-ter-Meer et Basf, les fleurons de l'industrie chimique allemande, fusionnent ainsi pour constituer l'IG Farben en 1925. Daimler et Benz fusionnent en 1929. Cela dit, la mécanisation et la division des tâches aboutissent tout de même à ce que dans l'industrie des charbonnages, où 98 % des opérations se faisaient à la main ou à l'explosif en 1913, 91 % des tâches soient mécanisées en 1929.

Pour l'Italie, Alain Dewerpe, dans sa monographie sur l'usine sidérurgique et métallurgique de l'Ansaldo [2017], parle de "rationalisation imaginaire": le paradigme fordiste qui a dominé dans la production de guerre est peu à peu abandonné, tandis que le taylorisme ne s'applique que peu, le travail ne commençant à sortir de certaines formes artisanales qu'à partir de 1936.

De nombreux observateurs comprennent qu'un saut qualitatif est en train de se jouer dans l'aliénation des ouvriers face à la machine. Des débats avaient déjà eu lieu avant la guerre face à l'arrivée de cette modernisation spécifique, plus ou moins perçue par les acteurs de l'époque. Dans les années 1920, la critique se fait plus générale. Charlie Chaplin, évidemment, immortalise cet esclavage des cadences dans son célèbre film *Les Temps modernes* (1936, 1h27) où – au moment où le cinéma parlant explose – Charlot est, lui, toujours muet face à la voix du patron qui dicte des ordres à travers les haut-parleurs, et face au bruit des machines. L'acteur qui a été choisi pour jouer le patron ressemble d'ailleurs volontairement à Henry Ford. Dans *Metropolis* (1927), Fritz Lang avait déjà montré des travailleurs transformés en robots, formant une grande masse anonyme marchant au rythme dicté par une immense horloge.

Autre contexte, même dénonciation : en France, Simone Weil, jeune philosophe normalienne, décide d'aller travailler comme "manœuvre* sur la machine" dans une usine, en 1934. Dans son livre *La Condition ouvrière* (1951), on trouve une lettre écrite à une amie en 1935, où elle couche sur le papier ses observations : "Les femmes, elles, sont parquées dans un travail tout à fait machinal, où on ne demande que de la rapidité. Quand je dis machinal, ne croyez pas qu'on puisse rêver à autre chose en le faisant, encore moins réfléchir. [...] Penser, c'est aller moins vite ; or il y a des normes de vitesse, établies par des bureaucrates impitoyables, et qu'il faut réaliser, à la fois pour ne pas être renvoyé et pour gagner suffisamment (le salaire étant aux pièces)". La CGTU proteste, elle, à son congrès de septembre 1929, contre le "surmenage écrasant dû à l'emploi de machines modernes à grand rendement et aux méthodes esclavagistes de travail introduites dans les entreprises".

Cette mécanisation du monde est perçue à gauche comme à droite, voire à l'extrême-droite, qui voit dans l'émergence de la technique et de la machine le dernier épigone de la décadence de l'"être" européen. Oswald Spengler écrit ainsi *L'homme et la technique* (1931) ; José Ortega y Gasset définit dans *Méditation sur la technique* (1935) la machine comme un "instrument agissant par lui-même" et l'homme "réglé pour vivre dans la foi de la technique" réduit à voir "sa vie se vider". Ernst Jünger, écrivain conservateur allemand de renom, ancien soldat de la Première Guerre mondiale, met des mots pleins d'emphase sur le phénomène, dans *Le travailleur* (1932) :

> "Le travail n'est donc pas l'activité en soi, mais l'expression d'un être particulier qui tente de remplir son espace, son temps, sa légitimité. Il ne connaît donc aucune opposition en dehors de lui-même ; il ressemble au feu qui dévore et transforme tout ce qui est combustible et que seul son propre principe peut lui disputer par un contre-feu. L'espace du travail est illimité de même que la journée de travail englobe vingt-quatre heures. Le contraire du travail n'est pas le repos ou l'oisiveté, mais dans cette perspective il n'y a aucune situation qui ne soit conçue comme travail."
>
> (trad.1989, pp. 125-126).

En effet, en parallèle de cette rationalisation et de cette modernisation du travail se développent des cultures populaires et ouvrières, qui vont avec les journées chômées et des congés payés. Les années 1920 et 1930, sans que cela réponde à la question du loisir comme délassement forcé face à la mécanisation du travail, sont le symbole d'une culture florissante, dans les arts, le sport et les pratiques de la vie quotidienne.

Les cultures populaires
au temps du développement des loisirs de masse

Dans le sillage des réflexions de Walter Benjamin dans *L'Œuvre d'art à l'époque de sa reproductibilité technique* (1935), les membres de l'école de Francfort, Adorno et Horkheimer, dénoncent dans leur pamphlet *Kulturindustrie* (1947) l'émergence d'une "culture de masse" dans l'entre-deux-guerres: la culture aurait fusionné avec le divertissement à l'ère du capitalisme sériel. Comme Jünger, mais à l'autre bout du spectre politique, ils voient dans le loisir une nouvelle aliénation: "l'amusement est le prolongement du travail"; "le seul moyen de se soustraire à ce qui se passe à l'usine et au bureau est de s'y adapter durant les heures de loisirs", écrivent-ils également [ADORNO, HORKHEIMER, 1947]. Cette critique d'une "culture de masse" n'est pas un mépris de la "culture populaire", mais bien la dénonciation de "la répétition mécanique du même produit culturel".

Les années 1920 et 1930 voient la multiplication des loisirs, l'émergence du sport-spectacle, la vitalité des médias de masse et l'épanouissement de cultures populaires nombreuses. Si certaines formes de solidarités ouvrières et répertoires d'action anciens entrent en crise, en France, face à "l'invention d'un nouveau prolétariat" [NOIRIEL, 2018, p. 508], où les travailleurs immigrés sont plus nombreux, une nouvelle culture ouvrière naît et s'installe dans les nouvelles banlieues (l'agglomération parisienne gagne 1,3 million d'habitants). Le PCF conquiert les banlieues rouges, et la jeune Edith Piaf chante, en 1933, la "zone", entre Saint-Ouen et Clignancourt, qui, si elle est progressivement lotie après 1919, reste un espace des marginaux [GRANIER, 2017]. Le terme "années folles" ne résume qu'imparfaitement la variété des contextes culturels de l'époque, même si un certain nombre de changements systémiques qu'on associe traditionnellement à ce terme traversent bien les sociétés. On peut lister rapidement l'émergence d'innovations techniques qui changent les habitudes et pratiques culturelles bien au-delà des cercles de la bourgeoisie: le cinéma, la radio, le gramophone-valise... En France, 6 foyers sur 10 ont un poste de radio en 1939 [DAUMAS, 2018] ; en Allemagne, les récepteurs passent de 10 000 en avril 1924 à 2 millions en février 1932.

Le sport a déjà connu un développement important avant-guerre, notamment le cyclisme avec le Tour de France qui, dans les années 1920, connaît un désamour passager. La boxe, en revanche, est très populaire, et dans de nombreux pays d'Europe, on admire les combattants comme Marcel Cerdan (France) ou Max Schmeling (Allemagne). Le football se développe dans les grandes et plus petites agglomérations [SOREZ, 2013].

Un exemple des contradictions et des convergences entre "culture populaire" et "culture de masse" est la folklorisation de la culture *cockney* londonienne par la comédie musicale *Me and my girl* (1937), qui popularise la "Lambeth Walk", une manière de marcher typique des quartiers du Sud de Londres. La chanson se vend à 350 000 exemplaires. En même temps que le regard national – voire international – se braque sur ce quartier, les habitants sont confrontés à la "dissolution de la culture locale" [MAK, 2017]. Ces tensions sur les usages de la culture populaire sont perceptibles partout, y compris jusque dans la dictature nationale-socialiste, où le "Krimi" (polar à l'allemande) se développe entre les filets de la censure, en tension entre culture de masse et culture de résistance [PLATINI, 2014a, 2014b].

Cependant, une partie des changements culturels des "années folles" converge avec la modernisation du monde du travail. D'un côté, la Grande Guerre a durablement affecté la croyance généralisée dans le progrès ; de l'autre, les inventions ininterrompues de ces années donnent l'impression de la naissance d'une modernité exaltante. L'émergence du déplacement automobile et celle du sport-spectacle donnent par exemple lieu à l'essor du sport automobile, fusion entre la production industrielle et le loisir populaire.

LA CRISE DE 1929 ET SES CONSÉQUENCES : CHÔMAGE, CRISE, CONTESTATION

Après des années de prospérité portée par les gains de productivité du fordisme, entre autres, les "*roaring Twenties*" s'achèvent sur une crise économique d'une ampleur inconnue. Les "années folles", dont F. Scott Fitzgerald aura dépeint l'atmosphère d'insouciance et de contestation dans son *Gatsby*, se terminent en catastrophe.

L'épuisement du modèle fordiste et la crise économique

Depuis l'interprétation canonique de John Kenneth Galbraith (1955), on sait que cette crise part du monde financier. En effet, si la crise de 1873 a été la première crise bancaire de l'histoire, 1929 signifie l'écroulement du premier système financier international. Ce sont les bourses qui dévissent, à partir du moment où quelques banques commencent, en Europe, à s'écrouler. Cependant, cette explication est insuffisante. Des générations de chercheurs se sont intéressées aux prolégomènes de la crise dans l'économie productive, qui précède l'écroulement financier. La question de l'essoufflement du modèle fordiste et la friction offre-demande ainsi été soulevée.

Le 24 octobre 1929, la confiance des *traders* américains se retourne, et la bourse de Wall Street s'écroule : c'est le "Jeudi noir" – qu'on appelle parfois aussi "Vendredi noir", le temps que la nouvelle arrive en Europe. S'en suivent 22 jours de krach. Les *investment trusts*, des "fonds d'investissement" à haute rentabilité avaient conduit à une bulle spéculative qui pouvait être considérée, un temps, comme cohérente avec la croissance américaine. La fragilité éclate au grand jour en octobre. Les premiers secteurs touchés aux États-Unis sont le bâtiment et l'automobile. On passe de 622 000 automobiles vendues en mars 1929 à 319 000 en octobre. On l'a dit, cette crise n'est pas qu'une crise financière. Les interprétations de tendance marxiste comme libérale ont estimé que le modèle économique de croissance des années 1920 était arrivé à une forme de contradiction : on pouvait considérer qu'il y avait une crise de surproduction, ou une crise de sous-consommation, mais en tout état de cause un certain nombre de secteurs moteurs de la réussite économique ralentissaient au début de l'année 1929. De ce point de vue, le mythe du fordisme comme un modèle qui conduit à bien payer les ouvriers pour qu'ils soient en mesure d'absorber les biens de consommation qu'ils produisent reste un fantasme. Les salaires augmentaient moins vite que la productivité industrielle. Le système bancaire américain était trop dispersé et sous-dimensionné. L'activité industrielle américaine fléchit : elle passe de 126 en juin 1929, à 117 en octobre. Certains observateurs s'interrogent sur l'impact de cette nouvelle mécanisation accélérée sur le chômage qu'on appelle par la suite "technologique" ; d'autres sur les inégalités trop grandes de revenus dans la société américaine. Toujours est-il que, entre analyse des cycles de croissances/dépressions et histoire contextualisée du système productif des années 1920, la crise de 1929 signe la fin d'une époque, sans pour autant mettre un coup d'arrêt à la modernisation du travail. C'est moins du monde de l'entreprise lui-même que des réponses des États que viendront les solutions face à la Grande Dépression.

La première conséquence internationale de la crise est une contraction inédite du commerce international, en l'absence d'institution supranationale et dans un réflexe protectionniste généralisé. Cela met fin à cette phase de mondialisation des échanges : entre janvier 1929 et janvier 1933, la valeur des importations de 75 pays, en milliards de dollars-or, passe de 2,998 à 0,992. Entre 1928 et 1935, le commerce extérieur de l'Italie chute de plus de 25 % ; celui de l'Allemagne et de la Belgique de plus de 30 % [HAUTCOEUR, 2009].

L'émergence du chômage de masse en Europe

Un certain nombre d'économies européennes étaient déjà fragilisées. En 1926, une chute importante des prix des denrées agricoles avait eu lieu, touchant certains pays européens. L'économie britannique est déjà en dépression dans les années 1920. Le pays met en place une politique irréaliste – visant à masquer la perte de prestige à l'échelle internationale – en réévaluant la livre en 1925 à son niveau de 1914. Plus profondément, le pays, qui a été le moteur des secteurs clefs de la révolution industrielle au XIXe siècle, est moins bien adapté à la demande mondiale de l'entre-deux-guerres. La contagion de la crise y est rapide, y compris sur son versant politique: le 24 août 1931, Ramsay Mac Donald se retrouve à la tête d'un gouvernement de deux obédiences politiques différentes dans la même journée [Cochet, 2018]. Les banques allemandes et autrichiennes étaient devenues dépendantes des emprunts étrangers. Les institutions bancaires de Vienne étaient fragiles: la *Kreditanstalt* était en déficit dès 1923. Le 11 mars 1930, elle n'évite la faillite que par une nationalisation de fait, quand elle est reconstituée comme banque d'État.

En Allemagne aussi, le premier impact de la crise sur les banques aboutit à une nationalisation générale du crédit. L'indice général de production tomba de 74 en avril 1931 à 55 en juin 1932. Avec les deux plans de renégociations des paiements des réparations du Traité de Versailles – le plan Dawes de 1924 et le plan Young de 1929, où les Américains sont au cœur d'une véritable "diplomatie du dollar" – l'Allemagne est particulièrement vulnérable à une crise américaine. On a longtemps considéré que la France était, en quelque sorte, "protégée par ses archaïsmes", notamment par la moindre présence d'un secteur industriel cartellisé et connecté à l'économie mondiale. En réalité, deux crises se lient en une, selon les secteurs: les branches exportatrices, le textile, l'automobile, le caoutchouc connaissent un repli précoce (dès 1928) ; les industries traditionnelles n'entrent en crise qu'à partir de 1931. Par ailleurs, la France ne sort pas réellement du marasme avant la guerre.

On le sait, la principale conséquence – la plus durable – est l'émergence d'un chômage de masse, jamais connu auparavant. Aux États-Unis, le nombre de chômeurs passe de moins de deux millions en 1929 à plus de 15 millions en 1933; le Royaume-Uni parvient à contrôler l'impact du chômage, tandis qu'en France, les effets de la crise sur le marché du travail commencent à se faire sentir à la fin 1931. En 1935, dans cette crise spécifique à l'hexagone (car elle s'étale dans le temps long), 500 000 chômeurs reçoivent une aide de l'État. En Italie, le nombre de chômeur passe de 505 000 en février 1929 à 792 000 deux ans plus tard. En Belgique, de 1929 à 1930, la production recule partout : -25 % dans la sidérurgie ; -20 % dans le textile. L'Espagne, dans un contexte de changement politique incertain, avec le passage de la Monarchie à la République, voit les investisseurs déserter. On dénombre 600 000 chômeurs au début des années 1930.

Le pays le plus touché est l'Allemagne. De nombreux auteurs ont débattu sur "l'économie malade" de la République de Weimar, frappé par une croissance faible, un chômage toujours relativement élevé, et une implication relativement haute de l'État social dans l'économie. Toujours est-il qu'avec 1929, l'économie productive allemande est touchée de plein fouet. En 1924, 4,9 % de la population active était sans emploi (927 000 personnes sur 19 millions). En 1931, ce sont 21,9 % des travailleurs qui sont au chômage (4,5 millions sur 20,6 millions) ; en 1932, un chiffre faramineux est atteint : un tiers des Allemands sont au chômage (29,9 %, soit 5,6 millions sur 18,7 millions de travailleurs), en considérant ce chiffre comme un minimum dans la mesure où il n'intègre pas la globalité des personnes en situation de toucher des aides sociales, parfois réduites à une pure charité publique. On peut estimer que 40 % de la population active est en réalité touchée, surtout les hommes jeunes, et les régions du Nord de l'Allemagne. Plus inquiétant encore, la durée du chômage augmente fortement [MÖLLER, 2005 ; PEUKERT, 1995 ; BAECHLER, 2007]. Ces réalités ne se cantonnent pas à l'Allemagne, car même au Royaume-Uni, des "marches de la faim" sont organisées pour protester contre le chômage, qui atteint entre 10 et 15 % dans les années 1920 et 1930 [KINGSFORD, 1982].

Le chômage ne se résume pas à des chiffres. Dans la République de Weimar, l'impression que le monde s'écroule une deuxième fois en moins de dix ans est partout. En effet, les souvenirs de la crise de l'hyperinflation de 1923, aux manifestations et aux conséquences très différentes cependant, sont dans toutes les têtes. La misère qui se développe, surtout dans les grandes villes, est thématisée par des romanciers de talent : Alfred Döblin peint la descente aux enfers de Franz Biberkopf dans *Berlin Alexanderplatz* (1929) ; Erich Kästner décrit les pérégrinations d'un chômeur dans *Vers l'abîme* (1930) ; Ernst Haffner décrit la vie misérable de jeunes garçons qui se prostituent dans les rues de la capitale dans *Entre frères de sang* (1932). "À quoi bon, à l'usine ils ne vous prennent pas non plus", racontent un homme à Biberkopf, un matin froid à Berlin. Au même moment, George Orwell, journaliste britannique, publie *Dans la dèche à Paris et à Londres* (1933).

Pour un certain nombre d'élites dirigeantes, la crise est une occasion de revenir sur les différents compromis sociaux de la sortie de guerre, en rétablissant l'équilibre des dépenses de l'État, notamment. Les différentes politiques de gestion de la crise, très différentes selon les pays, ont un impact très fort sur la vie de millions d'ouvriers.

Des crises sociales et politiques de grande ampleur

Face à la crise, les dirigeants européens hésitent entre un outil monétaire (la dévaluation) et un outil plus directement économique (la déflation et la contraction volontariste des secteurs en surproduction). C'est la solution dominante en Europe, car la dévaluation – qui pourrait avoir l'impact positif de doper les exportations – est perçue comme une grave entorse à la dignité nationale. La France contingente la production de vin, tout comme celle de blé. Parallèlement, une cure d'austérité est mise en place par Édouard Daladier pour limiter les salaires de la fonction publique.

En Allemagne, Heinrich Brüning, nommé Chancelier en mars 1930, applique une politique d'austérité radicale, dans un pays où une solution monétaire est impensable, suite au traumatisme de la crise de l'hyperinflation de 1923, qui a laminé les rentes des classes moyennes. Le rétablissement de la bonne santé des dépenses publiques n'est pas sans arrière-pensées politiques pour cet homme conservateur qui a l'appui du président Paul von Hindenburg. En effet, le patronat allemand n'a jamais accepté le compromis social établi en 1918-1919 et renégocié en 1924 après la crise. À la faveur de la crise de 1929, les élites économiques et politiques se mettent d'accord face à celui qu'ils désignent comme un "État syndical", pour détricoter toutes les régulations du travail et réduire drastiquement les aides sociales, y compris l'assurance-chômage. "Dès le milieu des années vingt", écrit l'historien Detlev Peukert [1995], "se trouvaient réunies les conditions d'un affrontement acharné qui n'admettait aucune solution par conciliation". La politique du "crayon rouge" sert à rayer les dépenses publiques considérées comme inutiles. Cela ne fait, dans un premier temps, qu'accentuer la crise économique et sociale, qui dégénère en une crise politique totale.

En face de ces politiques européennes face à la crise de 1929, l'URSS connaît un regain d'admiration notable, car elle apparaît comme relativement épargnée par les effets du krach. En effet, son économie, même si elle entretient des contacts plus nombreux que ce que l'on estime habituellement, est largement indépendante des économies américaines et européennes. De ce fait, alors même que Staline liquide la NEP de Lénine, lance un plan d'industrialisation à marche forcée et persécute à une échelle immense les "koulaks*" à travers une politique de collectivisation des campagnes, le modèle soviétique apparaît comme une alternative à la faillite de l'économie capitaliste [Coeuré, 1999].

Les années 1930 renouent avec de grands conflits sociaux, alimentés par les effets de la crise de 1929, par un rejet, à l'échelle européenne, du modèle de la démocratie parlementaire libérale, et par des tensions internationales majeures. La crise politique et les contestations sociales dans la France du Front populaire, tout comme les effets de la Guerre civile espagnole, s'ils n'ont pas un impact majeur et direct sur les tendances de long terme du travail industriel et de l'organisation de la production, sont d'une importance capitale dans la culture ouvrière et militante dans l'Europe de l'époque. Nous les évoquons rapidement ici.

En France, la crise économique, on l'a dit, s'est installée dans la durée, alimentant un marasme et une défiance accrue envers la IIIe République. L'instabilité gouvernementale plombe le régime : si la République de Weimar a connu 20 gouvernements en 14 ans, la IIIe République en a connu 42 entre 1919 et 1940. L'extrême droite et les ligues d'anciens combattants s'agitent contre le régime. Le 6 février 1934, une manifestation contre la corruption du régime – symbolisée par l'affaire Stavisky – tourne à l'émeute. On craint un renversement des institutions. Cette peur aboutit à un rapprochement des forces de gauches, les radicaux, les socialistes et les communistes, pourtant divisés depuis des années, notamment du fait de la stratégie "classe contre classe" de Staline. Instruits de l'échec des deux gauches allemandes face à Hitler, les mouvements prônent l'union, à travers plusieurs manifestations antifascistes, qui scellent le rapprochement du "Front populaire". Il accède au pouvoir en mai 1936. Mais, loin de calmer les ardeurs militantes sur le front social, cette victoire encourage au contraire une immense vague de protestations, de grèves "sur le tas" et d'occupation d'usine. Trois quarts des 12 000 usines en grève sont occupées, ce qui conduit à une peur immense dans le patronat, qui prend conscience que les ouvriers peuvent faire tourner *leur* usine. Les accords Matignon sont négociés dans ce contexte, le 7 juin, le lendemain de la constitution du gouvernement Blum, et officialisés le 8. Les décisions les plus symboliques sont la semaine de quarante heures, les congés payés, une augmentation de salaire de 15 % et les conventions collectives [Zancarini-Fournel, 2016 ; Machu, 2011 ; Vigreux, 2016]. La réduction du temps de travail donne à cette période une allure de fête, où en plus des pratiques de loisir déjà installées dans les années 1920, s'ajoutent les congés en France, et tout l'imaginaire de la nationale 7. Léon Blum se souviendra, en 1942, avoir apporté "une espèce d'embellie, d'éclaircie dans des vies difficiles".

Le contexte international est, quant à lui, bien moins réjouissant. L'Espagne, débarrassée de la dictature de Miguel Primo de Riveira, oscille de manière de plus en plus brutale entre une unité des forces de gauches – partis, syndicats, mouvements anarchistes puissants – et un renforcement des forces conservatrices, qui n'ont pas toléré l'installation de la Seconde République en avril 1931. Les élections de février 1936 donnent une large majorité – en termes de siège, pas en termes de suffrages – au *Frente Popular*. Plusieurs chefs militaires – dont Francisco Franco – pensent alors à un renversement violent. Mais ce n'est qu'en juillet 1936 que Franco décide d'attaquer les forces républicaines. L'Espagne plonge alors dans un conflit sanglant de plus de trois années, où s'affrontent les nationalistes et les Républicains. Si Hitler et Mussolini viennent en aide à Franco, c'est Staline qui envoie, aux côtés des forces de gauche, des agents aux motivations tout aussi nobles – la lutte antifasciste – que bassement sectaires – purger tous les combattants qui ne sont pas dans la ligne du parti, à un moment où les grandes purges battent leur plein [KERSHAW, 2016 ; SNYDER, 2010]. George Orwell s'engage auprès des volontaires européens – les brigades internationales – qui viennent soutenir les Républicains espagnols. Il en tirera des souvenirs (*Hommage à la catalogne*, 1938) et deux romans mondialement célèbres, qui montrent l'affrontement terrible des forces fascistes et staliniennes dans les tranchées et les villes espagnoles : *La Ferme des animaux* (1945) et *1984* (écrit en 1948 et publié en 1949).

Pour des milliers d'ouvriers européens, l'antifascisme de ces années n'est pas qu'un mythe. C'est un combat collectif face à la montée des fascismes italiens et allemands. Dans les années 1970, une relecture anti-totalitaire très liée à la politisation de la guerre froide a voulu faire de ces combats politiques un pur "déguisement démocratique du communisme" [TRAVERSO, 2007]. Au contraire, l'antifascisme est un facteur de politisation intense, dans de nombreux pays. C'est d'autant plus vrai que deux pays basculent dans un régime nouveau. Une bonne partie des pays d'Europe centrale et orientale, tout comme l'Espagne et le Portugal, mettent assez rapidement fin à l'expérience parlementaire née de la reconfiguration politique de l'après-guerre. Pilsudski en Pologne ; Horthy en Hongrie ; Metaxás en Grèce ; Salazar au Portugal… Les dictatures traditionalistes, fondées sur des autorités traditionnelles

– l'armée, le clergé – fleurissent partout. En Italie d'abord, puis en Allemagne, naissent deux régimes dont les ambitions différaient de ces dictatures militaires: ces deux mouvements qui prennent la tête des deux États, ne se revendiquent pas d'un retour à la tradition, mais bien d'une accélération révolutionnaire vers une réinterprétation des traditions. Ce faisant, ils n'entretiennent pas du tout le même rapport à la technique, à la modernité, aux classes ouvrières et à l'organisation des masses et du travail.

LE MONDE DU TRAVAIL AU TEMPS DES DICTATURES ET DES FASCISMES

Avec le renouveau de l'histoire de la Grande Guerre à l'échelle européenne, et l'étude de ses conséquences dans l'après-guerre, la tendance lourde a été de revaloriser le poids du conflit dans l'écroulement d'un certain nombre de régimes politiques européens vers la dictature et le fascisme. Or, plaide l'historien Lutz Raphaël [2011], rien n'était écrit à la fin des années 1920 dans une Europe qui était largement parvenue à sortir de la guerre. C'est avec la crise de 1929 que les conditions économiques et politiques s'assombrissent sur le continent. La chronologie est évidemment difficile à ordonner dans ces catégories globalisantes: si l'Italie bascule rapidement dans le fascisme, et un certain nombre d'autres pays dans la dictature, ce n'est qu'en 1933 que Hitler prend le pouvoir en Allemagne. Ces changements politiques majeurs viennent brouiller notre perception des évolutions du monde du travail, dans la mesure où les tenants de la modernisation économique en cours s'accommodent parfois sans accroc, voire encouragent les pires régimes de répression.

L'Italie fasciste et l'idéal corporatiste

La crise du "*biennio rosso*" en Italie débouche sur l'acceptation progressive de la "solution" fasciste par les élites du pays. En effet, les élites italiennes, constatant l'incapacité des dirigeants libéraux en place de juguler la crise sociale, font appel à Mussolini et aux squadristes* pour réprimer les mouvements de gauche.

Benito Mussolini, on doit le rappeler, a longtemps été un militant important de la gauche italienne et européenne, au sein du PSI. Il a hérité de son père, Alessandro, une vision proche d'un syndicalisme d'action révolutionnaire, où la violence et la grève générale peuvent tenir lieu de nouveau mythe de mobilisation des masses. Avec la guerre, Mussolini transforme cette attente eschatologique en une attente nationale : une révolution au service de l'Italie, en somme [MUSIEDLAK, 2005]. Contrairement à Hitler, il connaît le monde ouvrier. Le mouvement fasciste, à ses débuts, est d'ailleurs très ambigu politiquement. Il comprend des membres de la petite bourgeoisie et des travailleurs agricoles, des ouvriers, des chômeurs. Certaines positions sont fortement à gauche, comme chez les *Sansepolcristi*. Peu à peu, cela dit, les squadristes commencent à se poser en garants de l'ordre et défendent le mythe de la "nation prolétaire". Avec la marche sur Rome (1922) et la compromission des élites en place dans la nomination de Mussolini au pouvoir, la domination fasciste se referme peu à peu sur le pays, à mesure que s'enchaînent les crises et décisions politiques (assassinat de l'opposant politique Giacomo Matteotti en 1924, lois fascistissimes qui structurent le régime en 1925).

La vision fasciste du monde du travail, et du monde ouvrier en particulier, repose sur la revendication d'une troisième voie entre capitalisme et communisme : celle du corporatisme. On aurait tort de considérer cet idéal comme un symbole purement instrumental : si la réalisation de celui-ci va largement rester lettre morte, il représente une tendance de fond de la pensée de certains hiérarques fascistes. Les syndicats autres que fascistes sont interdits. La loi du 3 avril 1926 et la Charte du Travail (*Carta del Lavoro*) du 30 avril 1927, posent les fondements des relations entre le monde ouvrier, l'État et le patronat. La grève d'un côté, le *lock-out* de l'autre, sont interdits. Alfredo Rocco et Giuseppe Bottai défendent l'idée que les corporations peuvent assurer l'intégration des classes ouvrières dans la révolution fasciste. Mais en l'absence de réel débat possible, cette soi-disant médiation entre les ouvriers et le patronat tourne en réalité à la réaffirmation permanente du pouvoir de l'État fasciste, et donc du politique sur l'économique [FORO, 2016]. Les représentants du patronat arrivent à tirer profit d'un certain nombre de décisions, mais ne parviennent pas à s'opposer à des réformes de fond engagées par l'État fasciste. La création de l'IRI (*Istituto per la Ricostruzione Industriale*) en 1933 montre la mainmise du gouvernement sur l'activité bancaire [TEDESCHI, 2014]. Les industriels qui avaient par calcul soutenu le fascisme pour défendre leur intérêt sectoriel en 1920-1922, sont parfois brusqués par les empiètements du régime. Ils conservent certains liens avec les anciens libéraux ; Alberto et Piero Pirelli, par exemple, ne rejoignent le PNF qu'en 1932 [Hugh Adler, 1995].

Comme en Allemagne nazie, où Hitler cherche à contrôler les masses et à les intégrer à une "communauté du peuple" (*Volksgemeinschaft*), les fascistes veulent encadrer le peuple et particulièrement le monde ouvrier, jusque dans ses loisirs. L'OND (*Opera nazionale del dopolavoro*) est créée en 1925, et a pour but de faire parvenir le message fasciste au cœur du monde ouvrier. Séances de cinéma ou de théâtre sont ainsi organisées ; le régime favorise le tourisme et les voyages. Le sport est un puissant outil dans les mains du régime. Mussolini, contrairement à Hitler, incarne la corporalité du fascisme, sa violence, sa virilité, sa puissance. Les fascistes ne négligent pas l'importance du sport et visent la conquête des classes ouvrières par ce biais, en valorisant l'athlétisme, la natation ou le cyclisme. La relation au football est plus compliquée. Après 1938, les fascistes chantent la gloire des équipes prolétaires [Dietschy, 2012].

Tout cet effort ne doit pas faire oublier la répression qui s'abat très tôt sur les milieux ouvriers. On envoie les opposants dans les îles Lipari. Curzio Malaparte, pour avoir écrit son livre *Technique du coup d'État* (1931), y passe par exemple quelques mois. L'OVRA (*Organizzazione per la Vigilanza e la Repressione dell'Antifascismo*) surveille la population et envoie les opposants devant la justice politique du Tribunal spécial : les ouvriers représentent 70 % des personnes condamnées.

L'Allemagne nazie : une "dictature du bien-être" ?

La formule tient évidemment de la provocation, quand on sait la répression et les persécutions qui se sont abattues sur les opposants politiques allemands, les Juifs, les homosexuels dès les premiers mois du soi-disant "IIIe Reich". Mais l'historien Götz Aly l'a pourtant utilisé, pour montrer que pour tous les Allemands qui n'étaient pas ciblés par ces politiques de persécution, la vie, sans être totalement exempte de la peur générée par la politique terroriste de l'État national-socialiste, pouvait se dérouler sans accroc. Comment expliquer, sinon, le consentement profond d'une partie de la population et la résignation des autres ? L'idée choque quand on la regarde du point de vue du paradigme totalitaire, popularisé par Hannah Arendt, qui explique la puissance du Reich par sa capacité à enfermer, terroriser et détruire. Mais à la différence de l'Union soviétique, qui criminalisait un ensemble très large de faits sociaux, et où 20 millions de personnes connurent les camps du Goulag, les politiques nazies ne touchèrent que des groupes certes larges, mais très ciblés. Qu'en était-il, alors du monde ouvrier, et du monde du travail au sens large ?

Une fois Hitler nommé Chancelier par les vieilles élites conservatrices – Paul von Hindenburg et Franz van Papen entre autres – le jeune fanatique entreprend très rapidement la pièce maîtresse de son programme : détruire ce qu'il appelle le "marxisme". Contrairement à Mussolini, qui connaît les milieux ouvriers et la doctrine marxiste, Hitler, lui, englobe tous ces ennemis dans un fantasme paranoïaque. En l'espace de six mois, il détruit le parti communiste, le parti socialiste, les syndicats et tous les opposants politiques de gauche. Le KPD est interdit rapidement et persécuté dans le sillage de l'incendie du Reichstag ; le SPD est contraint à l'exil ou à la clandestinité ; les syndicats sont décapités le 1er mai 1933, sans que l'alternative syndicale nazie – le NSBO (Organisation nationale-socialiste des cellules d'entreprises) – ne prenne jamais une réelle importance dans les usines. Hitler et les nazis ont écrasé, en quelques mois, toutes les organisations ouvrières, dans les petites et grandes industries.

Est-ce à dire que les nazis ont pour objectif de réprimer toute la population ouvrière ? C'est évidemment impossible, dans un pays où ce groupe représente plus de 40,4 % de la population active. Contrairement à une légende tenace, les ouvriers n'ont pas voté pour Hitler, ou plus exactement, alors que le résultat maximum à des élections nationales régulières pour le NSDAP est de 37,3 %, en juillet 1932, cette classe sociale est largement sous-représentée dans le vote nazi. La Section d'Assaut comptait en revanche une part non négligeable d'ouvriers. Les "chemises brunes*" attiraient en effet certains jeunes travailleurs des grandes usines à Berlin, notamment des travailleurs non qualifiés ; dans le reste de l'Allemagne, avec un ancrage plutôt autour des villes rurales, elle séduisait les classes moyennes et les ouvriers agricoles. Pour autant, Hitler et les hiérarques nazis savent très bien que l'adhésion des ouvriers ne leur est pas acquise en 1933 et qu'il leur faut encore transformer les Allemands en nazis [Fritzsche, 2012]. Une fois les cadres du socialisme détruits, ils espèrent mener une politique pour l'ensemble du peuple allemand.

La première des politiques, mise en place très tôt, vise à lutter contre le chômage de masse. De ce point de vue, Hitler profite des premiers résultats structuraux de la politique de déflation de Brüning. Cependant, il y ajoute une politique volontariste de grands travaux, et surtout de réarmement précoce, qui lui permet d'accomplir un véritable miracle : le chômage passe sous la barre des 2 millions en 1935, pour être réduit à la portion congrue en 1938. Cette grande victoire des nazis – obtenue par une politique qui contient en son germe la guerre à venir, car une telle fuite en avant des dépenses publiques mènent, nécessairement, au pillage de l'Europe – est savamment orchestrée du point de vue de la propagande. On ne peut négliger l'effet politique de cette victoire, qui donne l'impression à une génération d'Allemands qui est passée par les crises de 1923 et de 1929 que l'ancien "système" a enfin été remplacé par une solution solide.

Par ailleurs, le régime nazi, qui a construit son parti sur le modèle d'une armée politique, vise à enrégimenter l'ensemble de la société allemande, que ce soit la jeunesse masculine à travers les Jeunesses hitlériennes ou les jeunes filles à travers le *BdM* (*Bund deutscher Mädel*). Le "Service du travail du Reich" (*Reichsarbeitsdienst*, RAD) est créé en 1933 : il oblige tout homme ou femme, entre 18 à 25 ans, à accomplir un travail de six mois, avant le service militaire. Plus largement, le régime met en place une politique moins connue mais tout aussi importante : à côté du volet répressif et des organisations de mobilisation de masse existe une politique protectrice, répondant à une vision qui peut surprendre, d'un État qui sait répondre à certaines catégories que l'on associe à l'État-providence : l'organisation de voyage et de congés nazis, "La Force par la joie" (*Kraft durch Freude*) permet ainsi à des milliers de travailleurs de voyager en Allemagne ou ailleurs. Les œuvres de charités nationales, comme le "Secours d'hiver" (*Winterhilfswerk*) donnent l'impression d'un État plein de mansuétude envers les plus vulnérables, tant que ceux-ci sont considérés comme de purs aryens, évidemment.

Qu'en est-il de la situation des ouvriers sur leur lieu de travail, en dehors de ces actions qui ressortent d'une politique symbolique, d'une "culture de l'acclamation nationale" [FRITZSCHE, 2012], à l'échelle du Reich ? Les hypothèses de Götz Aly sur le "bien-être" populaire sont largement remises en cause par le spécialiste de l'histoire économique du "IIIe Reich", Adam Tooze [2012] : en dehors de la question du chômage, la situation économique du monde ouvrier est plutôt mauvaise. Certains biens et aliments (beurre, œufs, viande) manquent rapidement, ou sont rationnés, car l'économie entière est centrée sur les efforts de réarmement. Une infime minorité des Allemands jouit de conditions de vie confortable. Pour les autres, la réalité est tout autre : en 1936, 62 % des contribuables déclarent gagner 1500 Reichsmarks (RM) par an, soit 30 RM par semaine et 60 Pfennigs de l'heure. Une miche d'un kilo de pain coûte 31 Pfennigs ; le kilo de bacon coûte une demi-journée de travail.

Le monde du patronat, lui, est largement favorable à un gouvernement qui a détruit les syndicats et s'assoit sur le droit du travail. Sans que le grand patronat n'ait joué un rôle absolument central dans l'accession de Hitler au pouvoir [AYÇOBERRY, 1979] comme on le voit écrit parfois dans les interprétations marxistes classiques, durant le régime, "le grand capital participa activement à de nombreuses facettes de la Révolution nationale hitlérienne" [TOOZE, 2012, p. 148]. Malgré les contrôles imposés par le régime sur les cartels, les entreprises s'accommodent très bien de l'augmentation de la rentabilité du capital dans l'industrie, qui passe de -5 % en 1932 à 18 % en 1940. Chimie et sidérurgie connaissent des croissances exceptionnelles.

L'opinion des ouvriers sous le nazisme oscille entre la peur – car ils ont vu se mettre en place la répression des cadres socialistes et communistes – l'incertitude et le renoncement. Pourtant, des protestations s'expriment, comme lors des premières élections au "comité d'entreprise", où les candidats nazis connaissent une franche défaite (qui est bien sûr ignorée) ; on trouve souvent des graffitis anti-nazis dans les usines. Mais ces oppositions concernent bien plus souvent des questions économiques (allongement du temps de travail, paiements des salaires) qu'une opposition globale et politique face au nazisme [KERSHAW, 2010].

La Seconde Guerre mondiale comme point culminant du travail forcé ?

Les années 1930 se terminent, en Europe, sur le conflit le plus meurtrier jamais connu. Celui-ci est marqué par une véritable industrialisation du fait guerrier et sur l'enfer de la destruction des populations civiles – ainsi que l'extermination des Juifs d'Europe – durant l'occupation nazie.

Enzo Traverso, dans son étude intitulée *La violence nazie* (2002), propose, comme l'ont fait les membres de l'École de Francfort avant lui, d'interpréter les camps de concentration comme les rejetons assumés de la révolution industrielle et du capitalisme rationnalisé, comme une modernisation radicale de l'enfermement : "Synthèse entre la prison et l'armée, les camps étaient à la fois des lieux de dressement disciplinaire [...] et de travail (les prisonniers étaient affectés à toutes sortes d'activités productives..." En effet, la plupart des camps qui sont aujourd'hui considérés dans la mémoire collective comme des "camps de la mort" ont tous été, à un moment donné, ou pendant toute la durée de leur existence, des camps de travail. Dès les années 1937-1938, la fonction des camps d'enfermement politique changent : ils intègrent l'idée de productivité avant que l'Europe, dans les années 1940-1944, ne se transforme en un continent entier du travail forcé pour des millions de personnes : Juifs contraints au travail dans les ghettos et les usines Toebbens de Varsovie ; Polonais déportés en Allemagne pour œuvrer dans les champs ; Français réquisitionnés pour le STO – Service du travail obligatoire [WACHSMANN, 2017].

Les bourreaux mêmes considéraient parfois leurs tueries comme un simple "travail", routinier et macabre, tel que l'expriment par exemple les gardiennes du camp de Majdanek étudiées par Elissa Maïlander (2016). Pour les victimes, quelle pouvait être la limite entre l'incarcération, les châtiments, et ce que les nazis appelaient "l'extermination par le travail" (*Vernichtung durch Arbeit*) qui visait particulièrement ce que les bourreaux avaient appelé les "Juifs de travail" (*Arbeitsjuden*) ? La localisation même du camp d'Auschwitz, en Pologne, avait été choisie pour ses possibilités industrielles, notamment la présence du fleuve et d'une voie ferrée dans un territoire voisin de la région industrielle de la Silésie. S'y installe un véritable complexe industriel, Auschwitz-III Monowitz, où siège l'usine de l'IG Farben. L'entreprise emploie les détenus du camp de concentration, utilisés comme des esclaves modernes. Sur les 35 000 travailleurs qui passent par Monowitz entre 1943 et 1944, 23 000 meurent. L'espérance de vie y est de quatre à six semaines [HAYES, 2001].

THÈMES

LES MÉCANISMES DE L'INDUSTRIALISATION EUROPÉENNE : FORMES, ENJEUX ET DÉBATS

L'industrialisation représente un enjeu fondamental pour penser l'histoire de l'Europe des années 1830 aux années 1930, moment central de l'essor du "capitalisme industriel", ou quelles que soient les catégories utilisées pour décrire ce phénomène historique marqué par le passage, en Europe de l'Ouest, de "l'âge du commerce" à celui de l'usine [François, Lemercier, 2021]. Les débats sur le sujet n'ont cessé d'être vifs depuis le XIXe siècle. De nombreux auteurs, théoriciens et économistes ont tenté d'élaborer une théorie générale de l'industrialisation et de l'enchevêtrement de ses causes, depuis Karl Marx au XIXe siècle, suivi par Schumpeter, Polanyi, Rostow, Gerschenkron, David Landes, Paul Bairoch, Douglas North et de nombreux autres. Il convient néanmoins d'être modeste car en ce domaine, et comme le remarquait l'historien de l'économie Patrick O'Brien en 1998, "presque trois siècles de recherches empiriques et de travail de réflexion des plus grands esprits des sciences et de l'histoire et de la société n'ont abouti à aucune théorie générale unifiée de l'industrialisation" [O'Brien, 1998 ; Osterhammel, 2017, p. 871].

Si l'économiste peut regretter cette absence, l'historien s'en accommode en revanche très bien tant la diversité des situations et des modèles rend toute théorie générale fragile. Il y a 80 ans, l'historien britannique Ashton soulignait déjà, dans l'une des premières synthèses sur le sujet, combien la "révolution industrielle" était une orange qui ne donnait plus de jus à force d'être pressée [Ashton, 1948]. Pourtant, on ne compte plus depuis les théories, les bilans et synthèses sur l'histoire de l'industrialisation, ni les ouvrages proposant un état des lieux, une "reconceptualisation" ou une "réinvention" de cette histoire [Bruland *et alii*, 2020 ; Horn *et alii*., 2010]. Dans cette brève synthèse, nous tenterons de presser encore un peu l'orange en explorant quelques lignes de force des débats et enjeux que soulève l'étude de l'industrialisation européenne au cours de ce siècle qui voit l'affirmation de la grande usine et la profonde réinvention des rapports sociaux. L'enjeu sera d'explorer les principaux facteurs explicatifs avancés pour rendre compte de l'industrialisation de l'Europe occidentale et de ses formes plurielles.

"RÉVOLUTION INDUSTRIELLE", INDUSTRIE ET INDUSTRIALISATION : LES MOTS ET LA CHOSE

Dans le langage commun, l'expression "Révolution industrielle" – dont on a vu qu'elle circule dès les années 1830 (v. Les mondes du travail et de l'industrie dans l'Europe des années 1830) – continue souvent d'être utilisée pour décrire les transformations économiques de l'Europe au XIXe siècle, certains auteurs distinguant la première "révolution industrielle" (qui s'achève dans les années 1830 en Angleterre et plutôt vers 1860-1880 dans les autres pays), et la "seconde Révolution industrielle", qui prend son essor après 1880, sur la base d'un nouveau système technique et énergétique [Verley, 2008 ; Caron, 1997]. Même si nous tâcherons de les aborder ensemble, les débats autour de ces deux dynamiques sont différents, ils ne recouvrent ni les mêmes questions, ni les mêmes auteurs, ni les mêmes enjeux. L'expression Révolution industrielle, même si elle est passée dans le langage courant, soulève par ailleurs plus de difficultés qu'elle n'en résout en insistant sur la brutalité et la rapidité d'un processus perçu comme homogène, là où l'historiographie insiste de plus en plus sur sa lenteur, son caractère inégal et progressif. C'est pourquoi nous préférerons parler d'"industrialisation" qui rend mieux compte du processus et de ses formes instables.

Les termes industrie et industrialisation sont eux-mêmes ambivalents, ils se transforment au cours de la période et doivent donc être discutés avec soin. Le mot "industrie" dérive du latin *industria*, et se retrouve dans la plupart des langues européennes, avec *industria* en espagnol et en italien, *industry* en anglais, ou encore *Industrie* en allemand, identique au mot français. Dans cette dernière langue, le terme *Gewerbe* concurrence toutefois l'industrie pour désigner l'ensemble des activités du secteur secondaire, distinctes des activités agricoles et commerciales. Au début du XIXe siècle, le mot "industrie" renvoie d'abord à une activité assidue, habile, nécessitant du savoir-faire (sens que l'on retrouve dans le mot "industrieux") avant d'évoluer progressivement pour désigner la pratique d'une activité manuelle, et l'ensemble des activités économiques fondées sur la transformation des matières premières. Si l'industrie désigne avant 1830 l'ensemble des activités productrices de richesse – les manufactures, le commerce comme l'agriculture – elle voit ensuite son sens se restreindre aux seules activités ayant pour objet la transformation des matières premières en produits manufacturés, à l'exclusion de l'agriculture et du commerce. Si depuis les années 1960 le mot renvoie d'abord à une production de masse réalisée dans le cadre de vastes usines via des systèmes productifs rationalisés, ce sens ne s'impose réellement qu'après 1945.

Le mot "industrialisation", qui se retrouve également dans la plupart des langues européennes avec un sens proche – *industrialization* (anglais), *Industrialisierung* (allemand), *industrializzazione* (italien), *industrialización* (espagnol) – est plus récent et ne commence à se répandre qu'autour de 1900. Il met d'abord l'accent sur un processus, plus que la description d'une situation donnée. Il s'agit de penser l'extension et l'intensification des activités industrielles qui touchent les pays d'Europe de l'Ouest. L'industrialisation désigne donc aussi une période historique marquée par le fait que la production industrielle dépasse la production agricole, entraînant en retour des changements sociaux, culturels et politiques plus ou moins profonds selon les territoires. Mais l'industrialisation désigne également le fait de rendre industriel un produit, un procédé ou une technique, c'est-à-dire de permettre sa reproduction à grande échelle.

La période étudiée correspond donc à une transformation profonde du langage et des catégories utilisées pour décrire les activités productives, les transformations économiques au sens strict s'accompagnant sans cesse de nouvelles représentations imaginaires et de nouveaux paradigmes intellectuels pour les penser [MUSSO, 2017]. Dans les années 1820, l'économiste français Jean-Baptiste Say fait ainsi de l'industrie une force pacificatrice qui doit clore la révolution française et son cycle de violences en substituant le gouvernement des choses à celui des hommes. En favorisant l'appropriation des ressources de la nature, l'industrie doit éclipser la misère héritée du passé. Dans la première moitié du XIXe siècle, un nouveau langage enregistre ces transformations et une nouvelle science – l'économie politique – voit le jour, d'abord fragile avant de devenir peu à peu dominante à la fin de la période. L'expression "révolution industrielle" est forgée dans ce contexte pour rendre compte du caractère brutal et radical du processus en Europe. L'industrie et l'industrialisation en viennent à symboliser la "société moderne", à la fois la source et le symbole de l'ascendant que l'Europe acquiert sur le reste du monde. Comme l'écrit encore Jean-Baptiste Say dans une lettre au pasteur anglais Malthus, c'est l'industrie perfectionnée et ses nouvelles mécaniques qui "établi[ssen]t la différence qu'on observe entre nous et les sauvages des terres australes, qui ont des haches de caillou". L'industrialisation a en effet été perçue très tôt comme la source du grand partage qui s'édifie au XIXe siècle entre peuples "civilisés", "demi-civilisés" et "barbares", pour reprendre les mots de l'économiste allemand Gustav Schmoller dans ses *Principes d'économie politique* en 1905.

Depuis le XIXe siècle, les débats sont vifs parmi les économistes et les historiens pour rendre compte des causes et des principaux facteurs explicatifs de l'industrialisation de l'Europe. L'économiste Deirdre McCloskey [2010] en a proposé un réjouissant inventaire à la Prévert, en évoquant successivement le rôle des horloges, du monothéisme, de l'éthique protestante, de la culture de l'innovation, de l'urbanisation, ou encore le climat tempéré, l'État de droit et l'absence de malaria. Chacun de ces facteurs est convoqué pour justifier les conditions particulières de l'Europe susceptibles d'expliquer les spécificités de sa trajectoire industrielle originale au XIXe siècle [François et Lemercier, 2021]. Dernièrement encore l'historien économiste états-unien Joel Mokyr a accordé aux "Lumières" un rôle décisif dans l'essor de la "révolution industrielle", ce sont elles qui auraient permis de dépasser les résistances de larges secteurs de la société et de faire triompher une nouvelle idéologie, l'économie politique, fondée sur les savoirs pratiques d'une population instruite [Mokyr, 2020].

Traditionnellement, trois types de facteurs explicatifs dominent dans l'historiographie. Le premier insiste sur le rôle de la technologie et des machines, de l'innovation, des "systèmes techniques" et des savoirs, à l'origine d'un *take-off* et d'une modernisation technique qui se serait ensuite généralisée en transformant la productivité du travail. Une deuxième approche a contesté cette lecture fondée sur un certain déterminisme technique en insistant sur l'organisation du travail, et ses évolutions lentes, contre toute rupture brutale. D'innombrables travaux ont été menés sur les formes du travail et l'accroissement de la production sans changement technique, via la proto-industrie notamment. Enfin, un troisième ensemble de facteurs a été avancé dans les dernières décennies, davantage du côté de la demande que de l'offre, via la question des débouchés, de l'essor des marchés et de la consommation. Beaucoup de travaux ont en effet montré que les modifications de la demande, c'est-à-dire de la consommation, ont précédé celles de l'offre, c'est-à-dire de la production [VERLEY, 1997a]. Mais il serait vain et absurde de vouloir trouver une cause unique, c'est la combinaison dynamique de ces divers éléments, en montrant les décalages dans le temps et l'espace, qui doit être privilégiée.

MESURER LES CROISSANCES INDUSTRIELLES

La question de la mesure de l'industrialisation est complexe tant les statistiques font défaut, sont inégales et difficiles à manier avant le XXe siècle. La mesure du produit industriel reste difficile et controversée, alors que le Produit intérieur brut (PIB) est un indicateur anachronique, non pensé en tant que tel au XIXe siècle et largement remis en cause aujourd'hui [SCHMELZER, BOROWITZ, 2017]. Il est né pour l'essentiel après 1945 avec les outils de la comptabilité nationale et l'âge d'or de l'histoire quantitative. Dès les années 1950-1960 de nombreux historiens comme Phyllis Deane et William Cole en Angleterre ou Tihomir Markovitch et Jean-Claude Toutain en France, ont en effet cherché à reconstituer des séries statistiques sur le modèle de la comptabilité nationale, précisées ensuite par de nombreux historiens de l'économie comme Charles Feinstein, François Crouzet, Maurice Lévy-Leboyer ou encore Paul Bairoch et Angus Maddison, dans une perspective plus globale et de longue durée, comparant la performance des différents pays en matière de PIB par habitant afin d'éclairer les voies et inégalités de développement [MADDISON, 1995]. Compte tenu du sujet centré sur le travail et ses pratiques toutefois, les candidats n'ont pas à examiner de près les débats et problèmes de méthode qui se posent à tout essai de comptabilité nationale rétrospective, ni à se plonger dans les analyses macroéconomiques. Il convient néanmoins d'avoir en tête quelques chiffres qui font généralement consensus concernant le produit industriel et ses évolutions dans chaque pays au programme.

Si la croissance industrielle suit globalement le même rythme en France et en Grande-Bretagne au XVIIIe siècle – moins de 1 % – elle s'accélère dans les dernières décennies du siècle, bien que limitée par les révolutions, les guerres et le blocus continental. Elle reste très lente jusqu'en 1860 alors que les inégalités se creusent entre pays. La croissance se stabilise ensuite durant la période dite de la "Grande dépression" entre 1870 et 1895, avant de s'accélérer, malgré les heurts de la conjoncture et l'arrêt brutal provoqué par la crise des années 1930. La situation de l'Allemagne et de l'Europe du Sud semble plus incertaine avant 1880, mais là aussi, la croissance industrielle est très lente avant cette date et s'accélère surtout après, même si, sur la durée, 1 % de croissance de la production industrielle transforme en profondeur les sociétés et les économies. En bref, les données macroéconomiques confirment les rythmes globaux de l'industrialisation sur le continent distinguant la précocité ou l'avance britannique, et belge, suivie de la France, et les rythmes décalés des autres pays qui ne rattrapent des niveaux de taux de croissance qu'après 1860 pour l'Allemagne, voire au XXe siècle pour l'Espagne et l'Italie. Divers outils de mesures de la production industrielle et de sa part dans l'économie nationale ont été proposés, comme l'indice de la production industrielle qui mesure les variations de volume de production par rapport à une période de référence.

Indice de la production industrielle par tête en Europe au XIXe siècle

	1800	**1830**	**1860**	**1880**	**1900**	**1913**
Royaume-Uni	16	25	64	87	100	115
Belgique	10	14	28	43	56	88
Allemagne	8	9	15	25	52	85
France	9	12	20	28	39	59
Italie	8	8	10	12	17	26

Indice 100 = Royaume-Uni en 1900.
Source: [Bairoch, 1982, p. 294], [Verley, 2008, p. 37]

L'industrie en Europe vers 1870 (en pourcentage)

Pays	Part de l'industrie dans le PIB du pays	Part des pays dans la production industrielle européenne
Allemagne	29	19,6
Autriche-Hongrie	19	9
Belgique	30	3,4
Espagne	22	3,6
France	34	18,9
Italie	24	10
Royaume-Uni	34	30.3

Source : Broadberry S., Fremdling R. & Solar P. M., "*European Industry, 1700 – 1870*", Groningen, GGDC, 2008.

Selon les interprétations macroéconomiques vulgarisées par l'économiste états-unien W. W. Rostow à l'époque de la Guerre froide dans son livre *Les étapes de la croissance économique* [1962], la Grande-Bretagne serait une sorte de modèle et d'étalon à l'aune duquel toutes les situations nationales seraient à évaluer. Dans le contexte de forte croissance de l'après 1945, l'histoire des industries et des ouvriers européens était construite à partir de cette thèse du retard, du rattrapage, de l'archaïsme et de la modernité. Ainsi, pour l'historien états-unien de l'économie David Landes, l'histoire de l'économie française après 1800 serait celle d'un échec face au modèle industriel britannique [Landes, 1949]. Chaque cas national a été scruté à l'aune d'un modèle britannique considéré comme un étalon de mesure définissant le degré de retard et de rattrapage. L'enjeu de l'histoire économique était alors d'identifier les facteurs sociaux, politiques et culturels, autant qu'économiques, expliquant l'échec de chaque pays à suivre le modèle anglais.

Dans les années 1970, cette vision a été peu à peu contrebalancée par des études plus attentives aux forces cachées de l'économie de ces pays, aux spécificités de leur organisation productive, mais aussi à la remise en cause de la pertinence de l'échelle nationale au profit de l'étude des régions et bassins industriels. L'importante étude de Patrick

O'Brien et Caglar Keyder a ainsi lancé l'idée que la France avait connu une voie différente de celle du Royaume-Uni plutôt qu'un retard de développement [O'BRIEN, KEYDER, 1978]. La thèse du retard a été remise en cause par toute une série de travaux "optimistes", soucieux de montrer que l'industrialisation de chaque région était différente et singulière mais pas nécessairement inférieure au modèle britannique. Dans les années 1980, beaucoup de recherches se sont ainsi attachées à redécouvrir les vertus d'un modèle de développement économique plus flexible en étudiant les modes d'organisation concrets de la production et les pratiques de travail plutôt que les seuls indicateurs macroéconomiques ou la seule grande industrie [SABEL, ZEITLIN, 1985, 1997]. Le projet même de reconstituer les taux de croissance industrielle pour chaque pays a été contesté, certains distinguant d'ailleurs plusieurs croissances: la croissance smithienne* fondée sur la demande et la division du travail, sans transformation technique ni accroissement sensible de la productivité, et la croissance schumpétérienne* fondée sur l'offre et l'innovation.

La spécificité des modèles industriels nationaux a suscité dans chaque pays des travaux nombreux dans les années 1970-1990: dans le cas de l'Allemagne il s'agissait d'éclairer le *Sonderweg** susceptible d'expliquer les origines du nazisme [HAU, 1997, 1994], en Espagne le débat sur le retard industriel supposé du pays a également suscité des controverses récurrentes en lien avec l'épisode de la Guerre civile et l'étude de ses origines [MOLINAS, PRADOS DE LA ESCOSURA, 1989; NADAL, 1994]. En France, l'œuvre de Maurice Lévy-Leboyer en particulier a mis en valeur l'originalité du modèle d'industrialisation français par rapport au modèle britannique. Plutôt que la thèse du retard ou du déclin de l'économie française, il s'est attaché à comprendre comment les modèles productifs se sont adaptés aux spécificités et structures sociales. Selon lui, si les fabricants français se sont spécialisés dans les productions à hautes valeurs ajoutées (comme la production artisanale de soie des canuts), c'est parce que la population française était majoritairement rurale, et n'a donc pas pu rivaliser avec la Grande-Bretagne en jouant sur la productivité. Par ailleurs, alors que l'exode rural anglais précoce a poussé la population à travailler bien plus tôt dans des usines, les paysans français restent artisans. Plutôt que d'affronter la concurrence anglaise, les fabricants cherchent des stratégies de contournement en valorisant le savoir-faire des artisans et la qualité des produits [LEVY-LEBOYER, 1964; BOURGUIGNON, LEVY-LEBOYER, 1986].

PROGRÈS TECHNIQUE, INNOVATIONS ET RATIONALISATIONS

Si la mesure précise de la croissance industrielle demeure difficile, l'industrialisation inégale du continent et ses rythmes ne font aucun doute. Les débats ont porté sur les origines de ces rythmes décalés, que les historiens reliaient souvent à des innovations majeures, ou des "ruptures", qui auraient permis de "libérer la croissance" industrielle auparavant contrainte par l'archaïsme des systèmes techniques et la faible productivité du travail. C'est la thèse du livre classique de David Landes évoquant "Prométhée libéré", après les premiers travaux universitaires d'Arnold Toynbee ou Paul Mantoux avant 1914, qui insistent sur le remplacement des hommes par les machines, sur l'usage décisif du charbon et des nouveaux convertisseurs énergétiques comme la machine à vapeur, et l'utilisation de matières minérales contre la domination de la biomasse et des matières végétales avant 1830 [LANDES, 1975]. Seules ces innovations de rupture auraient permis de lever le "piège malthusien" - c'est-à-dire le décalage entre la croissance démographique et la disponibilité en terres pour alimenter la population – qui pesait sur les économies organiques en les libérant des contraintes énergétiques notamment. Ces débats ont été renouvelés par l'essor de l'histoire environnementale et matérielle de l'industrialisation. Ainsi, Rudolf Sieferle, Anthony Wrigley, Kenneth Pomeranz ou plus récemment, dans leur synthèse, Astrid Kander, Paolo Malamina et Paul Warde, ont proposé de relire l'industrialisation de l'Europe au prisme de la métrique énergétique. L'industrialisation est dès lors envisagée comme la transition d'une "économie organique" ancienne reposant sur le bois, la force musculaire des hommes et des animaux, ou l'hydraulique, à une "économie minérale" fondée sur le charbon, cette "forêt souterraine" qui permit à l'Europe de l'Ouest d'échapper à ce que Tony Wrigley a appelé la "contrainte photosynthétique", c'est-à-dire *in fine* la disponibilité en terres pour produire des plantes, en rendant possible une croissance économique de longue durée [WRIGLEY, 2010 ; SIEFERLE, 2001 ; KANDER *et alii*, 2013].

Si le rôle du changement technique et des innovations n'a cessé d'être relativisé dans la compréhension des mécanismes de l'industrialisation, il demeure fondamental. Même si la machine à vapeur se diffuse tardivement, à la fin du XIXe siècle elle est devenue omniprésente et actionne de nombreuses autres machines, jusqu'à devenir le quotidien d'une partie importante de la main d'œuvre européenne. Il faut donc être attentif aux inventions auxquelles on continue souvent d'identifier l'industrialisation, à leur circulation et appropriation sur le continent européen [pour une synthèse pratique: BELTRAN et GRISET, 1990]. Citons, sans pouvoir être exhaustif, la série de machines textiles britanniques – *spinning-jenny** de Hargreaves, *water-frame** de Arkwright, métier à filer automatique, *power loom** pour le tissage – mises au point dès la seconde moitié du XVIIIe siècle mais qui se répandent surtout après 1830. Citons bien sûr la machine à vapeur identifiée au nom de James Watt qui prend en 1785 un brevet permettant de l'adapter à de nombreux usages. Même si leur nombre s'étend en Angleterre, elles sont encore peu nombreuses en 1830 sur le continent européen – bien que les locomotives et autres bateaux à vapeur commencent aussi à les adapter pour le transport. Citons aussi autour de 1839 la mise au point du marteau-pilon par François Bourdon et James Nasmyth, celle du convertisseur Bessemer pour la fabrication de l'acier en 1855, ou encore – entre 1860 et 1914 – la mise au point de l'aluminium par le chimiste Sainte-Claire Deville, la synthèse des premiers colorants chimiques, les premières dynamos électriques par l'allemand Gramme, le moteur à explosion, les chaînes de production plus ou moins automatisées, etc. Ces innovations auraient elles-mêmes entraîné les autres changements économiques et sociaux de l'industrialisation en permettant une production de masse standardisée, en poussant à la concentration de la main d'œuvre en usine, en imposant de nouvelles logiques financières et de lourds investissements, d'où découleraient *in fine* l'essor des services et des fonctions commerciales.

L'étude des innovations a par ailleurs été beaucoup renouvelée depuis 40 ans par une histoire des techniques dynamiques. Depuis Bertrand Gilles et son concept de "système technique" en France, ou le programme dit SCOT (*Social Construction Of Technology*) dans le monde anglo-américain, le modèle de l'innovation héroïque et les approches étudiant l'enchaînement d'innovations géniales ont été renouvelés en insistant sur les pratiques ordinaires et situées des acteurs, décloisonnant les approches pour explorer à la fois les dynamiques de construction sociale des technologies et la diversité des modes d'existence des machines, de leur circulation et de leur appropriation [CARON, 2010; EDGERTON, 2013]. On sait par ailleurs que la concentration de la main d'œuvre ou la division du travail n'ont pas attendu les machines pour s'étendre: celles-ci ont pu se développer précocement sans changement technique, notamment pour mieux contrôler la main d'œuvre augmenter le nombre de travailleurs à bas salaire, ou encore permettre un meilleur contrôle de la qualité des produits.

Si la question du machinisme colore l'analyse du rôle des techniques dans l'industrialisation avant 1880, après cette date le débat et les travaux se concentrent surtout sur la question de la rationalisation des tâches. La doctrine appelée "organisation scientifique du travail" (OST) dans les pays francophones, "*scientific management*" dans le monde anglophone ou encore "*Rationalisierung*" en Allemagne, émerge peu à peu afin d'accroître les gains de productivité. Elle se développe rapidement à l'échelle internationale, notamment durant l'entre-deux-guerres, avec une intensité variable selon les pays, de façon importante dans l'Allemagne nazie mais bien plus faiblement en Espagne [Cayet, 2010]. Si l'histoire de l'OST continue d'être identifiée à l'ingénieur états-unien Frederick Winslow Taylor (1856-1915), inventeur du "taylorisme", il existait en réalité dans chaque pays beaucoup d'autres promoteurs de cette organisation, comme Henri Fayol et Henry Le Chatelier en France. Dans les années 1890 la question du commandement devient par ailleurs un enjeu central [Cohen, 2013] nécessitant de repenser l'organisation des systèmes productifs via un accroissement de la division des tâches et une spécialisation croissante des postes permettant d'aligner davantage les rémunérations sur les performances individuelles des ouvriers.

Au début du XXe siècle, les ingénieurs et techniciens deviennent des acteurs centraux de l'organisation de la production, alors que les projets de rationalisation s'étendent considérablement, sous la forme notamment de "plans", de "méthodes" et d'une multitude de nouveaux outils de formalisation du travail (v. Les savoirs du travail. Observer, penser et changer le travail). Après 1900 en Europe, l'usine devient de plus en plus un espace abstrait, qui doit être le plus possible mécanisé ; les ouvriers comme les pièces doivent devenir interchangeables afin de régulariser la production, la prévoir, et donc sécuriser les profits. C'est l'époque où la main d'œuvre commence à être conçue comme l'un des éléments d'un grand tout mécanique et automatique, même si on peut trouver des antécédents de ce projet, à l'image du Britannique Andrew Ure qui imagine dès 1835 dans sa *Philosophie des Manufactures*, un vaste système de production concentré et automatisé. Les rationalisateurs insistent de plus en plus sur l'importance du "facteur humain" et les industriels mettent en place de nouveaux services et professions consacrés à la gestion de la main d'œuvre [Fombonne, 2001], certaines entreprises, notamment de chemins de fer, allant jusqu'à recruter des militaires pour s'inspirer de leurs savoir-faire en matière d'organisation.

L'un des effets de cette nouvelle obsession rationalisatrice a été l'adoption des chaînes de production par lesquelles le produit passe d'un poste de travail à l'autre, sans manutention humaine, via par exemple un tapis roulant, mais aussi l'essor du travail posté où des équipes se succèdent à un même poste afin que celui-ci travaille au maximum en continu. Si les principes théoriques de l'organisation scientifique du travail datent du tout début du XXe siècle, sa mise en place réelle en usine a été bien plus lente dans les divers pays européens, suscitant des grèves et des conflits récurrents [MOUTET, 1997]. Si en France les premiers essais ont lieu chez les constructeurs automobiles Berliet dès la veille de la Première Guerre mondiale, les conflits suscités provoquent son abandon. C'est surtout la Première Guerre mondiale qui accélère son introduction, d'abord dans la métallurgie et l'automobile, beaucoup moins dans le textile, le bâtiment et les mines [FRIDENSON, 1989]. Dans les années 1920, le système se généralise en Europe. En France par exemple, l'entreprise Michelin s'y intéresse de près et crée même un véritable institut de propagande – le "Comité Michelin" – afin de former des ingénieurs capables de mettre en œuvre les principes de la rationalisation dans l'industrie [TESI, 2008]. Après 1920, la rationalisation consiste moins en de nouvelles machines qu'en une nouvelle organisation du travail fondée sur les primes de productivité, l'utilisation croissante du chronométrage et la généralisation des bureaux des méthodes, plus précocement en Allemagne qu'ailleurs. La grande crise des années 1930 accélère le mouvement de rationalisation du travail et en France une première chaîne de production continue de 200 mètres de long est par exemple mise en place en 1932 à l'usine automobile Renault de Billancourt [MICHEL, 2007]. À la fin des années 1930, bien d'autres usines, produisant des marchandises diverses, utilisent désormais ces chaînes. Davantage que l'importation en Europe de méthodes américaines, ces nouvelles formes de production sont adaptées à chaque système productif, donnant naissance à de multiples formes hybrides.

L'ESSOR DE LA GRANDE ENTREPRISE EN EUROPE

Le développement de la rationalisation du travail et la croissance économique en Europe sont étroitement liés à l'apparition de la grande entreprise qui devient un acteur majeur de l'industrialisation européenne. D'autres chapitres thématiques aborderont les divers aspects du fonctionnement des entreprises et du patronat, mais la montée et l'essor des grandes entreprises modernes dans les différents pays européens, leur rôle dans les dynamiques d'industrialisation, est un phénomène majeur comme l'atteste la multiplication des monographies consacrées, dans chaque pays, aux principales entreprises, dans lesquelles le travail et les contours de la main d'œuvre sont généralement examinés de près [un exemple classique parmi beaucoup d'autres: DAVIET, 1989].

La période voit en effet l'essor de la grande entreprise, nouveau cadre dans lequel se déploie le travail et dont le rôle n'a cessé d'être discuté et débattu depuis les analyses classiques d'Alfred Chandler sur l'essor des grandes organisations productives à la fin du XIXe siècle. Pour l'historien états-unien, la diffusion de l'organisation en grandes entreprises intégrées joue un rôle essentiel dans l'accélération de l'industrialisation du continent, même si elle reste tardive et n'a lieu que dans le dernier tiers du XIXe siècle, parallèlement à l'électricité, aux nouvelles logiques d'organisation du travail et à l'essor de nouveaux produits comme l'automobile ou la chimie [CHANDLER, 1992-1993]. Pour Chandler, l'apparition de ces grandes organisations découle de différents facteurs, notamment les nouveaux moyens de transport comme le chemin de fer, qui permet un accroissement des marchés et donc des débouchés, poussant à l'apparition de grandes entreprises intégrées où la production devient plus rentable et efficace que dans les unités dispersées et plus ou moins bien coordonnées qui dominaient auparavant. Ce sont d'ailleurs les sociétés ferroviaires qui inventent en Europe les formes modernes de management et d'organisation, en particulier les marchés internes du travail, la rationalisation et la bureaucratisation du recrutement et de l'avancement, offrant ensuite un modèle imité par d'autres secteurs [RIBEILL, 1993]. Selon Chandler, la taille croissante des entreprises, le coût croissant de l'équipement et les besoins de financement imposent de nouvelles formes juridiques comme la société anonyme, dans laquelle les actionnaires qui possèdent une part du capital s'éloignent de plus en plus de la direction effective de la production, conduisant à l'émergence de nouveaux dirigeants, eux-mêmes salariés, appelés les *managers* aux États-Unis. Dans cette analyse, l'ancienne entreprise familiale apparaît de plus en plus dépassée et archaïque, trop frileuse pour investir et innover réellement. C'est d'ailleurs, selon Chandler, le poids important des entreprises familiales en Angleterre qui expliquerait le déclin relatif de l'industrie britannique par rapport à sa concurrente allemande autour de 1900.

Le constat d'ensemble est donc celui de l'adoption de nouvelles formes juridiques et de l'augmentation de la taille moyenne des entreprises afin de profiter des économies d'échelle et d'une meilleure coordination du travail tout en permettant des investissements importants en matériel. Le sujet a été particulièrement étudié en ce qui concerne l'industrie automobile et les principaux constructeurs européens ont donné lieu à des monographies d'entreprises à l'image de Renault et Citroën en France [FRIDENSON, 1998; SCHWEITZER, 1982] ou de Fiat en Italie. La *Fabbrica Italiana di Automobili Torino* (FIAT) voit le jour à Turin en 1899 ; dirigée par Giovanni Agnelli jusqu'en 1945, l'entreprise devient rapidement une des plus grandes du pays. Pendant la Première Guerre mondiale, les usines produisent des avions, des mitrailleuses et des camions pour les alliés et l'effectif de la main d'œuvre augmente rapidement. En 1923 est inaugurée l'usine automobile de Lingotto, alors la plus grande d'Europe avec ses dizaines de milliers d'ouvriers. C'est là que sont expérimentés les premières lignes de montage et les principes de l'OST ; dès 1925 l'entreprise contrôle près de 90 % du marché automobile italien tout en exportant ses modèles en Europe [BIGAZZI, 2000 ; RICCIARDI, 2017].

L'essor des grandes entreprises a surtout lieu après 1880 et de façon différente selon les pays. Elles sont plus nombreuses et plus grandes en Allemagne et en Grande Bretagne au début du XXe siècle, alors qu'en en France persiste plus longtemps un capitalisme familial, et que les grandes entreprises restaient plus rares en Italie ou en Espagne même s'il existe aussi quelques grands groupes [VERLEY, 1994]. En Allemagne, de très grandes entreprises concentrées voient le jour à la fin du XIXe siècle, comme Siemens et AEG dans le secteur électrique, ou Thyssen et Krupp dans la sidérurgie, et de vastes cartels apparaissent qui voient des entreprises s'entendre pour contrôler un marché et restreindre la concurrence. La Grande Guerre favorise encore ces grandes entreprises, qui peuvent plus facilement profiter des commandes de l'État [KOCKA, 1980]. Pour le cas français, Michael Smith a tenté de montrer qu'il n'y eut pas de modèle d'industrialisation très différent des autres puissances industrielles: les grandes entreprises françaises font preuve de dynamisme [SMITH 2006].

Néanmoins, le modèle* dit chandlérien a été fortement discuté depuis trente ans, et le rôle des grandes entreprises, leur efficacité pour produire en masse n'a cessé d'être réévaluée, différents courants redécouvrant par exemple la richesse des organisations de petites entreprises en réseaux, plus fluides, et dont la réussite était liée à leur capacité de coopération. La réhabilitation du concept de "district industriel*" dans les années 1970-1980 a ainsi accompagné l'essor des recherches consacrées à ces territoires productifs dont le développement résultait moins de leur dotation initiale en facteurs de production que des avantages qu'ils tirent de la concentration géographique des activités et des petites entreprises. Ce type d'organisation, et leur dynamisme en

Europe, n'a cessé d'être redécouvert, bien au-delà de l'Italie du Nord qui a servi de terrain d'exploration initial [DAUMAS, 2007 ; ECK, LESCURE, 2002]. De nombreux autres travaux ont montré le dynamisme du capitalisme familial, proposant des perspectives "post-chandlériennes*" [DAUMAS, 2003].

Poser la question des grandes entreprises en Europe implique aussi d'interroger le financement de l'économie. L'essor des banques, qui sont elles-mêmes de grandes entreprises recourant à des formes de travail inédites, associé à celui de la bourse et des marchés financiers, est d'ailleurs contemporain de l'émergence des grandes entreprises intégrées, qu'il s'agisse de la distribution électrique, des entreprises de transport, de l'industrie lourde ou de la chimie. Toutefois, c'est seulement après 1890 et surtout entre les deux guerres que le financement des entreprises par des actions et par l'émission d'obligations cotées en Bourse devient une pratique fréquente en France, au-delà des secteurs pionniers qu'étaient les chemins de fer et l'assurance. Dans les années 1870 et 1880, voire jusqu'à la Première Guerre mondiale, l'autofinancement continue à dominer. Et les banques, c'est-à-dire les entreprises explicitement spécialisées dans la finance, restent assez rares en France en comparaison de la Grande-Bretagne où elles ont déjà acquis un poids important. En revanche, la bourse prend son essor et joue un rôle important dans le financement des grandes entreprises françaises, via la multitude des petits épargnants [FRANÇOIS et LEMERCIER, 2021 ; HAUTCŒUR, 2007].

UN MAILLON RETROUVÉ ? LA PROTO-INDUSTRIE ET SES ENJEUX

Parallèlement à l'étude des grandes entreprises d'envergure nationale, européenne, voire mondiale, l'histoire économique de l'industrialisation n'a cessé de scruter depuis trente le rôle et l'évolution des multiples petites structures productives domestiques de la "proto-industrie". Ni la technique et ses révolutions, ni l'accumulation de capitaux et l'essor de grandes organisations, ne peuvent en effet expliquer à elles seules l'industrialisation de l'Europe, ses origines et ses formes plurielles sur le continent. L'importance des modes d'organisation du travail à domicile et de la production dispersée a été redécouverte au cours des années 1960-1970. Même si l'importance du travail à domicile était bien connue et étudiée depuis longtemps, dans les années

1970 a en effet été proposé le modèle de la proto-industrialisation pour mieux rendre compte du passage des sociétés agraires aux sociétés industrielles sur la longue durée. Le concept de "proto-industrialisation" a été proposé par Franklin Mendels pour décrire les nébuleuses textiles des plaines des Flandres dominées par les marchands-fabricants citadins [MENDELS, 1972, 1984]. Il a ensuite été beaucoup discuté, notamment en France, en Allemagne et en Angleterre. L'analyse de Mendels a été testée dans d'autres contextes et étendue à d'autres secteurs, en premier lieu le textile, mais aussi la petite métallurgie [CAILLY, 1993 ; LEBOUTTE, 1996 ; OGILVIE, 1993].

L'industrie rurale à domicile, longtemps pensée comme une transition entre l'artisanat ancien et l'usine moderne, reste en effet la forme la plus répandue de production industrielle en Europe jusque dans les années 1850-1860. Loin d'être périmée, ou vouée à la disparition au profit de l'usine, cette forme d'organisation du travail dispersé pour des marchés lointains atteint au contraire son apogée dans de nombreux territoires européens. On assiste même à une forte poussée de l'industrialisation rurale à domicile qui demeure ensuite très importante au XXe siècle. Ce qu'on nomme proto-industrie, c'est-à-dire la production à domicile pour des marchés lointains, via l'intermédiaire de marchands-fabricants urbains, renvoie toutefois à des modes d'organisations très divers. Chaque territoire proto-industriel se caractérise par de fortes singularités selon l'organisation institutionnelle de la fabrique, les types de biens fabriqués, les rapports sociaux et les ressources locales. L'historiographie a d'ailleurs proposé diverses typologies pour regrouper ces situations très variables. Ainsi dans le *Verlagssystem*, la production est assurée par une nébuleuse de travailleurs à domicile dirigée depuis un centre urbain par un négociant-fabricant qui recourt à un réseau de "facteurs" ou "ramasseurs*" pour distribuer les matières premières et récupérer les produits finis, comme cela se pratiquait autour des grands centres cotonniers comme Rouen. Le *Kaufsystem* désigne davantage une forme de sous-traitance : des petits et moyens entrepreneurs ruraux – les "fabricants" – s'occupent de mettre au travail les ouvriers à domicile. Dans ce modèle, le négociant urbain ne s'occupe que de la commercialisation. Il existait aussi en Europe des ateliers ruraux où l'agriculteur pluriactif était aussi entrepreneur : il achetait lui-même les matières premières nécessaires et vendait sa production directement au consommateur final ou à des grossistes. De nombreuses fermes-ateliers ont ainsi résisté face à la mécanisation industrielle dans la région jurassienne pour la fabrication d'outil agricole comme les faux, les jouets... Dans ce cadre, les producteurs sont plus indépendants et ont davantage de possibilités de mobilités, même si leur activité est encadrée par les marchands-fabricants urbains.

Comme nous avons déjà pu le voir (v. Repères), les nébuleuses proto-industrielles existent dans la plupart des pays au XIXe siècle. Même si la période voit globalement leur déclin relatif, dans certaines régions d'Europe le travail rural reste dynamique et se réinventent, notamment en fonction de l'évolution des moyens de transport, jusqu'au XXe siècle. Les rythmes de ce déclin sont en réalité très variables et encore incertains. En Angleterre, il est déjà bien engagé au milieu du XIXe siècle alors que l'agriculture évolue rapidement vers un système de grande propriété et alors que la population rurale s'effondre précocement: elle ne représente plus que 35 % de la population totale dès 1871. En France, à l'inverse, le déclin est très lent et progressif: la proto-industrie permet longtemps aux ruraux de subsister dans des campagnes pleines et surpeuplées. Selon la résistance de ces formes d'organisation du travail, qui implique aussi des structures démographiques, des représentations culturelles, des niveaux de vie très divers, le passage vers la société industrielle est plus ou moins brutal ou doux. C'est surtout à la faveur des grandes crises de la fin du XIXe siècle que la plupart des régions proto-industrielles européennes disparaissent, même si de nombreuses formes de travail à domicile persistent localement, comme le montre par exemple la serrurerie du Vimeu dans la Somme. Née à l'époque moderne, une petite industrie métallurgique dynamique y a subsisté dans le monde rural en s'appuyant sur un tissu manufacturier composé d'une multitude de petites unités de production approvisionnant le marché parisien en objets métallurgiques fabriqués par une main d'œuvre habile [BARON, 1985].

Les raisons de la résistance de cette forme d'organisation du travail fondée sur la cellule familiale, le petit atelier rural ou la pluriactivité, tiennent à de nombreux facteurs explicatifs. Tout d'abord, elle offrait une main d'œuvre flexible, bon marché et peu revendicative à des entrepreneurs qui pouvaient faire reposer les aléas de la conjoncture sur les ouvriers. Par ailleurs, loin de s'opposer à la grande usine concentrée, les petits ateliers proto-industriels apparaissaient souvent comme un complément utile pour produire des biens non standardisés ou pour s'adapter aux fluctuations de la demande. Longtemps le travail industriel à domicile à la campagne et le travail industriel urbain concentré en usine se sont complétés plus qu'ils ne se sont opposés, pour répondre à différents contextes socio-politiques, ou à différents segments de marché.

CRISES, CONJONCTURES ET DÉSINDUSTRIALISATION

Si l'industrialisation donne l'image d'une évolution progressive, d'une transition d'un système productif à l'autre, celle-ci fut en réalité très inégale et discontinue, traversée de crises cycliques, mais aussi de phases de désindustrialisation, qui ont modelé en profondeur l'expérience des travailleurs, comme en 1845-1847, en 1865-1866, dans les années 1870-1880, ou à une échelle inédite après 1929. Ces crises peuvent prendre des formes très variables et leurs causes comme leurs conséquences ont suscité d'abondants travaux dans les divers pays concernés. Au XIXe siècle, les crises "d'ancien régime", liées à de mauvaises récoltes et à des aléas climatiques, subsistent, comme dans les années 1840. Après 1880 toutefois, ce sont les crises de surproduction industrielle qui l'emportent alors que commence la production standardisée en série, auxquelles il faut ajouter les crises financières qui deviennent de plus en plus importantes. Par ailleurs, au fur et à mesure que le capitalisme industriel européen s'affirme comme un système de plus en plus intégré, reliant des personnes et des activités économiques à travers le monde, les crises s'enchaînent et circulent selon des mécanismes causaux qui ont abondamment été discutés.

Les deux phases de "grande dépression" de la période se situent à la fin du XIXe siècle et dans les années 1930. La "grande dépression" des années 1873-1896 apparaît dans de nombreux indicateurs, comme la stagnation de la production, et a suscité de nombreux débats. Si son ampleur diffère beaucoup selon les pays, le retournement de conjoncture s'observe dans de nombreuses régions après 1873. En Angleterre, Béatrice et Sidney Webb, socialistes et réformateurs de la Fabian Society, voyaient dans cette "grande dépression" le crépuscule du capitalisme, qui serait entré dans une phase de crise continue. Plus récemment, les historiens ont toutefois relativisé l'ampleur de cette crise en notant qu'il s'agissait surtout d'un mythe forgé par certains, notamment les élites britanniques, pour rendre compte de leur peur du déclin face à l'essor de nouvelles puissances industrielles comme l'Allemagne ou les États-Unis. Cette phase de crise est d'ailleurs suivie par une période d'expansion après 1896 [SAUL, 1985 ; BRETON *et alii*, 1997]. Forgé par les historiens britanniques, le concept de "Grande Dépression" s'applique particulièrement mal au cas allemand, où la croissance ralentit très peu et repart dès les années 1880 [HAU, 1994].

Née aux États-Unis sous la forme d'une crise financière qui éclate en 1929, la Grande Dépression des années 1930 ne tarde pas à s'étendre en Europe du fait du rapatriement des avoirs que les banques états-uniennes possédaient dans les banques européennes, et de la contraction des échanges économiques mondiaux sous l'impact des réactions protectionnistes, à l'image de la France et du Royaume-Uni, qui se recentrent sur leur empire en utilisant la "préférence impériale". Chaque pays européen est touché à des dates différentes, mais les effets sont partout dramatiques pour la main d'œuvre qui expérimente un chômage de masse [HAUTCOEUR, 2009]. La France est atteinte à partir du second semestre de 1930, l'Italie fasciste à partir de 1931. Partout, la crise est suivie de mesures déflationnistes, c'est-à-dire de baisse des prix et des salaires, mais aussi du lancement de grands travaux comme l'électrification des campagnes et l'essor d'infrastructures routières. En Allemagne, le taux de chômage atteint plus de 25 % de la population active en 1932, alimentant la désillusion et la colère qui contribuent à porter Adolf Hitler au pouvoir en janvier 1933. En Espagne, la crise coïncide avec l'arrivée du Front populaire au pouvoir et aggrave les tensions politiques qui aboutissent à la guerre civile de 1936.

À côté de ces grandes crises globales pensées à l'échelle nationale, ou mondiale, l'industrialisation de l'Europe de l'Ouest n'a cessé d'être modelée aussi par des crises plus sectorielles ou régionales, au fur et à mesure de la réorganisation de l'espace productif et du déplacement des activités. Ainsi, dans le cas espagnol, Jordi Nadal a montré comment l'essor industriel de la Catalogne, qui devient "l'usine de l'Espagne" en 1900, s'est traduit par la désindustrialisation d'autres territoires. En 1900 la Catalogne concentrait 95 % des broches du secteur cotonnier et l'essentiel des 50 000 métiers à tisser du pays, son équipement égalait alors celui des grandes régions cotonnières comme la Normandie ou la Lombardie, au détriment des autres régions industrielles du pays [NADAL, 1998]. En France, Jean-Michel Minovez a montré aussi les processus de désindustrialisation à l'œuvre dans les régions textiles du piémont pyrénéen confrontées à la montée en puissance des productions septentrionales [MINOVEZ, 1996 et 2019].

Les liens entre "crise" et industrialisation sont complexes et pluriels. Ainsi certaines grandes crises, comme les guerres, ont accéléré les rythmes et les formes de l'industrialisation européenne, à commencer par la Grande Guerre qui a joué un rôle majeur dans l'histoire industrielle de l'Europe. À la faveur de la mobilisation industrielle totale de la société, de nouveaux secteurs prennent leur envol comme la chimie ou l'aéronautique, et la mécanisation s'accélère pour compenser le manque de bras (v. Repères).

L'ÉLARGISSEMENT DES MARCHÉS, L'ÉTAT ET LES CONSOMMATIONS

L'histoire économique est née puis s'est développée comme discipline scientifique à partir des années 1880 en Europe, alors que les nationalismes s'exacerbaient. Elle s'est construite progressivement dans un cadre essentiellement national, opposant les pays, leur avance ou leur retard supposés. L'organisation des archives, le cadre macroéconomique de la comptabilité nationale, l'insistance sur le rôle des États, ont par la suite contribué à imposer des perspectives essentiellement nationales aux travaux consacrés à l'industrialisation du continent et ses mécanismes. Depuis les années 1980 pourtant, la question de l'échelle d'analyse pertinente n'a cessé d'être posée pour penser les dynamiques industrielles, depuis l'échelle régionale redevenue centrale, jusqu'aux perspectives de l'histoire globale, comparée ou connectée, qui interroge la question de l'État, des Empires et des marchés mondiaux, et leur rôle dans l'industrialisation du continent.

De nombreux travaux ont en effet insisté sur le fait que l'industrialisation fut d'abord un phénomène régional, et le devient de plus en plus au cours de la période [POLLARD, 1980, 1981 ; ZIEGLER et CSIEPKA, 2010]. Si en 1830 le travail était encore largement dispersé, il se concentre et se polarise ensuite de plus en plus, notamment sous l'effet de la "révolution ferroviaire" qui accélère les mobilités et réduit les coûts de transport, de la baisse des barrières douanières, et de la spécialisation productive des bassins industriels qui concentrent la main d'œuvre, les capitaux et les ressources minières. Dans chaque pays, de grands pôles surgissent ainsi, comme le Lancashire avec le coton ou les Midlands et la sidérurgie dans le cas britannique. Dans l'espace germanique, ce sont la Silésie, la Saxe et surtout la Rhénanie-Westphalie qui accompagnent l'essor rapide du bassin houiller de la Ruhr et de la sidérurgie ; en Belgique la région liégeoise ; en Italie c'est essentiellement le triangle entre Gènes, Turin et Milan ; et en Espagne la Catalogne. Il existe aussi de grandes régions transfrontalières où les hommes et les savoir-faire circulent abondamment à l'image de la frontière du Nord entre la France et la Belgique [LENTACKER, 1974] ; ou encore la région de Liège et Aix-la-Chapelle, celle comprise entre l'Alsace, le sud de l'Allemagne et la Suisse.

L'insistance sur l'échelle régionale ne doit évidemment pas disqualifier le cadre national, qui conserve sa pertinence dans la mesure où il est unifié par une monnaie, des lois, et par l'intervention d'États, dont le rôle s'affirme continuement au cours de la période. Tout l'enjeu est précisément dans le jeu d'échelles incessant à travers lequel se construisent les dynamiques d'industrialisation et les inégalités croissantes entre territoires. Le rôle de l'État dans l'industrialisation de l'Europe a été une question évidemment centrale de l'historiographie, et l'ancienne alternative entre interventionnisme et libéralisme a été profondément revue. Ses leviers d'action sont nombreux, qu'il s'agisse du cadre juridique, de la propriété, mais aussi des règles de la concurrence [François et Lemercier, 2021]. Par ailleurs, on sait désormais que l'État n'est pas extérieur aux marchés et à l'industrie, sur lesquels il interviendrait, mais qu'il en est partie prenante et qu'il les construit en permanence (comme l'ont montré Philippe Minard dans le cas français en examinant les mythes du "colbertisme*" hexagonal, ou Jean-Pierre Hirsch explorant l'univers des négociants et fabricants lillois qui s'efforcent de concilier en permanence des appels à la liberté et des demandes incessantes de protection des autorités [Hirsch, 1991]).

Cette ambivalence subsiste tout au long de la période et définit le capitalisme industriel, dans lequel les entrepreneurs ne cessent de se plaindre des lourdeurs de l'État tout en exigeant son intervention. Les analyses fondatrices de Karl Polanyi, forgées à la faveur de la grande crise mondiale du capitalisme des années 1930 restent à cet égard globalement valides. Dans *La Grande transformation*, parue en 1944, Polyani étudie l'évolution de "l'économie de marché" dans sa relation avec l'État. Le début du XIXe siècle expérimenterait ainsi un "désencastrement" de l'économie, c'est-à-dire son autonomisation par rapport aux autres sphères, comme la religion et la politique, qui la déterminaient auparavant. Cela n'implique pas une absence de l'État, puisque c'est précisément lui qui orchestre cette autonomisation croissante du marché. Au XIXe siècle, comme à la fin du XXe siècle, la mise en place de marchés supposés autorégulés et la marchandisation généralisée du travail, des terres et de la monnaie qui l'accompagne, se font en effet au nom de l'idéologie du laissez-faire, mais elles sont conduites par les États. Désormais, le marché serait supposé s'autoréguler, mais ce désencastrement aurait à son tour conduit à un essor des conflits et des violences dans l'Europe du premier XXe siècle, nécessitant un "ré-encastrement" sur de nouvelles bases, via la reprise de pouvoir sur les marchés sous la forme des systèmes de protection sociale, du protectionnisme accru et de bureaucraties de plus en plus puissantes [Polanyi, 1983].

Tous ces enjeux impliquent évidemment d'interroger aussi les politiques économiques des États, et d'être attentif aux controverses idéologiques qui façonnent la science nouvelle de l'économie politique, opposant libéraux et interventionnistes, partisans du libre-échange et du protectionnisme, même s'il faut se méfier de ces catégories trop générales qui évoluent au cours de la période parallèlement à l'institutionnalisation de la science économique [Le Van Lemesle, 2004; Fourcade, 2009; Todd, 2008]. L'économie politique est une science profondément ambiguë dont l'influence s'accroît au cours de la période. Ses principaux théoriciens, de l'Anglais David Ricardo à John Maynard Keynes, en passant par Karl Marx, devront être connus. L'économiste français Léon Walras (1834-1910) incarne assez bien ces ambiguïtés théoriques et politiques: il se disait socialiste, tout en étant considéré comme l'un des fondateurs de la théorie économique dite néo-classique, car il est l'un des premiers à tenter de modéliser "l'équilibre général", même si pour lui un marché avait toujours besoin d'institutions publiques pour permettre la convergence de l'offre et de la demande. Le "libéralisme" lui-même est un terme profondément flou et changeant. À chaque période, les patrons libéraux sont d'abord ceux qui ont intérêt à faire disparaître les droits de douane pour conquérir de nouveaux marchés, alors que les protectionnistes appartiennent généralement aux branches qui souffrent de la concurrence étrangère – comme les filateurs de coton français qui souhaitent importer leur matière première à bas coût, tout en refusant que les tisseurs importent des fibres moins chères filées dans les usines mécanisées d'Angleterre.

Si l'industrialisation de l'Europe s'est largement réalisée dans un cadre protectionniste, la Grande-Bretagne fait précocement le choix du libre-échange, sacrifiant son agriculture dès 1846, avec l'abolition des droits sur les grains importés. Le pays se singularise fortement à cet égard par rapport au continent, car même si les traités de libre-échange s'enchaînent en Europe dans la seconde moitié du XIXe siècle, la plupart des pays européens reviennent au protectionnisme après 1870-1880, alors que seule la Grande-Bretagne maintient le libre-échangisme, devenu une véritable idéologie nationale, largement célébrée dans le pays [Trentmann, 2008].

L'essor de la consommation et l'expansion des marchés, favorisés entre autres par le libre-échange, se sont affirmés dans les dernières décennies comme comptant parmi les principaux moteurs de l'industrialisation européenne. C'est largement la "révolution de la consommation", habituellement datée du XVIIIe siècle, mais qui se démocratise réellement après 1840 en Europe de l'Ouest, et l'ouverture plus ou moins grande de l'économie des différents pays, qui a nourri la croissance industrielle de l'Europe [Roche, 1997; Daumas, 2018]. La répartition sociale des revenus, de leurs niveaux, des structures sociales de la consommation a été particulièrement étudiée en France et en Angleterre pour le XIXe siècle. En Allemagne, en Italie et en Espagne, le marché intérieur est d'abord plus restreint et nourrit moins la croissance industrielle, même si les situations évoluent à la fin du XIXe siècle (sur les consommations ouvrières, v. Loisirs et hors travail).

Il faut par ailleurs insister sur la "conjoncture globale" dans laquelle s'insère l'industrialisation de l'Europe. L'expansion industrielle n'a été possible que grâce à l'extraction croissante de ressources et de travail au sein des empires formels et informels, notamment dans les cas français et britannique, et cela dès le XVIIIe siècle [STEARNS, 2018; ALLEN, 2009]. Ces enjeux soulèvent la question du rôle des Empires et des échanges globaux dans l'industrialisation européenne. Ils invitent à penser les liens entre l'Europe et le monde via l'internationalisation des échanges et des marchés [VERLEY, 1997a]. C'est l'un des fronts pionniers de la recherche actuelle, relançant de vieux débats sur les liens entre impérialisme et capitalisme, évidemment très variables selon les Empires [ETEMAD, 2005]. David Todd montre par exemple comment les élites françaises du XIXe siècle poursuivent une stratégie d'expansion impériale dans laquelle de nouvelles marchandises voyantes, comme le champagne et les soieries, contribuent à une véritable campagne de séduction mondiale [TODD, 2021]. Alors que la Grande-Bretagne élargissait son rayon d'action impérial par le colonialisme et l'acquisition de territoires éloignés, comme l'Inde, la France construisait un empire "de velours" soutenu par de fréquentes interventions militaires, une juridiction extraterritoriale de plus en plus étendue, et des relations asymétriques de type impérial, jusqu'à ce qu'une succession de revers dans le monde entier entraîne leur effondrement dans les années 1870. Le cas de la colonisation belge du Congo sous le roi Léopold II est particulièrement marquant. Fondée sur une exploitation maximale des indigènes et l'imposition d'un travail forcé particulièrement dur et cruel, l'extraction du caoutchouc, de l'ivoire, puis des minerais comme le cuivre et l'étain, a nourri l'industrialisation belge de la fin du XIXe siècle et de l'entre-deux-guerres.

L'industrialisation de l'Europe et des principaux pays européens peut en effet être lue et interprétée à partir de la prise en compte des systèmes métaboliques fondés sur l'extraction de matières à l'intérieur, mais aussi à l'extérieur du continent. On assiste d'ailleurs dans toute l'Europe – mais à des rythmes très différents selon les pays – à l'installation d'une dépendance croissante à l'égard des ressources minérales et des combustibles fossiles, le charbon puis le pétrole. Ainsi, alors que la France, l'Espagne ou l'Italie manquent structurellement de charbon et doivent sans cesse en importer, la Grande-Bretagne, la Belgique et l'Allemagne disposent de gisements abondants. À l'orée de la Première Guerre mondiale, le charbon est devenu une source d'énergie prédominante au sein des sociétés industrialisées, sur le plan symbolique comme pratique. Il est alors de loin la première source d'énergie pour l'industrie, mais aussi pour le chauffage ou la production d'électricité. En 1910, la part du charbon dans la consommation énergétique primaire atteint 82 % aux Pays-Bas, 90 % en Allemagne et même 96 % en Angleterre et au pays de Galles [KANDER *et alii*, 2013]. En France, l'industrie consommait quatre fois plus de biomasse, sous forme de bois en particulier, que de minéraux et de charbon vers 1860 alors que les deux sont équivalents en 1930 : à cette date, le pays est devenu dépendant du charbon, et doit en importer massivement alors que le pétrole commence à s'affirmer comme un nouveau carburant [KRAUSMANN, 2013 ; MAGALHÃES *et alii*, 2018].

De l'innovation technique révolutionnaire à la capacité d'extraire des ressources minérales et du travail partout dans le monde, notamment via les plantations sucrières ou les champs de coton, de l'organisation du travail dispersé en réseau à l'essor de grandes organisations productives transnationales, les facteurs à l'origine de l'industrialisation de l'Europe de l'Ouest sont nombreux et très divers. Leur importance fluctue selon les pays et les périodes, et dessine des rythmes, des paysages, des types de populations ouvrières très singuliers.

LES SAVOIRS DU TRAVAIL. OBSERVER, PENSER ET CHANGER LE TRAVAIL

Depuis l'âge classique, l'étude du travail est au carrefour de deux traditions qui se croisent régulièrement avant de converger à la fin du XIXe siècle, pour de nouveau diverger ensuite. La première est celle des médecins, qui, depuis Ramazzini, s'intéressent aux maladies professionnelles. Elle se transforme dans le cours du XIXe siècle avec l'émergence d'un discours hygiéniste qui se combine avec la pensée économique et sociale de l'époque, elle-même centrée sur la question de l'affrontement ou de la conciliation capital/travail. Les "enquêtes sur le travail" qui se développent en Grande-Bretagne et en France au cours du XIXe siècle procèdent d'un discours médico-social, qui a étendu à la sphère collective la notion de pathologie. La seconde tradition est celles des savants-ingénieurs qui, pour faire valoir les machines qu'ils soumettent à l'approbation de leurs pairs et du public, en évaluent l'efficacité au nombre de travailleurs qu'elles sont susceptibles de remplacer. Le concept de "travail mécanique" est formalisé au début du XIXe siècle, mais il est communément employé dans la science pratique des ingénieurs depuis le XVIIIe siècle [VATIN, 1993].

La mécanique industrielle s'affirme au XIXe siècle avec l'industrialisation et joue un rôle central dans la rénovation de la physique, en anticipant la révolution thermodynamique qui universalise la notion d'énergie. Celle-ci s'applique aux systèmes physiques naturels, aux machines, aux êtres organiques et, *in fine,* à l'homme lui-même. La physiologie, puis la psychophysiologie du travail peuvent alors se déployer, en combinant le sens ordinaire et le sens physique du mot travail. Mais on ne tarda pas à s'apercevoir des impasses de ce cadre épistémologique. Le développement au XXe siècle des sciences sociales du travail apparaît à certains égards comme la conséquence de l'échec d'une science positive du travail, physico-physiologique.

Faire l'histoire de cette question sur la période 1830-1939 n'est pas facile. D'abord ces bornes chronologiques ne peuvent pas être pleinement respectées pour traiter la question, car il nous faudra d'abord évoquer succinctement l'héritage du XVIIIe siècle. Ensuite, physique et physiologie, optimisation économique et considérations sociales sont toujours étroitement entremêlées. Ainsi, si la thermodynamique permet, à la fin du XIX siècle, la convergence des deux traditions distinguées plus haut, des points de croisement ont préexisté. Dès le XVIIe siècle, les médecins s'étaient intéressés à l'activité du cœur, qu'ils analysaient comme une pompe, objet technique au centre des réflexions, pratiques et théoriques, qui ont mené à la machine à vapeur et à la thermodynamique.

L'HÉRITAGE DU XVIIIe SIÈCLE : LES ENCYCLOPÉDISTES, COULOMB ET LAVOISIER

S'il n'est pas question de faire l'histoire de cette question avant 1830, il faut présenter trois points d'appui datant la fin du XVIIIe siècle. Le plus connu est l'observation systématique des métiers réalisée par les Encyclopédistes, y compris les planches descriptives, régulièrement reproduites. L'enjeu est de constituer un répertoire cohérent des savoirs professionnels, afin de favoriser la diffusion des meilleures pratiques et de lutter contre les routines dues à l'ignorance. Les deux autres : les travaux de Charles-Augustin Coulomb et ceux d'Antoine Lavoisier exigent de plus amples développements.

Le mémoire de Coulomb, connu sous le titre apocryphe de *Mémoire sur la force des hommes* (1799/1821), anticipe la mécanique industrielle du XIXe siècle. Dans le prolongement de Guillaume Amontons et de Daniel Bernoulli, Coulomb cherche à "déterminer la quantité d'action que les hommes peuvent fournir par leur travail journalier suivant les différentes manières dont ils emploient leurs forces". Il souligne la dualité de la notion de travail, qui désigne à la fois l'*effet* de la mise en œuvre des forces de l'homme (le produit) et la *fatigue* subie en produisant cet effet (la dépense). Il en déduit le concept de "rendement" (produit/dépense) qui est au cœur de la mécanique industrielle et de la thermodynamique qui la prolonge, puis des sciences du travail à la fin du XIXe siècle. L'intérêt de ce mémoire réside aussi dans le caractère très concret du dispositif d'observation. Coulomb mesure le poids dont se chargent les hommes qui portent du bois de chauffe dans ses appartements. Il cherche à déterminer la charge optimale, c'est-à-dire la plus élevée pour une fatigue "normale", celle qui permet au travailleur de se représenter le lendemain dans le même état de force. Cette démarche semble préfigurer la science physicaliste* du travail de Jules Amar (1914). Mais, comme les Encyclopédistes, Coulomb observe le travail des hommes avec la conviction qu'ils trouvent eux-mêmes un *optimum*, alors que pour Amar, comme pour son contemporain Frederick Taylor, la science doit déterminer l'*optimum* et l'imposer au travailleur dans l'intérêt collectif.

La notion de fatigue, centrale dans la démarche de Coulomb, n'est mesurée qu'indirectement par l'expérience marchande. Deux travaux payés la même somme sont supposés contenir la même quantité de fatigue. Coulomb rejoint son contemporain Adam Smith (1776-1991) pour qui le salaire est le prix de la peine humaine, "sacrifice de temps, de repos, de bonheur". À la même époque, Lavoisier (1789), mène des études qui tentent une véritable mesure physique de la fatigue. Faisant élever des poids à son assistant sous une cloche hermétique, il note les correspondances entre le poids soulevé, le rythme cardiaque et la quantité d'oxygène ingérée. Il en conclut que la respiration est analogue à la combustion d'éléments vitaux par l'oxygène. La mesure du travail physiologique par la consommation d'oxygène resta la méthode de référence jusqu'à la fin de notre période d'étude. Le plus étonnant est que Lavoisier ait développé sur cette base une conception générique du travail comme dépense de force :

"On peut connaître, par exemple, à combien de livres en poids répondent les efforts d'un homme qui récite un discours, d'un musicien qui joue d'un instrument. On pourrait même évaluer ce qu'il y a de mécanique dans le travail du philosophe qui réfléchit, de l'homme de lettres qui écrit, du musicien qui compose. Ces effets, considérés comme purement moraux, ont quelque chose de physique et de matériel qui permet, sous ce rapport, de les comparer avec ceux de l'homme de peine. Ce n'est donc pas sans quelque justesse que la langue française a confondu, sous la dénomination commune de *travail*, les efforts de l'esprit comme ceux du corps, le travail du cabinet et le travail du mercenaire."

Cette profession de foi se révéla physiologiquement erronée. On ne pourra jamais mesurer en termes physiologiques le travail professionnel. Mais sa valeur philosophique et sociale est profonde puisqu'elle le conduit à affirmer, comme Smith et Coulomb, l'unité du travail humain, par-delà ses diverses formes.

MACHINERIE ET MACHINISME INDUSTRIELS (1830-1860)

Les technologues anglais de la première moitié du XIXe siècle comme Andrew Ure ou Charles Babbage emploient le terme de "machinerie*" (machinery) pour désigner un système mécanique industriel, c'est-à-dire une machine composée. Ce terme est repris en allemand par Karl Marx (*Maschinerie*) dans un chapitre du *Capital* inspiré d'Andrew Ure, penseur prophétique de l'industrie moderne, que Marx appelait le "Pindare de la fabrique". Dans la première traduction française du *Capital*, ce terme a été traduit par *machinisme*. Le traducteur avait probablement souhaité éviter le sens littéraire de machinerie, mais il a ainsi introduit une dimension romantique, issue de Michelet, dans le texte de Marx. Cette expression, issue de la philosophie cartésienne (le "machinisme des bêtes"), avait été reprise en 1846 par cet historien dans une critique de l'industrie. Entre machinerie et machinisme se jouent les deux volets du discours sur le travail qui se déploient dans les années 1830-1840 en France et en Angleterre : celui des technologues et celui des hygiénistes et penseurs sociaux.

La technologie

On fait communément débuter dans les années 1830 en France la "Révolution industrielle". Ces années correspondraient au moment du "*take-off*" [ROSTOW, 1962], lequel se serait déroulé un demi-siècle avant en Grande-Bretagne et vingt à quarante ans plus tard en Allemagne et en Italie. Au-delà des courbes économiques controversées, ces périodisations s'appuient sur des considérations politiques et culturelles. Pour prendre le cas de la France, la révolution de 1830 constitue un marqueur historique important. S'affirme, sous Louis-Philippe, une tendance industrialiste qui se profilait depuis la Restauration. Le mouvement saint-simonien exprime cet industrialisme qui inspire la mécanique industrielle, comme de l'économie politique de Jean-Baptiste Say et de ses disciples.

En 1834, dans sa "classification" des connaissances humaines, André-Marie Ampère regroupe mécanique et économie industrielles dans un vaste domaine qu'il appelle "technologie" en reprenant ce terme du physicien et économiste allemand Johann Beckmann (1806) [Carnino et Hilaire-Pérez, 2017]. Le Conservatoire des arts et métiers, alors dirigé par Pierre-Joseph Christian, qui publie en 1819 sa *Technonomie*, première synthèse en France d'une science technologique, est une institution centrale dans le développement des savoirs industriels en France. Créé en 1794 comme musée des machines, il accueille en 1819 trois chaires conçues par Charles Dupin [Christen et Vatin, 2009] : la première de géométrie et mécanique appliquée aux arts pour Dupin lui-même, la seconde de chimie industrielle pour Nicolas Clément-Désormes et la troisième d'économie industrielle pour Jean-Baptiste Say. La référence de Dupin était l'*Andersonian Institution*, école supérieure technique fondée à Glasgow par Ure en 1796. Dupin était convaincu que la puissance industrielle anglaise n'était pas due à son avancée technique, mais à la qualité de sa main d'œuvre.

Dans ses cours, Dupin s'attache à montrer que les ouvriers font, tel M. Jourdain de la prose, de la mécanique sans le savoir. Il s'intéresse à l'énergétique, dans le sillage de Coulomb, mais aussi à la cinématique du travail, qu'il s'agisse du squelette humain ou des outils. L'approche cinématique des machines, est développée à la même époque en Grande-Bretagne par Charles Babbage et Robert Willis. Reprise en France par Charles Laboulaye, elle débouche en Allemagne sur les célèbres travaux de Franz Reulaux. Quand la physiologie du travail se développe à la fin du XIXe siècle, on dispose d'un cadre développé pour penser le corps humain comme une composition mécanique avec ses axes de rotation, ses degrés de liberté, ses effets de levier. Qu'il s'agisse des machines ou des hommes et animaux, l'étude mécanique du travail combine toujours ces dimensions cinématique et énergétique, développées de façon plus ou moins parallèle.

Dupin a conçu son enseignement au Conservatoire comme un "cours normal", destiné à être dupliqué bénévolement dans les villes industrielles et portuaires par ses camarades polytechniciens. En dehors de Paris, l'expérience la plus poussée fut celle de Metz sous la houlette de Claude-Lucien Bergery. Les cours publics pour ouvriers, qu'il tint, avec ses collègues de l'Académie de Metz, de 1825 à 1835, débouchèrent sur la création précoce dans cette ville d'un enseignement technique municipal. Bergery lui-même y enseigne, comme Dupin, la géométrie et la mécanique industrielle, et, comme Say, l'économie industrielle. Ce sont pour lui deux volets inséparables d'un enseignement industrialiste. Egalement professeur à l'école régimentaire d'artillerie, il aborde, dans ses traités de mécanique appliquée, la question du travail des hommes dans le sillage de Coulomb. Attentif à la fatigue des hommes, il se préoccupe du "travail statique", c'est-à-dire de la fatigue subie lors du port d'une charge sans son déplacement, ce que le concept mécanique de travail, développé à la même époque à Metz par son ami Victor Poncelet, ne peut prendre en considération.

L'économie industrielle de Bergery se décompose en deux volets: une "économie de l'ouvrier" et une "économie du fabricant". Ces catégories sont reprises à Dupin qui, dans sa série du *Petit producteur français*, distinguait le petit propriétaire, le petit cultivateur, le petit commerçant, et, à leur suite, le petit fabricant, l'ouvrier et l'ouvrière. Dupin et Bergery sont des promoteurs de la petite industrie, ce qui les distingue de Ure en Angleterre, qui pense la grande industrie et anticipe l'automation en ouvrant ainsi sa *Philosophie des manufactures* (1836/1835, p. 1): "La plus parfaite des manufactures est celle qui peut se passer entièrement du travail des mains." Les références de Ure sont les grands ateliers de filature et de tissage, critiqués en France dans les années 1840 par les hygiénistes, les philanthropes et les penseurs sociaux. Les technologues français partagent leurs inquiétudes. Ils craignent comme eux que l'industrialisation "à l'anglaise" exacerbe les luttes de classes et débouche sur une "nouvelle féodalité". Dans la petite industrie, en revanche, il n'y aurait pas de "rupture de classe" entre l'ouvrier et le fabricant, car un ouvrier compétent et économe doit parvenir à se mettre à son compte. Cette représentation est conforme à l'état social dominant dans la France de l'époque: une industrie très dispersée, où le rapport salarial est encore mal identifié en dehors des grandes manufactures, qui sont concentrées dans quelques régions, comme le nord et la Normandie [VATIN, 2006a].

Les enquêtes sociales

Dans les années 1830-1840, en Angleterre, puis en France, l'observation des conditions de vie des travailleurs dans les manufactures devient un véritable objet littéraire décliné en différents genres [KALIFA, 2010; LYON-CAEN, 2007] : le portrait pittoresque des "physiologies" des années 1820-1830 [LHÉRITIER, 1955], le discours médical hygiéniste, le recensement administratif. Mais une préoccupation commune se manifeste: percer le mystère du "social", gros de dangers [LYON-CAEN,

2004; VATIN, 2017]. La nouvelle population ouvrière urbaine, née du développement industriel, inquiète, tout particulièrement en France où se succèdent les troubles révolutionnaires. Enrayer le paupérisme urbain et ses effets délétères sur la santé physique et morale des populations apparaît comme une indispensable prophylaxie sociale.

Soutenues en Angleterre par les évangélistes et par les socialistes owenistes [GOLDMAN, 1983], les enquêtes, comme celle du docteur James Philipps Kay sur la *Condition morale et physique des classes laborieuses employées dans l'industrie du coton à Manchester* en 1832, visent la moralisation de la classe ouvrière. En combinant ce que nous appellerions aujourd'hui la sociologie urbaine et la sociologie du travail, les enquêteurs, en France et en Angleterre, dénoncent les conditions déplorables de logement dans les villes industrielles, l'alcoolisme, mais aussi les conditions de travail dans les manufactures, notamment celles des femmes et des enfants [JARRIGE, LE ROUX, 2019]. Elles s'inscrivent en opposition au libéralisme ricardien jugé responsable de l'appauvrissement et de l'insalubrité urbaine [BENSIMON, 2019b]. Dès 1819, Sismondi, premier économiste à rompre avec la tradition libérale britannique, avait donné le ton dans ses *Nouveaux principes d'économie politique*: le développement industriel ne garantissait pas la prospérité collective. L'*Économie politique chrétienne* (1834) du vicomte Alban de Villeneuve-Bargemont est significative du questionnement de l'époque. Préfet, de 1814 à 1830, successivement dans le Tarn-et-Garonne, la Creuse, la Meurthe, la Loire Inférieure et enfin le Nord, il conclut de ce parcours que la misère croît avec l'industrie. En France, l'Académie des sciences morales et politiques, créée par François Guizot en 1832, où se retrouvent juristes, économistes, philosophes et médecins hygiénistes, joue un rôle majeur dans ces débats. En 1834, elle accepte une fondation destinée à primer "l'auteur du meilleur mémoire sur les questions dont la solution indiquerait les moyens de prévenir ou de soulager la misère dans les divers pays, mais particulièrement en France". Après un concours infructueux en 1837, Eugène Buret se voit attribuer, en 1839, une médaille d'or pour *De la misère des classes laborieuses en France et en Angleterre*. La même année, le médecin hygiéniste Louis-René Villermé membre de l'Académie publie son *Tableau de l'état physique et moral des ouvriers employés dans les manufactures de coton, de laine et de soie*, résultat d'une enquête menée avec le soutien de la Société industrielle de Mulhouse. En 1846, Michelet, lui aussi membre de cette académie, publie *Le Peuple*, dans lequel il déplore le sort du "misérable petit peuple d'hommes-machines" (1974/1846, p. 98) des manufactures, selon une image qu'il a reprise à Pierre-Édouard Lemontey, qui, dès 1801, dénonçait la division du travail promue par Adam Smith [VATIN, 2006b]. À l'occasion de la crise de 1848, l'Académie sollicite de ses membres une série de "petits traités" pour établir un diagnostic social. L'économiste Adolphe Blanqui fournit un de ces opuscules sur la base d'une enquête qu'il mène dans les manufactures de Rouen : *Des classes ouvrières en France pendant l'année 1848*.

Dans les enquêtes de cette période, comme encore dans celles menés sous le Second Empire par Frédéric Le Play et son école [SAVOYE, CARDONI, 2007], ou, à la même époque, en Belgique [GEERKENS, 2019], par Édouard Ducpétiaux, les ouvriers sont plus saisis dans leurs conditions matérielles de vie, que dans leur travail proprement dit. En contraste avec les descriptions de l'*Encyclopédie* ou les études de Dupin, le travail est pensé comme une catégorie économique, sociale et politique générique (le Travail opposé au Capital), plus que comme une activité technique aux formes multiples. En témoigne le sens que revêt alors l'expression d'"organisation du travail", présente dès les années 1830 dans les textes de Charles Fourier et popularisée par Louis Blanc en 1839 dans un ouvrage très diffusé qui a nourri les revendications ouvrières de 1848. Cette expression ne désigne pas alors l'organisation managériale de la production au sein de l'atelier (sens qu'elle prendra au début du XXe siècle comme traduction du *Scientific Management* de Frederick Taylor), mais son organisation sociale régulée, par opposition au seul règne du marché prôné par les libéraux.

En dépit de l'abondance et de la richesse de cette littérature, un même impensé traverse les écrits des technologues et ceux des enquêteurs sociaux. Socialistes et libéraux ne voient pas que la contradiction entre "liberté formelle" et "contrainte réelle" n'est pas seulement juridique ou morale, mais est ancrée dans le fonctionnement technique et organisationnel des manufactures, dont le corollaire est l'institution salariale [VATIN, 2007]. La pensée libérale ne veut voir dans la relation de travail qu'un rapport marchand entre individus égaux. L'ouvrier, qui vend le produit de son travail, doit être son propre organisateur. L'employeur n'a pas à s'en préoccuper, car le marché stimulera par lui-même le travailleur. Ainsi, Bergery, ingénieur, bon connaisseur des travaux de Coulomb, envisage un dispositif de mesure du travail, mais le considère inutile : "Vous avez au reste un moyen très simple de vous dispenser de toute recherche et d'obtenir sûrement, sans la moindre surveillance, le plus grand travail dont chaque ouvrier est capable : c'est de payer à la pièce" [BERGERY, 1831, p. 46]. Les penseurs sociaux sont de leur côté à la recherche d'un statut social et politique des travailleurs. Ils dénoncent leurs conditions de vie et, pour les plus radicaux, leur "exploitation" ; ils critiquent la réduction du travail au rang de marchandise et prônent l'association et la solidarité ouvrière. Mais, pas plus que les libéraux, ils ne saisissent le nœud des contradictions dans l'ambiguïté du lien salarial, marchand d'un côté, hiérarchique de l'autre, car, pas plus qu'eux, ils ne veulent renoncer aux principes de liberté et d'égalité affirmés en 1789. Il appartiendra à Karl Marx de faire de cette contradiction le cœur de sa théorie.

LE TRIOMPHE ÉPHÉMÈRE DE L'ÉNERGÉTISME (1860-1910)

Nombre de débats économiques et sociaux sur le travail de la première moitié du XIXe siècle sont marqués par l'incompréhension du caractère dual de la notion de travail : effet *et* dépense, comme l'avait clairement formulé Coulomb en 1799. Le travail est saisi, soit du côté de la dépense, soit du côté du produit, ou, alternativement de l'un et de l'autre, sans que sa dualité soit interrogée. C'est l'intégration de la notion d'énergie dans les discours sur le travail qui a permis de sortir de cette impasse et de renouveler en retour l'approche de la "question sociale". Ce concept central de la thermodynamique élaborée dans les années 1840-1860 permet en effet de concevoir la permanence d'une quantité physique par-delà la variation de ses formes. Il permet donc d'élargir la problématique du rendement dans des configurations où le travail mécanique n'est plus mesurable, comme par exemple dans les échanges au sein des organismes animaux.

La question énergétique

La question de la circulation de l'énergie au sein des systèmes physiques apparaît par ailleurs étrangement similaire à celle de la valeur au sein de la société, ainsi que Leibniz en avait eu très précocement l'intuition. La métrique de la valeur-travail développée par Ricardo en 1817 apparaît ainsi assimilable à celle des mécaniciens. Mais Ricardo ne parvient pas à formuler clairement la dualité de la notion de travail. Il critique Smith qui aurait confondu le "travail dépensé dans la production d'une chose" (valeur-travail) et "celui que cette chose peut acheter" (salaire), tout en employant le même mot : *Labor*, pour désigner l'un et l'autre [RICARDO, 1971 (1817), p. 27]. Il faut attendre Marx pour qu'un formalisme analogue à celui de Coulomb soit transposé dans la théorie économique. Sa théorie de l'exploitation repose sur la distinction qu'il opère, dans une critique de Ricardo, entre le "travail", source de la valeur, qui se cristallise dans des objets, et, la marchandise vendue sous le nom de travail, qui n'est pour lui qu'une potentialité de travail, une "force de travail". L'employeur achète une chimère : l'engagement du travailleur à mettre pour un temps donné ses capacités physiques et intellectuelles à sa disposition. Le salaire a pour contrepartie le renoncement du travailleur à tout droit sur le produit de son travail. La capacité de travail est payée à sa "valeur", celle des biens nécessaires à l'existence du travailleur. Mais celui-ci a la capacité de produire plus de travail qu'il n'en coûte, d'où la "plus-value" réalisée par l'employeur.

Il y a une analogie formelle entre ce schéma et la théorie mécanique du rendement. Dans les deux cas, on distingue un produit et une dépense mesurés en "travail", ce qui permet d'établir un solde entre ces deux grandeurs. Mais alors que la mécanique met en évidence une perte qu'elle cherche à minimiser, Marx met en évidence un surplus que l'organisation capitaliste cherche à maximiser. Par cette habile construction, il peut articuler les apports des technologues et ceux des enquêteurs sociaux. D'une part, il s'inspire d'auteurs comme Buret, qui voit dans le statut marchand du travail la cause de la misère ouvrière ; d'autre part, sa lecture des technologues anglais et des économistes ricardiens, lui permet de considérer comme un fait social la réduction du travailleur à une force productive. Buret critiquait le "cynisme" de Ricardo. Marx considère que ce n'est pas la théorie qui est cynique, mais la société elle-même et s'appuie sur les auteurs les plus explicites dans l'expression des intérêts capitalistes, comme Ricardo ou Ure pour dénoncer "scientifiquement" et non simplement moralement l'ordre social [VATIN, 2005]. Ainsi, en dépit de ce qu'il n'arrive jamais à définir clairement la valeur-travail, comme le montrent les débats qui se poursuivirent après sa mort, il est assurément l'auteur qui, après Coulomb, est allé le plus loin dans une conceptualisation systématique du travail au carrefour de l'économie, de la mécanique et de la physiologie. La détermination de la valeur de la force de travail par celle des marchandises nécessaires à son entretien montre le soubassement énergétique de son modèle. À la même époque, Augustin Cournot (1863) imagine une théorie économique des "équivalents" fondée sur les propriétés "objectives" des biens (comme la dureté d'un matériau de construction). Il applique ce schéma aux biens de consommation populaire (le blé, le riz, les pommes de terre peuvent être considérées comme "équivalents" sous le registre de leur apport alimentaire), préfigurant le concept de "calorie alimentaire" formulé à la fin du XIXe siècle par le physiologiste américain Wilbur Olin Atwater, mais de fait déjà en œuvre dans l'optimisation des rations des chevaux des compagnies de tramway dans les années 1860 [Depecker, 2016].

La bioénergétique développe les intuitions de Lavoisier. Tout système est équilibré, en ce que, avec le bon instrument de mesure, on doit trouver autant à la sortie qu'à l'entrée. L'énergie fournit ce médium métrologique, dont on décline les formes mécanique, thermique, chimique, électrique et atomique pour équilibrer cette balance. Les systèmes biologiques comme les machines consomment et produisent du travail mécanique et de la chaleur, soit de l'énergie. On peut dès lors concevoir le travailleur, être biologique, comme le siège de transformations organiques d'où provient le travail au sens ordinaire du mot, c'est-à-dire mesurer le rendement des hommes, comme la mécanique industrielle mesure celui des machines.

L'invention de la thermodynamique au milieu du XIXe siècle repose en bonne part sur des expériences sur le travail humain [Kuhn, 1990 (1959)]. Robert Mayer, médecin de bord, observe en 1841, à l'occasion de saignées pratiquées sous les tropiques, la couleur plus rouge, car moins désoxygéné du sang sous un climat chaud, ce qui confirmait l'hypothèse de Coulomb sur le caractère plus fatigant du travail sous ces climats. Gustave Hirn, industriel et savant, membre de la société industrielle de Mulhouse mesure la consommation d'huile dans le frottement des organes mécaniques, mais aussi le travail humain, selon un protocole expérimental qui combine Coulomb et Lavoisier [Hirn, 1858]. Il mesure la consommation d'oxygène d'un homme qui monte un escalier dans une chambre calorimétrique pour établir une équivalence entre l'énergie *entrée* dans l'organisme par les activités métaboliques et celle *sortie* sous la forme de chaleur ou de travail. Il s'attendait à voir la chaleur corporelle baisser à mesure que le travail augmentait [Durrive, 2019] ; or, c'est le contraire qu'il observe. Il imaginait de même que, bénéficiant de la pesanteur, l'homme produirait de l'énergie à la descente, alors qu'il en dépense aussi (moins), pour freiner son mouvement.

En dépit de leur inconsistance physiologique, ces expériences ont l'intérêt de remettre le corps du travailleur au cœur de l'observation scientifique. Ce n'est pas le corps passif des hygiénistes, qui subit les dommages de l'atelier et de l'habitat insalubre, mais un corps moteur, qui, selon le schéma général de la thermodynamique, se fatigue pour produire. Pour accomplir ce projet scientifique, il fallait toutefois disposer de nouveaux instruments conceptuels, car l'organisme est un système énergétique plus complexe qu'une machine à vapeur, laquelle constituait le modèle de Hirn, comme de Lavoisier. La thermodynamique chimique initiée par Marcelin Berthelot va permettre d'établir précisément les transformations complexes des aliments ingérés au sein des organismes animaux qui produisent l'énergie vitale. Bien que la pleine démonstration de la constance de l'énergie dans l'organisme humain ne date que de la toute fin du XIXe siècle, avec les travaux d'Atwater, le principe en est admis dès les années 1880.

Sur cette base, Auguste Chauveau, professeur à l'école vétérinaire de Lyon, parvient à surmonter la difficulté à laquelle s'était heurté Hirn. Le "travail physiologique" qu'il définit (et qu'il faudrait plutôt appeler l'énergie physiologique) n'est pas réductible au travail du mécanicien. Le corps se fatigue même lorsqu'il soutient un poids sans le mouvoir ("travail statique" identifié par Bergery) ou lorsqu'il résiste à une force, comme dans la descente des escaliers. Le physiologiste prend le pas sur le mécanicien en pénétrant dans l'organisme, au niveau du muscle. Quand une charge est soutenue par la seule structure squelettique, l'animal est comparable à un corps inanimé ; mais, quand le soutien de la charge exige une tension musculaire, il "travaille" (se fatigue) sans qu'il y ait travail mécanique produit. La physiologie permet de retrouver un sens commun de travail que la physique ne parvenait pas à saisir. On peut dès lors concevoir une science pratique du travail, nourrie de mécanique, de chimie et de physiologie. La notion de fatigue est au cœur de ce projet qui éclot à la fin du XIXe siècle.

La fatigue, une première synthèse

Les recherches sur la fatigue sont développées au carrefour des XIXe et XXe siècle par le physiologiste italien Angelo Mosso [1908]. Figure emblématique du positivisme italien, Mosso conçoit l'étude psychophysiologique de la fatigue, chargée de faire advenir un travailleur plus puissant, comme un outil au service du projet politique d'unité nationale [LANARO, 1979]. Il met au point en 1890 l'ergographe*, instrument d'enregistrement du travail musculaire qui domine l'étude psychophysiologique du travail pendant deux décennies. L'ergographe dérive du myographe conçu par Hermann von Helmholtz (l'un des fondateurs de la thermodynamique) et développé par Étienne-Jules Marey, physiologiste, proche de Chauveau, connu pour sa contribution à l'invention de la cinématographie. Le myographe* permet de mesurer l'ampleur des contractions musculaires d'un muscle isolé, stimulé chimiquement ou électriquement. Un appareil enregistreur note l'amplitude du mouvement, ce qui permet de mesurer le travail mécanique accompli (produit du poids soulevé par la hauteur de l'élévation). L'originalité de l'appareil de Mosso est qu'il mesure de façon analogue le travail volontaire d'un sujet qui élève par exemple son doigt. On passe ainsi de la physiologie musculaire à une psychophysiologie de l'effort [SARACENO, 2018]. En enchaînant les soulèvements, on trace une série de segments dont la hauteur diminue avec le temps. Mosso croit voir dans cette courbe décroissante l'expression de la fatigue, comme baisse de la capacité à mobiliser un effort, ce qui l'amène à affirmer: "soit que l'homme travaille avec les muscles, soit qu'il travaille avec le cerveau, la nature de la fatigue est toujours la même, parce qu'il n'existe qu'une force agissante: la force nerveuse" [MOSSO, 1904 (1903), p.216]. Il renoue en cela avec les perspectives les plus ambitieuses de Lavoisier. Parti d'une mesure physique, il cherche à saisir l'activité laborieuse en toute généralité. Alors que le machinisme s'étend, limitant l'usage des hommes comme force énergétique, et qu'émerge un secteur tertiaire, une telle ambition est nécessaire pour donner corps au projet d'une science positive du travail socialement utile.

L'intuition de Mosso se révéla aussi erronée que celle de Lavoisier, mais, pendant une trentaine d'années, de 1890 à 1920, cette théorie psychophysiologique de la fatigue fit l'objet d'une abondante littérature scientifique et fut amplement discutée dans les milieux industriels, politiques et syndicaux. En effet, l'analyse énergétiste du travail converge dans ce cadre avec l'approche hygiéniste des enquêtes sociales. En montrant que la fatigue augmente plus rapidement que le travail réalisé, le physiologiste se fait expert, à même de fournir des conclusions normatives à l'intention des ouvriers, des patrons et de la société tout entière: "L'ouvrier qui persiste à travailler quand il est fatigué ne produit qu'un effet utile aux dépens de son organisme, et il faut dans ce cas espacer les périodes de repos pour permettre la restauration des forces." [MOSSO, 1891, p. 92] À cette époque, la question du temps de travail est à l'ordre du jour législatif [SARACENO, 2019]. Le socialiste Jules GUESDE pouvait en 1895 à l'Assemblée nationale, paraphraser le texte de Mosso pour revendiquer la journée de huit heures: "Les muscles, l'œil, le cerveau se fatiguent et au-delà d'une certaine limite, le travail humain voit son intensité – c'est-à-dire sa productivité – décroître avec sa durée" [1895, p. 24].

La science énergétiste du travail croise également les débats sur l'organisation du travail qui occupent le devant de la scène à la veille de la première guerre mondiale, avec la diffusion de la pensée de Frederick Taylor. Ces deux traditions sont toutefois distinctes; elles ne sont pas portées par les mêmes acteurs (ingénieurs praticiens d'un côté, physiologistes et psychologues académiques de l'autre) et n'ont pas les mêmes ambitions. L'organisation du travail s'adresse d'abord à l'entreprise comme centre de profit. La science positive du travail a quant à elle une ambition d'emblée sociétale. Mais les deux discours peuvent se combiner. Mosso évoque la gestion de l'effort humain dans l'industrie, mais le contexte italien le conduit à concentrer ses observations sur le monde rural (Nani, 2001). C'est en France, en Belgique et en Allemagne que les réflexions scientifiques sur la fatigue vont rejoindre les préoccupations des organisateurs du travail.

L'action menée par Ernest Solvay à Bruxelles est exemplaire en la matière [SARACENO, SEGUIN, 2017]. Cet industriel philanthrope, inventeur d'un procédé de fabrication de la soude qui fit sa fortune, a fondé à la fin du XIXe siècle à Bruxelles un ensemble d'institutions académiques qui contribua au développement de l'Université libre de Bruxelles. Il la dota de deux instituts: sociologie (1894) et physiologie (1895) ainsi que d'une école de commerce (1903). Il était convaincu que l'énergétisme pouvait s'appliquer à l'ensemble du cosmos, physique, biologique et social. Il considérait les capitaux monétaires comme de l'énergie emmagasinée et le travail produit comme de l'énergie restituée à la société et avait pour devise "à chacun selon sa productivité" (Solvay, 1906). Les expériences ergographiques de Mosso sont ainsi poursuivies au sein de l'Institut de physiologie par la polonaise Josepha Ioteyko et le français Charles Henry (Henry, Ioteyko 1903), avec pour objectif la définition du "juste salaire" selon les préconisations de Solvay (Henry, 1906).

Cette approche est critiquée par Émile Waxweiler, directeur de l'Institut de sociologie Solvay (1906). Pour cet ancien ingénieur, le salaire est le résultat d'un rapport de force économique, qui oppose deux évaluations concurrentes de l'effort, de la part de l'employeur et du travailleur. À la même époque, à Turin, Zaccaria Treves, ancien élève de Mosso, mobilise contre les travaux de Ioteyko et Henry, un argumentaire technique et sociologique. Il montre que la pente descendante de la courbe ergographique n'est pas liée à un épuisement énergétique, mais à une surcharge qui provoque une contraction douloureuse indépendante de l'effort fourni. Ce résultat, explique TREVES [1899, p. 32] "correspond de très près à ce que l'expérience quotidienne nous enseigne; jamais personne, après avoir exécuté de forts travaux musculaires, en parfaites conditions physiologiques, n'a été réduit au point de ne pouvoir plus avec les mêmes muscles fournir aucun travail". Émergeait ainsi un résultat retrouvé plus tard par les ergonomes. La fatigue n'est pas forcément liée à l'énergie dépensée. Elle peut résulter de contraintes imposées au corps, indépendamment de l'effort qu'on lui demande. Inspiré par les résultats du psychiatre allemand Emil Kraepelin (1902), qui avait mesuré la fatigue causée par des exercices intellectuels en comptabilisant la fréquence des fautes, Treves souligne que, par l'effort volontaire, le travailleur peut augmenter l'effet utile de son travail, au prix du surmenage. Ainsi, "si on suspend un travail intéressant, ce n'est pas à cause d'un sentiment intolérable d'effort, mais parce qu'on s'aperçoit que le travail qu'on exécute ne présente plus les qualités nécessaires et ne vaut pas l'effort qu'il nous coûte" [TREVES, 1905, p. 50]. Ce virage psychologique de la recherche à l'ergographe introduisait une dimension psycho-économique et sociologique dans l'analyse de la fatigue.

SALARIAT, ORGANISATION ET SCIENCES DU TRAVAIL (1910-1939)

La psychophysiologie redécouvrait donc à la fin du XIXe siècle la question du rapport entre effort et rémunération, présente dès les premières recherches de Coulomb. La question de la gestion socio-psycho-physique de l'effort s'affirme dans les débats des sciences du travail du temps, dans le contexte de la généralisation du salariat qui s'impose au début du XXe siècle comme l'institution dominante dans les relations de travail. Les sciences du travail, dominées par les psycho-physiologistes, se retrouvent alors confrontées à un nouveau discours, porté quant à lui par les ingénieurs: celui de l'organisation du travail, qui interroge aussi les questions du rendement productif et de la rétribution de l'effort.

La rationalisation physiologique, technique et économique

Jusqu'à la fin du XIXe siècle régnait une conception libérale qui faisait, selon le mot de l'économiste Léon Faucher en 1845, de l'ouvrier le véritable "marchand de son travail" [MOTTEZ, 1966]. Avec les modalités diverses de salaire à la tâche, l'employeur cherchait à payer le "produit du travail" et non l'effort productif. C'est ce que Marx désigne comme une "soumission formelle du travail au capital", caractéristique de l'industrie dispersée. La concentration de la population ouvrière dans de grands ateliers exige en revanche une "soumission réelle", qui s'incarne dans la machinerie qui fixe le rythme de travail. Marx pointe ainsi l'idéal-type de la relation salariale qui n'est pas encore dominant à son époque, mais qui le deviendra au cours du XXe siècle.

Un témoignage suggestif de la perspicacité prémonitoire de Marx est l'hommage involontaire que lui rendent les juristes à la fin du XIXe siècle en fondant la catégorie nouvelle de "contrat de travail", sur le "principe de subordination juridique et technique". Leurs sources étaient des auteurs comme Joseph-Marie de Gérando, Alexis de Tocqueville et, surtout, Gérard-Joseph Courcelle-Seneuil, penseurs libéraux, conscients, dès les années 1830-1850, de l'insuffisance du Code civil pour réguler les relations de travail. La genèse du contrat de travail, distinct du "contrat de louage d'ouvrage" du Code civil, procède de l'application de la loi de 1898 sur les accidents du travail qui en rend l'employeur civilement responsable, indépendamment de toute considération de faute [EWALD, 1986]. C'était reconnaître que l'ouvrier travaille sous sa responsabilité. *A contrario* de l'idéal libéral, l'ouvrier apparaît donc comme un mineur juridique au sein de l'entreprise. C'était ce qu'avait souligné Marx en opposant la sphère du contrat, où règnent les principes libéraux, et le "laboratoire secret de la production" où le travailleur n'est qu'une force actionnée par l'employeur. Dans le schéma salarial, l'employeur achète le droit de faire travailler à son profit le travailleur pendant un temps donné. Encore faut-il que le travailleur fournisse le travail qu'il attend de lui. Tel est précisément l'objet de l'organisation du travail.

Le mouvement d'organisation du travail a été abusivement associé au seul nom de Frederick Taylor, dont le succès médiatique international à la veille de la première guerre mondiale est considérable. Ses dispositifs sommaires d'analyse du travail, réduits au chronométrage, font en revanche l'objet de la critique des spécialistes de sciences du travail, qui avaient développé auparavant leur propre instrumentation, autrement affinée [VATIN, 1990]. L'analyse de Taylor a toutefois l'intérêt de présenter clairement l'objet de l'organisation du travail, soit l'éradication de toute relation marchande dans l'ordre salarial. Contrairement à un mythe répandu, il s'oppose au salaire aux pièces : si l'employeur stimule ainsi ses ouvriers, c'est qu'il ne connaît pas le niveau de production qu'ils peuvent fournir. Si ceux-ci augmentent leur rendement, l'employeur baissera la valeur de la pièce. Les ouvriers s'organisent donc informellement pour définir une norme indigène de production (freinage). Pour maximiser la production, l'employeur doit analyser le travail et fixer la "juste tâche" attendue, dont la contrepartie est la "juste paie" de l'ouvrier. Chacun y gagnera : l'employeur par une augmentation du profit, l'employé par celle du salaire, le public par une baisse des prix.

Le développement de l'organisation scientifique du travail est congruent avec celui des lois sociales. Le paradoxe n'est qu'apparent. Pour l'idéologie libérale, le marché assurait l'équité dans les relations de travail. C'est ce qui motivait l'interdiction de l'organisation collective ouvrière. Le contrat de travail reconnaît en revanche la dissymétrie dans la relation de travail. Alors que l'on chasse le marché de l'atelier, on accorde réciproquement aux travailleurs le droit de négocier collectivement leur salaire et leurs conditions de travail [PILLON, VATIN, 2002]. C'est dans ce contexte que les enquêtes sociales s'institutionnalisent en France avec la création en 1891 de l'Office du travail, où les disciples de Frédéric Le Play sont très actifs [LUCIANI, SALAIS, 1990 ; LESPINET-MORET, 2007b]. Cette date coïncide avec la publication de l'encyclique *Rerum novarum* par pape Léon XIII, qui marque l'affirmation d'une doctrine sociale de l'Église catholique. Le christianisme social, catholique comme protestant, inspire au cours des décennies qui suivent nombre d'observateurs du travail, favorisant la rencontre, autour de l'idée de paix sociale, entre le conservatisme réformiste et le socialisme positiviste. En 1906 enfin est créé un ministère du Travail [DÄNZER-KANTOF, LEFEBVRE, TORRES, 2006], revendiqué depuis 1848 par certains milieux ouvriers. Celui-ci va contribuer au développement des recherches sur le travail dans les années qui précèdent la première guerre mondiale.

Un peu partout en Europe, on crée des institutions académiques dédiées à l'étude du travail professionnel. Nous avons vu le cas de l'Institut Solvay en Belgique. On y mène notamment une grande enquête sur l'alimentation ouvrière [SLOSSE, WAXWEILER, 1910]. Cette thématique est également au centre des enquêtes sur le travail paysan en Allemagne menées par Max Weber [1984 (1892)] pour l'association social-démocrate *Verein für Socialpolitik* [DESMAREZ, TRIPIER, 2019]. En France, le socialiste Édouard Vaillant avait, dès les années 1890, alors qu'il était conseiller municipal de Paris, souhaité faire de cette question le thème principal des recherches de la *Station physiologique* du Parc des Princes, dirigée par Étienne-Jules Marey [TURBIAUX, 2008]. En 1893, devenu député, il s'appuie sur l'autorité scientifique du médecin montpelliérain Armand Imbert pour demander la création d'un laboratoire de physiologie du travail professionnel. Ce projet se concrétise au Conservatoire des arts et métiers en 1914 sous la direction de Jules Amar. En Italie ce sont les élèves de Mosso qui sont à la manœuvre. Treves dirige à Milan un *Laboratoire de psychologie pure et appliquée* qui collaborera, sur la question de la fatigue ouvrière, avec la *Clinique du travail* du médecin Luigi Devoto [REDONDI, 2008].

Par ailleurs, la question des accidents du travail fait l'objet à partir de 1889 de congrès européens réguliers.

Au carrefour des XIXe et XXe siècles, l'énergétisme règne en maître dans les sciences, les arts, la physiologie. Les sciences du travail semblent trouver là leur accomplissement épistémologique et social. Ce champ d'étude est toutefois loin d'être homogène, comme en témoigne la comparaison des travaux contemporains d'Amar et d'Imbert [VATIN, 2013]. Amar soutient en 1909 une thèse sur le *Rendement de la machine humaine*. Il mesure le rapport entre le travail produit sur une bicyclette de laboratoire par des détenus de la prison de Biskra en Algérie et leur consommation alimentaire évaluée en calories à la manière d'Atwatter. Cette recherche, dont le modèle est le travail forcé, n'apporte aucun résultat scientifique original. Il constitue en revanche un marqueur idéologique, car jamais on n'avait aussi systématiquement pensé l'homme comme une machine [RABINBACH, 2004 (1990)]. Amar connaît un succès bref, mais intense. Nommé en 1914 à la tête du laboratoire du Conservatoire [LE BIANIC, 2004; OUVRIER-BONNAZ, 2010], il publie *Le Moteur humain*, bilan éclectique de trois siècles d'étude mécanique du travail. Réédité en 1923, cet ouvrage a été traduit en anglais, allemand, japonais et russe. En raison de conflits dus à sa personnalité caractérielle, la carrière d'Amar prend fin en 1919 quand il démissionne du Conservatoire.

Son aîné Armand Imbert, moins connu, constitue une tout autre figure. Ce médecin montpelliérain, docteur en physique et spécialiste d'ophtalmologie, par ailleurs catholique social, avait été confronté à la question du travail dans le contexte de la loi de 1898 sur les accidents. Pionnier de la radiographie médicale, il avait été chargé d'expertiser des lésions pour trancher des contentieux sur les séquelles d'accidents [SARACENO, 2016]. Bien implanté dans sa région, il réalise des études fines sur le travail des dockers de Sète, des ouvriers des chais, des coupeuses de sarment de vigne, des facteurs ruraux. Il en tire des conclusions originales. D'abord, l'approche énergétique globale, celle d'Amar, lui paraît vide de sens pour mesurer la fatigue. L'épuisement des muscles est local et, suivant sa formule, les "petits se fatiguent plus vite que les gros". La fatigue subie peut être inversement proportionnelle à l'énergie dépensée, comme en témoigne sa comparaison entre la tournée d'un facteur, le travail dans les chais et celui sur les docks. C'est le facteur qui dépense le plus dans sa marche régulière, qui met en œuvre les puissants muscles des membres inférieurs, et, le docker, qui dépense le moins, mais dont les gestes brusques, mettant en œuvre les muscles du dos et des membres supérieurs génèrent une plus grande fatigue. La seconde conclusion d'Imbert, qui converge avec Trèves, est que chaque sujet gère lui-même sa fatigue ; aussi, le travailleur est-il finalement son "meilleur physiologiste" [IMBERT, 1902]. La science du travail n'a donc qu'une portée limitée ; elle ne saurait être exagérément prescriptive. L'expert n'a pas à se substituer aux partenaires sociaux pour déterminer un compromis entre leurs intérêts contradictoires, même s'il peut aider à dégager la solution [LE BIANIC, VATIN, 2007]. Imbert utilise avec finesse les instruments de la mécanique du travail, sous le double angle énergétique et cinématique, mais ce ne sont pour lui que des outils pour mener l'enquête *in situ*, selon une perspective qui annonce l'ergonomie. Il ne cède donc jamais au vertige de l'énergétisme de Solvay ou d'Amar.

On trouve pareille défiance vis-à-vis de l'énergétisme chez Weber. En 1908, il s'engage dans une recherche sur le travail industriel pour le *Verein für Socialpolitik* [WEBER, 1995 a et b]. Il observe les variations de la productivité des ouvriers dans une usine textile, propriété de sa famille, et confronte ses résultats avec les mesures de Kraepelin. Il en conclut qu'il n'y a pas de corrélation entre la productivité et la fatigue physiologique, non parce que celle-ci ne jouerait aucun rôle, mais parce que le travailleur *se sert* de son corps de manière variable, dans un contexte toujours socialement déterminé. Il se penche notamment sur le freinage, sur lequel ses conclusions rejoignent celles de Taylor. Chez Weber, comme chez Imbert, et, d'une certaine manière chez Taylor aussi, le travail humain devient ainsi progressivement l'objet d'un regard nouveau, à caractère sociologique. À la même époque, Émile Durkheim en France ou les époux Webb en Angleterre se penchent sur la régulation des relations sociales de travail, mais sans discuter, à la différence de Weber, les travaux psychophysiologiques. Ce dernier, à l'instar de certains économistes comme William Stanley Jevons, promoteur en Grande-Bretagne de l'économie mathématisée, s'intéresse aux mesures psychophysiologiques. Mais il considère qu'elles n'ont de sens que rapportées à une évaluation sociale plus large [SARACENO, 2018], ce qui le conduit [WEBER,1988 (1909)] à dresser une critique cinglante de la tentative de Solvay d'utiliser les mesures énergétiques pour évaluer socialement le travail [SARACENO, SEGUIN, 2017].

La sélection des aptitudes comme nouvelle synthèse

En 1913, dans le contexte des débats sur la constitution d'un laboratoire au Conservatoire, le ministère du Travail crée une commission chargée d'examiner les "études relatives à la physiologie du travail professionnel, aux conditions de l'existence, aux aptitudes professionnelles et à leur formation, des familles ouvrières et paysannes" [Le Bianic, 2008]. Amar et Imbert présentent des rapports qui révèlent une nouvelle fois l'écart entre leurs conceptions. Imbert [2018] critique le manque d'attention d'Amar aux conditions psychologiques du travail. À la même époque, Édouard Toulouse, médecin psychiatre à l'hôpital Sainte-Anne à Paris, qui a réalisé des recherches sur la "supériorité intellectuelle", en soumettant des "génies" comme Émile Zola ou Henri Poincaré aux *mental tests* de la psychologie expérimentale [Toulouse, 1896, 1910], propose d'appliquer ces méthodes aux individus ordinaires afin de dépister les "germes de ce qu'on pourra scientifiquement appeler la vocation, ou tout au moins l'aptitude" pour une profession [Vaschide, Piéron, Toulouse, 1904]. Devenu en 1900 directeur de l'asile de Villejuif, il y fonde un de premiers laboratoires de psychologie expérimentale en France. L'utilisation systématique des tests psychologiques constitue pour lui un outil de réforme sociale, en ce qu'elle permet de réaliser l'idéal républicain d'égalité méritocratique, ou, selon ses termes, "biocratique", grâce à une connaissance objective des prédispositions humaines [Huteau, 2002].

Les recherches sont réalisées par un jeune psychologue autodidacte, Jean-Maurice Lahy. Elles portent sur les linotypistes*, les dactylographes et les conducteurs de tramway (1913), nouvelles professions qui mobilisent alors fortement l'attention. Le travail s'y présente en effet sous un registre cognitif, en rupture avec sa représentation énergétique, qui dominait jusqu'alors. L'enjeu n'est plus tant la quantité de travail, que sa qualité, qui se mesure par la fréquence des erreurs ou d'accidents. Le cas de la conduite de véhicules motorisés est sans doute le plus suggestif. L'augmentation du nombre d'accidents poussait à se préoccuper des capacités psychomotrices nécessaires à leur conduite. Les temps de réaction, mesure de base des *mental tests*, constituaient un critère décisif en la matière. En Italie, un élève de Mosso, Mariano Luigi Patrizi, souligne dès 1909 le rôle que peut jouer la psychométrie en la matière. En Allemagne, puis aux États-Unis, Hugo Munsterberg travaille également depuis 1913 à la mise au point de tests pour les conducteurs de tramway. Ces recherches trouvent au cours de la Première Guerre mondiale un contexte très favorable de développement. Les besoins militaires en aviateurs donnaient à la psychophysiologie un terrain idéal d'application dans l'ensemble des pays belligérants. De même, au cours de la seconde guerre, l'ergonomie (*ergonomics*) émergea en Grande-Bretagne dans le champ de l'aéronautique militaire, quand on s'aperçut du rôle majeur du "facteur humain", c'est-à-dire des erreurs de pilotage, dans la perte des avions.

À la sortie de la guerre de 1914-1918, l'étude des aptitudes professionnelles se structure sous le nom de "psychotechnique*". Jean-Maurice Lahy crée en 1922 une association internationale qui se réunit tous les deux ans dans des congrès dans les grandes villes européennes: Barcelone, Milan, Paris, Utrecht, Moscou et Prague [Ouvrier-Bonnaz, 2019]. En dépit des clivages idéologiques violents de l'époque, la psychotechnique fait consensus. En Italie fasciste, Agostino Gemelli (1937) propose d'en faire un des supports de l'état corporatiste. En URSS, elle est présentée comme l'expression d'une révolution matérialiste de la psychologie [Turbiaux, 2013]. Dans l'Allemagne de Weimar, elle est tiraillée entre la perspective libérale d'Otto Lipmann, qui conçoit, à la manière de Imbert, la science du travail comme un outil de la paix sociale, et celle conservatrice des psychologues Walther Moede et Fritz Giese et de l'ingénieur Carl Arnhold, qui feront allégeance au pouvoir nazi. Pendant la guerre les méthodes psychotechniques seront employées par l'organisation "Beauté du Travail", créé en 1933, dans l'orbite directe du parti nazi, par Robert Ley et Albert Speer. Cet organisme, incarnation de l'aile moderniste et sociale du nazisme, visait à l'amélioration des conditions hygiéniques du travail et à l'introduction de la beauté dans l'usine. Mais la psychotechnique fut également utilisée pour rationaliser l'emploi de la main d'œuvre étrangère forcée utilisée dans les usines allemandes (Rabinbach, 1995). Dans la France républicaine, elle incarne le rationalisme et l'égalité des chances. Incarnée par Lahy, compagnon de route du Parti communiste, elle peut séduire de jeunes communistes qui voient dans la psychotechnique soviétique une science matérialiste et émancipatrice du travail [Turbiaux, 2013]. C'est dans cette perspective que le jeune Georges Friedmann, alors pro-communiste entame une synthèse des sciences du travail, qui constituera sa thèse, soutenue après-guerre [Friedmann, 1946]. En Espagne, notamment en Catalogne, c'est aussi dans les cercles républicains qu'elle se diffuse [Iruela Cuadrado, 1993].

Cette ambivalence de la psychotechnique est également présente dans son usage eugéniste. Le projet d'amélioration de la qualité biologique des populations est souvent réduit à l'eugénisme "négatif" (élimination des caractères "déviants"), inspiré du darwinisme social. Mais il existe également un eugénisme "positif", nourri du lamarckisme*, qui domine en France, qui vise à favoriser la transmission de caractères favorables par l'amélioration des conditions d'existence des populations. On retrouve cette dualité dans les théories biotypologiques, qui peuvent prôner l'épanouissement des différences individuelles, comme chez Henri Laugier, homme de gauche, proche de Toulouse, qui contribue à la fondation de l'Institut national d'orientation professionnelle [Vatin, 1996], ou, au contraire, justifier le contrôle racial comme chez Nicola Pende appelé par le pouvoir fasciste à diriger l'*Istituto Centrale di Bonifica Umana* [Cassata, 2006].

Ce flou idéologique trouve sa source dans un flou épistémologique. La théorie des aptitudes vise à repérer les caractères *innés* qui prédisposent à la réussite dans une activité qui exige un *apprentissage*. Or, la seule manière de repérer ces caractères est de comparer la réussite aux tests aux classements professionnels, ce qui expose la méthode à une circularité épistémologique [Reuchlin, 1971]. La psychotechnique favorisa toutefois des observations fines du travail dans ses conditions concrètes, qui ouvrirent la voie à l'ergonomie d'après-guerre, mais aussi à la psycho-sociologie. Le progressif glissement de la psychophysiologie vers la psychosociologie du travail s'observe notamment autour de la question de la fatigue.

La montagne de littérature accumulée depuis les années 1890 apparaît, à l'orée des années 1920, ne pas pouvoir déboucher sur des conclusions cohérentes. Le Bureau international du travail commande au médecin Henri Dhers (1924) un bilan des "tests de fatigue". Dans la préface qu'il rédige pour cet ouvrage, le psychologue français Henri Piéron écrit une épitaphe du projet d'une science positive du travail : "la fatigue est une notion de sens commun [...] que la science a adoptée sans la définir avec précision". Quittant le terrain de la mesure physique, la fatigue redevient une catégorie ordinaire de la perception à forte composante psychologique, mais aussi sociale. La problématique de la monotonie notamment s'impose comme centrale. Le psychologue anglais Charles S. Myers développe en ce sens l'expression de "fatigue industrielle", pour l'étude de laquelle il fonde en 1920 l'Industrial Fatigue Research Board [Vatin, 2016]. La psychosociologie qui émerge dans les années 1930, aux États-Unis autour d'Elton Mayo, la sociologie du travail qui la poursuivra en France après la Seconde Guerre mondiale autour de Georges Friedmann, apparaissent comme le produit de l'échec du projet de science du travail.

Les années 1920-1930 sont donc une période de transformation majeure du regard sur le travail qui prépare le renouveau des enquêtes après-guerre. Il s'agit de penser d'un même mouvement les trois dimensions du travail humain : technico-organisationnelle, économico-sociale et psychophysiologique. C'est l'approche qu'adopte notamment le Bureau international du Travail, créé en 1919 dans le cadre du nouvel équilibre géopolitique régulé par la Société des Nations [Kott, 2018]. Cette institution avait pour mission de fournir des cadres internationaux de régulation du travail en s'appuyant sur des enquêtes statistiques sur les salaires, mais aussi sur les conditions hygiéniques et organisationnelles du travail. Ces projets ne purent toutefois pleinement se déployer, l'institution se trouvant victime de la montée des tensions dans les années 1930, qui conduit au blocage du multilatéralisme généreux qui avait mené à l'instauration de ces premières institutions supranationales [Dhermy-Mairal, Lespinet-Moret, 2019].

COMMANDER ET GÉRER LE TRAVAIL ? PATRONS, INGÉNIEURS ET LOGIQUES DU PATERNALISME

Commander aux travailleurs et gérer la main d'œuvre constituent des enjeux qui intéressent depuis longtemps les historiens et ont donné lieu à des débats historiographiques [DEBOUZY, 1988 ; DAUMAS *et alii*, 2010 ; BONIN, THOMES, 2013] et à des monographies importantes, en particulier sur le cas français. Le terme très général de "paternalisme" oblige à des précisions quant à son emploi, l'évolution de ce qu'il recouvre et plus largement les différentes formes de l'action sociale du patronat en Europe aux XIXe et XXe siècles.

Importé dans la langue française depuis l'Angleterre au début des années 1880, le "paternalisme" qualifie le nouveau type d'action sociale patronale qui se réorganise face à l'importance progressive prise par les grèves ouvrières mais aussi compte tenu de l'émergence de la grande entreprise et du progressif interventionnisme de l'État. Comme le note l'historien André Gueslin, "le système paternaliste vise aussi à assurer la rentabilité de l'appareil de production, donc à développer la productivité. Le paternalisme eut pour but de transformer l'homme à tout faire, souvent d'origine rurale, sans culture industrielle, en un ouvrier qualifié." [GUESLIN, 1992, p. 209]. On employait précédemment et parfois de manière concomitante le terme de "patronage". Le vocabulaire est en effet connoté et l'historien Gérard Noiriel rappelle que "lorsqu'il reprend à son compte le terme de 'paternalisme', l'historien doit savoir qu'il s'agit d'un terme chargé, plus que tout autre, de connotations péjoratives, qui s'est imposé à la fin du XIXe siècle dans un sens polémique, grâce aux porte-paroles du mouvement ouvrier cherchant à discréditer l'action patronale" [NOIRIEL, 1988, p. 18].

Si la préoccupation patronale de contrôle des travailleurs est une constante dans le temps et l'espace et explique différentes initiatives, elle est au départ marquée par la volonté de fixer une main d'œuvre méfiante par rapport aux usines. Diverses justifications idéologiques accompagnent les initiatives prises, et la fin du XIXe siècle est marquée par des réflexions sur la modernisation du patronage/paternalisme. Des exemples en France et en Europe permettent de mieux percevoir des choix assez variables faits par des patrons en fonction de contextes locaux ou sectoriels. Un trait distinctif reste la réticence du patronat à se voir imposer par l'État des lois sociales. On aborde enfin la question du rôle des contremaîtres, chefs d'ateliers et ingénieurs dans la gestion de la main d'œuvre.

CONTRÔLER LE TRAVAIL ET FIXER LA MAIN D'ŒUVRE

Tout au long du XIXe siècle, cette préoccupation patronale pour fixer la main d'œuvre s'exprime dans les différents pays européens. Au-delà de la situation célèbre du Creusot en France et du rôle de la famille Schneider [BERGERON, 2001], c'est aussi par exemple le cas en Allemagne avec la ville de Bochum, ville de la Ruhr qui comporte aujourd'hui un musée de la mine. La population de la ville est multipliée par cinq entre 1843 et 1873 avec une construction de logements à proximité des mines et de l'usine sidérurgique [CREW, 1979]. En 1905, il s'agit d'une ville de 100000 habitants alors qu'elle en comportait moins de cinq milles en 1843. En Angleterre, on peut, entre-autres, penser à la ville de Bradford dans le Yorkshire de l'Ouest non loin de Leeds. D'une petite ville peuplée d'un peu plus de 6000 habitants en 1800 (34560 en 1841, 145830 en 1871, 216361 en 1891), Bradford voit se développer mines de charbon et hauts fourneaux et devient surtout un centre mondial de la laine peignée. Titus Salt (1803-1876) est un des principaux employeurs de ce dernier secteur (connu pour sa laine d'alpaga). Au milieu du siècle, il décide de construire une nouvelle usine non loin de là, à Saltaire. Il y associe un village ouvrier modèle avec des maisons, des bains publics, un hôpital, un asile de vieillards, un jardin public et une église. S'il ne s'est pas exprimé directement sur l'origine de cette initiative, les historiens considèrent qu'il s'agissait pour lui d'allier contrôle de la main d'œuvre et devoir chrétien [Reynolds, 1983]. D'autres patrons britanniques ont le même type d'initiatives jusqu'au début du XXe siècle : Cadbury, Lever et Rowntree font construire des cités-jardins près de leurs usines, respectivement à Bournville, Port Sunlight et New Earswick.

Samuel Courtauld installe une usine de soierie à Halstead dans l'Essex au début du XIXe siècle. Il y associe des écoles, des bibliothèques, des clubs de travailleurs et des associations de secours aux malades. La multiplication de ces éléments s'accompagne d'un strict rejet de tout interventionnisme étatique : "Le rôle de protecteur de sa 'famille' de travailleurs que s'attribuait Courtauld et sa croyance en la mission civilisatrice de l'industrie contribuent à expliquer comment le paternalisme coexistait si confortablement avec le capitalisme du laissez-faire. [...] L'employeur représentait le symbole personnel de l'autorité en mesure de s'opposer aux dictats impersonnels de la législation d'État. Dans ce rôle, il était impossible à Courtauld d'apporter appui à aucune forme de législation gouvernementale limitant l'emploi des femmes et des enfants." [Lown, 1988, p. 61]

Un cas particulier est celui de New Lanark [Siméon, 2017], village situé en Écosse sur le bord de la Clyde. Fondé par le cotonnier David Dale (1739-1806) à la fin du XVIIIe siècle, le lieu devient célèbre sous l'action de son gendre philanthrope et socialiste réformiste Robert Owen (1771-1858). Ce dernier améliore progressivement les logements ouvriers et se soucie des enfants travaillant dans les usines. Mais au-delà des théories d'Owen, on peut rappeler avec l'historien Edward P. Thompson que "les grandes expériences de New Lanark furent instituées pour répondre aux difficultés dans l'instauration d'une discipline de travail et dans l'adaptation des turbulents travailleurs écossais aux nouvelles habitudes de travail en fabrique" [Thompson, 2017].

L'expérience du Familistère de Guise est à bien des titres exceptionnelle. Jean-Baptiste André Godin (1817-1888) connaît au milieu du XIXe siècle un succès en fabriquant des poêles en fonte. Acquis aux thèses du socialiste "utopique" Charles Fourier, il fait construire pour ses ouvriers et leurs familles, à partir de 1858 et jusqu'en 1883, un bâtiment d'habitation autour de son usine à Guise (Aisne), dénommé "Familistère".

Au-delà de ce vaste ensemble de bâtiments (dont l'un est dénommé le "Palais social" et d'autres comportent une nourricerie, des économats, des écoles et un théâtre), Godin veut associer capital et travail et transforme l'entreprise en coopérative de production, les bénéfices étant utilisés pour financer les œuvres sociales. Si l'expérience atypique est critiquée (par exemple par Friedrich Engels qui y voit "un simple foyer d'exploitation ouvrière"), elle perdure pendant les deux tiers du XXe siècle [Dos Santos, 2016].

Concernant la justification du paternalisme, l'historien Jean-Claude Daumas résume parfaitement la situation en citant une série d'exemples : "Le paternalisme s'enracine dans une nécessité économique – attirer et fidéliser une main d'œuvre rare et instable – mais il ne s'y réduit pas car, chez les patrons, le calcul économique se mêle à des justifications très diverses : un engagement fort des protestants – les Japy à Beaucourt, les Peugeot à Montbéliard, les cotonniers alsaciens, les Seydoux au Cateau-Cambrésis – pour qui la capacité de servir est le signe de l'élection divine ; un libéralisme anticlérical nourri de Fourrier et de Saint-Simon chez Émile-Justin Menier qui voit "le socialisme réel" réalisé dans la chocolaterie de Noisiel ; la volonté de rechristianiser l'usine chez Léonce Chagot aux mines de Blanzy, les Mame (imprimeurs) à Tours, les industriels textiles de Roubaix-Tourcoing ou Léon Harmel, "le bon père" du Val-des-Bois ; ou un sentiment de responsabilité sociale que confère la direction d'une grande entreprise chez Henri Germain, le fondateur du Crédit lyonnais, ou les Blin, des manufacturiers juifs d'origine alsacienne installés à Elbeuf en 1871" [Daumas *et alii*, 2010, p. 881].

Le cas d'Émile-Justin Menier (1826-1881) est intéressant. Cet industriel du chocolat installe une de ses usines à Noisiel sur les bords de la Marne, qui regroupe près de 400 ouvriers en 1860 et développe "des écoles primaires pour les enfants des ouvriers, une caisse d'épargne et une coopérative de consommation. L'œuvre sociale de Menier culmine en 1874 lorsque commence la construction de la cité ouvrière de Noisiel, directement inspirée des cités anglaises de Leeds et Bradford. Les maisons ouvrières sont des modèles de l'architecture hygiéniste, avec leur eau courante, leurs sanitaires et leurs jardins ouvriers. La vie des employés est entièrement prise en charge dans la ville de Noisiel, marquée matériellement et symboliquement, encore de nos jours, par la présence de la famille Menier. [...] Menier apparaît à ce titre comme un parfait exemple de l'économie sociale leplaysienne qui se développe sous le second Empire. Il est d'ailleurs membre de la Société internationale des études pratiques d'économie sociale, fondée par Le Play.

Le rapport de l'exposition universelle de 1867 sur la situation des ouvriers salue les soins et les médicaments mis à la disposition des employés de Noisiel, ainsi que les cantines pour les célibataires et les indemnités versées en cas de maladie. Plus largement, l'effet de cette politique est de justifier le rôle du patron comme père de ses ouvriers, dans le maintien d'une famille et d'une communauté de destin. Ce paternalisme repose ainsi sur le rapprochement de la sphère de l'entreprise et de celle de la famille" [DELALANDE, 2008, p. 14-15].

THÉORICIENS ET PENSEURS DU PATERNALISME

Une référence est en effet souvent mobilisée internationalement celle de l'ingénieur et sociologue Frédéric Le Play (1806-1882). Lors de l'exposition universelle de 1867 à Paris qu'il coordonne, il fait une place neuve aux réalisations sociales des entreprises et un jury spécial distingue certaines expériences comme celles La Vieille-Montagne (entreprise belge de la région de Liège spécialisée dans les mines et la fonderie du zinc), De Dietrich (entreprise alsacienne de forges et de constructions mécaniques) ou Staub (cité ouvrière associée à une filature à Kuchen au Wurtemberg). Malgré l'abstention anglaise, le résultat de ce jury a confirmé Le Play dans son encouragement du patronage [SAVOYE, CARDONI, 2007].

Un des disciples de Le Play, Émile Cheysson (1836-1910), théorise l'adaptation du paternalisme dans les années 1880-1890. Cheysson est ingénieur des Ponts et chaussées et statisticien, directeur des usines du Creusot puis professeur à l'école libre des sciences politiques et à l'école des mines. En 1892, Cheysson publie une étude dans laquelle il dresse une typologie des formes de paternalisme: "Si le patronage est partout inspiré par l'attachement des patrons à leur personnel et par le sentiment bien entendu de leur intérêt, il se diversifie à l'infini, suivant l'idée que chacun d'eux se fait de son rôle vis-à-vis de ses ouvriers. Les uns veulent les traiter comme un colonel ses soldats ; les autres, comme un père ses enfants. Mais ils se subdivisent eux-mêmes en pères de l'ancien ou du nouveau Testament, ou plutôt de l'ancien ou du nouveau régime. De là, trois variétés principales de patronage, que j'appellerai le patronage militaire, le patronage patriarcal et le patronage libéral." [CHEYSSON, 1892, p. 170]. Il articule alors sa démonstration pour montrer que les deux premières formes sont dépassées et que seule la troisième est adaptée à l'époque: "Partout, sous l'action des progrès de la démocratie, avec ses droits de suffrage, de coalition et de syndicat, avec sa réglementation du travail, il se transforme en ce patronage libéral, qui, sans rien retrancher aux devoirs et aux sacrifices du patron, leur donne une expression plus appropriée à l'état politique et social de notre pays." [CHEYSSON, 1892, p. 171]. Dans cette logique, il fait l'éloge des caisses de secours mutuels et de la prévoyance plutôt que de l'assistance; il souligne que les magasins patronaux ou économats* pourraient être remplacés par des coopératives de consommation et plaide pour une évolution de l'aide aux logements ouvriers. Il conclut son propos en citant l'exemple des transformations des formes du patronage aux mines de Blanzy (commune située entre Le Creusot et Montceau-les-Mines en Saône-et-Loire). Il explique que cette compagnie employant 5000 ouvriers avait échoué dans sa démarche de "patronage patriarcal" et que la grève de 1882 en avait été le symbole. Après celle-ci, les directeurs ont modifié leurs actions et "multiplié les associations ouvrières de tous genres" [CHEYSSON, 1892, p. 187] et Cheysson se félicite de l'obtention de "la paix sociale" : "Si l'on ne dépense pas moins, on dépense mieux et avec beaucoup plus d'efficacité." [CHEYSSON, 1892, p. 188] À Anzin, commune voisine de Valenciennes dans le département du Nord qui connaît à la fois mines et aciéries, une grève très dure en 1884 montre aussi une forme d'épuisement du patronage classique face à l'essor des mobilisations ouvrières [REID, 1985].

Quelques années après, Cheysson détaille quelque peu les institutions à mettre en place dans ce cadre intellectuel rénové et insiste sur le rôle d'intermédiaires entre le patron et les ouvriers que doivent tenir les ingénieurs sur ce sujet: "Pour évoluer sur ce terrain nouveau, le chef a besoin d'une préparation spéciale. Tout en restant un ingénieur technique et un commerçant, il doit se doubler d'un ingénieur social, c'est-à-dire joindre à de fortes connaissances professionnelles celles qui concernent les institutions destinées à asseoir la prospérité de l'entreprise sur le bien-être des ouvriers qu'elle emploie. Ce n'est pas seulement à ces institutions que l'ingénieur social consacrera ses soins ; mais, en dehors d'elles, il mêlera la préoccupation sociale à la vie quotidienne de l'atelier, aux détails courants de l'organisation du travail, au souci du dividende et du prix de revient; dans ce but, il pratiquera le contact direct avec les ouvriers, au lieu de ne les voir qu'à travers le contremaître ou le porion." [CHEYSSON, 1897, p. 522].

Cette inflexion dans la théorisation du "patronage" au tournant des années 1890 correspond aussi à des changements techniques et sociaux dans l'usine. L'historien Gérard Noiriel note ainsi : "la mécanisation des installations rendue toujours plus puissante grâce à l'emploi de l'électricité, mais aussi l'application du savoir scientifique (physique et chimie) dans l'industrie, tout cela provoque une augmentation considérable de la taille des établissements, une concentration toujours plus importante des hommes dans les ateliers. Le traditionnel face à face patron/ouvriers est perturbé par l'apparition d'un nouveau groupe professionnel, les ingénieurs, dont le nombre grandit avec l'intensification de la rationalisation du travail. Les contraintes de productivité poussent les dirigeants à lutter contre les temps morts et les irrégularités de la production. D'où la remise en cause de l'autonomie ouvrière dans les ateliers que le bond en avant de la mécanisation contribue souvent à accentuer. Les règlements d'atelier se font plus stricts contre l'absentéisme ; les nouveaux systèmes de salaire cherchent à intensifier le rendement. L'interférence des rythmes ruraux devient intolérable. D'où un processus de fermeture de l'usine, de plus en plus coupée de son environnement rural, et un recul dans l'emploi de la main d'œuvre temporaire." [NOIRIEL, 1988, p. 25-26].

DIVERSITÉ DES PRATIQUES : L'EXEMPLE DES BLIN EN NORMANDIE

Différentes pratiques et institutions peuvent être mises en place pour les travailleurs afin de renforcer l'idée d'une communauté formée par les ouvriers et les patrons : l'action tend à encadrer la vie quotidienne des ouvriers par le logement, la cantine, l'économat, mais aussi la prise en compte de soins médicaux ou de caisses de secours ou l'organisation des loisirs.

Pour restituer la complexité des pratiques du paternalisme, on peut s'arrêter sur l'exemple des Blin, patrons du textile originaires d'Alsace et installés à Elbeuf en Normandie après la guerre franco-prussienne. L'historien Jean-Claude Daumas a bien montré que pour comprendre leurs actions il faut "mettre en rapport concrètement la politique de gestion de la main d'œuvre avec la configuration du marché local du travail, les structures et la logique de fonctionnement de l'entreprise, et les aptitudes requises des ouvriers" [DAUMAS, 1999, p. 251]. La situation locale explique en effet certains des choix patronaux : pas de construction de logements mais une multiplication des institutions de protection et de prévoyance pour accompagner une population non habituée à l'usine textile et à la mécanisation de la production – les ouvriers normands travaillent massivement à domicile, l'importance de la proto-industrialisation y avait suscité des formes originales d'indépendance et de mobilités de la main d'œuvre. Cet exemple permet d'insister sur le fait que "le paternalisme n'a pas constitué un système indifférencié: les entreprises paternalistes étaient nombreuses et leurs pratiques diversement articulées" [DAUMAS, 1999, p. 250].

Le modèle paternaliste est ici sans référence religieuse mais la métaphore de la "grande famille" est très souvent employée, la présence physique du patron dans l'usine renforçant la métaphore paternelle et s'illustrant par différentes fêtes à l'occasion de remises de décorations ou de décès d'un des patrons. Sur ce point, l'historien commente l'entrelacs des pratiques et des représentations: "Les Blin n'entretenaient pas avec l'image de la "grande famille" un rapport extérieur et lucide de pure utilité. Eux aussi étaient pris en elle et concernés par elle. C'était l'élément dans lequel patrons et ouvriers vivaient – du moins en partie – leurs rapports réciproques. Aussi ne faut-il pas chercher sous le paternalisme les figures éternelles et abstraites du patron et de l'ouvrier que l'idéologie paternaliste habillerait en père et en enfant, mais bien plutôt y reconnaître le rapport entre un patron-père et des ouvriers-enfants, ce rapport liant indissolublement discours, représentations et conduites." [DAUMAS, 1999, p. 266] Les avantages sociaux octroyés aux ouvriers ne s'appliquent pas uniformément, s'adressant moins aux femmes et valorisant l'ancienneté et la qualification. Stabilisation de la main d'œuvre et productivité ont bien été obtenues à Elbeuf au moins jusqu'en 1914.

Au Luxembourg, Émile Mayrisch (1862-1928), qui fonde en 1911 la puissante compagnie sidérurgique Arbed, est à la fin du XIXe siècle le directeur technique de l'usine de Dudelange. Il accorde une grande importance à certaines mesures paternalistes, qu'il met progressivement en place avec son épouse: ils instituent d'abord des crèches, des hôpitaux et d'autres édifices à vocation sociale, s'ajoutent ensuite des services de prévention médicale et de protection familiale ainsi que, au fil des années, tout un système de gratifications, de pensions et d'assurances. Il crée également un économat où les ouvriers peuvent acheter des vivres, du combustible et des vêtements à prix réduits (1902), ainsi qu'une une école en forêt pour enfants chétifs (1913). L'ensemble de ces mesures s'accompagnant d'un strict contrôle des organisations ouvrières dans l'usine [SCHMITZ, 2012].

En Espagne à la fin du XIXe siècle, l'enjeu pour le patronat consiste à attirer puis contrôler la main d'œuvre en particulier dans les mines des Asturies et de Biscaye, amenant à un développement important d'initiatives philanthropiques [FERNANDEZ, 2013]. Les syndicats ouvriers au début du XXe siècle tentent progressivement de remplacer les économats patronaux par des coopératives de consommation.

La construction de cités-ouvrières ou de villes-usines, trait du paternalisme, marque aussi les créateurs : ainsi, l'écrivain Jules Verne en 1879 dans *Les Cinq Cents Millions de la Begum* oppose deux modèles : Stahlstadt et France-Ville ; la ville allemande s'inspirant des usines Krupp et de la cité Margarenthehöhe à Essen en Allemagne.

LE PATRONAT FACE À L'ESSOR DE L'ÉTAT SOCIAL

La Première Guerre mondiale et son économie de guerre connaissent différents développements en matière sociale et les entreprises sont actives en se montrant souvent assez méfiantes par rapport à l'interventionnisme étatique.

La thématique familialiste prend de l'ampleur et des allocations familiales sont mises en place d'abord à Grenoble en 1916 aux établissements Régis Joya par Émile Romanet qui les dirigent puis la diffusion progressive en est soutenue par une partie du patronat français. L'initiative privée patronale se montre très réticente là aussi sur la volonté des gouvernements de légiférer sur ce point.

L'urgence du conflit mondial conduit aussi certains patrons à établir des dispositifs face auxquels ils avaient pu être réservés : ainsi au Creusot, les Schneider ouvrent un premier "restaurant ouvrier" en août 1917 dans un contexte marqué par une contrainte matérielle (l'ampleur de la population ouvrière et les difficultés du ravitaillement) mais aussi par une volonté de réponse à "une double menace de l'État et de la base ouvrière" [GACON, JARRIGE, 2014, p. 37].

À partir d'une étude des ouvrières parisiennes et de l'évolution des marchés du travail, l'historienne Catherine Omnès a montré une autre évolution durant le conflit mondial : "La politique de protection de la maternité ouvrière et du travail féminin menée par les métallurgistes, sous l'impulsion de l'État, constitue peut-être un [...] facteur qui concourt à capter la main d'œuvre jeune et mal préparée des usines de guerre. Elle repose sur deux institutions nouvelles : les chambres d'allaitement et la surintendante d'usine." [OMNÈS, 1997, p. 108].

L'adoption de la loi des 8 heures par la loi du 23 avril 1919 amène certaines entreprises à renforcer leur volonté d'encadrer les loisirs ouvriers.

Ainsi la société Michelin à Clermont-Ferrand renforce la construction de logements avec des jardins affectés et étend les activités de son association sportive. L'ingénieur Ernest Mattern (1880-1952) qui dirige les usines Peugeot exprime en 1919 son accord face aux demandes ouvrières à condition d'une rationalisation stricte du travail: "Les salaires élevés, la journée de 8 heures et bien d'autres revendications peuvent être accordés là où il y a de l'ordre et de la méthode." [COHEN, 1996, p. 119]

Les organisations patronales restent cependant toujours très réticentes face aux nouvelles lois sociales. L'UIMM (Union des industries métallurgiques et minières) créée en 1901 suit de très près ces questions pour l'ensemble du grand patronat français. L'historienne Danièle Fraboulet note à son propos: "L'UIMM se déclare favorable à l'institution de meilleurs rapports professionnels, à condition que ce soit hors du ressort de la loi. Ainsi, si, dans certains établissements, l'institution de délégués d'atelier présente des avantages, ce serait une erreur de les généraliser: le soin doit être laissé au chef d'entreprise d'apprécier les chances de réussite de cette mesure" [FRABOULET, 2008, p. 216].

Même si les situations restent contrastées – textile, mines et sidérurgie restant des bastions de pratiques paternalistes "classiques" –, les historiens constatent durant les années 1930 une rationalisation et une professionnalisation du paternalisme dont la charge idéologique s'amenuise. L'implantation différenciée de pratiques inspirées du taylorisme en Europe explique aussi cette évolution [MOUTET, 1997]. L'ingénieur Charles de Fréminville (1856-1936) note ainsi dans un article en 1920 que l'industriel "a de lui-même abandonné le 'Driving'* pour avoir recours à des primes" [COHEN, 2013, p. 302]. Les pratiques paternalistes ne disparaissent pas mais n'occupent plus la même place dans un monde du travail largement transformé par l'essor du droit social [LAMANTHE, 2011].

CONTREMAÎTRES, CHEFS D'ATELIERS ET INGÉNIEURS

Dans la grande industrie, il faut aussi souligner la place progressive prise par les échelons intermédiaires entre le patron et ses employés: contremaîtres, ingénieurs et chefs d'atelier.

Les contremaîtres ont vu leur rôle s'affirmer non sans variation suivant les secteurs industriels et ils ont concentré souvent dans les discours une figure honnie du monde ouvrier. À partir d'une étude du textile en France dans les deux premiers tiers du XIXe siècle, l'historien

François Jarrige et l'historienne Cécile Chalmin concluent : "L'invention progressive, encore fragile, de cette autorité n'en est pas moins incontestable au cours de la première industrialisation, tirant sa légitimité de sources multiples, de l'autorité du maître aux savoir-faire techniques, et trouvant, du père à l'officier, des modèles de commandement divers." [JARRIGE, CHALMIN, 2008, p. 60].

Réfléchissant à "l'invention de la grande entreprise", le gestionnaire Philippe Lefebvre a insisté pour le XIXe siècle sur la "faible coordination hiérarchique dans les usines" et montré que pendant longtemps les contremaîtres ont surtout en charge le choix et la réparation des machines (une quasi-forme de "travail intellectuel") ainsi que la gestion de la main d'œuvre, leur place devenant primordiale jusqu'à parler de l'"empire du contremaître" dans l'usine [LEFEBVRE, 2003, p. 123-129 et 195-207]. Lefebvre refuse de penser une simple substitution du rôle des ingénieurs à celui des contremaîtres au début du XXe siècle.

À partir de l'exemple d'une entreprise génoise de grosse mécanique et de construction navale, l'Ansaldo, étudiée par l'historien Alain Dewerpe, on doit rappeler la diversité des situations, les chefs d'atelier devant disposer d'une double compétence à la fois technique et d'autorité : "Homme-orchestre, il est à la fois garant de l'exécution face à la direction, et gérant de la pratique de travail et dispensateur des gratifications face aux ouvriers." [DEWERPE, 1990]. À partir d'une prosopographie, l'historien distingue clairement le groupe d'ouvriers promus âgés qui occupent ces fonctions de celui des ingénieurs, plus jeunes et souvent dans les bureaux techniques de l'usine. Il montre aussi précisément comment au début du XXe siècle, le souci de la hiérarchie incarnée par les ingénieurs peut vouloir réduire l'autonomie ouvrière et s'attirer en réponse des grèves à répétition [DEWERPE, 2017].

La part prise par les ingénieurs dans le monde industriel et dans l'encadrement des ouvriers devient plus importante au début du XXe siècle mais il faut souligner que cette profession conserve longtemps un statut assez incertain et variable selon les pays. En France, il faut attendre la loi du 10 juillet 1934 et la création de la commission des titres d'ingénieur sous les auspices de l'État et de son ministre chargé de l'enseignement technique [GRELON, 1986].

Durant les années 1930, un ouvrage est largement diffusé auprès du public francophone, il reprend la thématique développée par Cheysson à la fin du XIXe siècle mais l'illustre autrement. Georges Lamirand (1899-1994) est un ingénieur des arts et manufactures marqué par la Jeunesse ouvrière chrétienne qui publie un opuscule intitulé *Le rôle social de l'ingénieur. Scènes de la vie d'usine* [LAMIRAND, 1932]. L'historien Yves

Cohen qui l'a analysé précisément note qu'il se caractérise "par son appel au commandement 'humain' mais aussi par l'affirmation implacable de la nécessité de l'obéissance. Les ingénieurs souhaitent comme les ouvriers que ceux-ci soient "intéressés plus directement aux résultats de l'entreprise", explique-t-il. "Toutefois, ce ne peut être qu'à la suite d'une évolution progressive et les ouvriers doivent '*d'abord* assurer, par une collaboration sans réserve, la bonne marche de l'affaire'. L'italique est dans le texte. Tout viendra de surcroît à qui a *d'abord* obéi. À travers le propos pastoral sur l'attention aux personnes en toutes circonstances se distingue l'arrière-plan de l'autorité inflexible et dure. L'obéissance précède le commandement." [COHEN, 2013, p. 307]. La rationalisation des pratiques du commandement accompagne une aspiration à la "paix sociale" mais celle-ci est souvent bien oublieuse des revendications ouvrières et la crise ouverte lors des grèves du Front populaire amène le patronat français à s'interroger sur ses pratiques et sur son autorité.

Si les situations sont donc variées suivant les territoires, les industries et les moments, on peut insister sur la constance, dans la longue durée, d'un discours patronal méfiant vis-à-vis des lois sociales voire méprisant envers une partie des travailleurs. On pourrait en donner un dernier exemple, avec l'extrait du journal personnel d'un notable lyonnais, Auguste Isaac – 1849-1938; patron, député et ministre du Commerce. Isaac note le 29 septembre 1907 les réflexions suivantes, très suggestives, à propos d'un texte qu'il fait adopter par la chambre de commerce de Lyon, dont il est un membre influent:

"J'ai utilisé les loisirs que m'a valus ma récente immobilisation pour rédiger un rapport sur le contrat collectif de travail. Naturellement, j'ai conclu contre. En le faisant, je me suis plusieurs fois demandé si je n'étais pas vraiment un peu trop autoritaire et réactionnaire. Mais ce dernier mot n'a qu'une valeur relative. On est toujours le réactionnaire de quelqu'un. Quant à la conception autoritaire de l'organisation du travail, c'est-à-dire celle qui repousse le parlementarisme dans la direction du travail, je crois être dans le vrai, sinon d'une manière absolue, au moins en tenant compte des dangers et des besoins de l'heure présente. Ce qu'il s'agit de restaurer, c'est le droit pour celui qui a la responsabilité du travail de dicter ses ordres à ses subordonnés sans être constamment à se demander si cela heurte ou dépasse leurs idées ou leurs convenances. Ma conception de l'autorité n'implique pas, d'ailleurs, le mépris des subalternes, ni le refus de bavarder avec eux. Premièrement, parce que ce sont nos frères en Jésus-Christ et que nous devons les traiter comme tels, avec douceur et bienveillance; deuxièmement parce que c'est en discutant avec eux que nous nous rendrons compte de leurs besoins réels et que nous pourrons faire la distinction entre ce qu'ils veulent de raisonnable ou de déraisonnable. Mais ce que je crois dangereux, c'est de faire de ces conservations un système, un droit, une discussion sur le pied d'égalité des conditions du travail. Ces discussions peuvent être nécessaires à de rares intervalles, mais en faire une habitude périodique est périlleux parce qu'on fait naître ainsi des questions inutiles. C'est donner une arme à des enfants. Ceux à qui l'on donne une arme ne tardent pas à avoir envie de s'en servir, et ils s'en servent en se blessant ou en blessant les autres. J'en conclus que le règlement d'atelier ne doit pas être un contrat mais simplement un énoncé des conditions auxquelles un patron fait offre de travail. Cet énoncé doit être clair et loyal, il ne doit servir à tromper personne, mais il doit suffire à faire connaître les droits et devoirs de chacun." [ISAAC, 2002, p. 72-73].

LES CORPS OUVRIERS AU RISQUE DU TRAVAIL ET DE SA RÉGULATION

Peut-on penser l'histoire du travail sans étudier son impact sur les corps ? Cette interrogation a beaucoup contribué à renouveler et repenser depuis 30 ans la place du travail dans les sociétés modernes et contemporaines. Certes, les travaux classiques de Georges Duveau sur les ouvriers du Second Empire ou ceux de Rolande Trempé sur les mineurs [Duveau, 1946; Trempé, 1983] – pour ne citer que deux exemples fameux –, s'intéressaient déjà au corps des travailleurs, à leur usure, à leur mobilisation productive; on peut également repérer de nombreuses mentions des corps dans les travaux classiques de l'historiographie ouvrière. Mais ces corps ouvriers restaient surtout appréhendés sous l'angle quantitatif des niveaux de vie ou des mortalités. Dans le contexte de la nouvelle histoire sociale des années 1960-1970, les historiens britanniques comme Eric Hobsbawm ou Edward P. Thompson ont également exploré les corps ouvriers, leur symbolique et la discipline des corps remodelée à l'âge du capitalisme industriel [Hobsbawn, 1978; Thompson, 1963, 1967]. La crise du modèle tayloriste a contribué dans les années 1970 à intégrer le travail et le corps dans les réflexions historiques. L'influence des recherches de Michel Foucault sur la genèse de la biopolitique a joué un rôle décisif dans l'émergence de nouveaux questionnements, en ancrant le travail dans l'étude des dispositifs infrapolitiques de gestion des populations [Foucault, 1975, 2004]. D'autres travaux ont montré comment les corps des ouvriers sont devenus des rouages de dispositifs juridiques laissant aux assurances le soin d'accompagner les pathologies et les corps accidentés [DEFERT, 1991 ; EWALD, 1986]. Mais l'intérêt croissant des historiens et des sociologues pour le corps tient également à des évolutions intellectuelles et épistémologiques internes aux sciences sociales, en particulier par la promotion de l'acteur et de son *agency* contre l'étude des structures.

Les années 1980-1990 marquent la fin des grands récits et des lectures macro-sociales parallèlement au recul de l'histoire ouvrière pensée comme une histoire des organisations, au profit d'une attention inédite aux acteurs. En second lieu, l'attention nouvelle au genre a renouvelé les approches, en mettant en valeur les processus discursifs et opératoires à l'œuvre dans la définition et le déploiement de codes et de fonctions supposées propres au genre, ainsi que les maladies professionnelles différenciées selon les identités sexuées [PERROT, 1983 ; PEYRIÈRE, 2007 ; PIGENET, 2002]. Enfin, le tournant ethnographique des études sur le travail et l'attention à l'espace comme au travail pensé comme une activité située et incorporée a également conduit à une attention nouvelle au corps au travail [PILLON, 2012]. Parallèlement, l'historiographie française a inscrit les corps ouvriers dans l'analyse de l'industrialisation, avec notamment les enquêtes suscitées par le groupe de recherche nantais sur les accidents du travail dans les années 1970, puis dans la décennie suivante par un intérêt nouveau pour les maladies professionnelles, dont un dossier du *Mouvement Social* coordonné par Alain Cottereau a été l'un des jalons les plus importants [HESSE, 1975-1985, COTTEREAU, 1983]. C'est le moment où des rééditions de textes fondateurs ont été entreprises, par exemple les essais sur la condition ouvrière des médecins Bernardino Ramazzini (1700) ou Louis-René Villermé (1840), rendant accessibles des textes autour desquels se sont greffées nombre d'analyses portant sur les pathologies corporelles des ouvriers et des artisans.

Pourtant, en dépit de ces héritages, l'histoire du corps n'est véritablement devenue un enjeu central des études sur le travail qu'à partir des années 1990. L'influence de l'historiographie de langue anglaise est indéniable. En Grande-Bretagne, certains historiens provenant notamment des *legal studies*, ont renouvelé la question des accidents et de la santé au travail par des enquêtes portant sur les systèmes de compensation et la mise en perspective des réglementations au regard des corps meurtris – sans toutefois porter sur le corps un regard spécifique ou novateur [BARTRIP et BURMAN, 1983 ; BARTRIP, 2002]. L'historiographie française a quant à elle été réactivée au cœur des années 1990 par ces questionnements et plusieurs programmes de recherche portant sur la santé au travail autour des années 2000 ont permis de reprendre la question du corps et des gestes des travailleurs. Une mise au point documentée de ce mouvement de recherche, auquel a participé une nouvelle génération d'historiens, permet d'en mesurer toute l'étendue [BRUNO, GEERKENS, HATZFELD et OMNÈS, 2011], tandis qu'une synthèse efficace témoigne de la vigueur des études dans ce domaine [BUZZI, DEVINCK et ROSENTAL, 2006] – vigueur avivée par les historiens des représentations et de la santé [CORBIN, COURTINE et VIGARELLO, 2006]. Un phénomène similaire prévaut dans l'historiographie allemande et plus généralement européenne, en s'attachant à analyser les espaces de travail comme recomposition des corps au travail [BLUMA et RAINHORN, 2014]. Cette attention à l'usure du corps du travailleur a rencontré aussi la montée en puissance de l'histoire environnementale, qui permet de mieux relier l'atelier au monde extérieur, afin de penser par en bas et de façon située les relations qui existent entre l'entreprise, l'État, voire le monde. Cette démarche fait du corps un observatoire privilégié des contaminations et mutations de l'environnement, et l'inclut dans une réflexion sur les inégalités et injustices environnementales au travail qui s'inscrivent dans les corps [JARRIGE, LE ROUX, 2017a].

Indéniablement, en Europe occidentale entre 1830 et 1930, les nouvelles filières industrielles, l'intensification du travail et de ses rythmes, ainsi que l'émergence de gestes nouveaux soumis à la mécanique industrielle, modifient le rapport des travailleurs à leurs outils et leurs savoir-faire. Qu'il s'agisse de la reproduction de la force de travail ou de l'expérience vécue des ouvriers, les corps sont l'objet de nombreuses attentions, tout au long de ce mouvement séculaire, face à une grande variété de pathologies et d'accidents accompagnant les transformations industrielles. Médecins, ingénieurs, syndicalistes, administrateurs, patrons ou simples ouvriers, c'est dans un ensemble d'expertises, de conflictualités et d'arbitrages à différentes échelles que se définit peu à peu une politique de santé au travail et de risque professionnel. Les mutations ont été si grandes depuis les premières phases de l'industrialisation et les situations sont si variées qu'il est difficile de proposer une vision globale d'une telle question. Pour explorer comment le travail a reconfiguré les relations entre les corps et les structures productives, une analyse diachronique permet de dresser quelques perspectives tout en montrant comment l'organisation du travail s'inscrit dans un processus social et politique plus vaste. Lors de la première industrialisation, la division du travail accompagne la mécanisation et le regroupement des ouvriers dans des lieux plus ou moins concentrés. La recherche de la performance est étroitement liée à l'illusion d'un travail libéré par les machines, tandis que l'esclavage disparaît dans les sociétés occidentales. Cela se traduit par une discipline et une contrainte plus grande sur les corps, mais aussi par une multiplication des pathologies et des accidents. Les "temps modernes", incarnés par la figure de Chaplin en 1936 et façonnés par la mise en place progressive du taylorisme dans la première moitié du XXe siècle, subvertissent le lien encore souvent organique que les ouvriers entretiennent avec les dispositifs de production, tandis que des mécanismes nationaux de prise en charge de la prévention et de la réparation se mettent en place.

LES CORPS SOUMIS DE L'INDUSTRIALISATION

Au cours du XIXe siècle, la mécanisation et l'introduction de moteurs de plus en plus puissants, tout comme le foisonnement de filières chimiques toujours plus variées, entraînent une multiplication des accidents et des pathologies. Les accidents sont très divers : section d'un membre, brûlures, écrasements, ou encore à l'échelle de l'usine, explosions et incendies ; parallèlement, les maladies professionnelles, plus insidieuses, se panachent en empoisonnement rapide (céruse), maladies chroniques, de la peau par exemple (produits chlorés), ou encore altération progressive de certains organes, comme les poumons, qui ne se révèle que plusieurs années après le travail effectif (mines, textile, chimie), ou même encore par la transmission de maladies externes par des gestes de travail qui la favorisent, comme pour la syphilis (verrerie). La différence entre accident et maladie est d'ailleurs parfois très ténue. Ainsi, les travailleurs de la métallurgie subissent les effets de la chaleur, des éclats et des chocs qui peut se traduire par des problèmes de santé relevant à la fois des deux situations.

Du fait de nouveaux processus industriels, le nombre des accidents et maladies augmente considérablement entre 1820 et 1870. Même si les statistiques nationales manquent avant les années 1860 – et même après elles restent peu fiables, quelques enquêtes locales témoignent de la brutalité du monde industriel. Ainsi, à Lille, 377 personnes sont victimes d'accidents graves dans les usines textiles entre 1847 et 1852 : 34 meurent, 39 sont amputés ou estropiés, parmi elles 217 ont moins de 20 ans. Au Royaume-Uni, en 1849, près de 1114 accidents liés à la mécanisation sont recensés dans le seul secteur textile en six mois, causant 22 morts et 109 amputations [Bronstein, 2008 ; Bartrip et Fenn, 1990]. Les machines à vapeur, progressivement introduites dans la plupart des grandes usines en Europe, en particulier dans l'industrie textile et métallurgique, obligent les ouvriers à s'adapter aux rythmes des mouvements mécaniques, tandis que les systèmes techniques de quantité d'industries reposent de plus en plus sur la maîtrise de la chaleur et des flux des substances à travers tuyaux, cuves, chaudières et cheminées. Dans les usines de gaz d'éclairage, elles aussi nouvelles (la première est construite à Londres en 1813), et en essor dans les années 1820, le charbon est distillé dans des fourneaux où la forte chaleur se combine à un système technique complexe où la maîtrise des risques est essentielle. Les ouvriers y sont soumis à une organisation du travail inflexible et un environnement délétère et dangereux. Machines à vapeur et usines à gaz deviennent bientôt le quotidien des ouvriers et habitants des villes industrielles du XIXe siècle, surtout après 1850 [FRESSOZ, 2012]. Avec l'essor des chemins de fer européens, après 1830, un grand nombre d'usines métallurgiques et sidérurgiques concentrent des environnements de travail radicalement nouveaux, où les ouvriers deviennent des rouages d'infrastructures qui les dépassent. Les atmosphères surchargées de vapeurs et de poussières, le contact à des appareils qui ne sont pas adaptés aux corps, les aléas de mécanismes explosifs, indépendants du savoir-faire des ouvriers, sont autant de considérations qui enlèvent une forme d'autonomie et de ménagement des corps [GUIGNARD, RAGGI et THÉVENIN, 2011].

Il ne faudrait toutefois pas attribuer au choc industriel une révolution des corps trop nette. C'est le fruit d'une longue évolution qui plonge ses racines dans l'intensification du travail observée au XVIIIe siècle et même avant. Les Lumières ne sont pas qu'un mouvement philosophique mais aussi une économie politique tournée vers l'efficacité, la rationalisation et l'utilité, et qui tend à asseoir le progrès sur l'amélioration des techniques de production, avec un recours de plus en plus massif à la mécanisation. Alors, une obsession graduelle pour la hausse de la productivité aboutit à un corps et un temps abstrait. Par une forme de désincorporation, on assiste à un basculement progressif vers un nouveau rapport au travail qui fait une place différente au corps [SABEL et ZEITLIN, 1997]. L'industrialisation prolonge donc un processus de redéfinition des formes d'investissement corporel au travail, selon un rythme varié en fonction des secteurs d'activité. Si dans certaines opérations textiles, la standardisation des méthodes de fabrication et la normalisation s'engagent précocement, dans nombre de métiers artisanaux le processus est beaucoup plus lent et incertain. De même, l'autonomie d'action et la résistance de certaines professions (par exemple les typographes des imprimeries) aux évolutions industrielles des modes de production qui se veulent plus scientifiques, n'ont cessé d'exister.

Dans la première moitié du XIXe siècle, les outils du métier sont encore souvent pensés comme le prolongement du corps et les nouvelles machines industrielles comme des éléments d'étrangeté inorganique, et pendant longtemps des travailleurs dénoncent les grandes machines comme des "tueuses de bras" ou des "casses bras" [JARRIGE, 2009]. Pour les ouvriers, les bras forment la propriété de base des individus, ils symbolisent à la fois le travail incorporé et les compétences acquises au terme d'un long apprentissage.

Face aux maladies et accidents du travail, les ouvriers sont en grande partie laissés à eux-mêmes. Avant le milieu du XIXe siècle, les relations de travail sont une affaire privée contractualisée entre l'employeur et les ouvriers, ces derniers étant considérés comme libres d'accepter le risque de leur travail en toute connaissance de cause. Cela se traduit parfois par des salaires plus élevés qui compensent les dangers encourus et, en cas de contentieux, par des procédures dans les tribunaux. La *Common Law*, et en son sein la *Tort Law*, en Grande-Bretagne, et le Code civil sur le continent se chargent de résoudre en effet, par des arbitrages judiciaires, les conséquences des accidents. Sauf décisions judiciaires d'indemnisation, les éventuelles réparations sont alors prises en charges par des structures de solidarités privées: charité, paternalisme, fonds de secours mutuels ouvriers, etc. [MOSES, 2018]. En France, les prud'hommes, instance arbitrale pour le monde du travail, sont généralement le lieu des litiges entre patrons et employés. Au cours du siècle, ce système libéral qui fait peser sur les conduites individuelles l'essentiel des causalités et les diverses imputations des responsabilités, devient de moins en moins satisfaisant. D'une part parce qu'il est profondément inégal: c'est aux ouvriers victimes d'assurer la charge de la preuve devant les tribunaux, et ils obtiennent rarement la réparation des préjudices. D'autre part parce qu'un grand nombre d'accidents du monde industriel ne peuvent être imputés à une faute, mais sont inhérents au système industriel lui-même: organisation du travail ou moyens de production dont la technologie est dangereuse en elle-même (par exemple le chemin de fer ou les machines à vapeur). D'ailleurs, la justice est rarement saisie par les ouvriers; elle coûte chère, surtout en Grande-Bretagne, et les jugements sont rarement en faveur des employés, ce qui n'est pas un facteur favorable pour la saisir.

Jusque dans les années 1860, l'engouement des instances de gouvernement pour le progrès industriel et la fascination qu'exerce la machine soumettent les corps ouvriers à une implacable dynamique. La prolétarisation de la première industrialisation se traduit par des conditions de travail particulièrement inhumaines. Cette soumission ne provoque pas une indifférence totale, et la "question sociale" des années 1830-1840, qui porte surtout sur des niveaux de vie précaires des classes populaires et sur l'agitation sociale – les ouvriers étant perçus comme une classe "dangereuse" – acquiert également une dimension sanitaire ou hygiéniste [JARRIGE, LE ROUX, 2019]. Médecins, observateurs sociaux, administrateurs ou encore ingénieurs et contremaîtres, voire les ouvriers eux-mêmes, autant d'acteurs qui témoignent de la dégradation des conditions de travail en milieu industriel. Alors que le travail reste encore une affaire privée entre employeurs et employés, c'est dans le cadre de l'hygiène publique en plein essor que s'établit une reconfiguration des étiologies médicales du travail. En Grande-Bretagne, le médecin Charles Thackrah publie en 1831 *The Effects of the Principal Arts, Trades and Professions, and of Civic States and Habits of Living, on Health and Longevity*, qui reste une somme inégalée en Europe jusque dans les années 1890 [MATHIE, 2017]. Par ses observations dans les usines de Leeds, il actualise considérablement les connaissances sur les nouvelles pathologies du travail: tout en estimant que 50000 ouvrières britanniques meurent chaque année de leur travail, il s'attache en particulier à identifier les agents et causes des maladies de plus d'une centaine d'activités, et propose des moyens de prévention, tels que l'aération des locaux, la suppression du plomb dans nombre de produits, la mise à distance des fumées, de la poussière et des hautes températures ou encore la réduction de la durée du travail des enfants. En ce sens, il renouvelle considérablement l'œuvre du médecin italien Bernardino Ramazzini, dont l'*Essai sur les maladies des artisans* de l'italien, écrit en 1700, traduit dans toutes les langues européennes au cours du XVIIIe siècle, restait alors le fondement des observateurs des pathologies du travail [VINCENT, 2012]. Cet essai venait d'être actualisé en France, en 1822, par le médecin Pâtissier, mais ce dernier n'avait pas intégré les principales nouveautés du monde industriel, contrairement à Thackrah.

Toutefois, ce n'est pas dans ce cadre, qui considère les espaces de travail et les gestes qui y sont associés comme des microclimats ayant des influences manifestes sur la santé des corps, que se reconfigurent les étiologies des années 1830 et 1840, mais dans celui, toujours plus influent, de l'hygiène publique. En Grande-Bretagne, le réformateur social Edwin Chadwick, ancien secrétaire de l'utilitariste Jeremy Bentham, est saisi en 1832 par les autorités pour résoudre la question sociale et réformer les *Poor Laws*. En 1842, il publie le *Report on The Sanitary Condition of the Labouring Population of Great Britain*, dans lequel il explique que le travail en lui-même n'est pas la cause principale des maladies. Celles-ci seraient liées aux conditions de vie et aux environnements viciés, il préconise donc à la fois des réformes sanitaires et un meilleur contrôle de la vie ouvrière qui passe essentiellement par la discipline individuelle et collective, sans questionner l'organisation du travail [HAMLIN, 1998]. Favorable à la croissance industrielle, il est grandement influencé par l'hygiénisme français, alors dominant en Europe [LA BERGE, 1992]. Structuré intellectuellement à partir de 1829 autour d'une revue influente, les *Annales d'hygiène publique et de médecine légale*, ce mouvement s'appuie sur le réseau des Conseils de salubrité. Celui de Paris, fondé dès 1802, domine et définit une politique sanitaire en adéquation avec le développement industriel. Inspectant les établissements industriels, le Conseil de salubrité finit par s'occuper de la santé des ouvriers. Mais, alors que la tradition ramazzinienne et celle des topographies médicales liaient explicitement les pathologies aux environnements, y compris ceux du travail, les hygiénistes français s'attachent à démontrer que le travail a fort peu d'influence sur les maladies. Après des enquêtes dans les usines de céruse*, un pigment de plomb (1822-1823), puis dans celles de tabac (1828-1829), les membres du Conseil de salubrité de Paris arrivent à la conclusion que ce sont les conditions de vie, et non de travail, qui expliquent la surmortalité ouvrière [LE ROUX, 2011a et b]. Ce credo est ancré dans la doctrine hygiéniste par le médecin Louis-René Villermé durant les années suivantes. À la demande de l'Académie des Sciences Morales et Politiques, il publie en 1840 le monumental *Tableau de l'état physique et moral des ouvriers* des usines textiles. Même s'il décrit un univers éprouvant pour la population ouvrière, dénonçant particulièrement le travail des enfants, ses conclusions relativisent fortement l'influence du travail sur la santé. Selon lui, les maladies sont principalement dues à la pauvreté, aux mauvaises conditions de logement, au manque de nourriture, à l'alcoolisme et aux comportements populaires. De même, il s'émerveille devant la mécanisation, prenant ses distances avec certains rapports de Conseils de salubrité de province qui constataient un accroissement des accidents du travail dans les usines textiles notamment. D'ailleurs, Villermé ne relate aucun accident dans sa somme portant pourtant sur l'industrie textile. Il considère essentiellement les machines comme des moyens d'alléger le fardeau des ouvriers, de leur éviter les tâches pénibles et dangereuses [LE ROUX, 2011c]. Loin d'être un observateur du travail situé, Villermé privilégie une vision statistique du travail, et relègue les postures, gestes et atteintes corporelles à l'arrière-plan, jusqu'à renverser l'étiologie ramazzinienne de l'influence du travail sur les corps et les pathologies. Sa pensée, sanctifiée par les autorités politiques et morales du pays, est à l'origine de la lenteur à voir émerger la médecine du travail et le traitement des corps malades du travail, non seulement en France mais partout en Europe, tant son influence est grande [COLEMAN, 1982].

En dépit de leur vision réformatrice et de leur désir d'améliorer le sort des ouvriers, la posture statistique et morale adoptée par Chadwick et Villermé mène à des lois de protection qui s'adresse surtout aux personnes vulnérables (en France, la loi de 1841 réglementant le travail des enfants ; en Grande-Bretagne, les *Factory Act* de 1833, 1842-1844 ; en Prusse, Code du travail des enfants de 1853), et à des institutions de contrôle et de discipline (les *workhouses* en Grande-Bretagne). Elle permet aux industriels de poursuivre à leur gré l'organisation d'un travail où la dimension sanitaire reste longtemps absente. L'hygiénisme est alors un projet politique au sens fort, visant à permettre la poursuite d'une industrialisation dont on découvre, tout au long du XIXe siècle, les revers en termes de coûts humains.

L'HYGIÉNISME INDUSTRIEL ET LE SYSTÈME ASSURANTIEL

Malgré la doctrine hygiéniste, en effet, les maladies ouvrières, comme les accidents du travail, sont un trait constitutif du XIXe siècle industriel. La liste est longue des activités dangereuses et létales : production de céruse (le principal pigment blanc du siècle), qui provoque le saturnisme* ; fabrication d'allumettes, dont le phosphore provoque la nécrose de la mâchoire ; les mines, qui entraînent une véritable épidémie de silicose* parmi les mineurs. S'ajoute à ces maladies une usure des corps au travail ; l'espérance de vie des ouvriers est inférieure de dix ans à celle de la moyenne nationale en 1900. Nombreux sont les médecins qui prennent le contrepied des hygiénistes officiels, ainsi Victor-Emmanuel Fodéré ou François Vincent Raspail en France, ou un peu plus tard Thomas Arlidge, Thomas Oliver ou Thomas Legge en Grande-Bretagne. Pourtant, les maladies restent longtemps invisibles, davantage que les accidents, car elles sont souvent insidieuses, lentes, ou ne se déclenchent que de longues années après le travail effectif. Les pathologies ouvrières intéressent en fait peu de médecins prestigieux, car il s'agit d'une clientèle pauvre, et le prestige qui en découle est faible. De plus, l'insistance de l'hygiénisme sur l'immoralité ouvrière et ses comportements viciés (promiscuité, alcoolisme, etc.) brouille les pistes : il est difficile de quantifier les maladies professionnelles. Tel n'est pas le cas des accidents, du moins dans les mines, qui doivent être mentionnés pour des besoins de statistique et par nécessité légale. Ainsi, à partir de 1813 en France, chaque accident minier doit être reporté au préfet et faire l'objet d'une enquête de responsabilité. De semblables dispositions existent partout en Europe et sont mises en place au cours du siècle. Après 1845, en Grande-Bretagne, les *Factory Inspectors* doivent eux aussi enregistrer les accidents dans toutes les usines. Ces dispositifs permettent de réduire les accidents miniers létaux tout au long du siècle : ainsi, le taux de mortalité des mineurs passe de 2,5 à 0,96 pour mille en Belgique, de 2,12 à 1,36 entre 1873 et 1910 en Grande-Bretagne et de 3 à 2,5 en Prusse entre les années 1860 et les années 1900 ; dans ce dernier pays, au moins 10000 mineurs auraient succombé à la suite d'un accident au cours du siècle [CONUS, ESCUDIER, 1997 ; KROKER et FARRENKOPF, 1999] (v. Mineurs).

Ce n'est qu'après 1860 que naît véritablement l'hygiène industrielle comme discipline autonome, source d'observation et de description des corps au travail, principal levier de demande de régulation et d'inspection. Sa formation est en grande partie due à la montée en puissance des ingénieurs, qui sont en prise directe avec les accidents, et en tant que principaux acteurs des systèmes opératoires dans les usines, ils cherchent à améliorer l'efficacité du travail, incluant les performances de la main d'œuvre et donc de la santé du personnel. Peu à peu, une spécialisation et un partage des tâches apparaissent : aux médecins l'étude des pathologies ouvrières, aux ingénieurs la mise en œuvre des mesures de prévention. Pour évaluer la nocivité de certains travaux, les médecins utilisent deux démarches conjointes, la toxicologie et l'épidémiologie. La toxicologie n'aboutit pas toujours à des résultats probants, mais elle permet de donner un fondement théorique à la lutte contre l'usage de la céruse, du phosphore blanc et du mercure dans certaines opérations industrielles. Quant à l'épidémiologie, elle échoue globalement, faute de statistiques fiables et à cause de la difficulté d'isoler les facteurs pathogènes. Ces difficultés disqualifient peu à peu le rôle des médecins, face aux ingénieurs, dont les compétences sont plus directement mobilisables face à des opérations industrielles de plus en plus techniques [MORICEAU, 2009]. Partout en Europe, la reconnaissance de l'hygiénisme industriel est une bataille, car la discipline nécessite les compétences conjointes du médecin, de l'ingénieur et du juriste, et doit faire constamment le grand écart entre le diagnostic et la prévention. Elle est en outre en perpétuel renouvellement, prisonnière des changements techniques industriels et de l'organisation du travail, qu'elle ne parvient pas à diriger. D'où une succession de traités, manuels et mémoires qui ont autant valeur de justification de l'hygiène industrielle que d'actualisation des savoirs. D'où également la grande difficulté à créer des filières de recherche et d'enseignement. En tant que discipline pratique et appliquée, l'hygiénisme industriel n'est pas un métier ; on n'y fait pas carrière, on n'y gravit pas d'échelon, aucune position de prestige ne peut créer une école de pensée ou d'apprentissage. L'exemple d'un de ces médecins les plus importants, le parisien Maxime Vernois est à cet égard éloquent. Médecin à l'hôpital Saint-Antoine, élu membre du Conseil d'hygiène et de salubrité du département de la Seine en 1852, il publie en 1861 *De la main des ouvriers et des artisans au point de vue de l'hygiène et de la médecine légale*, un long rapport clinique sur les mains des ouvriers, qu'il classe en fonction des professions. C'est la première fois que les *Annales d'hygiène publique* s'attardent à ce point sur les atteintes à l'intégrité corporelle provoquées par le travail. Or, il ne s'occupe d'hygiène industrielle qu'entre 1856 et 1864, et bien que ses travaux sur ces questions soient de nos jours considérés comme ses œuvres les plus importantes, il se consacre ensuite à l'hygiène publique, notamment à la question de l'hygiène dans les écoles et les lycées, bien plus reconnue alors.

Depuis les années 1820, dans tous les pays de l'Europe industrielle, la norme de sécurité est devenue une nécessité pour les machines à vapeur, dont les explosions sont redoutées : elles se comptent par centaines tout au long du siècle, ainsi que pour les usines à gaz d'éclairage, ce qui n'évite pas de dramatiques accidents, en 1844 à Paris et en 1866 à Londres par exemple. La norme de sécurité envahit ensuite l'ensemble des moteurs et des mécaniques : il s'agit non seulement de protéger l'ouvrier mais aussi d'éviter les coûts et arrêts de la production des accidents. La gestion du risque est déléguée aux entreprises et aux assurances en Grande-Bretagne, très influencée par l'*Association for the Prevention of Explosions*, créée par des industriels en 1855, et à la surveillance administrative en France. Dans les deux cas, le nombre d'accidents par heure travaillée diminue au cours du siècle, même s'ils augmentent toujours en nombre absolu dans tous les pays. Par exemple, en Allemagne, les accidents mécaniques entraînant au moins une blessure culminent à 43 000 en 1880 [Moses, 2018]. À partir de l'*Alcali Act* de 1863, une inspection des usines polluantes est également chargée de surveiller la sécurité et la salubrité des espaces productifs ; les inspecteurs britanniques deviennent des personnages pivot qui collaborent avec les ingénieurs pour améliorer certains dispositifs et sont les experts écoutés des commissions d'enquêtes parlementaires [Bartrip, 2002]. En France, pour éviter une réglementation publique intrusive, une impulsion décisive est donnée par la Société industrielle de Mulhouse qui créé, en 1867, l'Association pour prévenir les accidents de machines. En quelques années de travaux, ses résultats sont considérables dans la conception de nouvelles machines et la mise en place de mesures simples, telles que recouvrir les engrenages des machines par des protections ou entourer de grillages les appareils les plus dangereux. Ce type d'associations d'industriels fleurit dans d'autres régions et dans tous les pays européens, par exemple en Italie dans les années 1880. La prévention devient une caractéristique du monde des ingénieurs, dont le Conservatoire national des Arts et Métiers devient un pivot en France : en 1905 y est créé un cours d'hygiène industrielle et un Musée de prévention des accidents du travail et d'hygiène industrielle, puis un Laboratoire de recherches sur l'hygiène industrielle (1907), qui connaissent leur heure de gloire jusque dans les années 1920. C'est le début de la vogue des affiches de prévention au travail. Mais la nouvelle discipline n'est pas dénuée d'ambiguïté ; si à la fin du siècle elle a considérablement mûri dans ses diagnostics, et introduit des mesures de protection, ses dénonciations sont faibles et elle a, d'une certaine façon, légitimé un grand nombre d'opérations industrielles insalubres [MORICEAU, 2009].

La fondation en 1877 de la Société de médecine publique et d'hygiène industrielle en France légitime la nouvelle discipline, qui s'épanouit à travers les premiers congrès internationaux d'hygiène. Treize congrès se réunissent en Europe entre 1876 et 1907 (Bruxelles 1876, Paris 1878, Turin 1880, Genève 1882, Amsterdam 1884, Vienne 1887, Paris 1889, Londres 1891, Budapest 1894, Madrid 1898, Paris 1900, Bruxelles 1903 et Berlin 1907). Parallèlement, de façon plus ciblée, se réunissent des congrès internationaux sur les accidents du travail (Paris, 1889, Berne 1891, Milan 1894, Bruxelles, 1897, Milan 1900, Düsseldorf 1902, Vienne 1905, Rome 1908). Cette coopération internationale, assortie de bulletins, de rapports et d'expertises, favorise l'adoption par les États de lois sur les accidents du travail, qui associent prévention et réparation, en harmonisant des législations différentes, afin d'éviter la concurrence déloyale d'autres pays moins regardants sur la sécurité – tant ces dernières étaient rétives à toute réglementation qui ne serait pas imposée à tous [MOSES, 2009]. Les discussions qui mènent aux lois sur les accidents du travail sont également liées à plusieurs autres facteurs. Tout d'abord à certains arrêts de justice défavorables aux industriels à partir des années 1860 ; certains patrons ayant été condamnés, parfois pénalement, les industriels commencent à être ouverts à une refonte du régime de la responsabilité [EWALD, 1986]. La pression se renforce dans les années 1890. Ainsi, en France, le nombre d'affaires pénales traitées par les tribunaux pour des accidents du travail augmente considérablement, avec des poursuites engagées pour homicides ou coups et blessures volontaires ; les affaires incriminant les patrons passent de 2 % durant la décennie précédente à 55 % entre 1890 et 1900 [Hesse, 1980]. Par ailleurs, le rapport de force interne aux entreprises devient progressivement plus favorable aux ouvriers, dorénavant organisés en syndicats, et pour les plus révolutionnaires dans la Première Internationale (1864-1876), puis la Deuxième Internationale (1889). Ces différentes organisations ouvrières, ainsi que des actions de grèves, exercent une pression indéniable [Rebérioux, 1989]. Enfin, les différents pays européens regardent avec circonspection la législation allemande, pionnière en la matière. Lorsque l'Empire allemand introduit un régime d'assurances sociales, qui porte notamment en 1884 sur les accidents du travail, les dispositifs juridiques sont scrutés avec attention par l'ensemble des gouvernements européens. La loi du 6 juillet 1884 déclare en effet que tous les ouvriers (*Arbeiter*) des mines, des salines, des carrières, des fonderies, etc. “seront assurés contre les suites d'un accident survenu dans leur usine”. En France, le débat est introduit à la chambre par le député ouvrier Martin Nadaud, en 1880. Suivent de longs débats, ponctués par quelques avancées (création de l'inspection du travail en 1892, loi de 1893 sur l'hygiène et la sécurité dans les établissements industriels), qui aboutissent au vote de la loi de 1898 sur les accidents du travail. La plupart des pays européens s'engagent dans une voie similaire: la Grande-Bretagne en 1897, l'Italie en 1898, l'Espagne en 1900, la Belgique en 1903, la Suisse en 1912.

Mais les dispositifs nationaux sont divers, la place laissée à la justice et à l'État variant beaucoup selon les pays (v. Naissance et développement des États sociaux et du droit du travail). Leur mise en place découle en effet de traditions juridiques spécifiques, surtout entre la Grande-Bretagne et le continent, et reflète différents agendas politiques. En France, elle coïncide opportunément avec le projet politique de la IIIe République naissante et devient un terrain propice à la réconciliation des classes [Viet, 1994]. Pour l'Italie et l'Allemagne, il s'agit avant tout de consolider leur tout jeune État-nation (uni respectivement en 1870 et 1871), dans une perspective de légitimation pour le premier pays, et pour garantir la stabilité sociale pour le second. La Grande-Bretagne ne rencontre pas ces problématiques, d'où la part encore prépondérante laissée au régime de responsabilité libéral, d'autant plus que le secteur de l'assurance privée y est déjà très développé. Quoi qu'il en soit, dans tous les cas les assurances s'avèrent l'outil qui permet de pacifier les différends idéologiques, en apparaissant comme souples et efficaces. Car, malgré leurs différences, ces lois, structurées par la technologie assurantielle, sont une révolution juridique et introduisent les dispositifs essentiels du futur État-providence. Elles reconnaissent la responsabilité des industriels dans la sécurité physique de leurs employés. Mais ce faisant, elles les exemptent en contrepartie de toute faute civile et pénale. Ce régime de responsabilité sans faute est contrebalancé par des mesures de compensation financière, la réparation étant assurée par un fond forfaitaire provisionnel financé en amont par l'industrie, garanti ou non par l'État. C'est la naissance de la notion de risque professionnel [OMNÈS et PITTI, 2009] : il s'agit ainsi en somme de lois portant sur des compensations forfaitaires, afin de désengorger les tribunaux et de résoudre l'incertitude d'indemnités trop élevées – ou trop faibles, c'est selon. Il s'ensuit une tarification des corps fondée sur des barèmes assurantiels. Son efficience est indéniable: en rompant les chaînes sociales de charité ou de solidarité, elle s'avère être une technologie impérialiste, puisqu'elle finit par gagner tous les marchés du risque industriel [HESSE, 1975-1985 ; LE ROUX, 2014 ; LE ROUX, 2016].

LA SANTÉ AU TRAVAIL AU TEMPS DU TAYLORISME

Le "moment 1900" serait-il à la fois un point de convergance européenne et un aboutissement pour l'amélioration de la santé et de la sécurité des travailleurs, une période où de nouvelles logiques financières assurantielles rejoindraient la demande sociale et satisferaient des revendications ouvrières ? Rien n'est moins sûr.

Tout d'abord, les effets de ces lois sont mitigés ; œuvre de compromis, elles ne font pas profiter aux ouvriers de tous les avantages que pouvait leur procurer un recours victorieux en justice et ont finalement peu d'impact sur la baisse des accidents. De très graves accidents industriels surviennent d'ailleurs juste après : l'explosion de la mine de Courrières en France, en 1906 (1099 morts), et celle de la poudrerie de Faversham, berceau de l'industrie anglaise des explosifs, en 1916 (115 morts), sont des marqueurs symboliques très forts [*10 MARS 1906* ; LALOUX et VARASCHIN, 2006 ; BUCHANAN, 2006]. Les lois sont donc sans cesse remises en cause. Même en Allemagne, loin de constituer un droit collectif, ces dispositifs n'effacent en rien la responsabilité civile et s'articulent à un libéralisme doublé d'une politique destinée à assurer la cohésion nationale [MOSES, 2018]. En Belgique, jusqu'à la Seconde Guerre mondiale, elles sont constamment contestées et réformées pour ajuster le "forfait" aux impératifs de la production [BRUNO et GEERKENS, 2016]. Elles changent peu le quotidien des travailleurs et l'empreinte laborieuse sur les corps. Par exemple, dans le complexe métallurgique de l'Ansaldo en Italie, la multiplicité des risques est inhérente aux contacts dangereux dans l'atelier: les moteurs et machines ayant une partie en mouvement (courroies, volants, engrenages), les opérations de lubrification et le nettoyage réalisés sur des machines en mouvement. La prévention, organisée par les ingénieurs et contremaîtres, y est certes incessante: elle instaure des normes strictes au moment de la coulée du métal en fusion, impose de laisser libres tous les passages par lesquels se fait le transport du métal liquide, impose la responsabilité de l'ouvrier sur les machines sur lesquelles il opère, prescrit des habits, lunettes et chaussures de protection, prévoit les conditions de déplacement et de manipulation. Néanmoins, l'inventaire des accidents du travail de 1917 témoigne de la banalité de ceux-ci, tandis qu'autour des fourneaux et marteaux-pilons, ce n'est que bruit, poussière, chaleur et chocs, manifestations de la puissance de la matière manipulée. La régulation est rendue d'autant plus difficile que la main d'œuvre est majoritairement non qualifiée, et pour une part immigrée [Dewerpe, 2017].

D'autre part, il est nécessaire de contrebalancer les dispositifs réglementaires par d'autres points de vue. Les différentes représentations du travail industriel témoignent ainsi de la dureté toujours présente des opérations qui s'imposent aux ouvriers (v. Travail et travailleurs en littérature et dans les arts). Avant les années 1870, les artistes s'intéressent peu aux mondes du travail, et adoptent souvent des positions stéréotypées qui reflètent les valeurs morales de leur temps, pleines de dénigrement pour le travail manuel, opposé aux mécaniques bien huilées de l'industrialisation. On ne trouvera pas non plus dans les lithographies et gravures de presse la réalité du monde du travail, bien qu'elles donnent des indices indispensables à la connaissance des espaces et des techniques. Dans ces images, le corps des ouvriers s'efface derrière celui des machines. Répondant à la demande sociale, les représentations de l'artisan ou de l'ouvrier sont bien souvent des mises en scène pour mettre en valeur la bonne organisation du travail des espaces dessinés ou capturés par l'appareil photographique – à moins qu'il s'agisse d'un accident spectaculaire, comme les coups de grisou dans les mines, dont la presse, avide de sensationnel, s'empare alors volontiers. Il faut attendre des peintres remplis d'empathie pour leur sujet pour percevoir le poids des tâches, la fatigue et l'usure des corps: *La Blanchisseuse* de Daumier (1863), *Des Repasseuses* de Degas (vers 1885) ou *La Femme au repassage* de Picasso (1904), offrent des portraits féminins saisissants de l'abrutissement de gestes longs et répétitifs. Mais, encore en 1875, quand Caillebotte présente les *Raboteurs de parquets*, le sujet est jugé trop réaliste et vulgaire et le tableau est rejeté par le Salon, alors même qu'il empreinte les codes de l'académisme. Ce n'est qu'avec le succès du courant impressionniste, très attiré par les peintures de paysage industriel, que l'entrée dans les univers masculins des ateliers devient légitime. Avec un regard affûté attentif aux postures et à l'environnement professionnel, l'impressionniste Gueldry peint une dignité du travail sans emphase, dans les années 1880. Dans la même veine, *Les Maroquiniers de la rue Croulebarde, à Paris* (1890) de Coëylas, est un tableau fidèle à l'esprit d'une époque où il n'est plus honteux d'être ouvrier, même dans des manipulations puantes et dégradantes. La photographie offre parfois, également, des scènes où l'on approche la réalité du travail. Le photographe Roger Viollet, ingénieur chimiste dans l'usine de matériel électrique d'Edison à Ivry, se plaît à réaliser des autoportraits singuliers, en prise avec les dynamos qu'il construit. Quant aux enquêtes industrielles de Maurice-Louis Branger ou Jacques Boyer, elles sont loin des représentations figées des cartes postales. On y sent le danger de l'approche du four, les atmosphères surchargées, l'encombrement, les positions debout et penchées sur l'établi, la séparation genrée des occupations [Le Roux, Pierrot, 2014]. Parfois, les représentations sont directement liées aux accidents. Ainsi, dans les années 1880, un ingénieur des mines de Saône-et-Loire dessine les scènes des accidents, et ses croquis deviennent des pièces à conviction lors des enquêtes afin d'établir les responsabilités. Documents exceptionnels, ils renseignent sur les corps au travail souterrain, et ne mettent que mieux en relief la pauvreté de la documentation relative aux accidents dans le monde industriel [Passaqui, 2014]. En Italie, c'est une entreprise originale de collecte de documentation visuelle sur les accidents qui est initiée par le ministère du Travail après 1900, en lien avec les ingénieurs et les médecins des usines. La production iconographique qui en découle change radicalement la perception du risque au travail en Italie, dans un pays qui connaît alors une forte croissance industrielle. Elle culmine avec l'exposition universelle de Milan en 1906 consacrée au transport et qui fait une large place à la question des accidents [Pellegrino, 2016]. Pour terminer, il faudrait également mentionner les écrits ouvriers. Par exemple, en France, les frères Léon et Maurice Bonneff, écrivains ouvriers liés à la CGT, dénoncent vigoureusement dans *Les métiers qui tuent* (1900) et *La vie tragique des travailleurs* (1908) le caractère mortifère du travail industriel.

À la fin du XIXe siècle et au début du XXe siècle, le corps des travailleurs continue en effet de souffrir du travail industriel ; même si les lois sur les accidents du travail sont une première reconnaissance de cette souffrance, elles ne concernent pas les maladies, plus insidieuses et moins spectaculaires, contre lesquelles les recours et les mesures de protection restent encore longtemps très faibles. Quelques cas emblématiques de produits bien documentés par les historiens le démontrent. Dans les fabriques de céruse, cette poudre blanche de plomb qui sert aux peintures, les ouvriers, recrutés parmi le bas prolétariat et parmi la population immigrée, sont très rapidement en proie à des coliques "métalliques". En France comme aux Pays-Bas, le principe pays producteur, le mode de gestion de la main d'œuvre est le *turnover* régulier, les tâches les plus dangereuses pouvant rarement dépasser deux semaines afin d'éviter le diagnostic létal. Déjà, dans les années 1840, le journal ouvrier *L'Atelier* indique qu'aller à l'usine de céruse, c'est aller à "l'abattoir". Longtemps, les hygiénistes se contentent de préconiser des mesures de propreté et encouragent l'adoption de machines pour remplacer les manipulations. Encore en 1872, le Comité consultatif d'hygiène publique se prononce contre l'interdiction du produit. Ce n'est qu'au prix d'une lutte acharnée des syndicats des ouvriers cérusiers, et le relais offert par les congrès socialistes spécialement consacrés aux questions d'hygiène ouvrière (Paris 1892 et Lyon 1894), et après des grèves importantes en 1905-1906 que l'usage de la céruse finit par être interdit en 1909, avant que cette interdiction ne se généralise dans les années 1920 [Rainhorn, 2019]. De même, la lutte des allumettières met en lumière le rôle essentiel des organisations ouvrières elles-mêmes. Depuis les années 1830, ces ouvrières (les hommes sont très minoritaires) sont victimes de la nécrose de la mâchoire, causée par l'agent combustible, le phosphore blanc, fabriqué industriellement à partir d'os calciné. Paris, Lyon et Oldbury, près de Birmingham, sont les principaux centres de production en Europe à la fin du siècle. Touchant plusieurs générations d'ouvriers, les vapeurs de phosphore provoquent la dégradation des mâchoires inférieures, qui se détachent par fragments noirâtres. En 1892, les allumettiers de la plus grande des fabriques, à Aubervilliers, créent un syndicat qui regroupe presque tout le personnel : 500 femmes et 170 hommes. Des grandes grèves s'ensuivent en 1893 et 1895, amorçant le processus qui conduit à l'interdiction de la céruse dans plusieurs pays européens en 1906 [Gordon, 1993 ; Bartrip, 2002]. Quant à l'arsenic, substance que l'on sait dangereuse avant même sa manipulation dans l'industrie, il provient des résidus des mines de cuivre ; la Grande-Bretagne détient l'hégémonie sur ce produit dont un dérivé sert de pigment vert pour les jouets, les fleurs artificielles et les papiers peints. Comme pour la céruse, ses dangers sont bien documentés, mais les mesures de protection se portent sur la ventilation des ateliers et la propreté des ouvriers. Ce n'est qu'au début du XXe siècle que des mesures plus restrictives sont édictées Outre-Manche, mais ce résultat provient avant tout de la fin du marché de l'arsenic avec l'épuisement des filons de cuivre en Grande-Bretagne [Bartrip, 2002]. Ainsi, pour quelques victoires ouvrières, combien d'industries insalubres qui se maintiennent ? Malgré les mobilisations pour assainir nombre de manipulations, les opérations délétères persistent généralement jusqu'à ce que la filière industrielle décline : c'est le cas par exemple de la porcelaine du Staffordshire en Grande-Bretagne, dont l'émail contient du plomb. Les rapports médicaux éloquents et les mobilisations ouvrières buttent sur une politique économique impériale qui fait de la théière en porcelaine un art de vivre des temps modernes, justifiant donc le sacrifice d'une frange de travailleurs – principalement des femmes [Vincent, 2009]. Pensons encore à la poussière des galeries minières, qui provoque la silicose, mais dont la maladie n'est pas reconnue avant la Seconde Guerre mondiale en Europe. Le recours aux travailleurs immigrés et temporaires permet de dissimuler la morbidité et la mortalité. La complicité de certains médecins, la relative passivité des syndicats, l'opacité statistique, comme l'obéissance à un puissant système paternaliste, empêchent la silicose de devenir une grande cause. En Belgique, par exemple, la pneumoconiose n'a ainsi été reconnue comme une maladie professionnelle indemnisable qu'en 1964 [McIvor et Johnston, 2007 ; Rosental, 2008 : Geerkens, 2009 ; Rainhorn, 2014].

La longue marche vers la reconnaissance des maladies professionnelles dans la première moitié du XXe siècle n'est pas moins tortueuse que les débats relatifs aux accidents des décennies précédentes. Les alertes et les dénonciations rencontrent à nouveau les enjeux économiques et la pression des industriels. La jurisprudence des lois sur les accidents du travail étend progressivement le périmètre du risque professionnel à certaines maladies, ou encore à des catégories professionnelles non concernées initialement, comme les ouvriers agricoles. L'approche transnationale, issue des Congrès internationaux, se double de celle de l'Association internationale pour la protection légale des travailleurs (AIPLT) fondée à Paris en 1900. La guerre apporte de nouveaux changements de ce périmètre, puisqu'il est parfois difficile de distinguer le soldat de l'ouvrier engagé dans la production industrielle de guerre. Par ailleurs, les médecins d'usine prennent une place croissante pour faire face aux impératifs de la production et gérer une main d'œuvre improvisée, notamment féminine ou mutilée de retour du front (en France, une inspection médicale des usines de guerre est créée en 1915). Dans les années 1920, tous les pays européens s'engagent dans une action de prévention plus proactive et un nouvel élargissement de la notion de risque étendue à celle des maladies professionnelles ou à la sphère domestique. En 1919, une loi sur les maladies professionnelles est édictée en France. Ce mouvement découle grandement de tractations internationales, dont la nouvelle Organisation internationale du travail (OIT), créée au sortir de la guerre en 1919 et présidée jusqu'en 1932 par Albert Thomas, organisateur du travail industriel durant la guerre, devient le principal pivot. Les enquêtes précises se multiplient (davantage pour les accidents que pour les maladies, et vers les hommes que vers les femmes) dans tous les pays et sont discutées lors des conférences de l'organisation. Les premières actions de l'OIT portent sur l'interdiction de certains produits toxiques dans l'industrie, mais seulement à condition que des substituts soient trouvés. Peu à peu, l'OIT établit une liste de maladies professionnelles – très limitée – et propose de lutter contre celles-ci par une série de mesures coordonnées et harmonisées au niveau international. Mais les inerties sont grandes. Par exemple, la silicose, citée ci-dessus, n'est mise à l'ordre du jour que dans les années 1930, alors que les syndicats réclament qu'elle soit déclarée maladie professionnelle dans la liste publiée en 1925 [Lespinet-Moret, 2016 et 2019].

L'évolution générale de l'organisation du travail est par ailleurs marquée, au début du XXe siècle, par le tournant taylorien et l'invention progressive des sciences du travail – en premier lieu l'ergonomie (v. Les savoirs sur le travail). Le corps et les gestes face aux dispositifs de production sont plus que jamais au cœur de la réflexion. La mise en place du taylorisme et d'une division toujours plus poussée des tâches autour de la Première Guerre mondiale introduisent de nouvelles étapes qui systématisent toujours davantage la soumission des corps aux logiques productivistes. Longtemps rêve abstrait de théoriciens cherchant des moyens de se passer du corps des ouvriers, les pratiques de contrôle du corps au travail s'accentuent alors considérablement, le corps devenant une véritable mécanique contrôlable. Durant l'entre-deux-guerres, la discipline ouvrière et l'ordre spatial sont particulièrement mobilisés en Allemagne dans le but de réduire les risques au travail ; le projet est biopolitique, il s'agit d'assujettir le travailleur à des artefacts productifs, tout en l'incitant à intérioriser des comportements décrits comme rationnels. L'usine devient alors le lieu idéal de l'ingénierie sociale [Uhl, 2013 ; Luks, 2013]. À cet égard, l'ingénieur Taylor n'est qu'une étape dans un long processus qui, depuis Andrew Ure et Charles Babbage au Royaume-Uni dans les années 1830, a rêvé de se passer du corps organique du travailleur perçu comme un obstacle à la production rationnelle [Dodier, 1988; Cayet, 2010]. Le travail à la chaîne doit accroître les rendements, tout en réduisant la fatigue et le nombre de gestes nécessaire à la production, en mettant les pièces à portée de main. Si la fatigue n'a cessé de meurtrir les corps au travail, ce n'est qu'à la fin du XIXe siècle qu'elle commence en effet à devenir une obsession et à être associée à l'apparition de nombreuses pathologies physique et psychologique [RABINBACH, 1990 ; SARACENO, 2013]. Dans ce nouvel ordre, la souffrance au travail semble invisible, elle n'a pas le spectaculaire d'un accident industriel ou d'un empoisonnement aux toxiques ou aux poussières. Progressivement, la jurisprudence du régime de l'indemnisation des accidents et maladies du travail crée la catégorie d'inaptitude au travail, ce qui a pour conséquence de définir, par la lecture des corps, qui est inclus ou exclu du marché du travail. Les "mains inutiles", par souci de protection, traduisent une nouvelle frontière des corps au travail. Durant l'entre-deux-guerres se mettent en place, dans la plupart des pays européens les premiers jalons d'une médecine du travail avec le développement d'une science de la pathologie professionnelle et de la physiologie au travail qui insiste sur la pertinence d'une médecine du travail préventive. Les travaux développés soulignent la nécessité d'associer visite d'embauche, visite d'aptitude, visite de détection de maladie professionnelle et connaissance de l'usine [BRUNO et OMNÈS, 2004].

Pour terminer, il faut se défaire de l'idée simpliste selon laquelle la santé au travail aurait progressé entre 1830 et 1930. Les progrès réalisés en Europe occidentale cachent parfois la dégradation des conditions dans d'autres régions du monde où les productions les plus insalubres sont délocalisées. Pensons par exemple aux millions de travailleurs africains du Congo belge, à l'heure où l'esclavage était pourtant aboli, victimes de la récolte de l'hévéa pour la fabrication du caoutchouc, un nouveau produit du monde industriel dont l'Europe déléguait la production à d'autres régions du monde. Par ailleurs, tandis que des produits manipulés depuis le début du XIXe siècle (arsenic, céruse, etc.) sont progressivement interdits dans l'industrie, la panoplie des nouvelles affections s'allonge à mesure que de nouvelles filières industrielles voient le jour (pétrochimie, plasturgie, industries chimiques en tous genres, etc.). De l'asbestose*, provoquée par la fibre d'amiante, aux risques psychosociaux et troubles musculo-squelettiques, la liste est longue des nouvelles maladies qui émergent durant les années 1930. L'amélioration des conditions de travail en Europe occidentale entre 1830 et 1930 doit donc être nuancée, et peut se lire à la fois comme un mouvement séculaire conduisant à minorer les risques et à tolérer le sacrifice de certaines professions au profit du développement économique (avant que de nouvelles configurations économiques permettent des substitutions de produits et le bannissement de substances toxiques, telles que la céruse), et comme le fruit de rapports de force en perpétuelle reconfiguration.

LE GENRE DU TRAVAIL

> "Bien des femmes l'ont dit: les historiens hommes ont presque toujours négligé la moitié féminine de l'espèce humaine. La critique est juste et l'auteur du présent article l'accepte pour lui-même [...]. Ce qu'il convient d'étudier, en revanche, ce sont les diverses formes qu'ont prises les relations entre les sexes, tant au plan de la réalité sociale qu'à travers l'image de ce que chacun se fait de l'autre".
>
> Eric HOBSBAWM, 1978

Comment distinguer travail "féminin" et travail "des femmes", comment qualifier ce travail ? L'adjectif féminin accolé au mot travail désigne le plus souvent un travail "considéré comme féminin" et souligne les représentations traditionnelles attribuées aux tâches caractéristiques du maternel : nourrir, soigner, éduquer. Ce qui n'est pas le cas des activités artisanales ou industrielles. Il faut donc préférer le syntagme "travail des femmes" quand on parle de pratiques sociales et "travail féminin" quand on parle de représentations (même si pratiques et représentations sont en interaction). Dernière catégorie à définir, celle du genre du travail. Utilisé dès le XIXe siècle par les féministes, repris depuis la fin des années 1950 dans les sciences cognitives étatsuniennes, formalisé par l'historienne Joan Scott en 1986, le concept de genre au sens de différences des sexes se diffuse très progressivement en France à partir de 1988 et la publication de l'article intitulé "Genre : une catégorie utile de l'analyse historique". Il est traduit par la politiste Eleni Varikas dans un numéro des *Cahiers du Grif* consacré au "genre de l'histoire" avec la définition suivante : "Le genre est un élément constitutif des rapports sociaux fondé sur des différences perçues entre les sexes et le genre est une façon première de signifier des rapports de pouvoir". Différenciation des sexes, hiérarchie et domination sont donc les composantes discursives du concept de genre. Pour Joan Scott, il ne s'agit plus de retracer des expériences d'hommes et de femmes du passé, mais de retrouver la construction des discours sur le genre et leur diffusion. Le mot a eu du mal à être intégré en France comme le rappelle Françoise Thébaud dans *Écrire l'histoire des femmes et du genre* (2007, le titre de la première édition en 1998 était : *Écrire l'histoire des femmes*).

La question du travail a constitué un front pionnier de la recherche sur les femmes car "les femmes ont toujours travaillé" (Michelle Perrot, 1978). Quand en Espagne c'est le droit et plus récemment la sociologie et l'économie qui contribuent au développement d'une histoire du travail des femmes, cette historiographie est en France caractérisée de longue date par les échanges permanents avec la sociologie. En effet, depuis les études de Marguerite Thibert dans le cadre du Bureau international du travail après la Grande Guerre (Thébaud, 2018), nombre des problématiques de l'histoire du travail des femmes sont influencées par les recherches des sociologues : celles de Madeleine Guilbert pour la décennie 1960 sur la condition féminine, les qualités féminines et les qualifications, comme celles de Christine Delphy dans la décennie suivante sur la valeur du travail domestique.

Penser, compter, définir : femmes actives, travail des femmes, genre

Comme l'ont affirmé en 2012 la sociologue Margaret Maruani et la statisticienne Monique Meron, "la France est et a été un des pays où les femmes travaillent le plus". Pourtant les conditions de l'enregistrement des séries statistiques sur la longue durée varient et il paraît difficile d'utiliser sur le même plan des statistiques rétrospectives ainsi que le font nombre d'historiens et de sociologues [Topalov, 1999]. Les statistiques produites par les économistes et les démographes décomptent, aujourd'hui comme hier, les "femmes actives". Qui sont-elles ? C'est à partir de 1851 qu'est mentionnée une profession dans les recensements. Le groupe familial a un "chef" et la notion "d'individu à charge" apparaît en 1856. La question de l'occupation domestique des filles et des femmes a longtemps posé problème et c'est la séparation entre domestiques (rémunérées) et épouse ou filles (non rémunérées) qui crée la notion d'activité (donc "d'inactivité" pour les secondes). Les épouses sont rangées sous la bannière de la profession du chef de famille en 1896. Depuis 1906, seules sont considérées comme actives les personnes exerçant une activité salariée (en dehors de l'atelier familial). Les femmes qui travaillent de façon intermittente et aléatoire, à l'extérieur ou à domicile et payées à la tâche sont classées comme "femmes au foyer", et déclarées "inactives" ou "sans profession". Le non-enregistrement du travail féminin a été confirmé par des recherches sur Saint-Étienne dans le premier XXe siècle grâce au croisement des indications portées sur les listes nominatives et la reconstitution des vies de travail à partir de sources orales et de sources écrites variées (archives fiscales, notariales, fichiers d'entreprises). L'outil statistique des recensements est adapté à une main d'œuvre masculine travaillant de façon continue et non aux flux d'entrées et de sorties qui caractérisent le travail des femmes [Burdy, Zancarini-Fournel, 1987]. C'est le cas aussi en Italie, par exemple dans la ville de Milan à la fin du XIXe siècle : le caractère discontinu du travail féminin, la sous-traitance et le travail aux pièces dans les industries de la couture, du jouet ou des perles, a pour conséquence l'enregistrement des ouvrières – considérées comme une force de travail marginale ou d'appoint – comme *casalinghe* (femmes au foyer). Mais ces travailleuses se syndiquent : c'est ainsi qu'en 1895, se constitue une fédération féminine à laquelle adhèrent des *casalinghe* [SIMONETTA ORTAGGI CAMMOROSANO, 1999]. Alessandro Portelli souligne que les carrières féminines discontinues et l'importance du travail domestique donnent aux femmes une pluralité de rôles et d'identités moins en prise avec la rationalité de l'usine. C'est donc à la fois une charge mais aussi une ressource, et une limite potentielle à l'hégémonie du modèle industriel dans la construction des identités ouvrières [PORTELLI, 1985, p. 102-103].

Pour l'Espagne, Cristina Borderias-Mondéjar [in HATZFELD, PIGENET et VIGNA, 2016, p. 197-213] souligne également une sous-évaluation par les recensements nationaux du travail des femmes qui a pesé sur l'interprétation d'un "retard" du pays. En réalité des études locales et sectorielles ont démontré des taux élevés d'emploi des femmes dans le textile (en Catalogne) comme dans les conserveries (en Galice) ou dans l'industrie du tabac, comme dans le monde agricole et le travail à domicile.

Cette mise en cause des recensements s'est généralisée en particulier en Grande-Bretagne. En croisant par exemple les registres de l'état civil et les registres du personnel des ouvrières de la soie de Courtauld (Essex), on aboutit aux mêmes constats de sous-estimation du travail salarié des femmes. À partir de nouvelles sources, l'activité des femmes a pu être réévaluée. Au-delà de ces bilans statistiques généraux discutables nous pointerons quelques éléments avancés par l'histoire des femmes et du genre qui ont permis de transformer le récit historique.

HISTORIOGRAPHIE : DE L'OUVRIÈRE D'USINE, NOURRICE OU DOMESTIQUE AU GENRE DES MÉTIERS

L'histoire du travail s'est longtemps confondue avec l'histoire de la classe ouvrière et spécifiquement celle des organisations du mouvement ouvrier, que ce soit en France, en Belgique, en Grande-Bretagne, en Allemagne ou en Italie. Marquée par la dictature franquiste jusqu'en 1975, l'histoire ouvrière émerge en Espagne de manière plus complexe. En effet, les interprétations marxistes ont longtemps dominé les histoires nationales du travail, centrées presque exclusivement sur les travailleurs masculins (mineurs, dockers, métallurgistes, hommes du pneu) organisés (dans des groupes, syndicats ou partis). L'étude des grèves comme moyen de luttes a été un temps privilégiée, même si celles des femmes n'étaient pas répertoriées jusqu'à la thèse de Michelle Perrot parue en 1974 [voir le paragraphe "grèves féminines" p. 318-330]. En 1978 dans le numéro spécial de la revue *le Mouvement social,* l'historienne publie un texte de 1908 d'une ouvrière, Lucie Baud, et revient sur ses traces dans *Mélancolie ouvrière* (2012). Née en 1870 dans un petit village, près de Vizille, Lucie Marie Martin travaille dans une usine de soie dès l'âge de 12 ans, avec un salaire de misère ; elle épouse en 1891 Pierre Baud, garde-champêtre, de vingt ans son aîné. Ensemble ils ont trois enfants. Pierre meurt en 1902. On sait par la presse locale qu'en septembre 1906, après un conflit ouvrier auquel elle avait participé (après avoir largement animé une grève en 1905), "Madame veuve Lucie Baud", domiciliée à Voiron, "très estimée" dans le pays, fait une tentative de suicide. Elle survit à ses blessures, avant de mourir à 43 ans en 1913.

Pour peser sur les salaires et sur l'offre de travail, les patrons employaient, en plus des jeunes filles françaises, de jeunes Italiennes logées en dortoir dans des usines-internats. La prise de conscience syndicale de Lucie Baud est connue du fait de sa participation "assez exceptionnelle, surtout pour une femme", au Congrès national des syndicats du textile en 1904. Michelle Perrot acte ainsi dans ce livre émouvant le passage de l'histoire de la formation de la classe et des organisations ouvrières à celle des protagonistes pris dans de multiples formes de domination, de subordination et parfois de résistances.

Dans les années 1960, la "*new labour history*" britannique, autour des recherches d'Edward P. Thompson sur *La formation de la classe ouvrière anglaise* (1963, trad. 1988) et celles d'Eric Hobsbawm sur l'aristocratie ouvrière (dans *Labouring Men : Studies in the History of Labour*, 1964), s'est peu intéressée aux ouvrières. Dans sa définition liminaire de la "classe", par exemple, Thompson n'évoque que les hommes. En 1984, les historiennes Sally Alexander, Anna Davidoff et Eve Hostettler critiquent Hobsbawm pour sa cécité sur la question des femmes, ce qu'il avait lui-même "avoué" avec humour dans un article de 1978 [McIvor, in Hatzfeld, Pigenet et Vigna 2016, p. 13-27]. Pour écrire leur histoire, ces historiennes britanniques utilisent de nouvelles sources comme, par exemple, des témoignages oraux et des documents autobiographiques recueillis dès 1984 par Élizabeth Roberts dans les communautés textiles du nord de l'Angleterre, qui mettent en valeur les pratiques des ouvrières. C'est aussi grâce au recueil de dizaines de témoignages (107 mémoires de domestiques britanniques et 92 mémoires de domestiques françaises) que Fanny Louvier a soutenu en Grande Bretagne une thèse comparant la vie quotidienne des femmes domestiques françaises et britanniques entre 1900 et 1939 [Louvier, 2019]. Ces sources lui permettent d'aborder, au-delà du travail, la vie ordinaire et les loisirs de jeunes femmes façonnés aussi par les différentes manières de servir selon les nations.

Trouver de nouvelles sources pour rendre visibles le travail et le quotidien est donc une préoccupation première pour les historiennes et historiens refusant de considérer le travail des femmes comme un travail d'appoint. La ménagère – dont les ouvriers du XIXe font l'éloge [Perrot, 1976] – a été par ailleurs reconsidérée comme protagoniste d'une sociabilité horizontale dans l'espace public. La porosité des frontières entre travail salarié et travail domestique, rémunéré ou non, interroge aussi les conceptions de la féminité et de la masculinité dans la classe ouvrière.

Des travaux de femmes aux métiers de femmes

L'historiographie sur le travail des femmes est passée d'une classique histoire sociale centrée sur la "condition féminine" (terme des années 1950-1960) dans la classe ouvrière, à une histoire des "travaux de femmes", titre du premier numéro spécial de la revue *Le Mouvement social* (1978), coordonné par Michelle Perrot. L'expression "travaux de femmes" traduit le fait qu'il ne leur est pas accordé la dignité de posséder un métier, mais une place de travailleuses particulièrement exploitées dans des secteurs spécifiques comme le textile et l'habillement, l'alimentaire ou encore la fabrication d'allumettes. Le sous-titre du numéro "De la nourrice à l'employée" souligne la variété des occupations des femmes au XIXe siècle. Plus encore que dans d'autres professions, les nourrices comme les prostituées engagent leurs corps et sont l'objet de toutes les surveillances et fantasmes. Le médecin réformateur et moraliste Louis-René Villermé dresse en 1840, dans son *Tableau de l'état physique et moral des ouvriers employés dans les manufactures de coton, de laine et de soie*, un bilan parfois misérabiliste des conditions de vie, de logement, et de travail des filles et des femmes en nombre dans l'industrie textile. Des études dénoncent le traumatisme de la "révolution industrielle" présentée comme une rupture avec le passé ayant pour conséquence la séparation entre foyer et usine selon la théorie des sphères séparées. Mais cette légende grise est mise en cause dès 1975 par deux historiennes américaines travaillant sur la France, Louise Tilly et Joan Scott. En s'intéressant à la composition de la famille, elles soulignent la continuité avec l'ancienne économie familiale.

Statut familial et cycles de vie

Dans un article du *Mouvement social* de 1978, "Structure de l'emploi, travail des femmes et changements démographiques dans deux villes industrielles, Anzin et Roubaix (1872-1906)", Louise Tilly a démontré, à partir des recensements, les continuités de l'industrialisation française du XIXe siècle avec l'ancienne économie familiale dans deux villes, différentes par leur activité : l'une, Roubaix, consacrée au textile et l'autre Anzin, dite "la ville nègre", au charbon. Le cycle de vie et de travail des femmes est lié au cycle familial (en lien avec le nombre et l'âge des enfants et l'intervalle entre les naissances). La flexibilité de la main d'œuvre féminine adaptée à des tâches différentes permet tous les changements et adaptations dans l'ordre productif. Aujourd'hui ce lien entre travail et famille est réinterrogé et parfois discuté. L'analyse de la place du travail dans un cycle familial n'aurait pas donné de visibilité aux célibataires ou aux femmes seules et semblerait imposer une norme conjugale et familialiste. Cependant, l'étude de parcours de vie individuels tel celui de *Lise du plat pays* - connu par le récit autobiographique de Louise Vanderwielen, née en 1906, ouvrière dès ses 12 ans, publié en 1983 - permet paradoxalement de relativiser cette opposition : mariée très jeune, mère de famille nombreuse (5 enfants en 1940), elle quitte à 41 ans métier, famille et enfants, pour suivre un être aimé et reconstruire une nouvelle vie de couple et de travail dans le sud de la France. C'est donc la question des sources et du point de vue qui est ainsi posée.

Formations différenciées femmes/hommes

Former filles et garçons à un métier ne constitue pas une préoccupation ordinaire avant la fin du XIXe siècle. L'apprentissage des garçons s'accomplissait très jeune dès 11-12 ans "sur le tas" dans une équipe où les plus anciens transmettaient, parfois avec rudesse, les savoirs pratiques et les tours de main dans la métallurgie ou dans la verrerie : "le *gamin* cueillait le verre sur la canne, *le grand garçon* préparait le moule pour le *souffleur* qui lui donnait la forme définitive prévue" [HANAGAN, 1981 cité par LEQUIN, 1989]. La formation proposée aux filles a d'abord été celle de la couture, dans des ouvroirs surveillés par des religieuses. Dès l'époque moderne les filles accomplissent cependant de longs apprentissages auprès des dentellières de Calais ou encore au XIXe siècle auprès des Béates de Haute-Loire ou du Forez (organisation de filles pieuses laïques sous l'autorité de l'évêque). Impulsé notamment à Nottingham (Grande-Bretagne) dans les premières années du XIXe siècle, le développement de la mécanisation de la production – synonyme de perte de qualité et de baisse du revenu des dentellières – supplante progressivement la dentelle à la main (effectuée soit aux fuseaux soit à l'aiguille). Au Puy-en-Velay, la première école de dentelle est créée en 1838. Une deuxième école, dirigée par les Béates accueille en 1855 des enfants pauvres de la ville, soit une centaine de jeunes filles et quelques garçons. L'apprentissage de la dentelle est aussi un dressage du corps : se tenir droite, bras serré le long du torse, agilité des doigts. Face à la crise, dans les Flandres belges, de nombreuses écoles sont fondées dans les couvents. La baisse des vocations s'accentue dans le second XXe siècle. Le nombre de dentellières est divisé par trois en Belgique entre 1870 et 1896 (de 150 000 à 47 500) ; en 1905 il reste 100 000 dentellières sur les 240 000 comptabilisées en France en 1851. Deux patrons du Puy-en-Velay obtiennent en 1903 l'ouverture d'une section dentellière à l'École pratique de commerce et d'industrie (EPCI) du Puy. À partir de 1904-1905, les futures institutrices reçoivent, dans les écoles normales d'Alençon, de Caen et du Puy, des cours de fabrication de la dentelle à dispenser à leurs élèves du primaire. En 1910, au Puy-en-Velay, est fondée une école spécifiquement consacrée à "la dentelle au foyer", destinée plus spécifiquement aux jeunes filles des campagnes alentour. Gratuits, les cours rencontrent un certain succès, interrompu durablement par la Première Guerre mondiale [LEMBRÉ, 2009].

Les problèmes de ségrégation de la formation professionnelle ne renvoient pas exclusivement à une opposition de genre, mais s'avèrent liés également à la ségrégation de classe et de milieu social. À la différence de la France (où les corporations ont été supprimées en 1791) et de la Grande-Bretagne du fait d'une politique économique libérale précoce, dans de nombreuses régions allemandes les privilèges des corporations perdurent jusqu'aux années 1860, même si les femmes sont exclues des instances de direction. Le développement de l'industrialisation conduit à introduire dans le Code impérial de l'industrie et de l'artisanat (*Gewerbeordnung*) en 1871 la liberté du commerce et de l'industrie. Il entraîne ainsi la disparition de la formation traditionnelle des apprentis dans les corporations. Mais pour des raisons essentiellement politiques – limiter les progrès de la social-démocratie (SPD) – le gouvernement s'efforce à la fin du XIXe siècle de stabiliser les formes corporatives et artisanales en accordant de nouveaux privilèges. Au tournant du siècle, se met en place un système dual de formation professionnelle en alternance entre entreprise et établissement scolaire. Cependant les différents métiers artisanaux féminins (couturière, modiste, corsetière et culottière) sont exclus de ces mesures d'organisation et de réglementation du métier et de la formation professionnelle. Pour les jeunes filles des classes laborieuses, l'objectif souhaité est que "n'incombe aux femmes des ouvriers que le seul souci de leur maison et de leur époux, la gestion du foyer et l'éducation des enfants", avec l'idée de leur proposer une formation ménagère. Ainsi, en 1911 à Hambourg, parmi les écolières quittant l'école primaire, près d'un tiers (32 %) désire rester chez leurs parents ou apprendre à tenir un foyer. Si l'on prend en considération celles qui aspirent à servir comme domestiques (35 %), ce sont près des deux tiers des filles quittant l'enseignement primaire qui se destinent aux "métiers domestiques"· Par comparaison, ici comme ailleurs, des possibilités professionnelles bien plus larges s'offrent aux garçons après l'école primaire [Mayer, 2012].

Une exception à cette adéquation entre normes sociales et formation sont les manufactures de tabacs. En France, l'apprentissage sur place pour une ouvrière qualifiée est de deux ans. Dans ces entreprises où travaillent 90 % de femmes, les salaires des plus qualifiées sont élevés (+ 1 franc par journée de travail par rapport à un salaire industriel moyen d'une ouvrière). Monopole d'État, cette manufacture représente une exception car les salariées ont un emploi garanti et touchent une retraite. Le statut des ouvrières allemandes dans les manufactures de tabac qualifiées "d'industrie féminine" est proche. Le rapport annuel des inspecteurs du travail de Saxe, relève en 1886 que les ouvrières de ce secteur, dès qu'elles ont atteint un niveau de salaire qu'elles-mêmes jugent suffisant, refusent le moindre allongement du temps de travail, à la différence des travailleurs masculins [Mutert, 1996]. La configuration est presque identique en Italie : elles sont 12 000 en 1901 dans 17 manufactures de tabac. Elles obtiennent des droits sociaux : journée de 8 heures,

50 jours payés de maladie par an, caisse de retraite. Mais à la différence de la France les salaires sont bas, compensés cependant par la sécurité de l'emploi [NEMEC, 2006].

En 1987, un second numéro spécial du *Mouvement social* se préoccupe des "métiers de femmes", c'est-à-dire de la professionnalisation des femmes au XXe siècle, en articulant formation professionnelle, travail et qualifications (réelles ou supposées). Employer le terme "métiers", c'est affirmer implicitement l'existence de qualifications acquises par les filles que ce soit sur le tas ou dans une formation (en particulier après le certificat d'étude). Il faut souligner l'importance de l'initiative locale en matière de formation technique et professionnelle au tournant des XIXe et XXe siècles. À Lyon, comme à Lille, Marseille ou Nantes, plusieurs établissements sont créés, fondés ou soutenus financièrement par la ville, la Chambre de commerce et les élites économiques, ou encore des particuliers (comme La Martinière, à Lyon, avec une école de garçons puis une école de filles financées par le legs du major Martin). Avec la loi Astier (1919) et la taxe d'apprentissage établie en 1925, les entrepreneurs doivent soit verser leur contribution à l'État soit créer ou soutenir leurs propres formations privées. C'est le cas antérieur de la Société d'Enseignement professionnel du Rhône (SEPR) fondée en 1864 à l'initiative d'industriels et de banquiers locaux saint-simoniens, qui ouvre les premiers cours du soir pour les ouvrières de la soierie ainsi que les premiers cours mixtes. L'étude de Jean Castets sur "le genre des certifications" démontre l'importance de ces cours de la SEPR pour accéder dans l'entre-deux-guerres à des certifications masculines et féminines, par les certificats d'aptitude professionnelle (CAP) institués après la loi Astier de 1919· D'autres travaux sur l'enseignement professionnel lyonnais soulignent également la diversité des formations techniques féminines. Ces études permettent de comprendre l'importance des formations et des diplômes dans les emplois et auscultent ainsi le lien entre formation, emploi, et marché du travail des femmes [THIVEND, 2013].

DU GENRE AUX MASCULINITÉS

Dès 1976, l'historienne moderniste Natalie Zemon Davis affirmait "qu'il était indispensable de ne pas travailler seulement sur le sexe opprimé" [Zemon Davis, 1976]. La question de la masculinité au travail est posée précocement en Grande-Bretagne, alors qu'en France la problématique a été évoquée dans un premier temps par le biais de l'histoire des femmes et la question des rapports des genres dans les métiers artisanaux et industriels, rapports longtemps conflictuels par peur de la concurrence.

À travail égal, salaire égal : la concurrence femmes/hommes pour le travail

Peu avant la proclamation de l'Empire allemand, les ouvrières de Berlin doivent faire face aux grèves défensives de leurs camarades masculins afin d'empêcher le travail des femmes en usine. En 1869, lors de l'*Allgemeiner deutscher Arbeiter Kongress* (Congrès général des travailleurs allemands), le groupe des Lassalliens* dépose une demande d'interdiction du travail des femmes en usine. La motion est repoussée mais une autre est votée en faveur d'une limitation de ce travail. Dans les années 1870, secouées par la crise, les plaintes se multiplient, déplorant que "les hommes sont souvent au chômage, tandis que leurs femmes connaissent le plein emploi". Après 1890 et la levée de l'interdiction établie depuis 1878 par le chancelier Bismarck des groupements politiques socio-démocrates du SPD, les hommes reconnaissent la nécessité d'intégrer les femmes dans les organisations professionnelles des branches où la proportion de femmes était élevée, comme l'industrie du tabac ou le textile. Cependant, en Rhénanie-Westphalie, la féminisation de l'industrie textile se heurte à une résistance des tisseurs et, de ce fait, ne se produit que lentement (la moitié des effectifs en 1907 [Canning, 2002, p. 32]). Une condition est toutefois posée par les hommes : "[que] les femmes [fassent] abstraction de leur sexe dans le cas où elles voudraient devenir membres des syndicats". Les revendications motivées par l'appartenance au sexe féminin – telles qu'une meilleure protection de la femme enceinte et de la mère – se trouvent qualifiées de "privées" et sont ainsi rejetées. Dans les secteurs de la reliure, de la métallurgie ou du travail du bois, marqués par un nombre élevé de travailleurs masculins qualifiés, la reconnaissance d'une participation féminine à part entière est plus difficile. Les ouvrières restent longtemps, aux yeux de ces derniers des “briseuses de salaire”, des “concurrentes malhonnêtes” et des “briseuses de grèves”.

Des études sur l’Espagne ont démontré l’existence de stratégies syndicales pour dresser non seulement des obstacles au travail des femmes, mais de véritables politiques d’exclusion sur la longue durée. C’est le cas dans l’industrie textile catalane pendant près d’un siècle (1836-1923) ; il en est de même dans le premier XXe siècle dans l’industrie métallurgique de Barcelone, comme dans l’industrie du verre. Dans cette dernière activité semi-artisanale les femmes s’organisent de façon autonome avec de véritables stratégies de résistance [BORDERÍAS, 2007]. Dans les conserveries, en Galice, les volontés syndicales d’exclusion des femmes sont progressivement battues en brèche par les politiques patronales : les soudeurs chargés de la fabrication des boîtes de conserves, pour la plupart syndiqués, sont remplacés, avec l’arrivée de machines, par une main d’œuvre féminine considérée comme peu qualifiée et coûtant moins cher aux patrons (les salaires féminins étant bien inférieurs à ceux d’un soudeur pour le même travail). L’emploi des femmes et des machines conduit à une féminisation complète des industries de la mer au début des années 1930 [MUÑOZ ABELEDO, 2010].

En France, dans la seconde moitié du XIXe siècle, la revendication du mot d’ordre *À travail égal, salaire égal*, permet aux femmes syndicalistes et aux féministes, tout en affirmant la légitimité de leur travail à l’extérieur du foyer, de se battre contre les thèses proudhoniennes majoritaires dans le mouvement ouvrier et hostiles au travail salarié des femmes. Cette hostilité est incarnée dans la célèbre formule de 1846 de Proudhon : “Pour moi, plus j’y pense et moins je puis me rendre compte, hors de la famille et du ménage, de la destinée de la femme : courtisane ou ménagère (ménagère, dis-je, et non pas servante), je n’y vois pas de milieu.” Le refus du travail des femmes est adopté par l’Association Internationale des Travailleurs à l’initiative de certains représentants français proudhoniens qui, au terme de débats internes, établissent notamment la motion suivante : “Le travail des femmes doit être énergiquement condamné comme principe de dégénérescence pour la race et un des agents de démoralisation de la classe capitaliste.” Quand ils sont légalisés en 1884 par la loi Waldeck-Rousseau, les syndicats de métiers défendent l’idéologie du salaire familial assuré par les pères de famille.

En 1898, au 4e Congrès de la CGT à Rennes, le délégué de la Chambre syndicale de la typographie parisienne présente le travail des femmes “comme une calamité, un mal social” au nom de la nature féminine. L’hypocrisie de ces propos apparaît crûment au moment de la célèbre affaire Couriau en 1913 : la typote Emma Couriau, épouse d'un typographe, s'embauche au tarif syndical (celui des hommes) dans une imprimerie à Lyon. Son adhésion au syndicat est refusée et son mari en est lui-même exclu pour avoir laissé sa femme travailler. Le syndicat du Livre persiste à ne pas accepter la présence des femmes dans les ateliers bien que l'argument de la concurrence sur les salaires ne tienne plus, puisque les typotes doivent être désormais payées au même tarif que les hommes. La Fédération féministe du Sud-Est (formée essentiellement d'ouvrières et d'institutrices) se mobilise pour défendre le couple Couriau. Leur point de vue se heurte à la conception masculine du métier associant virilité, travail manuel et productivité. L'identité professionnelle des typographes hommes repose sur cette masculinité partagée. Transgressant les codes de genre, les femmes typographes sont considérées comme des ennemies de la classe ouvrière. La guerre de 1914-1918 met fin provisoirement aux débats mais la question demeure pendant tout le XXe siècle.

Le genre des métiers

"Le concept de genre apparaît en histoire ouvrière et rend nécessaire une révision fondamentale de cette discipline" écrit en 2016 Marcel van der Linden dans un bilan de l'histoire ouvrière européenne, en replaçant cette approche dans le courant de la réflexion sur les identités [Van der Linden, in Hatzfeld, Pigenet et Vigna 2016, p. 109]. Plus encore que les historiens, les historiennes du travail se sont approprié le concept de genre depuis une trentaine d'années. Les premières recherches à l'avoir mis en œuvre en France concernent le textile – les métiers masculins et féminins dans la bonneterie troyenne et la passementerie stéphanoise (fabrication des rubans à domicile ou en usine). Elles ont montré comment les qualifications attribuées à chaque étape de la production étaient construites selon le masculin et le féminin. Les qualificatifs qui leur sont attribués sont censés correspondre à des qualités dites "naturelles" : dextérité/minutie pour les femmes *versus* force/endurance pour les hommes. La question des compétences techniques attribuées aux hommes et aux femmes est révélatrice également de ce partage. Énoncé dans les discours, le partage s'établit entre la technique, apanage masculin, et un savoir-faire circonscrit à la surveillance du tissage dévolu aux femmes, véritables "mères nourricières" des métiers. L'étude des discours sur la technique – "ce qui revient aux hommes et ce qui revient aux femmes" – permet de comprendre comment se forge le monde culturel d'un métier.

Même si certains travaux en atelier ou à domicile exigent une maîtrise de savoir-faire techniques, souvent acquise au fil d'un apprentissage, et mériteraient ainsi d'être considérés comme de véritables métiers, les métiers industriels féminins ne sont pas reconnus comme tels statutairement et socialement. La promotion professionnelle d'ouvrières au statut de contremaîtresses (qui dirige un atelier), par exemple, est le plus souvent le fait de femmes célibataires ou de veuves. Les territoires respectifs du féminin et du masculin restent bien séparés [DUBESSET, ZANCARINI, 1993].

Cependant des transformations ont été identifiées dans l'industrie textile de Rhénanie-Westphalie, des possibilités de carrières ascendantes pour les femmes apparaissent. On constate aussi – phénomène qui doit être souligné – un *turnover* assez similaire entre femmes et hommes dans le secteur textile de Rhénanie-Westphalie, et on constate le même phénomène ailleurs, par exemple chez les ouvrières et ouvriers de l'entreprise Mimard à Saint-Étienne dans l'entre-deux-guerres [CANNING, 2002, p. 232-237]. Enfin, l'on peut remarquer une remise en cause du modèle du *male breadwinner** par des jeunes filles britanniques des années 1920-1930, qui modifient les modèles de consommation en s'achetant des objets grâce à leur salaire, tels que le poste de radio qui se banalise [TODD, 2005, p. 60, 83].

Les masculinités ouvrières (hégémoniques, dominées, respectables)

S'intéresser au genre signifie prendre en compte le rapport hiérarchique masculin/féminin, et donc porter attention aux masculinités – c'est-à-dire aux normes, prescriptions et pratiques, pour dire la manière dont un homme doit se comporter. Après la "masculinité hégémonique", la sociologue Raewyn Connell s'est intéressée à de nouvelles formes de masculinités : les masculinités dominées, celles des laissés pour compte et des chômeurs [CONNELL, 1995 ; trad. 2014]. La revue *Men and masculinities* créée aux États-Unis par Michael Kimmel passe aussi en 2004 de "la" masculinité aux "masculinités plurielles". Les historiens britanniques ont travaillé précocement sur les masculinités ouvrières. Eric Hobsbawm dans "Sexe, symboles, vêtements et socialisme" [*Actes de la Recherche en Sciences Sociales*, 1978] a souligné la masculinisation des références symboliques du mouvement ouvrier, de *La liberté guidant le peuple* (Eugène Delacroix, 1830), poitrine au vent, à "la puissante figure du travailleur masculin, brandissant le marteau ou la pioche, et surtout torse nu" de la fin du XIXe siècle. George Mosse dans *L'image de l'homme. L'invention de la virilité moderne* (1997) fait le lien à partir de la Première Guerre mondiale avec les valeurs de vaillance, de courage, d'endurance et d'agressivité des soldats que l'on retrouve dans l'idéologie communiste de la lutte de classes. Xavier Vigna dans le livre dirigé par Anne-Marie SOHN, *Une histoire sans les hommes est-elle possible ?* [2013] souligne, pour une autre séquence historique, le lien entre masculinité ouvrière et virilisme, en décrivant les vertus masculines supposées – force, courage et endurance – tout en évoquant le risque d'un essentialisme viriliste de la classe ouvrière. Constitutif de l'identité ouvrière, le travail est fondé sur un apprentissage, un savoir-faire ou une compétence ainsi que sur l'accumulation d'un capital agonistique, c'est-à-dire un ensemble des ressources et de conduites liées aux confrontations et rivalités entre individus. On retrouve dans certains témoignages des "pratiques de bizutage à caractère sexuel" que des ouvriers, mais aussi certaines ouvrières, exercent sur de jeunes ouvriers comme si l'entrée à l'usine faisait advenir la virilité [VIGNA, CLIO FGH, 2013].

Une fierté apparaît d'abord dans les métiers exposés à une pénibilité spécifique, comme c'est le cas pour les forgerons, les mineurs ou les dockers. Michel Pigenet a particulièrement étudié le lien entre identité professionnelle et masculinité chez les dockers [2002]. L'imaginaire attaché à ces figures ouvrières irrigue l'ensemble de la classe. Des lectures plurielles de la masculinité au travail ont été développées dans un numéro spécial de la revue *Labour History Review* coordonné par Eileen Yeo en 2004, "Working Class Masculinities in Britain, 1850 to the Present". Plus récemment Mary Davis a démontré que l'histoire du travail britannique avait occulté l'histoire du genre comme celle du "travail de couleur" et les attitudes discriminatoires de la classe ouvrière blanche à l'égard des femmes et des immigrés. Ces derniers relèvent d'une masculinité dominée parfois assimilée au féminin.

Ces représentations s'opposent à la figure du mineur, "ouvrier prolétarien par excellence, symbole et héraut d'une classe ouvrière forcément en lutte" écrit Marion Fontaine [in HATZFELD, PIGENET et VIGNA 2016, p. 285]. Cette représentation prévaut des deux côtés de la Manche et elle est explorée à nouveaux frais par Sue Bruley qui intègre dans le récit d'une grève de mineurs au Pays de Galles en 1926 la problématique du genre.

En Belgique, la grève insurrectionnelle de mai 1932 dans les charbonnages du Borinage atteste à la fois de la prégnance des masculinités dominantes incarnées par la figure du mineur, mais aussi de rapports de genre complexes. En effet les épouses des mineurs en grève, "femmes au foyer" chargées de la gestion du budget familial devenu exsangue avec la durée du mouvement, réagissent les premières pour manifester dans la rue avec des pancartes écrites à la craie sur un tableau noir dénonçant la crise elle-même : "À bas la crise. Ce que Femme veut Dieu le veut, autant la mort que la faim des enfants" ; sur une banderole brandie par un groupe de manifestantes le mot d'ordre "Mort aux tyrans" témoigne de la virulence de l'opposition. *L'Humanité,* organe du PCF, précise le 6 juillet 1932 : "Dans les rues, les femmes empêchent autobus et trams de circuler, se couchent sur les rails, obligeant les véhicules à rentrer au dépôt." Les jours suivants la grève prend des allures insurrectionnelles avec incendies, pillages, constructions de barricades. Tout se termine par des négociations menées par le parti socialiste le 18 juillet, mais la grève des mineurs se poursuit jusqu'au 4 septembre [FRANCINE BOLLE, in HATZFELD, PIGENET et VIGNA 2016, p. 119-121]. Malgré la conception virile des conflits du travail dans les bassins miniers, les femmes sont bien présentes dans le cours des événements, protagonistes à part entière, insurgées contre une situation qui impacte leur espace domestique et leur mode de vie.

GENRE DU TRAVAIL ET MODIFICATION DU RÉCIT HISTORIQUE : TROIS EXEMPLES

Les résistances à l'industrialisation passent d'abord par les bris de machines étudiés par François Jarrige en Angleterre, en France et en Belgique [2009]. Ce dernier a souligné que, au début de l'ère industrielle, les femmes étaient bien présentes dans ces protestations populaires violentes, vent debout contre les machines qui portaient atteinte à la production domestique et à leur mode de vie, mais aussi à leur statut de travailleuses menacées comme les hommes par le chômage. C'est le cas dans une fabrique parisienne de châles en 1831 ou dans l'industrie de la laine à Elbeuf en 1846 [JARRIGE, *CLIO FGH,* 2013]. Comme l'a montré Rolande Trempé [1971], ce sont les mineurs de Carmaux qui rechignent à s'adapter au temps industriel et à la rationalisation des tâches. Le rôle des ouvriers-paysans, de l'élevage du ver à soie et de la main d'œuvre féminine et enfantine a été également scruté par Alain Dewerpe dans sa thèse, publiée en 1985, *L'Industrie aux champs. Essai sur la protoindustrialisation en Italie du nord (1800-1880),* une zone où se développe dans le dernier tiers du XIXe siècle une industrialisation tardive autour du pôle milanais.

Quelle proto-industrialisation ?

L'histoire des femmes a permis de revisiter la temporalité de l'industrialisation, en particulier l'histoire de la proto-industrialisation [FRANKLIN MENDELS, 1972] et l'idée d'un retard français [David LANDES, 1975]. Dès 1976, Sally Alexander s'est penchée sur l'histoire négligée des couturières, des lingères, des relieuses, des coiffeuses et des petites manufactures londoniennes avec un personnel féminin. Son étude démontre que ce n'était pas seulement l'évolution économique, technique et industrielle, ni l'invention de nouveaux modes de production, qui provoquait une hausse de productivité, mais surtout le travail des femmes et des enfants. Les historiennes des femmes, ainsi que d'autres historiens (Alain Faure, Jonathan Zeitlin...), ont souligné qu'une voie française de l'industrialisation, plus lente, "doucereuse" (Michelle Perrot), a existé, la différenciant de la révolution industrielle britannique, avec une part importante prise par les petites entreprises et la persistance des fabriques artisanales (où le rôle de chaque membre de la famille, des femmes et des filles en particulier, était primordial et complémentaire). Publié en 1978 aux États-Unis – et traduit avec le titre *Les femmes, le travail et la famille* – le livre de Joan Scott et Louise Tilly avance le concept d'économie familiale ("économie domestique" écrit Alain Dewerpe en 1985) et reconsidère le rôle des femmes dans les économies industrielles et préindustrielles. Cette forme d'organisation n'est pas spécifique aux sociétés rurales concernées par la proto-industrialisation.

Mal payée, sans protection syndicale, la main d'œuvre féminine paraît idéale à l'orée de l'ère industrielle. C'est particulièrement le cas dans le textile. Mais la question du travail à domicile des femmes est aussi posée, non comme une pratique obsolète appelée à disparaître, mais comme un moyen d'adaptation aux fluctuations du marché. Dans le second XIXᵉ siècle, analystes et réformateurs sociaux promeuvent pour ce faire le modèle de "la femme au foyer" (Jules Simon, *L'Ouvrière*, 1861), aidés en cela par la diffusion de la machine à coudre [PEYRIÈRE, 2007]. Le travail à domicile est donc le support d'une idéologie centrée sur l'espace domestique.

La guerre de 1914-1918

La guerre de 1914-1918 a été longtemps considérée comme une véritable rupture ayant initié l'entrée des femmes dans les usines en France et dans les autres pays européens en guerre (v. La Grande Guerre, un tournant pour la main d'œuvre et les relations de travail). L'histoire des femmes et du genre a permis de relativiser cette rupture. Les femmes étaient présentes de longue date dans l'industrie y compris dans la métallurgie (entre 7 et 11 % des femmes en France en 1913). Certes, il y a eu transfert d'une partie de la main d'œuvre féminine des secteurs traditionnels (textile, domesticité) vers les secteurs en extension des productions liées à la guerre (métallurgie, chimie). Mais la mobilisation des Françaises directement au service de la Défense nationale a été lente et tardive, à la fin de l'année 1916 dans les usines de guerre. Les "munitionnettes" (diminutif dépréciatif donné immédiatement aux femmes embauchées dans cette industrie de guerre) représentent le dernier recours après l'embauche des mobilisés, des civils âgés et des "coloniaux" [DORNEL, 2013].

Le rapport construit entre genre, rationalisation et différence des sexes permet de relire différemment les caractérisations de ce travail de guerre. En 2002, l'ouvrage de Laura Lee Downs· *L'inégalité à la chaîne,* porte comme sous-titre *La division sexuée du travail dans l'industrie métallurgique en France et en Angleterre.* Il s'agit d'une histoire comparée de la division sexuelle du travail selon deux logiques nationales (française et britannique). En France, comme en Angleterre, les employeurs mettent en place un système d'organisation du travail et de définition des qualifications qui perdure à la fin de la guerre : la rationalisation de l'industrie, le changement technique d'organisation du travail et la division du travail selon les sexes sont donc liés. Le soin, la précision ou la régularité, qualités dites féminines, sont ainsi les qualificatifs attribués aux types de travaux mécanisés et parcellisés qui sont confiés aux femmes, et non aux hommes, même à ceux qui ne sont pas qualifiés. La question de la formation liée aux qualifications est aussi différente : alors qu'en Grande-Bretagne, des centres de formation pour les ouvrières sont ouverts dès 1915, leur permettant ainsi d'obtenir le niveau des ouvriers semi-qualifiés, l'État et les entrepreneurs français préfèrent pour les femmes une formation sur le tas qui les cantonne dans la production de séries et qui fait de la technique et du savoir-faire un apanage masculin. Face à l'organisation taylorisée des usines métallurgiques et l'introduction du travail aux pièces, des mouvements spontanés et éphémères, des réseaux de solidarité et des formes d'action spécifiques aux femmes apparaissent, différentes de celles des hommes et des luttes syndicales et pacifistes : actions de ménagères contre la vie chère dès la fin de l'année 1915 (qui retrouvent les répertoires d'action employés en 1911-1912 en France), limitation volontaire des cadences, grèves des bras croisés, protestation contre les grossièretés des chefs, reprise de traditions carnavalesques avec le travestissement en hommes, mais aussi violences entre femmes du même atelier pour faire baisser les cadences. L'âge et le statut matrimonial des femmes différencient les expériences individuelles. Malgré la hausse du coût de la vie, les célibataires, grâce aux salaires élevés des usines de guerre – en comparaison avec les salaires de la domesticité ou du textile –, malgré un travail harassant, salissant et dangereux, vivent mieux et transforment leurs habitudes de consommatrices. Les images de sortie d'usine montrent une évidente coquetterie féminine hors de l'atelier. Inversement les mères de familles avec enfants, surtout celles dont le mari est au front, connaissent des difficultés certaines, accentuées par le problème crucial du ravitaillement en 1917-1918.

L'étude de Laura Lee Downs permet de faire émerger de nouvelles figures dans l'espace usinier, appelées "inspectrices sociales" en Grande-Bretagne, "surintendantes d'usine" en France. Ces fonctions concernent certaines filles issues de la bourgeoisie, formées au travail social pour la surveillance des ouvrières, dans un but à la fois de prévention, d'éducation, mais aussi de contrôle et de maintien de la discipline dans l'atelier. Si leur développement a été plus précoce en Angleterre, l'expérience s'arrête à la fin de la guerre, alors qu'elle perdure en France où leur nombre s'accroît (elles sont 50 en 1918, 300 en 1938). Avec l'accent mis sur l'hygiène et la surveillance de la maternité, il y a là extension à la sphère privée du contrôle patronal. C'est une particularité de la France où s'interpénètrent idées natalistes et tayloriennes. Catherine Omnès a discuté la question de la qualification féminine : en 1917, l'État français a, selon elle, défendu la qualification féminine en créant dans les classifications, à côté des catégories "manœuvres" et "ouvrières spécialisées", la catégorie "ouvrières professionnelles" donc mieux payées. On trouve dans la métallurgie parisienne un certain nombre d'ouvrières classées professionnelles comme les décolleteuses, les polisseuses et les soudeuses, et ce jusqu'en 1925. L'affirmation ne vaut pas dans les entreprises de province où aucune ouvrière n'est de fait classée professionnelle, même si la catégorie existe dans les textes nationaux officiels. Il en sera de même en juin 1936, dans les négociations après les grèves, au cours des discussions sur les classifications des postes dans les entreprises définies conjointement par les représentants syndicaux et patronaux de la métallurgie. Ces négociations ont contribué à une institutionnalisation de postes "genrés", classés sous le vocable "professionnels" pour les hommes et "manœuvres ouvrières spécialisées" pour les femmes, bien moins payées.

Outre les usines on constate, en Italie, à la différence des autres pays européens, des mobilisations spontanées et massives des classes populaires non organisées que le parti socialiste n'a su canaliser. La révolte contre la vie chère s'est développée dès l'entrée en guerre du pays avec des grèves à Milan en avril 1915 et à Turin en mai contre l'augmentation du prix du pain. Ce mouvement concerne toute l'Italie avec une forte présence des femmes qui s'en prennent aux propriétaires terriens, mais aussi aux petits cultivateurs qui vendent sur les marchés, aux propriétaires de fours ou de moulins, et, en se mettant sur les voies pour empêcher le transport des grains, aux autorités. Leurs armes sont des sabots, des bâtons, des marmites. D'abord joyeuse et festive, la révolte a pris des formes plus agressives avec une dimension morale contre l'injustice, suivie par une politisation de la contestation dont le caractère anti-guerre s'accentue, et qui est réprimée violemment par l'armée [PROCACCI, 2016, p. 97-105]. Une crise de la vie chère éclate en Allemagne à cause des difficultés du ravitaillement et du rationnement suivis par une malnutrition généralisée. Le marché noir, le vol de cartes d'alimentation et leur falsification, accompagnés des délits d'atteinte à la propriété (recel, fraudes, etc.) sont souvent le fait des femmes, qui sont les protagonistes d'une politisation par le quotidien exprimée dans les rues et aux portes des usines. Elles s'en prennent aux accapareurs avec des répertoires d'action employés de longue date (pierres jetées, vitres brisées). La première émeute a lieu à Berlin en octobre 1915 avec 70 personnes impliquées, majoritairement des femmes. Une des dernières a lieu en septembre 1918 à Altötting, où un inspecteur des grains entend confisquer du blé apporté au moulin par des familles ouvrières: il est accueilli par 400 personnes armées de bois, de barres de fer, de couteaux. La troupe intervient.

Le nombre de femmes condamnées pour troubles à l'ordre public et insubordination, explose. En 1917, il est quatre fois supérieur à ce qu'il était en 1913 (1198 condamnations dont 1028 femmes et 553 jeunes), et cela malgré une forme de sous-condamnation permettant de minimiser les troubles et de maintenir la fiction de l'Union sacrée [DANIEL, 1997].

Protection sociale et organisations syndicales

L'interdiction du travail de nuit des femmes fait partie des actes fondateurs du droit du travail dans de nombreux pays européens. Elle constitue à la fois une mesure de protection et un motif de contestation dans la mesure où elle est associée à des considérations sur la moralité publique et sur la "dégénérescence de la race". L'ambiguïté de cette interdiction naît également de ce qu'elle établit une inégalité et une discrimination parmi les femmes elles-mêmes, selon le secteur dans lequel elles sont employées– le travail de nuit étant la règle dans certaines activités, comme les soins de santé, qu'on appellerait aujourd'hui le travail de *care* (voir ci-dessous).

La situation de la Belgique est paradoxale à plusieurs égards. Alors que les débats sont engagés depuis plusieurs décennies, aucune réglementation n'est adoptée pour le travail, qu'il s'agisse de celui des hommes, des femmes ou des enfants, avant la loi de 1889. Alors que dans les pays voisins le travail souterrain des femmes est rapidement interdit (par la loi d'août 1842 en Angleterre ; en juin 1869 pour l'Allemagne ; en mai 1874 pour la France), la majorité des femmes employées dans les charbonnages belges travaillent au fond : en 1866, deux tiers des 13 000 femmes y travaillent dans les fosses, un tiers seulement en surface. Fantasme de la bourgeoisie, la "fille de fosse" hante l'imaginaire social parce qu'elle transgresse toutes les règles imposées à son sexe : elle porte des vêtements d'hommes, ne respecte pas la séparation des sexes, et occupe la rue lors des manifestations et des grèves. Le second paradoxe concerne la première loi énoncée en Belgique comme législation protectrice du travail féminin le 13 décembre 1889. En réalité, elle ne concerne pas les femmes majeures à l'exception d'un seul article qui porte sur le congé postnatal de quatre semaines (non rémunéré) ; les dispositions sur le travail de nuit ne concernent que les enfants et les adolescents. Limitée à des secteurs précis à cause des dérogations, la protection aggrave même la situation de certaines ouvrières. Quand le travail de nuit leur est finalement interdit, l'afflux de main d'œuvre féminine dans des secteurs non protégés contribue à la dégradation des salaires.

Ainsi, dans les régions minières, les femmes, renvoyées des fosses, "se sont félicitées d'être employées à charger les bateaux sur le canal. Mais les salaires ont chuté de sept à quatre francs". La législation provoque aussi une redistribution de la main d'œuvre selon les âges : les patrons renvoient les jeunes de moins de 21 ans pour les remplacer par des ouvrières de plus de 21 ans. Plus de femmes mariées sont désormais associées au travail de nuit, ce qui crée de nouvelles tensions au moment où s'impose avec force, chez les catholiques comme chez les socialistes, le modèle de la femme mariée au foyer. La fondatrice et animatrice du syndicat de l'Aiguille*, catholique, reste farouchement attachée à une législation protectrice pour la travailleuse. Exclues de la réglementation, les 76 000 ouvrières à domicile, recensées en 1896, demeurent soumises à un régime de travail forcé, poussées par la nécessité. Comme par le passé, elles compensent la modicité des salaires par des journées de travail de 15 à 18 heures. En 1906 se tient à Berne une conférence internationale dont l'objectif est d'améliorer les conditions de travail et surtout de limiter certaines productions industrielles pour freiner la concurrence entre pays. Elle aboutit à la signature d'une convention interdisant le travail de nuit des femmes "sans distinction d'âge" dans les établissements industriels occupant plus de 10 travailleurs, à l'exclusion des entreprises "où ne sont employés que les membres de la famille". La convention est ratifiée par la Belgique en 1908 et introduite dans la loi en 1911. Ainsi, à la veille de la Première Guerre mondiale, la Belgique applique enfin l'interdiction du travail de nuit aux femmes, moyennant quelques exceptions [Gubin, 1995]. Lors de la réunion du Conseil International des Femmes à La Haye en 1915, le danger d'une législation spécifique pour les femmes est à nouveau dénoncé et l'assemblée propose à l'unanimité de la remplacer "par des mesures de protection à l'égard de toute la population ouvrière, sans distinction de sexe".

En France, la loi du 2 novembre 1892 concerne le travail des enfants, des filles mineures et des femmes, mais la loi s'arrête au seuil de l'atelier de famille (v. Naissance et développement des États sociaux et du droit du travail). La journée de travail est limitée à onze heures pour les enfants de moins de seize ans, les filles mineures et les femmes. Le travail de nuit, de neuf heures du soir à cinq heures du matin, leur est également interdit, mais avec des dérogations possibles jusqu'à 11h du soir. Cette loi est souvent présentée comme un moment important pour les ouvrières qui, au nom du "*sexe faible*", semblent protégées par rapport aux ouvriers. C'est le résultat, outre les arguments moraux et démographiques, de tout un discours à la fois juridique et médical, sur la faiblesse des femmes, largement développé depuis la fin du XVIIIe siècle. L'un des rédacteurs du Code civil, Portalis, ne déclarait-il pas en l'an IX, lors d'une séance du Corps Législatif : *"la femme a besoin de protection parce qu'elle est faible et que la prééminence de l'homme indiquée par la constitution même de son être, est la source du pouvoir de protection que la loi reconnaît au mari"*. En cette fin du XIXe siècle, l'État se substitue au mari dans ce rôle protecteur. Mais malgré la création de l'Inspection du travail, la loi de 1892 est mal appliquée dans l'ensemble du pays, surtout en matière de durée de la journée de travail. Elle exclut de fait les femmes de certains emplois et pas forcément les plus pénibles. Les décrets qui la complètent en 1893 et 1895 entérinent de nombreuses dérogations. Malgré ces assouplissements, les infractions sont nombreuses, d'autant que les amendes sont symboliques. Les commissions de surveillance se réunissent peu, et fonctionnent mal. Cette loi a été discutée pendant un demi-siècle avant d'être adoptée alors qu'elle ne concerne que 4000 ouvrières. C'est la répétition des discours qui affirment l'illégitimité du travail féminin à l'extérieur du foyer et la nuit, au nom de la morale et contre "la dégénérescence pour la race", qui est la plus efficiente. On mesure ici le décalage entre législation, discours, et réalités [AUSLANDER, ZANCARINI-FOURNEL, 1995].

La situation espagnole est proche de celle de la Belgique. La période entre 1860 et 1920 correspond à un âge d'or minier. En Espagne, il n'y a pas de loi spécifique sur l'interdiction du travail dans les mines ou de nuit. Si les médecins, les hygiénistes et certains ecclésiastiques tentent de chasser les femmes des mines, la première loi sur le travail des femmes et des enfants en 1900 interdit le travail des jeunes (garçons et filles) de moins de 16 ans, ce qui suscite d'ailleurs des protestations dans le Sud où le travail des jeunes est important. En fait, en Espagne, les femmes sont prises en compte quand elles sont ou vont devenir mères ; c'est autour de la maternité que tourne la législation. Les codes miniers de 1912 et 1914 réaffirment la nécessité de protéger la grossesse, la maternité puis l'allaitement. Au niveau international, on réclame le départ des femmes des mines au Congrès international des syndicats miniers tenu à Salzbourg en 1908.

Les contraintes de la guerre bouleversent les cadres normatifs de la législation du travail. C'est seulement en 1935 qu'une convention de l'OIT interdit le travail des femmes en sous-sol.

La législation adoptée en 1934 par le régime fasciste italien de Mussolini se prononce également pour la démographie et la défense de la "race". Il interdit le travail de nuit et les travaux dangereux, notamment pour les femmes enceintes. Les entreprises de plus de 50 salariés doivent construire des chambres d'allaitement où les femmes peuvent aller deux fois par jour pendant la première année de l'enfant [NEMEC, 2006, p. 180-181].

Lors de la crise des années 1930, Marguerite Thibert défend fermement devant le BIT (Bureau international du travail) le droit au travail pour toutes les femmes, alors qu'il est contesté par des gouvernements ou des organisations catholiques et syndicales. Elle entend orienter l'OIT vers "des méthodes constructives de protection" qui, à l'inverse d'une "protection négative par l'interdiction d'emploi", tendent à améliorer les conditions d'emploi et d'existence pour les femmes et préserver certains emplois [THÉBAUD, 2018]. Ce point de vue permet de prendre en considération la déconstruction de la catégorie de "travail ménager" en "travail domestique" [DELPHY, 1970] – c'est-à-dire l'ensemble des activités dans le foyer, éducation des enfants, tâches ménagères, petite production marchande –, et de l'appréhender comme une forme de travail gratuit et invisibilisé. Toutes ces tâches dévolues à la prise en charge des besoins d'autrui sont exercées par les femmes à l'intérieur comme à l'extérieur du foyer. La prise en compte aujourd'hui de la domesticité reliée au "travail de *care*" [CLIO *FGH*, n° 49, 2019] permet dès lors de déplacer les frontières du travail et de s'interroger sur la construction d'une "domination rapprochée" définie par Dominique Memmi comme une forme de "relation sociale plaçant ses protagonistes dans une situation d'interdépendance puissante". On peut relire ainsi l'histoire des nourrices du XIXe siècle que nous avons évoquée au début de ce texte. À Madagascar, les *nénènes* (nourrices) occupent une place affective particulière sur plusieurs générations dans les familles de colons [TISSEAU, 2019]. L'exemple ouvre une réflexion sur la dimension coloniale de l'histoire des mondes du travail européens (Grande Bretagne, France, Belgique et secondairement Italie, Allemagne et Espagne), paramètre qu'il faudrait relier à la problématique du genre.

Pas plus qu'on ne peut négliger aujourd'hui la couleur du travail, on ne peut se passer d'une histoire du genre du travail. En 1989, l'historienne allemande Gisela Bock affirmait à propos de l'histoire des femmes dans la revue *Gender & History :* "Il n'est pas moins problématique de distinguer l'histoire des femmes de l'histoire en général qu'il l'est de distinguer l'histoire des hommes de l'histoire des femmes. L'histoire des femmes n'informe pas uniquement une moitié de l'humanité, mais également l'humanité tout entière" [BOCK, 1989]. De même, une histoire sociale des mondes du travail ne peut se passer d'une approche genrée, au risque de rester aveugle et boiteuse.

LES MIGRATIONS DE TRAVAIL

"L'histoire du travail au XIXe siècle est une histoire du mouvement et des migrations", notait Eric Hobsbawm en 1951 [Hobsbawm, 1951]. Cette histoire des mobilités n'en était alors qu'à ses balbutiements. Et plus nous en apprenons, plus il apparaît que la migration est au XIXe siècle une dimension essentielle de la vie de la plupart des Européens. Alors que la part de la production rurale décline et que la population augmente, des dizaines de millions de femmes et d'hommes prennent la route. En Grande-Bretagne, à cette époque, peut-être 90 % des gens ont migré au cours de leur existence. En Irlande, en Italie, en Belgique, en Pologne, en Allemagne, dans les pays scandinaves, les migrations, y compris celles de longue distance, concernent aussi la grande majorité des femmes, des hommes et des enfants. Plus de 50 millions d'Européens émigrent au cours de la période 1815-1930 vers l'Amérique du Nord, l'Amérique du Sud, l'Océanie, au cours de ce qui demeure la plus grande migration transcontinentale de l'histoire. Et ces flux sont inférieurs en nombre à ceux qui s'organisaient au sein des pays concernés ou entre pays voisins, de la campagne vers la ville, d'une ville vers une autre, d'une région ou d'un pays vers un autre. À partir de 1860, la migration devient une expérience de masse, et à l'exception des paysans propriétaires, peu de travailleurs y échappent. Les différentes migrations – saisonnières, temporaires et durables, de courte distance et de longue distance, d'hommes et de femmes, etc. – s'articulent selon des schémas complexes. Les rares sources disponibles pour quantifier les expériences migratoires à l'échelle d'une vie laissent entrevoir des mobilités multiples, en particulier pour les jeunes gens, sans que les migrations locales, de voisinage et de longue distance s'excluent. En somme, au cours de la période 1830-1940, les migrations sont un élément constitutif de l'histoire de dizaines de millions de travailleurs.

Si on aborde la question par l'angle de l'urbanisation ou de l'industrialisation, il est également avéré que les migrations de travail, en s'articulant à l'accroissement général de la population, ont joué un rôle capital. Aucune des grandes concentrations industrielles et urbaines ne se construit sans d'importants flux de migrants. Les migrations ont également joué un rôle essentiel dans la circulation des techniques, des procédés et des savoir-faire. Si certaines mobilités ne relèvent pas *stricto sensu* du travail, il n'est pas de recrutement industriel sans migrations. Décrypter leurs modalités et leurs mécanismes est donc essentiel pour comprendre le travail au cours de la période concernée.

Dans ce chapitre, on entend donc d'abord tenter une définition des migrations de travail, soulever les questions relatives à leur dénombrement et chercher à les périodiser. On s'intéressera ensuite à la nature des différentes migrations de travail (saisonnières, temporaires, durables, régionales, intra-européennes, transocéaniques) et à la façon dont elles s'articulent, au cours l'industrialisation européenne (1830-1914). On verra ensuite de quelles façons les migrations sont genrées. Enfin, on évoquera les nouveaux régimes migratoires qui se mettent en place, de 1914 à la Seconde Guerre mondiale.

HISTORIOGRAPHIE, DÉFINITION ET QUANTIFICATION

Les questionnements sur l'histoire des migrations sont anciens [RAVENSTEIN, 1885 et 1889]. Mais jusqu'aux années 1960, à quelques exceptions, les études sont menées du point de vue des pays d'accueil et se préoccupent de l'installation et de l'assimilation des migrants. Depuis, des recherches s'intéressent aux rapports entre les taux annuels d'émigration et les caractéristiques sociales et économiques des pays de départ et d'accueil – pourquoi émigre-t-on de tel endroit vers tel autre? –, ainsi qu'aux structures sociales et économiques de certains groupes – qui émigre? Plus récemment, on s'est penché sur le genre des migrations, sur les retours vers les pays d'origine, sur l'imaginaire et la culture des migrants. Il existe donc un ensemble de travaux variés, d'excellentes synthèses [BADE, 2002; MOCH, 2003], des encyclopédies [BADE 2011; NESS, 2013], mais aussi des zones d'ombre et des questions sans réponse.

D'abord, comment définir la migration de travail? Soit les personnes peuvent travailler là où elles vivent, comme c'est le cas pour les paysans, pour de nombreux artisans et travailleurs à domicile. Soit elles doivent se déplacer pour travailler. Dans ce cas, si le temps de trajet vers le lieu de travail est tel qu'un déplacement quotidien est impossible, on parle de migration de travail. Cette expression générique recouvre cependant une grande diversité des expériences, depuis les migrations temporaires ou saisonnières jusqu'aux départs sans retours, des migrations intérieures aux migrations transatlantiques.

Par ailleurs, toutes les mobilités durables ne sont pas des migrations de travail. Les déplacements des réfugiés, en particulier en temps de guerre, relèvent d'autres logiques. Au XIXe siècle, les motifs religieux sont moindres que par le passé, mais, vers 1850, en Allemagne, en Norvège ou en Suède, des piétistes* émigrent parce qu'ils se sentent persécutés. Au tournant du XXe siècle, en Russie, les juifs fuient l'antisémitisme et les pogroms, et deux millions d'entre eux gagnent les États-Unis. Des centaines de milliers d'Européens sont également déportés vers les colonies pénitentiaires, où ils travaillent le plus souvent : Britanniques vers l'Australie, Russes vers la Sibérie, Français vers la Guyane et la Nouvelle-Calédonie, etc. Le service militaire et le travail semi-forcé se confondent souvent pour les soldats et les marins, dont les mobilités sont anciennes. Au XIXe siècle, par exemple, des centaines de milliers de soldats espagnols sont envoyés à Cuba, où nombre d'entre eux restent après les guerres d'indépendance, pour travailler dans le sucre. Par ailleurs, même en dehors de ces contraintes, des migrations ont d'autres motifs, matrimoniaux, familiaux, politiques voire sanitaires ou thérapeutiques. Les raisons de l'émigration s'entremêlent parfois : ainsi, les dizaines de milliers d'artisans allemands qui gagnent Paris, Bruxelles et Londres au milieu du XIXe siècle, le font pour travailler, mais aussi pour échapper à la férule de l'État prussien.

Quantifier les migrations est complexe, voire impossible pour les siècles passés. Même aujourd'hui, les États ne comptent les migrants que de façon sommaire et souvent inexacte. Certes, au cours de la période étudiée, les outils de dénombrement s'affinent : l'état civil s'améliore dans tous les pays concernés, les recensements se systématisent et documentent de mieux en mieux la vie des populations. On peut, à partir du moment où la question du lieu de naissance ou de la nationalité est posée (en 1851 en France et en Grande-Bretagne), apprécier le nombre d'étrangers dans une ville, une région ou un pays donné. Ces recensements sont une source importante pour écrire cette histoire. On sait ainsi par exemple que, tout au long du XIXe siècle, 55 à 65 % des Parisiens sont nés hors de la capitale ; ou encore qu'en 1920, 53 % des habitants de Barcelone sont nés en dehors de la ville. Mais ni l'état civil, ni le recensement ne permettent de documenter les flux. Combien d'entrées, combien de sorties, dans une ville, une région, un pays ? Combien de temps les immigrants restent-ils ? Quand ils partent, retournent-ils vers leur village natal, ou bien vont-ils ailleurs ? Combien de fois un travailleur migre-t-il au cours de sa vie ? Alors qu'au sein de l'Europe, les circulations sont relativement libres jusqu'en 1914, et que les instruments de contrôle comme le livret de travail disparaissent, il est difficile de répondre à ces questions. L'histoire de l'immigration est mieux documentée que celle des migrations ou de l'émigration : les migrants sont de passage, et les émigrants cessent de produire des sources dans le territoire qu'ils quittent, alors que les immigrés s'installent, sont dénombrés dans les recensements, enregistrent leurs actes à l'état civil, voire font l'objet de la surveillance des autorités, de débats publics et d'enquêtes, comme c'est de plus en plus le cas en Europe occidentale au tournant des XIXe et XXe siècles.

Une autre source précieuse est constituée par l'enregistrement des passagers dans les grands ports d'Europe et d'Amérique. Ces listes permettent de mesurer les migrations transatlantiques, même si tous les voyageurs ne sont pas des migrants, et si le port de débarquement n'est pas forcément situé dans le pays de destination (par exemple, 2,5 millions d'émigrants vers le Canada ont ensuite migré vers les États-Unis). En revanche, les flux à travers la Manche ou les migrations continentales transfrontalières ne sont pas recensés. Et même pour les migrations transocéaniques, les retours, ou "remigrations", sont mal quantifiés, alors qu'ils ont pu concerner 40 % des émigrants au début du XXe siècle.

Les migrants qui ne restent que quelques mois ou quelques années dans une ville, entre deux recensements et sans acte d'état-civil, échappent au regard des autorités et donc à celui des historiens. Certaines bureaucraties tentent cependant d'appréhender cette population urbaine flottante, vue comme dangereuse pour les pouvoirs. Ainsi, en Prusse, les autorités tentent de compter les arrivées et les départs. On connaît assez bien ce qu'a été la mobilité dans la Ruhr, à Duisburg en particulier, dont les autorités recensent non seulement les naissances, mariages et décès, mais aussi les arrivées et les départs [JACKSON, 1982, 1997]. Ville de forge, de laminoirs, de fabrications d'outils, située au confluent du Rhin et de la Ruhr, Duisburg passe de 10 607 habitants en 1845 à 106 770 en 1904. Sa population augmente donc en 60 ans de 96 163 habitants, une hausse en partie due à une très forte natalité. Mais les autorités enregistrent au cours de cette période un total de 724 421 arrivées et départs. La population est donc très fluide dans cette ville où la main d'œuvre se renouvelle rapidement, avec des taux de migration (nombre de départs et d'arrivées, rapporté à la population de la ville) de 45 % au tournant du siècle. Et le cas de Duisburg n'est pas isolé.

Pour apprécier les migrations temporaires, saisonnières, les migrations au sein d'un même État ou d'une même région, nous en sommes donc réduits à tenter d'extrapoler à partir d'études locales. Celles-ci se sont multipliées depuis 40 ans, mais ce que nous ignorons l'emporte encore sur ce que nous savons.

PÉRIODES

Périodiser les migrations de travail est aussi, dans une certaine mesure, une gageure. Au Moyen Âge, des artisans se déplaçaient de ville en ville, à l'instar d'Étienne de Bonneuil, maître maçon ou architecte parisien originaire de la Creuse, appelé en 1287 à bâtir la cathédrale d'Uppsala, qu'il quittera avec ses compagnons qu'en 1300. Au cours de la période 1330-1550, 64 000 immigrants en Angleterre ont été identifiés. Pour l'époque moderne, on revient aujourd'hui sur l'idée de la sédentarité des populations. Des systèmes migratoires élaborés mobilisent des dizaines de milliers de personnes. Par exemple, le "système de la mer du Nord" (1600-1900) consiste en une zone de travail, le long du littoral, de Calais à Butjadingen en Allemagne, et en un hinterland d'où viennent les migrants, sur des centaines de kilomètres à l'est et au sud des côtes. Les Provinces-Unies, la Hollande en particulier, sont alors plus développées que leurs voisines, ce qui explique qu'un tel système migratoire se soit développé au XVIIe siècle. Mais ce système perdure bien au-delà du déclin de la Hollande ; et son historien, Jan Lucassen, s'est surtout appuyé sur un questionnaire de l'Empire napoléonien, portant sur les migrations temporaires de la période 1810-1813, alors que les Pays-Bas avaient été incorporés à l'Empire. Quelque 30 000 migrants vont alors en Hollande pour couper la tourbe au printemps et faire les foins en été. Au XIXe siècle, ce système décline, et l'Allemagne attire au contraire des migrants des Pays-Bas [LUCASSEN, 1987]. Un autre système migratoire ancien existe de l'Auvergne et du Limousin vers l'Espagne : en 1678, l'ambassadeur français à Madrid estime à 70 000 le nombre de Français vivant dans le pays ; au début du XVIIIe siècle, 25 000 d'entre eux sont dénombrés en Andalousie. La plupart sont des ouvriers, attirés par les salaires supérieurs d'une Espagne moins densément peuplée [POITRINEAU, 1985]. Et nous n'étudions pas ici la traite négrière, premier transfert transocéanique de cette ampleur, qui se poursuit au XIXe siècle.

Avec la révolution industrielle, des circulations artisanales anciennes se redéfinissent et, en liaison avec les nouvelles formes de travail, des mouvements d'une tout autre ampleur prennent forme. Chaque pays, ou plutôt chaque région, a ses propres temporalités. La période qui va des années 1840 à la Grande Guerre est celle où les mobilités sont les plus importantes. La révolution industrielle commence en Grande-Bretagne à la fin du XVIIIe siècle, gagne la Belgique dans les années 1820, la France et l'Allemagne au milieu du siècle, les États-Unis après la guerre de Sécession, puis l'Europe de l'Est et du Sud dans les dernières décennies du siècle. Chaque année, des millions d'Européens migrent vers des centres urbains, d'abord dans leur région, parfois vers l'étranger, voire vers un autre continent. Une autre dimension de la modernisation économique est la migration de millions de ruraux, notamment d'Italiens et d'Espagnols, pour occuper des emplois agricoles.

La Grande Guerre interrompt brutalement ces déplacements, avec la fermeture des frontières et des dizaines de milliers de retours, réussis ou avortés. En même temps, les belligérants comme la France font venir de la main d'œuvre d'Europe du Sud, d'Asie et d'Afrique. Après 1918, les États sont désormais les principaux acteurs des migrations de travail, en particulier des migrations internationales, qu'ils organisent et régulent, avec d'importants recrutements dans les années 1920 et des retours au cours des années 1930. Quant aux États-Unis, ils réduisent drastiquement les entrées sur leur territoire au cours des années 1920, et celles-ci atteignent un étiage pendant la Grande dépression.

Au cours des années 1830-1940, 1914 constitue la principale césure, entre une longue période où les migrations des Européens sont relativement libres et où elles sont massives, et la période 1914-1940 où elles sont contraintes voire impossibles, et où les principaux déplacements de population deviennent ceux des réfugiés.

MIGRATIONS SAISONNIÈRES

Pendant l'industrialisation, une partie du travail, à la ville comme à la campagne, est saisonnière. Au début du XIXe siècle, environ 300 000 femmes et hommes se déplacent ainsi chaque année en Europe, dans l'un des sept grands systèmes de migrations saisonnières [MOCH, 2003]. Dans les grandes régions agricoles, toute une partie de la main d'œuvre vient à la période des récoltes ou des vendanges. Nous avons évoqué le système d'émigration polonaise mis en place en Allemagne à la fin du XIXe siècle. Des systèmes plus anciens et moins contrôlés par l'État prennent parfois, au tournant des XIXe et XXe siècles, une ampleur inédite. Chaque année, des milliers de femmes parcourent jusqu'à 200 kilomètres, depuis les communautés montagnardes des Alpes ou des Apennins vers la plaine du Pô, pour désherber les rizières pendant 40 jours entre mai et juillet. En Italie à la fin du XIXe siècle, ces migrations saisonnières de moyenne distance mobilisent environ un million de migrants. Et, au début du XXe siècle, des *Golondrinas* ("hirondelles") italiennes vont faire la moisson en Argentine, où ils sont mieux payés qu'en Allemagne, et qui leur permettent de faire deux moissons dans l'année. En Espagne, dans un prolongement des migrations internes aux campagnes du pays, des dizaines de milliers d'ouvriers agricoles migrent de façon saisonnière vers l'Algérie coloniale, l'Oranais en particulier ; d'autres vont vers Cuba, où les autorités et les planteurs cherchent à surmonter le déficit de main d'œuvre après l'abolition de l'esclavage en 1886 [MOISAND, 2015].

Au début du XIXe siècle, les mines de charbon attirent des paysans et des ouvriers agricoles pendant l'hiver, avant que ne se développent les grandes compagnies minières, soucieuses de fixer leur main d'œuvre. Des fabriques textiles ferment une partie de l'année. Par exemple celles, nombreuses, qui sont actionnées par des roues à aube*, cessent leur activité quand les sécheresses ou le gel les privent de la force de l'eau. Certaines, tributaires d'une main d'œuvre rurale, ferment pendant les moissons. Et même au cours de la période 1850-1914, nombreux sont les fabricants qui se plaignent des absences d'une partie de leurs salariés pendant l'été.

Les ouvrières de la couture et de la mode travaillent surtout pendant la saison des bals et des réceptions. Les chantiers du bâtiment et des travaux publics, de la construction des canaux et des chemins de fer, sont surtout actifs au printemps et à l'été. Certaines régions se spécialisent dans certaines de ces activités, à l'instar de la Creuse, qui exporte ainsi vers la capitale 10000 maçons en 1830, et 30000 en 1848. Dans la seconde moitié du siècle, des dizaines de milliers de maçons et de manœuvres italiens trouvent également à s'employer en France, en Suisse et en Allemagne. Chaque année, depuis le XVIIe siècle, les ramoneurs des Alpes, des garçons de 7 à 14 ans, se déplacent pour ramoner les cheminées de toute l'Europe. Dès les années 1880, des ouvriers londoniens qualifiés de la construction vont à New York travailler et en reviennent au cours de la même année – ils appartiennent ainsi à un même marché du travail [ERICKSON, 1972]. Et il n'est pas rare que les industries qui sont rattachées à la construction, comme la brique, soient également saisonnières. Les migrants du bâtiment dans la Ruhr trouvent souvent, pendant la morte saison d'hiver, des emplois comme bouchers, brasseurs ou coupeurs de glace. Même les glaciers italiens, issus de 37 villages au nord des Dolomites, ne prennent le chemin de l'Autriche puis de l'Allemagne et des Pays-Bas, au cours du second XIXe siècle, que pendant de la saison chaude.

En même temps, à mesure que l'industrialisation progresse, le caractère saisonnier de certaines activités recule. Le charbon et la vapeur permettent de s'émanciper des contraintes naturelles et de travailler tout au long de l'année. La mécanisation permet également de fonctionner toute l'année. Et des migrants saisonniers s'établissent à demeure dans les villes où ils ne passaient auparavant que quelques mois. Martin Nadaud (1815-1898) a ainsi raconté dans des pages d'anthologie comment, six siècles après Étienne de Bonneuil, il marche chaque année avec ses camarades maçons de l'arrondissement de Bourganeuf, dans la Creuse, vers Paris, pour la saison; puis, après quelques transhumances, il se fixe dans la capitale [NADAUD, 1895]. Son histoire, de transhumances annuelles vers la capitale suivies d'une installation à l'année, est banale, à mesure que l'urbanisation et l'industrialisation progressent.

MIGRATIONS DE TRAVAIL, URBANISATION ET INDUSTRIALISATION

La croissance générale de la population recouvre, comme on le voit, de grandes différences. Certains pays, comme la Grande-Bretagne, l'Italie et l'Allemagne, connaissent, grâce à une forte natalité couplée à un déclin de la mortalité, une augmentation rapide de leur population. Celle-ci s'accompagne d'une importante émigration. À l'inverse, la démographie française est atone et peu de Français émigrent (voir tableau ci-dessous).

Population, en millions
(La population de l'Allemagne (1940) n'inclut pas celle des territoires annexés)

	1800	1850	1900	1940
France	26,9	36,5	40,7	40,7
Italie	18,1	23,9	33,9	env. 44
Grande-Bretagne	10,9	20,9	36,9	44,7
Espagne	11,5	15,5	18,6	26
Allemagne	24,5	31,7	50,6	69,6
Belgique	3	4,3	6,7	env. 8,5

À la fin du XVIIIe siècle, l'Europe comptait déjà un réseau de villes, mais la croissance urbaine du XIXe est inédite. En 1800, l'Europe compte 23 villes de plus de 100 000 habitants, totalisant 5,5 millions d'habitants ; en 1900, elle en compte 135, qui abritent 46 millions d'habitants. Les pays d'Europe occidentale se transforment, de sociétés rurales en sociétés urbaines. La Grande-Bretagne, rurale à 66 % en 1801, devient majoritairement urbaine dès 1851 ; et en 1901, 78 % de ses habitants habitent en ville. Plus de la moitié des Britanniques vivent alors dans des villes de plus de 20 000 habitants, tout comme un quart des Belges et des Néerlandais, et un cinquième des Allemands et des Français.

Il est difficile d'apprécier la part respective des migrations et celle de l'accroissement naturel dans ces développements : tous les pays (à l'exception de l'Irlande) voient leur population augmenter, et celle du continent passe de 187 millions en 1800 à 420 millions en 1900 (549 millions en 1950). Mais la croissance urbaine est encore plus rapide que la croissance démographique générale. Par exemple, entre 1875 et 1905, 54 % de la croissance de la population urbaine de la Prusse peut être imputée aux migrations, et le reste à l'accroissement naturel.

La croissance urbaine est liée à l'industrialisation : les investissements productifs sont faits de façon inégale sur les territoires, et les migrations de travail visent à permettre à des personnes de s'adapter à la polarisation des espaces et du marché du travail. Le capital fixe se concentre en quelques zones. Ainsi, les régions industrielles comme le Lancashire, le Yorkshire, les Midlands, le sud du Pays de Galles et le sud de l'Écosse, les Flandres, la Ruhr, le Nord de la France, la Seine-Inférieure et l'Alsace, la Catalogne, le Piémont et la Lombardie connaissent une urbanisation rapide. Mais les villes qui constituent des centres administratifs et commerciaux se développent également, quoique à un rythme moindre.

Dès l'époque moderne, des migrants jouaient un rôle essentiel dans la diffusion des techniques. Dans le cadre des politiques mercantilistes qui prévalent au XVIIIe, les États cherchent à limiter les départs. En 1824, la Grande-Bretagne lève toute entrave à l'émigration de ses artisans, et en 1843 elle libéralise l'exportation de ses machines. Plusieurs milliers de mécaniciens, de dentelliers, d'ouvrières et d'ouvrier du lin, du coton, du fer, de mineurs puis de terrassiers des chemins de fer, migrent vers le continent européen. Dans certains secteurs, comme le fer, le coton ou le lin, ils sont indispensables, par exemple pour faire faire fonctionner des machines achetées outre-Manche. Dans d'autres, comme la dentelle mécanique, ils importent sur le continent une industrie nouvelle. En se déplaçant, ils jouent un rôle indispensable à la circulation des techniques et donc à l'industrialisation du continent [Bensimon, 2011, 2017].

L'immigration joue ensuite un autre rôle essentiel dans l'industrialisation. Dans un pays comme la France, c'est l'immigration qui permet la seconde révolution industrielle, à partir des années 1880. La petite paysannerie est alors attachée à la petite propriété, et depuis les années 1870, quand Gambetta veut introduire "la politique au village", elle constitue la clientèle électorale des républicains. À l'instar de Jules Méline, ministre de l'Agriculture (1883-1885et 1896-1898) et Premier ministre (1896-1898), la IIIe République fait le choix de protéger des petites exploitations nombreuses, par le protectionnisme et un accès facilité au crédit. Dans le contexte d'une démographie atone, cela exclut tout exode massif des campagnes vers les villes, d'où l'importance pour l'industrialisation de l'immigration, qui jouera de nouveau un rôle essentiel dans l'essor des années 1920, puis dans celui des années 1950 et 1960. [Noiriel, 2007]

L'histoire des migrations invite donc aussi à regarder vers les campagnes. En 1830, la grande majorité des Européens sont des ruraux et travaillent dans l'agriculture, au moins une partie de l'année. La fin du servage en Prusse (1807), en Autriche (1848) et en Russie (1861), et la levée progressive des restrictions à l'émigration ont progressivement intégré la main d'œuvre d'Europe centrale au marché international du travail et ont amené en particulier les Polonais à émigrer vers l'Allemagne et la France. En Grande-Bretagne, la fin du mouvement des enclosures* (XVIIe-XIXe siècle) fragilise les populations rurales les moins dotées, les poussant souvent vers l'indigence et la migration, principale échappatoire à l'indignité de la maison de travail (*workhouse*). En Irlande, alors peuplée de 8,5 millions d'habitants, la Famine de 1845-1851, causée par la maladie de la pomme de terre, tue un million d'Irlandais, en particulier les plus pauvres d'entre eux, et en oblige plus d'un million d'autres à émigrer. La crise agraire des années 1840 touche également la Belgique et l'Allemagne. D'autres crises, comme celles causées par la maladie des vers à soie (1853-1875) puis par le phylloxera de la vigne dans les années 1870 et 1880, frappent durement les campagnes concernées. Les régions rurales sont également appauvries par l'industrialisation et par la privatisation des biens communaux : auparavant, de nombreuses familles paysannes vivaient avec des compléments de revenus procurés par l'artisanat rural et la proto-industrie (filage et tissage du coton, du lin, de la laine, de la soie, dentelle...). Avec la concurrence des fabriques, ces revenus s'effondrent. Comme le souligne Philippe Pinchemel pour la Picardie, les campagnes se “ruralisent” [PINCHEMEL, 1957] : les vieilles structures sociales des villages sont bousculées, le secteur artisanal puis le secteur agricole lui-même se dépeuplent, forçant de nombreux artisans et ouvriers agricoles à se diriger vers les villes. Les campagnes s’appauvrissent et se vident, dans un double mouvement d’exode rural qui se prolonge, avec des variations selon les régions, jusqu’au XXe siècle. Franz Rehbein (1867-1909), fils d’un tailleur et d’une lingère, né en Poméranie rurale, a raconté dans un témoignage rare comment il passe sa jeunesse à s’employer comme ouvrier agricole et dans la construction de digues et de canaux au nord de l’Allemagne, jusqu’à ce qu’en 1895 il perde une main dans une batteuse mécanique et aille vivre en ville [KELLY, 1987].

En même temps, des migrations nouvelles s’organisent aussi en direction des campagnes: les moissons requièrent une main d’œuvre importante, en partie faite de migrants. Pour la France du XIXe, Paul-André Rosental a déconstruit le modèle traditionnel de l’exode rural. Certes, depuis les villes, les migrations de ruraux prédominent. Mais en réalité, plus que les ruraux, ce sont les habitants des bourgs et des villes de province qui vont vers les grandes villes et vers Paris. Dans les campagnes, la mobilité de courte distance est très fréquente, plus même que dans la région parisienne. [ROSENTAL, 1999]. Parmi les ovalistes* qui se mettent en grève à Lyon en 1869, dans un échantillon, seulement 9 % sont originaires du Rhône, et l’immense majorité viennent des départements des environs: Ardèche surtout, la Drôme, Isère et Loire [AUZIAS et HOUEL, 1982].

Si dans l’ensemble, les migrants s’intègrent, ces vastes circulations suscitent également d’importantes réactions xénophobes de la part des populations locales, en particulier lorsque les uns et les autres sont mis en concurrence pour l’emploi et les salaires. Au milieu du siècle, les identités nationales prennent le pas sur les affrontements entre métiers ou entre villages [NADAUD, 1895]. En France, en 1848, des émeutes visent des ouvriers belges, britanniques et italiens. À la fin du siècle, la xénophobie se politise. Elle est une manière de répondre à l’entrée en mobilité générale de la société. Les Italiens et les Belges sont les cibles privilégiées de ces mobilisations, En 1893, la législation distingue la catégorie du “travailleur étranger”, ancêtre du “travailleur immigré”. Une dizaine d’étrangers sont tués dans les années 1880, une quinzaine au bas mot dans les années 1890, dont le massacre d’au moins huit Italiens à Aigues-Mortes en 1893. Pour la récolte harassante du sel, la Compagnie des salins du Midi y fait appel à des “Ardéchois” cévenols et à des “Piémontais”, organisés en “colles” d’une cinquantaine d’individus, ainsi qu’à des “trimards”, des vagabonds frappés par la crise économique qui sévit alors. Le travail n'a rien à envier à celui de forçats. Après une rixe avec des Piémontais, les "trimards", arguant de leur qualité de "Français", ameutent Ardéchois et Aigues-Mortais contre les Italiens. Dans un contexte où l'information se nationalise, le massacre est présenté comme une défense de l'honneur national, et ses auteurs sont acquittés. Au début du XXe siècle, les "Arabes" sont également visés. Les organisations ouvrières sont divisées, entre d'une part des syndicats corporatifs protectionnistes, et de l'autre des organisations socialistes, anarcho-syndicalistes et internationalistes, qui intègrent les étrangers dans leurs rangs [Dornel, 2004; Noiriel, 2007].

LE GENRE DES MIGRATIONS DE TRAVAIL

La part des femmes a varié, mais elles ont été plus nombreuses que les hommes dans les migrations vers les villes, et moins nombreuses dans les mobilités internationales. Parmi les arrivants aux États-Unis, pour lesquels nous disposons des registres de passagers, les femmes étaient 31 % dans les années 1820, 39 % dans les années 1880, 43 % dans les années 1920 et même 55 % dans les années 1930, certes pour des flux réduits. Ces moyennes recouvrent cependant des inégalités entre nationalités: alors que seuls 25 % des migrants italiens et 23 % des Grecs sont des migrantes, elles comptent pour 36 % des Belges, 42 % des Allemands, des Anglais et des Écossais, et même 48 % des Irlandais. Il semble que les migrants particulièrement "poussés" à partir, comme les Irlandais et les juifs d'Europe de l'Est, comptaient une proportion élevée de femmes.

Quant aux migrations intra-européennes, elles s'organisent en fonction des spécialisations de telle ou telle ville. Au cours de la période 1830-1930, la ségrégation professionnelle est la règle. Certains secteurs excluent les femmes (industrie lourde, mines, sidérurgie, métallurgie, mécanique, ports et docks...), tandis que d'autres les emploient massivement (textile, alimentation, domesticité...). Les flux sont donc genrés en fonction des spécialisations urbaines. Comme on va le voir, les villes d'industrie lourde ou portuaires attirent en majorité des hommes, les villes textiles attirent de nombreuses femmes. Jeanne Bouvier (1865-1964), née dans une famille paysanne de la Drôme, devient ouvrière dans une fabrique de soie à onze ans, se spécialise comme ouvrière lingère et chemisière, et émigre à Paris, avant de devenir militante syndicale et féministe [Bouvier, 1983]. Lucie Baud (1870-1913), née dans un village de l'Isère, entre à 12 ans comme apprentie dans une fabrique de soie à Péage-de-Vizille, une petite ville ; elle y fonde un syndicat, y mène une grève, puis va travailler à Voiron, où elle mène une autre grève pour la journée de 8 heures, également défaite [Perrot, 2012].

Les jeunes femmes migrantes forment les gros bataillons des domestiques, des nourrices, des gouvernantes, et sur les 166 600 domestiques à Paris en 1901, 131 100 sont des Françaises nées en dehors de la ville. On peut y ajouter les nourrices : plusieurs dizaines de milliers de femmes migrent du Morvan vers les villes, où elles jouissent d'une réputation de bonne santé et où elles allaitent d'autres enfants que les leurs. En Espagne, les Asturiennes sont les nourrices les plus connues à Madrid. Dans les autres pays, on observe des mouvements similaires. Lilan Westall, née à Londres en 1893, raconte comme elle commence à travailler à 14 ans, d'abord comme blanchisseuse, puis comme domestique (1907-1914), puis dans l'industrie de guerre, puis comme femme de chambre (1918-1939), de nouveau dans l'industrie de guerre (1939-1945), puis comme aide pour des enfants sourds (1945-57) et pour deux femmes âgées (1957-1964). Pour les femmes des classes populaires comme elles, la fluidité est grande, entre les emplois domestiques, qui réduisent drastiquement leur liberté et s'arrêtent en général avec la maternité, et les emplois industriels. Il y a aussi une certaine fluidité entre le village d'où partent ces jeunes femmes et la ville où elles trouvent à s'employer. Cependant, comme le montrent les témoignages, nombre d'entre elles ne retournent pas au pays et utilisent le travail domestique comme une porte d'entrée dans la vie urbaine. La suffragette britannique Hannah Mitchell (1871-1956) raconte ainsi comment, après avoir été apprentie à 13 ans, elle quitte à 14 ans sa famille de fermiers pauvres des Pennines, où elle ne s'entend pas avec sa mère, pour aller vivre dans la ville textile de Bolton (Lancashire), dans une usine de vêtements et comme domestique, avant de devenir une agitatrice socialiste et féministe [Mitchell, 1968]. Juliette Sauget, née en 1886 dans une famille pauvre de la Somme, quitte le foyer familial avec sa sœur que son père avait frappée. À Paris, elle est accueillie par une sœur ainée qui l'incite à s'embaucher comme domestique ; elle fait l'objet d'une agression sexuelle de la part du fils de la famille, quitte ce premier emploi, et travaille ensuite entre Paris et Amiens, dans sa région, où des parents habitent. [Fuchs, Moch, 1990] Les viols fréquents de domestiques expliquent aussi que nombre d'entre elles, renvoyées parce qu'enceintes, grossissent ensuite les rangs de la prostitution, ou encore sont condamnées pour infanticide.

Il est possible que d'autres facteurs genrés aient joué dans les mobilités. Au cours des années 1880, les grandes villes comme Vienne, Rome, Paris ou Prague comptent 30 à 50 % de naissances illégitimes, peut-être parce que les femmes déjà enceintes viennent en ville pour y accoucher. Une femme d'origine corrézienne raconte ainsi comment elle a quitté son village à 20 ans, dans les années 1930, invoquant un incident effrayant avec un cheval, avant de révéler dans l'entretien que des fiançailles avec un garçon du bourg avaient été rompues, réduisant ses perspectives matrimoniales : "Je devais partir, j'avais connu un garçon". Elle s'installe pour toujours à Paris [Bertaux-Wiame, 1979]. Il est possible que dans les pays de petite propriété paysanne comme la France, où les fils héritent de la terre, les femmes aient été d'autant plus nombreuses à émigrer vers les villes pour éviter un mariage avec un fermier. L'Italie apparaît comme une exception à cet égard, car le pays a une tradition ancienne d'émigration masculine qui attache les femmes au travail agricole.

TROIS TYPES DE VILLE ET LEURS MIGRANTS

Afin d'affiner notre connaissance de la place des migrants dans l'économie urbaine des xixe et xxe siècles, Leslie Page Moch propose une typologie en trois modèles : la ville d'industrie textile, la ville d'industrie lourde et le centre commerçant et administratif [Moch, 2003]. En réalité, toutes les villes ont leurs structures administratives et commerciales, et la plupart d'entre elles sont également pourvues d'une industrie. Mais il existe néanmoins des différences structurelles entre Manchester et Bristol, entre Duisburg et Berlin, entre Roubaix et Amiens, entre Turin et Naples. Chacune a son rythme et ses spécificités, chacune attire des groupes de migrants qui ont leurs particularités.

Les villes textiles prolifèrent et se développent avec la mécanisation du filage et du tissage. Par exemple, Manchester, la locomotive de l'industrie cotonnière, voit sa population passer de 70409 habitants en 1801 à 766311 en 1931. Barmen, sur la vallée de la Wupper en Rhénanie, voit la sienne augmenter, de 16500 habitants en 1809 à 169200 en 1910 ; Roubaix, de 8000 en 1800 à 124000 en 1900. Cette ville du Nord, qui a importé les techniques britanniques dans la première moitié du XIXe siècle, se développe à la faveur d'une immigration belge flamande, de voisinage. Firmin Lentacker a montré comment un nombre considérable de Belges ont traversé la frontière pour échapper à la misère des Flandres rurales : d'abord dans des migrations agricoles saisonnières et itinérantes ; puis dans des migrations urbaines et définitives ; enfin, au début du XXe siècle, à la faveur du développement des transports, avec des mouvements de frontaliers permettant d'associer les salaires français plus élevés et la résidence en Belgique, plus avantageuse. En 1886, au moins 25000 des 99799 habitants de Roubaix sont nés en Belgique ; 24000 autres sont nés à Roubaix de parents belges ; les autres viennent du Nord de la France. En outre, en raison de la proximité de la frontière, 40000 Belges viennent travailler à Roubaix, où les salaires sont plus élevés, tout en vivant en Belgique, où il n'y a pas de service militaire obligatoire. Certains d'entre eux, qui habitent trop loin, arrivent le lundi matin, louent un lit pour la semaine, et rentrent chez eux le samedi après-midi. Roubaix attire un grand nombre de femmes, qui trouvent aisément à s'employer, comme d'autres villes textiles où la population est majoritairement féminine. De nombreux migrants, peut-être 40 % d'entre eux en 1906, viennent en famille, et les enfants peuvent être employés dès leur plus jeune âge dans les fabriques. La migration apparaît comme une stratégie qui protège des cycles des saisons et des licenciements. Cependant, les migrations ne sont qu'une des dimensions de la croissance roubaisienne, stimulée par une forte natalité (46 pour mille en 1872) : dans l'augmentation de la population de la ville, l'accroissement naturel compte alors au moins autant que le solde migratoire [LENTACKER, 1974 ; MOCH, TILLY, 1985 ; PETILLON, 2006].

Pour les villes d'industrie lourde (sidérurgie, mines, mécanique), la Ruhr est un cas d'école. Cette région de près de deux millions d'habitants en 1900 produit alors la moitié du charbon et un tiers de la fonte et de l'acier allemands. Ses villes attirent en majorité des hommes : en 1867, 75 % des migrants à Duisburg sont des hommes, et en 1871, les villes minières de Bochum, Dortmund et Essen comptent, pour 100 femmes, respectivement 139, 120 et 127 hommes. Leur croissance tient à deux facteurs conjoints : un accroissement naturel fondé sur une forte natalité et un solde migratoire favorable. Ainsi, à Bochum, entre 1880 et 1900, deux tiers de la croissance proviennent de l'accroissement naturel, et le tiers restant de l'immigration. Mais pour un solde positif de 10807 migrants au cours de cette période, les autorités ont enregistré 232098 arrivées en ville ; au moins 194800 migrants sont donc repartis, un *turnover* considérable, comparable à celui de Duisburg, que nous avons évoqué. Cette fluidité s'explique par la précarité, alors consubstantielle au travail, et par l'importance des emplois temporaires. Elle semble encore supérieure à celle de villes portuaires, où la précarité est pourtant la règle : alors qu'à Liverpool, en 1851,

42 % des habitants de la ville y étaient nés, ils sont 70 % en 1911, les autres venant souvent du comté. Ces mobilités sont également scandées par des étapes de la vie : l'entrée sur le marché du travail, le départ de la famille, l'installation avec une épouse, la fondation d'un foyer distinct de celui des parents. James Jackson a voulu apprécier le nombre de déplacements : un migrant vers Duisburg change de domicile 15 ou 16 fois dans sa vie, dont dix fois entre 15 et 30 ans. La plupart des migrants, typiquement de jeunes hommes de 15 à 25 ans, sont originaires de villages situés dans un rayon de 150 km ; en moyenne, dans les années 1860, un migrant a parcouru 105 km, et en 1890, 118 km. Mais en 1890, un tiers d'entre eux ont parcouru moins de 25 km depuis leur lieu de naissance, et 40 % d'entre eux ont parcouru moins de 25 km depuis leur dernière habitation : l'essentiel du recrutement se fait dans un hinterland régional [JACKSON, 1982, 1997] Carl Dingler, par exemple, ouvrier d'usine ayant vécu en Bavière, en France et en Hesse avant d'arriver dans le Württemberg à l'âge de 16 ans, voyage 18 mois en vain pour trouver un emploi en Allemagne. En 1863-1864, il occupe cinq emplois à Berlin, Dresde et dans des villes plus petites, à chaque fois pour des durées de six semaines à six mois.

Les migrants qui arrivent dans les villes d'industrie lourde, comme dans celles du textile, sont donc principalement originaires du bassin démographique immédiat. Mais au début du XXe siècle, de nombreuses villes industrielles françaises et allemandes drainent une main d'œuvre étrangère. À Duisbourg, en 1910, un sixième des habitants sont nés à l'étranger, en Italie (41 %), aux Pays-Bas (35 %) et en Autriche-Hongrie (21 %). L'évolution concerne aussi la qualification des migrants : alors qu'au début de l'essor industriel de la Ruhr, nombre d'entre eux étaient des artisans et des ouvriers qualifiés, à partir des années 1890 ce sont essentiellement des ouvriers non-qualifiés, peut-être parce que les positions de choix, proportionnellement moins nombreuses, étaient occupées par les natifs de la ville. [MOCH, 2003].

Enfin, les villes à prédominance commerciale et administrative, au développement réel quoique moins rapide, bénéficient également des migrations de travail. Madrid compte 160 000 habitants en 1800 et 539 000 en 1900 ; Paris, respectivement 547 000 et 2,5 millions ; Londres, 1 million d'habitants en 1800, 6,5 millions en 1900. Ces deux capitales étaient aussi des villes artisanales et industrielles, même si elles se développaient largement comme villes de services, de bureaux, de commerces et d'administration. Parmi les migrants qui les peuplaient, les domestiques occupaient, on l'a vu, une place importante.

Au-delà de ces parcours, il faut souligner que les identités professionnelle et géographique ne sont pas figées. Les jeunes femmes polonaises, issues de familles paysannes pauvres, qui viennent en France dans les années 1920, quittent ensuite souvent la ferme qui les emploie pour épouser un compatriote travaillant en Lorraine dans une mine ou un haut-fourneau. [APRILE, LAURENT, PONTY, 2015] Pour les travailleurs européens de l'époque, il n'y a pas de frontière étanche entre ruraux et urbains, entre paysans et ouvriers. Des dizaines de millions de femmes et d'hommes sont d'abord paysans ou ouvriers agricoles avant d'être ouvriers d'industrie ou domestiques. Il est plus rare que des ouvriers deviennent paysans, mais la pluriactivité, les compléments de revenus et les migrations saisonnières restent extrêmement fréquentes.

De même, migrations intérieures et migrations internationales s'articulent fréquemment. De plus en plus, à la faveur du développement des transports et de la liberté des circulations, un marché international du travail se constitue. Au fil du temps, les migrations transnationales prennent une place croissante.

MIGRATIONS TRANSNATIONALES ET RÉGIONS

Jusqu'en 1914, l'industrialisation du continent met en mouvement des millions d'Européens vers d'autres pays que les leurs : Belges vers la France, Italiens vers la France, la Suisse et l'Allemagne, Polonais vers l'Allemagne, Irlandais vers la Grande-Bretagne. La France et l'Allemagne sont les deux grands pays d'immigration. Quand l'Allemagne, à la fin du XIXe siècle, commence à manquer de main d'œuvre, l'émigration polonaise fournit une main d'œuvre importante. En plus des deux millions de Polonais qui émigrent vers les États-Unis entre 1870 et 1914, 300 000 à 600 000 autres migrent chaque année vers l'Europe du Nord, du centre et de l'Ouest, principalement vers l'Allemagne pour la récolte des pommes de terre et des betteraves. Entre enregistrement systématique (*Legitimationszwang*) et retour obligatoire au terme de la saison (*Rückkehrzwang*), en interdisant les familles et même les grossesses, l'État allemand contrôle étroitement cette main d'œuvre de *Sachsengänger* (qui vont en Saxe), qui sont des migrants plutôt que des immigrés. L'Allemagne est aussi un grand pays d'émigration, même si, après 1890, en raison du dynamisme économique du pays, les départs baissent alors que l'immigration étrangère augmente.

La France demeure, tout au long de la période, le principal pays d'immigration européenne. En 1881, elle compte un million d'étrangers, quand l'Angleterre et le pays de Galles en comptent 118000; en 1931, elle en compte 2,7 millions, contre 307000 outre-Manche. D'abord principalement originaire de pays voisins (Allemagne, Belgique, Italie), sa main d'œuvre étrangère provient après la guerre en partie de Pologne (voir tableau ci-dessous).

Principales nationalités en France, 1851-1946

	1851	**1881**	**1911**	**1931**	**1946**
Belges (%)	33,4	47,8	25	9,5	8,6
Allemands (%)	14,3	9,5	10,4	2,4	–
Espagnols (%)	7,9	7,6	8,6	12,6	17,3
Italiens (%)	16,7	24,3	36,4	30	26
Suisses (%)	6,3	6,8	6	–	–
Polonais (%)	–	–	–	19	24,4
Portugais (%)				1,6	1,6
Algériens (%)				3,9	1,6
Nombre total d'étrangers (en milliers)	**379**	**1001**	**1160**	**2715**	**1744**

Source: [Bade, 2011, à partir de Noiriel; voir aussi Cross, 2018]

Dans ce contexte de migrations transnationales croissantes, la région reste une échelle d'analyse pertinente pour mesurer les principaux flux migratoires. Des régions peu touchées par l'industrialisation sont de grandes pourvoyeuses de migrants, à l'instar de l'Irlande, du sud et du centre de l'Italie, ou encore de la Pologne. La majorité des migrations de travail s'organisent d'abord au sein de leur région, depuis les campagnes vers une ville, ou d'une ville moyenne vers une grande ville: de la Catalogne vers Barcelone, du nord-ouest de l'Angleterre et d'Irlande vers Manchester et sa région; du Nord et des Flandres vers l'industrie textile nordiste; de la Lombardie vers Milan, etc. À Casalecchio, près de Bologne, entre 1865 et 1921, la moitié de ceux qui partent vont à Bologne. Comme on le voit à travers quelques exemples documentés, certaines régions sont d'importantes zones d'émigration (voir tableau ci-après).

Émigration vers l'étranger depuis certaines régions

	Émigrants	pour 1000/an
Italie (1901-1913)	**8 742 000**	**20**
Abruzzes	689 000	34
Basilicate	202 000	34
Calabre	614 000	37
Sicile	1 125 000	26
Allemagne (1871-1875)	**2 371 000**	**2**
Prusse occidentale	321 000	7
Poméranie	222 000	6
Angleterre et pays de Galles (1860-1900)	**2 349 000***	**2***
Ouest de l'Angleterre	323000*	4*

*solde net des retours
Source : [BAINES, 1995]

On ne dispose pas de données complètes pour évaluer tous les taux d'émigration régionale. Mais on sait par exemple qu'un quart des migrants allemands viennent de Prusse occidentale et de Poméranie et qu'un tiers de tous les émigrants finlandais partent de la province de Vaasa. Le fait que la région soit une échelle d'analyse pertinente ne signifie pas que l'État-nation n'ait pas d'importance dans la décision d'émigrer, même au XIXe siècle. En Autriche-Hongrie et en Allemagne, les Polonais, alors privés d'État, émigrent plus que les autres habitants ; et la plupart des émigrants de Russie appartiennent à des minorités (juifs, Polonais, Lithuaniens). Mais certaines régions sont paradoxales : la Calabre, les Abruzzes et la Sicile avaient des taux d'émigration huit à dix fois supérieurs à l'Émilie-Romagne et la Sardaigne, qui étaient aussi pauvres. Aucune explication n'a pu être donnée pour les taux élevés depuis cinq comtés de l'Ouest de l'Angleterre. Il se peut que la "province" ou le "comté" recouvre en fait d'importantes disparités, et qu'il faille resserrer la focale vers le village voire vers la famille, auquel cas la propension d'un individu à émigrer aurait dépendu de sa culture locale ou familiale. Rosental a insisté sur la notion de projet migratoire, élaboré au sein de la famille, et qui s'articule avec le contexte économique ou politique. [ROSENTAL, 1999] Pour l'Espagne, José C. Moya a montré que les régions à forte émigration (Galice, pays Basque, Catalogne) sont certes densément peuplées, mais ne sont pas les plus pauvres. Elles sont en revanche les mieux reliées, par leurs ports, à l'économie mondiale. Des réseaux familiaux de migration s'y enracinent également; ils permettent d'emprunter de l'argent à des notaires et de petits entrepreneurs locaux qui transfèrent les remises des parents déjà installés en Argentine, voire jouent les marieurs à travers l'Atlantique, de sorte que toute une famille émigre au fur et à mesure [Moya, 1998].

La seule caractéristique qui s'impose est celle de la continuité: les régions à forte émigration le restaient, certainement en raison des chaînes migratoires (*chain migration*). Ces chaînes expliquent aussi que les migrants s'installent dans un nombre assez limité de localités. En même temps, les chaînes migratoires ne sont pas immuables. Elles sont rarement artificielles, et se construisent à travers des contacts et au fil de décisions successives. La grande majorité des migrants suivent des filières au sein desquelles circulent l'information sur le voyage et la destination, notamment par le biais des lettres d'émigrants, jugées plus fiables que les autres sources, et dont la place augmente alors que les sociétés européennes s'alphabétisent. En 1914, près de 80 % des immigrants aux États-Unis ont un parent qui les attend; 15 % rejoignent des amis.

L'APPEL DU NOUVEAU MONDE

À la faveur de la baisse des coûts et des délais des voyages, de la mise en place de filières migratoires, et lors des crises économiques, les migrations transatlantiques prennent une place croissante, en particulier à proximité des grands ports. Walter Kamphoefner [1987] a observé qu'au cours des années 1840 et 1850, en Westphalie, les paysans pauvres qui louent des petites parcelles où ils cultivent le lin sont parmi les premiers à se joindre au mouvement massif des Allemands vers le Nouveau monde. En même temps, entre 1860 et 1914, les pays d'Amérique du Nord et du Sud sont très demandeurs en main d'œuvre, favorisant ces mobilités. Des flux se réorientent donc. Par exemple, l'intellectuel Franciszek Bujak s'est rendu dans le village de Maskienice, en Pologne autrichienne, en 1899, puis y est retourné en 1911. Entretemps, l'émigration saisonnière avait augmenté de 50 % ; et celle vers les États-Unis avait été multipliée par 14.

Au total, 52 millions d'Européens ont été enregistrés comme émigrant du continent, entre 1815 et 1930 (voir tableau ci-après). Ces flux colossaux ne sont pas réguliers. Parmi les 5 millions d'Allemands qui ont émigré, un million l'ont fait entre 1881 et 1885 seulement.

Émigration hors d'Europe enregistrée par pays d'origine (frontières de 1914), 1815-1930

Grande-Bretagne	11,4
Italie	9,9
Irlande	7,3
Autriche-Hongrie	5
Allemagne	4,8
Espagne	4,4
France	0,4
Belgique	0,2
Autres	8,6

Source : [MITCHELL, 2007]

Cette émigration européenne transocéanique se dirige d'abord vers les États-Unis (70 %), vers l'Amérique du Sud (12 %) et dans une moindre mesure vers les dominions britanniques (9 %).

Les principaux pays d'immigration (en millions)

Destination	Période	Arrivées
États-Unis	1821-1932	32,2
Argentine	1856-1932	6,4
Canada	1831-1932	5,2
Brésil	1821-1932	4,4
Australie	1821-1932	2,9

Au total, quelque 54 millions d'immigrants ont été enregistrés entre 1815 et 1930 [Baines, 1995].

Les migrations les plus nombreuses restent les migrations locales, régionales, de courte distance. Avant 1890, les habitants de Duisburg migrent 50 à 200 fois plus souvent en Allemagne qu'à travers l'océan ; en 1914, près de 1000 fois plus. Cependant, les migrations transocéaniques ne relèvent pas d'un autre régime migratoire que celui des migrations au sein des États-nations ou intra-européennes. Il est d'ailleurs fréquent que les unes et les autres s'articulent au sein d'une même vie. Par exemple, à partir des années 1820, plusieurs centaines d'artisans de la dentelle mécanique émigrent de Nottingham, où l'industrie s'est développée, vers Calais, d'où ils peuvent pour pénétrer le marché français. Certains reviennent en Grande-Bretagne, voire font plusieurs allers-retours, en fonction des cycles économiques, d'événements familiaux, etc. Quand le marché s'effondre, en 1847-1848, rentrer au pays est difficile, et 640 d'entre eux émigrent pour toujours vers l'Australie [Bensimon, 2019a]. Cette migration par étapes (*stage migration*) est fréquente dans l'Europe du XIXe siècle et au début du XXe.

1914-1939 : DE NOUVEAUX RÉGIMES MIGRATOIRES

Au XXe siècle, les modèles que nous avons esquissés ne disparaissent pas. Mais le rôle des États s'affirme, comme belligérants, régulateurs des frontières et organisateurs des recrutements. Cette intervention se combine aux modèles anciens de répartition du capital et de structuration du marché du travail. La "guerre de trente ans" qui s'ouvre en 1914 marque une rupture dans les politiques migratoires. Alors que le libéralisme avait prévalu au XIXe siècle, les restrictions et l'intervention des États s'imposent. Ils organisent désormais les flux, y compris pour le recrutement de la main d'œuvre. En 1914, les migrations intra-européennes atteignent des niveaux record : peut-être 5 millions de personnes vivent dans des pays d'Europe où elles n'étaient pas nées. Cette mobilité s'interrompt brutalement avec la guerre, et les principaux mouvements sont désormais des retours, comme ceux des Allemands et Autrichiens quittant la France ou de Grande-Bretagne. En 1911-1913, 200000 Britanniques quittaient leur pays chaque année ; en 1915, ils sont 20000 à rentrer.

Les principaux belligérants ont d'importants besoins de main d'œuvre auxquels ils répondent par des recrutements hors de leurs frontières La France fait venir au moins 500000 travailleurs. D'une part, des Européens: 100000 d'Espagne, d'autres d'Italie et du Portugal, ainsi que 102000 prisonniers allemands et austro-hongrois; d'autre part, des coloniaux: 78000 Algériens (hors troupes combattantes), 35000 Marocains, 18500 Tunisiens, 49000 Indochinois, souvent victimes de formes de coercition. On peut y ajouter 37000 Chinois recrutés par la France, auxquels s'ajoutent ceux (100000) également recrutés par l'armée britannique pour des travaux de force à l'arrière de ses lignes [DORNEL, 2014]. Les Chinois sont contrôlés et isolés des populations locales à un point tel que celles-ci les voient souvent comme des prisonniers. Il s'agit d'une main d'œuvre recrutée pour la guerre, qui n'est pas censée rester au-delà, et qui repart en général en 1919. C'est la première fois que la France recrute des travailleurs dans ses colonies, qui deviendront après la Seconde Guerre mondiale d'importantes régions d'immigration.

En Allemagne, la main d'œuvre étrangère joue un rôle encore plus important: elle constitue, avec 2,5 à 3 millions de travailleurs, un septième des actifs en 1918. Deux tiers d'entre eux sont des prisonniers de guerre. S'y ajoutent 500000 à 600000 travailleurs polonais de Russie, dont 300000 saisonniers qui s'étaient retrouvés piégés en 1914, alors que les Polonais originaires de l'Autriche alliée avaient pu retourner dans leur pays. L'Allemagne recrute de force aussi 100000 travailleurs belges et néerlandais. Les prisonniers deviennent ainsi un élément important de l'économie de guerre, en particulier dans les mines, l'agriculture et l'industrie, souvent dans des conditions difficiles. L'Espagne, qui n'est belligérante, est moins marquée par cette chronologie; le nombre d'émigrants vers Cuba continue de croître après la perte de la colonie en 1898, et pendant la Première Guerre mondiale, des Espagnols migrent vers la France, tandis que les migrations internes s'accroissent, par exemple de l'Andalousie vers la Catalogne, ou des Canaries vers le Sud du pays.

L'émigration ne retrouve son niveau d'avant-1914 dans aucun pays. Alors que les Empires centraux sont démantelés et que les traités remodèlent le continent, des mouvements massifs de population concernent des réfugiés (500000 en Allemagne, 400000 en France, 70000 en Pologne). L'interventionnisme devient la règle en matière de migrations. En France, c'est le ministère du Travail qui s'impose en 1918 pour tout ce qui concerne la gestion de la main d'œuvre étrangère. Les questions de main d'œuvre s'internationalisent. En marge de la Société des Nations, l'Organisation internationale du travail (OIT) et le Bureau international du travail (BIT) sont créés, avec une section consacrée au chômage, à l'emploi et aux migrations. Cet aboutissement des projets d'avant-guerre de protection de la main d'œuvre se heurte cependant aux replis nationaux. Les États prennent souvent des mesures pour limiter l'émigration. En Italie, l'État fasciste voit l'émigration comme une perte pour l'économie nationale, et cherche à la réduire et à la réorienter vers les colonies. Les passeports ne sont accordés qu'à ceux qui veulent se former à l'étranger ou qui enverront d'importantes remises. L'Allemagne cherche aussi à réguler les départs et les retours : elle veut favoriser l'immigration de ses nationaux vivant dans des pays étrangers, et limiter les départs de travailleurs qualifiés. Des agences de régulation de la main d'œuvre sont mises en place, qui interdisent par exemple aux entreprises de recruter des étrangers sans autorisation. Autrement dit, la main d'œuvre immigrée est vue comme complémentaire de la main d'œuvre allemande, à laquelle elle ne doit pas se substituer. En même temps, un grand nombre de Polonais la quittent pour vivre dans le nouvel État polonais, ou pour aller plus à l'ouest.

En effet, la France a à son tour recours aux Polonais, pour son industrie lourde, ses mines et son agriculture. À partir de 1919, une convention donne le coup d'envoi à un énorme flux de main d'œuvre : 500 000 migrants en dix ans, dont de nombreuses jeunes femmes dans les campagnes, comme vachères, bonnes de ferme ou coquetières. Dans certaines régions, cet apport est considérable. On pense à la Lorraine et aux mines du Pas-de-Calais. Mais un département rural comme le Cher, qui comptait 347 étrangers en 1911, en dénombre près de 7000 en 1936 [Rygiel, 2001]. Entre 1923 et 1926 40 000 ouvriers agricoles du Nord de l'Italie migrent vers le sud-ouest de la France ; malgré les appels de Mussolini au retour des émigrés, peu d'entre eux retournent au pays. Cette filière se prolonge après la Seconde Guerre mondiale. Et les migrations saisonnières qui existent aujourd'hui dans l'agriculture, d'Europe de l'Est et du Maghreb vers l'Europe occidentale, sont héritières de ces flux.

En 1921 et 1924, Les États-Unis restreignent l'immigration par des quotas par pays d'origine, d'abord à 300 000 immigrants par an, puis à 150 000 – en réalité, plus de 4 millions d'Européens y émigrent quand même de 1920 à 1929 (contre 8 millions de 1900 à 1909). Pour compenser sa faible natalité et les pertes de la Grande Guerre, la France devient le plus important pays d'immigration, devant l'Allemagne. L'immigration est alors vue comme une contribution à la nécessaire expansion économique, condition de la suprématie en Europe. Un million d'étrangers viennent pendant la reconstruction (1919-1924). Le recrutement se poursuit et dans les années 1920, l'État français organise l'arrivée de quelque deux millions de travailleurs, souvent recrutés par le biais de la Société générale d'immigration.

L'État négocie des accords bilatéraux avec des Alliés comme la Pologne, la Tchécoslovaquie et l'Italie. Les travailleurs coloniaux venus pendant la guerre sont renvoyés. Parmi les Polonais, des milliers avaient déjà travaillé dans la Ruhr depuis des années voire des décennies. La France compte, en 1931, un nombre d'étrangers sans précédent, nombre qui ne sera de nouveau atteint que dans les années 1970 (voir tableau p. 318). En 1930, un tiers des mineurs de charbon, 50 %, des cimentiers, deux tiers des sidérurgistes, 50 à 70 % des ouvriers de la viscose et 70 % des mineurs de fer sont des immigrés.

Avec la crise des années 1930, des centaines de milliers d'immigrés sont renvoyés. En 1936, plus de 630000 étrangers sont déjà repartis. Le droit évolue : alors que depuis les années 1890, la législation facilitait la naturalisation et l'emploi, à partir de 1935, la liberté de circulation et le regroupement familial sont limités. Des corporations, comme les médecins et les juristes, se mobilisent avec succès pour limiter l'accès de leur profession aux "métèques" [NOIRIEL, 2007]. Les restrictions se poursuivent entre 1936 et 1938, puis en 1939, quand un demi-million d'Espagnols traversent la frontière. Cette année-là, le droit d'association est suspendu pour les étrangers. Avant même Vichy et la déportation des juifs, l'État français, de libéral et intégrateur, est devenu répressif envers les étrangers.

Au tournant des années 1930, l'Allemagne de Weimar est devenue un régulateur protectionniste. Il n'y a plus que 109000 étrangers en 1932, contre 263000 en 1925. Pendant la Seconde Guerre mondiale, le régime nazi utilise les prisonniers de guerre et la main d'œuvre des territoires occupés pour son industrie de guerre, à une échelle inédite. En 1944, le pays exploite 2,7 millions de Soviétiques, 1,7 million de Polonais, 1,25 million de Français, 585000 Italiens, 250000 Belges et autant de Néerlandais. Au total, sept millions de travailleurs forcés, soit un cinquième de la main d'œuvre, font fonctionner l'économie de guerre allemande.

(v. Carte *Urbanisation en Europe*)

TRAVAIL/ HORS-TRAVAIL : CULTURES OUVRIÈRES

Évoquer les formes et les pratiques culturelles qui naissent des mondes ouvriers, et en général la vie hors-travail des travailleurs, n'est pas chose évidente. Cela suppose d'abord que cette vie soit possible, et que son importance soit reconnue comme telle. Or, les premiers temps de l'industrialisation sont d'abord caractérisés par une augmentation et une intensification du temps de travail, qui laissent bien peu de place au temps libre et à la vie culturelle. Ouvrières du textile ou mineurs, déracinés de leurs attaches rurales, éprouvent le travail dès l'enfance, les journées de douze heures, et se placent d'abord dans une logique de survie. Il faut attendre le dernier tiers du XIXe siècle pour que la situation se modifie [CORBIN, 1995] : revendication et conquête progressive de la journée de 8 heures, lente imposition de la "semaine anglaise" (pas de travail le dimanche, et tout ou une partie du samedi), diminution en général du temps de travail (3000 heures de travail annuel en moyenne en France en 1850, 2200 dans les années 1930) [FRIDENSON et RAYNAUD, 2004].

Mais l'existence d'une vie culturelle des travailleurs se heurte aussi aux schèmes de pensée de la société industrielle [FONTAINE, 2004]. De Saint-Simon à Marx, les penseurs du socialisme concentrent avant tout leur réflexion sur le travail et ses enjeux en matière d'organisation d'une nouvelle société. La culture et les loisirs en général sont au départ des éléments mal définis et mal appropriés, et semblent demeurer l'apanage de l'adversaire, des élites ou d'une bourgeoisie considérée comme la "classe de loisirs" (Thorstein Veblen, *Théorie de la classe de loisirs*, 1899). Il faut attendre là encore la fin du XIXe siècle pour qu'émergent d'autres représentations : Paul Lafargue réclame ainsi en 1883 dans un tonitruant pamphlet *Le droit à la paresse*, c'est-à-dire le droit aux loisirs pour les travailleurs, et part en guerre contre le dogme capitaliste du travail et son omniprésence, y compris au sein du mouvement ouvrier [LAFARGUE, 1883].

L'enjeu est en même temps celui du statut et de la signification des pratiques culturelles développées parmi les travailleurs [FONTAINE, 2017]. Ces pratiques posent d'abord la question des frontières de la culture : faut-il uniquement observer les formes de la culture au sens étroit du terme (littérature, arts graphiques, musique, théâtre, etc.) ou élargir la perspective aux loisirs, à la vie quotidienne, aux types de sociabilité qui participent également à la définition de la singularité du groupe ouvrier ? Le débat porte aussi et surtout sur l'autonomie de cette ou de ces cultures ouvrières. Dans des sociétés où les travailleurs occupent constamment une place dominée, est-il possible qu'ils expriment de manière autonome leur identité culturelle, ou celle-ci demeure-t-elle subordonnée aux normes et aux cadres de la culture légitime, celle des élites [GRIGNON, PASSERON, 2015 ; KALIFA, 2005] ? Le débat ici n'est pas seulement scientifique et agite très tôt les milieux militants [RACINE, 1975]. Au-delà de la diversité des pratiques, variant suivant les métiers et les configurations nationales, il s'agit aussi de savoir si la culture peut contribuer à construire non pas seulement une identité professionnelle, sociale, mais aussi une identité politique : de la culture des ouvriers peut-il naître une culture commune à la classe ouvrière, une culture qui, à la fois, renforce et affirme son unité ?

L'intérêt des historiens pour ce genre de thématiques s'est développé assez tôt : dès les années 1960, le livre majeur d'E. P. Thompson sur la formation de la classe ouvrière anglaise atteste cette volonté d'analyser la dimension culturelle de la vie des travailleurs [THOMPSON, 2017]. À la fin des années 1980, la synthèse de Madeleine Rebérioux [1993 a] démontre toute la fécondité du champ de recherche. Après une éclipse, tout une série de recherches récentes [ROSE, 2010 ; HAKE, 2017], attentives aussi bien à la diversité des pratiques qu'aux rapports généraux entre culture ouvrière, culture nationale et culture de masse, sont venues renouveler ce champ. S'il est impossible ici d'en restituer toute la richesse, on s'efforcera néanmoins de pointer les principales perspectives qui s'en dégagent.

CULTURE DES MÉTIERS ET GENÈSE D'UNE SINGULARITÉ CULTURELLE OUVRIÈRE

Recréer des formes de vie collective

On l'a dit, les premières décennies de l'industrialisation sont d'abord synonymes d'une rupture et d'un déracinement, qui s'expérimentent aussi du point de vue des modes de vie et des pratiques culturelles. Les familles ouvrières qui vivent dans les caves de Lille ou de Manchester, les fils et les filles des filatures à Leeds, Rouen, Mulhouse, rompent avec les modes de vie ruraux, subissent les logements dégradés, les journées interminables et apparaissent aux yeux des observateurs (Michelet, Hugo, Villermé par exemple dans le cas français) comme des populations privées de toute ressource, y compris sur le plan culturel. Dans ses *Mémoires*, qu'il rédige au Paraguay en 1887, l'ouvrier autodidacte français Norbert Truquin, raconte ainsi que, dès son enfance, il travaille 18 heures par jour chez un peigneur de laine. Seules les périodes de chômage lui laissent le temps de dormir. Jeté à la rue à dix ans, il vagabonde, tâte pendant vingt ans de tous les petits boulots, et connaît une vie faite de détresse, d'itinérance contrainte, de solitude ou d'existence misérable dans les ateliers de soierie de Lyon [Lyons, 2001].

Toute la période ne se résume cependant pas à cette rupture et à cet isolement. Les premiers chapitres de ce manuel (v. Repères) ont montré que l'industrialisation n'opérait pas comme une rupture radicale mais bien davantage comme une transition. À côté des usines et des quartiers des premières villes industrielles, perdurent un artisanat et des formes de travail domicile ancrés, totalement ou partiellement, dans le monde rural. Si les ouvriers et ouvrières du textile, de la métallurgie, ainsi que les mineurs voient leur importance numérique croître, les artisans, les ouvriers de métier, typographes, cordonniers, tourneurs, chapeliers, constituent des groupes majeurs. La vie des travailleurs, dans toute sa diversité, continue dans ces conditions d'être marquée par les sociabilités et les formes culturelles héritées des époques antérieures. Dans sa peinture de la genèse de la classe ouvrière anglaise, E. P. Thompson [-1963] évoque ainsi la persistance des rythmes et des jours chômés anciens (le "Saint Lundi"), celle des fêtes, comme les foires des villages. Les cordonniers de Nantwich organisent toujours dans les années 1830 leur défilé annuel en l'honneur de leur saint-patron (Saint-Crépin). Les mineurs célèbrent la Sainte-Barbe le 4 décembre.

Dans les villages tisserands du Lancashire, on se rassemble à la veillée pour chanter ou raconter des histoires de sorcières.

Le travail peut être vécu comme un appauvrissement et une forme d'aliénation, empêchant toute vie culturelle et toute vie autonome en général. Cependant il sert aussi de base, en particulier pour les artisans et les métiers les plus qualifiés, à l'expression d'une culture ancrée dans la vie des ateliers, transmise des anciens aux apprentis, et où se forgent les linéaments premiers de la culture ouvrière [REBÉRIOUX, 1993 a]. Chez les typographes, les joailliers, les verriers, se transmettent ainsi des savoir-faire, qui sont des cultures des gestes et du corps structurant une identité de métier. Celle-ci est un élément essentiel d'une culture d'appartenance, qui est aussi une culture de résistance, face à l'usure du travail, face aux nouveaux maîtres, aux détenteurs des capitaux et aux donneurs d'ordre. Cette culture des gens de métier est aussi une culture du mot. Chaque métier a son idiome, qui sert à désigner les outils et les techniques, mais opère aussi comme un facteur d'unification et de reconnaissance et acquiert ainsi une forte charge symbolique. Denis Poulot, dans le livre qu'il consacre à la fin du XIXe siècle aux ouvriers qualifiés du métal à Paris, dresse ainsi un inventaire très détaillé du langage de ces "métallos" – le "grelot", le "mirliton" (le gars qui a du bagout), "l'ouvrier vrai", le "sublime", "le sublime des sublimes" – comme des distinctions et des hiérarchies auxquelles ce dernier renvoie [POULOT, 1869]. Les fêtes, les rituels de l'atelier, les chants de métier entretiennent ces identités culturelles, tout comme ils participent à la consolidation de la conscience de groupe.

Cette conscience ne se forme pas uniquement dans l'espace et le temps du travail au sens strict, et les années 1830-1840 voient un renouvellement plus général des formes de la sociabilité des travailleurs [AGULHON, 1988]. Les chambrées, les dortoirs pour les apprentis ou les jeunes ouvriers célibataires, sont un lieu de sociabilité active. Les cabarets, ancêtres des cafés, des *pubs* en Grande-Bretagne, jouent également un rôle fondamental. Les ouvriers s'y retrouvent pour boire bien sûr, alimentant les commentaires inquiets des observateurs sur l'alcoolisme et en général la dégradation morale des travailleurs. Mais les cabarets ont aussi une fonction active et positive, comme lieu de divertissement et de discussion, lieu de la lecture collective des journaux, lieu de rassemblement en cas de grève. Flora Tristan note ainsi en 1844 (*L'union ouvrière*) : "Dans l'état actuel des choses, le cabaret est le temple de l'ouvrier, c'est le seul lieu où il puisse aller. L'église, il n'y croit point ; au théâtre, il n'y comprend rien." La sociabilité des travailleurs commence en outre à s'organiser de manière plus formelle.

Cette organisation s'appuie sur des traditions, comme celle du compagnonnage, active en France parmi les artisans et certains corps d'ouvriers qualifiés. Elle prend simultanément des formes neuves: chorales, sociétés de lecture, etc. Les sociétés de secours mutuel, au-delà de leur fonction première de protection contre les risques, sont aussi un facteur d'unification, en mettant en avant la dignité morale des groupes ouvriers, le souci de la fraternité. Certaines sociétés britanniques se plaisent ainsi à mettre en avant le verset du livre d'Isaïe: "Chacun aidait son voisin et chacun disait à son frère: Courage." [THOMPSON, 1963].

Faire entendre les voix ouvrières

Les années 1830-1840 sont également le moment où un certain nombre d'ouvriers et d'artisans s'emparent des supports de la culture écrite – livres, pamphlets, journaux – pour faire entendre leur voix et leurs revendications dans l'espace public. Jacques Rancière a évoqué en 1981, dans *La nuit des prolétaires* [RANCIÈRE, 1981], les pratiques d'écritures des ouvriers adhérant à la pensée de Saint-Simon (v. Les formes de la mobilisation politique du travail.). Ces cordonniers, menuisiers, tailleurs, typographes, parmi lesquels on trouve aussi quelques femmes, lingères ou couturières, affirment leur envie de lire, d'accéder à la culture et à l'instruction réservées aux dominants. Ils écrivent eux-mêmes des brochures, des chansons pour les goguettes*, et créent les premiers journaux ouvriers (*La Ruche, L'Atelier*). L'apprenti parqueteur et menuisier Gauny décrit dans ses textes les 12 heures de sa journée de travail, où il défend pied à pied son droit à la rêverie. Il développe aussi sa propre pensée du point de vue militant, autour du simonisme, et entreprend l'élaboration de son propre système philosophique. De telles figures se retrouvent de l'autre côté de la Manche, parmi les ouvriers, les artisans radicaux. Ils convergent de la même manière dans la participation à certains titres de presse (*The Voice of the People, The Pionneer*), dans l'adhésion à certaines figures – le publiciste radical Cobett, Robert Owen – tout en affirmant leur dignité et leur droit égal à participer à la vie culturelle et à la création intellectuelle [THOMPSON, 1963].

Une partie de ces travailleurs est en effet d'ores et déjà alphabétisée [LYONS, 1997]. E. P. Thompson estime qu'au début du XIXe siècle en Grande-Bretagne, deux tiers des travailleurs urbains savent lire, un peu moins savent écrire. Cette diffusion se heurte bien entendu, en Grande-Bretagne comme ailleurs, à de fortes différenciations selon le genre, le caractère rural ou urbain, etc. Reste que l'instruction se diffuse. En Grande-Bretagne, les *Sunday schools* (écoles du dimanche), mises en place en particulier par les sectes religieuses dissidentes (méthodisme), constituent un élément décisif dans ce processus d'alphabétisation. Certains États commencent aussi à s'y engager et à vouloir l'organiser, par exemple avec la loi Guizot en France en 1833. Les conditions de travail et l'errance qui caractérisent la trajectoire de nombreux travailleurs, font toutefois que ceux-ci se forgent souvent une culture en autodidacte, mêlant lectures solitaires et lectures collectives, orales, dans les cabarets et les lieux de réunion [LYONS, 2001 ; ROSE, 2010]. Des cordonniers, des chapeliers britanniques connaissent les œuvres de Voltaire, Volney, Paine et attestent un goût prononcé pour le théâtre shakespearien. Les lecteurs ouvriers ne se limitent pas en général aux ouvrages d'économie sociale ou aux livres traitant de thèmes spécifiquement prolétaires, mais se nourrissent aussi bien des penseurs des Lumières (Rousseau en particulier en France), des articles et des pamphlets, que de la poésie ou du roman (Hugo, Dickens, etc.) ou de certains classiques. *Le Voyage du Pèlerin* (1678), conte allégorique du prédicateur baptiste John Bunyan, constitue ainsi pour nombre de travailleurs britanniques une référence en matière de trajectoire spirituelle.

La volonté de rendre visible la condition des travailleurs, de faire entendre leur voix et leurs aspirations, emprunte, dans un certain nombre de cas, la voie de l'autobiographie et du récit de la vie ouvrière [PERROT, 1997]. Quelques auteurs et ouvrages de ce type accèdent à une véritable notoriété. C'est le cas en France des *Mémoires d'un compagnon* (1854) du menuisier Agricol Perdiguier, qui popularise les traditions des compagnons, ou encore du livre de Martin Nadaud, *Mémoires de Léonard, ancien garçon maçon* (1895). Ces récits laissent toutefois peu de place à l'expression de l'intime, et insistent avant tout sur le travail et la politique, sur ce qui fonde aussi la dignité et la morale ouvrières, contre toutes les formes de dénigrement. Nourries d'autres traditions (le protestantisme) et d'autres références, comme *Le Voyage du Pèlerin*, les autobiographies britanniques empruntent des chemins plus variés [LYONS, 2001] : autobiographie spirituelle comme celle (1891-1894) du fabriquant de meuble James Hopkinson, réflexion historique sur une vie militante comme celle du graveur William Linton (1895), récit d'une trajectoire et d'une réussite personnelle à vocation exemplaire, comme celle de Thomas Burt, ancien mineur du Northumberland devenu député en 1876 (son autobiographie paraît plus tardivement en 1924). Si cette production autobiographique est masculine dans son écrasante majorité, on y décèle quelques rares voix féminines, comme celle de la militante française Victorine Brocher, qui se focalise sur ses expériences vécues, depuis la révolution de février 1848 jusqu'à la Commune (*Souvenirs d'une morte vivante*, édités aux éditions Maspéro en 1976).

ENTRE EXCLUSION ET AFFIRMATION

La ville, le quartier et l'usine, socles de nouvelles identités culturelles

Le nouveau cycle d'industrialisation, qui s'affirme en Europe à partir des années 1880, transforme le travail, accélère la concentration des ouvriers dans les grandes usines et dans les villes, et modifie aussi la donne du point de vue des identités et des pratiques culturelles. Cette transformation est toutefois très progressive. Les usines sidérurgiques de Longwy en Lorraine, celles des nouvelles entreprises automobiles, comme Renault à Boulogne-Billancourt, continuent d'abriter des cultures d'atelier spécifiques. Les cultures de métier perdurent, celles du forgeron, du chaudronnier dans la métallurgie, du typographe dans l'imprimerie, etc. [Rebérioux, 1993 a].

Reste que les usines offrent malgré tout un autre cadre, où se structurent les collectifs et où se créent de nouvelles sociabilités. Dans les usines de construction navale d'Ansaldo, en Italie, les ouvriers affichent leur identité professionnelle, qui s'exprime dans les gestes quotidiens du travail, comme dans les fêtes ou les cérémonies, par exemple pour le lancement d'un nouveau bateau [Dewerpe, 2017]. Il s'agit aussi, pour beaucoup des nouveaux ouvriers, de s'approprier l'espace usinier, contre les logiques de contrôle et de domination patronale : garder un minimum de maîtrise du temps, contre la rationalisation et le chronométrage, se réunir et discuter contre l'individualisation qu'entraînent le travail et les machines, garder des espaces de liberté. On le voit avec la pratique répandue de la perruque*, c'est-à-dire l'utilisation des outils et des matériaux de l'usine (bois, métal), pour bricoler et fabriquer des objets pour le foyer ou les besoins propres des ouvriers. Les temps et les pratiques d'alimentation sur le lieu de travail, la gamelle, le "briquet" chez les mineurs français, sont d'autres occasions pour récupérer un peu d'autonomie [Bouchet *et alii*, 2016]. La vie dans les usines alimente enfin tout une série d'images, d'écrits, etc. Les ouvriers du textile à Roubaix, dans le Nord [Marty, 1996], créent des chansons, mixte d'invention et de reprise des chants traditionnels, en français ou en patois picard, où ils évoquent les conditions de travail, les rapports hommes/femmes, les valeurs ouvrières. Ces chansons peuvent prendre aussi un sens militant : elles évoquent les grèves, le 1er mai, le drapeau rouge et les grands combats ouvriers. La pratique de la chanson populaire, tour à tour quotidienne, sentimentale, militante, reprise à l'extérieur dans les rues, les cafés, contribue ainsi à dessiner des cultures ouvrières adossées au travail, mais qui affirment en même temps une volonté d'autonomie, par rapport à la contrainte et au contrôle qui s'y exerce.

Ces cultures ouvrières se consolident et se concrétisent aussi hors du travail. La dynamique d'urbanisation se conjugue à celle de l'industrialisation [Magri et Topalov, 1989 ; Lequin, 1982] pour créer à l'échelle de villages, de villes, au moins de certains quartiers, des concentrations de travailleurs qui partagent les mêmes expériences de travail, une même vie quotidienne, ce qui alimente la conscience d'une identité collective, tout à la fois professionnelle, culturelle et territoriale. Cette structuration a été beaucoup analysée par l'historiographie, dans le cadre de certains quartiers ou territoires [Burdy, 1989 ; Hastings, 1991] ou de certaines professions ; c'est le cas par exemple pour les cultures des communautés minières en Grande-Bretagne [Strangleman, 2018] ou encore dans la Ruhr [Goch, 1990].

Si ces identités et ces communautés ouvrières se renouvellent en profondeur dans le dernier tiers du XIXe siècle, elles ne rompent pas pour autant avec les traditions culturelles antérieures, ni même forcément avec leurs racines rurales. Les mineurs en France vivent certes dans de nouvelles cités, bâties par le patronat à proximité des puits. Cependant ces cités, bâties souvent à l'écart des agglomérations, restent en partie immergées dans les campagnes [Trempé, 1971]. Il s'y développe des modes de vie marqués par de nouvelles pratiques et de nouveaux lieux de sociabilité, où cafés et cabarets jouent encore une fois les premiers rôles [Vulic, 1988]. Mais les fêtes et les jeux empruntent aux héritages anciens (dans le Nord par exemple, les carnavals, jeux de quille, ducasses), et la vie quotidienne demeure mêlée d'influences paysannes : élevage d'animaux domestiques (lapins, pigeons), participation aux travaux des champs l'été, pratique des jardins ouvriers, encouragée par le patronat, qui y voit un moyen d'occuper les travailleurs et de favoriser des formes d'autoconsommation susceptibles de freiner les revendications salariales.

Une telle imbrication n'est pas forcément propre aux mineurs, et en général aux concentrations ouvrières les plus éloignées des grands centres urbains. Elle s'aperçoit même dans les "barrières*", les quartiers ouvriers qui enserrent la métropole de Turin [Jalla, 1982]. Dans les quartiers du Lingotto ou de Borgo San Paolo, les maisons et les usines s'installent d'abord au milieu des prés et des champs, et permettent la conservation de certaines habitudes campagnardes comme la culture des potagers et certaines formes de fête. Reste que, peu à peu, c'est bien une nouvelle vie collective qui se met en place, adossée aux solidarités de travail (usines métallurgiques, automobiles), aux relations de voisinage, et à une intense sociabilité. Chacune des "barrières" turinoises abrite de très nombreuses associations : sociétés de secours mutuel, groupes de théâtre amateurs, groupes paroissiaux, associations sportives à partir du début du XXe siècle (boules, cyclisme, football de plus). Ces associations font du quartier autre chose que le seul espace de la famille, du voisinage et des compagnonnages de travail, et contribuent à faire des "barrières" des lieux porteurs d'une identité façonnée par le partage de références territoriales, sociales et culturelles.

Ces quartiers, et bientôt ces banlieues, aliment donc la cohésion des groupes ouvriers, en même temps qu'ils sont le signe de leur exclusion, nourrissant tout une série de représentations dépréciatives de la part d'élites, qui oscillent à leur propos entre la condescendance pour la misère des vies ouvrières, et l'effroi devant des comportements présentés comme anarchiques (mœurs, alcoolisme, délinquance) ou subversifs pour l'ordre social [VIGNA, 2016]. Il importe cependant de ne pas essentialiser ces quartiers et ces identités, ni de surestimer leur fermeture. Un témoignage comme celui du sociologue britannique Richard Hoggart, évoquant son enfance dans la ville de Leeds, dans le Nord de l'Angleterre, est démonstratif sur ce point [HOGGART, 1991]. R. Hoggart évoque certes une vie largement repliée sur le quartier, et sur les normes sociales et culturelles du groupe ouvrier. Il montre en même temps que ces quartiers n'ont eux-mêmes rien d'homogènes. Ils se scindent en fonction des origines migratoires (les rues des Irlandais) ou des hiérarchies internes au groupe, celles qui séparent par exemple les familles "respectables", qui cherchent à se rapprocher des pratiques de la "*middle class*", des familles les plus déshéritées et marginalisées. Les quartiers ouvriers ne sont pas non plus des espaces totalement clos. Les jeunes, comme les adultes fréquentent aussi les villes-centres et participent aux formes nouvelles de la culture urbaine : flâneries dans la ville, fréquentation des premiers grands magasins, ensuite des cinémas, visites des grandes expositions universelles qui se tiennent à Londres, à Paris, à Vienne ou encore à Turin pour célébrer la modernisation technique et industrielle [REBÉRIOUX, 1983 ; PELLEGRINO, 2017].

Une culture pour la classe ouvrière ?

Les pratiques culturelles et ludiques des ouvriers, par lesquelles s'expriment leur identité et leur singularité dans la société globale, suscitent débats et d'interrogation. Nombre d'institutions et d'organisations cherchent à les encadrer, afin de garder le contrôle sur les travailleurs. Les politiques paternalistes, celles des Krupp à Essen, celles des grandes entreprises sidérurgiques de la Ruhr ou du Creusot [BRETIN-MAFFIULETTI, 2009], des compagnies minières, cherchent à enserrer la vie hors du travail, à fournir aux ouvriers des lieux alternatifs aux cafés, avec des cercles de gymnastique, des fanfares et des chorales, etc. Les Églises, l'Église catholique en France, en Allemagne et en Italie, les différentes Églises protestantes s'efforcent, elles aussi, en collaboration avec le patronat ou de manière autonome, de marquer de leur empreinte les sociabilités et les identités ouvrières [VAN VOSS *et alii*, 2005], afin de contrecarrer les influences jugées dissolvantes de la modernité culturelle et vie urbaine, et de freiner le détachement d'une partie au moins des ouvriers à l'égard des religions instituées [PIERRARD, 1984 ; MAC LEOD, 1996].

La question culturelle est également un enjeu majeur pour le mouvement ouvrier. Au-delà de la diversité des groupes et des pratiques, il s'agit de savoir si la culture peut nourrir le militantisme [REBÉRIOUX, 1975], la politisation des travailleurs et en général contribuer à construire l'unité de la classe ouvrière. Peut-il exister en somme une culture ouvrière, alternative aux cultures dominantes, forgées par les élites ? Au tournant du XIXe et du XXe siècle, c'est sans doute la social-démocratie allemande qui fournit la réponse la plus aboutie à cette question [HERBET, 2011 ; HAKE, 2017]. Elle use de toutes les armes culturelles – images et cartes postales, chansons, écrits – pour fournir et diffuser des références communes à l'ensemble du prolétariat, nourrir la conscience de classe et la fierté d'être ouvrier : la vision idéalisée, et très masculine, du prolétaire bâtisseur de l'avenir, la célébration des figures iconiques (Ferdinand Lassalle, Karl Marx), le partage de souvenirs et de moments historiques (la révolte des tisserands de Silésie en 1844), qui ancrent le prolétariat dans une longue histoire de luttes sociales. La social-démocratie déploie aussi un réseau extrêmement dense d'associations d'éducation populaire (*Arbeiterverbildungsvereine*). Celles-ci se déploient dès les années 1870. Elles sont actives même au temps des lois antisocialistes de Bismarck, et servent d'abri pour la continuation de l'activité militante, une chorale pouvant par exemple cacher la direction régionale du parti, comme c'est le cas au Schleswig-Holstein pour la *Liedertafel* de Neumünster. Elles se déploient de manière encore plus dynamique après la levée des lois antisocialistes, couvrant à peu près tous les secteurs culturels : cours variés dans les écoles du soir, clubs de sport (gymnastique, cyclisme), clubs de lecture, associations théâtrales, chorales. Le parti multiplie par ailleurs pour les adhérents ouvriers et leur famille les excursions, les fêtes et les banquets accompagnés de discours. Il dispose de ces propres supports (maisons d'édition, journaux) et est en mesure de lancer des initiatives culturelles d'ampleur comme les Théâtres populaires libres *(Freie Volksbühne)* qui, rien qu'à Berlin, regroupent des milliers de membres. Dans la contre-société ouvrière qu'entreprend de bâtir la social-démocratie, au sein de l'Allemagne impériale, l'activité éducative et culturelle est donc fondamentale.

Cela n'empêche pas les controverses sur ce que doivent être le contenu et les références de la culture ouvrière. Celle-ci doit-elle reprendre et s'approprier les héritages anciens, les grandes œuvres littéraires, la tradition humaniste ; doit-elle diffuser et démocratiser en d'autres termes la culture des élites ? Faut-il au contraire qu'elle balaie ces héritages anciens, qu'elle invente son propre style (le réalisme), ses propres canons esthétiques (la littérature, le théâtre prolétarien) qui incarnent les valeurs et les expériences des travailleurs ? Ces interrogations sont d'autant plus présentes que les expériences des travailleurs en la matière sont ambiguës, et le restent tout au long de la période [Mac Kibbin, 1998]. Leur exclusion sociale et culturelle est indéniable, et les formes de culture qui s'inventent dans les cafés, dans les quartiers, attestent bel et bien d'une particularité et d'un éloignement à l'égard des normes de la culture dominante. Les forces d'intégration culturelle en même temps s'imposent, par le biais de la presse à grand tirage ou de l'école. L'instruction primaire obligatoire se diffuse alors dans la majeure partie des pays européens : en 1881-1882 en France (lois Jules Ferry), à partir de 1870 en Grande-Bretagne (*Education Act*), de 1877 en Italie, de 1857 en Espagne, généralisation en Allemagne, en Belgique… Si les travailleurs de l'industrie restent alors en grande partie exclus de l'enseignement secondaire, réservé à la bourgeoisie, ils n'en acquièrent pas moins par l'école une forme de culture nationale et des références communes avec l'ensemble de la population.

De là les hésitations et les difficultés dans la définition de la culture ouvrière, qui se retrouvent par exemple très bien dans le cas français. La majeure partie des élites du mouvement ouvrier reste, à l'instar d'un Jean Jaurès, pénétrée des normes et des valeurs de la culture nationale dominante, mixte des traditions humanistes, classiques, et de la culture républicaine qui s'est imposée dans le dernier tiers du XIXe siècle [Rebérioux, 2017]. C'est cette culture qu'ils veulent que d'abord les travailleurs s'approprient, ainsi dans le cadre des Universités populaires (UP) [Mercier, 1986]. Ces associations éducatives, animées par des intellectuels socialistes ou progressistes, se diffusent dans le sillage de l'Affaire Dreyfus, par exemple avec la célèbre Coopération des idées, installée Faubourg Saint-Antoine à Paris en 1899. Elles visent, par le biais de conférences, d'activités multiples, à ce que les ouvriers accèdent à "la" culture (l'histoire, la littérature). Les résultats de ces initiatives sont en réalité assez mêlés et ne touchent de toute façon qu'une minorité d'ouvriers. Mais, par le biais des conférences "sérieuses" ou plus souvent des activités de loisirs qu'elles organisent (jeux, séjours de vacances), les UP permettent indéniablement à une partie au moins des travailleurs d'accéder à d'autres expériences et à d'autres univers culturels [GRANGER, 2017]. Tous les militants pourtant ne partagent pas cette approche de la culture ouvrière. Dans les rangs des syndicalistes révolutionnaires et de la CGT, on défend au contraire l'idée d'une "culture prolétarienne", d'une culture ouvrière autonome, distincte et affrontée avec la culture républicaine nationale, ancrée dans les valeurs propres du groupe ouvrier, par exemple les expériences concrètes du travail. Certains militants défendent ainsi le concept "d'école des producteurs", c'est-à-dire l'ouverture de l'école à l'histoire des travailleurs, à la culture des métiers, etc. [MOLE, 2010]

TRAVAIL, CULTURE ET TEMPS LIBRE : LES NOUVEAUX ENJEUX DU XXe SIÈCLE

Culture ouvrière et culture de masse

La ou les cultures ouvrières ne fonctionnent cependant pas comme des entités isolées, et leur évolution dépend aussi du contexte culturel général. À partir du dernier tiers du XIXe siècle et surtout du XXe siècle, celui-ci est marqué par l'expansion de la culture de masse, c'est-à-dire d'une culture tournée vers les masses, valorisant l'image et le spectacle, et intégrée dans les circuits de l'économie capitaliste [KALIFA, 2001]. En parallèle avec l'industrialisation du travail, s'affirme donc l'industrialisation de la culture, et la naissance de nouveaux produits et de nouvelles activités : la presse à grand tirage qui met en scène le sport et les faits-divers, le roman-feuilleton, les cafés-concerts, le music-hall, les cartes postales et la photographie, la musique de variété, le sport, bientôt le cinéma et la radio.

Les travailleurs, notamment ceux des villes et des métropoles, en même temps qu'ils commencent à accéder à la consommation [CHESSEL, 2012 ; DAUMAS, 2018], s'approprient et participent à cette culture de masse. Le cas est patent dans l'entre-deux-guerres avec le cinéma. Il y a près de 4300 salles de cinéma en Grande-Bretagne dans les années 1930, qui comptent près de 963 millions d'entrées par an [BEAVEN, 2005]. Parmi les spectateurs, beaucoup d'ouvriers et de travailleurs qui viennent seuls ou en couples, et se passionnent pour les premiers films d'Hollywood, la culture étatsunienne et les premières vedettes de cinéma (Chaplin, Vivien Leigh, Laurence Olivier, etc.). De la même manière, François Cavanna, fils d'ouvrier immigré italien raconte, dans ses souvenirs d'enfance à Nogent-sur-Marne (*Les Ritals*, 1978), à quel point les séances de cinéma du jeudi sont pour les enfants d'ouvriers un rendez-vous hebdomadaire: on se bagarre, on siffle dans les salles, en même temps qu'on suit avec passion les aventures ou les amours qui passent sur les écrans. Les cultures ouvrières se nourrissent donc des mass-médias, en même temps qu'elles fournissent à ces derniers des récits et des figures. À la fin des années 1930, à Londres, la comédie musicale à succès *Me and my girl* met ainsi en scène les personnages et les traits de la culture "cockney" (celle des quartiers ouvriers de l'East End de Londres) : la chanson et la danse qui incarne en particulier cette culture, la Lambeth Walk devient un véritable phénomène de société et bat des records de vente avec plus de 350 000 exemplaires du disque écoulés en Grande-Bretagne [MAK, 2017].

La diffusion de la culture de masse n'implique pas en général l'effacement des identités et des différences culturelles, que ce soit celles qui séparent les mondes ouvriers des autres, ou celles qui traversent les mondes ouvriers eux-mêmes – différences hommes/femmes, locaux/migrants, etc. – mais elle les transforme et les fait rejouer différemment [GUTTSMAN, 1990; BOURKE, 1994; MAC KIBBIN, 1998]. Le football offre une illustration exemplaire de ce phénomène. Ce dernier se popularise et s'ouvriérise à la fin du XIXe siècle en Grande-Bretagne, dans les années 1910-1920 en Europe continentale. Les clubs de football deviennent alors partie intégrante de la vie ouvrière, au moins masculine [HOLT, 1994]. Les équipes incarnent les identités territoriales des quartiers et des villes ouvrières, celles de la "banlieue rouge" en France par exemple [SOREZ, 2013], ou encore les identités ethniques et migratoires (les migrants polonais, italiens, fondent leurs propres équipes en France ou en Allemagne). Elles se lovent dans les formes de la sociabilité ouvrière; beaucoup ont ainsi leur siège dans les cafés ou les *pubs*. Elles manifestent la cohésion du groupe autour de l'équipe et de ses valeurs. Cela ne vaut pas seulement pour la pratique et les clubs amateurs. Le football dans l'entre-deux-guerres devient spectacle. Un certain nombre de clubs, souvent encouragés ou financés par le patronat local, deviennent alors les porte-drapeaux de certaines identités ou de certaines villes ouvrières [GEHRMANN, 1989; DIETSCHY et MOURAT, 2006; FONTAINE, 2010]. On peut citer par exemple West Ham

United (dans la banlieue de Londres), Schalke 04 et le Borussia Dortmund (dans la Ruhr), la Juventus de Turin (financée par la famille Agnelli, propriétaire des usines Fiat), le FC Sochaux (Peugeot) ou encore le Racing Club de Lens, développé par une compagnie minière. Pour les patrons qui les financent, ces clubs doivent contribuer à discipliner les ouvriers-spectateurs, à les détourner de la politique et les unir autour de l'image de marque qu'offre l'entreprise [FRIDENSON, 1989]. Ce genre d'entreprise n'a qu'un succès très relatif. Loin d'obéir aux désirs patronaux, les ouvriers-spectateurs se réapproprient leur spectacle, et font de l'identité sportive incarnée par l'équipe un élément dans la définition d'une fierté et d'une identité ouvrières plus larges. Les stades de football du nord de l'Angleterre paraissent ainsi manifester "*the Labour at Prayer*", un "Nous" ouvrier dont la signification est tout à la fois sociale, culturelle et politique.

Ces relations entre culture ouvrière et culture de masse, aussi riches soient-elles, n'en suscitent pas moins méfiance et critique de la part des élites. Dès la fin du XIXe siècle et dans une rengaine récurrente par la suite, celles-ci s'inquiètent de ces poisons "pires que l'alcool" - romans-feuilletons, danses, cinémas – qui corrompraient surtout les femmes et les jeunes travailleurs [THIESSE dans CORBIN, 1995]. Toute l'époque est marquée par l'obsession des "mauvais loisirs", qui dégraderaient l'esprit des travailleurs, et par la recherche au contraire de loisirs "sains" et d'une "bonne" culture, susceptible de moraliser, d'éduquer, d'élever ces travailleurs [KALIFA, 2001]. Cette obsession ne se retrouve pas seulement du côté des forces conservatrices, celles du patronat ou d'une partie du monde religieux. Elle est aussi très sensible, quoiqu'avec d'autres attendus, au sein de la gauche et des représentants du mouvement ouvrier. Ceux-ci craignent en effet que les sirènes d'une culture urbaine et mercantile ne dénaturent la culture ouvrière et éloignent en général les ouvriers de la lutte des classes. Georges Darien (*La Belle France*, 1910) avertit le prolétaire qu'il s'apercevra bientôt que "les calembours du vaudeville, les flonflons du café-concert, l'assourdissante chaudronnerie des musiques militaires, le rire gras de la presse à scandale et les hoquets hystériques de la littérature patentée sont les éléments nécessaires de l'épouvantable cacophonie qui doit étouffer ses gémissements, ses plaintes et ses cris de révolte."

Toutes les forces ouvrières ne témoignent cependant pas d'un refus aussi absolu. Si l'écrasante majorité d'entre elles convergent pour s'inquiéter des effets de la culture de masse en termes d'aliénation et de dépolitisation des travailleurs, certaines essaient aussi de reprendre à leur compte les supports et les objets de la culture de masse, pour leur donner un sens politique et les faire participer à la construction culturelle de la classe ouvrière. Les jeunes partis communistes de l'entre-deux-guerres sont particulièrement en pointe en la matière. En France, les municipalités communistes de la "banlieue rouge", à Ivry, Gennevilliers, Colombe, développent les chorales et les associations théâtrales, mais aussi les ciné-clubs et les clubs de football. Ceux-ci sont affiliés à une fédération sportive spécifiquement ouvrière (Fédération sportive du travail, puis Fédération sportive et gymnique du travail). Cette dernière entend porter la bannière d'un "sport rouge", opposé au "sport bourgeois", et qui unit les prolétaires en lutte, y compris sur les terrains de jeu [ARNAUD, 1994]. Une même volonté de s'emparer des outils de la culture de masse se retrouvent chez les communistes allemands [HAKE, 2017]. Ceux-ci usent de la photographie, des arts graphiques ou encore du cinéma, ainsi avec le film de propagande *Kuhle Wampe oder: Wem gehört die Welt? (Les ventres glacés, 1932),* co-écrit et supervisé par Bertold Brecht, et qui symbolise à la fois les difficultés du prolétariat et la vision d'espoir incarnée par le communisme.

Organiser les loisirs des travailleurs : un enjeu politique

Dans le même temps, l'organisation de la vie culturelle et en général du temps libre des travailleurs devient une préoccupation pour les pouvoirs publics. L'heure est à l'intensification et à la rationalisation du travail dans les usines. Les plages de temps libre continuent toutefois de s'élargir, à l'échelle de la journée ou de la semaine de travail, mais aussi sur l'année : la pratique des congés payés, réservés jusque-là aux employés et aux fonctionnaires, tend à se généraliser pour l'ensemble des salariés durant l'entre-deux-guerres, par le biais des conventions collectives ou par la loi, comme en Autriche en 1919, en Italie en 1925 ou en France en 1936. [RICHEZ et STRAUSS, dans CORBIN, 1995]. La question du rôle et du statut du temps libre est, dans ces conditions, plus que jamais posée. Doit-il uniquement servir au repos et à compenser un temps du travail toujours plus pesant et contraignant ? Peut-il être voué à d'autres usages, comme l'encadrement et l'éducation des travailleurs ? Comment faire en sorte de diffuser auprès d'eux la pratique des "loisirs sains" et de les éloigner des divertissements, jugés "corrupteurs" et "malsains" de la culture de masse ?

Cet intérêt pour les loisirs des travailleurs se manifeste aussi bien à l'échelle nationale dans de multiples ouvrages (par exemple celui de François Bloch-Lainé, *L'emploi des loisirs ouvriers et l'éducation populaire* en 1936) qu'à l'échelle internationale. Dès sa création, le Bureau international du travail (BIT), sous la houlette de son directeur Albert Thomas, se donne comme tâche l'organisation des loisirs des travailleurs : "Tous les peuples, toutes les classes sociales ont intérêt, l'intérêt le plus grand, à ce que le travailleur éprouve, dans la plus large mesure du possible, la satisfaction de vivre. Il faut qu'il ait sa part de jouissance. Il prendra les jouissances triviales si rien n'est fait pour situer dans son ambiance, à sa portée, des jouissances plus dignes. Il faut donc en trouver qui soient en harmonie avec ses aptitudes." [cité par THIESSE, dans CORBIN, 1995]. Le BIT lance effectivement de grandes enquêtes sur la question. Des réunions et des congrès se tiennent à Liège en 1930, à Los Angeles en 1931, à Genève en 1934, à Bruxelles en 1935, à Berlin en 1936. Ils réunissent des organisations nationales ou internationales émanant des Églises, des partis, des syndicats ou des États afin de donner aux masses les moyens d'utiliser "sainement" leurs loisirs.

Les régimes totalitaires, ceux du fascisme et du nazisme, font preuve à ce jeu d'une véritable avance. Le contrôle des loisirs et du temps libre des travailleurs est pour eux un moyen de contrôler davantage la vie sociale et d'enrégimenter les masses. Aux yeux de promoteurs de l'organisation de loisirs nazie, *Kraft durch Freude*, il s'agit donc d'occuper les esprits et les corps des travailleurs. L'enjeu est simultanément de les attacher au régime, en leur offrant l'accès à des activités réservées jusque-là aux élites : voile, polo, chasse, vacances à la mer ou dans les stations des Alpes [RICHEZ ET STRAUSS, dans CORBIN, 1995]. En Italie, le fascisme manifeste une ambition similaire avec la création de *Opera Nazionale Dopolavoro* [D'ALMEIDA ET ATTAL, 1998]. Il regroupe en 1939 4,6 millions d'adhérents, dont une bonne partie de sections créées directement dans les entreprises. Le *Dopolavoro* finance maisons de la culture, piscines, manifestations culturelles, et organise des séjours de vacance, des voyages. Le but n'est pas seulement de contrôler et de garder sous la coupe du parti fasciste les travailleurs. Le *Dopolavaro* est aussi une face complémentaire de la nouvelle organisation du travail que tentent d'imposer les patrons de l'industrie italiens. L'organisation et le développement des loisirs visent aussi à compenser les effets de l'adoption des méthodes de taylorisation au travail, tout en permettant aux ouvriers d'entretenir leurs forces afin qu'ils soient plus productifs et plus efficaces au travail.

Les régimes démocratiques sont, eux, nettement moins interventionnistes et laissent les associations et les structures laïques, confessionnelles ou militantes prendre en charge les loisirs ouvriers. Le Front Populaire (1936) en France constitue cependant à cet égard une relative exception [FONTAINE, 2004]. La politique suivie par le gouvernement de

Léon Blum vise à traiter à nouveaux frais et simultanément le travail, dont les conditions doivent être régulées et encadrées par les conventions collectives, et le temps libre, conçu comme le temps de reconstitution indispensable après le travail, mais aussi comme un temps fécond en lui-même, permettant l'épanouissement de toutes les facultés humaines. Le gouvernement du Front Populaire ne se contente donc pas d'élargir le temps libre, via l'instauration de la semaine de 40 heures et des congés payés ; il souhaite aussi que les ouvriers et les ouvrières, dont la vie est encore largement dominée par le travail, découvrent les loisirs et aient les moyens effectifs d'en profiter. C'est tout le sens du secrétariat d'État à l'Organisation des sports et des loisirs, confié à Léo Lagrange. Conspué par les plus conservateurs comme le "ministère de la Paresse", le projet de Léo Lagrange manifeste plusieurs ambitions. "Nous voulons que l'ouvrier, le paysan, le chômeur, trouvent dans le loisir la joie de vivre le sens de leur dignité", proclame-t-il en juin 1936. Il s'agit en même temps de promouvoir une organisation démocratique des loisirs, contre "le loisir au pas cadencé" des régimes totalitaires. La politique suivie s'adosse essentiellement dans cette perspective à la myriade d'associations tournées vers la culture et l'éducation populaire, émanant du mouvement communiste, du mouvement laïque ou encore de la CGT : Ciné-Liberté, les Auberges de Jeunesse, la FSGT, etc. Plus original encore, Léo Lagrange critique les entreprises par trop moralisatrices, mélange de "pédagogie et de bienfaisance", qui ne préparent qu'une "insipide corvée de joie et de culture. Le souci de la démocratisation des loisirs "sains", et de la "bonne culture" se double ici en d'autres termes d'une prise en compte des aspirations effectives du plus grand nombre et des pratiques de la culture de masse, du vélo au cinéma, de la démocratisation du ski au lancement des premiers aéro-clubs populaires, en passant par les fêtes et les bals. Conjugaison éphémère, mais qui donne par la suite toutes ses couleurs à "l'été 36" dans la mémoire collective. Toute la période signale en général que la culture et le temps libre sont en passe désormais d'être aussi appropriés par les travailleurs, même si cette appropriation continuait de relever de logiques contradictoires, entre intégration et affirmation d'une identité singulière, entre démocratisation et persistance des formes d'exclusion et de subordination.

RÉSISTER, LUTTER ET S'ORGANISER SUR LE TERRAIN ÉCONOMIQUE

Longtemps focalisée sur les organisations (syndicats et partis avant tout) et les débats politiques qui les traversaient, l'histoire du mouvement ouvrier a été profondément renouvelée depuis les années 1970-1980. Les "tournants" historiographiques sont toujours à nuancer, mais le regard porté sur les formes d'action et d'organisation des ouvriers (au sens large, incluant également la main d'œuvre artisanale) s'est indéniablement affranchi de présupposés souvent hérités du mouvement ouvrier lui-même [Van der Linden, Lucassen, 1999]. Dans les dernières décennies, l'attention portée au travail lui-même, aux relations non conflictuelles entre patrons et salariés, à la vie quotidienne hors des structures militantes, à la culture ouvrière, et à la pluralité des identités auxquelles les travailleurs peuvent se référer (genre, race, religion, territoire, nation...) [Fontaine, 2017] n'a cessé de croître. Loin d'une approche essentiellement politique et avant tout orientée par la question de la conscience de classe, les mobilisations ouvrières, quant à elles, sont désormais intégrées dans une réflexion plus globale, articulant les différentes formes d'action et d'organisation à toutes les échelles (de l'individuel à l'inter- ou transnational), et selon toutes les modalités (du compromis pacifique aux insurrections).

Dans cette perspective, la période qui s'étend des années 1830 aux années 1930 offre un champ de réflexion particulièrement riche. Au moment où éclate la révolution de 1830 en France, les ouvriers anglais sont les seuls à constituer une classe organisée, dans une Europe touchée très inégalement par le processus d'industrialisation. Un siècle plus tard, la "révolution industrielle" a transformé le continent. Dans tous les pays, à des degrés divers et selon les régions, les ouvriers apparaissent comme une force capable de s'organiser de manière autonome et de tenir tête au patronat et à l'État, notamment grâce à des structures collectives et pérennes que les régimes dictatoriaux s'empressent de réduire au silence. Entre-temps, un double processus s'affirme.

D'un côté, des doctrines, des pratiques, des références ou encore des formes d'organisation se diffusent à travers l'Europe, constituant autant de liens et de canaux d'échange entre des populations ouvrières mobilisées. De l'autre, la "nationalisation" des sociétés européennes à la fin du XIXe siècle s'impose aux travailleurs et aux militants, désormais pleinement intégrés à un système politique, culturel, économique et social défini dans un cadre national [Wilfert-Portal, 2018]. La "classe ouvrière européenne" n'existe donc jamais en tant que groupe homogène, politiquement uni et dont les intérêts seraient indépendants des situations nationales. Mais il serait également erroné de conclure à une fragmentation absolue des mouvements ouvriers européens. Les apports de l'histoire globale et transnationale permettent de dépasser l'alternative limitée entre unité et diversité, en attirant l'attention sur l'articulation entre les dynamiques contestataires et organisationnelles traversant le monde du travail d'une part, et les trajectoires particulières suivies par les différents mouvements ouvriers nationaux d'autre part. Le rejet de ce que Marcel van der Linden appelle le "nationalisme méthodologique", soit le postulat selon lequel la nation est l'échelle d'analyse la plus pertinente, est au fondement d'une approche globale incluant tous les types de travailleurs, toutes les formes d'action et d'organisation, à toutes les échelles [Van der Linden, 2012].

Quant à l'approche transnationale, elle invite à déplacer le regard vers les dynamiques transcendant les frontières, en s'intéressant avant tout (mais pas uniquement) aux acteurs non étatiques, parfois à des niveaux infranationaux (d'où le concept de relations "translocales" par exemple). Dans cette perspective, les formes d'action et d'organisation ouvrières à l'échelle européenne s'avèrent à la fois très dépendantes des contextes nationaux, mais aussi très articulées les unes aux autres à différents niveaux, sans que ces articulations soient forcément le signe d'une concrétisation du mot d'ordre lancé dans le *Manifeste du parti communiste* de 1848: "Prolétaires de tous les pays, unissez-vous !" Les mobilisations de travailleurs sur le terrain économique (c'est-à-dire hors de la sphère parlementaire) sont constamment traversées par ces dynamiques parfois contradictoires. Afin de saisir les rapports entre les trajectoires particulières des mouvements ouvriers européens et la multiplicité des liens qui se nouent entre eux, il s'avère nécessaire de replacer la grève dans la pluralité des formes d'action individuelles et collectives, le syndicat dans la diversité des formes d'organisation, et l'internationalisme dans la réalité des pratiques et des échanges entre ouvriers et militants.

LES MULTIPLES REGISTRES DE LA CONFLICTUALITÉ OUVRIÈRE

De la résistance individuelle à l'action collective

La centralité de la grève dans l'histoire et l'historiographie du mouvement ouvrier a longtemps occulté d'autres formes de résistance et de protestation moins visibles, notamment à l'échelle individuelle. À cet égard, les travaux de Michel Foucault sur la "discipline" comme "anatomie politique du détail" [FOUCAULT, 1975], ont stimulé de nouvelles approches des phénomènes de subversion et d'opposition. Car si le pouvoir s'exerce à l'échelle micropolitique, alors c'est aussi à ce niveau que les résistances peuvent prendre corps. L'interprétation de ces pratiques informelles s'avère cependant souvent difficile, et leur caractère subversif ou contestataire n'est pas forcément évident. Michel de Certeau a ainsi développé le concept d'"arts de faire" pour mettre en lumière les mille et une manières dont les individus composent au quotidien avec les structures et les contraintes qui s'imposent à eux, y compris sur le lieu de travail. Ainsi, à propos de la "perruque", c'est-à-dire la pratique consistant à détourner des machines et des matériaux de l'entreprise pour son propre compte, il estime qu'il s'agit d'une tactique populaire plongeant ses racines dans un passé lointain et détournant l'"ordre effectif des choses", mais "sans l'illusion qu'il va changer de sitôt." [DE CERTEAU, 1980].

L'ambiguïté de ce type de conduite se retrouve dans les cas étudiés par l'historien allemand Alf Lüdtke, qui s'est intéressé aux "pratiques de *désengagement conflictuel* qui ne relèvent ni de la soumission à la domination ni de la résistance ouverte". À partir du concept d'*Eigensinn* (soit la volonté de "n'en faire qu'à sa tête"), il restitue la pluralité des tentatives ouvrières de "s'approprier le temps et l'espace de l'atelier" dans les usines allemandes entre le début du XXe siècle et les années 1920: chahuts, plaisanteries (barbe passée au cirage, semelles enduites de blanc de chaux...), réduction en douce de la vitesse des machines, pauses individuelles ou conviviales prises à l'abri du regard des surveillants... Pour autant, note-t-il, les ouvriers chahuteurs ou qui "tiraient au flanc" ne "remettaient [...] en cause ni le pouvoir dans l'entreprise ni la hiérarchie qui l'incarnait" [LÜDTKE, 1996]. Les mêmes remarques pourraient être formulées à propos de nombreuses conduites déviantes et informelles, dont l'éventail est très large: à propos des "cultures d'opposition" dans les usines françaises de l'entre-deux-guerres, Xavier Vigna englobe une multitude de pratiques, du chant jusqu'au "macadam" (la simulation d'un accident de travail), en passant par le grappillage (le détournement de "quelques menues marchandises") ou encore le freinage (le fait de travailler plus lentement) [VIGNA, 2012].

Est-ce à dire qu'il s'agit là de déviances sans lien avec les mouvements de contestation plus généraux qui peuvent agiter le monde du travail, voire de simple "soupapes" permettant aux exploités de supporter leur condition ? Ce n'est pas l'avis de l'anthropologue américain James C. Scott, qui a forgé le concept d'"arts de la résistance" pour souligner l'infinie variété des formes d'opposition susceptibles d'être masquées par l'absence de situation ouvertement conflictuelle. D'où la nécessité, derrière les apparences, de déceler le "texte caché" des discours et des attitudes à l'égard des dominants. Les "infrapolitiques", conclut-il, "fournissent le socle culturel et structurel de l'action politique plus visible qui a généralement retenu notre attention" [SCOTT, 2009]. Même si elle fait courir le risque de voir de la subversion partout, cette approche (qui ne se limite pas aux travaux de Scott) invite à analyser les rapports entre ces résistances dissimulées et les mobilisations collectives ouvertes [MATHIEU et PIÉCHU, 2020], et à appréhender de manière globale la "rébellion au travail" [GALLOT et HAMELIN, 2014]. En effet, l'opposition de ces catégories (individuel/collectif, informel/visible...) s'avère parfois peu pertinente, dans la mesure où les niveaux et les modalités d'action peuvent s'entremêler. Le sabotage, par exemple, tel qu'il est théorisé en 1910 par le syndicaliste révolutionnaire Émile Pouget, est une tactique au départ inspirée d'une forme de résistance spontanée et intemporelle (le ralentissement du travail), qui se décline en une multitude d'actes souvent individuels (et dans certains cas clandestins) censés, par leur nombre, faire plier le patronat (comme la dégradation des fours à laquelle appellent certains boulangers parisiens en 1905) [ALBERTELLI, 2016].

De la grève...

La diversité des pratiques au niveau individuel se retrouve à l'échelle collective, y compris pour la grève (qui peut prendre plusieurs formes, de l'arrêt de travail temporaire pacifique lié à des revendications limitées, jusqu'au mouvement de masse révolutionnaire visant le capitalisme [VAN DER VELDEN, 2018]). Même si ce mode d'action s'affirme à partir du milieu du XIXe siècle comme un instrument de lutte de plus en plus incontournable dans les pays ou les régions les plus industrialisés, elle ne fait pas subitement disparaître d'autres types d'action collective hérités du passé, comme les violences émeutières ou les bris de machines

[Jarrige, 2009]. Cependant, selon Charles Tilly, un nouveau répertoire d'action s'impose à l'échelle nationale, dans lequel la grève occupe une place centrale, entre les années 1830 et 1914 (d'abord en Grande-Bretagne, après 1848 en France, et plus tardivement pour les autres pays) [Tilly, 1984]. En Angleterre, la grève est autorisée à partir de 1824 et fait partie des modes d'action qui marquent la période du chartisme entre 1838 et 1848. En France, après les révoltes des canuts lyonnais de 1831 et 1834, la Monarchie de Juillet est secouée par de grandes grèves dans les années 1840 (comme à Lodève en 1845, ou dans les mines d'Anzin l'année suivante). Mais il faut attendre 1864 pour que la grève soit dépénalisée, peu de temps avant que le droit de coalition soit reconnu en Belgique (en 1866) et au sein de la Confédération de l'Allemagne du Nord (en 1869). La dépénalisation de la grève est plus tardive en Italie (en 1889) et en Espagne (en 1909).

Au fur et à mesure que le syndicalisme se structure, l'Europe connaît plusieurs grandes vagues de grèves à partir du milieu du XIXe siècle. Les *trade unions* britanniques prouvent très tôt leur efficacité en la matière. En 1859, à Londres, les ouvriers du bâtiment se mettent en grève pour obtenir la réduction de leur journée de travail de dix à neuf heures. En réaction, le patronat de la capitale procède à un *lock-out*: les entreprises du secteur sont fermées, et la signature d'un document interdisant toute activité syndicale est imposée à ceux qui souhaitent être embauchés. Grâce à des soutiens financiers venus des associations ouvrières de tout le pays, la lutte (qui mobilise jusqu'à 24000 travailleurs) se poursuit durant six mois. En février 1860, les employeurs finissent par renoncer à faire signer aux ouvriers le document censé empêcher toute action collective. Même si les grévistes n'obtiennent pas la journée de travail de neuf heures, leur mobilisation impressionne les contemporains, dans la mesure où ils parviennent à faire respecter leur droit de coalition [Pelling, 1967]. Dans le reste de l'Europe, la grève apparaît également de plus en plus comme une arme puissante face au patronat: les conflits se multiplient (la grève des maçons de Londres de 1859-1860 est un succès). Mais ce n'est qu'à la fin des années 1860 en France (grève des bronziers parisiens de 1867, des mineurs de Saint-Étienne en 1869 et du Creusot en 1870), en Belgique (grève des tisserands de Verviers en 1869), en Allemagne (grève des mineurs de Waldenburg, en Silésie prussienne, en 1869), en Italie du Nord, et en Espagne dans le sillage de la révolution de 1868. Ces conflits, qui mobilisent notamment dans les secteurs nouveaux de la mine et de la métallurgie, portent sur les conditions de travail et de rémunération, mais aussi sur la possibilité, pour les ouvriers, de créer de manière autonome des sociétés de secours ou de crédit mutuel [Delalande, 2019].

À partir des années 1880, les grèves changent de physionomie. Celle des 30000 dockers de Londres de 1889 marque un tournant : désormais, ce mode d'action peut concerner des dizaines de milliers de travailleurs dans des secteurs en pleine expansion, y compris des femmes (comme les allumettières de Londres en 1888). Des mineurs se mettent en grève dans la Ruhr durant l'été 1889 (120000 grévistes) et à Bilbao en mai 1890. En France, où les ouvriers de la grande industrie représentent 35 % des grévistes entre 1895 et 1899, les motifs peuvent être très divers : on trouve, pêle-mêle, des attitudes défensives (refus de nouveaux règlements, de nouvelles machines, du travail aux pièces...), des revendications immédiates (respect du "tarif" par les patrons, augmentation de salaires...) et des demandes plus larges ("contrôle ouvrier", création d'une coopérative, retraite...) [Noiriel, 1986].

Cette conflictualité nouvelle s'accompagne d'une répression parfois sanglante. Rappelons à titre d'exemple la fameuse manifestation pacifique de Fourmies du 1er mai 1891, dans le Nord de la France, qui se solde par la mort de neuf personnes (dont quatre femmes de moins de 20 ans et un enfant) [Tartakowsky, 2014]. À partir des années 1890, l'idée que la grève puisse devenir "générale" et ouvrir des perspectives de transformation sociale profonde se répand et devient un sujet de débats ainsi qu'un facteur de division parmi les militants syndicaux et les socialistes au tournant du siècle. Jusqu'à la guerre, les tentatives de déclencher une grève générale se multiplient à différentes échelles (d'un secteur ou d'une ville à un pays tout entier), avec plus ou moins de succès : en Belgique en 1893 et 1902, en Italie en 1904 et durant la "semaine rouge" en 1914, en France le 1er mai 1906, à Barcelone durant la "semaine tragique" de 1909, ou encore à Liverpool dans le secteur des transports en 1911 (un des conflits les plus importants de la vague de grèves qui touche la Grande-Bretagne durant le *Great Labour Unrest*, de 1911 à 1914).

L'efficacité des mobilisations ouvrières des années 1880 jusqu'à la guerre est difficile à évaluer précisément. Dans sa thèse publiée en 1968, Edgard Andréani estime qu'entre 1864 et 1914, un peu plus de 56 % des grèves en France aboutissent à un succès ou à une transaction, ce qui explique en partie la diffusion du mode d'action lui-même [Perrot, 1968]. Plus généralement, Timothy Mitchell défend l'idée qu'entre les années 1880 et l'entre-deux-guerres, la capacité de ralentir, détourner ou interrompre les flux transitant par les mines, les chemins de fer et le transport maritime, permet aux travailleurs de l'"Occident industrialisé" d'étendre leurs droits politiques et sociaux et d'acquérir "un pouvoir qui aurait semblé impossible avant la fin du XIXe siècle"

[MITCHELL, 2013]. La puissance de l'arme que constitue la grève (associée à d'autres formes d'action) ne doit cependant pas occulter les nombreux échecs ni le décalage parfois immense entre les projets qu'une minorité de révolutionnaires associent à ce mode d'action et la réalité des acquis.

La guerre réduit à néant les espoirs soulevés par le mythe d'une grève générale susceptible d'empêcher la catastrophe de l'entrée en guerre, voire de renverser l'État et le capitalisme. Cependant, l'élan révolutionnaire suscité par le succès des bolcheviques en 1917 réactive l'idée que les ouvriers, par l'intermédiaire de la grève notamment, peuvent être l'élément moteur d'une transformation profonde du pouvoir et de la société. Cette idée a alors déjà une longue histoire, mais la vague révolutionnaire qui balaie l'Europe au sortir de la guerre lui donne une nouvelle dimension.

... à la révolution ?

Lorsque les bolcheviques prennent le pouvoir en Russie, l'épisode révolutionnaire le plus récent en Europe de l'Ouest auquel se réfèrent les contemporains est la Commune. Avant 1871, artisans et ouvriers participent activement aux différentes révolutions qui secouent les États européens, mais ils n'en sont pas les acteurs dominants, qu'il s'agisse de 1830 ou de 1848. Quant à la période séparant ces deux grandes vagues révolutionnaires, une certaine historiographie marxiste y a vu les prémices ou les origines d'un mouvement prolétarien. Mais les canuts qui s'insurgent à Lyon en 1831 et 1834 sont des artisans chefs d'ateliers qui adaptent les doctrines de leur époque à leurs conditions de travail, et non l'incarnation d'une classe ouvrière nouvelle prenant conscience d'elle-même [FROBERT, 2014]. Les ouvriers anglais jouent de leur côté un rôle déterminant dans le chartisme par l'intermédiaire d'une multitude de moyens d'action (rassemblements, pétitions, grèves, journaux...), mais ce mouvement ne se réduit pas à cette dimension sociale [BENSIMON, 2013]. En 1848, les "peuples" qui se soulèvent sont avant tout constitués des classes moyennes, même si de nouvelles revendications sociales émergent [CARON, 2016]. Seules les journées de juin, à Paris, voient les ouvriers (avant tout qualifiés) prendre les armes, sans le soutien de leurs alliés de février, contre le pouvoir républicain en place [DELUERMOZ, 2012]. La Commune se distingue des révolutions antérieures, dans la mesure où elle ne reproduit pas le schéma de l'alliance de classes brisée par une radicalisation populaire. D'où la tentation, sous la plume de Marx notamment, d'y voir une sorte d'embryon d'État prolétarien annonçant la voie à suivre. Pourtant, les communards ne sont pas les représentants d'un nouveau prolétariat industriel : la plupart sont des ouvriers qualifiés travaillant surtout dans de petites entreprises artisanales. Même au sein du Conseil général de la Commune, où on ne compte aucun ouvrier non qualifié, la classe moyenne inférieure et l'élite ouvrière dominent [Tombs, 2014].

Ce n'est que pendant la vague révolutionnaire qui touche l'Europe à la suite de la révolution d'Octobre que le prolétariat se trouve au cœur de conflits d'une ampleur inédite, qui font trembler le continent. Certes, les ouvriers d'industrie s'étaient déjà affirmés comme une force sociale puissante avant la guerre. Mais une fois la paix revenue, ce sont des travailleurs souvent radicalisés qui mènent l'offensive, dans un contexte où tous les espoirs semblent permis. Si les grèves s'effacent derrière la mobilisation nationale au début de la guerre, elles reprennent à partir de 1916-1917 pour culminer en 1919-1920, avec des prolongements jusqu'au milieu des années 1920 dans certains pays. En Grande-Bretagne, on compte 730 grèves en 1917, 1300 en 1919 [Bensimon, 2013]. En France, le nombre de grévistes passe de 436000 en 1917 à plus d'1,2 million en 1919 [Vigna, 2012]. Les métallurgistes (en mai-juin 1919) et les cheminots (en 1920) mènent l'offensive. La situation est différente en Espagne, où, après l'échec de la grève générale de 1917, la mobilisation ouvrière que connaît la Catalogne en 1919 coïncide avec l'agitation insurrectionnelle qui traverse les campagnes andalouses [Vilar, 1997]. L'intensité de la vague révolutionnaire est encore plus nette en Italie, au cours du *biennio rosso* de 1919-1920, durant lequel grèves industrielles et agricoles ébranlent le pays. Émeutes, pillages, formation de "soviets" locaux, occupations d'usines et mise en place de "conseils de fabrique" touchent particulièrement le Nord du pays. Les grévistes se comptent alors par centaines de milliers : suite au *lock-out* des usines automobiles Alfa-Roméo en août 1920, la Fédération Italienne des Ouvriers de la Métallurgie [FIOM] fait occuper les usines et déclenche un mouvement de grève mobilisant 500000 ouvriers, la production étant maintenue par les comités d'usine [Guichonnet, 1997]. L'Allemagne, quant à elle, entre dans une période révolutionnaire à partir de l'effondrement de l'Empire en novembre 1918, suivi d'une répression sanglante des mouvements insurrectionnels à Berlin et en Bavière en 1919.

À partir du cas français, Tyler Stovall montre que la question du caractère révolutionnaire de l'ensemble de ces conflits ne peut pas être réduite à celle du résultat institutionnel final : même si l'ordre établi n'est pas renversé en France, les grèves mobilisent des ouvriers concevant leur action comme révolutionnaire, soutiennent des revendications dépassant le cadre du travail et touchant jusqu'à la vie quotidienne, et s'inscrivent dans le contexte plus général d'un "monde en ébullition" [STOVALL, 2012]. Quoi qu'il en soit, les travailleurs parviennent à obtenir des augmentations de salaires et des améliorations de leurs conditions de travail en Grande-Bretagne, en France et en Italie. Mais les revendications les plus avancées n'aboutissent pas (comme la nationalisation des houillères et des chemins de fer en Grande-Bretagne par exemple) [WRIGLEY, 2017], tout comme les tentatives d'imposer un véritable "contrôle ouvrier" dans les usines.

Le reflux de la vague révolutionnaire de 1919-1920 marque une rupture, en ruinant les espoirs de voir la révolution se diffuser au cœur du capitalisme européen. Cette histoire est intimement liée à celle des syndicats, dont la raison d'être réside en grande partie dans la capacité à organiser des grèves [VAN DER LINDEN, 2018]. Son caractère souvent dramatique et spectaculaire, largement médiatisé à l'époque, a laissé dans l'ombre d'autres types de phénomènes, plus discrets mais tout aussi importants dans l'histoire ouvrière.

ROMPRE L'ISOLEMENT DU TRAVAILLEUR : MUTUELLES, COOPÉRATIVES ET SYNDICATS

L'antériorité de la mutualité et de la coopération

Alors que les coalitions ouvrières restent interdites jusqu'à une date tardive (sauf en Angleterre, où les *Combination Acts* sont abolis dès 1824), des associations de toutes sortes fleurissent un peu partout en Europe. Elles sont tolérées ou reconnues légalement à condition que leur activité se limite (sinon dans les faits, du moins officiellement) à une entraide ouvrière pour se protéger des risques de la vie, se fournir mutuellement des services, consommer, ou encore produire. Les sociétés de secours mutuels se développent dans toute la Grande-Bretagne sous la forme notamment des *friendly societies* à partir du milieu des années 1830. *L'Independent Order of Oddfellows Manchester Unity*, par exemple, compte 220 000 membres et 3500 loges dès 1842 [NEAVE, 1995]. En France, on compte 250 000 mutualistes en 1848 [DREYFUS, 2017]. Dans tous les pays, le phénomène devient de plus en plus massif au cours de la seconde moitié du XIXe siècle.

Effectifs des sociétés de secours mutuels avant la Première Guerre mondiale

	Effectifs des sociétés de secours mutuels
Grande-Bretagne (*friendly societies* déclarées)	6,6 M *(1910)*
France	3,5 M *(1914)*
Italie	≈ 1 M *(début du XXᵉ siècle)*
Belgique (mutuelles reconnues légalement)	450 000 *(1900)*
Espagne	351 629 *(1904)*
Prusse (caisses de maladie destinées aux ouvriers de l'industrie)	360 000 *(1870)*

Source : [DREYFUS, 2017 ; CASTILLO, 1995]

L'essentiel de l'activité de ces sociétés concerne l'assistance en cas de maladie et d'incapacité de travail, mais leur domaine d'intervention peut s'étendre aux décès, au chômage, à la retraite, aux veuves, aux orphelins, aux frais médicaux…

Parallèlement, le mouvement coopératif se développe de manière très différente selon les pays, en s'affirmant de manière plus ou moins importante dans chacune de ses dimensions : consommation, production, achat, crédit, habitation… D'abord influencé par les idées du patron philanthrope Robert Owen, le coopérativisme britannique commence à se concrétiser à Rochdale, près de Manchester, en 1844. Vingt-huit ouvriers (la plupart tisserands) fondent alors la société des Équitables pionniers, une coopérative de consommation qui connaît un grand succès dans la seconde moitié du XIXᵉ siècle (4700 membres en 1869), et qui devient un modèle en Grande-Bretagne et au-delà [TOUCAS, 2005]. Les coopératives de consommation dominent également en France au fur et à mesure qu'elles se développent au cours du XIXᵉ siècle (une dizaine de milliers de membres en 1870, près de 900 000 rien que dans la Fédération Nationale des Coopératives de Consommation [FNCC] créée en 1912, alors que les coopératives de production regroupent moins de 20 000 ouvriers en 1914)

[DREYFUS, 2017]. En Belgique, le mouvement coopératif se structure aussi autour de la consommation, avant d'être étroitement lié au Parti Ouvrier Belge [POB] dès sa création, en 1885 [REBÉRIOUX, 1997]. Le *Vooruit* ("En avant"), coopérative fondée à Gand en 1880, fait des émules dans tout le pays, qui voit se multiplier les "maisons du peuple" au tournant du siècle (celle de Bruxelles est fondée en 1899) [PUISSANT, 1991]. La situation est différente en Allemagne, où la coopération de crédit représente l'essentiel du mouvement suite à l'impulsion donnée par deux philanthropes, Hermann Schulze-Delitzsch et Friedrich Raiffeisen, à partir des années 1840 [TOUCAS, 2005]. Le système de crédit populaire élaboré par Schulze-Delitzsch (à destination des petits artisans) regroupe 978 000 sociétaires en 1914, et se diffuse également en Italie [GUESLIN, 1987], où le secteur coopératif (toutes tendances confondues) réunit plus de 740 000 adhérents en 1910 [GUICHONNET, 1997].

Jusqu'à la fin du XIXe siècle, la distinction entre mutuelles et coopératives n'est pas forcément claire [DREYFUS, 2017]. L'imbrication entre les différentes activités s'étend parfois à des actions revendicatives qui font du mutualisme et du coopérativisme des étapes essentielles dans le développement du syndicalisme avant même que ce dernier soit autorisé légalement. Cependant, l'histoire des mutualistes et des coopérateurs a son importance et ses logiques propres, et ne se réduit pas à ses liens avec le syndicalisme ou la social-démocratie. Ces liens sont par ailleurs très variables en fonction des pays, de l'association la plus étroite (en Belgique) à la séparation la plus nette (en France, particulièrement après la loi de 1852 instaurant des mutuelles "approuvées" par l'État), sans oublier l'importance du courant libéral et chrétien.

Mutualité et coopération sont désormais étudiées pour elles-mêmes, et replacées dans une histoire affranchie de toute perspective téléologique donnant par défaut la priorité aux syndicats et aux partis. Pour autant, le syndicalisme joue un rôle particulier et central dans le développement du mouvement ouvrier, tant à l'échelle nationale qu'européenne.

Hors de France : l'organisation à l'échelle nationale d'un syndicalisme majoritairement réformiste

Hormis en Grande-Bretagne, le syndicalisme européen ne prend véritablement forme que dans la seconde moitié, voire à la fin du XIXe siècle. Différents modèles émergent, à l'intérieur desquels les organisations majoritaires (sauf en France) s'orientent vers un réformisme entretenant des liens plus ou moins étroits avec les partis politiques.

Le syndicalisme britannique est le premier à se structurer. Interdits par les *Combination Acts* de 1799 et 1800 puis légalisés en 1824, les *trade unions* font l'objet d'une tentative d'organisation au niveau national sous la forme de l'éphémère *Grand National Consolidated Trades Union* (1833-1834), que Robert Owen préside un temps. Dans les années 1850 et 1860, les syndicats anglais tissent suffisamment de liens pour que soit créé en 1868 le *Trades Union Congress* (TUC), qui représente un million de membres en 1875 [Bensimon, 2013]. À partir des années 1880, ce syndicalisme de métier est ébranlé par le *new unionism*, qui recrute parmi les ouvriers non qualifiés et s'éloigne du réformisme originellement apolitique des *trade unions*. Ces derniers se tournent cependant progressivement vers le parlementarisme dans les années 1870, jusqu'à la création du *Labour Party* en 1906.

L'Allemagne fournit le second modèle de syndicalisme de masse. Le mouvement ouvrier allemand commence à s'organiser en 1848, par l'intermédiaire des associations ouvrières, dont une partie se regroupe au sein de la Fraternité ouvrière fondée en septembre par Stefan Born à Berlin (elle compte jusqu'à 18000 adhérents avant son interdiction, en 1850) [Droz, 1997]. Légalisés dans la Confédération de l'Allemagne du Nord en 1869, les syndicats se regroupent après la levée des lois antisocialistes (1878-1890) dans une Commission générale, présidée à partir de 1891 par Carl Legien. Le syndicalisme "libre" s'intègre alors pleinement à la "contre-société" social-démocrate allemande, aux côtés du SPD et d'une multitude d'institutions encadrant la vie des ouvriers (coopératives, associations, bibliothèques, clubs...). Réformistes, ses dirigeants rejettent toute idée de grève générale et se tiennent à l'écart des courants les plus radicaux qui agitent le SPD [Droz, 1997].

On retrouve un syndicalisme majoritaire intimement lié au parti (ainsi qu'aux mutuelles et aux coopératives) en Belgique, avec la Commission syndicale du Parti ouvrier et des syndicats indépendants (dont l'origine remonte à 1898). En Espagne et en Italie, les partis et le syndicalisme réformiste évoluent également vers des rapports étroits au tournant des XIXe et XXe siècles, bien que les liens ne soient pas aussi organiques qu'en Belgique. En Catalogne, les associations ouvrières nourrissent la montée du syndicalisme (notamment dans le textile) à partir des années 1840, mais elles sont contraintes à la clandestinité dans tout le pays de 1874 à 1881. L'Union générale des travailleurs (UGT), proche du Parti Socialiste Ouvrier Espagnol (PSOE), est créée à Barcelone en 1888. En Italie, c'est dans les régions industrialisées du Nord (Piémont, Lombardie), que l'associationnisme ouvrier commence à se développer dans les années 1850. Les organisations de diverses natures se multiplient dans les années 1880-1890 (ligues de résistance, "faisceaux", chambres du travail inspirées des bourses du travail françaises...). Contrairement au SPD ou au POB, le Parti socialiste italien (issu du Parti des travailleurs italiens créé en 1892) sépare les fonctions politiques et syndicales lors du congrès de Parme, en 1895. De grandes fédérations professionnelles sont créées par la suite (dont la Fédération italienne des ouvriers de la métallurgie [FIOM] en 1901). Mais la Confédération générale du travail italienne (CGL), fondée en 1906, ne réunit que la majorité réformiste.

À la veille de la guerre, les effectifs syndicaux et les taux de syndicalisation anglais et allemands sont, de loin, les plus importants.

Effectifs syndicaux et taux de syndicalisation avant la Première Guerre mondiale

	Effectifs syndicaux	**Taux de syndicalisation**
Grande-Bretagne	Plus de 4 millions (*trade unions*, 1913)	24,7% (1914)
Allemagne	Plus de 3 millions (syndicats libres, 1913)	13,8% (1910)
France	400 000 (CGT, 1912)	Moins de 6% (entre 1910 et 1912)
Italie	300 000 (CGL, 1910)	Autour de 6% (avant la guerre)
Belgique	129 000 (Commission syndicale, 1914)	
Espagne	129 000 (UGT, 1912)	

Source : [Andolfatto et Labbé, 2006 ; Loreto, 2016 ; Morelli et Gotovitch, 2007 ; Vilar, 1997 ; Wrigley, 2017]

Ces chiffres rappellent que les syndicats ne représentent qu'une fraction du monde du travail, principalement masculine (on compte 8,8 % seulement de femmes parmi les syndiqués allemands en 1913, et 10 % dans les *trade unions* en 1914 [Wrigley, 2017]) et avant tout blanche (comme le révèle la solidarité entre populations blanches de l'Empire britannique à l'occasion de la grève des dockers de 1889 [DELALANDE, 2019], ainsi que les tentatives d'exclure de la "classe ouvrière" les travailleurs coloniaux, tout comme les femmes, dans l'immédiat après-guerre en France [STOVALL, 2012]). Même là où il domine, ce syndicalisme social-réformiste est par ailleurs concurrencé, à des degrés divers selon les pays, par des organisations sans lien avec le socialisme (syndicats indépendants, libéraux, chrétiens...). En Italie, par exemple, les membres des Unions professionnelles catholiques représentent en 1910 12,7 % des effectifs des ligues ouvrières et paysannes (contre 36,6 % pour la CGL et 32,4 % pour les formations indépendantes peu marquées politiquement) [GUICHONNET, 1997]. Au sein des milieux plus ou moins proches du socialisme, la concurrence vient surtout du syndicalisme révolutionnaire, qui se développe à l'échelle internationale avant la guerre.

Le syndicalisme révolutionnaire : un phénomène international

C'est en France que le modèle syndicaliste révolutionnaire commence à se développer. Dans les années 1880, la tendance guesdiste* ne parvient pas imposer sa conception d'un syndicat subordonné au parti. Au contraire, le mouvement syndical français se structure à travers les bourses du travail, dominées par les anarchistes, puis au sein de la Confédération Générale du Travail (CGT) à partir de 1895 (qui absorbe les bourses en 1902). Dans la première moitié des années 1900, s'affirme au sein de la CGT une doctrine syndicale nouvelle, dont les principes sont formulés dans la Charte d'Amiens, en 1906 : primauté du syndicat dans la lutte de classe, autonomie et neutralité par rapport au parti socialiste (SFIO), action directe et grève générale comme instruments de lutte privilégiés, objectifs réformistes à court terme (amélioration du sort de la classe ouvrière) et révolutionnaires à plus long terme (instauration d'un système de propriété collective géré par les travailleurs eux-mêmes). Ce modèle doit cependant être nuancé. La confédération n'est pas homogène idéologiquement : l'absence de représentation proportionnelle favorise la domination des révolutionnaires, mais les réformistes sont nombreux (et même majoritaires dans certaines fédérations, comme celle des mineurs, qui intègre la CGT en 1908). De plus, l'organisation s'éloigne, dans les faits, de son orientation révolutionnaire avant la guerre (même si l'objectif de renversement du capitalisme n'est pas formellement abandonné). Enfin, la confédération ne rassemble qu'une petite partie du monde ouvrier, et ses effectifs diminuent entre 1913 et 1914 (ils n'atteignent pas les 250 000 membres à la veille de la guerre) [Dreyfus, 1995 ; Thorpe, 2006].

Au-delà de la CGT (qui inspire nombre de militants hors de France), le développement du syndicalisme révolutionnaire est un phénomène qui touche toute l'Europe, comme le révèle la création d'organisations s'en réclamant ou s'en rapprochant : l'*Industrial Syndicalist Education League* en Grande-Bretagne (en 1910), la Confédération Nationale du Travail en Espagne (CNT, en 1911), l'Union syndicale italienne (USI, en 1912). En Allemagne, la *Freie Vereinigung deutscher Gewerkschaften* (Association libre des syndicats allemands), créée en 1897, s'y convertit. Quant à la tendance belge, elle se manifeste d'abord au sein des organisations liées au POB et ne parvient pas à s'autonomiser sous la forme d'une organisation pérenne. Quel que soit le pays concerné, les syndicalistes révolutionnaires partagent un certain nombre de principes et d'objectifs communs (autonomie, action directe, grève générale, antimilitarisme, rejet du parlementarisme et de l'électoralisme...), qui en font un véritable mouvement international [Thorpe et Van der Linden, 1992]. Mais les situations nationales diffèrent: la CGT est en position d'hégémonie en France, les militants révolutionnaires anglais et belges constituent des courants minoritaires au sein des structures existantes, tandis que les organisations allemande, espagnole et italienne s'opposent à leurs rivales réformistes majoritaires (on compte 6000 adhérents à la *Freie Vereinigung* en 1914 contre un peu plus de 17 000 sept ans plus tôt, moins de 30 000 à la CNT en 1911, année de son interdiction, 101 729 à l'USI en 1913 ; en Belgique, les deux tentatives de créer une organisation nationale, en 1906 et 1913, ne réunissent que 8,3 % et 6,7 % des effectifs syndicaux sociaux-démocrates [Thorpe, 2006]).

Même minoritaire (sauf en France, puis en Espagne dans l'entre-deux-guerres), le syndicalisme révolutionnaire joue un rôle déterminant dans les vagues de grèves qui précèdent et suivent le premier conflit mondial (notamment durant le *Great Labour Unrest* en Grande-Bretagne entre 1911 et 1914, qui aboutit à la "Triple Alliance*" des syndicats des mines, des chemins de fer et des transports). Il rencontre une audience importante parmi les travailleurs dont l'activité se caractérise par une forte discontinuité (ouvriers agricoles, du bâtiment, du gaz, dockers...), et chez les mineurs, les cheminots et les ouvriers d'usine [Thorpe et Van der Linden, 1992]. Dans l'entre-deux-guerres, ce mouvement décline ou disparaît sous les coups de la répression étatique. Seule la CNT connaît son apogée en 1936-1937, pendant la guerre civile et la révolution (ses effectifs atteignent 1,5 million de membres), avant sa dissolution par le régime franquiste.

Bien qu'elles se structurent dans un cadre national, les organisations ouvrières les plus proches du monde socialiste et révolutionnaire, imprégnées de l'idéal internationaliste après 1848, conçoivent également leur action à un niveau international. La mise en œuvre de cette solidarité révèle l'ampleur des difficultés auxquelles les militants sont confrontés à partir des années 1860, mais aussi la richesse des circulations transnationales et la persistance, sur le long terme, de pratiques et de fonctionnements réactivés après la guerre.

AU-DELÀ DES FRONTIÈRES ÉTATIQUES : LE MILITANTISME OUVRIER ENTRE INTERNATIONALISME ET CIRCULATIONS TRANSNATIONALES

L'expérience fondatrice de l'AIT

La création de l'Association Internationale des Travailleurs (AIT) à Londres, en 1864, constitue la première véritable tentative de coordonner à l'échelle européenne les diverses organisations ouvrières et les énergies militantes liées au monde du travail. Évidemment, les échanges impliquant des travailleurs par-delà les frontières sont bien antérieurs, tout comme les manifestations de solidarité entre ouvriers de différents pays. À Londres, par exemple, le militant radical Julian Hibbert fait voter une motion en faveur des canuts lyonnais après l'échec de leur insurrection lors d'une réunion à la salle de la Rotunda. En 1833, un "Manifeste des classes productives de Grande-Bretagne et d'Irlande", émanant du mouvement owéniste, est envoyé aux "gouvernements et aux peuples d'Europe et d'Amérique du Nord et du Sud", avant que la question de l'alliance entre travailleurs anglais, français et allemands soit débattue en décembre dans le journal radical *The Destructive* [THOMPSON, 2017]. Plus généralement, l'AIT doit beaucoup à la circulation des idées dans la presse radicale, socialiste et ouvrière dans les années 1830 et 1840, ainsi qu'aux contacts et rencontres qui ont lieu dans la capitale de l'exil politique qu'est Londres après 1848 particulièrement [BENSIMON in BENSIMON *et alii*, 2018]. Mais par son ampleur, la richesse de ses activités et son impact, l'organisation plus tard désignée comme la Première Internationale est sans précédent.

D'un point de vue quantitatif, les effectifs de l'AIT sont difficiles à évaluer. Les années au cours desquelles le nombre d'adhérents atteint son maximum dans les différents pays révèlent le caractère progressif de son implantation: 50000 membres en Grande-Bretagne en 1867, pas plus de 10000 en Belgique en 1869, 11 000 en Allemagne en 1870 (en incluant le SDAP), plus de 30000 en France en 1871, 10000 en Espagne en 1872 (mais peut-être plus de 40000 en 1873), plus de 30000 en Italie en 1873. Le nombre total de membres dépasse probablement les 150000 en 1871-1872, soit bien moins que les chiffres fantasmés dans les rapports de police [Bensimon, Deluermoz et Moisand, 2018]. Les grèves de la fin des années 1860 accélèrent la croissance du nombre d'adhérents, d'abord recrutés parmi les métiers artisanaux anciens et la petite industrie.

L'AIT, dont les statuts provisoires et l'adresse inaugurale sont finalisés par Marx, se fixe un objectif ambitieux ("l'émancipation de la classe ouvrière"), mais doit faire face à de multiples obstacles: hétérogénéité idéologique, diversité des situations nationales, répression étatique (accentuée après l'écrasement de la Commune). Cela ne l'empêche pas de mettre en place un système d'entraide financière s'appuyant avant tout sur des prêts accordés par les *trade unions* britanniques, comme l'a montré Nicolas Delalande. En 1867, par exemple, les bronziers parisiens en grève obtiennent le soutien du *London Trades Council*, qui leur accorde une lettre de créance leur permettant de solliciter des prêts et des dons auprès des *trade unions*. Mais les demandes n'aboutissent pas toutes, et les délais sont souvent trop longs pour que les fonds arrivent à temps. Dès 1869, les *trade unions*, qui espéraient limiter l'afflux de main d'œuvre étrangère en soutenant les revendications ouvrières hors de Grande-Bretagne, cessent pratiquement totalement de donner suite aux demandes de secours. Même si les sommes sont moins importantes, d'autres relations de solidarité existent hors des réseaux polarisés par Londres. Elles se manifestent à des échelles plus locales ou à travers des liens anciens fondés sur les métiers. La grève des typographes de Leipzig de 1865, par exemple, bénéficie du soutien d'autres typographes allemands et étrangers (10 % seulement des ressources financières sont récoltées localement, et un tiers des 90 % restants provient de l'étranger) [Delalande, 2019].

Loin de se réduire à l'affrontement entre Marx et Bakounine et à une juxtaposition de cas nationaux, l'histoire de l'AIT a été renouvelée par des approches globales et transnationales qui ont mis en lumière l'étendue des réseaux et des circulations au cœur de son fonctionnement. Malgré le délitement progressif de l'organisation après la scission de 1872, l'AIT laisse un héritage fécond pour l'ensemble du mouvement ouvrier: pratique des congrès internationaux, diffusion de la grève, orientation davantage collectiviste du socialisme, affirmation d'un nouvel internationalisme… [BOULLAND, 2018 ; BENSIMON, DELUERMOZ et MOISAND, 2018]. Par ailleurs, la disparition de l'AIT n'entraîne pas celle des liens entre les ouvriers européens. D'une part, les pratiques d'entraide mises en place au sein de l'organisation perdurent. D'autre part, les solidarités plutôt translocales au sein des métiers qualifiés continuent également d'exister (les ouvriers de la dentelle de Calais, par exemple, peuvent compter sur l'aide de leurs homologues de Nottingham lors de leurs grèves de 1890 et 1900). Enfin, une action militante internationale est assurée jusqu'en Europe par les *Knights of Labor* (société secrète fondée à Philadelphie en 1869), pour qui l'immigration est un des principaux sujets de préoccupation [DELALANDE, 2019].

Alors que l'internationalisme du temps de l'AIT se manifeste surtout à l'échelle infranationale [VAN DER LINDEN, 2018], c'est sur des bases nationales qu'il se reconfigure ensuite, plus particulièrement après la fondation en 1889 de l'Internationale socialiste. Cette Deuxième Internationale occupe une place majeure dans l'histoire du mouvement ouvrier, en plaçant notamment la journée de huit heures au centre de ses revendications et en adoptant le 1er mai comme date de mobilisation internationale. Cependant, les liens et échanges entre militants à l'échelle européenne, voire mondiale, ainsi que les circulations de doctrines et de pratiques au-delà des frontières étatiques sont loin de se limiter à cette organisation.

La reconfiguration de l'internationalisme et la multiplication des circulations transnationales de 1889 à 1914

Si les partis sociaux-démocrates dominent au sein de l'Internationale socialiste, les organisations ouvrières et les militants œuvrant sur le terrain économique ne sont pas pour autant réduits à un rôle marginal dans l'internationalisme ouvrier de la fin du XIXe siècle à 1914. Les syndicats, dont la place au sein de la Deuxième Internationale ne fait pas consensus (y compris après l'exclusion définitive des anarchistes en 1896), créent le Secrétariat syndical international (SSI) entre 1901 et 1903 (qui représente autour de 7 millions de travailleurs en 1913, au moment où il se transforme en Fédération syndicale internationale). La CGT est la seule confédération révolutionnaire au sein de cette structure dominée par les organisations social-démocrates (les autres syndicats révolutionnaires se réunissent à Londres en 1913 et créent leur propre bureau d'information international [Thorpe, 2006]). Parallèlement, les organisations professionnelles internationales se multiplient, qu'il s'agisse de métiers artisanaux (gantiers, chapeliers, ou encore typographes réunis dans un secrétariat international en 1893) ou de la grande industrie (entre 1890 et 1898 sont créées trois fédérations internationales dans le secteur des mines, de la métallurgie et des transports). Le centre de gravité du syndicalisme européen se trouve désormais en Allemagne, qui accueille le siège du SSI, ainsi que celui de 24 des 28 organisations professionnelles internationales à la veille de la guerre. Jusqu'en 1914, période d'"apogée de la solidarité ouvrière", la majorité des fonds destinés à soutenir des grèves provient désormais d'Allemagne [Delalande, 2019]. La mutualité, également, constitue en 1906 une fédération internationale (qui disparaît en 1914) [Dreyfus, 1995].

Les liens et les échanges qui se développent entre les militants de divers pays ne se réduisent cependant pas à cette histoire institutionnelle. Pour bien saisir leur ampleur et leur richesse, il s'avère nécessaire de prendre en compte l'importance des circulations transnationales permises ou facilitées par le développement des moyens de transport et de communication, qui caractérise la mondialisation de la fin du XIXe siècle. À cet égard, l'approche biographique, qui fait l'objet d'un intérêt croissant en histoire sociale [Groppo, Pennetier, Pudal, 2011], offre la possibilité de saisir les mécanismes par lesquels des doctrines ou des pratiques circulent, se mélangent ou se redéfinissent à travers divers espaces nationaux. L'itinéraire du Britannique Tom Mann (1856-1941), par exemple, est à cet égard révélateur. Entré à la mine à l'âge de dix ans, il commence sa vie militante à Londres et participe activement à la grève des dockers de 1889. Après s'être impliqué dans l'*Independent Labour Party*, il préside l'*International Transport Workers' Federation* qu'il a contribué à créer en 1896. De Nouvelle-Zélande (où il émigre en 1901), Tom Mann part en Australie l'année suivante. Pendant neuf ans, il y multiplie les activités de propagande afin d'organiser le mouvement ouvrier, et s'oriente progressivement vers le syndicalisme révolutionnaire, au contact notamment de militants de *l'Industrial Workers of the World* (IWW), organisation fondée à Chicago en 1905 qui essaime en Australie à partir de 1907. De retour en Angleterre en 1910 après un passage en Afrique du Sud, celui qui est devenu une des principales figures du syndicalisme britannique joue un rôle de premier plan dans les conflits sociaux de son pays (notamment pendant la grève générale des transports de Liverpool en 1911), tout en continuant de s'inspirer d'expériences étrangères et d'entretenir des contacts directs avec des militants hors de son pays. Il se rend à Paris en mai 1910 pour rencontrer, selon ses propres mots, "ceux de l'action directe", et y donne une conférence en juin ; en 1913, il séjourne aux États-Unis, où il participe notamment à un débat sur le socialisme et le syndicalisme à Chicago en novembre. Finalement, Tom Mann incarne un syndicalisme révolutionnaire ("*syndicalism*" en anglais) pleinement transnational et original, à la jonction du modèle français et des pratiques américaines [Bédarida, 1997 ; Thorpe, 2006 ; Maitron, 2011].

Au-delà de ce type de parcours individuel, les doctrines et les pratiques ouvrières font l'objet de débats et de réflexions à l'étranger, par l'intermédiaire d'un espace médiatique élargi se matérialisant notamment par une floraison d'imprimés de diverses natures (journaux, brochures, livres...). Entre la fin du XIXe siècle et 1914, les dirigeants syndicaux italiens, par exemple, analysent de manière approfondie le syndicalisme anglais, allemand et français ; la circulation de ces modèles étrangers dans la littérature et les débats militants laisse entrevoir l'existence d'un "espace syndical européen" avant la guerre [Loreto, 2016]. À la même période, dans la sphère internationale du syndicalisme révolutionnaire, certains écrits des grandes figures de la CGT sont diffusés dans toute l'Europe, et même parfois au-delà. C'est le cas, par exemple, d'Émile Pouget, dont l'activité de propagande devient elle-même transnationale après son exil de 1893-1894 à Londres [Bantman, 2009]. Certaines de ses publications sont traduites en italien, espagnol, anglais et allemand [Thorpe, 2006], et sont diffusées jusqu'aux États-Unis.

L'attention portée à ces circulations transnationales permet de redonner toute leur importance aux interactions et aux porosités entre les différents modèles (syndicaux ou autres), trop rapidement cantonnés à un cadre strictement national. Cependant, ce changement d'approche fait aussi courir le risque de survaloriser les expériences d'échanges et de connexions heureuses transcendant les frontières, en postulant leur caractère forcément positif et en laissant de côté les échecs et les résistances [Haupt, 2011]. Par ailleurs, la tendance à privilégier les relations dans lesquelles l'État n'est pas partie prenante ne doit pas faire oublier que le transnationalisme ouvrier, y compris anarchiste, n'est pas indépendant du cadre étatique et national et se définit aussi par rapport à ce dernier [Bantman et Altena, 2017]).

Le déclenchement de la Première Guerre mondiale fait voler en éclat les espoirs placés jusque-là dans la solidarité ouvrière internationale. Les tentatives de reconstruire un mouvement à l'échelle européenne se heurtent, dans l'entre-deux-guerres, à de nouvelles divisions et à l'instauration de régimes dictatoriaux réduisant au silence l'activité syndicale dans certains pays.

Du choc de la guerre aux années 1930 : l'éclatement des mouvements ouvriers européens

Lorsque la guerre est déclenchée, seule la minorité syndicaliste révolutionnaire qui s'était réunie à Londres en 1913 (sans la CGT) refuse de se rallier à l'unité nationale (même si la question de l'opposition à la guerre provoque aussi des débats au sein de cette mouvance en Allemagne, en Italie et en Espagne [Darlington, 2006]). L'attitude de la majorité des organisations ouvrières et socialistes face à la guerre a longtemps été assimilée à un "échec" dans l'historiographie. La prise en compte des résultats pérennes obtenus par l'internationalisme ouvrier et socialiste avant 1914, des significations multiples de l'antimilitarisme (notamment en France), et de la continuité (pour une minorité) de la résistance à la guerre avant et pendant le conflit, a conduit à nuancer cette idée, voire à la laisser de côté au profit d'une approche moins normative [Miller, 2002, Davranche, 2014, Marcobelli, 2019].

Durant la guerre, le syndicalisme connaît de profondes transformations, comme le renouvellement des effectifs et l'afflux de nouveaux adhérents lié aux difficultés croissantes dues au conflit, ou encore la radicalisation d'une partie des ouvriers. Mais les clivages d'avant-guerre, loin de disparaître, sont réactivés et redéfinis par l'élan révolutionnaire suscité par la révolution d'Octobre, avant de se manifester de manière spectaculaire une fois la paix revenue. L'immédiat après-guerre laisse alors entrevoir l'espoir de reconstruire des solidarités ouvrières internationales sur de nouvelles bases. D'autant plus que les effectifs syndicaux atteignent des sommets partout en Europe en 1920 : plus de 9 millions d'adhérents en Allemagne, près de 8,4 millions en Grande-Bretagne, 1,8 million à la CGT, plus de 700 000 à la CNT (en 1919), 700 000 au sein de la Commission syndicale belge, plus de 150 000 à la FIOM [Morelli et Gotovitch, 2007 ; Wrigley, 2017].

Les organisations professionnelles nées dans les années 1890, par ailleurs, se reconstituent. Mais au niveau interprofessionnel, les divisions l'emportent. La FSI, Fédération syndicale internationale (ou Internationale d'Amsterdam), qui réunit les organisations majoritaires et réformistes, est reconstituée en 1919 (plus de 20 millions de travailleurs y sont représentés à ses débuts [Dreyfus, 1991]). Elle est concurrencée à partir de 1921 par l'Internationale syndicale rouge (ISR, ou *Profintern*), fondée à Moscou, à laquelle adhère notamment la CGT-U ("unitaire"), formée par les militants révolutionnaires français ayant quitté la CGT. Les anarcho-syndicalistes se regroupent quant à eux au sein d'une nouvelle Association internationale des travailleurs (créée en 1922 à Berlin) [Guinchard, 2019], tandis que les syndicalistes chrétiens mettent en place une confédération internationale en 1920 (dont est membre la Confédération Française des Travailleurs Chrétiens [CFTC], fondée en 1919).

La concurrence entre ces différentes organisations se fait dans un contexte nouveau, au sein duquel "[l]a solidarité se veut désormais globale, embrassant d'un même geste les causes humanitaires, syndicales et politiques" [DELALANDE, 2019]. Le Secours ouvrier international (créé en 1921 à Berlin et proche du KPD) est ainsi destiné à soutenir les travailleurs partout dans le monde ; il aide financièrement, comme la FSI, les mineurs britanniques lors de l'immense grève générale de 1926 (2 millions de grévistes), qui surpasse et éclipse le *Great Labour Unrest* d'avant-guerre [BÉLIARD, 2014]. Quant au Secours rouge international (fondé en 1922 à Moscou), il est plus spécifiquement destiné à aider les révolutionnaires victimes de la répression (il participe notamment à la campagne internationale en faveur des anarchistes Sacco et Vanzetti, exécutés aux États-Unis en 1927).

Alors que les effectifs syndicaux diminuent à partir du début des années 1920 (jusqu'en 1934 en Grande-Bretagne et 1936 en France), la concurrence entre la FSI et l'ISR dure jusqu'en 1937. À cette date, les *trade unions*, la CGT (réunifiée en 1936) et la Confédération générale du travail de Belgique (CGTB, fondée en 1937) sont les seules grandes organisations syndicales à pouvoir poursuivre librement leurs activités de manière légale et dans un contexte pacifique. Mais aucune dynamique syndicale ne converge : si la CGT sort renforcée de la vague de grèves exceptionnelle que connaît la France (deux millions de grévistes, 12 000 entreprises touchées en juin-juillet à travers quasiment tout le pays, dont près de 9000 sont occupées [VIGNA, 2012]), la Belgique ne connaît qu'un mouvement plus limité en juin, tandis que l'action des *trade unions* reste cantonnée à un réformisme prudent depuis l'échec de la grève générale de 1926. Les centrales syndicales italienne et allemande, quant à elles, ont été dissoutes (respectivement en 1926 et 1933). La CNT, enfin, se trouve au cœur du processus révolutionnaire qui s'enclenche pendant la guerre civile, en 1936-1937, avant de subir la répression franquiste. Si des formes de solidarité internationale perdurent (notamment pendant la Guerre d'Espagne), et si certains phénomènes conservent une dimension transnationale (comme les Fronts populaires), l'heure n'est plus aux grands espoirs internationalistes. La FSI subit indirectement la répression qui s'abat notamment sur les syndicats allemands à partir de 1933 (ses effectifs chutent à 8 millions), et ne parvient pas à faire aboutir les négociations avec l'ISR, qui est dissoute en 1937. À la veille de la Seconde Guerre mondiale, ce qui reste du mouvement ouvrier européen est réduit à l'impuissance à l'échelle internationale.

LES FORMES DE LA MOBILISATION POLITIQUE DU TRAVAIL. SOCIALISME, RÉVOLUTION ET PARTIS DE MASSE

Alors que le monde du travail se transforme au XIXe siècle, artisans et ouvriers enrichissent les registres de leur mobilisation politique en Europe occidentale. De la Révolution française, ils reprennent la promesse d'émancipation pour tous les citoyens, réalisée par un bouleversement profond. Mais alors que le droit de vote s'élargit et que les procédures démocratiques s'épanouissent dans le cadre des États-nations, les "travailleurs" constituent des groupes politiques spécifiques par leurs organisations professionnelles ou partisanes, formant une culture politique propre. L'une d'entre elles est le socialisme, défini en 1896 par Émile Durkheim comme une "doctrine qui réclame le rattachement de toutes les fonctions économiques, ou de certaines d'entre elles qui sont actuellement diffuses, aux centres directeurs et conscients de la société" [DURKHEIM, 1928]. Le socialisme peut donc être imaginé par des penseurs qui ne sont pas des travailleurs, tout comme des travailleurs peuvent n'être pas socialistes ; certains peuvent considérer que les "centres directeurs et conscients de la société" sont les groupes ouvriers eux-mêmes, l'avant-garde révolutionnaire organisée en parti, ou l'État ; les modalités du "rattachement" peuvent varier considérablement, de l'initiative étatique à la rupture révolutionnaire.

Si socialisme, révolution, partis de masse sont des notions distinctes au XIXe siècle, elles se rapprochent au début du XXe siècle dans le phénomène du parti révolutionnaire de classe. L'analyse de ce processus mêle l'histoire sociale du politique et des idées, attentive aux appropriations concrètes des acteurs et aux registres de leurs discours, comme la sociologie politique, essentielle pour comprendre comment une catégorie socio-économique se transforme en sujet politique. Sur ces questions, les renouvellements historiographiques essentiels ont été acquis par les avancées de l'histoire sociale d'une part, et ceux de l'histoire transnationale d'autre part [VAN VOSS et VAN DER LINDEN, 2002 ; VAN DER LINDEN, 2008]. Trois moments sont identifiables : des années 1830 aux années 1870, la rupture révolutionnaire reste l'horizon politique d'une classe ouvrière en formation, alors que des années 1870 à la Première Guerre mondiale, les cadres de l'État-nation s'imposent aux travailleurs qui en saisissent les instruments pour faire aboutir leurs revendications (vote, droit d'association et de presse...). Après la Première Guerre mondiale, les partis ouvriers de masse se partagent entre la relance de l'idéal révolutionnaire nourri du modèle russe, et l'intégration démocratique.

VERS L'EXPRESSION POLITIQUE DES TRAVAILLEURS (ANNÉES 1830-ANNÉES 1870)

Entre socialisme et radicalisme

Diffusé dans les années 1820 au Royaume-Uni, et dans les années 1830 en France, le socialisme confère une dimension politique au travail, indépendamment de la mobilisation des groupes d'artisans ou d'ouvriers [GRANDJONC, 2013]. Suivant l'héritage de l'économie politique des Lumières, les penseurs du début du XIXe siècle de David Ricardo à Jeremy Bentham, considèrent le travail comme la condition de la prospérité générale. Le Français Saint-Simon (1760-1825) et ses disciples, en faisant du "producteur" l'antithèse de l'oisif héritier de l'Ancien Régime, placent l'industrie au cœur de la reconstruction sociale, après la rupture de la Révolution française [PROCHASSON, 2005 ; PÉTRÉ-GRENOUILLEAU, 2001]. Se préoccupant moins de la création des richesses que de leur distribution, ils rassemblent sous le vocable de “travailleurs” aussi bien les producteurs manuels que les entrepreneurs industriels, dont la collaboration ou la concurrence doivent enclencher la dynamique du progrès. Le travail peut néanmoins être source d’inégalités sociales dont la résolution exige une réorganisation de la société entière. Le Français Charles Fourier (1772-1837) pense l’activité productive comme le fondement d’une communauté idéale assurant l’épanouissement universel [BEECHER, 1993]. De même, le Britannique Robert Owen, dans sa fabrique modèle de New Lanark, s’efforce de réguler les effets dévastateurs de l’industrialisation en reconfigurant les relations de travail dans l’usine et en appelant la puissance publique à réguler la durée du travail, l’emploi des enfants ou l’hygiène [SIMÉON, 2017]. Les projets de réorganisation sociale autour du travail producteur se multiplient, des scientistes saint-simoniens aux catholiques sociaux, comme Frédéric Ozanam qui fonde en 1833 les conférences Saint-Vincent-de-Paul pour apporter une réponse religieuse à la question sociale [CHOLVY, 2003].

Dans cette effervescence intellectuelle, plusieurs solutions se distinguent. La première consiste à réorganiser le travail dans des communautés autonomes, distribuant équitablement l’effort et le revenu. Par exemple, Charles Fourier fonde son phalanstère sur l’affinité de 810 passions pour rassembler 1620 individus, soit environ 400 familles. Le travail, encore dominé par l’agriculture, serait distribué selon les goûts des habitants, qui pourraient changer plusieurs fois de tâches dans la journée [LAGEDAMON, 2016]. Ce modèle est partiellement adapté par Jean-Baptiste Godin au Familistère de Guise en 1859 [LALLEMENT, 2009]. Cette solution maintenant l’antagonisme entre travailleurs et propriétaires, certains s’efforcent d’atteindre la réconciliation par l’association qui, se généralisant, assurera l’enrichissement collectif, comme le pense Philippe Buchez (1796-1865) et ses partisans de *L’Atelier*, journal fondé en 1840 [RANCIÈRE, 1981]. D’autres considèrent que les intérêts dans la concurrence capitaliste ne peuvent s’équilibrer d’eux-mêmes, et que la puissance publique doit réorganiser le travail : Louis Blanc (1811-1889), dans *Organisation du travail* (1839), confie à l’État le soin de soutenir des associations industrielles autonomes en s’appropriant le crédit [DÉMIER, 2005]. Les plus extrêmes sont enfin partisans d’une conquête violente du pouvoir, qui reproduirait la tradition révolutionnaire et l’égalitarisme de Babeuf, comme Auguste Blanqui (1805-1881), qui se réclame de la charbonnerie et dont les sociétés secrètes, comme la Société des droits de l’homme fondée en 1830, se tourne vers les ouvriers en 1833 [TARDY, 2017].

Pour une grande part, les travailleurs restent étrangers à ces élaborations doctrinales. Les auteurs diffusent leurs idées par la presse lorsque le contexte politique le permet [BOUCHET et alii, 2015]. Ainsi en France les saint-simoniens s'efforcent de toucher les artisans urbains après 1830 en plaçant chaque groupe d'arrondissement parisien sous la surveillance d'un directeur chargé d'effectuer des rapports hebdomadaires sur l'assistance aux travailleurs. Mais ces 3500 artisans tailleurs, ébénistes, imprimeurs, recherchent des avantages matériels et s'écartent des saint-simoniens hostiles au soulèvement des canuts lyonnais en 1832 [PICON, 2002]. En Angleterre, les idées de Robert Owen convergent avec une tradition radicale de soulèvements ouvriers : en 1834, il fonde le *Grand National Consolidated Trades Unions*, qui trouve 500 000 adhérents en quelques mois avant de disparaître [CLAEYS, 2002]. En Allemagne, en Italie et en Espagne, l'émiettement politique et la domination parfois écrasante de l'agriculture cantonne les théories sociales dans des cercles intellectuels ou dans les communautés d'exilés, comme la Ligue des Justes, fondée à Paris par le tailleur Wilhelm Weitling (1808-1871) en 1836 [SEIDEL-HÖPPNER, 2014]. Ainsi, les textes d'Étienne Cabet sont à la fois traduits et publiés en 1848 à Paris pour les exilés, et à Leipzig pour les artisans allemands [CATEL, 2019], alors qu'ils sont traduits en italien par le quotidien démocrate et républicain florentin *L'Alba* qui, en 1847-1849, publie aussi une lettre de Marx et se réclame de Louis Blanc. En Italie en effet, les idées des premiers socialistes sont traduites et diffusées comme un héritage de la Révolution française : Filippo Buonarrotti (1761-1837) transmet son expérience babouviste en publiant Conspiration pour l'égalité dite de Babeuf en 1828, puis en investissant des sociétés secrètes comme la *Società dei Veri Italiani* en 1832 [ZANGHERI, 1993]. Dans la tradition de la Révolution française, leurs combats rejoignent ceux de l'émancipation nationale : Giuseppe Mazzini (1805-1872) prône ainsi la fraternité entre les classes dans une conception spirituelle de la nation italienne [BELARDELLI, 2010 ; LA PUMA, 2008].

Ces initiatives allemandes ou italiennes reçoivent une audience limitée auprès des artisans et ouvriers. Leur mobilisation emprunte encore beaucoup les voies d'une "économie morale de la foule" [THOMPSON, 2017], dont atteste la destruction de machines [JARRIGE, 2014], et leurs luttes s'intègrent encore dans les mouvements plus larges des démocrates ou des républicains. En France, les ouvriers parisiens et lyonnais se soulèvent en 1831 puis en 1834 contre la Monarchie de Juillet, et empruntent à la Révolution française son répertoire : barricades et journées révolutionnaires [CORBIN et MAYEUR, 1997], cortèges funèbres et banquets [FUREIX, 2009]. Au Royaume-Uni, les revendications ouvrières ne se distinguent pas de celles des radicaux, qui exigent l'extension du droit de vote. Rassemblées dans la *People's Charter* en 1838, leurs exigences émanent de la *London Workingmen's Association* dirigée par William Lovett (1800-1877), et sont présentées lors d'un meeting à Manchester en 1838, mais sont rejetées l'année suivante puis en 1842, provoquant grèves et manifestations [CHASE, 2013].

1848

La révolution de 1848 marque une première césure dans les formes de mobilisation politique des artisans et ouvriers en Europe occidentale. C'est surtout en France que le travail émerge comme une cause politique à défendre. Dans les cortèges parisiens des 22-24 février 1848 à Paris, les groupes ouvriers se confondent encore avec les masses républicaines qui obtiennent le suffrage universel, mais la pression qu'ils exercent sur le gouvernement provisoire nouvellement investi leur permet d'obtenir la proclamation du droit au travail le 25 février, puis l'institution d'une commission du gouvernement pour les travailleurs le 28. Celle-ci siège au Luxembourg sous la direction de Louis Blanc, propose de nombreuses mesures comme la réduction du temps de travail et l'abolition du marchandage, et discute la création des ateliers nationaux [AGULHON, 1973 ; GRIBAUDI et RIOT-SARCEY, 2008]. Dotés d'une forme de représentation, les travailleurs multiplient les projets de réorganisation sociale grâce à la multiplication des journaux et des clubs, mais s'opposent aux intérêts des conservateurs et ruraux majoritaires à l'Assemblée constituante d'avril, qui ferment les ateliers nationaux provoquant les soulèvements du Paris ouvrier des 22-26 juin 1848 [HAYAT, 2014].

Comme en France, la révolution de 1848 suscite en Europe les espoirs d'émancipation des artisans et ouvriers, qui participent aussi aux soulèvements urbains à Vienne le 13 mars, à Berlin les 18-19 mars 1848, à Venise le 17 mars, à Milan le lendemain. À Florence, le mouvement est animé par le *circolo del popolo* dirigé par un membre de la *Società dei Veri Italiani*, l'écrivain Giovanni Battista Niccolini (1805-1877), et rassemble 30 000 membres [ROMANIELLO, 1997]. Comme en France, ouvriers et artisans cherchent à exprimer leurs revendications propres : en Allemagne, parallèlement au *Vorparlament* réuni à Francfort le 31 mars 1848, est institué à Berlin un Comité central des travailleurs, qui crée en septembre l'*Allgemeine Arbeiterverbrüderung*, une fédération de 170 associations ouvrières, organisées localement en comités de districts. Dirigée par Stephan Born, elle soutient la constitution démocratique et défend l'organisation du travail par des sociétés ouvrières d'entraide [ROGGER, 1986]. Comme en France, le reflux révolutionnaire déçoit les attentes des artisans et ouvriers qui participent aux soulèvements démocratiques. Dans le pays de Bade, Friedrich Hecker (1811-1881) mène ses troupes de Constance à Dossenbach, dans le sud de l'Allemagne, du 13 au 27 avril 1848, alors que Gustav Struve proclame une république allemande à Lönach le 21 septembre. Le reflux en 1849 entraîne de nouveaux soulèvements : un comité de salut public institue un gouvernement révolutionnaire provisoire, mais le mouvement, fort de 45 000 combattants révolutionnaires, est finalement écrasé à Rastatt le 23 juillet 1849 [FREI et HOCHSTUHL, 1997]. Ces revendications et mobilisations politiques se précisent par une circulation des expériences, d'un champ révolutionnaire à l'autre. Ainsi, la Ligue des communistes, issue de la Ligue des justes de Weitling, essaime dans les États allemands, en Suisse, au Royaume-Uni, et diffuse le *Manifeste du parti communiste* en février 1848, rédigé par Marx et Engels qui ont rejoint l'organisation l'année précédente. Installés à Cologne où ils publient la *Neue Rheinische Zeitung*, Marx et Engels s'appuient sur la *Kölnerarbeiterverein* pour convoquer un congrès ouvrier, et participent aux insurrections à Dresde, dans le Palatinat, dans le Pays de Bade [HUNDT, 1993].

Intellectuellement et politiquement, la période 1848-1850 jette les bases d'une mobilisation de classe : Karl Marx (1818-1883) et Friedrich Engels (1820-1895) font du travail le ressort d'une lutte de classes, appelant à l'organisation des travailleurs en partis politiques pour la conquête du pouvoir, idées rassemblées par Marx dans *Le Capital*, dont le premier volume paraît en 1867, puis popularisées par Engels dans l'*Anti-Dühring*, publié en 1878 [KOLAKOWSKI, 1987 ; BURLAUD et DUCANGE, 2017]. En France, Pierre-Joseph Proudhon (1809-1865) écrit à l'inverse que les travailleurs doivent s'organiser eux-mêmes et se fédérer : en 1848, il défend l'idée d'une banque du peuple mutualisant le crédit, pour financer des sociétés ouvrières donnant leur autonomie politique et économique aux travailleurs [HAUBTMANN, 1982].

La mobilisation des travailleurs, un enjeu politique

À partir de 1850 s'ouvre une période d'incubation. Au Royaume-Uni, l'échec définitif du chartisme en 1848 et le retour de l'expansion économique favorisent des formes de mobilisations professionnelles plus spécifiques, comme le *London Trades Council*, fondé en 1860 par George Potter et George Odger, qui aboutit en 1868 à la fondation des

Trades Union Congress [Reid, 2004]. Sur le continent, les élites conservatrices et libérales s'efforcent de capter à leur profit les mobilisations ouvrières en satisfaisant la question sociale. En France, les sociétés de secours mutuels sont financées par les patrons ou soutenues par l'État, avant d'être captées par les républicains des années 1860, comme "Le crédit au travail" (1863) ou la "Caisse d'escompte des associations populaires" (1865) [Bouché-Mulet, 1993]. Le Second Empire tente de gagner les suffrages ouvriers après son tournant libéral en 1860, en finançant une délégation ouvrière à l'Exposition universelle en 1862, et en concédant le droit de coalition en 1864. En Allemagne, les libéraux, luttant contre la réaction en Prusse, organisent un réseau de sociétés d'épargne et de consommation pour améliorer la condition ouvrière, sous l'égide d'Hermann Schulze-Delitzsch (1808-1883) [Aldenhoff, 1984]. Ces efforts entraînent, en réaction, les revendications d'autonomie politique des travailleurs. En France, elle explique la volonté d'ouvriers parisiens de présenter des candidats ouvriers à une élection partielle en 1864, sans se placer sous le patronage des républicains, comme ils l'expliquent dans le *Manifeste des Soixante*. En Allemagne, les ouvriers de Leipzig réunis en association, entendent fonder leur propre parti contre les libéraux, et font appel à Ferdinand Lassalle (1825-1864) pour rédiger leur programme en 1863 [Dayan-Herzbrun, 1990]. Celui-ci est partisan d'une république démocratique et sociale, fondée sur le suffrage universel, et favorable à une organisation des travailleurs en coopératives de production soutenues par l'État [Na'aman, 1970].

De telles revendications d'autonomie politique sont encouragées par l'épanouissement des solidarités internationales. Après une première rencontre à l'occasion de l'exposition universelle à Londres en 1862, des *trade unionists* anglais et des ouvriers français soutiennent ensemble les revendications nationales polonaises et rejettent les stratégies patronales consistant à recruter à l'étranger des briseurs de grèves. L'Association internationale des travailleurs, fondée à Londres en 1864, est d'abord organisée comme un comité de correspondance coordonnant des initiatives et des groupes très divers. Le Conseil général, son exécutif, rassemble d'ailleurs des *trade unionists* préoccupés de luttes professionnelles, des proudhoniens français favorables à l'autonomie ouvrière, des mazziniens enflammés pour les luttes nationales, des exilés allemands qui, comme Marx, s'efforcent de donner une cohérence théorique à l'ensemble [Bensimon, Deluermoz et Moisand, 2018]. L'organisation trouve son assise au Royaume-Uni, en France, en Belgique, en Suisse, puis en Italie et en Espagne, par des grèves où sa solidarité peut être mise en œuvre, comme celles des ouvriers bronziers parisiens en février 1867 ou des mineurs belges en février 1868 [Léonard, 2011]. L'AIT occupe une place essentielle dans l'histoire des mobilisations politiques des ouvriers. D'abord parce qu'elle institue des solidarités matérielles (pétitions, souscriptions) et des traditions qui font du travail un enjeu de luttes politiques globales [Delalande, 2019]. À travers ses débats internes entre Marx, partisan d'une organisation politique hiérarchisée, et Bakounine, favorable à une organisation par la base des groupes ouvriers, elle définit des orientations possibles qui se divisent en 1872 au congrès de La Haye. Les partisans de Bakounine, notamment dans la fédération jurassienne, fondent une internationale antiautoritaire qui tient ses congrès jusqu'en 1878. Elle prône l'organisation strictement autonome des groupes ouvriers et refuse toute forme d'autorité sociale ou politique, ouvrant la voie à une tradition anarchiste qui fait des émules [Maitron, 2011 ; Bouhey, 2009]. Elle est particulièrement influente en Espagne où les sections de Madrid et de Barcelone sont fondées en 1869, et en Italie, où l'influence de Bakounine balance celle de Mazzini : c'est à Florence qu'il fonde la *Fratellanza internazionale* en 1864, une société secrète dont le programme est inspiré du catéchisme du révolutionnaire de Netchaiev.

La guerre franco-prussienne radicalise cette agitation, qui triomphe dans la Commune de Paris, du 18 mars au 28 mai 1871. L'insurrection parisienne mobilise le registre éprouvé des journées révolutionnaires, tout en actualisant ses initiatives au profit de la classe ouvrière malgré les contraintes de la guerre franco-prussienne : le décret du 16 avril confie ainsi l'exploitation des ateliers et fabriques abandonnés à des associations et coopératives d'ouvriers, sans pour autant mettre en cause la propriété privée. L'insurrection est soutenue par des travailleurs qualifiés des petites entreprises artisanales, dans le bâtiment ou les métaux, et devient après la répression versaillaise une référence pour la classe ouvrière, commémorée au mur des Fédérés [Rougerie, 1973 ; Tombs, 2014 ; Rebérioux, 2017].

LA NAISSANCE DE PARTIS DE MASSE (ANNÉES 1870-1914)

La fondation de partis nationaux

Les modalités d'expression politique des travailleurs se transforment à partir des années 1870 avec l'intensification de l'industrialisation, dont les effets sociaux touchent tous les pays d'Europe de l'Ouest, mais aussi avec la démocratisation et la nationalisation de ces sociétés, par l'extension du suffrage universel. Alors qu'en France, le suffrage universel est instauré dans une société rurale en 1848, au Royaume-Uni, l'industrialisation déjà ancienne accompagne l'élargissement progressif du suffrage en 1832, 1867 et 1884-1885. En Allemagne, la forte poussée de l'industrialisation dans la seconde moitié du XIXe siècle est contemporaine de l'adoption du suffrage universel dans la Confédération d'Allemagne du Nord en 1867, puis dans l'Empire allemand, de sorte que le principe d'une représentation parlementaire sociale-démocrate n'est jamais mis en cause. En Autriche-Hongrie comme en Belgique, la lutte pour le suffrage universel anime les partis ouvriers jusqu'à son obtention, respectivement en 1906 et 1919. En Espagne et en Italie, les lenteurs de l'industrialisation, les fragmentations régionales, et la répression politique expliquent le succès de l'Internationale antiautoritaire. En Italie, il se manifeste par la propagande par le fait théorisée par Carlo Cafiero (1846-1892) et Errico Malatesta (1853-1932), inspirateurs d'une insurrection paysanne dans le Bénévent en avril 1877 [BERTI, 2003], événements proches des insurrections andalouses des années 1880.

Les partis ouvriers apparaissent à partir du moment où le contexte politique et social rend possible une représentation parlementaire des travailleurs, supposant la rupture vis-à-vis des forces politiques qui utilisent le suffrage ouvrier pour conquérir le pouvoir. En Allemagne, l'ADAV (*Allgemeiner Deutscher Arbeiterverein*), fondée par Lassalle en 1863 concurrence le parti créé en 1869 à Eisenach par August Bebel (1840-1913) et Wilhelm Liebknecht (1826-1900), le *Sozialistische Arbeiterpartei*, adhérent à l'AIT et ouvert à la propagande marxiste [GOUGEON, 1996]. La répression bismarckienne qui suit la guerre franco-prussienne permet l'union au congrès de Gotha en 1875 et la fondation du SPD ; l'interdiction du parti entre 1878 et 1890 soude davantage ce parti dont la cohérence est un modèle, que suit la social-démocratie autrichienne lors du congrès de Heinfeld en 1889 [LIDTKE, 1966 ; GROH, 1973]. En France, le refus d'une dépendance vis-à-vis des partis bourgeois s'appuie sur le traumatisme de la Commune [Moss, 1989]. En 1879, les organisations ouvrières réunies à Marseille fondent un parti collectiviste, rapidement divisé sur les possibilités d'action que laisse le régime républicain : en 1882, les partisans de Jules Guesde (1845-1922), implantés dans le Nord, s'efforcent de construire le Parti ouvrier français sur le modèle de la social-démocratie allemande, alors que la Fédération des travailleurs socialistes de France de Paul Brousse (1844-1912), populaire dans les métiers parisiens, entend utiliser les conseils municipaux ou les organisations professionnelles pour implanter le collectivisme [Willard, 1965 ; Stafford, 1971 ; Ducange, 2017]. En 1890, Jean Allemane (1843-1935), hostile à l'action parlementaire, quitte la FTSF et fonde le Parti ouvrier socialiste révolutionnaire. Édouard Vaillant (1840-1915), dans le Comité révolutionnaire central, reprend à partir de 1881 les idées blanquistes mais en déduit une stratégie totale englobant partis politiques, syndicats et coopératives [Howorth, 1982 ; Candar, 2018]. La distinction de ces petits partis des autres organisations politiques reste floue : les succès aux élections municipales de 1892 puis législatives de 1893 sont possibles par les ententes locales avec les radicaux, et beaucoup d'élus, comme Alexandre Millerand (1859-1943) et Jean Jaurès (1859-1914) sont des "socialistes indépendants", ne relevant d'aucun parti [Rémy, 2011]. L'unification des socialistes dans la SFIO en avril 1905 s'efforce néanmoins de poser le principe d'une séparation avec la politique bourgeoise [Bergounioux et Grunberg, 2005]. En Belgique, le parti ouvrier fondé en 1885 unit divers groupes d'ouvriers, de socialistes et de libres-penseurs engagés pour le suffrage universel et contre les catholiques, ouvrant la possibilité d'alliances avec les libéraux comme aux élections de juin 1912. En Espagne, le Parti socialiste ouvrier espagnol est fondé en 1888, mais le premier député du PSOE n'est élu qu'en 1910, grâce au soutien des républicains [Heywood, 1990]. En Italie, la fondation d'un parti indépendant des travailleurs italien en 1892, nommé plus tard PSI, n'empêche pas la collaboration assumée avec les libéraux du gouvernement Zanardelli en 1901, et surtout de Giolitti en 1908, au point de provoquer des scissions nombreuses [Arfè, 1977]. Au Royaume-Uni, la rupture avec les autres forces politiques n'est assumée qu'entre 1900 et 1906 car les *trade unions* continuent de voter pour les députés libéraux après l'élargissement du suffrage en 1867. En 1884, trois organisations socialistes marginales prônent néanmoins l'autonomie politique des travailleurs : la *Social Democratic Federation* de Henry Myers Hyndman (1842-1921), inspirée du SPD, la *Socialist League* de William Morris (1834-1896), hostile à la représentation parlementaire, et la Société fabienne de Sidney Webb (1859-1947) et George Bernard Shaw (1856-1950), intellectuels qui souhaitent infiltrer les institutions bourgeoises pour les transformer de l'intérieur, en utilisant leur expertise [CRICK, 1994; THOMPSON, 1955; MCBRIAR, 1962]. Le refus des libéraux et des conservateurs de satisfaire les exigences ouvrières relance l'agitation du "nouvel unionisme", marqué par la grève des dockers en 1889, alors que l'extension du suffrage de 1884-1885 permet d'envisager des candidatures ouvrières indépendantes. Keir Hardie (1856-1915) agit en ce sens en Écosse en 1888, et son influence s'étend sur le Nord industriel, jusqu'à ce que les organisations se revendiquant du socialisme se réunissent dans l'*Independent Labour Party* (ILP) en 1893 [HOWELL, 1983]. Malgré une implantation dans les industries lainières, mécaniques ou métallurgique, cette formation suscite la méfiance des *trade unions* jusqu'à ce que l'affaire Taff Vale en 1901 oblige les *trade unions* à rembourser les dommages causés par les grèves et les persuade d'obtenir une représentation parlementaire. En février 1900 est fondé le *Labour Representation Committee* qui fait élire 29 députés en 1906, date à laquelle il se transforme en *Labour Party* [TANNER, 1990, WORLEY, 2009].

Dès lors, le succès de ces organisations dépend de leur capacité à mobiliser les travailleurs. Le SPD apparaît comme le "parti-modèle" [KRIEGEL, 1968] : dans les sections locales, calquées sur les circonscriptions électorales, le militant assiste aux réunions mensuelles, paie sa cotisation, écoute les personnalités du parti dans les conférences publiques, choisit les délégués et débat des motions pour le congrès annuel qui élit l'exécutif et la commission de contrôle, et détermine l'action du groupe parlementaire au Reichstag [GUTTSMAN, 1981]. Le parti rassemble plus d'un million de membres en 1914, recueille 19,7 % des suffrages en 1890, 31,2 % en 1903, 34,8 % en 1912, et compte 35 députés en 1890, et 110 en 1912. Avec ses bastions, villes et régions de la grande industrie comme la Saxe, Berlin ou Hambourg, le SPD apparaît comme une "contre-société". Le propos doit être nuancé : ainsi à Göttingen, les 256 adhérents du SPD en 1910 sont des artisans travaillant dans de petites structures, et partagent les conditions de vie et les valeurs de la petite bourgeoisie. S'ils sont maintenus à l'écart de la communauté politique, ils sont bien intégrés dans la société locale dont ils partagent le désir de respectabilité [VON SALDERN, 1984]. Aucun autre parti n'obtient de tels résultats en Europe occidentale : la SFIO rassemble 9,2 % des suffrages et 75 députés en 1910, et ne compte pas plus de 90 000 adhérents ; le PSI obtient bien 17,62 % des voix aux élections générales de 1913, mais il ne gagne que 52 sièges, et la composition sociale de ses 35 000 membres est hétéroclite ; le POB obtient 9,3 % des voix et 39 sièges et le premier député du PSOE est élu en 1910. Dans tous les cas, les organisations politiques ouvrières s'appuient sur des éléments d'identification essentiels, comme le 1er mai, mais ils entrent en concurrence avec d'autres sphères : culture républicaine en France, localismes en Italie et en Espagne. Au Royaume-Uni, la culture politique ouvrière reste attachée aux *trade unions* qui refusent de se définir comme socialistes et dans certains cas, comme à Durham, les valeurs de la société victorienne restent dominantes [Beynon et Austrin, 1994]. Les partis ouvriers doivent dès lors étendre leur audience à l'ensemble des travailleurs, donnant une importance cruciale à la propagande et à l'éducation. En Allemagne, le tiers des dépenses du parti en 1911, soit 200 000 marks, sont consacrées à la propagande. Le parti finance 89 quotidiens, dont le principal est le *Vorwärts*, organe central du parti depuis 1891, sous la direction de Wilhelm Liebknecht. Il soutient aussi des revues théoriques à la forte visibilité internationale, comme la *Neue Zeit* fondée par Karl Kautsky (1854-1938) en 1883, ou des maisons d'éditions comme Dietz, fondée en 1881. Pour rendre plus efficace sa propagande, le parti ouvre en janvier 1891 une *Arbeiterbildungsschule* à Berlin : associée à une bibliothèque, l'école donne des enseignements théoriques (économie politique...) et pratiques (sténographies...) à 3600 militants en avril 1891. En 1906, le congrès de Mannheim décide la création d'une école pour toute l'Allemagne : elle propose des sessions de cours de 6 mois à Berlin pour 30 militants sélectionnés [Christ, 1975 ; Lidtke, 1985]. L'exemple allemand est suivi en Autriche-Hongrie, ou pratiques militantes et traditions politiques sont fortement liées [Pasteur, 2003 ; Ducange, 2012] Il s'agit enfin de donner matériellement à voir la puissance du parti, objet de la construction des Maisons du Peuple en Belgique, qui rassemblent dans un même bâtiment la section du parti et des syndicats, des magasins coopératifs, des lieux de réunion, d'instruction et de divertissement : la Maison du Peuple à Bruxelles est inaugurée en 1899, le *Vooruit* de Gand est inauguré en 1914. Le modèle se diffuse en Allemagne : le *Volkspark* de Halle, inauguré en 1907, reprend les mêmes principes, de même qu'en Italie (la *Casa del Popolo* à Rome est inaugurée en 1906) et en Espagne (la *Casa del Pueblo* est fondée en 1908) [Degl'Innocenti, 1984].

Un monde commun ?

Si les organisations partisanes diffèrent d'un pays à l'autre, elles partagent leurs valeurs et leurs préoccupations dans un cadre commun, l'Internationale restaurée à Paris en 1889. Il ne s'agit que de congrès tenus régulièrement dans lesquels les partis nationaux discutent de problèmes communs : à Londres en 1896, les anarchistes sont écartés et l'action parlementaire privilégiée ; à Paris en 1900 et à Amsterdam en 1904, la participation des socialistes à des gouvernements bourgeois est condamnée ; à Stuttgart en 1907 et à Copenhague en 1910, la grève générale est affirmée face au risque de guerre. À partir de 1900, un Bureau socialiste international, dirigé après 1905 par le Belge Camille Huysmans (1871-1968), édite un bulletin trilingue pour coordonner l'ensemble [ANCEAU *et alii*, 2017 ; ALAYRAC, 2018 ; MARCOBELLI, 2019]. Mais si tous les partis se revendiquent d'une culture politique partagée, la cohérence idéologique reste assez lâche : le marxisme fait l'objet d'appropriations différenciées, et est traversé de controverses qui visent à l'adapter au contexte économique et politique de démocraties parlementaires industrialisées, comme le révisionnisme d'Eduard Bernstein à partir de 1898 [DREYFUS, 1984 ; STUART, 1992 ; ANGENOT, 1993 et 1996 ; STEGER, 1997 ; JOUSSE, 2007]

Certaines questions sont discutées dans ce cadre commun. La première est celle de l'intégration des partis ouvriers à la démocratie parlementaire au niveau national, puisque le soutien des députés socialistes au gouvernement implique le vote d'un budget capitaliste ou le financement d'une armée impérialiste, mais aussi la mise en œuvre d'améliorations exigées par la classe ouvrière. C'est en France que la question est la plus discutée : dans le contexte de l'affaire Dreyfus, Pierre Waldeck-Rousseau constitue un gouvernement de défense républicaine contre la réaction nationaliste en juin 1899, et confie le ministère du Commerce et de l'Industrie à Alexandre Millerand. Soutenue par Jaurès, l'initiative est rejetée par Guesde et Vaillant, provoquant la division du socialisme français. À Paris en 1900 puis à Amsterdam en 1904, l'Internationale recommande que les socialistes n'assument pas la responsabilité du pouvoir bourgeois et se tiennent à l'écart des gouvernements [JOUSSE, 2017]. Une deuxième question est celle des modalités de l'amélioration sociale, dans un contexte où les États nationaux prennent en charge la question sociale [ROSANVALLON, 1990]. Tout en dénonçant les limites des projets de réformes, comme sur la limite du temps de travail ou sur les retraites, les socialistes participent à l'élaboration de la loi, en participant aux organismes d'expertise ou en intervenant au Parlement [TOPALOV, 1999]. De même, l'implication des partis ouvriers dans l'administration locale, en particulier les municipalités, permet une action sur le quotidien ouvrier comme le logement, l'hygiène ou les services publics [DOGLIANI, 2018]. La troisième question posée aux partis ouvriers avant 1914 est celle de la nationalisation des sociétés, particulièrement prégnante en Autriche-Hongrie où elle donne lieu à une intense réflexion autour d'Otto Bauer (1881-1938), qui jette dès avant

1914 les fondements de l'austro-marxisme [Czerwinska-Schupp, 2016]. Malgré les discours internationalistes, l'expérience des partis ouvriers est de plus en plus enfermée dans les cadres de l'État-nation, et les réactions des organisations socialistes ne respectent pas toujours leurs valeurs universelles comme le montre la place restreinte conférée aux femmes dans les organisations, ou les réactions hostiles aux travailleurs belges dans le Nord de la France, ou aux travailleurs polonais dans la Ruhr [Cabot, 2017 ; Klessmann, 1978].

Catholiques et conservateurs

D'autres courants poursuivent l'encadrement politique des travailleurs, notamment les Églises. Les catholiques ont investi la question sociale dès les débuts de l'industrialisation, mais ils le font plus nettement après l'encyclique *Rerum Novarum* en 1891, dans laquelle Léon XIII définit les contours d'une politique sociale de l'Église [Durand, 1995]. En Allemagne, l'archevêque de Mayence, Mgr Ketteler (1811-1877) définit une action caritative fondée sur l'analyse précise de la misère ouvrière, et soutient des réformes économiques et sociales concrètes sous la forme de coopératives de production et de syndicats chrétiens qui inspirent la politique sociale du *Zentrum* fondé en 1870. Le parti catholique s'appuie sur des bastions ouvriers comme en Rhénanie, et propose aux travailleurs ses propres organisations professionnelles et culturelles [Mittmann, 1976]. D'autre part, le pasteur Adolf Stöcker (1835-1909), en créant le *Christliche Arbeiterpartei* en janvier 1878, souhaite attirer le vote ouvrier en faveur d'une monarchie sociale. Et si certains protestants libéraux, comme Friedrich Naumann (1860-1919) ou Paul Göhre (1864-1928), promeuvent une collaboration franche avec le SPD dans leur *National-Soziale Verein*, les Églises protestantes restent opposées au parti ouvrier, condamné en chaire [Brakelmann, Greschat et Jochmann, 1982 ; Na, 2003]. En France, après la répression de la Commune, Albert de Mun, René de La Tour du Pin et Maurice Meignan fondent l'Œuvre des cercles catholiques d'ouvriers, pour moraliser et christianiser les travailleurs, les instruire et leur fournir des secours. En 1878, 375 cercles rassemblent 38000 ouvriers [Levillain, 1983]. En Italie, le catholicisme social est plutôt tourné vers les travailleurs ruraux, mais des intellectuels, comme l'économiste Giuseppe Toniolo (1845-1944), initiateur de l'Union catholique des études sociales en 1889, ou le prêtre Romolo Murri (1870-1944), fondateur de la revue *Cultura Sociale*, encouragent les organisations syndicales catholiques dans les centres urbains (Turin,

Gênes, Milan, Rome, Naples) [GUASCO, 1988]. La réforme politique appelant une réforme ecclésiale en faveur des laïcs, ces initiatives sont condamnées avec le pontificat antimoderniste de Pie X (1903-1914). Avant 1914, le catholicisme social en Italie n'atteint guère les ouvriers, tout en obtenant plus de succès auprès des ouvrières du textile, de la mode ou à domicile, comme *l'Unione tra le donne cattoliche d'Italia* en 1908. En Belgique, des cercles ouvriers catholiques sont institués dans le sillage des congrès catholiques de Malines de 1864 à 1867, puis dans les congrès des Œuvres sociales de Liège de 1886 à 1890, favorables à une intervention de l'État dans la législation sociale, à des syndicats chrétiens établissant le dialogue entre patrons et ouvriers [GÉRARD et WYNANTS, 1994]. Au Royaume-Uni aussi les cercles religieux s'efforcent d'encadrer à leur profit les ouvriers: ainsi la *Guild of St Matthew*, fondée en 1877 par Steward Headlam, entend réformer la société par l'application de l'enseignement évangélique aux questions sociales comme la municipalisation des services publics, la journée de huit heures ou la nationalisation du sol [D'ALROY JONES, 1968].

Les autres forces politiques, conservatrices, nationalistes ou libérales, s'efforcent aussi de maîtriser les organisations ouvrières. Au Royaume-Uni par exemple, les extensions successives du suffrage en 1867 et en 1884-1885 ont mis le parti conservateur au défi de s'adresser à un électorat élargi. Grâce à des organisations comme la *Primrose League*, qui draine près de 8 millions d'électeurs en 1911, ils sont en mesure de capter le vote ouvrier dans l'ouest du Lancashire, à Birmingham, dans l'East End à Londres, dans centres liés aux armements ou aux chantiers navals (Portsmouth, Woolich, Sheffield).

MOBILISATION POLITIQUE ET RÉSURGENCE RÉVOLUTIONNAIRE (1914-ANNÉES 1930)

Les partis ouvriers en guerre

Lorsque la Première Guerre mondiale éclate, les organisations politiques ouvrières prouvent leur intégration à leurs États-nations respectifs, en soutenant les décisions des gouvernements nationaux dans les assemblées représentatives, voire y entrant. C'est le cas en France, où Jules Guesde est ministre sans portefeuille et Marcel Sembat (1862-1922) ministre des Transports, en attendant la nomination d'Albert Thomas (1878-1932) au sous-secrétariat d'État à l'Artillerie et aux Munitions en mai 1915 [Lefebvre, 2017; Blaszkiewicz-Maison, 2016]. C'est le cas au Royaume-Uni où, après le désastre des Dardanelles en 1915, le libéral Asquith constitue un gouvernement élargi où entre Arthur Henderson, au *Board of Education* avant d'être nommé ministre sans portefeuille du *War Cabinet* de Lloyd George jusqu'en 1917 [Briggs et Saville, 1977; Wrigley, 1990]. En Belgique, le gouvernement catholique dirigé par Charles de Broqueville, exilé en France, s'ouvre en 1916 au socialiste Émile Vandervelde (1866-1938), ministre sans portefeuille. Pour les organisations politiques ouvrières, la Première Guerre mondiale provoque un changement d'attitude envers l'État, dont les attributions économiques et sociales sont démultipliées par le conflit. Au Royaume-Uni, les organisations socialistes et ouvrières se rassemblent dans le *War Emergency Workers' National Committee* dès août 1914, sous la direction de Henderson, qui recommande une action énergique de l'État et des autorités locales pour soutenir les salaires, lutter contre le chômage et l'inflation [Briggs et Saville, 1977]. En France, c'est Albert Thomas, promu ministre de l'Armement en décembre 1916, qui fait primer l'impératif d'une organisation scientifique de la production selon les principes de Taylor, fondée sur un contrôle par l'État de la main d'œuvre dans le cadre du Service ouvrier créé le 12 juin 1915, et d'une collaboration entre les acteurs de la production dans le cadre de l'arbitrage obligatoire institué le 17 janvier 1917 [Blaszkiewicz-Maison, 2016].

La guerre accentue cependant les divisions au point de poser les bases des scissions futures. La participation à l'effort de guerre conduit certains socialistes à soutenir des positions nationalistes très affirmées. En Allemagne, les projets impérialistes d'expansions territoriales ou économiques sont soutenus par certains militants issus du révisionnisme : Eduard David (1863-1930) et Max Schippel (1859-1928) se rallient à l'idée d'une domination économique de l'Allemagne sur l'Europe centrale alors que Gustav Noske (1856-1926) préconise l'annexion de nouveaux territoires, comme la Courlande. Symétriquement, le soutien au conflit provoque l'opposition de pacifistes, dont les positions deviennent de plus en plus révolutionnaires. Certains militants s'efforcent de faire du mouvement ouvrier le ressort du pacifisme : dans cette perspective sont réunies des conférences internationales à Zimmerwald en septembre 1915 puis à Kienthal en avril 1916, avant l'échec de toute reprise de l'Internationale à la conférence Stockholm en septembre 1917 [Blänsdorf, 1979; Imlay, 2017]. Cependant, l'hostilité à la guerre est rapidement investie par des responsables politiques : en Allemagne, Karl Liebknecht refuse de voter les crédits de guerre en décembre 1914, rejoint par d'autres députés qui forment un groupe parlementaire en décembre 1915, devenu en avril 1917 l'USPD (*Unabhängige Sozialdemokratische Partei Deutschlands*, ou Parti social-démocrate indépendant d'Allemagne) [ENGELMANN et NAUMANN, 1993 ; BRAUNE, HESSELBARTH et MÜLLER, 2018]. La constitution d'une minorité de guerre est aussi à l'œuvre en France, à partir du rapport de la fédération de la Haute-Vienne en mai 1915 : elle s'impose progressivement dans la SFIO jusqu'à devenir majoritaire en 1918, sous la direction de Jean Longuet [CANDAR, 2007].

Les partis ouvriers divisés : la naissance des partis communistes

En 1918, l'effondrement des empires centraux et les conséquences économiques et sociales de la guerre relancent la dynamique révolutionnaire, inspirée par la révolution bolchevique en octobre 1917. Jusqu'au début des années 1920, une vague de grèves bouleverse l'Europe de l'Ouest et transforme les modalités d'intervention politique des travailleurs, en valorisant la mobilisation de la base [WRIGLEY, 1993]. En Allemagne, la formation de conseils d'ouvriers et de soldats dès avant la proclamation de la République, le 9 novembre 1918, jette les bases d'une démocratie exercée par les travailleurs eux-mêmes, dont la tâche est à la fois de faire triompher la démocratie sociale et d'éviter l'effondrement de l'État. Le *Vollzugsrat*, dirigé par Richard Müller (1880-1943), constitue ainsi un contre-pouvoir face au gouvernement provisoire de Friedrich Ebert [HOFFROGGE, 2014]. Au Royaume-Uni, les tentatives pour instituer le contrôle ouvrier sur les usines s'appuient sur le syndicalisme révolutionnaire du *shop stewards' movement*, dans le but d'instaurer une démocratie industrielle organisée par les ouvriers eux-mêmes. Les grèves organisées par les mineurs, les cheminots ou les ouvriers des transports échouent néanmoins dès 1921, faute du soutien du *Labour* qui préfère une stratégie progressive. En Italie, les grèves se multiplient en 1919 et voient la constitution de soviets locaux dans les communes ou les usines. Le mouvement est théorisé par la revue *Ordre nouveau*, autour d'Antonio Gramsci, qui fait des commissions internes de fabrique inspirées des Soviets les bases de l'organisation socialiste. En Espagne, les mouvements se multiplient et se radicalisent entre 1918 et 1920 : émeutes, occupations des terres et instauration de républiques bolchevistes de village dans l'Andalousie agraire, mouvements par des syndicats unifiés en Catalogne. En février-mars 1919, Barcelone est plongée 44 jours dans l'obscurité et 70 % de l'industrie est paralysée, avant une grève générale qui met le mouvement aux prises avec l'armée et les autorités administratives.

Les organisations partisanes, déjà divisées par leur attitude pendant la guerre, sont donc contestées par la base ouvrière, alors que la révolution bolchevique ouvre un nouvel idéal d'organisation, celui du parti d'avant-garde théorisé par Lénine dans *Que faire ?* en 1902. Les bolcheviks relancent l'Internationale en mars 1919, et fixent en juillet 1920 des conditions impératives d'admission (soumission à Moscou, centralisation et discipline des partis, exclusion des réformistes), provoquant des scissions en chaîne [Pons et Smith, 2017]. En France, l'adhésion à la Troisième Internationale se conjugue au rejet de la politique socialiste pendant la guerre. Mais alors qu'un courant "reconstructeur", mené par Jean Longuet, entendait adapter les conditions pour préserver l'unité, ce sont les apôtres de la rupture Marcel Cachin (1859-1968) et Ludovic-Oscar Frossard (1889-1946) qui imposent la rupture de la SFIC, alors que Léon Blum maintient la SFIO [Kriegel, 1969 ; Ducoulombier, 2010]. En Italie, les groupes favorables aux 21 conditions se réunissent à Imola en novembre 1920 et proposent une motion adoptée au congrès de Livourne en janvier 1921. Mais la motion majoritaire, celle de Giacinto Menotti Serrati (1872-1926), est refusée par les délégués communistes menés par Amadeo Bordiga (1889-1970) qui quittent le congrès et fondent le PCI. En Espagne, les hésitations dominent : le PSOE se prononce pour le maintien dans la Deuxième Internationale en décembre 1919, mais la poussée des militants communistes dans les Asturies ou en Biscaye explique l'adhésion votée par un congrès extraordinaire et la création par les Jeunesses socialistes d'un premier parti communiste en 1920. L'année suivante, un troisième congrès, revient sur l'adhésion, provoquant le départ de militants qui fondent le Parti communiste espagnol. Les deux partis communistes ne s'unissent que sous la contrainte exercée par l'Internationale.

Les cas britanniques et allemands sont particuliers. Au Royaume-Uni, le *Communist Party of Great Britain* (CPGB) est fondé à l'été 1920 par la réunion de militants de petits partis aux marges du *Labour*, de militants ouvriers du *shop stewards' movement** ou du *guild socialism**, de dissidents de l'ILP. Il s'agit d'une fondation extérieure au *Labour*, sans écho réel auprès des *trade unions*, au point que le CPGB s'obstine à demander son affiliation au *Labour* jusqu'en 1925. En Allemagne, la naissance du KPD (*Kommunistische Partei Deutschlands*) est marquée par le contexte de la révolution allemande. Le *Spartakusbund*, qui réunit depuis le 11 novembre 1918 les socialistes hostiles à la guerre comme Karl Liebknecht et Rosa Luxemburg, se rapproche d'autres groupes d'extrême-gauche pour mieux lutter contre la répression des mouvements populaires exercée par le gouvernement provisoire de Friedrich Ebert (1871-1925), et fonde le KPD le 30 décembre 1918. L'organisation est directement atteinte par la répression de la grève générale de janvier 1919 par Noske: le 15, 150 révolutionnaires sont tués, dont Liebknecht et Luxemburg. Le mouvement se poursuit néanmoins pendant le printemps, les communistes participent à l'instauration de la République des conseils en Bavière en avril 1919. Un parti communiste existe déjà en Allemagne quand est fondée la Troisième Internationale, qui s'efforce ensuite de discipliner l'organisation, provoquant la multiplication de groupuscules rivaux. L'adhésion d'une partie de l'USPD aux conditions de Moscou, acquise au congrès de Halle en octobre 1920, permet néanmoins au KPD de devenir un parti de masse. Les mouvements révolutionnaires de 1918-1920 aboutissent ainsi à un émiettement des formes d'expression politiques des travailleurs.

Les partis ouvriers dans l'entre-deux-guerres : entre démocratie parlementaire et régime autoritaire

L'entre-deux-guerres voit l'association des organisations socialistes à la démocratie, à la paix et au progrès social. D'abord parce que les organisations ouvrières s'identifient aux régimes démocratiques issus de la guerre ou confirmés par elle. Au Royaume-Uni, le parti travailliste admet les adhésions individuelles à partir de 1918 et se transforme en parti populaire ; tout en donnant une part plus grande aux *trade unions*, son programme se réclame du socialisme. Dans l'entre-deux-guerres, le *Labour* devient le parti d'opposition officielle grâce à son influence auprès des travailleurs des mines, du textile, de la chimie et de la métallurgie. De 60 députés en décembre 1918, il en gagne 142 en 1922 et 191 en décembre 1923 ; John Ramsay MacDonald (1866-1937) devient Premier ministre en 1924 puis en 1929. En France, la SFIO, remise de la scission avec la Parti communiste, obtient 101 députés aux élections de 1924 soutient le Cartel des gauches, gouvernement radical dirigé par Édouard Herriot. En Belgique, la participation du POB se prolonge jusqu'en 1921, et il soutient le gouvernement de coalition de gauche formé avec les démocrates-chrétiens en avril 1925. En Espagne, les socialistes participent au Pacte de Saint-Sébastien avec les autres partis républicains, contre la dictature de Primo de Rivera, et transforment ce comité en gouvernement lorsque la république espagnole est proclamée le 14 avril 1931 [JUDT, 1976 ; SHEPHERD et LAYBOURN, 2006]. Un tel soutien à la démocratie parlementaire n'est pas sans susciter des oppositions fortes, notamment avec la gauche communiste ou ouvriériste. Ainsi en Allemagne, le soutien apporté par le SPD à la République de Weimar conduit la direction du parti à accepter la répression de l'agitation communiste dans la Ruhr. En Espagne, les socialistes au pouvoir s'opposent aux communistes réprimés dans la violence à Bilbao et à Séville. Mais ce soutien apporté au régime parlementaire ouvre l'accès au gouvernement. En Allemagne, Friedrich Ebert est président de la République jusqu'à sa mort en 1925, et Philipp Scheidemann (1865-1939), Gustav Bauer (1870-1944) et Hermann Müller (1876-1931) se succèdent à la chancellerie de février 1919 à juin 1920, Müller redevenant chancelier de janvier 1928 à mars 1930. Ils font adopter la journée de 8 heures dès 1918, et les comités d'entreprise le 4 février 1920, institutionnalisant le principe de la cogestion [MILLER, 1978 ; WINKLER, 1985]. En France, les socialistes arrivent au pouvoir en juin 1936, après la victoire du Front populaire aux élections législative, et le gouvernement Blum signe dès le 7 juin les accords Matignon [JACKSON, 1988 ; TARTAKOWSKY, 1996 ; MONIER, 2002].

Chacune de ces expériences gouvernementales se solde néanmoins par un échec car les partis ouvriers ne parviennent ni à juguler la crise économique qui sévit après 1929, ni à résister efficacement à la vague des régimes autoritaires. Face à la crise économique, les réponses socialistes semblent inadéquates : Philip Snowden (1864-1937), chancelier de l'Échiquier dans le Cabinet MacDonald entre 1929 et 1931, reste attaché aux principes de l'économie victorienne (le libre-échange, l'étalon-or, la rigueur budgétaire), alors que le doublement du nombre de chômeurs pendant cette période, et l'abandon de l'étalon-or en 1931, provoquent la crise du parti [RIDDELL, 1999]. En Allemagne, le SPD refuse de prendre le risque d'aggraver la situation économique et sociale en transformant les structures de l'économie en 1919-1920 : les accords entre le leader syndicaliste Carl Legien et le représentant du patronat Hugo Stinnes reconnaissent les syndicats comme des partenaires de la négociation collective, mais éloignent la perspective d'une collectivisation, provoquant des manifestations violentes en janvier 1920 [KRÜGER, 2018]. Le manque de réponse socialiste suscite en réaction des innovations théoriques, dont la plus remarquable est celle avancée par le Belge Henri De Man, dans *Au-delà du marxisme* (1927). Ses propositions, énoncées devant le POB en 1933, consistent à nationaliser le crédit pour relancer la consommation, et instaurer une économie mixte où l'État jouerait le rôle d'initiateur. Face à la montée du fascisme, les partis ouvriers formulent une réponse de plus en plus cohérente. Les socialistes italiens restent désemparés et le PSI est interdit en 1925. En Allemagne, les socialistes et les communistes s'opposent dans la logique "classe contre classe" : le SPD reste attaché à la légalité alors que le KPD lutte contre le "social fascisme" à partir de 1929. Les deux partis n'hésitent pas à fournir une réponse militaire: *Roter Frontkämpferbund* dès 1924 pour le KPD, Front de fer en 1931 pour le SPD. La guerre d'Espagne marque un tournant dans la résistance des partis de gauche au fascisme: le pacte du 15 janvier 1936, conclu entre les organisations de gauche, permet la victoire électorale le mois suivant, contre les forces conservatrices. En France, la résistance au fascisme devient une cause défendue par la SFIO puis par le parti communiste à partir de 1934, conduisant, comme en Espagne, à la victoire du Front populaire en mai 1936 [HORN, 1996 ; ALEXANDER et GRAHAM, 1989]. Ces victoires ne freinent pas l'essor du fascisme puis du nazisme, qui s'efforcent de capter les soutiens populaires de leurs adversaires. La dictature nazie soigne son image auprès des travailleurs: transformation du 1er mai en fête patriotique, valorisation du travail productif, communication autour du loisir et de la consommation des ouvriers. Si le parti nazi suscite l'adhésion d'une partie des travailleurs, notamment dans les secteurs les plus encouragés comme l'aéronautique et l'automobile à Brême, celle-ci est loin d'être généralisée: les ouvriers, par des gestes quotidiens, préservent malgré la dictature une autonomie dans leur travail [MARSOLLEK et OTT, 1986; MÜLLER, 1986; LÜDTKE, 2000]. Cette attitude de distanciation est également celle des ouvriers italiens qui tirent tout l'avantage qu'ils peuvent de la politique fasciste sans pour autant adhérer au régime [DE GRAZIA, 1981].

La mobilisation politique des travailleurs suit une dynamique claire: le travail défini d'abord une catégorie sociale avec ses intérêts politiques, fragmentaires dans un premier temps, exprimés par des insurrections associées aux mouvements libéraux, démocrates ou républicains. Avec l'approfondissement de l'industrialisation et la construction des États nationaux dans la deuxième moitié du XIXe siècle, les travailleurs constituent une classe identifiée comme telle par ses promoteurs, organisés en partis politiques à la conquête d'un pouvoir qui se démocratise de plus en plus. En transformant l'État, mais aussi en radicalisant les pratiques politiques, la Première Guerre mondiale relance la dynamique révolutionnaire parmi les travailleurs d'Europe de l'Ouest, en la polarisant entre des camps radicalement opposés (socialistes, communistes, fascistes).

NAISSANCE ET DÉVELOPPEMENT DES ÉTATS SOCIAUX ET DU DROIT DU TRAVAIL

Après 1830, les enquêtes puis les sciences sociales révèlent les maux et les risques inhérents au travail qui fragilisent le corps social et compromettent l'avenir du pays. Une prise de conscience s'effectue selon laquelle il devient plus important de "protéger le travail et les travailleurs que d'assister ceux qui n'en ont pas" [VIET, 2002]. Des politiques sociales sont mises en œuvre qui fondent le *Sozialstaat* allemand, l'État-providence français ou le *Welfare state* anglais. Chaque pays élabore une réponse originale à la question sociale qui combine la mise en œuvre d'une protection contre les risques par le biais de mécanismes d'assistance, de prévoyance ou d'assurance, et l'élaboration d'un droit du travail qui repose sur la loi et/ou sur la négociation collective.

Le but de ce chapitre est double. Il s'agira en premier lieu de comprendre comment la légitimité de l'intervention de l'État s'est imposée et quelles ont été les solutions retenues. Il faut également analyser la place du mouvement ouvrier dans ces évolutions et la manière dont les ouvriers se sont saisis ou non des dispositifs. Notre propos s'inscrit dans une histoire comparée attentive aux phénomènes d'exportation ou d'imitation par lesquels les États sociaux se sont bâtis en miroir les uns des autres pour répondre à des problèmes communs [KOTT, LENGWILER, 2017]. À ce titre, il s'agit aussi de mesurer la place des crises (guerre et crises économiques) et d'interroger les interactions entre ces épisodes critiques et le développement des politiques sociales [RASMUSSEN, 2016].

LA QUESTION SOCIALE À L'ÈRE LIBÉRALE (1830-1880)

Au début de la période, la multiplication des enquêtes révèle que le travail, s'il crée de la richesse, fabrique aussi de la misère, du paupérisme c'est-à-dire une pauvreté qui devient un danger social. Parallèlement, la suppression progressive des cadres communautaires de l'Ancien Régime (familles, corporations, paroisses) ne fait pas disparaître le besoin de régulation d'autant que la liberté du travail signifie aussi, aux yeux des employeurs, une émancipation menaçante de l'ouvrier. Ajoutée à l'inquiétude que génère le triomphe du libéralisme mais aussi la vague insurrectionnelle de 1830 et les révolutions de 1848, cette prise de conscience suscite la recherche de solutions à la question sociale – le terme naît dans les années 1830 (v. Libéralisation, dérégulation et contrôle du travail). Conçues dans un cadre libéral, qui considère l'individu comme autonome et responsable, les solutions restent tributaires d'une vision morale de la pauvreté et de la misère qui les attribue à une déficience morale. À ce titre, la question sociale reste un problème individuel et non collectif.

Les tribunaux et la régulation des rapports de travail

Le début de la période est marqué par la désagrégation du système institutionnel qui régulait le marché du travail ainsi que les relations entre patrons et ouvriers. L'abolition des corporations par le décret d'Allarde (1791) en France et celle du *Statute of Artificers and Apprentices* en 1814 en Angleterre suppriment l'ensemble des règles qui définissaient l'accès au métier et les conditions de son exercice, au nom de la liberté du travail et de la libre concurrence prônées par l'économie politique. En l'absence de droit du travail, entendu comme un code spécifique distinct du droit civil et du droit pénal, ce sont les catégories du droit civil qui définissent la relation d'emploi. Or le droit civil fait abstraction des rapports de dépendance et de subordination, présupposant l'autonomie des individus. Ainsi, dans la mesure où ce n'est plus le statut, la naissance ou la qualification qui détermine la relation d'emploi, celle-ci est considérée comme le produit d'une négociation libre entre deux individus également consentants. Dans les faits, ce principe se traduit de manière très différente selon les pays, et pas toujours au détriment de la partie la plus faible, c'est-à-dire des ouvriers.

En France, les litiges entre patrons et ouvriers relèvent de la justice civile et plus précisément des Conseils de prud'hommes, instaurés progressivement à partir de 1806, auxquels recourent tant les ouvriers que les patrons. Or les jugements prud'hommaux limitent les pouvoirs de l'employeur en légitimant le "droit de quitter" des ouvriers et par là même celui de marchander les conditions de travail avec l'employeur. Ailleurs, ils imposent des tarifs qui font figure de salaires minimaux. La justice prud'hommale consacre ainsi le "bon droit" des ouvriers et concrétise l'émancipation que représente pour les travailleurs l'abolition des corporations [Cottereau, 2002]. Cette jurisprudence prud'hommale correspond à une réalité économique et sociale. D'une part, les conseils de prud'hommes sont une justice paritaire : les petits patrons qui y siègent ne se sentent pas très différents des ouvriers et comprennent également l'intérêt à limiter la concurrence. D'autre part, le "bon droit" coïncide avec une organisation du travail qui laisse une large place à l'autonomie des ouvriers [Lemercier, 2019].

En Angleterre, l'engagement d'un ouvrier lui impose un devoir d'obéissance au patron. Les litiges ne sont pas conciliés mais tranchés par des juges de paix, socialement proches des patrons, qui pratiquent une justice paternaliste [Cottereau, 2006]. Les *Master and Servant Acts* assimilent la relation d'emploi à un modèle hiérarchique, disciplinaire et unilatéral. À ce titre notamment, la rupture de contrat est criminalisée et punie par une peine d'emprisonnement. Parallèlement, la consécration de la libre concurrence conduit à interdire toute coalition, ce qui permet de briser la résistance ouvrière à l'abolition des coutumes et des règles corporatives [Deakin et Wilikinson, 2005].

Quelle que soit la réalité que recouvre la fiction du libre contrat, celle-ci fait l'objet d'une dénonciation croissante à partir de 1830 qui justifie la mise en œuvre des premières lois protectrices.

Les femmes et les enfants d'abord : les premiers pas de la protection légale des travailleurs

Dans la seconde moitié du XIXe siècle, les pays européens établissent, selon des chronologies variables, des lois destinées à réglementer le travail des enfants puis des femmes. Ainsi, le premier droit du travail d'origine publique est un droit consenti et partiel, destiné à protéger les plus faibles et non à améliorer les conditions de travail et de vie de l'ensemble des ouvriers.

Ces réglementations ont d'abord en commun d'établir un âge minimum pour l'admission en usine et de plafonner la durée du travail quotidienne. La Grande-Bretagne fait figure de pionnière. En 1878, le *Factory and Workshop Act* codifie l'ensemble des réglementations sectorielles adoptées depuis 1833, proscrit le travail des moins de 8 ans et instaure le système de la demi-journée qui doit leur permettre de fréquenter l'école. La durée maximale quotidienne en semaine est de 6 heures 30 pour les enfants (8-13 ans) travaillant le matin et de 6 heures pour ceux qui travaillent le soir, de 13h à 18h. Pour les adolescents (13-18 ans) et les femmes, le temps de travail ne peut dépasser 10 heures 30 par jour. Dès 1839, la Prusse établit sa propre réglementation : l'âge d'admission des enfants est progressivement fixé à 12 ans. En dessous de 14 ans, la durée du travail est limitée à 6 heures et 10 heures pour les 14-16 ans. La législation française est plus tardive et prudente Contrairement à l'Angleterre, qui adopte d'abord des mesures sectorielles contenant des prescriptions très précises, la France privilégie une réglementation générale dont les clauses demeurent assez vagues. Excluant de son champ d'application les établissements occupant moins de 20 ouvriers, la loi de 1841 interdit le travail en usine des enfants de moins de 8 ans. De 8 à 12 ans, la durée de travail effectif est de 8 heures par jour. De 12 à 16 ans, elle est de 12 heures. Votée en 1874, la seconde loi élève l'âge d'admission et instaure le système de la demi-journée pour les moins de 16 ans. Toutefois, le texte prévoit de multiples possibilités de déroger, permettant aux industriels de s'affranchir de la réglementation. Enfin, le travail de nuit est proscrit pour les enfants de moins de 16 ans et les filles mineures (16-21 ans). Les femmes majeures ne sont pas protégées avant le vote de la loi de 1892. En Italie et en Espagne, la réglementation est plus tardive et beaucoup moins protectrice. En Italie, la loi de 1902 fixe à 12 ans l'âge d'admission à l'usine mais permet de faire travailler les adolescents jusqu'à 11 heures par jour.

La réglementation du travail des femmes et des enfants s'explique par des considérations humanitaires mais aussi, et surtout, par des motifs d'ordre économique ou patriotique. En Grande Bretagne, les industriels des mines souhaitent limiter le travail des enfants très jeunes (moins de 10 ans) parce qu'ils sont jugés peu fiables pour les travaux auxquels ils sont employés [KIRBY, 2014]. En France, la société industrielle de Mulhouse, qui fait figure de minorité agissante parmi le patronat, prie les pouvoirs publics de légiférer. Ses membres sont mus par des considérations philanthropiques, dérivées du protestantisme, mais aussi par le souci de réguler la concurrence, et surtout d'entretenir la main d'œuvre. Ainsi, la protection légale des travailleurs naît de la prise de conscience que le travail déforme et abîme au risque de rendre les adolescents puis les adultes inaptes au travail industriel et au service militaire. Cette dernière préoccupation est particulièrement vive dans les pays où la conscription est établie comme la France ou la Prusse [HENNOCK, 2007]. Comme les enfants, les ouvrières sont protégées parce qu'en tant que futures mères, elles représentent l'avenir de la nation industrielle. Cette protection spécifique se justifie également par le fait que ces deux catégories ne sont pas jugées capables de se défendre des abus dont ils sont victimes. À l'inverse, les hommes, majeurs et citoyens, peuvent s'organiser collectivement pour faire valoir leurs droits. En France, il est admis que la République a émancipé les ouvriers en leur accordant le suffrage universel et qu'elle ne saurait à la fois libérer et protéger. Enfin, protéger l'ensemble des ouvriers reviendrait à constituer la population ouvrière en collectif, ce qu'évitent la segmentation et le caractère discriminatoire de la protection légale [VIET, 1998]

La deuxième innovation majeure introduite par ces lois est la mise en place d'une inspection chargée de contrôler leur application. Elle signifie que l'État, par le biais des inspecteurs, pénètre dans l'usine. En Grande Bretagne, dès 1833, la loi Althorp crée un corps d'inspecteurs aux prérogatives étendues. Ils ont le droit d'entrer dans l'usine, de demander les registres comme les différents certificats exigés par la loi. Ils ont enfin l'obligation d'adresser au *Home secretary* des rapports mensuels sur les accidents et les poursuites engagées. La Grande Bretagne possède dont très tôt un corps d'inspecteurs fonctionnarisés, afin de les rendre imperméables aux intérêts locaux. Ses missions sont à la fois d'informer et de sanctionner et ses attributions recouvrent aussi bien la protection légale que la prévention des accidents et l'hygiène industrielle. En France, il faut attendre la loi de 1892 pour qu'une véritable inspection soit mise sur pied [VIET, 1994].

L'effet de ces lois sur l'emploi des enfants, comme sur leurs conditions de travail, est assez difficile à établir et apparaît, dans tous les cas, très variable selon les pays. En Angleterre comme en France, l'emploi de la main d'œuvre infantile décline de manière continue dans les décennies qui suivent leur adoption [FIORENTINO, 2017; NARDINELLI, 1980]. À l'inverse, en Lombardie, l'emploi des mineurs augmente de 49 % entre 1903 et 1911 [PASI, 2002]. Face à l'hostilité conjuguée des industriels et des familles ouvrières, les moyens de l'inspection sont limités. En Grande Bretagne, en 1833, on ne compte que 4 inspecteurs pour l'ensemble du pays. À la fin du XIXe siècle, on dénombre moins de 40 inspecteurs pour plus de 4000 mines à inspecter chaque année.

Les sanctions sont la plupart du temps inadaptées et certains inspecteurs, doutant de leur légitimité, sont réticents à les infliger [Bartrip, 1983]. La diminution constatée résulte du fait que la réglementation contraint l'employeur à effectuer de multiples démarches, à réorganiser le travail pour s'adapter au système de la demi-journée, éventuellement à construire une école. Toutes ces obligations sont autant de charges et de coûts qui diminuent la rentabilité de la main d'œuvre infantile alors même que les mutations économiques et technologiques en rendent l'emploi moins nécessaire [Nardinelli, 1980].

La promotion de la prévoyance libre

L'évolution du regard sur la pauvreté conduit peu à peu à distinguer deux types de pauvres: les travailleurs dépourvus de patrimoine qu'un accident plonge dans l'indigence d'une part, les sans-travail, d'autre part, qui sans l'aide d'autrui sont exposés à une mort certaine. Pour les seconds est privilégiée une formule qui existe déjà, celle de l'assistance distribuée par les organisations charitables ou les communes. Pour les premiers, il s'agit d'encourager la prévoyance, en incitant notamment au développement des sociétés de secours mutuels (v. Résister, lutter et s'organiser sur le terrain économique, des années 1830 aux années).

Les sociétés de secours mutuels (SSM) connaissent un développement très variable selon les pays européens. Les élites se déclarent favorables à leur développement parce qu'elles apportent une réponse à la misère ouvrière tout en éduquant les classes laborieuses aux vertus de l'épargne et de la prévoyance. Cette promotion de la prévoyance correspond au paradigme libéral qui associe la sécurité à la propriété et s'articule à une réalité économique – celle de la petite industrie mais aussi de l'artisanat ou de la fabrique collective – où les frontières entre patrons et ouvriers demeurent poreuses. Mais les liens des SSM avec le mouvement ouvrier sont aussi considérés avec méfiance. Plusieurs lois sont donc votées pour promouvoir et surtout encadrer l'activité mutualiste afin de séparer le mutualisme du syndicalisme.

À partir de 1815, la viabilité financière des *friendly societies* anglaises devient un objet de préoccupation constante au sein de la classe politique anglaise. Le décret de 1829 impose trois mesures pour la conforter. Les SMM doivent faire approuver leurs règlements par un fonctionnaire appointé par les *National Debt Commissionners*. En 1846, un poste est entièrement dédié à l'enregistrement des *friendly societies* et à la collecte de leurs données. En effet, les administrateurs ont l'obligation, à la fin de chaque année, de présenter un compte-rendu de l'état financier de l'association. Enfin, tous les cinq ans, ces administrateurs sont tenus de fournir au juge de paix les données de maladie et de mortalité.

Cette expérience anglaise inspire en partie la loi de juillet 1850 et le décret du 26 mars 1852 qui fondent la mutualité impériale en France. La législation impériale introduit donc deux catégories de SSM : les sociétés libres et les sociétés approuvées. La seconde bénéficie de privilèges fiscaux et se voit accorder des droits (celui de gérer une caisse de retraite ou d'acquérir des biens immobiliers) dont ne jouissent pas les sociétés libres. En contrepartie, la loi interdit aux sociétés approuvées de se regrouper et restreint leur taille. Le président est nommé directement par l'Empereur ou son représentant. Enfin, leur conseil d'administration doit intégrer des membres honoraires qui, en pratique, sont recrutés parmi la bourgeoisie ou les notables locaux. Alors que le nombre de sociétés approuvées connaît une croissance exponentielle, les SSM se muent en organismes dédiés à l'harmonie et la concorde sociale ainsi qu'à l'encadrement des classes populaires par les notables [GUESLIN, 1987]. Cette place croissante des élites et des pouvoirs publics dans l'administration et la gestion des secours mutuels s'accompagne d'une irruption des préoccupations et des outils gestionnaires ainsi que d'une dénonciation des pratiques de solidarité en milieu populaire [CARANTON, 2017]. Le développement de la mutualité n'offre qu'une protection lacunaire contre les risques. D'une part, les mutuelles ont des difficultés récurrentes à couvrir le risque vieillesse c'est-à-dire à assurer des pensions décentes. D'autre part, elles ne prennent en charge que la fraction supérieure du monde ouvrier, les artisans ou des ouvriers qualifiés, qui peuvent payer les cotisations. Les ouvrières sont exclues de l'administration des SSM. Rapportée à leur salaire, la cotisation qu'elles versent représente un effort financier plus prononcé alors que certains risques qui les concernent exclusivement, notamment la maternité, ne sont pas assurés [ESCUDIER, 2017 ; DREYFUS, 2001].

En Italie ou en Belgique, les projets de réglementation des SSM rencontrent de très fortes oppositions. En Italie, ils suscitent l'hostilité des SSM de sensibilité mazzinienne ou démocrate et en Belgique celle des libéraux ou des catholiques opposés à toute ingérence de l'État. Si la législation belge apparaît très proche de la réglementation française, les Italiens adoptent une loi minimale [TOMASSINI, 1999].

L'ÉMERGENCE DES ÉTATS SOCIAUX DES ANNÉES 1880 À LA VEILLE DE LA GRANDE GUERRE

L'essor de la statistique et des sciences sociales, mais aussi la croissance d'un prolétariat industriel qui semble enchaîné à sa condition de salarié, favorisent une nouvelle perception des risques et de la pauvreté. Non seulement les mutations technologiques de la seconde révolution industrielle font apparaître le travail comme intrinsèquement dangereux, mais elles changent le regard sur le travailleur. Au sein de la grande usine, rivé à sa machine, tenu de respecter un règlement qui limite ses déplacements, organise son temps et contraint son rythme, l'ouvrier apparaît de moins en moins autonome (v. 1880-1914. Vers un nouveau monde ouvrier ?). Le décalage entre l'égalité formelle des droits et des devoirs entre l'ouvrier et son employeur et la subordination du premier au second apparaît de plus en plus clairement [Viet, 2003]. Les réformateurs conçoivent de nouvelles formes de protection et imaginent un droit d'essence collective.

Débats, échanges et circulations : les nébuleuses réformatrices

Dans l'ensemble des pays européens, quel que soit leur niveau de développement industriel, se constitue au tournant des années 1880-1890 un puissant courant en faveur de la réforme sociale. Les compromis sur les réformes à adopter dans différents domaines, dont le travail, s'élaborent au sein de nébuleuses réformatrices [Topalov, 1999]. Diverses associations au recrutement professionnellement et politiquement hétérogène fleurissent. Aux côtés des universitaires - économistes, juristes, historiens ou encore sociologues - et des hauts fonctionnaires interviennent des industriels, des parlementaires, des ingénieurs ou encore des militants du mouvement ouvrier. Au sein de ces cercles réformistes débattent des catholiques sociaux, des conservateurs mais aussi des socialistes modérés. Les plus connues sont le *Verein für Socialpolitik*, la *Gesellschaft für Sozialreform* en Allemagne, la *Società Umanitaria* en Italie, l'*Institución Libre de Enseñanza* en Espagne ou encore la Société fabienne en Grande Bretagne. En leur sein, se développent peu à peu des courants en faveur de l'assurance sociale obligatoire ou de l'intervention de l'État dans les relations industrielles qui rompent avec l'orthodoxie libérale de la période précédente. Créé au lendemain de l'unité allemande, en 1873, le *Verein für Socialpolitik* se donne comme objet de trouver les conditions de stabilisation du jeune État en résorbant le clivage entre patrons et ouvriers, et en luttant à la fois contre le libéralisme et contre le socialisme [ZIMMERMAN, 2001]. Fondé par des économistes, adeptes d'une économie politique révisée, attentive aux conditions historiques et sociales de l'activité économique, il se divise entre une aile conservatrice qui promeut l'intervention de l'État pour résoudre la question sociale et une aile libérale qui insiste davantage sur les capacités et les réponses de la société civile. S'il renonce à intervenir directement auprès des gouvernements, il joue un rôle clef dans les progrès de la législation sociale : ses enquêtes servant de base à l'élaboration des projets défendus par les partis politiques ou les hauts fonctionnaires. Pour étayer leurs propositions, ces différentes associations ont en commun la volonté d'ancrer scientifiquement la réforme sociale en multipliant les enquêtes de terrain comme les études statistiques.

À ce titre, ces réseaux réformateurs collaborent avec les offices du travail ou les bureaux du travail à la création desquels ils contribuent souvent. Ces organes administratifs à vocation statistique et technique apparaissent de manière quasi simultanée en Europe. En Grande-Bretagne, le *Department of Labour* voit le jour en 1892 à la demande de sympathisants des syndicats issus des couches moyennes, des radicaux traditionnels et d'une élite londonienne constituée d'enquêteurs et de statisticiens officiels [DAVIDSON, 1990]. Sous la pression du *Zentrum* et du SPD, la statistique ouvrière s'institutionnalise progressivement au sein du *Reich*. La *Kommission für Arbeiterstatistik* entre en activité en mars 1892 et compte, en son sein, plusieurs membres du *Verein*. Placée sous l'autorité exclusive du chancelier, sa mission est bornée par les besoins de l'action gouvernementale et se limite à la production de données qui permettent de juger de l'application ou de la révision des lois en vigueur. À partir de 1902, elle est remplacée par le Département de statistique ouvrière dont les objectifs sont élargis. En France, le Conseil supérieur du Travail se dote, quelque mois après sa création, d'un organe de renseignement, d'information et de prévision : l'Office du travail. Il vise à recueillir, coordonner, publier toutes les informations relatives au travail [LESPINET-MORET, 2007b]. En 1902, Giovanni Montemartini, un des dirigeants de l'*Umanitaria,* met en place l'*Ufficio del Lavoro* [MUSSO, 2015]. En 1903, l'Espagne voit la création de l'institut de la réforme sociale et de l'institut du travail inspiré en partie de l'exemple français [DOMENECH, 2011]. Bien que publics, ces différents organismes n'ont pas pour vocation première de justifier une intervention accrue de l'État en matière de politique sociale. En Angleterre, la principale fonction de l'office est de renforcer l'individualisme et de contenir l'expansion et l'intervention de l'État. En France, le Conseil supérieur du Travail, dont dépend l'Office du travail, n'entend pas proposer une réponse "unique à la question sociale" mais apporter des solutions "pratiques à des questions particulières et précises". Le pragmatisme ainsi promu tend à morceler et dépolitiser la question sociale [Lespinet-Moret, 2007a]. Toutefois, ce travail statistique et documentaire favorise une nouvelle perception de la question sociale et des risques liés au travail justifiant des politiques ou des prises en charge alternatives. Et c'est de ces organismes, qu'en Belgique, en France et en Italie naissent les premiers ministères du Travail. De fait, en France, le courant interventionniste, notamment autour d'Arthur Fontaine ou d'Alexandre Millerand se rassemble au sein de l'Office du travail.

Les réformateurs de tous les pays se rencontrent, enfin, au sein des associations et congrès internationaux consacrés au travail ou à la politique sociale. D'initiative privée ou diplomatique, ces rencontres s'inscrivent dans la fièvre congressiste et le tournant international qui caractérisent la fin du siècle [Rasmussen, 2001]. Elles naissent des progrès de la législation sociale dans les pays européens et de la volonté de combattre les risques de *dumping* social*, c'est-à-dire la concurrence exercée par les pays qui n'ont pas encore mis en place de droit du travail. Elles se bâtissent sur l'idée que l'extension et la diffusion des législations sociales sont nécessaires au libre-échange. En 1890, l'Allemagne propose ainsi l'organisation d'une conférence qui examinerait l'idée d'une réglementation internationale du travail dans les mines afin d'empêcher que les États les plus avancés, comme le *Reich*, soient désavantagés face à des pays dont la production ne serait pas limitée par de telles mesures. La Conférence de Berlin n'accouche toutefois d'aucune proposition concrète. Dans la foulée, diverses initiatives sont organisées par des organisations privées dont les plus célèbres sont le Comité permanent international des accidents du travail et des assurances sociales fondé en 1889, l'Association internationale pour la protection légale des travailleurs (AIPLT) créée à l'occasion de l'exposition universelle en 1900, et l'Association internationale pour la lutte contre le chômage instituée en 1910. Leurs programmes demeurent vagues – signe qu'elles ambitionnent moins de créer un cadre pour une action internationale que d'être des lieux de débats et d'échange. De fait, les industriels qui organisent le premier congrès international sur les accidents du travail le conçoivent comme une occasion de faire barrage aux projets d'assurance sociale obligatoire inspirés de l'exemple allemand. L'AIPLT procède d'un esprit différent. Fondée en 1900, lors du Congrès international pour la protection légale des travailleurs, organisé à l'occasion de l'exposition universelle de Paris, avec le soutien du ministre du Commerce Alexandre Millerand, et le concours de juristes partisans d'une intervention de l'État, elle est dominée par les universitaires. L'objectif n'est pas tant d'éviter l'intervention de l'État que de la susciter. De fait, l'association réussit à organiser deux conférences diplomatiques portant sur le travail de nuit des femmes et l'utilisation du phosphore blanc dans la fabrication des allumettes. En 1906, la conférence de Berne qui en est le fruit aboutit à la signature de deux conventions internationales prohibant le travail de nuit des femmes et l'utilisation du phosphore blanc. S'ils constituent des espaces d'échanges et de discussion, les congrès sont aussi des arènes où les nations se jaugent et se confrontent. Les politiques sociales, particulièrement la mise en place des assurances sociales, sont l'une des dimensions de la rivalité franco-allemande. Les Français considèrent que l'obligation, qui caractérise le système allemand, tuerait le sens des responsabilités et l'amour de la liberté qui fondent le génie du peuple français. Toutefois, ces heurts laissent progressivement place à de véritables échanges notamment à partir du moment où la France adopte sa première loi en matière d'assurance contre les accidents du travail en 1898. La volonté de profiter de l'exemple allemand se fait davantage sentir, la conciliation tend à l'emporter sur l'affrontement. Les échanges et les convergences qu'ils permettent confirment que les États sociaux ont été bâtis en interaction voire en miroir les uns des autres [GREGAREK, 1995].

La protection contre les risques et l'émergence des assurances sociales

À partir des années 1880 et jusqu'aux années 1930, les pays européens mettent en place des systèmes de protection et d'indemnisation contre les principaux risques : accidents du travail, maladie, invalidité et vieillesse.

Le tableau page suivante montre en premier lieu la précocité et la simultanéité qui caractérisent la mise en place de l'assurance contre les accidents du travail. C'est le reflet du large consensus dont ce type d'assurance fait l'objet, notamment parce qu'il est approuvé, voire demandé par le patronat (v. Les corps ouvriers au risque du travail et de sa régulation). À l'inverse, l'indemnisation du chômage est beaucoup plus lente à se mettre en place, le chômeur – c'est-à-dire celui qui ne travaille pas alors qu'il est valide – étant toujours suspecté d'oisiveté ou de paresse. Deux séquences apparaissent nettement : la création des assurances sociales débute dans les années 1880 mais

La mise en place des systèmes d'assurances sociales contre les principaux risques

	All.	Fr.	R.-U.	Belg.	Ita.	Esp.
Accidents du travail	1884	1898	1897	1903	1898	1900
Maladie	1883	1928/1930	1911	1944	1919	1932
Vieillesse	1889	1910	1908	1900	1919	1919
Chômage	1927	(1958)	1911	1944	1919	1928

dans un certain nombre de pays, le système n'est achevé que dans l'entre-deux-guerres. Il faudra ainsi près d'un demi-siècle à la France, lanterne rouge de l'Europe, pour mettre en place un système d'assurance couvrant la maladie, la maternité et la vieillesse. En Italie, le système d'assurance publique et obligatoire se limite avant la grande guerre aux accidents du travail. La protection contre les risques repose encore largement sur la prévoyance libre prise en charge par les mutuelles ou les assurances privées [Mattera, 2019]. De fait, 5 % seulement de la population bénéficie d'une forme de protection sociale contre 43 % en Allemagne [Pavan, 2019]. Non seulement, la Grande Guerre et ses conséquences accélèrent la prise de conscience que l'initiative privée et individuelle ne peut suffire à protéger des risques sociaux, mais l'inflation qui perdure jusqu'au milieu des années 1920 sape les ressorts de la prévoyance libre en détruisant la valeur de l'épargne et des rentes [Dreyfus et *alii*, 2006].

L'essor des assurances marque le passage de la faute au risque et de l'individuel au collectif. L'assurance contre les accidents du travail repose ainsi sur la notion de risque professionnel. L'accident n'est plus une faute mais un risque dérivant de la nature du travail industriel. Dès lors, une indemnisation automatique est légitime [Moses, 2018]. De même, en Grande Bretagne, la mise en place de l'assurance vieillesse découle du constat que les ouvriers âgés sont surreprésentés parmi les pauvres. La pauvreté est donc un risque qui augmente avec l'âge, et le durcissement des *Poor Laws*, qui exclut une part des vieux de l'aide sociale, apparaît particulièrement injuste [HENNOCK, 2007]. Le fait qu'il existe des risques dont les individus peuvent être victimes, indépendamment de leur conduite, impose non seulement une réparation automatique, mais aussi de ne pas laisser la protection contre ceux-ci à la seule responsabilité de la main d'œuvre.

Il a souvent été dit que l'Allemagne constituait un modèle qui a essaimé dans toute l'Europe, mais cette affirmation ne résiste pas à l'observation attentive de la diversité des systèmes de protection mise en place et des dynamiques variées qui leur ont donné naissance.

La mise en place des assurances sociales n'est pas seulement, et dans certains cas pas du tout, une conquête du mouvement ouvrier. En Allemagne, elles apparaissent comme un compromis entre les cercles réformateurs qui gravitent autour du centre (*Zentrum)* et des socialistes ; les intérêts du patronat et les ambitions politiques du chancelier Bismarck [Kott, 1995 a]. Chacun de ces groupes a sa propre vision du champ et des modalités d'intervention de l'État. Ceux qui, autour du SPD et du *Zentrum,* se déclarent favorables à l'intervention de l'État pour résoudre la question sociale, souhaitent une extension et une consolidation des lois protégeant les femmes et les enfants ou encore un durcissement de la loi sur la responsabilité qui incite les employeurs à améliorer l'hygiène et la sécurité dans les usines. Alors qu'il bloque toutes les initiatives en ce sens, Bismarck réussit à imposer les assurances sociales comme la priorité de la politique sociale. À l'inverse des réformateurs sociaux qui pensent que l'intervention de l'État relève d'un devoir de protection des plus faibles, le chancelier envisage les assurances comme un moyen de consolider l'État, de réaliser l'unité nationale, mais aussi comme une arme politique qui doit permettre de combattre l'influence de la social-démocratie. Ce désir d'utiliser la politique sociale pour affirmer l'État nation est partagé par les élites italiennes qui veulent unifier et moderniser le pays, maintenir la paix sociale et lutter contre l'influence croissante du mouvement ouvrier [MOSES, 2018]. En Espagne, la politique sociale doit permettre de contrecarrer l'influence socialiste et anarchiste qui apparaît comme le principal symptôme des maux à résoudre [DOMENECH, 2011]. En donnant la priorité aux assurances, notamment à l'assurance contre les accidents du travail, Bismarck répond aussi aux doléances du patronat allemand inquiet, comme beaucoup d'industriels ailleurs en Europe, des conséquences financières et sociales de la multiplication des procès devant les tribunaux. Mais, à l'image de Bismarck, les industriels ne sont pas uniquement motivés par des préoccupations financières. Pour certains, le soutien à ces réformes s'inscrit dans une tradition paternaliste qui les a conduits à mettre en place des caisses dans leurs fabriques. Il s'agit aussi, comme pour les conservateurs catholiques ou protestants, de remédier à la destruction du lien social générée par le libéralisme et la promotion des libertés individuelles. La politique sociale doit donc permettre de restaurer les liens communautaires, fondés sur les obligations réciproques et la soumission de l'intérêt individuel à la communauté.

Contrairement à l'Allemagne ou à l'Italie, l'idée de consolider la nation en affirmant l'autorité de l'État n'est pas un moteur en Grande-Bretagne. De fait, le *British Workmen Compensation Act* apparaît avant tout comme une réponse aux pressions exercées par le mouvement ouvrier. À partir de 1891, les propositions du *Trades Union Congress (*TUC*)* , en la matière, intègrent le programme du parti libéral. Les syndicats sont également la cheville ouvrière du *National Comittee of Organised Labour for Old Age Pension* qui soutient les propositions de Charles Booth en faveur d'une assurance vieillesse financée par l'impôt. Si le retard pris sur l'Allemagne en matière de législation sociale est un sujet de préoccupation national, la solution de l'assurance obligatoire est refusée par de nombreux acteurs, par les fonctionnaires du *Home Office* mais aussi par les représentants des syndicats ouvriers ou par les sociétés de secours mutuels [HENNOCK, 2007].

La diversité des solutions adoptées en Europe reflète la vitalité des débats et des rapports de force engagés dans chaque pays. De fait, la place accordée à l'assurance obligatoire dans la protection sociale varie selon les pays et les types de risques. En Allemagne, les assurances sont obligatoires, financées en majorité par les cotisations des employeurs et des salariés, et fonctionnent selon le principe de l'auto-administration. Les employeurs et les salariés gèrent eux-mêmes l'assurance dans le cadre d'institutions où ils sont représentés suivant l'importance de leur participation financière. L'assurance accidents est abondée par les cotisations patronales exclusivement. Elle est administrée par des associations professionnelles (*Berufsgenossenschaften*) où siègent seulement les employeurs d'une même branche. Soumises au contrôle de l'État, celles-ci ont les prérogatives de la puissance publique, c'est-à-dire qu'elles peuvent percevoir les cotisations et inspecter pour vérifier l'application de la loi. L'assurance maladie est financée par les cotisations des employeurs (un tiers) et des salariés (deux tiers). Contrairement à l'assurance accident caractérisée par le monopole des *Berufsgenossenchaften*, la loi de 1883 laisse employeurs et salariés choisir leur caisse parmi les caisses communales, les caisses syndicales ou encore les caisses d'entreprise. Enfin, dans la loi de 1889 sur l'assurance invalidité-vieillesse, le poids de l'État est plus important puisqu'il finance une part des rentes.

La Grande-Bretagne se distingue par un recours plus important au secteur privé – c'est-à-dire aux compagnies d'assurances privées – et par une participation accrue de l'État. Le *Workmen compensation Act* (1897), n'oblige pas l'employeur à s'assurer mais le contraint à indemniser ses salariés en cas d'accident ou de maladie professionnelle. Pour cela, il peut participer avec ses pairs à la constitution d'un fond mutuel d'assurance, s'assurer auprès d'une compagnie privée ou encore ne pas s'assurer du tout. Les pensions de vieillesse attribuées par la loi de 1908 sont financées par l'État, c'est-à-dire par l'impôt. Enfin, l'assurance maladie adoptée en 1911 repose sur une contribution tripartite des travailleurs, de l'employeur et de l'État. Le système est administré par des "sociétés agréées" qui peuvent être des compagnies d'assurance privées, des sociétés mutualistes, ou des syndicats. L'État centralise les cotisations qu'il redistribue ensuite aux sociétés qui sont, tous les cinq ans, contrôlées par un actuaire du gouvernement [WHITESIDE, 2009].

À l'image de l'Angleterre, la législation française repose sur le rejet du modèle allemand et le principe du "libre choix de l'assuré". Le modèle social républicain dont l'assise est formée par la petite et moyenne bourgeoisie est rétif au principe des assurances sociales obligatoire qui détourne l'ouvrier de l'épargne, l'empêche ainsi d'accéder à la libre entreprise et le rive à la condition salariale. La loi du 9 avril 1898 institue en faveur de l'ouvrier une réparation automatique et forfaitaire des accidents du travail, mais privilégie le principe d'une adhésion facultative des employeurs à une assurance privée. Cette formule reflète l'attachement de la majorité parlementaire, notamment des sénateurs, au libéralisme économique. Lors du vote de la loi sur les assurances sociales en 1928, le lobby conjugué des mutualistes et des patrons permet de faire triompher le principe de la caisse d'affinité qui permet aux assurés de choisir leur caisse qu'elle soit d'origine publique, patronale ou mutualiste [DREYFUS et *alii*, 2006]. Enfin, le retard français en matière d'assurance s'explique par l'importance accordée à l'assistance que les républicains modernisent et laïcisent. Pour les républicains, héritiers de la Révolution française qui avait constitutionnalisé le droit à l'assistance et l'obligation pour la société de l'exercer, c'est là que se situe la véritable obligation de l'État [RENARD, 1995]. Destinées aux individus placés "temporairement ou définitivement dans l'impossibilité physique de pourvoir aux nécessités de la vie", les deux grandes lois de 1893 et de 1905 sur l'assistance médicale gratuite et l'assistance aux vieillards infirmes et indigents ne pensent pas l'assistance en dehors de mais en lien avec la question du travail considéré comme facteur de progrès et d'émancipation. Ainsi, la loi de 1905 se conçoit comme la reconnaissance d'une dette envers les vieillards ayant travaillé, tandis que la loi de 1893 est un prêt aux malades qui doivent recouvrir leur capacité de travail [BEC, 1994].

Si l'avènement des assurances sociales marque une rupture majeure avec le système de la prévoyance libre caractéristique du XIXe siècle, celle-ci doit être relativisée.

Dédiés à la prise en charge des ouvriers, les systèmes d'assurance ne couvrent pourtant qu'une partie d'entre eux. Ils ignorent la plupart du temps les artisans ou les ouvriers à domicile. En France ou en Grande Bretagne, les systèmes d'assurance ne sont obligatoires que pour les salariés dont les revenus sont inférieurs à un certain plafond. Des conditions de nationalités ou de résidence peuvent s'ajouter. Ils ne fournissent en outre qu'une protection imparfaite contre les risques. En Allemagne, comme en France, la pension de retraites ne protège pas systématiquement de l'indigence. S'ajoutent enfin de nombreux obstacles à franchir pour bénéficier des indemnités ou des pensions. En Allemagne, le monopole donné aux employeurs dans l'administration de l'assurance contre les accidents du travail favorise la sous-déclaration des accidents comme les interprétations restrictives de la loi [Kott, 1995 a].

En théorie, l'instauration d'une indemnisation automatique rompt avec la notion de mérite et de faute pour entrer dans l'ère du droit et de la prévention. Mais la loi allemande sur les accidents du travail prévoit des cas: alcoolisme, maladie vénérienne ou rixe, où les prestations peuvent être refusées à l'ouvrier. Cette disposition, dont il semble que les employeurs aient largement fait usage permet d'exclure le "mauvais" ouvrier et subordonne le secours à des considérations morales. Très proches, les législations françaises et belges instituent une réparation automatique mais forfaitaire, et non intégrale, des accidents du travail. Le principe du forfait est justifié par le souci d'inciter les ouvriers à la prudence et à la prévoyance [BRUNO, GEERKENS, 2016].

Il reste à savoir comment les assurés ont perçu et investi ces nouveaux dispositifs. En Allemagne, la *Selbstverwaltung** devient progressivement une réalité pour les ouvriers. En 1913, deux tiers des sièges des représentants ouvriers sont pourvus par les syndicats libres. Contrairement aux souhaits de Bismarck, les assurances sociales n'ont donc pas bridé le développement de la social-démocratie. Toutefois, la participation de ses représentants à la gestion paritaire a fortement contribué au développement en son sein d'un courant modéré et réformistes. Dans le cadre de l'assurance contre les accidents du travail, une loi de 1899 offre la possibilité à l'ouvrier de déposer un recours devant des tribunaux paritaires s'il conteste, par exemple, le montant de la rente accordée. La multiplication des recours traduit le sentiment que l'assurance est un droit que les travailleurs peuvent défendre et souligne ainsi la mise en place d'une forme de démocratie sociale [Kott, 1995 a]. Le système d'assurance santé britannique semble jouir d'une popularité moins grande. Le contrôle de l'État sur les SSM est accusé d'avoir tué la démocratie sociale tandis que les patients issus des classes populaires se plaignent d'être moins bien soignés que les classes moyennes [Whiteside, 2009].

Grèves, syndicats, négociation : l'émergence d'un droit collectif du travail

Dans la plupart des pays européens, la seconde moitié du XIXe siècle voit une dépénalisation progressive de la grève et une reconnaissance des syndicats que l'État dote d'un statut juridique. Ces évolutions permettent l'émergence d'un droit collectif d'essence ouvrière qui tranche avec l'esprit individualiste et paternaliste de la protection légale des travailleurs.

La reconnaissance des syndicats et la dépénalisation de la grève répondent à des motivations variées selon les pays (v. Résister, lutter et s'organiser sur le terrain économique, des années 1830 aux années 1930). En Angleterre, le *Trade Union Act* (1871) parachève l'évolution entamée dès 1825 par l'adoption des *Combination Acts* tandis que *L'Employers and Workmen Act* (1875) met fin au régime des *Master and Servant Acts*. L'adoption de ces lois, saluées par le TUC, ne doit pas tant à la mobilisation du mouvement ouvrier qu'à l'évolution de l'attitude des élites vis-à-vis des syndicats. Leur légalisation procède d'une attitude pragmatique : leur croissance étant inéluctable, il est dangereux que la loi et l'État les ignorent parce qu'ils peuvent, alors, agir au mépris de l'une et de l'autre. Une jeune génération de libéraux estime également que le travail ne peut réellement être considéré comme libre si les travailleurs ne peuvent pas agir collectivement pour négocier leurs conditions de travail. La liberté syndicale apparaît ainsi comme un prolongement de la liberté du contrat [Curthoys, 2004]. En 1869, la Confédération de l'Allemagne du Nord abolit le délit de coalition et reconnaît que la grève est un moyen normal pour un syndicat d'obtenir une amélioration des conditions de travail [Rudischhauser, 2017]. Le droit des ouvriers à s'organiser n'est donc pas disjoint du droit de grève. Ce n'est pas le cas en France puisque vingt ans séparent la dépénalisation de la grève (1864) et l'autorisation des syndicats (1884). En France, le législateur n'envisage pas le syndicat comme un groupe de pression dont l'action peut contraindre les patrons à concéder de meilleures conditions de travail. La reconnaissance des syndicats procède avant tout de la liberté d'association et la loi leur assigne une mission d'étude des questions ayant trait à l'intérêt de la profession [Didry, 2001]. Ces conceptions divergentes des fonctions du syndicat impactent le développement du droit de la négociation collective

Le développement de la négociation collective n'a pas la même ampleur selon les pays. Si le pourcentage de salariés couverts par des accords collectifs est similaire en France et en Allemagne à la fin du XIXe siècle, les statistiques soulignent une nette divergence à la veille de la guerre [Rudischhauser, 2017]. Les recherches les plus récentes ont également montré une implantation très inégale selon les secteurs. Quel que soit le pays, les négociations collectives se développent dans les districts industriels orientés vers une production de qualité reposant sur une organisation proto-industrielle (tisseurs du Cambrèsis, couteliers de Solingen, dentelliers des Midlands, etc.), dans le bâtiment et dans les métiers artisanaux urbains. À l'inverse, la négociation collective est étrangère au monde de la grande industrie où elle prend le plus souvent la forme d'accord d'entreprise. Ainsi, les caractéristiques du produit, de la main d'œuvre et du marché du travail influencent non seulement l'intérêt des patrons à négocier, mais aussi la capacité des ouvriers et de leurs syndicats à les y contraindre [Rudischhauser, 2014].

Cet ancrage inégal selon les secteurs traduit la diversité des fonctions – à la fois économiques et sociales – de la convention collective. Elle est à la fois une occasion de réguler les conditions de travail et d'établir des règles communes à tous. Elle exclut la décision unilatérale du patron ou en tout cas la négociation individuelle qui lui permettrait de dicter les conditions de travail. Elle est aussi pour les patrons qui le souhaitent un instrument pour limiter la concurrence ou en tout cas faire en sorte qu'elle s'exerce sur d'autres éléments que le salaire. Un contrat collectif largement respecté est gage de stabilité pour les entrepreneurs et leur permet de mieux estimer et anticiper les coûts. Une dernière fonction est d'assurer la paix sociale, mais celle-ci n'est pas une fin en soi pour les acteurs patronaux et ouvriers [Rudischhauser, 2012]. Pour les ouvriers, l'effet du contrat collectif sera d'autant plus intéressant qu'il peut être imposé à une grande partie des entreprises. Une convention collective valable pour toutes les entreprises d'une région et signées par les syndicats n'a pas la même valeur qu'un accord d'entreprise négocié par un patron avec son personnel. Ainsi, notamment dans la grande industrie, la reconnaissance du syndicat est un enjeu majeur des grèves.

Pendant la période, aucune loi n'est votée qui définisse juridiquement la convention collective et ses effets sur le contrat de travail. Mais dans chaque pays s'engagent de vives discussions à ce sujet, comme des débats sur la légitimité de l'État à intervenir dans les relations industrielles [MACHU, 2016]. En Italie (1907) ou en France (1913), des projets de loi sont déposés sur le contrat collectif de travail avant-guerre. Si en matière d'assurances sociales, la référence européenne est l'Allemagne, lorsqu'il s'agit de droit syndical et de négociation, les regards se tournent vers les institutions britanniques. Le principe est celui de la négociation volontaire, rappelé en 1894 par la commission royale chargée d'enquêter sur les relations industrielles. Non seulement l'État doit s'abstenir d'intervenir mais la loi ne peut contraindre un employeur à respecter la convention collective. Légalement, un employeur a le droit de déroger à un accord collectif lorsqu'il conclut un contrat de travail. Le respect de la convention dépend de la bonne volonté des patrons ou de la capacité des syndicats à faire respecter la convention collective. La commission préconise la généralisation de la conciliation et de l'arbitrage, sous la forme de comités paritaires, où siègent des représentants patronaux et ouvriers, sous l'autorité d'un tiers qui peut, le cas échéant, exercer la fonction d'arbitre. Ce type d'institution s'est multiplié à partir des années 1870 notamment sous l'impulsion de A. J. Mundella, ancien employeur de la bonneterie, devenu député puis ministre. Les propositions de la commission aboutissent à l'adoption en 1896 du *Conciliation Act* qui donne au *Board of Trade* le pouvoir d'enquêter sur les causes des conflits, de mettre en place, à la demande des parties, des organismes de conciliation, et, éventuellement, toujours à la demande des parties, de désigner un arbitre. Si elle ne contraint pas les patrons et les ouvriers à accepter la médiation de l'État, la loi manifeste le soutien du gouvernement au développement de la négociation collective. De fait, le nombre d'institutions de ce type double, passant de 162 en 1896 à 325 en 1913 [DEAKIN, WILIKINSON, 2005]. En 1909, le *Wage Board Act* met en place dans quatre industries à très bas salaires des conseils tripartites chargés d'établir des salaires minimaux applicables à l'ensemble des entreprises. D'ampleur limitée, cette mesure n'en représente pas moins une rupture majeure puisqu'elle permet à l'État d'intervenir pour réguler les salaires. Elle est justifiée par le désir d'éradiquer le *sweating system** accusé de nuire à la puissance industrielle britannique [BLACKBURN, 1991].

Cette expérience anglaise est largement discutée en France et en Allemagne par les réformateurs sociaux mais ce qu'ils en retiennent est fort différent d'un côté et de l'autre du Rhin. En Allemagne, les réformateurs voient dans ces institutions un moyen d'imposer une négociation collective des conditions de travail. Ils s'intéressent donc au produit des procédures, c'est-à-dire au tarif. Considérant la négociation collective comme le seul moyen de rééquilibrer les rapports entre patrons et ouvriers, ils perçoivent le syndicat comme un représentant légitime et nécessaire de ces derniers. En France, la fonction économique et sociale des contrats collectifs est complètement ignorée, seule domine la préoccupation de supprimer les grèves. Les réformateurs sociaux refusent au syndicat la fonction de représentant des ouvriers, ne lui concédant que la qualité d'intermédiaire. De même, ils rejettent l'intervention de l'État dans les relations entre patrons et ouvriers [Viet, 2011]. La loi de 1893 sur la conciliation et l'arbitrage des conflits du travail symbolise bien cette attitude. Non seulement la sentence du juge de paix n'est pas obligatoire, mais les syndicats ne sont pas représentés dans le comité de conciliation. Les républicains endossent les discours des patrons les plus hostiles aux contrats collectifs, qui refusent de reconnaître les syndicats et prétendent que la seule négociation possible est celle d'un patron avec ses ouvriers. Nommé arbitre au Creusot pour mettre fin à la grève de 1899, Waldeck Rousseau déclare que le syndicat étant un "intermédiaire" (et non un représentant), nul ne peut être "contraint d'accepter un intermédiaire". Ce faisant il donne raison à E. Schneider qui ne souhaite traiter qu'avec les ouvriers qu'ils jugent dignes. Lorsqu'il intervient dans la grève des chaussonniers de Fougère en 1907, Millerand se cantonne à exiger de chaque patron qu'il négocie un tarif avec des représentants élus de son personnel, ce qui revient à promouvoir la négociation d'entreprise en dehors des syndicats. Ce type d'accord n'est pas considéré comme une véritable convention collective en Allemagne. Cette opposition entre Français et Allemands s'explique par des cultures politiques et un rapport au droit différent.

Les réformateurs et les parlementaires libéraux allemands se prononcent pour une législation *a minima* qui reconnaisse et protège les pratiques en vigueur à savoir la négociation collective par les syndicats ouvriers. L'appréciation qu'ils portent sur les syndicats relève d'une attitude pragmatique : sans considérer leur orientation politique, il s'agit de consolider le pouvoir social des syndicats parce que ceux-ci seront d'autant plus écoutés par les ouvriers, notamment les grévistes, qu'ils seront puissants. À l'inverse, en France, on ne discute pas de la garantie d'un droit existant, il s'agit de créer un droit et des pratiques en espérant résorber les grèves. La réflexion est donc spéculative et procède d'un idéal. Ces différences reflètent des divergences dans les structures politiques nationales. En Allemagne, les réformateurs sociaux n'ont pas d'accès direct au pouvoir et la demande d'une législation restreinte procède aussi de la méfiance que leur inspire le pouvoir impérial. En France, les juristes sont consultés comme experts par le gouvernement ou le Conseil supérieur du Travail. Enfin, ces divergences renvoient à des modes de constitution du savoir juridique différents. En France, la statistique des contrats collectifs est quasiment inexistante. Les juristes qui débattent ignorent la réalité du terrain, notamment le rôle effectif des syndicats dans la négociation des contrats collectifs. En Allemagne, la base empirique du savoir juridique est fondée sur une véritable statistique des conventions collectives mais aussi sur le relais que représentent les juges des tribunaux industriels dont la pratique largement diffusée par l'intermédiaire de nombreuses publications permet de faire le lien entre les débats théoriques et le terrain [RUDISCHHAUSER, 2017].

LES POLITIQUES SOCIALES, ENTRE GUERRES ET CRISES

Si les guerres et les crises économiques posent des problèmes d'une ampleur qui appellent des solutions neuves, la question de leur place dans la constitution des États sociaux reste posée [RASMUSSEN, 2016]. Il s'agit de se demander dans quelle mesure ces épisodes critiques ont conduit à l'adoption de solutions nouvelles ou cristallisé des solutions adoptées précédemment.

Politique de main d'œuvre et gestion de la conflictualité en temps de guerre

Dans l'ensemble des pays européens, la Première Guerre mondiale entraîne une intervention accrue de l'État (v. La Grande Guerre, un tournant pour la main d'œuvre et les relations de travail). Pour assurer la continuité de l'effort productif, il est impératif de veiller au maintien de la paix sociale, notamment en s'assurant que les différences de statut ou de salaire entre les différentes catégories de main d'œuvre n'alimentent pas l'agitation sociale. Ces questions transnationales concernent tous les pays mais elles doivent être replacées dans chaque contexte national.

En France, elles revêtent une acuité particulière. Non seulement le pays n'avait prévu qu'une guerre courte, mais il se trouve très tôt amputé d'une partie de son territoire et d'une grande partie de son potentiel productif. Contrairement à la Grande Bretagne ou à l'Allemagne, la France ne dispose pas d'un système efficace de placement de la main d'œuvre. Face à ces défis, les pouvoirs publics doivent contraindre et réprimer, mais aussi protéger et négocier. Dès le mois d'août 1914, l'ensemble de la protection légale, c'est-à-dire les prescriptions relatives à la durée du travail, au repos hebdomadaire, au travail des enfants, des filles et des femmes adultes, ou encore à l'hygiène et la sécurité dans les établissements, est suspendue au nom de l'accroissement des capacités offensives et défensives. La loi Dalbiez (17 août 1915) et le statut des affectés spéciaux permettent d'organiser le renvoi des soldats en usine et leur mise au travail. Alors que la loi Dalbiez est discutée au Parlement, Albert Thomas, placé à la tête du Sous-secrétariat à l'Armement et aux munitions (SSEAM), met en place un service ouvrier chargé de centraliser les demandes des industriels.

La politique ouvrière mise en place par A. Thomas est le fruit de ses ambitions réformistes et du souhait de maintenir la productivité nécessaire à l'effort de guerre. Pour ce socialiste réformiste, familier des industriels, l'adhésion de la classe ouvrière à l'esprit de guerre nécessite non seulement d'octroyer quelques concessions mais aussi d'associer étroitement ses représentants à la politique élaborée [BLASZKIEWICZ-MAISON, 2016]. La politique menée par À. Thomas se traduit par la mise en place d'un réseau de commissions où siègent les syndicats ouvriers. Parmi celles-ci, le Comité du travail féminin est créé en avril 1916 pour encadrer, protéger et rationaliser l'utilisation de la main d'œuvre féminine. Il préconise la mise en place de toute une série d'institutions (chambre d'allaitement, crèches, garderies, etc.) jugées bien plus compatibles avec l'effort de guerre que le rétablissement des restrictions instaurées par la protection légale avant-guerre.

Le compromis établi à l'automne 1915 par lequel les pouvoirs publics offrent leur protection en échange d'une docilité absolue, est étendu à l'ensemble des salariés travaillant dans les usines de guerre. À la suite des grèves de l'année 1916, A. Thomas accorde un salaire minimum et impose, en échange, l'arbitrage obligatoire. Ces décisions ouvrent toutefois un espace de négociation sur les salaires. Une commission mixte est chargée de régler les difficultés collectives d'application de la réglementation et d'établir sur des bases identiques les salaires des catégories oubliées par le barème ministériel. La procédure est peu à peu étendue aux autres régions. Pour l'année 1917, près de 300 tarifs sont enregistrés.

Leur nombre s'élève à 400 en 1918. Ce développement de la négociation collective ne concerne pas seulement l'économie de guerre. La loi du 11 juin 1917 sur la semaine anglaise inaugure le principe d'une collaboration élargie entre les syndicats et l'administration du travail.

La loi sur le service auxiliaire en Allemagne ou le *Munition War Act* au Royaume-Uni montrent que la plupart des pays européens adoptent, à des dates parfois très proches, des mesures similaires reposant sur la coercition et la négociation. Mais le dosage de ces deux aspects, ainsi que les modalités concrètes de la politique de main d'œuvre comme son efficacité, varient selon les rapports de force nationaux et l'avancée dans le conflit. L'Italie est sans doute le pays où la militarisation de la main d'œuvre est la plus poussée. La guerre marginalise complètement le Parlement et la politique de la main d'œuvre est décidée par l'exécutif, main dans la main avec le pouvoir militaire. En août 1915 est mis en place l'institut de la mobilisation qui, sur le modèle français, dépend du sous-secrétariat à l'Armement. Dirigé par un militaire, le général Dallolio, surnommé le *duce* de la mobilisation, il soumet le personnel des usines de guerre à une discipline extrêmement sévère qui consiste à étendre aux usines le régime du Code pénal militaire. Ainsi, une absence de 24 heures au travail est assimilée à une désertion et sanctionnée comme telle. Les travailleurs ne peuvent pas changer d'usine et ne peuvent revendiquer des augmentations de salaires puisque leurs contrats sont considérés comme gelés [PROCACCI, 1992; TOMASSINI, FROST, 1991]. Dès 1915, l'arbitrage des conflits du travail est imposé. Ce régime extrêmement sévère est justifié par le peu d'entrain patriotique des Italiens, ainsi que par la faiblesse de l'appareil industriel. Si dans un premier temps, l'État italien choisit de ne pas collaborer avec les syndicats, et de ne compter que sur la rigueur de la discipline militaire, les conflits sociaux en Ligurie, à Naples ou à Milan infléchissent la stratégie. Non seulement une politique salariale et une politique d'assistance aux travailleurs se dessinent, mais les syndicats, notamment la FIOM dans la métallurgie, sont de manière croissante associés à la politique de main d'œuvre [DI GIROLAMO, 2004]

Si la guerre a partout accru l'intervention de l'État sur le marché du travail, l'efficacité de ces politiques varie d'un pays à l'autre. En Allemagne, la mise en œuvre de la loi conduit à une situation particulièrement chaotique: les patrons renvoient la main d'œuvre non mobilisable dès lors qu'ils ont reçu le personnel demandé; les ouvriers changent d'emploi dès qu'ils trouvent un poste mieux rémunéré, comme la loi les y autorise. En Grande Bretagne ou en France, les administrations en charge des questions de main d'œuvre doivent constamment négocier. Ainsi, malgré l'efficacité du service ouvrier mis en place par Albert Thomas, c'est l'armée qui décide en dernier ressort, et elle défend âprement ses effectifs miliaires [Prost, 2018]. En Grande-Bretagne, le gouvernement cède aux syndicats qui refusent à partir de 1917 l'extension de la dilution au secteur privé. La mise en place des commissions Withley puis des *Joint industrial Councils* par le ministère du Travail à partir de 1917, c'est-à-dire le développement d'un système de commissions mixtes allant des usines jusqu'à l'échelle nationale, représente une forme de régulation décentralisée des conditions de travail, en même temps qu'une concession faite aux syndicats [Whiteside, 1992]. En France comme au Royaume Uni, les conflits entre les administrations restreignent l'efficacité de la politique de mains d'œuvre. Au Royaume-Uni, le ministère du Travail créé en 1916 doit partager sa compétence avec le ministère du Service national, les différents départements du *Board of Trade*, ainsi que le ministère de la Guerre et l'Amirauté, à laquelle il reproche régulièrement de retenir la main d'œuvre qualifiée et de contourner les syndicats ouvriers.

Si la guerre est le lieu d'une collaboration accrue entre les pouvoirs publics et les syndicats ouvriers, elle ne marque pas systématiquement le triomphe des organisations syndicales. En Allemagne, l'adoption de la loi sur le service auxiliaire est le résultat d'un rapport de force favorable au mouvement ouvrier. Alors que l'administration militaire aurait souhaité qu'une ordonnance très courte, prévoyant une extension des pouvoirs de l'administration de guerre, réglât les questions de main d'œuvre, le passage devant le Parlement où les sociaux-démocrates sont majoritaires, infléchit le rapport de force en faveur des syndicats ouvriers et brise l'opposition patronale. En France, la législation de guerre est moins favorable aux syndicats ouvriers qui ne sont pas systématiquement représentés en tant que tel dans les organismes de concertation mis en place. En outre, les relations avec le pouvoir politique demeurent empreintes de méfiance. Léon Jouhaux s'élève ainsi contre le décret de janvier 1917 instaurant l'arbitrage obligatoire qu'il considère comme une atteinte au droit de grève. Les syndicats français se montrent assez sceptiques vis-à-vis des instances de concertation échafaudées par A. Thomas parce qu'ils craignent que les négociations pilotées par l'État ne soient finalement favorables au patronat. Cette inquiétude se nourrit de la proximité entre le sous-secrétaire d'État à l'Armement et les milieux patronaux [Weber, 2010]. La même défiance caractérise l'attitude des *trade unions* britanniques. La collaboration avec l'État a pu leur donner le sentiment d'être utilisés comme courroie de transmission, et non pas d'être considérés comme de réels partenaires sociaux, ce qui présente le risque de décrédibiliser les dirigeants syndicaux. Ainsi, le TUC accueille favorablement la création des commissions Withley à la condition qu'aucun représentant des pouvoirs publics n'y siège. Après-guerre, le TUC refuse toute extension de l'intervention de l'État dans les relations industrielles [MACHU, 2016].

L'héritage de la guerre : négociation collective et réduction du temps de travail

Le développement de la négociation collective dans l'après-guerre concerne l'ensemble des pays européens. En Belgique, une véritable négociation collective nationale s'institue dans les secteurs clefs de l'économie belge : les charbonnages, la sidérurgie et la construction mécanique, qui contraste avec l'échec patent des conseils du travail mis en place à partir de 1887. En 1920, 59 % de la population belge est couverte par un accord ou une convention collective. Ce dynamisme s'explique par une inflation et un chômage inédit qui induisent une demande forte de réduction de la durée du travail, mais aussi par l'essor syndical des années d'après-guerre qui place durablement la Belgique parmi les pays à fort taux de syndicalisation [BOLLE, 2014]. La croissance des effectifs syndiqués traduit la place centrale que réserve le modèle d'assurance chômage belge aux organisations syndicales. Le développement de la négociation collective est encadré par les pouvoirs publics qui suscitent la création de commissions paritaires. Si la dynamique ralentit à partir du milieu des années 20, à l'aube de la crise des années 1930, 57 % des travailleurs belges relèvent encore d'une commission.

En Allemagne, la République de Weimar fonde un nouvel ordre juridique qui érige la convention collective en pilier de la politique sociale. Issu d'une concertation sur les modalités de la démobilisation, l'Accord Stinnes-Legien signé le 15 novembre 1918 contraint le patronat à accepter le principe de la négociation collective et à reconnaître les syndicats libres comme représentants légitimes des salariés. L'accord définit la convention collective et le syndicat de manière complémentaire : ne peut être qualifiée de convention collective qu'un accord conclu, du côté ouvrier, par un syndicat c'est-à-dire par une organisation indépendante, capable de mobiliser les ouvriers et d'exercer la pression requise pour négocier une convention. Parallèlement, sont instaurés dans les entreprises de plus de 50 salariés, des conseils d'entreprises. Ces éléments sont confirmés par la législation qui suit. Par l'ordonnance du 23 décembre 1918, le gouvernement introduit un mécanisme majeur, celui de l'extension, qui permet d'étendre une convention à l'ensemble des patrons et des salariés d'une branche ou d'un secteur, y compris à ceux qui ne l'ont pas signée. Des conseils d'entreprise sont instaurés par la loi du 4 février 1920, qui sont chargés de surveiller l'application des conventions collectives et ont un droit de regard sur les licenciements.

En France, la loi du 25 mars 1919 refuse de faire de la convention collective une régulation contraignante et ne reconnaît pas la place des syndicats comme acteurs majeurs des relations industrielles. Elle met ainsi sur un pied d'égalité les conventions négociées par des syndicats ou tout autre groupement. Contrairement à l'Allemagne, un employeur a toute légitimité à contourner un syndicat. Aucun mécanisme d'extension n'est introduit. Au contraire, la loi offre la possibilité de se rétracter. Ainsi, tout membre d'un syndicat patronal signataire dispose d'un délai de huit jours suivant le dépôt de la convention au conseil de prud'hommes pour se dégager de son application [Didry, 2002].

La divergence entre ces deux législations s'explique en partie par la conjoncture. En Allemagne, la situation révolutionnaire pousse le patronat à faire des concessions. Toutefois, les négociations entre partenaires sociaux débutent dès l'été 1918 à une époque où le patronat ne redoute pas encore la socialisation des entreprises. Pour les dirigeants des syndicats libres, il s'agit de se protéger du mouvement des Conseils mais aussi de faire triompher les revendications portées par le mouvement syndical avant-guerre [Führer, 2009]. Ainsi, l'après-guerre ne fait que cristalliser les configurations présentes avant le conflit. En effet, dès 1906, les syndicalistes allemands avaient réclamé la mise en place d'une procédure d'extension pour stabiliser les accords signés et protéger les ouvriers comme les patrons de la concurrence des "non organisés". En France, le patronat de la grande industrie, très bien représenté au Sénat, fait pression pour un retour à la proposition de loi votée avant-guerre [Machu, 2018].

La guerre permet de faire triompher une autre revendication du mouvement ouvrier : la journée de 8 heures qui est accordée en France, en Allemagne et en Italie. En France, la loi du 23 avril 1919 est l'aboutissement d'un processus non linéaire de réduction du temps de travail [Fridenson, Reynaud, 2004]. En 1900, la loi Millerand avait fixé la journée de travail à 11 heures tout en prévoyant une réduction à 10 heures étalée sur 6 ans. En 1904, la CGT définit comme essentielle cette revendication. La longue mobilisation qui s'ensuit culmine lors de la grève du 1er mai 1906 sans déboucher sur l'adoption d'une nouvelle loi. Après-guerre, les difficultés économiques, la multiplication des grèves voire des contestations révolutionnaires ou encore le souhait de récompenser les populations ouvrières pour leur engagement dans le conflit permettent de faire céder le patronat qui considère désormais la loi comme un mal nécessaire. La loi du 23 avril 1919 pose ainsi le principe de la journée de 8 heures, laissant à des accords de branche le soin d'en détailler les modalités concrètes d'application et de prévoir les dérogations qu'elle autorise. La loi française devient le modèle de la première convention de l'OIT adoptée après la conférence de Washington [Souamaa, 2007].

Naissance de l'OIT : internationalisation de la législation sociale et élaboration d'un droit international

Organisation internationale tripartite regroupant des représentants des travailleurs, des employeurs et des gouvernements, l'Organisation internationale du Travail (OIT) a pour objectif de fonder la paix universelle sur la diffusion de la justice sociale c'est-à-dire l'extension de la protection et de la législation sociale. Ainsi présentée, l'OIT est fille des organisations internationales de la fin du siècle, notamment de l'AIPLT, dont de nombreux membres intègrent ses structures. Mais la naissance de cette nouvelle organisation, dont le sort est fixé par le Traité de Versailles, est aussi une création de la guerre qui a contraint les gouvernements à prendre des engagements pour réduire la misère et la pauvreté. Une de ses principales missions est de faire adopter des recommandations et des conventions en matière de travail, d'assurances sociales ou d'hygiène industrielle. L'organisation est une plaque tournante pour la circulation des savoir-faire, des expériences et des arguments en matière de politique sociale. Disposant de ses propres experts et agissant en collaboration avec des réseaux extérieurs, elle s'approprie et diffuse des normes élaborées par d'autres [Lespinet-Moret, Viet, 2011]. Elle contribue donc à internationaliser certains modèles de protection sociale. Sous l'influence des fonctionnaires allemands particulièrement actifs au sein de l'organisation, l'assurance maladie adoptée par le Reich en 1883 devient le modèle de la convention sur l'assurance maladie de 1927 [Kott, 2011]. Mais elle n'est pas un réceptacle passif et peut aussi secréter ses propres normes. Durant l'entre-deux-guerres, l'organisation est particulièrement active dans deux directions.

La première est celle des droits sociaux dont doivent bénéficier les travailleurs migrants (v. Les migrations de travail en Europe occidentale). Durant l'entre-deux-guerres, une série de conventions sont adoptées qui assimilent les étrangers aux nationaux en matière d'assurance maladie, de retraites, d'accidents du travail et de maladies professionnelles. Le modèle est le traité franco-italien de 1904, négocié par

Arthur Fontaine pour la France et Luigi Luzzatti pour l'Italie. Non seulement le texte établit le principe de l'égalité de traitement entre les nationaux et les étrangers, mais il enregistre l'engagement de l'Italie à développer sa propre législation sociale, en échange de la protection dont bénéficient ses ressortissants sur le sol français À l'inverse du discours qui voit dans les migrations un risque pour la protection sociale, le BIT fait de celles-ci un instrument d'extension de la législation du travail et de la construction des États sociaux [ROSENTAL, 2006].

La deuxième direction est celle de la santé au travail, c'est-à-dire de l'hygiène industrielle et de la sécurité au travail, qui deviennent un pan majeur des politiques sociales dans l'entre-deux-guerres. Dans ce domaine, les normes internationales ouvrent la voie à la réparation et à la prévention des maladies professionnelles et des accidents du travail. Elles prohibent certains produits dangereux, participent à la reconnaissance des maladies professionnelles et pose des restrictions en termes d'âge ou de sexe pour effectuer telle ou telle tâche, utiliser telle ou telle substance. Le cas de la santé au travail illustre le caractère prudent et parfois limité des régulations internationales. Ainsi, la portée de la convention de 1921 interdisant l'utilisation de la céruse ou blanc de plomb est-elle considérablement affaiblie par les multiples dérogations qu'elle admet. Cette timidité reflète la pression exercée par les organisations d'employeurs pour un assouplissement des réglementations [LESPINET-MORET, 2011]. Mais elle est aussi le fruit des affrontements entre États. La crise économique, la montée des régimes autoritaires et les tensions internationales contribuent ainsi à paralyser l'action de l'organisation.

Crise et politiques sociales

La dépression des années 1930 déstabilise les États sociaux tels qu'ils se sont construits après-guerre. La croissance du chômage représente à la fois un défi pour les assurances et une menace pour la paix sociale. La crise fragilise les organisations syndicales qui se heurtent au refus des patrons de négocier (v. Des chaînes et des usines. Le travail à l'ère des masses et des crises). Si les menaces sont communes, les réponses apportées par les États européens à la crise des années 1930 divergent.

En Grande Bretagne la crise se solde par une restriction des politiques sociales. Dans les années qui suivent le premier conflit mondial, le *Unemployment Act* avait permis d'étendre à l'ensemble de la population ouvrière l'assurance chômage mise en place en 1911.

En 1931, le choix de l'austérité budgétaire conduit à couper les subventions étatiques à l'assurance chômage qui sont en Grande-Bretagne plus importantes que dans d'autres pays européens [WHITESIDE, 2009]. Le tarissement des ressources de l'assurance chômage implique en retour un contrôle plus rigoureux de ses bénéficiaires. Les femmes mariées sont exclues du système, et le gouvernement instaure également un *Household means test* (test de ressources) pour l'accès aux indemnités complémentaires délivrées aux chômeurs de longue durée.

En France, la victoire du Front populaire permet une rupture avec les politiques déflationnistes des gouvernements précédents. Le gouvernement de Léon Blum opte pour une politique qualifiée de pré-keynésienne qui allie augmentation des salaires et réduction de la durée du travail. Votées à la suite des grèves, les lois sociales du Front populaire accordent la semaine de 40 heures sans diminution de salaire, douze jours de congés payés. Comme en Belgique, cette politique s'accompagne d'une relance de la négociation collective et d'une promotion de la démocratie industrielle. Héritière de la guerre, la loi du 24 juin 1936 crée une nouvelle catégorie juridique la convention collective de branche. Le ministre du Travail peut étendre une convention collective à condition qu'elle ait été conclue par les syndicats les plus représentatifs. La nouvelle législation marque une intervention accrue de l'État dans les relations professionnelles en même temps qu'elle confie aux syndicats le soin de créer un nouveau droit. Les 5000 accords conclus dans la foulée, avec l'aide des inspecteurs du travail fortement sollicités, représentent un acquis indéniable. Non seulement les conventions collectives accordent de fortes augmentations de salaires mais elles généralisent à l'ensemble des ouvriers des avantages dont seuls les privilégiés pouvaient bénéficier jusque-là. Désormais les heures supplémentaires sont systématiquement majorées même si le pourcentage reste inégal d'un secteur là l'autre. Contrairement au souhait de certains syndicalistes enfin, les conventions collectives ne sont pas l'outil d'un contrôle ouvrier sur les conditions de travail. Ainsi, la fonction des délégués ouvriers, élus par le personnel et non désignés par le syndicat, se borne à transmettre les revendications individuelles. Ils n'ont en revanche aucun droit de regard sur les licenciements. Mal protégés par la législation, ils sont l'une des cibles de la revanche patronale qui s'organise à partir de 1937 [MACHU, 2011].

L'arrivée au pouvoir des régimes autoritaires ou leur consolidation à la faveur de la crise se traduisent à la fois par une affirmation de l'État et par une régression des droits des travailleurs. Dans l'Allemagne nazie, ce double mouvement est symbolisé par l'adoption de la loi sur l'organisation du travail national le 20 janvier 1934. La communauté d'entreprise constitue désormais l'unité de base de la communauté du peuple. Elle est composée d'un chef d'entreprise et de ses employés qui doivent entretenir des relations reposant sur la confiance réciproque et l'harmonie. Alors que les syndicats libres ont disparu, la loi consacre un renforcement inédit des prérogatives du chef d'entreprise. Les conditions de travail sont déterminées par le règlement qu'il élabore seul et il peut licencier sans préavis. En échange de la fidélité de sa main d'œuvre, le chef doit en prendre soin, dans l'intérêt du bien commun. S'il voit son pouvoir renforcé, l'employeur n'est pas pour autant complètement libre. Ainsi, les entreprises sont placées sous la surveillance de curateurs* (*Treuhänder der Arbeit*) qui dépendent du ministère du Travail et dont la mission est de pacifier les relations sociales. Ils peuvent ainsi intervenir directement dans les relations entre ouvriers et patrons, même à l'encontre de ces derniers ou fixer des barèmes de salaires.

Ainsi présentée, la loi marque une rupture majeure avec le droit du travail tel qu'il s'était construit sous la République de Weimar. Elle témoigne de l'empreinte de l'idéologie nazie sur le droit du travail et les relations industrielles. Les relations dans l'entreprise sont ainsi définies par le *Führerprinzip* formulé dès la publication de *Mein Kampf* qui postule l'obéissance au chef. De même, elle correspond à une conception du travail selon laquelle le travailleur doit avant tout se mettre au service des intérêts de la communauté du peuple. En vertu de ce principe et en rupture avec les principes du droit en vigueur jusque-là, la rupture du contrat de travail est progressivement criminalisée alors même que la démission constitue, sur fond de pénurie de main d'œuvre, le principal moyen de défense et de négociation des ouvriers [EDEN, 2020]. Mais le consensus dont la loi fait l'objet dépasse le seul cercle des idéologues nazis. De fait, à la tête du ministère, peu de changements s'opèrent et les hauts fonctionnaires restent en place [NÜTZNADEL, 2020]. La loi répond à d'autres motifs que la simple mise en conformité idéologique. Elle s'inscrit dans un mouvement plus long de remise en cause des acquis d'après-guerre qui débute dès les années 1930. La place donnée au curateur traduit le souhait de ne pas reproduire la crise profonde des relations industrielles sous Weimar [WEBER, 2010]. La nécessité de renforcer la position de l'employeur et de lutter contre le pouvoir syndical est une revendication ancienne des patrons de la grande industrie.

TRAVAIL ET TRAVAILLEURS EN LITTÉRATURE ET DANS LES ARTS

La représentation du travail dans les lettres et les arts de ce siècle d'industrialisation utilise divers biais. L'historienne Madeleine REBÉRIOUX [1985] remarque que l'idée de travail, propice aux représentations symboliques ou à l'utilisation en allégorie, est souvent privilégiée par rapport à l'activité concrète de la main d'œuvre mise à son service. Le travail est considéré comme l'auxiliaire, le moyen de réaliser un objectif plus noble que lui-même, qu'il s'agisse de la gloire, du bonheur ou de l'éternité.

Lettres et arts prennent donc leurs distances avec ceux qui assurent cette mise en œuvre, ceux que les historiens, sociologues et politiques cherchent à qualifier et à définir: peuple, prolétariat, classe ouvrière: les "gens de peu", pour reprendre une expression de l'écrivain Pierre Michon (né en 1945). Leur présence dans le processus de fabrication et de mise à disposition des produits n'est pas niée, mais oubliée ou minorée, socialement, culturellement et artistiquement. En littérature, le peuple est d'abord considéré comme relevant de la pauvreté ou de la misère, avant d'être défini selon un métier ou un État, c'est-à-dire avant d'être perçu en termes d'utilité sociale ou économique. En outre, la représentation du peuple repose sur un fonds culturel ancien qui mobilise une tradition religieuse. Le christianisme n'a jamais été exempt de déclamations contre les riches et leurs injustices, ni de paroles de réconfort envers les pauvres (Nouveau testament, 5e partie de la lettre de Saint Jacques, apôtre). Mais c'est au XIXe siècle, avec la croissance de la population ouvrière et la question sociale et politique (posée par l'existence de nouvelles catégories sociales liées à l'industrialisation), que l'on porte une attention particulière à la figure populaire de Joseph dans la Bible. Charpentier selon l'évangile de Matthieu, Joseph est populaire depuis le développement des Ordres mendiants aux XIVe et XVe siècles, notamment chez les Franciscains ;son culte atteint pourtant son apogée à la fin du XIXe. Le pape Pie IX le déclare, en 1870, patron de l'Église universelle, avant que Léon XIII ne lui décerne, en 1889, le titre de “saint patron des pères de famille et des travailleurs” (encyclique *Quamquam pluries*). Deux ans plus tard, en 1891, l'encyclique *Rerum Novarum* expose la doctrine sociale de l'Église, réaffirmée et complétée en 1931 par Pie XI avec *Quadregesimo Anno*. Joseph est désormais fréquemment représenté dans les vitraux et parmi les objets d'ornementation des églises, notamment celles édifiées dans des quartiers populaires, témoin emblématique d'un christianisme social.

LE TRAVAIL EN LITTÉRATURE, CHANCE DE L'OUVRIER

Du monde vaste et multiforme des pauvres n'émerge que lentement la figure de l'ouvrier, homme de labeur et de métier. Il n'est pas simple de saisir un moment précis ou une œuvre particulière qui symboliserait cette mutation. Chez Victor Hugo (1802-1885), Madeleine Rebérioux [1993 b] signale que, “sans être le personnage central des *Misérables*”, l'ouvrier “rôde aux franges de ce livre immense et le pénètre de son extrême précarité”. L'historienne cite le père Champmathieu, charron chez Baloup, boulevard de l'Hôpital à Paris, qui tombe dans la misère en perdant son emploi. Même si, dans les romans de Balzac (1799-1850), les classes dominantes qui ont le loisir de s'affronter sur le terrain des sentiments, des ambitions de fortune ou de reconnaissance sociale sont davantage représentées, l'auteur prétend n'ignorer aucun milieu de la Comédie humaine : paysans de toutes conditions, domestiques, étudiants et artistes plus ou moins besogneux, employés et commis de commerce ou de la basoche, jusqu'au monde du bagne... Artisans et travailleurs de l'industrie ne sont toutefois pas si nombreux. Ils sont souvent réduits à de simples silhouettes, tels les ouvriers de la fabrique de *l'Envers de l'histoire contemporaine* (1848), “infectés des doctrines communistes, et qui rêvent une destruction sociale, l'égorgement des maîtres, sans savoir que ce serait la mort de l'industrie, du commerce...” Il est rare qu'ils soient dotés par le romancier d'un véritable savoir-faire, d'une compétence technique et professionnelle reconnue. On pourrait citer comme exception Jean-François Tascheron, dans *Le Curé de village*

(1841) : ouvrier porcelainier à Limoges, originaire de Montégnac (chef-lieu de canton fictif de la Haute-Vienne), travailleur modèle "qui passe à étudier et à s'instruire le temps que les autres ouvriers donnent à la débauche ou au cabaret", le personnage aurait pu poursuivre son chemin s'il n'avait pas commis, par amour, un vol compliqué d'un meurtre qui le conduit à l'échafaud, servant de point de départ à l'apostolat social de Véronique Graslin et de l'abbé Bonnet.

Un regard plus optimiste est attendu de la grande écrivaine sociale George Sand (1804-1876), au demeurant plus ou moins amie de Balzac, même si on l'imagine plus à l'aise dans l'évocation d'une France champêtre que dans la modernité industrielle. Il lui arrive de décrire des ouvrières fleuristes, comme Geneviève dans *André* (1835), ou, plus fréquemment, couturières, comme la saint-simonienne Eugénie Moriat dans *Horace* (1842). Surtout, son roman *La ville noire* (1861) a pour cadre la cité industrielle et auvergnate de Thiers et le récit se déroule pour l'essentiel au Trou d'enfer, dans le milieu de la coutellerie. Le lecteur y voit Sept-Épées (Étienne Lavoute), un jeune ouvrier habile et instruit de 24 ans, travailler, s'instruire et finalement épouser sa fiancée, l'orpheline Tonine Gaucher, plieuse en papeterie. Celle-ci n'est pas seulement une belle à séduire. Tonine conduit l'action autant que son compagnon et assure d'ailleurs le caractère heureux du dénouement final. Un opportun héritage assure la réussite du couple et le bonheur de la ville-basse grâce à la mutuelle bienveillance d'un patronat actif et d'ouvriers consciencieux, unis par une instruction commune et de bon aloi : une utopie, qui évite les dissensions politiques ou sociales [SILVESTRI, 2013], mais sympathique aux travailleurs, et plutôt féministe.

Le métier est-il en cause ? Le projet littéraire est plus souvent centré sur le rang à tenir, à acquérir ou à défendre, que sur celui du travail ou non, l'activité concrète qui pourrait lui être liée, ou au contraire valoir dérogeance. Maurice Barrès (1862-1923) dans *Les déracinés* (1897) et Paul Bourget (1852-1935) dans *L'Étape* (1902) n'oublient pas de défendre les analyses sociales jadis exposées par M. Thiers : il n'est pas bon de s'élever trop vite. Les boursiers Renaudin et Mouchefrin du roman barrésien veulent faire des études trop longues, inadaptées à leur condition d'origine : ils finissent mal et meurent sur l'échafaud. Cet avatar littéraire est au cœur de la grande question sociale et politique du temps. La République est fondée sur une promesse d'égalité et donc, selon le souhait des révolutionnaires de 1848, le travail est appelé à constituer un droit permettant d'assurer une promotion sociale. Émile Zola (1840-1902) se confronte à tout ce qui peut contrecarrer cette promesse sociale et politique. L'alcoolisme ruine Gervaise et l'entraîne dans la déchéance (*L'Assommoir*, 1877). À terme, il provoque aussi celle d'un des enfants de Gervaise, le cheminot Jacques Lantier, conducteur de la *Lison* dans *La Bête humaine* (1890). *Germinal* (1885) est un roman ambigu, aussi bien sur la vie ouvrière elle-même que sur ses possibilités d'action et d'organisation. Il comporte une grande part de documentation et d'information sur le travail de la mine et le monde des mineurs. Mais au-delà, pour changer la vie, faut-il suivre les conseils des socialistes Pluchart et Rasseneur, qui ne sont plus ouvriers, mais – ce n'est pas anodin – sont devenus pour l'un activiste de la politique et pour l'autre commerçant ? Ou faut-il écouter l'anarchiste Souvarine, adversaire de la grève et adepte du sabotage ? Sans doute pour répondre à ce questionnement serait-il nécessaire de prendre en compte la complexité du roman, qui mêle le temps de la fiction (1869) et celui de son écriture (1884). Les personnages ne se réduisent pas à l'identification politique qui en est parfois faite de manière un peu sommaire ; les débats auxquels ils se confrontent ne sont pas vraiment tranchés, si tant est qu'ils puissent l'être un jour. Certes, la littérature n'est pas une source directe et malléable, elle n'est pas "l'horizon de l'histoire" rappelle Thomas Bouchet [2002]. Mais elle est éveilleuse et incitatrice. L'œuvre dépasse les intentions de l'auteur et c'est ainsi que, plus ou moins à son insu, *Germinal* est devenu le roman de la promesse de l'émancipation ouvrière. Jean Jaurès (1859-1914) l'avait tôt relevé, et Jules Guesde (1845-1922), qui jugeait le roman "de premier ordre, épique et lyrique à la fois, à la manière d'Eschyle" partageait son point de vue. Il peut être indiqué qu'un des premiers dirigeants du parti communiste français et de l'Internationale, Boris Lifschitz (1895-1984), intellectuel et journaliste, mais aussi ouvrier d'art par sa formation et ses origines, choisit de se faire connaître sous ce nom de Souvarine, exemple ultime de la force symbolique du modèle littéraire. Après la série des Rougon-Macquart, Zola assure le triomphe du communisme dans *Travail* (1900). Se réclamant des idées fouriéristes, le livre représente une société débarrassée en trois générations seulement du salariat grâce à l'action d'un mouvement ouvrier organisé sous la conduite éclairée du coopérateur de "La Crêcherie", Luc Froment, aidé par la part intelligente du patronat qui sait s'adapter. Il faut noter que le "travail" permet d'arriver à ce résultat en unissant dominants et dominés sans passer par une action de classe, une doctrine particulière ou une activité politique. À ce titre, le travail serait bien le "dieu de l'histoire" que Jaurès décrit dans son *Bilan social du* XIX*e siècle* (1908).

Le point de vue des écrivains directement issus du monde du labeur ne se révèle pas sensiblement différent. La fin du siècle offre plusieurs cas d'écrivains relevant de cette catégorie et l'assumant fièrement.

Fils d'un sabotier de Cérilly (Allier), Charles-Louis Philippe (1874-1909) revendique d'être "en France le premier d'une race de pauvres qui soit allée dans les lettres" [Vercier, 2011]. Selon Paul Claudel (1868-1955), Philippe aurait apporté dans la littérature nationale "compassion" et "sympathie" à l'égard des pauvres gens, sentiments à l'origine du roman populiste qui se formalise et se déploie après la Grande Guerre [Ragon, 1974]. Constatons toutefois que ses personnages, mendiants, journaliers, demi-artisans ou ouvriers à domicile pour ceux de la campagne, prostituées ou petits employés pour ceux de la ville, restent le plus souvent à la marge du monde ouvrier. Ils sont présentés comme enfouis dans une misère matérielle ou morale. Le travail n'est vraiment traité en tant que tel, et d'ailleurs valorisé, que dans *Charles Blanchard* (1913), portrait demeuré inachevé du père de l'écrivain. Son amie Marguerite Audoux (1863-1937) venue du Berry et de la Sologne, connaît aussi la ville, sans pouvoir sortir de la pauvreté. Ses origines sont très populaires : fille d'ouvriers, passée par l'orphelinat, elle est servante de ferme puis couturière. Après un premier livre sur son enfance à la campagne (*Marie-Claire*, 1909), elle présente dans *L'atelier de Marie-Claire* (1920) le monde des couturières travaillant en atelier. Ce n'est pas un roman de la lutte des classes, mais le récit doux-amer de la vie au travail dans une entreprise familiale à Paris, avenue du Maine. Travail est ici à prendre dans son acception saint-simonienne : il concerne aussi bien les patrons, M. et Mme Dalignac, que les ouvrières. Face à eux, les "frelons" de la bourgeoisie seraient les clientes, exigeantes, pressées et mauvaises payeuses. Le roman se termine plutôt mal. Il serait audacieux de trop lier ces romans à l'espérance sociale des mouvements politiques et sociaux de l'époque.

POLITISATION FRANÇAISE DE LA LITTÉRATURE SOCIALE

Certes, tout écrivain a une conception, plus ou moins explicite ou élaborée de la vie sociale. Certains participent plus activement au débat politique, sans pour autant faire nécessairement des questions sociales le centre de leurs préoccupations littéraires. La tradition française des écrivains jouant ou cherchant à jouer un rôle politique est ancienne, et ne se dément pas au cours de la période, de Chateaubriand à Aragon ou Malraux. Parmi les écrivains du peuple revendiqués comme tels et participant en outre à la vie politique de leur temps, il faut citer au moins les noms d'Eugène Sue (1804-1857), auteur des *Mystères de Paris* (1842-1843) et député de la Seine en 1850-1851, qui associe sans doute le premier si nettement "classes laborieuses" et "classes dangereuses" [CHEVALIER, 1958], et de Jules Vallès (1832-1885) auteur des *Blouses* (1881) et de *L'insurgé-1871* (1886), qui fut membre de la Commune en 1871. Quittant Paris à la fin de *L'Insurgé*, Jacques Vingtras, le héros-double de l'auteur Vallès, se retourne et voit la ville comme "une grande blouse inondée de sang". Symbolisant le monde des travailleurs, la blouse est arborée par le républicain Jean Girault à Saint-Amand-Montrond dans sa campagne pour le Corps législatif (1869) comme par le socialiste Christophe Thivrier (Commentry, Allier) devant la Chambre elle-même (1889) leur faisant ainsi gagner le qualificatif, populaire et un peu transgressif, de "députés à la blouse". Le travail manifeste son ambition de conduire les affaires du pays. Repris de temps à autre, l'exemple reste exceptionnel, car contraire au principe d'universalité du suffrage et de sa représentation. La plupart du temps, socialistes, communistes ou autres, les hérauts de la classe ouvrière s'appliqueront à respecter les usages et les codes vestimentaires de la vie parlementaire. Militant, révolutionnaire, Vallès ne se focalise pas pour autant sur le travail comme activité productrice. Sa critique de la société convoque bien davantage l'enfance, la vie familiale, le logement que l'exercice particulier des métiers menant à la production. En revanche, Philippe ou Audoux innovent en faisant du travail quotidien ou de la vie des pauvres un sujet littéraire, avec une compréhension et une compassion qui ne se retrouvent pas chez les frères Goncourt (Jules 1830-1870, Edmond 1822-1896), même si ces derniers passent pour avoir fait entrer le peuple dans le roman avec leur *Germinie Lacerteux* (1865), portrait d'une servante dévoyée.

La littérature du peuple ou du travail ne constitue pas par elle-même une littérature militante. Celle-ci existe pourtant, aux franges du mouvement ouvrier, d'inspiration socialiste, anarchiste ou syndicaliste. Malgré une sympathie de principe, elle ne propose pas nécessairement une vision très différente de la vie au travail des ouvriers et artisans. Militants ou non, l'ensemble des écrivains réalistes et populaires alimente de toute façon au tournant du siècle les feuilletons de la presse syndicale et socialiste, contribuant ainsi à façonner l'imaginaire des générations successives de lecteurs militants ou sympathisants. La question n'est pas tranchée de savoir si une culture militante émergerait de la culture ouvrière elle-même, distincte d'une culture populaire plus vaste. Quelles que soient les opinions des auteurs, le dilemme principal porte sur l'insertion ou l'autonomie, la séparation possible de la classe laborieuse. Cette dernière tentation existe, de manière fugitive au sein du socialisme, associé par Considerant et Blanqui au mouvement républicain, encore plus intensément intégré avec Jaurès et ses divers continuateurs. Mais la volonté de "sécession" se maintient et rebondit parfois au sein du syndicalisme révolutionnaire ou du communisme. Elle est servie par certains militants comme par les écrivains et artistes qui souhaitent fonder une littérature et un art prolétariens, sans qu'il soit possible d'en obtenir une définition univoque et homogène. Sans doute demeure-t-elle le plus souvent dominée, recouverte et minoritaire face à la volonté d'amélioration matérielle et morale, d'élévation et d'insertion au sein d'une société plus large, mais elle ne disparaît jamais tout à fait.

Le monde littéraire évolue lui aussi. Des modifications se produisent dans la représentation de la main d'œuvre du travail industriel ou artisanal. Plusieurs auteurs mettent davantage l'accent sur la dignité intrinsèque à ces métiers. C'est le cas pour Jean Guéhenno (1890-1968), fils de cordonnier et d'une couturière à domicile qui revendique cette filiation et fait de la grève des chaussonniers de Fougères au cours de l'hiver 1906-1907 plus qu'une "affaire de pain", une "affaire d'honneur, un dur combat" (*Changer la vie*, 1961). Ce qui au demeurant n'est pas très éloigné du discours tenu par Jaurès aux ouvriers après la fin de la grève (17 février 1907). La même revendication se retrouve dans l'évocation par Louis Guilloux (1899-1980) de son père lui aussi cordonnier, mais à Saint-Brieuc (*La maison du peuple*, 1927). Travailler, certes, mais est-ce qu'il est alors permis de s'exprimer en citoyen libre ? Ces deux exemples, qui sont loin d'être isolés, témoignent de la persistance, de la vitalité d'une littérature sociale sans solution de continuité avec le roman du XIXe siècle.

Il est néanmoins certain qu'au moment de la Grande Guerre se forment des courants littéraires et idéologiques qui présentent le travail au travers de prismes idéologiques puissants. On peut estimer que la littérature populiste constitue un cas particulier de la vaste littérature sociale : elle ne se définit pas seulement par son sujet, la description de la vie du peuple, mais suggère souvent qu'elle doit être écrite par des écrivains qui ont une expérience concrète du travail manuel ou de la pauvreté. Elle est préconisée par deux auteurs, l'un agrégé d'anglais et l'autre de lettres, tous deux journalistes, romanciers et essayistes : Léon Lemonnier (1890-1953) dans son "Manifeste populiste" (*L'Œuvre*, 1929) et André Thérive (1891-1967) dans *Populisme* (1931). S'ils veulent "peindre le peuple", "aller aux petites gens", ces écrivains ne sont ni très novateurs littérairement, ni très progressistes politiquement [Beauvalet, 2018]. Lemonnier écrit des romans dont l'action se passe dans le peuple, mais aussi des biographies de têtes couronnées qui lui valent des prix de l'Académie française, et Thérive collabore au *Temps* et à l'assez conservatrice *Revue critique des idées et des livres*. Ils expriment une littérature restée vivace, mais qui ne marque guère de novation.

Il en va tout autrement avec la littérature prolétarienne. Celle-ci est très diverse. Les rapports avec la politique communiste, la nécessité ou non d'avoir une origine populaire pour écrire sur le peuple divisent ses représentants. La littérature prolétarienne insiste sur la nécessité d'adopter un point de vue de classe, de porter des valeurs ouvrières qui préparent l'avènement d'une civilisation prolétarienne. Un temps directeur littéraire de *L'Humanité* (1921-1923), le poète, dramaturge et essayiste Marcel Martinet (1887-1944) s'efforce de théoriser le mouvement, depuis son article "L'art prolétarien" (1913) de *L'Effort libre*, revue dirigée par Jean-Richard Bloch (1884-1947) jusqu'aux *Cahiers du Travail* (1921) et à *Culture prolétarienne* (1935). Vincent Chambarlhac [2000] note que ce long et riche parcours militant et intellectuel se conclut par un appel à une culture humaine qui ne se distingue plus trop de l'humanisme social porté par les populistes et beaucoup d'autres. Associé avec Martinet pour diverses initiatives (jusqu'au Musée prolétarien, bibliothèque et lieu de débats, en 1935), proche des courants libertaires mais aussi compagnon de route du communisme des années 1920, Henry Poulaille (1896-1980) est auteur de manifestes, responsable de revues et animateur de débats: son anthologie *Nouvel Âge littéraire* (1930), ses revues *Nouvel Âge* (1931), *Prolétariat* (1933-1934), *À contre-courant* (1935-1936), son roman *Pain quotidien* (1931), décrivant la vie ouvrière au début du siècle, se veulent des témoignages d'art prolétarien opposé à la fade tradition populiste. Mais les tenants de l'école prolétarienne, proches des milieux critiques face à l'évolution de l'URSS et de l'Internationale communiste, sont à leur tour pris à partie par les écrivains qui fondent en mars 1932 l'Association des écrivains et artistes révolutionnaires et la revue *Commune* (1933-1939) avec le soutien du Parti communiste français. De fait, le débat est beaucoup plus d'ordre politique que littéraire, puisqu'il est difficile de caractériser autrement la spécificité des auteurs de chaque courant, ce que confirment par ailleurs certaines oscillations, comme celle de l'écrivain Eugène Dabit (1898-1936), auteur de *L'Hôtel du Nord* (1929), revendiqué par les trois courants.

L'AEAR et *Commune* sont dirigés par des intellectuels politiques comme Paul Vaillant-Couturier (1892-1937) et Henri Barbusse (1873-1935), responsables passés ou à venir du journal *L'Humanité*, liés à de nombreuses associations et entreprises de la mouvance socialiste puis communiste après 1920, depuis longtemps personnalités du monde littéraire, écrivains de la guerre et de la révolution certainement, mais pas du travail ouvrier, industriel ou artisanal en tant que tel. Leur intervention est plutôt celle d'une culture politique générale, tournée vers l'enseignement (la nouvelle école Karl Marx par André Lurçat (1894-1970) à Villejuif dont Vaillant-Couturier sera le député et le maire), une politique culturelle volontaire qui favorise l'engagement militant et la lutte pour des idéaux globaux en liaison avec la politique communiste, notamment dans le cadre de l'antifascisme et de la formation des Fronts Populaires.

Eux-mêmes sont bousculés par les inflexions de la politique soviétique qui entre plus ou moins en résonance avec les attentes du milieu culturel populaire et progressiste. Le "réalisme socialiste" devient un mot d'ordre d'ensemble, doté d'une charge symbolique et idéologique puisque porté à partir de 1932 par les écrivains soviétiques au même titre que la planification ou la construction du socialisme. Dans le détail, les choses demeurent complexes. Certes, ce qui constitue l'aspect le plus souvent privilégié en termes politiques est le contrôle du parti communiste, et de sa direction, sur le mouvement littéraire. En France, les recommandations sont fixées par un article des écrivains soviétiques Pavel Youdine (1899-1968) et Alexander Fadeïev (1901-1956), "Le réalisme socialiste, méthode fondamentale de la littérature soviétique", traduit et publié dans *Commune* (juin 1934). Les écrivains et les artistes doivent veiller à "la représentation véridique et historiquement concrète de la réalité dans son développement révolutionnaire". La définition assez large peut laisser place à de nombreuses interprétations d'autant que le panel des modèles littéraires proposé est varié : "Shakespeare, Goethe, Balzac, Pouchkine, Swift, Dante, Tolstoï, et aujourd'hui Gorki". Néanmoins, elle valorise incontestablement les modèles classiques d'écriture au détriment de recherches ou d'essais trop modernes, formels ou complexes. Dans la pratique, il est difficile de savoir comment attribuer cette étiquette dans la littérature contemporaine. Des écrivains de la littérature sociale traditionnelle peuvent éprouver des sympathies ou militer au parti communiste ou dans des organisations proches sans que cela ne bouleverse fondamentalement leurs descriptions de la vie des ouvriers à l'atelier ou en usine, l'évocation de leur travail et de leurs attentes, des grèves ou des manifestations. Même Louis Aragon (1897-1982), souvent cité en exemple, écrit des romans "réalistes", ancrés dans le monde réel : *Les cloches de Bâle* (1934) et *Les beaux quartiers* (1936) pour notre période, mais la plupart des personnages évoluent dans un milieu bourgeois ou petit-bourgeois, comme chez les *Thibault* (1932-1940) de Roger Martin du Gard (1881-1958) ou *Les Hommes de bonne volonté* (1932-1946) de Jules Romains (1885-1972). Les lire permet de suivre les tribulations des personnages et de saisir le portrait proposé de la réalité du monde contemporain qu'il s'agit de nommer, signifier et représenter dans le cadre d'un projet qui demeure bien évidemment littéraire au sens premier, avant d'agir à son tour sur la représentation historique de cette période. Il se rencontre parfois dans ces romans des travailleurs, mais le plus souvent pris dans des activités militantes (manifestations politiques de diverses formes) ou l'expression de sentiments personnels. Littérairement, les romans d'Aragon doivent peut-être davantage aux *Déracinés* de Maurice Barrès qu'à la littérature soviétique des années 1920. S'ils sont devenus à leur tour des classiques, il serait incongru d'y chercher une simple documentation sur le travail ouvrier ou tout autre aspect concret de la vie sociale de la France d'avant 1914. Le réel est composé, écrit, et c'est donc bien une représentation des hommes et femmes de ce temps qui est proposée et s'impose parfois à notre entendement.

L'EUROPE INDUSTRIELLE FACE AU TRAVAIL

Pays industrialisé, marqué par une forte tradition libérale en politique, le Royaume-Uni connaît tôt de grands "romans industriels" qui décrivent les conditions de vie des populations laborieuses [Barringer, 2005]. Fille et femme de pasteur, de confession unitarienne*, Elizabeth Gaskell (1810-1865) observe la population ouvrière de l'industrie textile de Manchester, cadre de ses romans *Mary Barton* (1848) et *North and South* (1854-1855). Dans celui-ci, vivant à Milton dans le Darkshire, le syndicaliste Nicholas Higgins affronte le patron John Thornton. L'écrivaine est sensible au "nœud d'argent", expression du poète Thomas Carlyle (1795-1881), qui divise la société britannique. Elle souhaite l'entente entre un patronat bienveillant et un prolétariat intelligent, et se révèle particulièrement attentive aux destinées féminines, comme celle de Bessy, la fille de Higgins. Manchester est également décrit sous le nom de *Coketown* dans *Hard Times for These Times* (*Les temps difficiles*, 1854), sans doute le roman le plus social de Charles Dickens (1812-1870), au demeurant dédié à Carlyle, mais écrit de manière beaucoup plus sombre, sans perspective claire d'issue heureuse. Les deux romans paraissent d'ailleurs à la suite l'un de l'autre dans *Household Worlds*, la revue de Dickens. Le "meneur", l'orateur qui pousse les ouvriers à la révolte et à la lutte, Slackbridge, est présenté comme un démagogue, un personnage négatif et sectaire dont l'intervention fait empirer la situation. Le travail est durement décrit, mais il semble qu'il faille ne compter que sur les qualités de cœur ainsi que sur "les grâces et délices de l'imagination" pour embellir "la routine et les réalités de la vie". Au même moment, *The Warden* (1855) d'Anthony Trollope (1815-1882), traduit en français sous le titre *Le Directeur*, ne livre pas un portrait très sympathique de ses vieux travailleurs, accueillis dans l'hospice d'Hiram et qui contestent, bernés par l'appât du gain, le testament permettant à leur excellent directeur un peu naïf, M. Septimus Harding, de se livrer sans inquiétude à sa passion pour la musique. Mais ce roman est celui de la mauvaise conscience du loisir, pourtant tourné vers la beauté, puisque le maître de chapelle choisit de renoncer à son privilège plutôt que d'être suspecté. Chemin faisant, Trollope ne manque pas non plus de pourfendre les mauvaises manières des faux amis du peuple, notamment dans la presse libérale, autant que l'hypocrite égoïsme des nantis.

Pour l'entre-deux-guerres, il serait sans doute abusif de considérer Olivier Mellors, le garde-chasse de *Lady Chatterley's Lover* (1928) de David Herbert Lawrence (1885-1930) comme un représentant de la main d'œuvre industrielle ou artisanale. Il ne peut être néanmoins tout à fait mis à l'écart: sa roborative activité sexuelle contrastant avec les défaillances aristocratiques ou bourgeoises renvoie à un lieu commun de la vision du prolétaire, utilisée aussi bien par ses défenseurs que par ses adversaires. Les premières publications de George Orwell (1903-1950), *Down and out in Paris and London* (1933, traduit par *La Vache enragée*, puis par *Dans la dèche à Paris et à Londres*) et *The Road to Wigan Pier* (1937, *Le quai de Wigan*) décrivent les conditions de vie misérables des chômeurs ou travailleurs précaires à Paris et Londres au moment de la crise, puis celle des mineurs britanniques, en essayant d'analyser les raisons des échecs politiques à changer cette situation.

En Allemagne, l'ouvrier ou l'artisan ne constituent sans doute pas non plus le type social dominant de la littérature [Fink, 2002]. Le public français connaît la pièce de Gerhart Hauptmann (1862-1946), *Die Weber* (*Les tisserands*, 1892), évocatrice des grèves de Silésie des années 1840, vite traduite et jouée à Paris après l'avoir été à Berlin. Succès de l'avant-garde littéraire, beaucoup commentée par la presse et les revues, la pièce joue sans doute le rôle de *Germinal* pour le public allemand: l'annonce de temps nouveaux qui risquent d'anéantir la société existante si les mesures nécessaires ne sont pas prises. Theodor Fontane (1819-1898) dépeint avec affection dans *Irrungen, Wirrungen* (*Errements et tourments,* 1888) la délicieuse Lene, repasseuse, et sa mère, Madame Nimptsch, leurs voisins, les Dörr. La moralité du roman n'en reste pas moins assez mélancolique : on peut se fréquenter, mais on finit par se marier dans son milieu. Dans son ultime ouvrage, *Der Stechlin* (*Le Stechlin*, 1898), l'écrivain confronte le monde de l'aristocratie militaire des Junkers prussiens à la poussée revendicative du monde des travailleurs. Mais celle-ci s'exprime de manière bien floue, portée surtout par le pasteur du bourg, Lorenzen, qui peut être aussi bien un dissident du christianisme social. Les électeurs du SPD demeurent des silhouettes fugitives, comme le père Tuxen, un "vieux poivrot" qui reconnaît avoir voté pour Torgelow, le candidat SPD envoyé par Berlin, car celui-ci "veut faire quelque chose pour nous et qu'il est tellement pour les pauvres gens". Le comte Eduard von Keyserling (1855-1918) s'essaie un temps à la description disparate d'un groupe dirigeant de la social-démocratie à Vienne, fort composite. Son roman, finalement assez peu réaliste, *Die dritte Stiege* (*Escalier trois,* 1892), détone au sein d'une œuvre consacrée de manière beaucoup plus convaincante au monde finissant de l'aristocratie balto-prussienne.

Les autres pays d'Europe occidentale ne semblent pas pouvoir démentir ce constat. Avant d'être ouvrier et productif, le peuple est d'abord présenté comme chargé de misère, de souffrances et de mort. En Espagne, Bénito Perez Galdós (1845-1920), l'écrivain majeur de la fin du siècle, personnalité républicaine, progressiste et socialiste, décrit une figure christique confrontée à un peuple des bas-fonds dans *Nazarin* (1895), même si l'action est supposée se passer au Mexique. En Italie, les romanciers les plus sociaux, comme Carlo Collodi (1826-1890), avec *Le avventure di Pinocchio* (1881) ou Eduardo De Amicis (1846-1908) avec *Cuore* (1886) se consacrent plutôt au roman d'apprentissage, prenant le pari de l'éducation enfantine. Pays pionnier de l'industrialisation, bénéficiant du charbon du Borinage et de sa tradition drapière, la Belgique exprime sans doute une sensibilité plus âpre. Sa littérature appartient alors au domaine francophone quelle que soit l'origine flamande ou wallonne de ses auteurs. Le plus connu d'entre eux est sans doute Émile Verhaeren (1855-1916), lié aux intellectuels et aux artistes de toute l'Europe. *Les campagnes hallucinées* (1893) et *Les villes tentaculaires* (1895) évoquent les nouveaux paysages de son pays, façonnés par l'interpénétration des villes et des campagnes au profit des nécessités du travail industriel, des "reflets rapprochés et multipliés des usines et des forges" (Jaurès). La population humaine dans son ensemble s'efface devant "les usines et les fabriques" : "Rectangles de granit et monuments de briques, / Et longs murs noirs durant des lieues, / Immensément, par les banlieues". Et pourtant, la révolte peut survenir, engendrée par “la rue” et par “la rage”, détruisant et espérant car “[...] que son printemps soit vert ou qu'il soit rouge / N'est-elle point, dans le monde, toujours, / Haletante, par à travers les jours, / La puissance profonde et fatale qui bouge !”. Des révoltés ou révolutionnaires sans incarnation, à l'identité sociale imprécise, mais dont le comportement est à la fois redouté et espéré.

ARTS PLASTIQUES : LE TRAVAIL OU LES TRAVAILLEURS ?

Même les plus sociaux, les plus portés à la révolte des peintres n'intègrent pas nécessairement la tragédie du travail dans leurs œuvres. Le compagnon Camille Pissarro (1830-1903), donne des dessins sociaux et militants à la presse anarchiste, mais il peint la campagne ou la ville. L'ancien sympathisant de la Commune James Tissot (1836-1902) excelle en toilettes féminines de la bonne société. Les sujets ne peuvent être séparés de la demande sociale ou plus prosaïquement des lois du marché. Le travail représenté est le plus souvent rural et agricole: semer, moissonner, battre, glaner, cribler... Jean-François Millet (1814-1875) s'y est souvent attelé, devenant un peu malgré lui l'artiste de la révolution de 1848. Ledru-Rollin achète son *Vanneur*, ses *Glaneuses* sont vilipendées par l'entourage de Napoléon III alors que Gambetta salue *L'Angélus* comme une “leçon de morale sociale et politique”. La peinture de Gustave Courbet (1819-1877) évolue elle aussi dans un monde rural, y compris avec *Les casseurs de pierre* (1849), aujourd'hui perdu. La forge, rattachable à la mythologie de Vulcain ou de Prométhée, forte d'une longue tradition, l'évocation du chemin de fer, la construction des villes ou l'entretien des routes peuvent être représentés (Fernand Cormon, 1893), mais cela reste des motifs utilisés à titre exceptionnel. Françoise Cachin [1986] a montré le caractère humanisé et bourgeois du paysage impressionniste. La modernité technique pose souvent problème. Le très militant Maximilien Luce (1858-1941) voulant peindre les bâtisseurs des villes modernes les fait travailler avec une technique complètement obsolète au moment où est exécuté le tableau (*Les batteurs de pieux*, 1902-1903). Il sait néanmoins donner à voir le corps des travailleurs, la puissance et la lumière particulière de la sidérurgie (*L'aciérie*, 1895). Néanmoins, la thèse de Nicolas Pierrot [2010] conduit à réévaluer la part dans la peinture, les dessins et les estampes de la thématique industrielle, “discrète”, mais “toujours présente” [Pierrot, Woronoff, 2002].

En art, mais pas seulement, la métallurgie – perçue à l'époque comme particulièrement virile – est mieux traitée que l'industrie textile – à vocation féminine. La main d'œuvre de cette dernière serait-elle jugée moins apte à une idéalisation moralisante ou héroïsante que la première ? Certes, les femmes sont aussi représentées, mais, comme le notait Madeleine Rebérioux [1985], le peintre travaille plutôt alors sur le geste : c'est le cas avec *La Fileuse endormie* (1853) de Courbet, qui travaille à domicile, comme encore une femme “active” sur trois lors du recensement de 1906, des diverses *Repasseuses* de Degas, des *Laveuses* de Steinlen, de *La Petite Blanchisseuse* (1896) de Bonnard... Finalement, le travail à l'atelier est rarement abordé : il faudrait citer pourtant *les Blanchisseuses* (1882) de Marie Petiet (1854-1893), artiste sensible s'intéressant aux sujets féminins, de facture naturaliste et elle-même bien intégrée à la société républicaine de son temps puisqu'épouse du peintre de scènes militaires, député radical et futur sous-secrétaire d'État aux Beaux-Arts, Étienne Dujardin-Beaumetz (1852-1913). Quant à l'effort masculin, il est un des sujets des *Raboteurs de parquet* (1875) de Gustave Caillebotte (1848-1894) présenté à une exposition du groupe “impressionniste”.

L'industrialisation de l'Allemagne ferait-elle davantage partie du “récit national” qu'en France ? *La Forge* (1893) de Cormon, déjà évoquée, donne à voir un atelier encore très artisanal, avec des travailleurs au repos et d'autres en pleine activité, héroïsés par des effets de clair-obscur. Le contraste est saisissant avec le grand format d'Adolph von Menzel (1815-1915) qui porte un titre approchant, *La Forge (Cyclopes modernes)*, peint en 1872-1875. Le nombre et l'espace représentés, la puissance qui s'en dégage sont d'une tout autre ampleur. Surtout, le tableau met en valeur la barre en fusion et travaillée, le produit, centre du tableau et à l'origine de la lumière, davantage que ses servants humains. Ce choix se retrouvera à l'Est, encore qu'en littérature Fedor Gladkov (1883-1958) avec *Le ciment* (1925) ou Nikolaï Ostrowski (1904-1936) avec *Et l'acier fut trempé* (1932-1934) laissent une large place aux personnages, à leurs choix et à leurs contradictions, avec quelques grandes réalisations cinématographiques, telle l'exaltation des tracteurs de la collectivisation dans *La ligne générale* (1929) de Serguei Eisenstein (1898-1948).

La représentation sculptée du travail dans l'espace public français est en question à la fin du siècle. Certes, Henri Chapu (1833-1891) serait le premier à le représenter en place publique [Pingeot, 1995] sous les traits d'un jeune forgeron, torse nu, une tenaille à la main: sa mère – ou la Reconnaissance – lui désigne de la main son bienfaiteur, le patron et député-maire du Creusot Eugène Schneider qui lui procure du travail (1878). Mais celui qui importe est l'ancien communard Jules Dalou (1838-1902). Il représente le Travail sous la forme d'un forgeron, torse nu et un marteau au bras, poussant le char de la République en compagnie de la Justice et de la Paix dans l'ensemble monumental proposé dès 1889 et inauguré place de la Nation à Paris, le 19 novembre 1899, dans un esprit dreyfusard et de "défense républicaine" avancée. Au sein du "fleuve de peuple" qu'évoque Charles Péguy (1873-1914) dans les *Cahiers de la Quinzaine* sont arborés des drapeaux rouges et quelques noirs annonciateurs d'une République sociale. Au même moment, il réfléchit à un grand projet de Monument aux travailleurs (1889-1902) dont il ne peut réaliser qu'un *Grand paysan* (1897-1902) dont il existe plusieurs éditions en des matériaux divers. Loin d'être idéalisé, le corps chez Dalou est à la fois musculeux et fatigué, le travailleur restant toujours noble et digne. Dalou avait aussi pensé à autre chose, sans aller plus loin qu'une esquisse: "La disposition générale tiendrait de l'insigne de Priape, Dieu des Jardins, emblème de la création, de la borne, berceau et tombe du pauvre, enfin du tuyau de l'usine, prison où se passe sa vie. Sobre, sans moulure ni ornement, je désire qu'il ait l'aspect grave et imposant, s'il se peut, que le sujet comporte." écrit-il dans son *Journal* à la date du 15 mars 1898 (esquisse au Petit Palais, à Paris).

Le Belge Constantin Meunier (1831-1905) travaille à un projet analogue. Depuis sa visite du Borinage minier, en 1879, Meunier est devenu à la fois militant socialiste, peintre et sculpteur du travail. Quelques années avant les poèmes de Verhaeren, son *Au pays noir* (1890) représente un paysage infernal, sans ciel, ni verdure, gris et beige où trains et cheminées d'usine fumantes sont les seules traces d'une présence humaine. Présent dans de nombreux musées et, par ses sculptures, dans l'espace public (*Le débardeur* à Anvers, *Le mineur* à Charleroi… *Le Monument au travail* à Bruxelles…), Meunier est un artiste national, inséparable de la culture syndicale et du "pilier socialiste" constitutif de la Belgique moderne. Il ne peut achever de son vivant son vaste Monument au Travail, mais celui-ci est réalisé après sa mort, en 1909, puis en 1930 à Laeken, dans la banlieue bruxelloise. La tendance à l'idéalisation, plus marquée que chez Dalou, reste à distance des canons à venir du réalisme socialiste en faveur de l'héroïsation du travailleur, dont le meilleur exemple est fourni par le groupe de *L'Ouvrier et la Kolkhozienne* réalisé par Vera Ignatieva Mukhina

(1889-1953), une ancienne élève de Bourdelle (1861-1929), pour le pavillon soviétique de l'Exposition universelle de Paris en 1937.

À Carmaux, les quatre travailleurs assemblés autour de Jaurès les haranguant (1923), œuvre de Gabriel Pech (1854-1930) représentent la diversité de la population laborieuse de la région : un métallurgiste-forgeron toujours, un verrier, un paysan et un mineur. L'atmosphère est recueillie, ce n'est plus le temps de l'effort, mais celui du loisir, de l'écoute et de l'apprentissage. Les textes reproduits sur le socle du monument ne proviennent d'ailleurs pas d'appels soutenant des grèves ou des revendications, mais du discours aux lycéens d'Albi et de celui prononcé au congrès de Toulouse. Il ne s'agit pas d'évoquer les luttes ou les conflits, mais de laisser espérer la venue de l'idéal prôné par le grand orateur.

Le sujet est repris en peinture par Fernand Léger (1881-1955), avec notamment *Le mécanicien* (1918) à la puissante musculature. Néanmoins, c'est de manière rétrospective, presque nostalgique, que celui-ci devient le peintre du travail et des loisirs ouvriers dans une atmosphère évocatrice du Front populaire : *Les reconstructeurs* (1951) après *Les loisirs – Hommage à Louis David* (1948-1949) et avant *La partie de campagne* (1953) et *Le campeur* (1954). Il ne faut pas s'y tromper. Comme le notait Madeleine Rebérioux [2003], le mouvement communiste ne fonctionne guère au tableau ou à la sculpture : "le film, l'affiche, voici les nouveaux arts des foules révolutionnaires".

DE NOUVELLES FORMES ARTISTIQUES ? CHANSON, PHOTOGRAPHIE ET CINÉMA

La chanson aussi, peut-être. Art populaire, elle se répand sous la monarchie de Juillet avec le développement des sociétés chantantes ou goguettes, dont l'apogée est atteint au milieu du siècle et qui se maintiennent pendant toute la période. Charles Gille (1820-1856) chante *Les mineurs d'Utzel :* "Riche ou pauvre devrait-on naître ? [...] Nous ne voulons pas le partage / Mais c'est injuste l'héritage..." Pierre Dupont (1821-1870) obtient un certain succès avec *Le chant des ouvriers* (1846) : "Nous tous qu'un salaire incertain / Ramène avant l'aube à l'enclume [...] Aimons-nous et quand nous pouvons [...] Buvons / À l'indépendance du monde !" Les travailleurs produisent des richesses qui profitent à d'autres, situation appelée à changer. Ces principes de base sont posés, avec prudence sous la monarchie, l'Empire ou la république conservatrice, plus nettement sous la République des républicains. Leur traduction politique est plus ou moins marquée, voire effective, mais la valorisation du travail et la déploration du sort fait aux travailleurs se généralisent. Les orphéons [GUMPLOWICZ, 1987], qui tendent à prendre le pas sur les goguettes, comptent plus de 500 000 membres à la fin du siècle. La chanson militante exalte les luttes sociales et politiques, annonçant l'avènement prochain de la Sociale. Montéhus (Gaston Brunswick, dit, 1872-1952) en est le représentant le plus célèbre : *Gloire au 17ᵉ*, *La jeune garde*, *La butte rouge*... Signe probable de son succès, la chanson militante est imitée par des chansonniers qui n'ont pas nécessairement de visées politiques particulières : Maurice Mac-Nab (1856-1889) réussit avec *Le Grand Métingue du Métropolitain* (1887) à populariser l'image d'un militant aussi déterminé qu'alcoolisé alors que *Les canuts* (1894) d'Aristide Bruant (1851-1925) passe vite pour une authentique chanson issue des révoltes de la Croix-Rousse à Lyon en 1831 et 1834. Le va-et-vient entre culture populaire, sa représentation plus ou moins folklorisée aux marges de la culture dominante et de ses réappropriations populaires ne cesse pas, comme l'a récemment montré Ariane Mak à propos de la *Lambeth Walk* (1938) et la culture *cockney* en Grande-Bretagne [2017].

La photographie, née avec la période abordée ici (1826-1827/1839), semble le moyen adéquat de la connaissance du réel, telle que définie par Hippolyte Taine (1828-1893) : "reproduire les choses comme elles sont, ou comme elles seraient, même si je n'existais pas". Les choses ne sont pas évidemment si simples : choix du sujet, cadrage, éclairage, commentaire... les moyens abondent pour orienter une photographie qui ne peut par ailleurs tout dire ou tout montrer. Le dramaturge Bertolt Brecht (1898-1956) fait remarquer dès 1930 qu'une vue des usines Krupp n'informe pas nécessairement sur les rapports de classes qui y existent. Deux grandes tendances se révèlent : une volonté de documentation sociale, qui inspire déjà Zola travaillant à ses futurs ouvrages et tenant des carnets d'enquête, qu'illustre par exemple Eugène Atget (1857-1927), le photographe des vieux quartiers parisiens et des métiers populaires (80 cartes postales chez Porcher, à partir de 1897). Elle n'est évidemment pas séparable de choix esthétiques et idéologiques qui ne sont guère dissimulés. Cette tendance se maintient. Ancien ouvrier des usines Renault, François Kollar (1904-1979) prend dans les années 1930 des milliers de photographies dont une grande partie est publiée sous le titre "La France travaille" par les éditions Horizons de France. Moins romantique, plus optimiste, son œuvre sur la diversité des métiers de toutes techniques et de tous matériaux, semble moins en attente d'une émancipation sociale et politique, plus confiante dans les progrès de la technique et de la mécanisation. Cela n'empêche pas son *Porteur de rails* (Arles, 1933) de devenir l'exemple quasi iconique d'un prolétariat conscient et révolutionnaire [BAJAC, 2005]. L'Allemand August Sander (1876-1964), qu'on le rattache à la *Neue Sachlichkeit* ("Nouvelle objectivité") ou au "style documentaire" [LUGON, 2001], est le photographe de la société allemande sous la république de Weimar (1919-1933) : *Menschen ohne Maske* (*Hommes sans masques*, 1971). Ses portraits, le plus souvent frontaux, concernent des hommes et femmes de tous milieux et de toutes conditions, sociales, mais aussi politiques ou culturelles. Selon le critique et écrivain Kurt Tucholsky (1890-1935), Sander ne photographie pas "des gens", mais "des genres", "des personnes qui représentent [...] leur classe sociale" et son *Maître-pâtissier* comme ses *Chômeurs* ou ses *Familles ouvrières*, au même titre que ses étudiants balafrés des Corporations, se sont imposés, tout construits qu'ils soient, comme des témoignages significatifs.

Le cinématographe [DARRÉ, 2000] n'attend pas pour représenter le travail : *La sortie de l'usine Lumière à Lyon* (1895) serait le premier film de son histoire avec d'ailleurs trois versions différentes, ce qui pose d'emblée la question de la perception du document lequel ne se réduit pas à un simple enregistrement du "réel". Art populaire, art du mouvement, le cinéma retrouve de toute façon travail et travailleurs aussi bien dans la part dite "documentaire "de son œuvre que dans celle de "fiction" [CADÉ, 2000]. Pendant l'entre-deux-guerres, le cinéma britannique illustre sans doute davantage la première option avec le *Documentary Film Movement* animé par John Grierson (1898-1972), l'inventeur du terme "documentaire" en 1926, théoricien et producteur du genre. Parmi ces films, on peut citer *Industrial Britain* (1931), en partie réalisé par Robert Flaherty (1884-1951) qui veut montrer l'importance du maintien du savoir-faire personnel et artisanal afin de valoriser le travail ouvrier. Une résistance sans doute à la modernité industrielle, dont les origines sont anciennes dans le mouvement ouvrier britannique, avec William Morris (1834-1896) et le mouvement *Arts and Crafts*. En Allemagne, Phil Jutzi (1896-1946), plus tard rallié au national-socialisme, réalise des films prolétariens pour Prometheus Film (1926-1931), une des créations du célèbre propagandiste lié au *Komintern* Willi Münzenberg (1889-1940). Moins directement militants, de nombreux films entendent décrire la situation sociale ou traduire les espérances politiques des divers courants de la gauche allemande, implantée dans le monde ouvrier. *Kameradschaft* (*La tragédie de la mine, 1931*) de Georg Wilhem Pabst (1885-1967) exalte la solidarité internationale entre travailleurs, contrecarrée par les États. La saisissante vision du travail ouvrier dans *Metropolis* (1927) de Fritz Lang

(1890-1976) demeure ambiguë : abrutissement et aliénation des travailleurs, à la fois épuisés et réduits à l'état de machines, inanité de tout soulèvement qui tournerait à l'aveugle destruction, concorde des classes comme seule solution. Le film ne devient pas un classique par son éventuelle signification sociale, assez confuse, mais par son inventivité technique et esthétique, sonore et visuelle.

Divers cas de figure existent en France : adaptations littéraires, de Zola (*Germinal* est adapté dès 1903 et 1913, ses principaux romans le sont au cours de l'entre-deux-guerres) et autres, films documentaires et de fiction. Deux restent inséparables de l'évocation de cette époque. Le premier est *La Belle équipe* (1936) de Julien Duvivier (1896-1967) avec ses cinq chômeurs gagnant à la Loterie et montant une guinguette, symbole des espérances du Front Populaire, dont l'histoire se termine mal, au moins dans la version voulue par Duvivier. Le second est *La règle du jeu* (1939) de Jean Renoir (1894-1979). Certes, aristocrates et bourgeois y dominent, le peuple n'est guère représenté que par les domestiques, garde-chasse compris, ou le braconnier, voire par l'aviateur, le personnage le plus idéaliste du film, mais aussi celui à la destinée la plus malheureuse. À la différence des grandes réalisations d'outre-Rhin, le jeu social y est toutefois exposé dans son ensemble avec une subtilité féroce, aiguë et nuancée, dont la leçon finale, devenue emblématique du film, est sans doute donnée par un des personnages : "il y a une chose terrible sur cette terre : c'est que tout le monde a ses raisons."

OUTILS

MÉTIERS

EMPLOYÉS ET OUVRIERS DES CHEMINS DE FER

En conquérant l'Ouest de l'Europe entre les années 1830 et 1930, le chemin de fer a modifié en profondeur les mobilités et modes de déplacement des Européens, comme l'implantation des industries et la géographie des circuits marchands. Soumis au principe du rendement croissant, les réseaux ont tous connu une croissance géographique par extension ou par fusion de lignes, jusqu'à leur rachat sous des formes variées. Si les capitaux fixes engagés sont très élevés, la main d'œuvre compte pour 60 % dans les coûts d'exploitation. Par les effectifs mobilisés, par les nombreux métiers qualifiés forgés *ex nihilo*, on conçoit les fortes spécificités de gestion de ces macro-systèmes socio-techniques, comme celles de nouvelles communautés professionnelles, en marge des mondes artisanal et industriel.

Alors que par les effectifs et les capitaux mobilisés sans égal dans les autres sociétés anonymes, les compagnies de chemins de fer ont le mieux donné corps au grand capitalisme industriel florissant au XIXe siècle, Marx les ignore complètement, s'en tenant à la manufacture textile anglaise, automatisée ou non, pour y incarner la confrontation entre Capital et Travail, lieu de l'exploitation du prolétariat et d'extraction de la plus-value. Il est vrai qu'on n'y produit rien, si ce n'est un service marchand non stockable. Dans le champ aveugle de l'économiste Marx, la compagnie de chemin de fer illusionna plutôt un autre observateur critique. En 1855, frappé par "l'immense salariat" surgi des compagnies – "2483 salariés au Chemin de fer de Paris au Havre, 3900 au Chemin de Paris à Strasbourg, 4600 au Chemin du Nord", 70 000 salariés au total une fois le réseau achevé –, Proudhon dénonce ces "légions de mercenaires" broyés par cette "immense machine dont ils ne [sont] plus qu'un rouage anonyme" [...]. Ces hommes dépersonnalisés, mécanisés, numérotés ont vécu. La locomotive siffle sur eux." [PROUDHON, 1855, p. 376-327, p. 378]. Déjà le "menuisier et philosophe plébéien" Gauny avait fui la "suprématie de ces rouages" mal supportée dans un atelier de chemin de fer : "Les ouvriers qui s'y débilitent sont rendus à la dîme du corps et de l'âme que prélève le capital, avec son escorte d'amendes, de mises à pied, d'espionnage et de livret. [...] Dans leur vaste organisation, les chemins de fer ont raffiné les tourments qui désorganisent la liberté individuelle" [GAUNY, 1851].

Des chemineaux occupés sur les chantiers de construction

Avant toute exploitation, les chemins de fer ont mobilisé sur les chantiers de construction des milliers d'ouvriers mal connus en dépit d'effectifs impressionnants. Des entreprises générales vont se spécialiser dans la construction à forfait de ligne entière, que leur réputation conduira dans toute l'Europe. Assisté de Thomas Brassey, William Mackensie construira la ligne de Paris au Havre, la fin du chantier étant célébrée par une grande fête offerte à ses ouvriers anglais dans le parc du château du banquier Laffitte, administrateur de la compagnie concessionnaire. Associés, le normand Basile Parent et le Belge Pierre Shaken se tailleront une égale réputation internationale, respect des délais et attention sociale.

Il n'en est pas de même des petits entrepreneurs locaux auxquels a été confiée la réalisation de telle section de ligne, adjudicataire du marché moyennant un rabais souvent excessif. Aux côtés des terrassiers, tailleurs de pierre, charpentiers et mineurs, belges, piémontais ou français, des journaliers recrutés sur place comme, simples manœuvres, constituent d'immenses "masses prolétariennes", mieux connues outre-Manche qu'en France, *navvies* là-bas [COLEMANN 1965], *chemineaux** ici. Suivant de kilomètre en kilomètre une voie ferrée depuis les premiers travaux jusqu'aux derniers, itinérant d'un campement à l'autre, ils sont souvent à la merci de tâcherons et de cambusiers qui les recrutent et approvisionnent [CHÂTELAIN, 1953]. "La réputation de ces nomades, de ces *cheminots*, comme les appellent nos paysans, laisse quelque peu à désirer." [FOVILLE, 1880, p. 394]. La confection des viaducs et souterrains mobilisent des équipes qualifiées, exposées à l'accident mortel suite à une chute ou un éboulement. Le recours à des étrangers, des salaires trop bas et réglés de manière aléatoire motivent rixes mais aussi grèves : durant tout le mois d'octobre 1888, entre Limoges et Brive, la longue grève des chemineaux vaudra l'envoi de reporters des grands quotidiens parisiens.

Des métiers qualifiés nouveaux

L'ouverture des lignes à l'exploitation implique de disposer d'une main d'œuvre diversement et plus ou moins spécifiquement qualifiée, tant sont nombreux les métiers du rail introuvables sur le marché du travail. Si l'entretien de la voie confié à de petites brigades sous l'autorité d'un chef de canton s'inspire de l'organisation des cantonniers de la route, la conduite des locomotives fait appel à des connaissances théoriques et à une pratique experte que l'on ne peut acquérir que par un long apprentissage: d'abord comme chauffeur, alimentant continûment le foyer de la locomotive glouton en charbon, avant d'accéder à cet emploi très recherché de mécanicien, dot la fierté professionnelle se nourrit de la satisfaction du respect impératif d'horaires et de règlements de sécurité. Les compagnies anglaises, fortes de leur ancienneté, louent à des compagnies continentales quelques-uns de leurs mécaniciens, maîtres d'apprentissage respectés en période de bonne conjoncture, réprouvés en temps de récession, comme au printemps 1848, où le renvoi de ces mécaniciens anglais motive rixes et grèves.

Les métiers de l'exploitation proprement dite, chefs de gare, aiguilleurs, conducteurs embarqués dans les fourgons et wagons, s'ils sont nouveaux, requièrent le sens de la discipline collective et doivent inspirer respect et autorité aux voyageurs qu'ils côtoient. Casquettes et uniformes permettent de distinguer entre agents fonction et grade, et doivent inspirer aux voyageurs la soumission. Nombre de réseaux occuperont là judicieusement d'anciens militaires.

Aux États-Unis, la main d'œuvre qualifiée trop rare et donc trop coûteuse pour satisfaire des compagnies en quête de profits rapides et élevés, oriente la conception des techniques vers des servants peu qualifiés, locomotives simples, confiées en banalité à des équipes de conduite; à l'inverse, les réseaux européens développent des techniques sophistiquées impliquant des servants très qualifiés: plus encore que la Grande-Bretagne et l'Allemagne, la France, riche de ses ingénieurs polytechniciens et centraliens, s'engage dans une émulation technicienne permanente qui renforce la qualification du mécanicien et du chauffeur titulaires de "leur" locomotive. La prépondérance des ingénieurs amène à concevoir des machines très spécialisées, produites en petite série, adaptées chacune à un trafic ou à une ligne précise. Les taches sont ainsi propres à chaque machine, fortifiant la "noblesse" des "gueules noires de la traction", à l'abri d'une taylorisation (plutôt limitée et fort tardive sur les réseaux européens).

Certaines recrues sont jugées trop âgées par les compagnies ferroviaires pour répondre "aux habitudes d'ordre et de régularité absolue" qu'implique l'exploitation ferroviaire. La plupart fixent donc, autour de 1880, une limite d'âge au-delà de laquelle il n'est plus possible d'obtenir un emploi donnant droit à une retraite. Car c'est bien l'idée selon laquelle le travailleur ne doit pas réclamer "le bénéfice d'une retraite sans en avoir subi les charges" qui est en jeu dans cette limitation. À la Compagnie de l'Est, l'âge limite est fixé à 35 ans ; celle d'Orléans adopte l'âge de 32 ans [Ribeill *et alii*, 2020].

Qu'elles soient fonctionnaires, employées ou ouvrières, en régie, dans l'univers très physique et extérieur du chemin de fer, les femmes occupent un appoint limité, jusqu'à 8 % des effectifs. Épouses d'agents, elles sont souvent occupées derrière les guichets des petites gares ; épouses des chefs de canton, elles sont souvent gardes-barrières. Les veuves d'agents morts en service bénéficient parfois d'un emploi annexe, telle bibliothécaire de gare.

Des emplois protégés, mais aussi un travail stimulé

Au-delà de métiers propres, le chemin de fer impose aussi une gestion spécifique des agents : tenu à l'accomplissement d'un service public exigeant sécurité, célérité, continuité et équité, le précieux capital humain formé sur le tas doit être conservé, protégé. Même si tout travailleur salarié peut être congédié à tout instant par son patron, les compagnies vont au contraire chercher à s'attacher leurs recrues en leur proposant des formes contractuelles variées. En Allemagne comme en Belgique, se développent de nombreux réseaux d'État : des fonctionnaires d'État occupent tous les postes d'encadrement ainsi que la moitié des emplois de l'exploitation. En France, à l'instar des fonctionnaires, les employés qualifiés protégés reçoivent une commission : une affectation, un grade et un traitement définis par une grille hiérarchique préludent à la carrière qui s'ouvre à eux, à leur bon vouloir, plus ou moins zélé.

Le risque d'un service accompli *a minima*, sans intérêt, est compensé par le déploiement de divers stimulants appropriés aux divers métiers. Par exemple, les primes d'économies de charbon, inventées en Belgique, sont partagées entre le mécanicien et le chauffeur, assurant jusqu'à 30 % du revenu mensuel. Elles sont toutefois assorties de retenues en cas de retard qui pourrait justement résulter d'un excès d'économie de charbon. Des carottes, mais aussi des bâtons donc : une panoplie de sanctions disciplinaires, de la mise à pied jusqu'à la révocation frappant l'agent alcoolique, ont permis aux "petits chefs" d'assurer le contrôle différé de tâches exercées en dehors de leur présence, à la différence des quatre murs d'un atelier surveillé par un contremaître. Sur la voie, à bord de la cabine de la locomotive ou dans le poste d'aiguillage, la marge d'autonomie concédée est nécessairement importante, l'exploitation ferroviaire étant soumise à toutes sortes d'aléas imprévisibles, de la défaillance des machines aux erreurs humaines, quoique corsetée par une prolifération de "règlements faits par les gens de bureaux pour leur sauvegarde." [HAMP, 1912].

Des carrières garanties, à court et long terme

Autre spécificité corporative : toutes les compagnies instituent des caisses de secours contre la maladie ou l'infirmité résultant d'un accident, octroyant à la veuve de l'agent tué en service une pension et/ou un emploi réservé. Au-delà de cette assurance contre les risques professionnels du quotidien, des caisses de retraites doivent assurer l'attachement durable des employés qui attendent cette pension, rare privilège au sein du monde ouvrier jusqu'au début du XXe siècle. Comme l'avouait en 1859 un ingénieur français devenu administrateur d'une compagnie, "en se montrant ainsi humaines et généreuses, les compagnies ne remplissent pas seulement un devoir, elles font aussi un bon calcul, car c'est pour elles le meilleur moyen d'obtenir des employés un dévouement qu'ils refuseraient à des compagnies avares et égoïstes." [PERDONNET, 1859] Souci constant du "bien-être" de leurs agents encore mieux explicité soixante ans plus tard de la part des dirigeants allemands : "En raison de la nature spéciale de l'exploitation des chemins de fer, le personnel doit satisfaire à des exigences beaucoup plus grandes que dans la plupart des autres entreprises. Les dangers toujours menaçants, les accidents que peut provoquer à tout moment la moindre faute, le service de nuit, celui du dimanche, le séjour hors du domicile nécessité par l'accompagnement du train parfois durant des journées entières, exigent une tension de toutes les forces et une amplitude physique mise constamment à l'épreuve. Les administrations se sont donc de tout temps occupées sérieusement, tant dans l'intérêt de leur personnel que dans le leur propre, du bien-être à procurer à leurs agents." [RUEDLIN, 1912]

Syndicalisme contre paternalisme

Ce paternalisme intéressé des compagnies vise en réalité à isoler leurs troupes d'une classe ouvrière de plus en plus combative, en voie d'organisation syndicale et d'affrontement social à la fin du XIXe siècle. L'arbitraire des promotions (matière à clientélisme et recommandations) comme celui des sanctions (de la mise à pied des "fortes têtes" à la réforme sans recours), justifient les premiers cahiers de revendication, comme l'assimilation des ouvriers occupés dans les ateliers des compagnies à leurs employés commissionnés bénéficiant de retraites.

Si le patronat des chemins de fer ne peut s'opposer à l'émergence du syndicalisme, celui-ci reste toujours varié et divisé entre la collaboration ouverte et la lutte revendicative sur divers fronts: salaires, horaires de travail, carrières, pensions, cogestion des œuvres sociales, etc. En France, en 1890, émerge une Chambre syndicale des employés et ouvriers des chemins de fer, qui réussit à transcender les clivages sociologiques de réseaux, de statuts et de métiers qu'entretiennent résolument les compagnies. Affilié en 1895 à la CGT naissante, ce syndicat obtient, avec l'appui des parlementaires de gauche, de nombreux résultats: en 1908, le rachat de la Compagnie de l'Ouest, et en 1909, après une quinzaine d'années de luttes, un régime légal et unifié des retraites, recouvrant 350 000 employés et ouvriers des grands réseaux enfin réunis sous le terme alors popularisé de cheminots* [Fruit, 1976; Chevandier, 1993].

En 1908, le seul réseau de la Prusse occupe 485 000 agents, dont 173 000 fonctionnaires; le réseau allemand d'Alsace-Lorraine, quant à lui, compte 33 000 agents, dont un tiers de fonctionnaires. "Un habitant sur 87 est au service des chemins de fer", proclame fièrement le président de la direction des chemins de fer à Berlin [Ruedlin, 1912]. À l'interface des deux catégories d'agents, des comités d'ouvriers communiquent leurs vœux aux chefs fonctionnaires, la frontière statutaire étant oubliée. C'est notamment le cas en France où de nombreuses sociétés d'agents à vocation culturelle (voyages, bibliothèques, orchestres) ou sociale (maisons de repos, sanatoriums) sont présidées par des dirigeants des réseaux [Ribeill, 2018].

Les spécificités de l'entreprise ferroviaire, entre salariat et fonctionnariat

Alfred D. Chandler Jr, professeur à la Harvard Business School, a vu dans les grandes compagnies américaines le lieu d'élaboration du management moderne – "*line and staff**" ou structure hiérarchico-fonctionnelle de la grande entreprise, en réseau ou non [CHANDLER, 1988]. Mais le management des chemins de fer américains de grande étendue, conjuguant exploitation technique simplifiée et rude compétition commerciale, ne peut être comparé à celui pratiqué par des réseaux d'État où pèsent des enjeux militaires (Prusse), ou par des compagnies érigées en quasi-monopoles, telle la plus importante compagnie européenne qu'est la Compagnie du chemin de fer de Paris à Lyon et à la Méditerranée, dite P.L.M., ou par des réseaux imbriqués et concurrents (Grande-Bretagne), comme le révèlent les biographies de Jules Petiet, dirigeant la Compagnie du Nord [WILLIOT, 2007], ou Mark Huish, à la tête du *London & North Western Railway* [GOURVISH, 1972].

Assurément, l'enfer social du Rail vécu par Gauny et que diagnostique le sociologue Proudhon prend une autre tournure : avant même leur nationalisation, tous les réseaux européens aboutissent à la formation d'une communauté professionnelle intégrée, une "grande famille" selon le vocable patronal. Des dynasties familiales de cheminots, favorisées par les compagnies, éclosent et se donnent au Rail [VINCENOT, 1975]. La discipline du travail et une législation sociale partout et toujours d'exception, dont la mise en œuvre est ralentie par l'opposition des compagnies, ou au contraire sévèrement appliquée par les réseaux d'État, n'altèrent pas les durables solidarités et fiertés corporatives, dont l'imaginaire social du cheminot s'est toujours amplement et continûment nourri.

MINEURS

"Plus que quiconque, le mineur peut prétendre à incarner le type du travailleur manuel. Pas uniquement en raison du caractère particulièrement épouvantable de son travail, mais aussi et surtout parce que ce travail – si nécessaire à notre survie – est en même si étranger à notre expérience quotidienne, si caché en quelque sorte, que nous n'y prêtons pas plus d'attention que nous en prêtons à la circulation du sang dans nos veines (George Orwell, *The Road to Wigan Pier,* 1937). Cette citation est tirée du livre que l'écrivain G. Orwell consacre, entre autres, à sa brève expérience du travail minier dans les bassins en crise du nord de l'Angleterre au milieu des années 1930. Elle dit bien la fascination qu'exerce le travail du mineur de fond (on insistera avant tout ici sur l'exploitation du charbon, même si elle peut concerner d'autres minerais comme le fer, le cuivre, le plomb, etc.). Cette fascination s'adosse à la double caractéristique d'un travail à la fois invisible, où l'essentiel se déroule dans les profondeurs de la terre, et en même temps hyper-visible, le mineur (qui extrait le charbon, c'est-à-dire la ressource énergétique majeure de la première industrialisation [MICHEL, 2018]) en venant à symboliser la quintessence du travailleur.

"Révolution charbonnière" et formation du groupe des mineurs

L'exploitation de ce que l'on appelle d'abord le "charbon de terre" (par opposition au charbon tiré du bois) est connue dès le Moyen Âge et commence à s'accélérer dès l'époque moderne. Au cours du XVIIIe siècle, la mise au point de la fonte au coke et de la machine à vapeur changent la donne et placent le charbon au cœur d'un nouveau système énergétique et industriel. L'évolution est toutefois très lente et, dans les premières décennies du XIXe siècle, le charbon reste extrait de manière encore très artisanale : on creuse des puits à quelques dizaines de mètres de profondeur, on remonte tant bien que mal par des échelles le produit qui est ensuite convoyé par les rouliers ou par voie fluviale [MICHEL, 1999].

Il faut attendre la période 1840-1870 pour que se généralise en Europe une véritable révolution charbonnière et pour que se structurent les grands bassins [LEBOUTTE, 1997]. Les plus importants sont situés en Europe du Nord-Ouest [MICHEL, 1987] : Midlands, nord de l'Angleterre, Écosse, Pays de Galles, Wallonie, nord de la France, Ruhr. D'autres se retrouvent ailleurs : Silésie, Loire (Saint-Étienne), poches autour de Decazeville ou de Carmaux. La soif de charbon, et en général de minerais, qui ne cesse de s'accroître tout au long de la période, contribue à diffuser encore l'expérience du travail minier. L'Espagne du XIXe siècle s'affirme ainsi comme une puissance minière, pour le charbon, mais aussi le plomb, le cuivre, le fer, dans les Asturies au nord, mais aussi au centre de la péninsule ou dans certaines zones d'Andalousie [CHASTAGNARET, 2000]. L'exploitation de nouveaux territoires se poursuit jusque dans l'entre-deux-guerres, comme en Sardaigne, où la découverte d'un nouveau bassin près de Serbariu provoque la création d'une nouvelle ville ouvrière, Carbonia, inaugurée en 1938 par Mussolini.

L'industrie charbonnière se structure la plupart du temps sous l'égide de compagnies privées, même si les pouvoirs publics sont particulièrement attentifs à ce secteur. C'est avant tout une industrie de main d'œuvre qui mobilise des masses considérables. L'importance symbolique et politique des mineurs tient aussi à cet aspect très massif : plus d'1 million de mineurs en Grande-Bretagne dans l'entre-deux-guerres, près de 600 000 en Allemagne, de 300 000 en France, un peu moins de 200 000 en Belgique, près de 100 000 en Espagne, etc. Les compagnies font d'abord appel à la main d'œuvre locale et à celle des campagnes environnantes, mais celle-ci se révèle rapidement insuffisante. Le groupe des mineurs est donc très composite, et les circulations transnationales, les courants migratoires y sont très importants [KNOTTER et MAYER, 2015]. Certains mineurs qualifiés belges et britanniques sont très demandés à la fin du XIXe siècle et circulent dans les divers bassins européens. Un autre cas exemplaire est celui des Polonais des campagnes de Poznanie, de Silésie, recrutés en masse (près de 350 000) par les grandes compagnies de la Ruhr à la fin du XIXe siècle. Après la Première Guerre mondiale, une partie d'entre eux est attirée par les compagnies françaises, qui négocient en même temps un accord avec le gouvernement de la nouvelle Pologne pour faire venir encore d'autres paysans, plus de 40 000 au total.

La dangerosité et la pénibilité du travail au fond rendent cependant le recrutement et la fixation de la main d'œuvre éminemment compliqués et précaires [TREMPÉ, 1971]. C'est la raison pour laquelle nombre d'entreprises s'engagent précocement dans des politiques paternalistes visant à stabiliser et à encadrer les ouvriers et leurs familles. Dans la Ruhr, dans le nord de la France, elles construisent ainsi des dizaines de milliers de logements à proximité des puits. Elles déploient aussi d'actives politiques sociales, touchant à la santé, et à l'éducation, aux loisirs. Ces politiques patronales contribuent à donner ses traits singuliers à la vie des mineurs. Le coron (dans le Nord de la France), la "Kolonie", le "*pit village*", à mi-chemin entre la ville et la campagne, passent pour loger des groupes qui constituent de véritables "communautés minières" [STRANGLEMAN, 2018], relativement isolées, et dotées d'une forte identité corporative, sociale et culturelle, dont la réputation rejaillit à l'extérieur [HICKEY, 1985 ; COOPER-RICHET, 2002].

La très lente industrialisation du travail au fond

La révolution charbonnière ne modifie d'abord que de manière très progressive les formes du travail au fond. Celui-ci fait l'objet de très nombreux témoignages, comme le livre de l'ingénieur des Mines Louis Simonin (*La vie souterraine, ou Les mines et les mineurs*, 1867), qui sillonne les différents bassins européens, et dont le récit inspire encore le *Germinal* d'Émile Zola (1885), œuvre romanesque majeure, qui peut se lire aussi comme une description extrêmement précise du travail minier.

Ce travail se structure alors sur la base de petites équipes, parfois à dimension familiale, et qui exploitent, de manière en partie autonome, une veine ou un quartier sous la surveillance des ingénieurs et des contremaîtres. Les femmes et les enfants participent durant une partie du XIXe siècle à ce travail, notamment pour acheminer le charbon vers la sortie : les images des femmes à moitié nue ou de tout jeunes enfants poussant les wagonnets dans l'obscurité frappent alors les observateurs. Le travail des femmes et des enfants au fond est cependant assez vite interdit (en 1842 en Grande-Bretagne ; en 1874 en France, par exemple), et à la fin du XIXe siècle dans la majeure partie des pays européens, le travail et en général l'environnement du fond sont devenus des domaines exclusivement masculins.

L'extraction du charbon proprement dit, ou abattage*, se fait longtemps par la seule force physique, le mineur arrachant avec son pic le charbon de la veine, dans des conditions souvent excessivement pénibles (étroitesse des galeries, chaleur, humidité). Les premiers progrès, dans la deuxième moitié du XIXe siècle, portent sur le creusement des puits et des galeries – boisage, pompage de l'eau souterraine (exhaure*) – et sur le transport des hommes et du minerai entre le fond et la surface (ascenseurs, usage de la vapeur puis de l'électricité). Ces progrès permettent un agrandissement des exploitations, et une augmentation considérable de la production : l'Europe produit près de 100 millions de tonnes de charbon en 1860, 600 millions en 1910. Mais, à mesure que les galeries deviennent plus profondes, s'accroît aussi la dangerosité du métier. Le début du XXe résonne de l'écho de catastrophes spectaculaires et très meurtrières, dues pour l'essentiel à des incendies ou à des explosions au fond : 344 mots à Holton Pit dans le Lancashire en 1910, 439 à Sengenhid au Pays de Galles en 1913 et 1099 morts lors de la "catastrophe monstre" de Courrières (Pas-de-Calais) en 1906 [VARASCHIN *et alii*, 2006]. Même si des améliorations émergent dans le domaine de la sécurité (port du casque, protection des lampes, aménagement des galeries), le risque demeure une composante majeure de la vie au fond.

La modernisation du travail souterrain s'accélère à partir des années 1910. L'usage de l'électricité se développe (éclairage, transport du charbon au fond), le marteau-piqueur à air comprimé remplace peu à peu le pic pour abattre le charbon. En parallèle, les compagnies minières tentent de promouvoir la rationalisation du travail au fond, avec le chronométrage des tâches (système Bedeaux), l'individualisation des salaires et la promotion du salaire au rendement [TAILBY, 2011]. Ces tentatives font l'objet d'échanges internationaux entre ingénieurs et experts, entre la France, l'Allemagne et la Belgique [GEERKENS et MOUTET, 2007], ou encore au sein de la multinationale minière Peñarroya, principalement implantée en France, en Espagne et en Italie [SANNA, 2019]. Elles se heurtent cependant à de vives résistances de la part des mineurs qui refusent la déstructuration des équipes et la parcellisation du travail qu'on veut leur imposer. La modernisation intensifie de surcroît un certain nombre de risques sanitaires. La course au rendement, l'usage des nouvelles machines qui augmente le taux de poussière dans les galeries, accentuent la prévalence d'un certain nombre de maladies professionnelles, à commencer par la silicose. Si celle-ci fait l'objet d'un début de prise de conscience à l'échelle nationale et internationale (reconnaissance comme maladie professionnelle lors de la conférence de Johannesburg en 1930), son ombre n'en pèse pas moins, elle aussi, sur la vie des mineurs.

Les "gueules noires", icônes du prolétariat

Les concentrations ouvrières que génère l'industrie minière ont aussi d'autres effets. L'un des plus emblématiques tient dans la part des mineurs et des grèves minières dans les mouvements sociaux, notamment à partir de la fin du XIXe siècle: pour ne citer que quelques exemples, en 1884 (grève d'Anzin, qui sert de modèle à *Germinal),* 1888 (Espagne), 1893 (France et Belgique), 1905 (Ruhr), 1906 (France, à la suite de la catastrophe de Courrières, Asturies), 1919-1920 (France, Ruhr), 1932 (Belgique, etc.). Malgré quelques tentatives en ce sens avant 1914, les mineurs, au moins ceux d'Europe du Nord-Ouest, ne parviennent pas à enclencher de grèves corporatives internationales, comme ils tentent par exemple de le faire en 1905 autour de la Ruhr [MICHEL, 1982]. En revanche, leur rôle apparaît décisif et marquant, bien au-delà des frontières de leur groupe professionnel, dans un certain nombre de mouvements nationaux: c'est le cas en Wallonie en 1886, lors de la tentative de grève générale en Grande-Bretagne en 1926 ou encore dans les Asturies en 1934. L'image de "l'armée noire et vengeresse" (É. Zola, *Germinal),* remontant du fond pour faire exploser la colère ouvrière à la surface contribuent, à partir de la fin du XIXe siècle, à faire des "gueules noires" l'un des socles du mouvement ouvrier [BERGER *et alii,* 2005].

Le phénomène est renforcé par la structuration précoce des organisations syndicales et ouvrières dans les mines. Le fait est patent dans les bassins britanniques [CHURCH et OUTRAM, 1998], où la vie syndicale est déjà active dès les années 1850-1860, par exemple dans le Yorkshire. Les syndicats du Yorkshire et du Lancashire sont à l'origine en 1889 de la naissance de la *Miners Federation of Great Britain*. La même année se créent la Fédération nationale des mineurs belges, le syndicat de la Ruhr, celui du Pas-de-Calais. En 1890, la Fédération internationale des mineurs, l'une des rares tentatives de création d'une organisation syndicale professionnelle à l'échelle internationale, voit le jour sous l'égide des Britanniques [FONTAINE, 2014]. On a donc affaire à une vie syndicale très tôt active et organisée, qui s'appuie sur des troupes importantes : à l'orée du XXe siècle, près de deux tiers des mineurs britanniques sont syndiqués. Certains représentants des mineurs deviennent des figures reconnues bien au-delà de la corporation : Thomas Burt, Keir Hardie, Aneurin Bevan en Grande-Bretagne, ou, dans une bien moindre mesure, Émile Basly en France, l'ancien leader de la grève d'Anzin qui devient en 1893 le "député-mineur".

La vie syndicale et militante des mineurs n'en est pas moins traversée en permanence par de vives tensions. D'un côté, les organisations syndicales adoptent rapidement des positions réformistes et se placent dans une position de dialogue avec les compagnies, avec les pouvoirs publics pour faire avancer leurs revendications et améliorer le statut des mineurs [FONTAINE, 2012 ; MUÑIZ-SANCHEZ, 2011]. De l'autre, les poussées révolutionnaires et insurrectionnelles sont une constante, dans ou hors des organisations instituées, qu'elles s'expriment par le biais de l'anarchisme et du syndicalisme révolutionnaire, ou par celui du mouvement communiste dans l'entre-deux-guerres. Dans cette dynamique ambivalente, les mineurs apparaissent à la fois particuliers et exemplaires de mouvements plus larges du monde ouvrier. Un même phénomène se manifeste en matière de droits sociaux. La force des organisations syndicales, conjuguée à la pénibilité et à la dangerosité du métier, fait que les mineurs expérimentent, de manière à la fois précoce et spécifique [FONTAINE, 2011], tout une série de réformes et d'avancées : ainsi en France pour la protection sociale (caisses de secours et de retraites en 1894), les négociations collectives sur les salaires (1891), la journée de 8 heures (1905 pour le travail au fond), les élections de représentants ouvriers (1890), etc.

Tous ces éléments contribuent à dessiner l'image des "gueules noires", incarnée dans de multiples représentations littéraires, graphiques (les sculptures et les peintures du Belge Constantin Meunier à la fin du XIXe siècle), cinématographiques (*Kamaradeschaft* de G. W. Pabst en 1931, *Misère au Borinage* de Joris Ivens en 1933). Les "gueules noires" en viennent à être érigées en véritable mythe politique et culturel, symboles des misères et de la dureté de la condition ouvrières, soldats et icônes en même temps de l'industrialisation et de la lutte des classes [VERSCHUEREN, 2016].

LES OUVRIERS DU FER

Au XIXe siècle, les progrès de la sidérurgie transforment les métiers exercés par les ouvriers du fer. Jusqu'aux années 1930, les changements de l'organisation du travail sidérurgique dans les ateliers et les usines modifient également l'expérience individuelle et collective des professions dont les productions sont au cœur du processus d'industrialisation. En effet, la fonte et le fer pour la première industrialisation, puis l'acier pour la deuxième, sont produits en grandes quantités à partir de la fin du XIXe siècle [VERLEY, 1997b]. En 1831, la Belgique, l'Espagne, les États allemands, la Grande-Bretagne, la France et les pays italiens fabriquent 1 million de tonnes de fonte [MITCHELL, 2007]. En 1929, année de production sidérurgique record, ils en élaborent plus de 36 millions de tonnes et produisent 43 millions de tonnes d'acier [MITCHELL, 2007]. Cette évolution quantitative se double d'améliorations qualitatives qui rendent les produits sidérurgiques à la fois moins chers et plus performants. Leur utilisation dans les constructions métalliques de plus en plus nombreuses le prouve. S'ils sont fondamentaux pour la conception des produits sidérurgiques, les ouvriers du fer occupent aussi une place centrale dans l'histoire ouvrière française et européenne.

Le travail sidérurgique pendant la première industrialisation

Classiquement, les dirigeants des entreprises sidérurgiques sont qualifiés de "maîtres de forges" et les hommes du fer appartiennent à une "aristocratie ouvrière". Toutefois, et jusqu'aux années 1840, l'organisation économique, hiérarchique et sociale du travail sidérurgique est complexe car elle varie en fonction des procédés sidérurgiques utilisés pour produire fonte et fers de diverses qualités. D'autant plus que l'industrialisation de la sidérurgie, si elle débute en Grande-Bretagne dès la seconde moitié du XVIIIe siècle, ne s'accélère qu'à partir du début du XIXe siècle, et en France singulièrement à partir des années 1850 [VIAL, 1967]. En effet, dans les années 1830, l'utilisation du coke issu de la houille en remplacement du bois pour fabriquer de la fonte se développe d'abord en Grande-Bretagne et en Belgique, pays alors le plus industrialisé d'Europe continentale [VERLEY, 1997 b]. La France et les pays allemands industrialisent leurs sidérurgies moins vite que leur voisin belge tout en produisant plus de fonte que celui-ci, tandis que l'Espagne et les États italiens en élaborent à une échelle qui n'est pas du tout industrielle [MITCHELL, 2007]. D'ailleurs, jusqu'au milieu du XIXe siècle, deux sidérurgies continuent de coexister en Europe de l'Ouest: d'une part, la sidérurgie au charbon de bois et les forges anciennes (méthodes catalane, comtoise, nivernaise et wallonne) et, d'autre part, la nouvelle sidérurgie au coke. En 1850, en France, cette dernière produit alors un peu moins de la moitié de la fonte élaborée dans le pays [VIAL, 1967].

À cette époque, dans les anciennes forges comme dans les nouveaux sites de production organisés autour des haut-fourneaux à coke, les hommes du fer sont encore des artisans. Même s'ils utilisent de nouveaux procédés pour produire du métal, leur savoir-faire artisanal est indispensable à la réalisation de leur tâche. Ainsi, la fabrication du fer puddlé (de l'anglais *to puddle* qui signifie brasser, méthode brevetée en 1784) nécessite, de la part du puddleur, force et habileté physiques pour éliminer du métal toutes les impuretés qui peuvent amoindrir sa qualité. Dans les années 1830, les dessins et les tableaux de François Bonhommé renseignent sur les différents métiers pratiqués dans les installations sidérurgiques en voie d'industrialisation [GRIFFATON, 1996]. À proximité du haut-fourneau les fondeurs et les aide-fondeurs œuvrent au plus près de la fonte en fusion, plus loin, les puddleurs et les lamineurs travaillent le fer. Ces derniers manipulent des barres de métal à l'aide de différents types d'outils dont le célèbre ringard, tige de fer plus ou moins ouvragée. Les lamineurs-rattrapeurs prennent même en charge le fil, la feuille de tôle ou le profilé qui sortent des cylindres des laminoirs et les guident vers les étapes de conception suivantes. Dans les équipes de travail, il est possible de trouver des enfants. Cependant, l'apprentissage des techniques sidérurgiques est long – 4 ans – et physiquement éprouvant avant que le jeune apprenti ne devienne aide-fondeur, statut précédant de quelques années celui de fondeur [NOIRIEL, 1986]. En tout cas, une véritable hiérarchie de métiers sidérurgiques se met en place sur les sites de production sidérurgique préfigurant l'organisation d'usine.

Métiers et procédés sidérurgiques des années 1850 jusqu'à la Première Guerre mondiale

Dans la seconde moitié du XIXe siècle, l'amélioration des procédés sidérurgiques ainsi que le développement des besoins en matériaux métalliques, lié à leur utilisation dans le bâtiment et les travaux publics, à la croissance des réseaux ferroviaires et à la diminution des prix des produits sidérurgiques, favorisent la mise en œuvre de grands établissements industriels [ANDRIEUX, 1991]. En France, les usines se développent : au Creusot (Saône-et-Loire) sous l'impulsion de la famille Schneider, en Moselle avec les De Wendel. Dans la Ruhr, les usines Krupp d'Essen sont tellement impressionnantes qu'elles servent de modèle à la ville du fer – *Stahlstadt* – imaginée par Jules Verne dans *Les Cinq Cents Millions de la Bégum* [VERNE, 1879]. Émile Zola, dans *L'Assomoir*, décrit, quant à lui, le travail à l'intérieur d'un grand atelier métallurgique : "La machine forgeait des rivets de quarante millimètres, avec une aisance tranquille de géante. Et rien n'était plus simple en vérité. Le chauffeur prenait le bout de fer dans le fourneau ; le frappeur le plaçait dans la clouière, qu'un filet d'eau continu arrosait pour éviter d'en détremper l'acier ; et c'était fait, la vis s'abaissait, le boulon sautait à terre, avec sa tête ronde comme coulée au moule. En douze heures, cette sacrée mécanique en fabriquait des centaines de kilogrammes" [ZOLA, 1877]. Ainsi, l'usine sidérurgique devient un lieu de production spécialisé consécutivement à l'utilisation de machines de plus en plus grandes et performantes. Les emprises territoriales des sites sidérurgiques s'étendent, reliées par chemins de fer, câbles électriques et canalisations des eaux et des gaz liés à la production.

Dans ces complexes industriels, le nombre d'ouvriers du fer augmente. Cette croissance des effectifs s'accompagne d'une élévation du niveau de conflictualité entre patrons et ouvriers. Cependant, jusqu'aux années 1860, les mouvements sociaux d'origine spécifiquement sidérurgique sont rares car les sidérurgistes sont davantage artisans que prolétaires [VIAL, 1967]. En revanche, dès les années 1870, des grèves dures avec des revendications sur la réduction du temps de travail et les salaires peuvent exister. Elles se déroulent dans les grands établissements industriels comme les forges de Fourchambault (1870), les usines du Creusot (1899-1901) et le bassin de Longwy (1905).

Les ouvriers du fer doivent aussi se méfier de tout un ensemble de machines de grandes tailles et de procédés industriels potentiellement dangereux. Au cœur du processus sidérurgique, le risque de brûlure par projection de métal en fusion est fréquent, la manipulation des produits métalliques finis, semi-finis voire encore très chauds est également fortement risquée et génératrice de nombreux accidents. Dans cet environnement, les différentes opérations se font également dans un véritable vacarme. Par exemple, le marteau-pilon des usines Schneider du Creusot, utilisé de 1877 à 1930, est très bruyant. Les procédés de fabrication génèrent également des nuisances olfactives et sanitaires du fait des gaz toxiques émis lors des réactions chimiques entre les différents composants mélangés au haut-fourneau comme dans les fours ou les convertisseurs (creusets tournants).

En 1855, la conversion de la fonte dans un convertisseur, qui permet d'obtenir de l'acier à une échelle industrielle est inventée par Henry Bessemer. C'est un progrès pour les ouvriers du fer car il les libère du puddlage de la fonte et donc des efforts physiques qui étaient associés à ce travail. Cette innovation engendre aussi les métiers d'aciéristes. Dans les aciéries, des postes de fondeurs et de pocheurs sont spécifiquement dédiés à la production de l'acier qui se développe rapidement. Dans les années 1860, après celle de Sheffield (Grande-Bretagne), des aciéries Bessemer entrent en service en Allemagne (chez Krupp) et en France (Le Creusot, Imphy, Niederbronn). L'organisation du travail sidérurgique se stabilise alors autour de trois pôles de fabrication successifs : les hauts-fourneaux qui produisent la fonte, les aciéries qui la transforment en acier et les laminages à chaud et à froid qui donnent leurs formes aux productions métallurgiques. En 1865, l'innovation d'Henry Bessemer est complétée par le procédé Martin qui rend la réutilisation des déchets ferreux possible grâce à un mélange avec de la fonte dans un four spécialement conçu pour cela. En 1877, le procédé Thomas-Gilchrist, qui reprend le procédé Bessemer en l'adaptant aux fontes phosphoreuses par l'ajout d'un revêtement basique interne au convertisseur, permet l'utilisation de gisements de minerais de fer contenant du phosphore. Jusqu'à cette date, les minerais phosphoreux rendaient l'acier cassant et ne pouvaient donc pas être utilisés à grande échelle dans la sidérurgie. Le procédé Thomas-Gilchrist, mis en œuvre pour la première fois à Middlesbrough (Angleterre) en 1879 puis chez De Wendel à Hayange (Moselle) en 1881, change la géographie industrielle de l'Europe. En France, il permet le développement industriel de la Lorraine où la "minette", minerai phosphoreux à faible teneur en fer (un tiers environ de sa composition), est exploitée dans ce qui est alors le deuxième gisement ferrifère mondial après celui des Grands Lacs d'Amérique du Nord.

La période 1880-1914 correspond à une croissance sans précédent de la production d'acier européenne au sein d'une industrie sidérurgique plus polarisée qu'avant : en 1913, l'Allemagne, la Belgique, l'Espagne, la France, la Grande-Bretagne et l'Italie en produisent plus de 33 millions de tonnes contre 2,5 millions de tonnes en 1880 [MITCHELL, 2007]. Les installations industrielles dispersées cèdent la place à des usines de plus en plus concentrées soit aux mêmes endroits soit dans de nouveaux bassins industriels. En Grande-Bretagne, le North-East devient une région d'aciéries qui produit plus de 30 % de la fonte britannique en 1880 [LEBOUTTE, 1997]. En Belgique, le bassin de Liège assure près des trois quarts de la production nationale dans la première partie des années 1890 et encore près des deux tiers de 1896 à 1900 [LEBOUTTE, 1997]. La Ruhr poursuit son expansion en devenant la première région industrielle de l'Empire allemand, premier producteur européen d'acier au tournant du siècle [MITCHELL, 2007]. En Espagne, la Biscaye (Pays Basque), traditionnellement productrice de minerai de fer, devient le premier centre sidérurgique du pays entre 1880 et 1913 [LEBOUTTE, 1997]. L'Italie rattrape son retard à la fin du XIXe siècle et au début du XXe siècle, notamment grâce au développement, dans le Nord de la péninsule, de la production d'électricité qui permet la mise en place d'une sidérurgie à base de fours Martin et de fours électriques (où l'on peut faire fondre des ferrailles de récupération) [LEBOUTTE, 1997]. À la veille de la Première Guerre mondiale, les sidérurgistes de Lorraine élaborent plus de la moitié de l'acier français [PRÊCHEUR, 1959].

Le métier de sidérurgiste de la Grande Guerre jusqu'à la fin des années 1930

La Première Guerre mondiale contribue à rationaliser la production industrielle dans les usines des pays belligérants. La paix revenue, les sidérurgistes qui ont échappé au massacre participent à une reconstruction qui est aussi une modernisation. En France, même si l'industrie sidérurgique a beaucoup souffert du conflit car le Nord-Pas-de-Calais et la Lorraine étaient sur la ligne de front destructrice d'une partie de leurs infrastructures industrielles, les années 1920 sont, comme ailleurs en Europe de l'Ouest, une période de renouveau de la croissance de la production d'acier [WORONOFF, 1998].

Dans l'entre-deux-guerres, le métier de sidérurgiste évolue dans le cadre du développement de premières formes de mécanisation au haut-fourneau, à l'aciérie et aux laminoirs. Cette évolution s'accompagne d'une amélioration des conditions de travail [NOIRIEL, 1984]. Les ouvriers des hauts-fourneaux, fondeurs et aide-fondeurs, comme les aciéristes et les lamineurs, travaillent avec des électriciens et des mécaniciens. Dans les usines sidérurgiques, tout un ensemble de métiers assurent aussi l'aide aux opérations de production et l'entretien des installations : les pontiers (ou pontonniers) qui conduisent des ponts roulants indispensables pour déplacer des charges très lourdes, les maçons-fumistes qui entretiennent les réfractaires des hauts-fourneaux et des poches de convertisseurs ainsi que les ouvriers d'entretien proprement dits. Globalement, les effectifs sidérurgiques augmentent. En Angleterre, la sidérurgie du North East qui faisait travailler 26 500 ouvriers en 1913 en emploie 43 500 en 1923 [LEBOUTTE, 1997]. En France, de 1906 à 1931, le nombre d'ouvriers dans le secteur des métaux passe de 640 000 à 1,2 million et l'effectif des sidérurgistes est multiplié par 3, passant de 50 000 à 150 000 travailleurs [NOIRIEL, 1986].

La sidérurgie est alors une industrie de main d'œuvre qui doit recruter des ouvriers qui se fixent davantage près de leurs lieux de travail tandis que les générations précédentes, autochtones ou immigrées, étaient plus mobiles [GALLORO, 2001]. Le paternalisme et les constructions de cités ouvrières favorisent cet enracinement. Mais, l'hécatombe de la Grande Guerre aggrave les difficultés à recruter des travailleurs issus uniquement des populations locales vivant à proximité des usines. D'autant plus que dès la fin du XIXe siècle, les recrutements industriels étaient déjà réalisés par les entreprises bien au-delà de leurs lieux d'implantation. Dans les années 1920, dans tous les bassins industriels d'Europe du Nord-Ouest, l'immigration est forte. Le plus souvent, les immigrés sont employés comme ouvriers spécialisés. En Grande-Bretagne, l'immigration irlandaise reprend à la suite de l'indépendance de l'Irlande du Sud et de la mise en place de quotas d'immigrants aux États-Unis [MOINDROT, 1965]. L'immigration polonaise, importante dans la Ruhr dès les années 1890, l'est aussi dans le Nord-Pas-de-Calais dans les années 1920. Même s'ils sont recrutés principalement pour travailler dans les mines de charbon de ces deux départements, ils peuvent aussi être embauchés dans les usines sidérurgiques. En Lorraine, l'immigration italienne recommence après la Première Guerre mondiale et beaucoup d'Italiens sont recrutés dans la sidérurgie ; conjointement, des immigrés polonais et d'autres pays d'Europe de l'Est s'installent dans la région où une part non-négligeable d'entre eux devient sidérurgiste [BONNET, 1986, 1987]. En Italie, les migrations internes du *Mezzogiorno* vers le Nord se développent, encouragées notamment par le régime fasciste.

La dépression des années 1930 n'épargne pas la sidérurgie européenne [D'AINVAL, 1994]. En France, les sidérurgistes prennent part aux luttes sociales du Front Populaire. Émerge alors la figure du métallo parisien, ouvrier métallurgiste travaillant à Paris mais plus encore en banlieue, figure politique et sociale dont Jean Gabin a pu incarner une représentation au cinéma [VIGNA, 2012]. Malgré cette évolution positive de l'image du métallo, en région parisienne comme en province, la conflictualité dans la sidérurgie ne disparaît pas comme le prouve l'irruption de grèves dans les usines à la fin des années 1930 [VIGNA, 2012].

Du début du XIXe siècle jusqu'aux années 1930, les tâches des sidérurgistes ont donc été industrialisées, même si des survivances artisanales subsistent dans la pratique de leurs métiers. En effet, dans les usines sidérurgiques d'Europe de l'Ouest, davantage qu'un éloignement vis-à-vis des pratiques artisanales qui aurait abouti à une surveillance des sidérurgistes par leur encadrement pour en faire de simples opérateurs exécutants (chronométrage, organisation scientifique du travail, etc.), la période est surtout celle d'une diversification et d'une nouvelle hiérarchisation de leurs postes travail.

LES TISSERANDS

Les tisserands étaient des artisans à domicile qui transformaient les chanvres et les lins que leur livraient les paysans, ou des matières jugées plus nobles comme le coton, la laine ou la soie pour des marchés parfois lointains. C'est l'un des plus anciens artisanats, Marcel Mauss y voyait une "industrie répandue à peu près dans toute l'humanité". Le tisserand produit un tissu en entrecroisant le fil de trame (placé dans le sens de la largeur) et le fil de chaîne (dans la longueur). C'est un ouvrier spécialisé qui doit maîtriser un savoir-faire complexe pour actionner les métiers à tisser, où la chaîne est tendue entre deux barres horizontales. L'essor de la demande entraîne l'augmentation de ces artisans qui se retrouvent un peu partout dans l'Europe des années 1830. La nature du travail variait toutefois selon le lieu où il était exercé, à domicile, dans de petits ateliers urbains puis de plus en plus dans de vastes usines mécanisées. Le tisserand de village travaille à domicile, après un apprentissage de plusieurs années il peut acquérir un métier pour lequel il paie une patente, et qui lui donne la possibilité d'employer des apprentis et des aides, souvent membres de sa famille. À côté des petits ateliers familiaux, il existait aussi des ateliers urbains, souvent mixtes, employant des hommes et des femmes sous le contrôle d'un maître. Il existait aussi de grands ateliers de tissages tenus par des religieuses où les jeunes ouvrières menaient une vie quasi monacale, étaient logées et nourries, et touchaient des salaires particulièrement bas. À la fin du XIXe siècle, les tissages concentrés et mécanisés se généralisent, l'ancien tisserand laisse alors la place aux tisseurs et tisseuses de la grande industrie textile.

Omniprésents tisserands

En Europe occidentale, l'industrie textile réunit les effectifs ouvriers les plus nombreux au XIXe siècle, même si les données statistiques doivent être maniées avec prudence tant la pluriactivité rend les évaluations difficiles. En France, sur les 4,5 millions d'ouvriers recensés au milieu du XIXe siècle, deux millions travaillent dans le textile. Parmi eux, les tisserands représentent un groupe important dont les effectifs augmentent d'abord avant de décliner après 1880. Ils travaillent généralement pour des marchands urbains qui leur livrent la matière première à transformer et auxquels ils remettent le produit fini. En Grande-Bretagne, le nombre de tisserands à domicile est particulièrement important au début du XIXe siècle – autour de 250 000 vers 1810 – avant de s'effondrer ensuite sous l'effet de la mécanisation. Ils ne seraient plus que quelques milliers à travailler à domicile vers 1860, même si l'ampleur et le rythme de cette disparition font débat [Bythell, 1969 ; Timmins, 1993].

Sur le continent, leur nombre reste important dans la seconde moitié du XIXe siècle. En France, on estime ainsi que vers 1860 il y a toujours 200 000 métiers à bras en fonctionnement. Dans le Pays de Caux, il y aurait plus de 110 000 individus occupés au tissage à bras vers 1848 [Landes, 1975]. Par ailleurs, la mécanisation de la filature qui accroît sensiblement la quantité de fils à traiter après 1830 provoque d'abord l'augmentation du nombre de tisserands. À Düsseldorf, en Allemagne, leur effectif est ainsi multiplié par deux entre 1820 et 1850 dans les campagnes alentours, pour répondre à l'essor des filatures mécaniques de coton en ville. Le même phénomène s'observe partout, en Italie du nord comme en Catalogne où se concentre l'industrie cotonnière espagnole. En 1909 il existait plus de 40 000 métiers à tisser mécaniques en Catalogne, et 10 000 métiers manuels encore dispersés dans les villages [Nadal, Sudria, Val, 1994].

Le cas des tisserands en soie est singulier. Leur nombre augmente dans les principaux centres de production comme Lyon, capitale européenne du tissage de la soie, comme dans les centres de soierie rhénane de Krefeld ou Elberfeld, dans la vallée de la Wupper. Des évolutions divergentes s'observent néanmoins: si les tisserands lyonnais, dits “canuts”, connaissent une certaine prospérité et voient leurs effectifs augmenter – le nombre de métier passant d'environ 30 000 en 1830 à plus de 100 000 en 1876 – ceux de Spitafields à Londres déclinent, dès les années 1850 il n'y a plus que quelques milliers de métiers dans la capitale britannique [HUPFEL, 2019]. Alors qu'en 1830, le tissage de la soie était une activité urbaine, avec de nombreux petits ateliers familiaux dispersés dans la ville, comme dans le quartier de la Croix-Rousse à Lyon, on observe ensuite une ruralisation de cette activité après les révoltes des canuts qui ont terrifié la bourgeoisie. L'activité du tissage se redéploie alors dans les campagnes du Bugey et du Dauphiné, et c'est seulement à la toute fin du XIXe siècle que s'opère une concentration manufacturière de la production.

Dans certaines régions comme les Flandres les tisserands connaissent une crise particulièrement grave. L'industrie linière y représentait une quasi monoactivité : 20 % de la population travaillait dans ce secteur dans les années 1830, soit environ 280 000 travailleurs, dont 220 000 fileuses et 60 000 tisserands. Dans les communes rurales le tissage occupait souvent 60 à 70 % des travailleurs masculins, alors que les femmes se consacraient à la filature. Après 1840 les liens avec les activités agricoles se relâchent et les tisserands vivent de plus en plus exclusivement du travail industriel [GUBIN et SCHOLLIERS, 1996].

Mutation des métiers à tisser

À partir du XVIIIe siècle, les métiers à tisser deviennent de plus en plus complexes. Le tisserand britannique John Kay met au point la navette volante qui permet de libérer une main et d'accélérer la production, elle est d'un usage général en Europe au milieu du XIXe siècle. Pour le tissage des soies, il faut mentionner l'invention du métier Jacquard à Lyon sous l'Empire, qui permet d'automatiser en partie la production des motifs complexes grâce à un système de cartes perforées. Au milieu du XIXe siècle, la fabrique lyonnaise utilise 9000 métiers de ce type. Ils garnissent les métiers à bras, sont en bois, et s'accordent avec le rythme du travail ancien. Ils se répandent en Europe via des ajustements locaux et sont adaptés à d'autres fibres. Cette mécanique n'a pas déqualifié et laminé l'autonomie des artisans – comme la mécanisation a pu le faire dans d'autres secteurs – mais en permettant de produire des tissus plus variés, en supprimant des tâches pénibles, elle a remodelé leur univers.

Pour les autres tissus comme le coton, la laine et le lin, la diffusion du métier à tisser mécanique – le *power loom* – est lent et s'engage surtout dans le secteur cotonnier – une fibre qui se prêtait mieux aux mouvements saccadés de la machine – d'abord dans le Lancashire, puis en Belgique ou encore en Alsace car la machine convenait aux productions standardisées réalisées dans ces régions. Les premiers brevets pour un métier à tisser mécanique datent de la fin du XVIIIe siècle en Angleterre, mais leur usage est d'abord très limité, et s'étend surtout dans les années 1820 outre-manche. Leur nombre atteint déjà 55 000 en 1829 dans le pays. Ailleurs en revanche, l'industrialisation du tissage se fait très lentement car les machines ne conviennent pas aux gammes de produits de qualité, et la plupart des artisans ne disposent de toute façon pas des capitaux suffisants pour les acquérir. La résistance du tissage à bras est massive, même si elle varie beaucoup selon les régions [DAUMAS, 2004 ; MINOVEZ, 2012].

Les machines se perfectionnent et deviennent plus puissantes et rapides dans la seconde moitié du XIXe siècle, favorisant le regroupement des artisans dispersés dans des tissages concentrés, mus par un moteur central, d'abord hydraulique, puis à vapeur et de plus en plus électrique autour de la Grande Guerre. Le travail dans ces usines de tissage est très différent de l'activité à domicile. Les grandes usines de tissage apparaissent en Angleterre, ou en Alsace, certaines employant jusqu'à 1000 ouvriers dès le milieu du XIXe siècle. Après 1880, le métier "automatique" introduit une nouvelle étape dans les efforts pour mécaniser l'opération du tissage. Mis au point aux États-Unis, où existait un manque de bras, à la différence de l'Europe où la main d'œuvre était abondante, les métiers automatiques accroissent considérablement la productivité du travail en permettant à un seul ouvrier d'en conduire plusieurs, suscitant débats et conflits, comme lors de la longue grève des tisseurs d'Hazebrouck en 1908 contre l'installation du métier à tisser Northrop [BENOIT, 2009]. Ces tissages mécaniques concentrés utilisant des machines automatiques se généralisent surtout dans l'entre-deux-guerres.

Modes de vie, crises et paupérisation

Dans les années 1840, Jules Michelet oppose la liberté du tisserand à "la servitude de l'ouvrier dépendant des machines". À l'inverse des fileurs déjà réunis dans de vastes usines en Angleterre, observe-t-il, "le travail solitaire du tisserand était bien moins pénible. Pourquoi ? C'est qu'il pouvait rêver. [...] Le tisserand à la main tisse vite ou lentement selon qu'il respire lentement ou vite ; il agit comme il vit ;

le métier se conforme à l'homme" (Michelet, *Le Peuple*, 1846). L'habitat du tisserand se reconnaît également car il répond aux exigences du métier, à la taille de la mécanique, au besoin d'humidifier les fils. Là où l'air est humide comme en Normandie ou en Angleterre il est inutile d'installer les métiers dans une cave. Le métier à tisser façonne aussi une forme originale de vie familiale et communautaire, avec sa morale, sa représentation du monde, ses formes de sociabilité.

Contre l'image représentant les tisserands en pauvre hère ignare, l'historiographie a insisté sur la richesse de leur univers culturel. Edward Thompson notait ainsi qu'en 1830 il y "avait certainement, parmi les tisserands du Nord, un noyau actif d'autodidactes capables de bien s'exprimer et tout à fait cultivés" [THOMPSON, 2017]. Il y avait en effet des tisserands "poètes, biologistes, mathématiciens, musiciens, géologues et botanistes" comme à Manchester où ils collectent des plantes, se réunissent dans des sociétés de botanique pour acheter des livres et discuter de leurs découvertes dans des pubs. Ils débattent avec les industriels et les autorités, envoient des pétitions au Parlement pour exiger des hausses de salaires et des régulations de leur activité. Leur capacité à s'organiser et se faire entendre ne manque pas d'étonner les élites du début du XIXe siècle : ils lisent les journaux, participent à de nombreuses sociétés de secours mutuels où ils débattent de leurs intérêts communs. Ils sont parfois très bien organisés, avec leurs clubs et comités centraux. Le radicalisme politique du Lancashire dans les années 1830 est "un mouvement de tisserands". Mais ces pratiques et cette image quelque peu idéalisée disparaissent après 1850-1860 lorsque partout le tissage à domicile entre en crise et que les tisserands sont victimes d'une paupérisation croissante.

Dans de nombreuses régions, le tissage manuel persiste et résiste, même si pour l'essentiel cette activité disparaît en Europe occidentale au XXe siècle. Didier Terrier a montré comment les tisserands du Cambrésis et du Saint Quentinois s'adaptent aux mutations – essor du coton, avilissement des salaires, apparition des premières fabriques mécanisées – en devenant des travailleurs à la pièce de plus en plus prolétarisés et dépendants. L'industrialisation prend ici la forme d'un processus lent de paupérisation sur place ouvrant la voie à une évolution des comportements démographiques et à terme à l'émigration vers les nouvelles usines urbaines ou les mines en forte croissance après 1860 [TERRIER, 1996]. Dans le Nord, à Roubaix et Tourcoing, même si le tissage à bras résiste, la mécanisation et la concentration est plus précoce et forte qu'ailleurs, et en 1914 la plupart des tisseurs sont désormais réunis dans les tissages mécaniques concentrés en ville et équipés de métiers mécaniques perfectionnés et beaucoup plus rapides. Dans le pays de Caux en Normandie, ils ne sont plus que 18000 dès 1880 et quelques centaines seulement au début du XXe siècle. À cette date, ils “disparaissent les uns après les autres, soit par suite de changement de métier, soit par suite des décès” [OLPHE-GAILLARD, 1913, p. 30].

Les situations varient néanmoins en Europe. Ainsi, dans les Flandres linières, la crise fut particulièrement dramatique au milieu du XIXe siècle. La concurrence anglaise et l'augmentation des prix agricoles plongent la province Belge dans une misère qui rappelle celle de L'Irlande. Même si les tisserands souffrent moins que les fileuses, leurs salaires s'effondrent également (de plus d'un franc à 60, voire 30 centimes, par jour dans les années 1840), beaucoup tombent dans la mendicité. Par la suite, s'ils restent à domicile, ils doivent abandonner l'ancien système domestique et familial au profit d'une division du travail et d'un contrôle accru de la production par le marchand [GUBIN et SCHOLLIERS, 1996, p. 387]. Dans ce cas, le tissage s'industrialise sans réelle concentration ouvrière ni grands capitaux ; l'ouvrier est isolé et reste à domicile mais est de plus en plus contrôlé, surveillé, et dépendant de son salaire pour subsister. Le tissage à domicile ne subsiste qu'au prix d'une exploitation accrue de la main d'œuvre, peu organisée, à l'écart des premières mesures sociales, et encouragée par le mythe valorisant le travail à domicile comme plus sain et moins dangereux.

Beaucoup de témoignages soulignent combien les hommes occupés au tissage rechignent à aller travailler en usine et à abandonner leur activité, quitte à supporter des conditions de plus en plus difficiles. Ce refus de l'usine est l'une des causes de leur misère croissante : ils choisissent d'allonger la durée et l'intensité de leur travail afin de rester compétitifs. Les tisserands en viennent à symboliser l'exploitation la plus sombre, comme le montre la célèbre révolte des tisserands de Silésie en 1844 au cours de laquelle des milliers d'entre-eux s'attaquent aux fabriques et aux demeures des fabricants. À la fin du XIXe siècle, l'écrivain allemand Gerhart Hauptmann, lui-même petit fils d'un tisserand de Silésie, peint ces travailleurs réduits à l'esclavage et à la famine dans sa pièce naturaliste *Les Tisserands* parue en 1893. Interdit à sa sortie, l'ouvrage n'est pourtant ni révolutionnaire ni socialiste et l'auteur y prêche d'abord la résignation, mais il décrit aussi leur terrible condition qui les pousse au suicide ou à dévorer leurs chiens [VON HODENBERG, 1997].

Résister et s'organiser

Au début du XXe siècle, de nombreuses cartes postales évoquent la figure du "dernier tisserand" attaché à son métier rudimentaire en bois. Il devient l'archétype du travailleur à domicile ancien qui disparaît sous l'impact de l'usine et des progrès mécaniques. En Normandie, où ils étaient nombreux, le journaliste Georges Dubosc constate pourtant en 1924 que la "disparition des tisserands n'est pas encore complète", et "on entend encore le bruit de la navette qui résonne". Il espère d'ailleurs que l'électrification rurale permettra le maintien de cette activité à domicile ("Le Tissage à la main en Normandie", *Journal de Rouen*, 10 février 1924). Ce ne fut pas le cas ; l''ancien tisserand disparaît au profit des travailleurs en usine surveillant les puissantes machines automatiques.

Dans l'entre-deux-guerres les tisseurs et tisseuses en usine deviennent une main d'œuvre largement invisibilisée. À la différence du métallo et du mineur, ils ne sont plus au centre des questionnements sur l'organisation du travail. Le métier se féminise par ailleurs, et ce sont de plus en plus souvent des femmes qui peuplent les grands tissages, à l'image de Lucie Baud. Fille d'un cultivateur et charron, et d'une ouvrière en soie, Lucie Baud commence à travailler à l'âge de douze ans, en 1883, dans un tissage mécanique de l'Isère, puis à Vizille dans le Dauphiné. Au début du XXe siècle elle crée un syndicat et participe à une série de grèves victorieuses [PERROT, 2012].

Les ouvriers et ouvrières des usines de tissage continuent en effet de jouer un rôle majeur dans les grandes régions industrielles, en France, comme dans le Nord de l'Angleterre et de l'Italie. Ils ne cessent de réinventer de nouvelles solidarités et de nouveaux répertoires d'action comme lors des vastes mouvements de grève des ouvriers des tissages du Lancashire en 1878 contre des baisses de salaires [ROSE, 1991], ou durant les dures grèves à Roanne en France dans les années 1930. Même s'ils sont généralement moins syndiqués que d'autres groupes – à Monza en Italie, seuls 6 % des tisseurs de coton le sont – ils se syndicalisent à mesure que les fileurs et leurs syndicats deviennent puissants. Les ouvriers des tissages deviennent une force organisée en Europe et ils multiplient d'ailleurs les grèves, parvenant parfois à infléchir les politiques patronales. En France, les syndicats de tissage de Lyon et de sa région se réunissent ainsi à ceux du textile de Lille, Roubaix et Fourmies pour former en 1891 la Fédération nationale ouvrière de l'industrie textile. Des congrès internationaux des ouvriers du textile voient également le jour, le premier à Manchester en 1894, pour organiser la défense de la main d'œuvre et conquérir de nouveaux droits en associant les principaux centres textiles européens.

LES DOCKERS

Les dockers? Étymologiquement, le vocable d'origine anglaise renvoie *initialement* aux *docks*, bassins artificiels, puis aux magasins des docks-entrepôts qui les bordent. Syndicales, les premières occurrences remontent aux grandes grèves londoniennes de 1889. Unificateur, le terme de "docker" englobe l'ensemble des métiers qui fragmentent la main d'œuvre portuaire, mais ne s'impose vraiment qu'après la Première Guerre mondiale.

Foules portuaires

Si la manutention portuaire n'échappe pas à la mécanisation et à la motorisation, celles-ci ne suffisent pas à la transformer en un flux continu, que rendra possible l'irruption, dans les années 1960, des conteneurs. Les ports de la période doivent néanmoins absorber les trafics qu'acheminent en masse et toujours plus vite chemins de fer et navires. La hausse du nombre des travailleurs compense la faiblesse relative des gains de productivité.

Tableaux, photos et récits de la période s'accordent sur le constat que les ports grouillent de monde. Quantifier le phénomène se révèle plus difficile, tant les effectifs varient d'un jour sur l'autre. Quand ils existent, les registres d'immatriculation fournissent un ordre de grandeur, qu'il serait imprudent de tenir pour exact. En 1852, la Société des portefaix de Marseille annonce 2155 membres, mais qu'en est-il des centaines, voire des milliers d'ouvriers occasionnels qui s'affairent à leurs côtés? Les évaluations ultérieures offrent un aperçu de leur masse et de leurs fluctuations: 8000 travailleurs en 1883, 6000 en 1890, 8000 en 1900 et jusqu'à 12 000 en 1903. Elles descendent à 5000 en 1924, avant une remontée à 7000 en 1936. Les niveaux et la tendance sont proches au Havre, avec 8000 ouvriers en 1900 et 4000 en 1933. À Dunkerque, Rouen ou Bordeaux, ils oscillent entre 4000 et 2500.

L'approximation n'est pas moindre dans le reste de l'Europe. À Londres, premier port mondial, les estimations oscillent entre l'improbable hypothèse haute de 100 000 travailleurs, en 1889, et le plancher de 25 000 dockers avancé vingt ans plus tard. En 1912, les 27 000 dénombrés à Liverpool semblent plus fiables, car issus d'un enregistrement supposé exhaustif. La montée en puissance du *Nothern Range*, accordée au dynamisme de son arrière-pays industriel, permet aux quais d'Anvers, Rotterdam et Hambourg de franchir le seuil des 15 000 ouvriers dès avant 1914.

La manutention portuaire, une activité intermittente sous contraintes

Des années 1830 aux années 1930, l'intermittence régit l'embauche au gré des arrivées et des départs de navires. La renommée d'un site dépend de sa capacité à mobiliser rapidement une main d'œuvre de réserve. À défaut d'ouvriers permanents, les entreprises de manutention délèguent le recrutement des hommes nécessaires aux contremaîtres (en anglais *foremen*). Personnages clés des travaux portuaires, ceux-ci opèrent longtemps dans des cafés, que gèrent épouse ou parents. S'ils veillent à sélectionner les ouvriers les plus efficaces, ils peuvent aussi céder à d'autres considérations: proximités d'origine, rabais consentis sur les salaires dus ou services rendus.

Sur les chantiers, les contraintes sont d'abord physiques. Les crocs, les "diables" et les brouettes en usage disent la part des muscles. Dur, le travail est également dangereux. Chutes, écrasement des membres, fractures, entorses, brûlures et blessures au contact des marchandises, nuages de poussière, toxicité chimique ou organique… la liste est longue des risques encourus. L'usure accélérée des corps et la mortalité précoce sont des constantes portuaires. Mais si l'intermittence divise, le danger soude. Jour après jour, les équipes, bordées (*teams, gangs*) ou "mains" se recomposent de préférence à l'identique, avec des camarades de confiance.

En général, deux équipes travaillent en parallèle, à bord du navire et sur le quai. La première comporte l'homme (*deckman*) qui, depuis le pont, guide la grue, et les ouvriers de cale. Le chargement est l'affaire d'arrimeurs (*stevedores*) aptes à exécuter le plan de charge et à garantir la stabilité des colis en pleine mer. Une partie des manutentions est l'œuvre d'acconiers (*lightermen, bargemen*) qui, à l'aide de petites embarcations, déplacent les marchandises des navires aux quais ou aux péniches et inversement. Sur les quais, les hommes de peine s'activent aux côtés des pointeurs et mesureurs, qui vérifient et classent les produits avant leur reprise par des brouettiers, charretiers ou camionneurs, puis leur réception par les magasiniers des entrepôts. Dans les plus grands ports, des spécialisations distinguent les charbonniers des porteurs de céréales, de bois blanc, de bois dur, de thé, de sucre, de cacao, de laine, de viande congelée, de poissons, etc.

Au cours du XIXe siècle, la rémunération au forfait ou à la tâche recule au profit du paiement au temps. La première résiste, cependant. Le salaire de base est un indicateur parmi beaucoup d'autres. En pratique, les tarifs, variables selon les poids et les distances, incluent les indemnités et suppléments en rapport avec la nature et l'aspect de la marchandise, les responsabilités et les compétences requises. Si les syndicats sont hostiles aux primes de rendement qui épuisent les hommes et compriment l'emploi, la position est loin de faire l'unanimité chez les dockers. Ce n'est pas là l'unique faille dans la cohésion ouvrière, soumise, deux fois par jour, à l'épreuve d'une embauche aux allures de "marché aux esclaves", dont les modalités favorisent les plus forts et les plus jeunes. À plus forte raison, les solidarités de classe s'effacent sous l'effet de rivalités de sites productrices de tenaces consciences de place.

La grande époque du "travail libre"

Toute l'histoire sociale portuaire tourne autour de l'organisation de l'intermittence et de la répartition du coût d'entretien de la réserve de main d'œuvre inhérente à ce régime d'emploi. Dans les années 1830, le "travail réglé" sur le modèle corporatif vit ses derniers feux. Reconstitué sous couvert d'associations, il jouit de la bienveillance des autorités locales et du négoce. Le monopole d'activité des "brémens" et des "brouettiers du grand corps" au Havre, des portefaix de Marseille ou des *watermen* londoniens a pour contrepartie leur responsabilité collective quant à la qualité des tâches accomplies. Le renchérissement consécutif à cette autodiscipline semble alors préférable à l'insécurité bon marché de "tout-venant" irresponsables. Qu'on ne s'y trompe pas, sous l'égalité et l'harmonie apparentes, les hiérarchies corporatives favorisent les maîtres au détriment de leurs compagnons et, davantage encore, de la foule des "crocheteurs", "gagne-deniers", "carabots" et autres "robeirols", indispensables, mais exclus des droits consentis aux ouvriers immatriculés.

Les thèses libérales gagnent irrésistiblement du terrain. Les atouts du travail réglé pâlissent face aux critères de rentabilité que promeut la haute finance, décidée à investir les ports. En trois à quatre décennies, le "travail libre" prend le dessus. Au mieux, les anciens maîtres se reconvertissent en contremaîtres ou sous-traitants des compagnies de docks-entrepôts. Des milliers de journaliers (*labourers*) et de sans-travail submergent maintenant les quais. Des emplois échappent toutefois à l'intermittence au sein des plus puissantes entreprises, soucieuses de fidéliser une mince couche de salariés compétents. En 1900, au Havre, leur proportion plafonne à 4 % du total de la main d'œuvre. À Hambourg, le patronat conçoit un système destiné à contrer les revendications syndicales sans perdre le contrôle du marché du travail. Réunies dans un organisme collectif – le HBV –, les entreprises mutualisent l'embauche et restaurent des règles de priorité à travers l'institution d'une catégorie d'intermittents munis d'une carte professionnelle. L'idée séduit hors d'Allemagne. Elle est mise en place à Rotterdam en 1917 et à Anvers avant la fin des années 1920. À Liverpool, l'initiative d'une réimmatriculation revient aux pouvoirs publics qui, en 1912, suivent les recommandations du directeur régional du Labour Exchange, William Beveridge. À Gênes, le *Consorzio autonomo del porto* (CAP) va plus loin. En 1906, il confie le filtrage de l'embauche aux travailleurs constitués en coopérative ouvrière (*compagnie*).

Des hommes à part ?

Les dockers résident dans les quartiers voisins du port, souvent anciens et à l'habitat dégradé. Les heures supplémentaires et la pratique du "doublage" par des vacations nocturnes mieux rémunérées les tiennent éloignés du foyer familial. Au vrai, les dockers aiment se retrouver entre eux. Cette sociabilité fait peu de place aux épouses. Précisons que sur les chantiers, les femmes sont rares et cantonnées aux tâches subalternes de nettoiement et de conditionnement. Les hommes y veillent, syndicalistes compris, dont l'éthique de dignité en appelle volontiers aux références viriles. Constitutives de l'identité docker, celles-ci se manifestent dans la résistance quotidienne à la fatigue, aux dangers et à l'exploitation comme dans l'ordinaire d'une gestuelle à base de vigoureuses poignées de main, de tapes, de bourrades et de tournées offertes.

Entre deux vacations, les ouvriers fréquentent, en effet, les innombrables débits de boissons qui cernent les quais. Outre le recrutement et le versement des payes, les cafés sont les lieux par excellence de circulation des informations essentielles sur la vie du port. On y boit aussi, et d'abondance, rite de reconnaissance autant que plaisir, dont l'excès ne vaut opprobre que s'il participe d'un "vice solitaire". Les statistiques ne prêtent pas à discussion. La réputation d'ivrognerie prêtée aux dockers ne procède pas, certes, que de données objectives.

L'altérité portuaire inquiète et fascine à la fois. La plume des observateurs extérieurs vire vite au cliché, révélateur d'une incompréhension aux confins du mépris de classe. En 1893, le portrait des débardeurs parisiens brossé par un journaliste s'attarde ainsi sur leurs "larges épaules", leurs "muscles bien saillants", leurs "pieds nus" et leurs "bras velus" de brutes et de déclassés. Il n'est pas jusqu'au cégétiste libertaire, Georges Yvetot, qui ne succombe aux préjugés quand, en quête de "barbares" subversifs, il découvre dans les ports les êtres "frustes, ignorants, alcooliques parfois [...] capables de revendiquer par la sainte et féconde violence".

Contraintes et spécificités maintiennent les dockers à l'écart du droit commun salarial et de ses protections. En l'absence d'indemnisation d'un chômage récurrent, les fraudes aux accidents du travail ne choquent guère sur les quais. Bon gré mal gré, les employeurs tolèrent les "grappillages" que d'aucuns qualifieraient de vols, lesquels vont bon train, tandis qu'en marge des chantiers la pègre organise, sur une tout autre échelle, maints trafics illicites. À Marseille, après la Première Guerre mondiale, le milieu corse contrôle la circulation internationale de l'opium. Ses "parrains", Paul Carbone et François Spirito, ont leur entrée à l'Hôtel de Ville en contrepartie du concours apporté à la tenue des meetings du premier adjoint, Simon Sabiani.

Quand bien même la bonne santé des villes portuaires repose sur le labeur des dockers, les notables et de larges fractions de la population les craignent et s'en méfient. Au lendemain des premiers succès revendicatifs du tournant du siècle, on commence aussi à les jalouser.

Une identité professionnelle forgée dans les luttes

Rien ne serait plus faux que de tenir pour spontanée ou naturelle la combativité et le haut degré de syndicalisation dont témoignent encore aujourd'hui les dockers. Ces traits ne prennent forme qu'au sortir des années 1920. Si la généralisation du "travail libre" entretient la nostalgie du passé corporatiste, les militants en proposent une modalité démocratique, alliant la fermeture du marché du travail, tour de rôle égalitaire et suppression du marchandage et des intermédiaires patronaux.

Dans le meilleur des cas, les spécialistes obtiennent satisfaction, forts d'une rareté qu'ils savent faire valoir. Pour tous les autres, les luttes butent sur l'hétérogénéité d'un prolétariat que tout concourt à diviser. Surmonter ce handicap implique de contester deux prérogatives majeures du patronat: la sélection des salariés et l'organisation du travail. La prétention, exorbitante dans un autre contexte, est rendue possible par la précarité du lien de subordination qu'entretient l'intermittence.

Pour peu que la conjoncture soit favorable, il faut en passer par l'expérience décisive des mouvements d'envergure, qui donnent à voir la puissance ouvrière. C'est chose faite à Londres, en 1889, où la grève paralyse les quais et aboutit à la reconnaissance des syndicats, dont les effectifs s'envolent. Le choc produit par ce conflit est considérable au Royaume-Uni et gagne le continent où, solidaires de leurs homologues londoniens, les dockers de Rotterdam entrent en grève à leur tour. À Hambourg, le syndicat, fondé trois ans plus tôt se lance dans l'action en 1890, mais se heurte à un mur patronal. Surpris, les employeurs se ressaisissent. Les armateurs britanniques mènent un combat sans merci et impulsent la mise sur pied d'une *International Shipping Federation* capable de planifier des *lock-out* et de transférer des briseurs de grève d'un pays à l'autre.

En dépit de tensions et clivages régulièrement réactivés, les contacts noués entre les organisations ouvrières débouchent, en juillet 1896, sur la formation, à Londres, d'une fédération internationale des marins et dockers. Deux ans plus tard, elle s'ouvre aux cheminots et prend le nom de Fédération internationale des travailleurs des transports (FIT-*ITF*), de loin le plus important et actif des secrétariats professionnels internationaux.

Les syndicats demeurent cependant fragiles, à l'instar des résultats obtenus au tournant du siècle. À Anvers, Gand ou Marseille, ils arrachent pour quelques années un droit de regard sur l'embauche, qu'échouent à imposer leurs camarades de Hambourg et de Rotterdam. Partout, ces actions contribuent à l'enracinement syndical. Les militants, confrontés à des adversaires puissants et résolus, ont désormais acquis un solide savoir-faire revendicatif, dont rend compte la variété des tactiques appliquées. Sans renoncer aux actions d'envergure, spectaculaires, mais coûteuses et incertaines, ils expérimentent d'efficaces tactiques de harcèlement à base de débrayages répétés, de refus des heures supplémentaires, du travail de nuit ou dominical, de réduction des cadences...

Pendant la guerre, les impératifs de défense nationale conduisent l'armée à intervenir directement dans les relations sociales portuaires. En Grande-Bretagne et en France, les expériences de concertation avec les syndicats s'étiolent après le conflit, mais laissent des traces et parent d'une légitimité inédite les revendications ouvrières. Parties prenantes des vagues de grèves du début des années 1920, les dockers n'obtiennent que des avancées locales. Les scissions n'arrangent rien, surtout en France, où trois organisations – confédérée, unitaire et autonome – se disputent les restes de l'ancienne Fédération nationale. À Dunkerque, en 1926, puis au Havre, en 1928, des luttes locales introduisent un contrôle, durable cette fois, de l'embauche avec priorité aux syndiqués. Sous la houlette de son nouveau secrétaire général, le néerlandais Edo Fimmen, la FIT lance une série de campagnes internationales. En 1924, sa section des dockers compte près de 250 000 affiliés, avant de marquer le pas, puis d'amorcer un recul qu'accélèrent la crise et la liquidation par les nazis de ses forces en Allemagne [DOMENICHINO *et alli*, 1999 ; NIJHOF *et alii*, 1997 ; PIGENET, 2004].

LES OUVRIERS DU LIVRE

Jusqu'au début du XIXe siècle, le typographe désigne la fonction d'imprimeur, puis de plus en plus l'ouvrier chargé de l'impression. Les ouvriers du livre représentent un groupe de travailleurs urbains bien payés, avec un haut niveau d'alphabétisation. Mais en leur sein il existe une très grande diversité de métiers. Les professions employées dans l'industrie du livre relèvent d'une typologie complexe qui évolue au cours de la période. Le "prote", souvent ancien compagnon sorti du rang, a une position stratégique et dirige le travail. À côté des deux figures essentielles que sont le typographe au sens strict, chargé de l'impression, et le compositeur, qui distribue les caractères d'imprimerie et compose les textes, il existe de nombreuses tâches occupées par des ouvriers plus ou moins spécialisés, comme les fondeurs de lettres, les relieurs, les metteurs en page. Cet ensemble dessine le monde des ouvriers du livre, singulier par ses cultures professionnelles et ses luttes.

Main d'œuvre et croissance des effectifs

Le nombre d'ouvriers du livre dépend directement de l'ampleur de la production imprimée dans chaque pays, elle-même liée au degré d'alphabétisation et d'urbanisation. Le marché anglais, où l'élargissement du lectorat est déjà important dans les années 1830, est le plus vaste. La courbe de la production imprimée française illustre assez bien la situation européenne : 6200 titres sont publiés en 1840, 20000 vers 1880, et plus de 32000 en 1913. L'Allemagne connaît une progression proche, avec une hausse moyenne annuelle de 2,4 % entre 1840 et 1914 : 6200 titres en 1840, 20000 en 1894, et plus de 35000 en 1913. La statistique italienne donne une trajectoire similaire. En revanche en Espagne, les ouvriers du livre restent longtemps moins nombreux, ce qui s'explique largement par la faiblesse de l'alphabétisation et de l'urbanisation du pays au XIXe siècle [BARBIER, 2012].

Dans le cas français, pour l'ensemble du pays, il y avait 12238 ouvriers en 1847-1848 et 18512 en 1865. La situation parisienne est la mieux connue, les ouvriers du livre y étaient 3000 en 1823, 5260 en 1847 et 8921 en 1865. Les effectifs chutent ensuite avec l'effondrement de l'Empire et la Commune (6752 à Paris en 1872) avant de connaître une rapide croissance après 1880 qui voit l'essor du marché de l'édition et de la presse quotidienne. L'évolution est à peu près la même sur l'ensemble du continent, avec des nuances selon les périodes et les pays

[Barbier, 1981]. Ainsi en Belgique, le secteur de l'imprimerie était peu développé avant 1830 mais s'étend beaucoup après cette date sous la forme notamment de contrefaçons de livres qui inondent le marché français. À Bruxelles, le nombre d'ouvriers atteint près de 1000 vers 1840 avant de retomber à 600 en 1850. Dans l'ensemble du pays, il y avait 2000 ouvriers typographes en 1846, dont 1649 hommes, 9 femmes et 368 "garçons". En 1880, les 85 imprimeries typographiques de Bruxelles occupent 1300 ouvriers et en 1897 les 125 établissements recensés en emploient 2223 [Perquy, 1904].

Parmi ces ouvriers, les pressiers et compositeurs représentent la grande majorité des effectifs, 40 % chacun. La proportion de compositeurs augmente ensuite avec la diffusion des presses mécaniques, qui entraîne l'accroissement des tirages et l'apparition d'un nouveau groupe, les "conducteurs" de presses mécaniques. Au sein de la main d'œuvre il existe aussi de nombreuses femmes et enfants employés à diverses tâches jugées subalternes au sein d'une profession marquée par son virilisme. La question de la féminisation du métier constitue en effet un enjeu de débats permanents, aboutissant parfois à de vifs conflits, comme à Paris en 1862, lorsque des patrons tentent d'embaucher des femmes pour abaisser les salaires ou favoriser la mécanisation du travail [Jarrige, 2009].

Machines et mutations du travail

Le groupe des ouvriers du livre est très profondément transformé par l'évolution des techniques de production. En 1830 l'ouvrier du livre appartient encore largement à "l'ancien régime typographique" (Roger Chartier) et travaille essentiellement à l'ancienne avec la casse du compositeur ou les presses "à bras". Mais de nouvelles machines bouleversent le métier entre 1830 et 1930. C'est l'impression qui est transformée en premier. Les presses mécaniques à vapeur sont mises au point en Angleterre par les Allemands Koenig et Bauer pour les ateliers du *Times*, puis les constructeurs et les modèles se répandent, dans les principales imprimeries des grandes villes après 1830, comme l'imprimerie nationale à Paris chargée des publications officielles. Ces machines suscitent parfois des troubles comme en 1830 et en 1848 où plusieurs sont détruites par les typographes parisiens. Après 1860, la diffusion des rotatives mises au point par Marinoni, un ouvrier qui deviendra grand patron de presse, accélère considérablement le rythme de production des journaux [Le Ray, 2009].

Les situations sont évidemment variables. En Belgique, il y a 500 presses à imprimer en 1866, dont 250 à Bruxelles, 75 sont mécaniques. La *Société Typographique Belge* d'Auguste Wahlen, l'une des principales imprimeries du pays, en possède douze "à bras" et six mécaniques. En Allemagne, il existe 19 000 presses mécaniques et près de 1100 rotatives du type le plus récent en 1914. L'adoption de ces mécaniques est plus lente au sud de l'Europe. Ainsi, en Espagne, dans la province de Barcelone, il n'y a encore, en janvier 1861, que vingt-quatre machines pour soixante-dix-neuf presses à bras, seules neuf imprimeries sur les vingt-cinq existantes en ont une. En 1902, le pays ne compte encore que 35 rotatives Marinoni, essentiellement utilisées pour la presse à Madrid, Barcelone, Séville. Ailleurs, le travail reste exécuté sur des presses datant souvent du XVIIIe siècle [Barbier, 2012].

En amont du travail, l'étape de la composition ne connaît pas de transformation équivalente avant la fin du XIXe siècle, en dépit de nombreuses tentatives. La composition manuelle – c'est-à-dire l'assemblage un par un, par le compositeur, de tous les caractères mobiles en plomb nécessaires à l'impression d'un texte – était une tâche lente et fastidieuse qui impliquait des coûts croissants. Elle est mécanisée à la fin du XIXe siècle avec les linotypes, machine utilisant un clavier pour produire des lignes de texte justifiées fondues en un seul bloc. Cette nouvelle filière technique repose sur le jumelage des deux opérations de la fonte et de la composition. Vers 1900, la taille des grandes entreprises de presse dans un contexte de croissance permet des investissements moins risqués, alors que les résistances ouvrières semblent s'atténuer même s'il subsiste quelques grèves. Au lieu de s'opposer à une mécanisation qui leur semble désormais inéluctable, les ouvriers du livre s'efforcent de "réguler son arbitraire en fixant des règles de production horaire et de salaire" [Rebérioux, 1981]. En Angleterre, la linotype pénètre rapidement : dès 1895, selon une enquête syndicale, 250 fonctionnent en province. Les employeurs tentent d'obtenir le soutien de la main d'œuvre en embauchant des ouvriers qualifiés. Largement influencée par les expériences anglaises, la fédération française des ouvriers du livre fait quant à elle adopter un tarif en 1900 qui encadre l'embauche des opérateurs et la réserve à ceux ayant fait un apprentissage dans le métier. L'ouvrier linotypiste s'impose ensuite comme une nouvelle figure d'ouvrier qualifié et bien payé durant l'entre-deux-guerres.

Vers les "usines à livres"

Avec l'industrialisation et les nouveaux systèmes de production, le travail se transforme et les nombreux petits ateliers sont de plus en plus concurrencés par de grandes imprimeries industrielles, surtout après 1860, et ceci même si les situations restent très contrastées. En France les imprimeries se concentrent dans un périmètre restreint à l'intérieur de Paris alors qu'en Allemagne, c'est plutôt l'éclatement géographique qui l'emporte. De véritables "usines à livre" voient le jour dans le second XIXe siècle, sous l'action d'entrepreneurs comme Paul Dupont ou Napoléon Chaix à Paris, ou encore les Mame à Tours et les Berger-Levrault à Nancy. L'usine de l'imprimerie Berger-Levrault construite dans les années 1870 s'étend ainsi sur 4500 m^{2}, l'espace est rationnalisé afin de faciliter les déplacements et l'aération, l'éclairage au gaz et des cabinets d'aisance sont installés. Mais l'apparent confort nouveau offert à la main d'œuvre se paie d'une réorganisation profonde du travail, notamment l'installation d'une fixité et une parcellisation croissante des tâches, un contrôle plus strict de la main d'œuvre, même si les ouvriers s'efforcent de maintenir leur organisation traditionnelle et de réinventer d'autres formes d'autonomie [BARBIER, 1981].

Plus qu'en France où la majorité des imprimeries reste des petites entreprises, c'est surtout en Angleterre et en Allemagne, où le marché s'élargit rapidement, que de nombreux ateliers de grande dimension sont ouverts. Dans le quartier du livre de Leipzig, grande ville d'imprimerie, existent ainsi des usines gigantesques comme celle de Brockhaus tandis que la presse périodique berlinoise devient puissante et oblige à l'ouverture de vastes établissements employant une main d'œuvre pléthorique. En Allemagne, à la veille de la Grande Guerre les industries dites "polygraphiques" sont devenues une branche industrielle à part entière, qui mobilise des capitaux importants [BARBIER, 1995]. Un processus analogue se développe en Angleterre et en Écosse, dans l'Empire d'Autriche-Hongrie. En Espagne, c'est surtout à Barcelone qu'on trouve les plus grosses imprimeries industrielles comme l'entreprise d'Heinrich & Cie qui utilise en 1894 plus de 200 mécaniques actionnées par deux machines à vapeur.

L'apparition de ces structures industrielles modifie la localisation des ateliers qui cessent d'être déterminés par la proximité des marchés et les coûts de transport. La recherche de la baisse des coûts de production, en particulier l'immobilier et les salaires, l'emporte, poussant à l'installation croissante des imprimeries dans les banlieues des grandes villes, voire en province où les coûts de production sont moindres. Toutes ces évolutions remodèlent en profondeur les cultures du métier.

Une "aristocratie ouvrière"

Les ouvriers du livre sont considérés par Eric Hobsbawm comme l'archétype de "l'aristocratie ouvrière", en particulier les compositeurs qui occupent une position tout à fait singulière dans le monde du travail. Ces ouvriers disposaient en effet d'un niveau élevé de qualification, de rémunérations et de conditions de travail très encadrées par des normes de production souvent négociées. Néanmoins, ils souffraient aussi de maladies professionnelles, notamment à cause des intoxications au plomb. Les typographes parisiens ou londoniens étaient généralement payés le double de ceux de province. À Paris, les compositeurs gagnaient 4,50 francs par jour dans les années 1844-1847, contre seulement 2 à 2,50 francs pour les tourneurs de mécaniques. De même, en Angleterre les compositeurs gagnent davantage en moyenne que la plupart des autres artisans: 36 shillings en 1866, même si leur position relative se dégrade ensuite. À Londres ils touchent jusqu'à 48 secondes alors que dans certaines villes de province ils ne touchent pas plus de 15 à 20 secondes. Les rémunérations étaient relativement hautes également à Oxford et Cambridge du fait de l'expérience requise pour travailler à l'impression des textes de l'université, tandis que ceux de Manchester reflètent l'importance commerciale de la ville comme centre de production des journaux [DUFFY, 2000].

Ces caractéristiques ont forgé un certain nombre de traits communs et de puissantes logiques d'entraide et de solidarités. Les typographes sont particulièrement politisés et jouent un rôle de premier plan dans les mouvements contestataires. En Grande-Bretagne, ils sont en pointe parmi les militants radicaux du chartisme. En France, les typographes, qui s'étaient opposés aux projets de Charles X contre la presse, jouent un rôle de premier plan au cours de la révolution de Juillet 1830. On compte par ailleurs nombre de typographes parmi les premiers penseurs socialistes comme Pierre Leroux ou Proudhon, alors que les ouvriers du livre sont aux avant-postes de l'invention d'une presse ouvrière autonome comme le journal *L'Atelier* publié à Paris de 1840 à 1850 et composé majoritairement d'ouvriers typographes [CHAUVET, 1956].

Organisations et luttes

Les ouvriers du livre formaient également un monde solidaire et bien organisé. Dès l'Ancien Régime, ils s'étaient réunis en confréries. C'est en Angleterre que les formes d'organisations syndicales voient le jour en premier: en 1834 est créé la *London Union of Compositors*, et en 1845 les compositeurs se réunissent dans la *London Society of Compositors* qui accueille 1751 membres. À partir de 1849, la *Typographical Association* est créée pour unir les différentes branches du métier [MUSSON, 1954]. En France, les travailleurs du livre s'organisent d'abord d'une façon plus clandestine. Dans les années 1830 ils fondent des sociétés de secours mutuels et de résistance comme la société de secours mutuels typographique parisienne en 1839. Dès 1843, elle parvient à négocier paritairement et à faire respecter par les maîtres de la capitale un tarif qui détermine les barèmes des salaires et l'organisation du travail. La société typographique est légalisée en septembre 1849 avec l'adoption d'un règlement prévoyant notamment l'exclusion des femmes. Elle entretient également des relations avec des associations du même type formées à Lyon, Nantes, Dijon, Le Havre, mais aussi avec celles de Londres et Bruxelles.

Les typographes jouent globalement un rôle majeur dans l'essor du syndicalisme européen dans la seconde moitié du XIXe siècle. En Belgique, la Fédération typographique belge ou Fédération de l'industrie du livre est créé en 1869 par les Associations de typographes de Bruxelles, de Gand et d'Anvers. C'est le plus ancien syndicat belge à l'échelle nationale. En Allemagne, la fédération des travailleurs du livre devient particulièrement puissante. En France, la Fédération des ouvriers typographes français et des industries similaires rassemble 5240 ouvriers en 1881, dont 2985 parisiens, et ses effectifs atteignent 14000 syndiqués en 1914. Chaque fédéré verse une cotisation qui lui permet de bénéficier de services, comme une assistance chômage et maladie, des indemnités en cas de grève. Le compositeur-typographe Auguste Keufer en est le principal dirigeant. Il est aussi une figure majeure du syndicalisme français, il est présent au congrès de Limoges de 1895 et est l'un des fondateurs de la CGT.

Plus que d'autres les ouvriers du livre développent des formes de solidarité transnationales à partir de l'AIT à laquelle ils participent en nombre. Dès 1880 une première rencontre typographique internationale est par ailleurs organisée à Bruxelles, suivie entre 1889 et 1892 de la mise en place d'une organisation internationale chargée de structurer les échanges à l'échelle du continent. En 1891 la Fédération française envoie ainsi 1000 francs aux grévistes allemands ; en 1906 le secrétariat international envoie 150000 francs rassemblés dans toute l'Europe aux ouvriers français du livre en lutte pour la journée de neuf heures [REBÉRIOUX, 1981]. Au XXe siècle, le taux de syndicalisation reste particulièrement élevé parmi ces ouvriers, et il n'est pas rare que dès leur embauche les apprentis prennent leur carte syndicale. La fonction du syndicat était en effet essentielle, notamment pour maintenir un équilibre entre la production et l'emploi, et réguler l'usage des nouvelles méthodes de production et l'entrée de nouveaux venus dans la profession.

INFIRMIÈRES : DES MÉTIERS EN CONSTRUCTION

Dans l'entre-deux-guerres, existent en Europe occidentale trois niveaux de qualification au sein des services de soins des hôpitaux. Très qualifiés, les médecins ont au XXe siècle tous suivi une formation universitaire. Peu ou pas qualifiés, les agents de service, garçons ou filles de salle, n'ont eu alors qu'une formation sur le tas, en travaillant auprès des malades. À un niveau intermédiaire de qualification, les infirmières et les rares infirmiers pratiquent un métier en train de se façonner et dont l'histoire est liée à celles des politiques sociales, de l'institution hospitalière et des pratiques médicales. Nous n'avons pas d'histoire du personnel hospitalier en Europe occidentale, mais des approches partielles par pays, aux problématiques et aux sources diverses. Longtemps, l'histoire de l'hôpital a été écrite par des médecins, s'attardant sur la pratique médicale, et des juristes, mettant en avant l'organisation de l'hôpital. Aisément disponibles, tels les manuels de formation publiés dans tous les pays et qui se standardisent à partir des années 1920, les sources normatives sont très utilisées, parfois avec le contresens habituel où l'on ne comprend pas qu'une interdiction est répétée parce qu'elle n'est pas respectée. Les témoignages de travailleurs et de travailleuses des services de soins sont rares avant les années 1970. Prenons garde aux "Mémoires d'infirmières", écrits notamment à la suite de guerres (surtout de la Première Guerre mondiale), œuvres généralement de volontaires sans qualification et d'origine bourgeoise ; se voulant édifiants, ces écrits sont rarement l'œuvre de professionnelles. L'histoire sociale de ces personnels, mêlant leur condition sociale, leurs parcours professionnels (y compris hors du milieu de la santé), les caractéristiques démographiques, les pratiques et les conditions de leur travail, n'est encore, pour l'Europe occidentale, que très partielle.

Hôpitaux européens à l'époque contemporaine

Du milieu du XIXe siècle aux débuts de la Seconde Guerre mondiale, les hôpitaux se métamorphosent. Conçus pour accueillir les plus déshérités, ils deviennent peu à peu des établissements où l'on soigne, quand bien même l'on guérit peu. La nature des institutions et l'origine des financements sont distinctes selon les pays. En Italie et en Espagne, ils sont fortement marqués par la présence de l'Église catholique.

En France, surtout à partir de la Troisième République, ce sont les municipalités qui organisent et gèrent les principaux établissements ; c'est pourquoi les hôpitaux parisiens acquièrent alors un statut de modèle. Dans les pays germaniques, si luthériens et catholiques peuvent être influents, la demande de la population tout comme la volonté des "élites éclairées" sont parvenues dès la première moitié du XIXe siècle à mettre en place un système hospitalier "à triple vocation : pédagogique, scientifique et médicale" [Von Bueltzingsloewen, 1997]. À Londres, à l'exception des institutions hospitalières qui relèvent des *workhouses* [Carré, 2016], des fonds privés sans but lucratif financent les hôpitaux. Si la plupart des hôtels-Dieu et les plus anciens établissements se trouvent dans le centre des villes, ils sont dès le XVIIIe siècle construits à la périphérie, l'architecture hospitalière s'affirmant alors en associant les réflexions des médecins, des hygiénistes et des architectes. Mais, un peu comme les cimetières, ils sont vite rattrapés par l'expansion urbaine.

À Lyon, en 1861, le personnel soignant ne constitue que 43 % des emplois, dont beaucoup de religieuses qui présentent l'avantage de peu coûter. Si les médecins sont longtemps peu nombreux dans les hôpitaux, et parfois presque absents, bien d'autres travailleurs y exercent, des jardiniers comme des ouvriers de divers métiers. Certaines installations de type industriel, des buanderies ou des boulangeries, y emploient une main d'œuvre conséquente dont la part dans le personnel de l'hôpital régresse singulièrement dans le premier quart du XXe siècle, lorsque la pratique hospitalière est de plus en plus étayée par le personnel soignant [Chevandier, 2009]. Dans l'ensemble des hôpitaux français, les dépenses de personnel passent de 9 % du budget en 1853 à 38 % en 1938, en une croissance surtout effective depuis le début du siècle. En 1900, les effectifs de femmes soignantes sont désormais loin d'être négligeables : 250 nurses à Saint-Thomas de Londres et 150 infirmières (ainsi que 60 infirmiers) à Lariboisière de Paris. Mais les grands hôpitaux urbains ne doivent pas occulter les établissements des petites villes, où les effectifs peinent à dépasser quelques dizaines.

"From servant to nurses"

Le travail dans les services de soins ne cesse de se transformer. À Paris, alors que l'on se disait indistinctement servant ou infirmier, servante ou infirmière, le terme spécifique s'impose au cours du premier tiers du XXe siècle avec la spécialisation et la qualification. Dans d'autres langues les termes correspondants (*Krankenpfeger* et *Krankenschwester* en allemand, *infermiere* et *infermiera* en Italie, où le mot remonte au

Moyen Âge, *enfermero* et *enfermera* en espagnol) ne sont pas non plus, dans un premier temps, employés pour désigner des personnels qualifiés. L'activité du personnel des services de soins s'est substituée à l'activité domestique en une dynamique différente selon les pays, avec deux modèles. Celui de l'emploi de jeunes femmes issues de milieux privilégiés et dont la "bonne éducation" est le principal atout correspond à l'idéal de l'Anglaise Florence Nightingale (1820-1910). Son modèle aristocratique s'oppose alors à celui du médecin républicain parisien, précurseur de la pédopsychiatrie, Désiré Magloire Bourneville (1840-1909), pour lequel il est possible d'instruire et de former le personnel subalterne pour lui faire connaître les innovations techniques et scientifiques permettant d'améliorer les conditions de vie et, éventuellement, le pronostic des pensionnaires de l'hôpital [POISSON, 1998]. Si les dynamiques sont proches, elles diffèrent selon les pays et, dans un premier temps, prennent souvent leurs distances avec les congrégations religieuses. Le fait que les sœurs hospitalières catholiques soient sous l'autorité non des médecins mais de leurs supérieures ou des aumôniers prête le flanc à une accusation d'absence de professionnalisme à laquelle elles ne peuvent répondre, surtout à partir des années 1920, qu'en suivant le *cursus* d'infirmière diplômée tandis que certains hôpitaux catholiques mettent en place des écoles d'infirmières. En Rhénanie, c'est en 1836, avec la création d'un hôpital à Kaiserwerth qu'est créée l'institution protestante des diaconesses qui exercent des ministères spécifiquement féminins, dont celui des soins hospitaliers, avant d'essaimer en Angleterre et d'autres contrées protestantes d'Europe septentrionale, mais aussi en France. La question des origines sociales mais aussi de la mobilité professionnelle de ces femmes est devenue prégnante. Avant Nightingale, les garde-malades étaient recrutées dans des milieux très populaires, certaines sortaient de *workhouses* et elles ne faisaient pas une longue carrière à l'hôpital [DINGWALL *et alii*, 1993]. En France, la mise en place de bourses pour les élèves infirmières a permis de recruter au XXe siècle dans les milieux populaires des femmes pratiquant la profession pendant des décennies [CHEVANDIER, 2011].

Les écoles

C'est à partir du milieu du XIXe siècle que se développent les formations qui fournissent aux hôpitaux un personnel de qualité. En Belgique, des médecins créent à la fin du siècle des écoles d'infirmiers, en assurant l'enseignement magistral tandis que des commissions médicales provinciales font passer examens et concours. Les Croix-Rouge des différents pays en mettent en place, comme à Madrid ou à Barcelone dans le cas de la Croix-Rouge espagnole. Ainsi que dans d'autres métiers qui ne produisent pas de marchandises, le processus de qualification se fait en deux temps, d'abord par un enseignement à des travailleurs déjà en place puis par une formation initiale de qualité. À l'Assistance publique de Paris, cela correspond à la mise en place dès 1878 d'une formation interne puis à la création de l'École des infirmières de la Salpêtrière en 1907 [LEROUX-HUGON, 1992]. Avant la Grande Guerre, la formation peut durer deux ans avec des cours et des stages en France, trois ans en Italie et en Allemagne, mais quatre ans de stages avec quelques conférences en Angleterre. La brièveté des formations ne correspond pas à une moindre qualité, mais à une mise plus rapide sur le marché du travail et convient mieux à des femmes de milieux populaires ou ne se destinant pas au célibat.

Un métier de femmes ?

Le récit sur le passé du métier des infirmières est souvent de facture assez traditionnelle, privilégiant des personnages célèbres, les grandes figures devenues mythiques. L'archétype en est Florence Nightingale, la "dame à la lampe" qui a organisé le service de santé lors de la guerre de Crimée. En Belgique, c'est l'infirmière anglaise Edith Cavell (1865-1915), directrice de l'École belge d'infirmières diplômées, à laquelle son exécution par les Allemands a donné une figure de martyr. En Allemagne, Agnes Karll (1868-1927), d'abord enseignante, devient infirmière et joue un rôle important dans la promotion d'une formation de qualité, en lien avec des professionnelles d'autres pays. En France, c'est au sein du groupe social qu'est construite l'image du docteur Anna Hamilton et de Léonie Chaptal. Issues de milieux très privilégiés, elles en ont reproduit l'idéologie, notamment la complémentarité des rôles masculins et féminins et la supériorité de l'extraction sociale. Dans la continuité de l'engagement des religieuses hospitalières, le dévouement, perçu comme une qualité féminine, semble pour certaines institutions ne pas être compatible avec une vie familiale ; en Angleterre et dans certains hôpitaux ou écoles français, seules sont recrutées les célibataires et les veuves sans enfants. Si Florence Nightingale et Anna Hamilton n'envisagent qu'avec horreur qu'un homme puisse exercer ce métier, la prééminence féminine n'apparaît que peu à peu, en un processus qui fait que la profession se féminise au fur et à mesure qu'augmente son niveau de qualification. En Espagne, le métier est réservé aux femmes à partir de 1931. Dans l'Allemagne nazie, si l'image de la femme idéale est celle de la mère au foyer, la profession d'infirmière est valorisée en tant que métier féminin idéal pour les célibataires. Prenons garde cependant à ne pas voir le seul rôle de l'idéologie dans cette construction sociale d'une identité sexuée. En France, le grand moment de la féminisation est le début des années 1920, lorsque le marché du travail incite les hommes à délaisser un secteur aux très bas salaires.

Longtemps, le personnel non qualifié est surtout logé dans des dortoirs. Dès la fin du XIXe siècle, ces travailleurs trouvent des chambres ou appartements en ville, démarche facilitée en France par le fait que les municipalités étaient l'employeur du personnel hospitalier tout en gérant des parcs d'habitat social. À partir du début du siècle suivant, les infirmières peuvent avoir des chambres individuelles dans des internats (le terme anglais "*home*" peut alors être utilisé en France), comme les élèves de la Salpêtrière ou les infirmières de plusieurs hôpitaux de Londres et de beaucoup d'établissement belges, italiens et espagnols. Traditionnellement, la guerre de Crimée (1853-1856) est présentée comme fondatrice de la profession d'infirmière dans la même logique de prise en charge des blessés que celle de la création de la Croix-Rouge par Henri Dunant après la bataille de Solferino (1859). C'est après son issue, en 1860, que Nightingale fonde à l'hôpital Saint-Thomas une école d'infirmière délivrant un diplôme. Puis la Grande Guerre, qui bouleverse la médecine, contribue à faire prendre conscience de l'utilité d'un personnel soignant bien formé.

Réalité du travail et circulation de savoir-faire

Effectué dans des salles communes comportant jusqu'à plusieurs dizaines de lits, le travail des infirmières se transforme considérablement en un siècle. Au milieu du XIXe, il s'agit de tâches de type domestique et d'hygiène élémentaire : changer les draps des malades, préparer et servir les repas, faire le ménage dans la salle. Il se technicise tout au long de la première moitié du siècle suivant, selon un processus de glissement des tâches qui fait que ce personnel paramédical (le terme apparaît au milieu du XXe) exécute des gestes réservés aux médecins comme la prise des constantes médicales mentionnées par des graphiques sur des feuilles au pied des lits des malades. C'est dans la première moitié du XIXe siècle que sont mis au point un tensiomètre pour mesurer la pression artérielle et le stéthoscope qui améliore l'auscultation. Les thermomètres médicaux à mercure existent depuis le XVIIe, mais la fièvre n'est caractérisée comme un symptôme que dans la deuxième moitié du XIXe. L'infirmière devient alors l'assistante du médecin, y compris dans les consultations externes et, dès 1910 à Bruxelles, dans les blocs opératoires.

Si le syndicalisme du personnel soignant est peu significatif avant le milieu du XXe siècle et rares ses mouvements sociaux, les associations ont un rôle de premier plan, renforçant des relations internationales déjà effectives. En 1865, les promoteurs de l'enseignement des infirmières au Portugal fréquentent hôpitaux et laboratoires en Belgique, en France, en Italie, aux Pays-Bas, en Allemagne, en Suisse, en Angleterre et en Autriche, tout en suivant au plus près ce qui se passe en Espagne [DA SILVA, 2019]. Nightingale influence bien des formations d'infirmières sur le continent et Bourneville fait lui-même en 1877 le voyage à Londres. Parfois, des infirmières étrangères dirigent des écoles d'infirmières (par exemple une Allemande pour celle de Turin). Le *National Council of Nurses of Great Britain* est à l'origine de la fondation en 1899 du Conseil international des infirmières. L'Association nationale des infirmières diplômées de l'État français, créée en 1923, influence l'évolution de la profession [CHEVANDIER, 2020]. Les échanges sont constants avant que, dans les années 1920, les infirmières américaines deviennent la référence [DIEBOLT et FOUCHÉ, 2011], avec notamment la création d'écoles par la Fondation Rockefeller [SAUNIER, 2017].

C'est après la Seconde Guerre mondiale, avec l'extension et une relative homogénéisation des politiques de protection sociale, les progrès de la médecine, un accès plus général à l'hôpital, que le métier d'infirmière, alors presque uniquement féminin, s'affirme en se technicisant. Le siècle qui a précédé fut celui de la lente émergence, aux rythmes et modalités proches dans les différents pays, d'une qualification qui a sans cesse évolué avec les pratiques hospitalières.

CORDONNIERS ET OUVRIERS DE LA CHAUSSURE

Accompagnant l'industrialisation et l'urbanisation, la production de chaussures en cuir se développe au XIXe siècle. Pour mesurer la portée de cette remarque, il faut conserver à l'esprit que l'usage de ces chaussures est loin d'être courant dans les campagnes (en l'Italie, la plupart des paysans sont pieds nus) et que celles qui y sont en usage, généralement frustes (des galoches, des savates), ont souvent été confectionnées à la maison ou par un voisin (la “bricole”). Du côté des villes, la consommation de chaussures dépend aussi de la position sociale. Il faut attendre les années 1920 pour que s’étende en Espagne et en Italie la consommation de chaussures en cuir (au détriment des chaussures textiles, type espadrille), avec l’augmentation progressive du niveau de vie [Miranda, 1993]. Ces chaussures signent alors une marque d’élégance et de prestige social. À la fin des années 1930, la consommation moyenne de chaussures en cuir des Allemands dépasse à peine une paire par an: beaucoup parmi eux n’en possèdent aucune. Dans l’agriculture (et même encore parfois dans l’industrie), les sabots de bois demeurent largement utilisés. De ce point de vue, l’Angleterre a sans doute de l’avance: à la fin des années 1930, dans les classes populaires, on dispose en moyenne deux paires de bottes ou de chaussures de cuir, tandis qu’au sein des classes moyennes, les femmes possèdent cinq ou six paires et les hommes environ quatre [Sudrow, 2005].

Les transformations des modes de vie et des besoins en habits pour le travail ont conditionné le développement de cette industrie. Dès le XIXe siècle, celle-ci répond à ces nouveaux usages et à l’extension des marchés par une diversification des modes d’organisation de la production, fondés d’abord sur une division des tâches et sur une variété de l’organisation spatiale du travail. La mécanisation tardive et progressive n’est qu’un facteur parmi d’autres.

Le “petit cordonnier” ou l’idéal de “l’indépendance” et du “sur-mesure”

La figure mythifiée du cordonnier a longtemps brouillé la nature de ces évolutions.

Le cordonnier est présenté dans la littérature comme un travailleur humble qui ne dépend d’aucun maître et d’aucun patron. Il occupe généralement une position particulière dans son quartier ou son village par les services qu’il rend: en Italie, jusque dans les années 1880, les cordonniers de campagne vont de maison en maison confectionner ou réparer sur place les souliers de la famille [Sabbatucci Severini, 2007]. Surtout, il ne serait pas aliéné par la machine: de modestes outils lui suffiraient pour œuvrer. Il se pose alors comme un emblème de liberté et d’indépendance. Une historiographie, non dénuée d’un certain romantisme, met d’ailleurs en exergue les cordonniers qui, en Allemagne, en Angleterre et en France, se sont engagés politiquement, à la tête de luttes mémorables à des moments clés de l’histoire du XIXe siècle. Cela signalerait une “philosophie hétérodoxe”, une culture propre au métier de cordonnier “plus forte que tout autre” [HOBSBAWM, WALLACH SCOTT, 1980]. De son côté, Jean Giono, lui-même fils de cordonnier, en fait le symbole d'une société en paix, tandis que l'usine, les machines et les ouvriers porteraient la guerre, comme la nuée porte l'orage [GIONO, 1938]. Dans l'esprit de beaucoup à l'époque, le cordonnier est celui qui sait fabriquer seul une chaussure sur mesure entièrement faite à la main. Son savoir-faire serait gage de qualité, tandis que le produit manufacturé serait forcément dégradé.

En 1945, on dénombre un peu plus de 50000 cordonniers en France. Combien parmi eux savent encore monter entièrement une chaussure à la main? Combien parmi eux confectionnent sur mesure? En 1948, la législation française réserve d'ailleurs l'emploi du terme “bottier” à ceux, une très petite minorité en fait, qui remplissent ces deux conditions: longtemps, le flou dans l'usage des termes a masqué la nature réelle des activités. Cette définition du travail de bottier vient consacrer une division dans le travail qui s'est opérée progressivement. Tandis qu'au XIXe siècle le cordonnier fabriquait la chaussure (et que le savetier la réparait et la vendait d'occasion), il est au XXe siècle celui qui répare les chaussures plutôt qu'il ne les fabrique ; et lorsqu'il s'est malgré tout adjoint un petit atelier de fabrication pour le marché local, la machine est d'usage pour un grand nombre de tâches. Le bottier, quant à lui, est un créateur de produits de luxe faits main et sur mesure, qui sert une clientèle riche, souvent en lien avec la haute-couture [LE BOT, 2010].

Reste à considérer la question du sur-mesure qui marque durablement les représentations. Quand le sur-mesure paraît attaché au travail du cordonnier, la normalisation des pointures s'avère l'apanage de la production mécanisée de masse. Dans les années 1890, le marché anglais semble plus réceptif que le marché français à cette production standardisée importée des États-Unis [COTTEREAU, 1989]. Pour autant, entre le sur-mesure et le standard, il y a le “stéréotype”. Dès les XVIIe-XVIIIe siècles, les besoins des armées en campagne ont encouragé cette sorte de production, qui s'est encore accrue avec les guerres européennes de la Révolution française et de l'Empire. Le fabricant de chaussures utilise des formes en bois correspondant à la morphologie et à l'envergure de types de pieds prédéfinis. Le cordonnier, face à une demande en expansion, fait du stéréotype plutôt que du sur-mesure. La Grande Guerre accélère le processus de normalisation, encouragé par les États à travers les programmes de “chaussures nationales” en Allemagne, en Angleterre, en France et en Italie, mais aussi en Espagne et en Suisse [LE BOT, PERRIN, 2011].

Division du travail et flexibilité

Le travail de la chaussure comporte trois grandes phases : la coupe qui consiste à tailler les cuirs et les tissus ; la piqûre, c'est-à-dire l'assemblage du haut de la chaussure (la tige) par couture ; et enfin, le montage qui réunit la tige aux semelles par couture, clouage ou collage. Ces opérations correspondent à trois métiers : coupeur, piqueur et monteur. S'ajoute par ailleurs, le travail de finissage, lui-même subdivisé en tâches plus partielles. On peut retrouver cette parcellisation des tâches pour la préparation du travail ou lors des phases d'assemblage. Les coupeurs, dont le savoir-faire nécessite un long apprentissage, sont installés au sommet de la hiérarchie professionnelle, tandis que la piqûre, généralement opérée par des femmes, est peu considérée.

L'existence d'opérations distinctes facilite leur externalisation hors de la fabrique, notamment lorsque la demande croît. Cette externalisation peut consister en l'acquisition d'une partie du produit auprès de fournisseurs spécialisés : les cuirs coupés ou les tiges – ainsi, la fabrique de tiges Douillet à Izeaux (Isère) connaît dans les années 1920 une période florissante, ses vingt-cinq ouvriers produisant chaque jour une centaine de tiges expédiées dans toute la France (Laffond, 1946). Il peut s'agir également de distribuer certaines phases du travail (en particulier la piqûre) auprès d'autres ateliers, de sous-entrepreneurs ou de travailleurs indépendants à domicile. Elche, dans la vallée du Vinalopó (province d'Alicante) est l'un des principaux centres de production de chaussures espagnoles. Au début du XXe siècle, la production de chaussures textiles y mobilise plus de 4000 travailleurs, la plupart à domicile, pour une production de six millions de paires par an [Miranda, 1993]. À Binche, dans le Hainaut belge, une enquête sociale menée à la même époque, dans la tradition de Frédéric Le Play, présente un couple qui travaille à domicile pour le compte d'un fabricant de chaussures : la femme comme piqueuse confectionne les tiges, tandis que le mari comme monteur est chargé d'assembler les parties de la chaussure [Genart, 1904].

Ces modalités d'externalisation offrent de la flexibilité aux entreprises, renforçant leur capacité d'adaptation face aux fluctuations des marchés. Elles permettent à l'entrepreneur-donneur d'ordre de réduire les investissements et les prix de revient. En effet, si celui-ci fournit la matière première, dans la plupart des cas le matériel appartient au façonnier (c'est le cas de l'ouvrier à Binche) ou lui est loué (son épouse paie 2,50 francs par semaine pour sa machine à coudre, soit 20 % de sa rémunération). De plus, le travail étant rémunéré aux pièces, il n'a pas de contremaître à payer pour surveiller la réalisation du travail :

une malfaçon (une tâche sur le cuir par exemple) ou un dépassement de délai sont de toute manière à la charge du façonnier. Il n'a pas non plus à payer d'heures supplémentaires, tout en pouvant imposer des délais de livraison étroits. Les conditions faites aux façonniers sont extrêmement contraignantes et pénibles, s'apparentant au *sweating system*: concurrence pour le travail, chômage saisonnier, pression sur la rémunération, absence de limitation horaire au cours des périodes d'activité, travail familial effectué y compris par des enfants ou des personnes âgées, dans des locaux inadaptés (dans l'exemple de Binche, la cuisine du logement l'hiver, la chambre à coucher l'été).

Le *sweating system* est à l'œuvre à travers le système du louage d'ouvrage. La délégation ouvrière française à l'exposition universelle de Paris de 1867 évoque ainsi le "fafiotage*", soit la constitution d'ouvriers-cordonniers en sous-entrepreneurs dépendants de gros négociants en cuir: ces derniers avançaient les frais d'établissement et gardaient les nouveaux promus "patrons" sous leurs dépendances par leurs avances de matières premières, puis reprenaient avantageusement leur mise au premier accident commercial. De même des cordonniers-marchandeurs pour répondre à des commandes bas de gamme (du "cloué au rabais") réunissaient un certain nombre d'enfants en bas-âges qu'ils employaient à vil tarif pour des tâches fragmentées [Cottereau, 1989].

Dans cette dynamique de flexibilisation, la concentration manufacturière n'est donc pas un horizon inéluctable. D'ailleurs, dans un certain nombre de cas, on assiste à un aller-retour de l'usine au domicile. Ainsi, une des pratiques observées consiste à concentrer la main d'œuvre entre les murs de l'usine en faisant baisser le tarif aux pièces, puis à la renvoyer à domicile en maintenant le nouveau tarif. Inversement, l'une des motivations de la construction en 1926 d'une nouvelle usine Morel et Gâté (principale entreprise fougeraise) est le regroupement des piqueuses afin de pouvoir contrôler leur travail [Le Bot, 2006].

Le processus profite d'une main d'œuvre fragilisée: femmes, enfants, personnes âgées et, dans les grands centres urbains, ouvriers immigrés (notamment juifs d'Europe de l'Est ayant fui l'antisémitisme et les pogroms). Il est aussi l'occasion d'une pluriactivité paysanne. Cette pluriactivité paysanne s'observe dans les régions où le revenu agricole reste modeste, comme dans le Vall de Uxo (province de Castellón) ou dans la vallée du Vinalopó en Espagne.

Organisation spatiale de la production et du marché du travail

Cette division externalisée du travail a sa transcription en terme spatial. Il y a évidemment des fabricants isolés qui se repèrent sur l'ensemble des territoires. Mais l'une des spécificités de la production de chaussures est sa concentration dans certains quartiers de grandes villes et dans certaines microrégions : en Allemagne à Pirmasens (Palatinat) ; en Angleterre dans l'*East End* londonien ou dans le Northamptonshire ; en Belgique, à Bruxelles et à Iseghem pour les chaussures haut de gamme, à Verviers pour les chaussures pour enfants et dans le Borinage pour les chaussures d'usage courant ; en Espagne, à Barcelone, dans les Baléares, dans le Vall d'Uxo (province de Castellón) et surtout dans la vallée du Vinalopó, à Elche et à Elda ; en Italie, à Milan et dans sa région, en particulier à Vigevano.

En France, outre Paris, la production de chaussures courantes est particulièrement concentrée à Fougères, Limoges et Romans. À Paris, en 1901, l'essentiel des fabriques est installé à Belleville et à Ménilmontant (et dans le XIIIe arrondissement pour les chaussures pour enfants). À cette date, on y dénombre un peu moins de 80 entreprises importantes, sur un total d'un peu plus de 25 000 fabriques (en incluant les artisans). On trouve notamment à Belleville, l'usine Dressoir, énorme bâtisse de huit étages où travaillaient cinq à six cents ouvriers. Mais autour de ces usines, les immeubles sont également peuplés d'ateliers à domicile. En Bretagne, au début des années 1930, Fougères compte 92 fabriques, un vivier de main d'œuvre (y compris à domicile) de 7000 à 8000 personnes, pour une production annuelle de 4,5 millions de paires (soit un peu moins de 10 % des salariés de la chaussure en France et environ 10 % de la production). À côté de ces fabriques, il ne faut pas oublier une trentaine d'entreprises complémentaires (fabricants de partie de chaussure et de fournitures). On parle ici d'un "district industriel" [Le Bot, 2006].

Cette concentration n'est pas sans lien avec les enjeux de flexibilité. Si la localisation initiale de ces fabriques est le fruit de conditions historiques particulières, les possibilités offertes notamment par le marché local du travail accentuent le processus de regroupement géographique : la possibilité notamment de trouver une main d'œuvre abondante, socialisée aux conditions de la production de chaussures et, pour l'essentiel, déjà formée.

Mécanisation de la production et travail à la chaîne

La mécanisation n'est donc pas la condition première de la croissance de cette production. La concentration usinière n'est pas non plus une réponse systématique à l'arrivée des machines. Ces dernières sont introduites aux États-Unis dans la production de chaussures dès les années 1840-1850. La préparation et la coupe du cuir, la piqûre des tiges et les opérations de montage sont affectées tour à tour. La "*leatherrolling machine*" facilite la préparation du cuir et permet de faire en une minute ce qui autrefois en nécessitait trente. L'utilisation de la machine à coudre à partir des années 1850 transforme les conditions du piquage ; pour en diffuser l'usage, Singer propose des cours de formation dans les centres européens du textile et des cuirs. La machine *Blake* mise au point en 1862, permet d'assembler la semelle à la tige plus rapidement : quand le cordonnier pose une semelle, la machine en pose 80 [Burgess, 1977]. Le processus de mécanisation est rapide aux États-Unis et favorise le *factory system*. L'Angleterre et l'Allemagne connaissent plus progressivement une mécanisation accompagnée d'une concentration usinière, surtout à partir des années 1890. Dans les deux pays toutefois, il demeure une part de travail à domicile et de *sweating system*, notamment en Angleterre pour une production bas de gamme destinée à son empire. En France, la production repose, jusqu'en 1914 au moins, sur une utilisation intensive de la main d'œuvre, plutôt que sur un usage étendu des machines.

Dès la fin du XIXe siècle, une firme américaine joue un rôle considérable dans la diffusion des machines pour la fabrique de chaussures sur le continent européen. Le *United Shoe Machinery Company* (USMC) domine ce marché jusqu'à la Seconde Guerre mondiale, à peine concurrencée par des fabricants allemands. Elle possède les brevets de nombreux modèles de machines parmi celles citées précédemment. Celles-ci sont robustes, efficaces, aisées à déplacer et utilisables avec ou sans machine à vapeur. Elles peuvent être achetées, mais l'originalité de l'USMC est de pratiquer la location. Système intéressant pour les fabricants disposant d'une faible mise de départ, il s'avère très coûteux dans la durée du fait du type de contrat qui oblige concrètement à rester perpétuellement client de l'USMC. On a pu calculer que la location sur vingt ans coûtait vingt fois plus cher qu'un achat direct. Les premières filiales de l'USMC sont établies dès 1899 en Angleterre, l'année suivante en France (et pour le marché belge) et en Allemagne, puis quelques années plus tard en Espagne et en Italie. L'USMC, loin de favoriser la concentration usinière, contribue à la multiplication des fabriques en minimisant le coût d'entrée. Dans les années 1930, plus de 80 % des usines de chaussures en France étaient équipées par ses machines [LE BOT, 2007].

À partir des années 1920, le secteur voit l'introduction des chaînes de montage. C'est l'entreprise Bata (Zlin, Tchécoslovaquie) qui perfectionne son emploi, par la planification de la production, le chronométrage des tâches et un fonctionnement autonome des ateliers. La firme crée de véritables complexes industrialo-urbains dans toute l'Europe (notamment en Allemagne, en Angleterre et en France) et au-delà, tout en déployant son réseau de distribution. Le site d'Hellocourt (Moselle) ouvert en 1934, comporte, outre l'usine, des habitations pour les familles ouvrières, associées à une chapelle, une école, des magasins, une piscine (la première du département), formant une véritable "Bataville" sur le modèle de Zlin. Le bataïsme* se range dans une tradition qui cherche à s'attacher la fidélité des ouvriers en leur fournissant un logement. Le jardin qui lui est associé et son potager, permet un complément de revenu. Il s'inscrit également dans une conception hygiéniste de l'encadrement de la main d'œuvre et même dans une véritable utopie sociale. Dès l'année de sa mise en fonction, l'usine d'Hellocourt produit 2,5 millions de paires de chaussures et emploie 2400 ouvriers. En France, en 1938, il y a seulement treize usines de plus de 500 ouvriers, pour un peu plus de 100 000 actifs dans le secteur.

Régulations et luttes

Les syndicats de cordonniers, d'ouvriers et de fabricants ont, tout au long de la période, étés attentifs aux évolutions des conditions de production et de travail. En Angleterre, dans les années 1890, employeurs et ouvriers ont organisé la régulation du travail dans les usines mécanisées (tarif, règlements, etc.) pour parer à la concurrence américaine et à celle des "ateliers de misère" (*sweatshop*). En France, on craint plus la mécanisation au nom de la "qualité de la production" et de la "liberté au travail", et on s'accorde sur un recours extensif à la main d'œuvre. Les prud'hommes surveillent, autant que faire se peut, les dérives du sous-entrepreneuriat et les excès liés au travail à domicile [COTTEREAU, 1989].

Ces éléments de régulation n'empêchent pas les grèves. À Fougères, surnommée "la rouge", on dénombre entre 1892 et 1914, 232 conflits et, de manières cumulées, 900 000 journées de grèves. Le temps de travail et la rémunération sont au cœur des revendications; parfois aussi les conditions de travail. La fabrique Morel et Gâté qui installe une chaîne de montages en 1932, tandis que ses ouvriers sont en grève : ces derniers sabotent le dispositif qui est abandonné au bout de quelque temps.

Quand au début de l'année 1936, les patrons français (en écho aux protestations venues des fabricants de toute l'Europe) s'élèvent contre le "gigantisme" de Bata, les ouvriers soutiennent leurs patrons en cessant le travail durant toute une journée.

LES COUTURIÈRES

Pendant le XIXe et une grande partie du XXe siècle, couturière est le métier féminin par excellence en Europe occidentale: une continuité remarquable, alors que les gestes de travail ont été modifiés par la machine à coudre. Cette assignation de genre particulièrement forte pèse sur l'histoire des luttes sociales autour de la couture et a inspiré une riche historiographie depuis les années 1980.

Le métier féminin par excellence

Dans les années 1840, la figure de la couturière urbaine, jeune et jolie, devient omniprésente dans la presse, le roman, la chanson et la peinture à sujet social en France et en Angleterre. En France, c'est la "grisette" ou Mimi Pinson (du nom d'un poème de 1845 d'Alfred de Musset), puis la "midinette" en 1890 (parce qu'à midi, elle "fait la dînette" à l'extérieur). C'est une ouvrière de la haute couture, qui court les rues, du quartier populaire où elle habite aux beaux quartiers où elle travaille. Elle est coquette, un peu naïve, menacée par la séduction d'étudiants ou la tentation du luxe, pouvant mener à la prostitution [ALBERT, 2013]. Mais c'est une figure joyeuse, loin du misérabilisme qui caractérise les clichés sur les couturières anglaises. Un poème de 1843 de Thomas Hood "*The Song of the Shirt*" ("Le Chant de la chemise"), donne lieu à des centaines de variantes dans tous les arts (jusqu'au cinéma). Il raconte l'histoire d'une veuve qui, pour nourrir ses enfants, doit mettre en gage la chemise qu'elle vient de coudre. Il insiste donc sur la faim, la saleté du logement, les longues heures de travail, bref l'exploitation liée au travail à domicile, et est associé à une iconographie du martyre. La couturière anglaise reste, jusqu'à la Première Guerre mondiale, une figure de victime [EDELSTEIN, 1980].

Les tailleurs sont plus rares dans la production artistique de la période: "l'aiguille" et ses métiers correspondants ont acquis une connotation féminine. Cela n'a pas toujours été le cas. Dans beaucoup de villes européennes, les corporations masculines de tailleurs avaient essayé d'exclure les couturières de la direction d'ateliers. Paris et d'autres villes françaises faisaient exception, avec deux corporations non mixtes – les tailleurs s'occupant de fabriquer les vêtements masculins, les couturières les vêtements féminins. Par ailleurs, il était relativement rare que les vêtements soient fabriqués au sein du ménage consommateur [COFFIN, 1996].

L'association est donc plus nette, après 1830, entre métiers de la couture et femmes; les frontières bougent, dans les pratiques aussi. Plus d'hommes travaillent toujours sur les vêtements pour hommes que pour femmes. Mais on trouve plus de femmes en bas de l'échelle de la production pour hommes, plus d'hommes entrepreneurs côté vestiaire féminin. La "haute couture", une nouvelle catégorie qui naît à Paris dans les années 1860, est majoritairement associée à des "grands couturiers", aux côtés de quelques femmes, comme Madeleine Vionnet ou Coco Chanel.

À l'autre bout de l'échelle, il y a de plus en plus de femmes parmi les ouvrières de la couture, et elles sont plus souvent subordonnées à des hommes. Ainsi, à Toulouse, le nombre de couturières (femmes cousant des vêtements de femmes) double entre 1830 et 1872 et celui d'ouvrières de tailleurs décuple, la part des femmes dans ce métier passant de 20 à 70 %. En Grande-Bretagne, la part de femmes dans le *tailoring* passe de 15 à 51 % entre 1851 et 1911. À Pampelune, entre 1843 et 1920, la couture emploie de plus en plus, et de plus en plus des femmes, jeunes et célibataires [MENDIOLA GONZALO, 1998, SIMONTON, 1998].

C'est le métier ouvrier féminin le plus répandu là où il n'y a pas d'autres grandes usines. Vers 1840, il y a déjà dans les villes d'Italie du Nord et centrale autant de couturières que de femmes domestiques, et plus que de tisseuses. En 1851, plus d'un million de femmes en France travaillent dans l'habillement. Plus encore, la couture est le métier manuel le plus souvent appris par les femmes. Elles s'y initient à l'école primaire, dans les premières écoles professionnelles (en France, les premiers CAP féminins, à partir de 1921, relèvent de la couture) ou, plus souvent, en famille ou en atelier. En 1851, 50 % des apprenties de Poitiers sont "couturières" et, avec les lingères (qui cousaient les sous-vêtements ou les draps), culottières et giletières, on arrive à 90 %. En 1911 à Orléans, 70 % des femmes actives juste avant leur mariage sont couturières, corsetières, giletières ou brodeuses [PROST, 1981]. Bien des femmes ayant appris la couture dans l'entre-deux-guerres puis exercé d'autres activités se disent "couturières" : un métier bien défini et considéré [EL AMRANI, 2004].

Une histoire de prolétarisation ?

Outre le sous-enregistrement, la difficulté à compter les couturières découle de la diversité de ces noms de métiers, qui reflète celle des situations de travail – en réalité hiérarchisées. En France, les "couturières" sont de plus en plus vues comme supérieures aux "lingères". En anglais, la *dressmaker*, spécialisée en robes, s'oppose à la simple *seamstress* ; en italien, les *sarte* ou *sartine* (considérées comme qualifiées) ne sont pas des *cucitrice* [GUGLIELMO, 2010]. Ces dernières sont désignées par le nom de leur outil principal : la machine à coudre.

Il ne faudrait pourtant pas en déduire que l'histoire des couturières de 1830 à 1940 est uniquement une histoire de prolétarisation, ni que celle-ci – bien réelle pour une partie du métier – découle logiquement de la mécanisation [COFFIN, 1996, CHARPY, 2018]. La couture n'est ni une industrie traditionnelle ni une industrie usinière. Son organisation change radicalement pendant la période, mais reste marquée par la flexibilité d'une activité largement saisonnière et soumise à la mode.

Le premier moteur de la subordination croissante de femmes à des tailleurs est le développement rapide de la confection pour le vêtement masculin. La confection est la fabrication de vêtements de taille standard, par opposition au "sur mesure". Elle prend de l'ampleur dès le début du XIXe siècle, voire avant, en Grande-Bretagne et à Marseille par exemple, pour les uniformes militaires et l'exportation vers les colonies. À partir de 1830, elle se développe dans toute l'Europe. Le "sur mesure" reste en revanche le standard de qualité pour le vêtement féminin, les robes en particulier, jusqu'aux premières décennies du XXe siècle. Mais des produits intermédiaires (chemisiers, tailleurs, manteaux pré-coupés puis adaptés aux mesures de la cliente) sont petit à petit développés, notamment pour la vente dans les grands magasins à partir des années 1860.

Le travail était déjà divisé et hiérarchisé dans la couture avant 1830, au sens où chaque (petit) atelier ne produisait qu'un type de vêtement (robe *vs*. manteau, chemise, etc.) – une spécialisation qui se maintient pendant toute notre période. La confection accentue, en revanche, la division et la hiérarchisation des tâches, entre dessin et coupe, pré-couture (bâti), couture solide (piqûre) et finitions. Certaines tâches sont dès lors considérées comme faciles à apprendre, sous-payées et séparées géographiquement. La production d'un vêtement peut commencer en Allemagne, continuer en Angleterre et se terminer en France. Surtout, le travail à domicile se développe dans tous les pays au cours du XIXe siècle, en ville ou à la campagne, par exemple autour de Berlin ou Glasgow. Les fabriques de chemises de Derry (Irlande du Nord) emploient ainsi 5000 femmes sur place, plus 15 000 aux alentours [Simonton, 1998]. En 1902, selon l'Inspection du travail, la moitié des 1,3 million d'ouvriers de l'aiguille en France (dont 86 % de femmes) travaillent à domicile. Au même moment, environ 8 % de la population active de Londres, soit 150 000 personnes, produisent des vêtements à domicile. Nancy Green [1994] parle de "chaîne de montage dispersée".

Dans ce contexte, la machine à coudre, brevetée en 1830 par le Français Barthélémy Thimonnier, va progressivement transformer les gestes pour une des étapes essentielles du travail, sans éliminer le travail manuel. Le "cousu main" reste un standard de qualité non seulement pour les produits les plus chers, mais, encore dans le premier XXe siècle, pour toute la lingerie féminine. Les tâches de finition restent donc manuelles et l'une des voies de la prolétarisation est la multiplication des "ouvroirs" : de grands ateliers de couture de lingerie à la main, souvent supervisés par des religieuses, qui regroupent des jeunes femmes souvent orphelines ou pauvres (les prisons féminines comptent aussi des ateliers de couture).

Parallèlement, la machine à coudre est associée à des organisations du travail très diverses. Le vêtement masculin, plus standardisé, est parfois produit dans de très grandes usines, comme à Leeds, où la main d'œuvre la moins payée est féminine. Les grands magasins développent dans certaines villes des ateliers avec quelques centaines de couturières. Toutefois, les fabricants de machine à coudre parviennent surtout, à grand renfort de publicité et en proposant des formes nouvelles de crédit, à vendre à des couturières qui travaillent seules chez elles, en général pour un seul donneur d'ordre : soit un industriel, soit un intermédiaire chargé d'organiser la production dispersée (appelé façonnier, entrepreneuse, etc.). Les machines se répandent ainsi très largement dès les années 1860. D'abord critiquées par des médecins, elles sont ensuite vendues comme l'outil d'une conciliation entre soin du foyer et travail d'appoint, avant d'être associées au *sweating system*. Ce terme, introduit en 1850 par le romancier anglais Charles Kingsley, désigne l'exploitation du travail à domicile, principalement féminin, qui fait l'objet de campagnes de dénonciation dans tous les pays dans les années 1890 et 1900.

Deux modes d'organisation de la couture échappent à la prolétarisation des ouvroirs, des usines et du *sweating system*. D'une part, il s'agit de la haute couture, secteur économique important dans certaines villes – employant 10 000 couturières à Paris vers 1900 comme vers 1920, soit environ le quart des ouvrières de l'aiguille, et important aussi à Turin, notamment. Les midinettes gagnent 5 francs par jour, comme les ouvriers les moins bien payés, beaucoup plus que la plupart des femmes ; elles obtiennent des congés payés dès 1920. Les patrons de la haute couture ont, eux, créé une chambre syndicale distincte en 1910. D'autre part, dans les villes petites et moyennes se maintiennent des couturières indépendantes, avec des ateliers d'une dizaine d'ouvrières et apprenties, qui travaillent pour la bourgeoisie locale. Dans les deux cas, le métier est plutôt bien considéré, mais très rares sont celles qui peuvent en faire une carrière : on y entre vers 13 ans pour le quitter en se mariant. Ateliers plus grands et usines sont également, en général, réservés aux jeunes célibataires (des usines du Nord de la France et d'Allemagne font exception).

Les femmes mariées ou veuves sont, elles, de plus en plus cantonnées au travail à domicile, quelle que soit leur qualification. Dans les villes où celui-ci est très répandu, comme Paris, ce sont de plus en plus des immigrées récentes qui l'exercent : Allemandes ou Belges, puis à partir de la fin du XIXe siècle juives d'Europe de l'Est (comme à Londres), rejointes dans l'entre-deux-guerres par des séfarades, Italiennes et Arméniennes. À l'inverse, en Angleterre, vers 1850, les couturières étaient prises comme exemple de femmes "redondantes" qu'il serait bon d'envoyer en Australie ou au Canada [ROGERS, 1997]. Plus tard, les nombreuses Italiennes du Sud qui émigrent à New York dans l'entre-deux-guerres y travaillent massivement dans des *sweatshops*, où les avaient précédées des Irlandaises et Allemandes [GUGLIELMO, 2010].

Alors que les discours de l'époque évoquent souvent le travail à domicile comme un simple complément des revenus du mari, il est en réalité, malgré les bas salaires, un élément crucial des budgets des ménages. Il peut intéresser ces femmes dans la mesure où il permet de garder les enfants et ne nécessite pas de parler la langue du pays ; mais il est surtout bien pratique pour des employeurs qui n'ont pas à fournir le local, l'éclairage, la machine, etc. La rémunération aux pièces fait office de "contremaître invisible" pour imposer de longues heures de travail. Si ce travail est de plus en plus identifié aux femmes étrangères, qui n'y sont pourtant qu'une grosse minorité, c'est surtout que personne d'autre n'en veut [GREEN, 1994].

Objets et sujets de luttes sociales

Dans toute l'Europe, la période est à la promotion du modèle du *male breadwinner* (plus tardive et moins forte en France toutefois) : un ménage où l'homme ramène le salaire faisant vivre les autres membres. Les syndicats ouvriers n'échappent pas à cette idéologie ; ceux des tailleurs critiquent, notamment en Angleterre et en Allemagne, l'arrivée des femmes dans le métier.

Certaines couturières s'organisent en parallèle. Dans les années 1830, elles sont ainsi le groupe ouvrier le plus nombreux parmi les saint-simoniens et publient leur propre journal ; en 1848, certaines créent des ateliers coopératifs. Elles réclament l'autonomie vis-à-vis des hommes, mais leur organisation collective est freinée par les hiérarchies internes au métier [SCOTT, 1984]. À la fin du XIXe et au début du XXe siècle, lorsqu'il est question de représenter tous les métiers ouvriers dans des confédérations (socialistes ou chrétiennes), voire des assemblées élues, le fait que celui de couturière ne soit pas mixte donne une visibilité inédite à des femmes. Les premières femmes élues en France le sont ainsi dans les conseils de prud'hommes, en 1908, et la plupart sont des couturières; Jeanne Bouvier siège au Conseil supérieur du travail. Les grèves de 1910 et 1911, 1917, puis 1935 sont particulièrement visibles – les midinettes de 1917 surprennent les journalistes par leur élégance et elles obtiennent la "semaine anglaise" (pas de travail le samedi après-midi ni le dimanche) [COFFIN, 1996].

Toutefois, avant 1905, les couturières étaient plus souvent l'objet que le sujet de discours. En Angleterre, les discours des années 1840 présentaient la couture comme un secteur traditionnel en déclin et la couturière comme une "esclave blanche". Ceux des années 1890 ont une forte composante antisémite et relèvent plus généralement d'une panique morale face à l'exploitation de femmes au sein même du foyer, avec des conséquences délétères sur leurs enfants, mais aussi sur les consommatrices (les vêtements sont suspectés de transmettre des microbes). Le même discours se retrouve dans les autres pays du côté des réformateurs sociaux: associations philanthropiques et féministes bourgeoises, notamment. Ces mouvements plaident pour un comportement plus responsable des consommatrices, permettant de limiter le chômage saisonnier. Ils demandent aussi l'extension au travail à domicile des récentes lois sociales, qui protègent les femmes et les enfants ou les ouvriers en général, mais exclusivement dans les usines. C'est seulement après 1905 que les discussions autour du travail à domicile s'infléchissent partout en Europe, s'éloignant de la déploration du travail féminin et se centrant sur la question salariale [ROGERS, 1997,

Blackburn, 2002, Chessel, 2011]. En Angleterre, le *Trade Board Act*, en 1909, introduit un salaire minimum dans quatre secteurs, dont la confection – comme le fait la loi française de 1915 sur le travail à domicile dans le vêtement [Avrane, 2013]. Quels sont les effets de ces lois, difficiles à appliquer ? Le travail à domicile paraît décliner un peu partout dans l'entre-deux-guerres, mais cela peut venir d'un sous-enregistrement croissant. La lutte pour les mêmes droits sociaux que les autres ouvrières continue en France sous le Front populaire.

L'atelier comme lieu de rencontre entre classes

On parle ainsi beaucoup des couturières entre 1840 et 1910 ; les représentations artistiques se nourrissent des enquêtes sociales et parlementaires, et vice versa. Plus rares sont les écrits préservés de couturières, mais, pour l'entre-deux-guerres, des travaux d'histoire orale permettent de comprendre ce que représente l'atelier de couture pour les ouvrières [Verdier, 1979, Maher, 1987, El Amrani, 2004]. C'est à la fois un lieu de formation à la féminité et au bon goût qui y est associé (lié au voyage à Paris) et un espace liminal entre classes sociales. Les couturières, logées dans les quartiers populaires, y rencontrent des clientes bourgeoises qu'elles peuvent railler ; elles peuvent aussi s'inspirer de leurs vêtements et autres pratiques et jouent ainsi un rôle important dans la transmission et traduction de normes de consommation.

OUVRIERS ET SALARIÉS AGRICOLES

Les ouvriers et salariés agricoles, les gens sans terre, se situent le plus souvent au plus bas de l'échelle sociale des sociétés rurales. Ils occupent pourtant une place majeure dans l'agriculture européenne des XIXe et premier XXe siècles, mais souvent invisible, car disséminés dans de grandes, moyennes ou petites unités de production, familiales dans la grande majorité des cas. En France, à la fin du XIXe siècle, le salariat agricole représente environ la moitié de la population active agricole, soit à peu près 3 millions d'ouvriers, avec de fortes concentrations dans le Bassin parisien, le Bourbonnais ou le Midi viticole par exemple. En Allemagne, à la même époque, les ouvriers et leurs familles sont environ 6 millions pour 24 000 grands agrariens et 260 000 paysans [Wehler, 2003]. Ils dépassent là aussi largement l'ensemble des actifs agricoles.

Des ouvriers agricoles aux statuts multiples

La diversité des statuts, des modes de vie, des activités et des pratiques des ouvriers agricoles est à souligner. Entre les ouvriers viticoles du sud de la France, les feuillardiers du Limousin, les journaliers des grandes fermes de la Beauce ou ceux du des fermes en polyculture vivrière du sud-ouest, les bûcherons du Centre de la France, les résiniers des Landes de Gascogne, on constate beaucoup de différences mais aussi des points communs: fragilité et précarité sociale, conditions de travail très difficiles, proximité avec la classe patronale au sein d'unités de production qui n'ont rien à voir avec le monde de l'usine, bas salaires, grève comme moyen de contestation [GRATTON, 1971]... Les statuts mixtes sont fréquents. Il n'est pas rare qu'un ou plusieurs membres d'une famille d'exploitants agricoles (métayers, fermiers ou petits propriétaires), soient également salariés agricoles et s'emploient ponctuellement ou régulièrement dans d'autres fermes ou même chez des artisans ou dans des usines, notamment en période creuse des travaux agricoles. Nombre d'ouvriers agricoles possèdent au moins un tout petit lopin de terre pour cultiver quelques légumes et élever un peu de volaille. Le prolétariat rural pur est assez rare: d'après l'enquête de 1892 on compte seulement 19 % de journaliers sans terre, pour 21 % de journaliers propriétaires et 60 % de domestiques de ferme. Ces derniers reçoivent très peu d'émoluments, mais sont logés et nourris et peuvent bénéficier, *a minima*, d'une certaine stabilité puisqu'ils sont gagés à l'année ou plus. Beaucoup sont placés dans les fermes dès leur plus jeune âge (avant l'âge de 10 ans parfois). Si certains abandonnent ce statut pour fonder un foyer, d'autres y passent toute leur vie, à l'instar de ces domestiques récompensés par les comices agricoles pour cinquante ou soixante ans de bons et loyaux services, parfois plus.

En Italie les travailleurs fixes disposent d'un contrat à l'année et reçoivent un salaire et des *benefits* (parfois un logement, un petit potager, le droit d'élever de la volaille voire un lopin de terre pour cultiver du maïs) ; les journaliers (appelés aussi *avventizi**) sont payés à la tâche et assurent la flexibilité de la force travail pendant les gros travaux agricoles (labours, récoltes, vendanges). Leur salaire horaire est plus élevé que celui des travailleurs fixes car ils n'ont pas de revenus garantis pour toute l'année. Les contrats agraires des travailleurs fixes prennent en considération toute la famille: la femme et les enfants sont logés avec le mari ou le père qui a signé le contrat de travail. Cela est également valable pour les *avventizi* qui ont droit au logement pendant la période du contrat.

En Allemagne, les mutations des sociétés rurales entraînent un bouleversement des statuts traditionnels. On voit là aussi se développer des statuts intermédiaires à mi-chemin entre métayage et salariat agricole, tels que les *Deputanten** de l'Est ou les *Heuerlinge** de l'Ouest. Dans le cadre de contrats de quatre ans environ, les *Heuerlinge* louent une petite habitation et un minuscule lopin à leurs propriétaires qui leur prêtent un attelage pour le cultiver. En échange, ils doivent travailler sans limite et se trouvent dans une situation de très grande dépendance [MOOSER, 1984]. Parallèlement, le recours à des journaliers saisonniers ne cesse d'augmenter à la fin du XIXe siècle, par exemple dans les grandes propriétés de l'Est pour la culture des betteraves à sucre ou des pommes de terre. Comme en France, les nombreux domestiques sont essentiellement rémunérés en nature et si, pour certains, la situation est transitoire, pour beaucoup elle dure toute la vie.

La pluriactivité est également la norme en Belgique où l'on trouve, là comme ailleurs, des travailleurs agricoles aux statuts complexes qui rendent parfois bien difficile la distinction entre paysans et travailleurs agricoles ; de petits paysans sont ainsi salariés agricoles dans de grandes exploitations pour compléter leurs maigres ressources. Néanmoins, après la Première Guerre mondiale, la mise en place de la sécurité sociale et le renforcement de la réglementation en matière de travail ont peu à peu conduit à mieux distinguer les différents statuts, dont celui de salarié agricole [VANTHEMSCHE, 2016].

Travaux harassants, salaires de misère et précarité

Les salariés agricoles vont souvent de ferme en ferme, au gré des saisons et des besoins. Ils peinent parfois à trouver du travail avant l'exode rural, alors que les campagnes sont en situation de monde plein. Si beaucoup d'embauches se font par connaissance, elles se font aussi lors des louées*, sortes de grandes foires aux salariés agricoles. Les jeunes gens se rendent également sur les places des gros bourgs et petites villes à la veille des gros travaux pour offrir leurs services. Ainsi, en Périgord, à l'approche de la période du ramassage des châtaignes, les jeunes garçons accrochent une feuille de châtaignier sur leur chapeau et les jeunes filles sur leur corsage pour signifier qu'ils se tiennent à la disposition des propriétaires de châtaigneraies [VAN GENNEP, 1955].

Les ouvriers agricoles reçoivent des salaires de misère, le plus souvent bien inférieurs à ceux du secteur industriel (en Allemagne, alors qu'un ouvrier spécialisé en métallurgie peut gagner environ 1400 marks, les journaliers agricoles gagnent entre 680 et 950 marks

[WEHLER, 2003]). Leurs journées de travail peuvent atteindre 14 ou 16 heures, notamment en été. Les femmes sont généralement beaucoup moins bien payées que les hommes, tout comme les enfants, ce qui ajoute à leur vulnérabilité lorsqu'elles se retrouvent seules, à l'instar de Marie, la mère de Jacquou le Croquant, héros du roman d'Eugène Le Roy, qui travaille à la journée et dort avec son fils dans des ruines abandonnées. Les salaires dépendent également de la saison. Les souvenirs d'Eugène Bougeâtre nous indiquent que dans le Mantois, à la fin du XIXe siècle, pour un même travail, les journaliers, nourris par l'employeur, reçoivent 2,50 francs l'hiver et 1,50 franc l'été, contre 1,50 franc et 1 franc pour les femmes et 0,75 franc et 0,50 franc pour les enfants de moins de 16 ans (1 franc supplémentaires si les journaliers ne sont pas nourris, et 0,50 franc pour les enfants). Les revenus familiaux des gens sans terre les plus précaires se composent donc généralement de sources variées, pouvant évoluer en fonction des régions, des opportunités, des impératifs du marché ou encore des périodes de la vie et de ses aléas [DE VRIES, 2008].

La nourriture des ouvriers agricoles est généralement insuffisante et mal équilibrée. En Italie, les ouvriers de la plaine de Pô qui se nourrissaient essentiellement de polenta (plat à base de farine de maïs) souffraient fréquemment de la pellagre, une maladie due à des carences alimentaires. Ceux qui sont logés par leurs patrons n'ont bien souvent droit qu'à des lits de fortune dans les bâtiments agricoles. En France, l'interdiction de faire coucher les domestiques agricoles dans l'écurie ne date que de 1921. Même chose en Allemagne, où ils sont soumis au pouvoir arbitraire de leur patron qui peut les punir comme bon lui semble au sein de son foyer [WEHLER, 2003].

Si leurs savoir-faire sont bien peu considérés en regard de l'adresse des artisans, les ouvriers habiles n'en sont pas moins recherchés. Les fêtes de village et les jeux de force et d'adresse qui s'y organisent permettent aux employeurs de repérer du personnel de qualité. La précision comme la rapidité de leurs gestes sont décisives. Un semeur habile assure des champs harmonieusement plantés, une récolte aisée et de meilleurs rendements. Les premières lignes du célèbre roman *La Terre* d'Émile Zola (1887) décrivent une parfaite maîtrise des gestes fruit d'une longue expérience: "Jean, ce matin-là, un semoir de toile bleue noué sur le ventre, en tenait la poche ouverte de la main gauche, et de la droite, tous les trois pas, il y prenait une poignée de blé, que d'un geste, à la volée, il jetait. Ses gros souliers trouaient et emportaient la terre grasse, dans le balancement cadencé de son corps; tandis que, à chaque jet au milieu de la semence blonde toujours volante, on voyait luire les deux galons rouges d'une veste d'ordonnance, qu'il achevait d'user". Cette pénibilité du labeur agricole qui use les corps et casse les âmes est aussi bien montrée par les peintres, à l'instar de *L'Homme à la houe* de Millet (1862).

Manque de bras, concurrence et migrations

Les ouvriers agricoles ne disposent d'aucune protection sociale, contrairement à ceux des autres secteurs, bien plus en avance que le monde agricole. Les plus démunis comptent parmi les premiers à quitter les campagnes pour aller s'employer dans les villes à l'heure de l'exode rural. Le manque de bras qui en résulte entraîne, au moins dans les grandes exploitations du nord de la France, une relative concurrence entre le secteur industriel et le secteur agricole. Si la mécanisation de l'agriculture vient en partie compenser la pénurie de main d'œuvre encore aggravée par la saignée de la Première Guerre mondiale, le recours à une main d'œuvre étrangère ne cesse de se développer. Environ 40 000 ouvriers des Flandres belges (des hommes, mais aussi des femmes et des enfants) traversent ainsi chaque année la frontière, munis de leur baluchon et d'une binette, pour travailler dans les immenses exploitations agricoles du nord de la France au tournant des XIXe et XXe siècles [VANTHEMSCHE, 2016]. Dans le sud de la France, durant l'entre-deux-guerres, de nombreux ouvriers espagnols viennent œuvrer dans le vignoble ou ramasser des fruits et légumes. En 1926, ils représentent la première population étrangère en matière d'ouvriers agricoles, avec 50 000 actifs permanents, juste devant les Italiens (47 000). Ce manque de bras ne touche pas que la France. Les grandes exploitations l'est de l'Allemagne emploient de nombreux ouvriers venus de Pologne russe ou de Galicie ; ce sous-prolétariat sous payé concurrence les ouvriers allemands préférant se tourner vers les villes.

Revendications, syndicalisation et politisation des ouvriers agricoles

Les révoltes d'ouvriers et domestiques agricoles, plus ou moins violentes, ne sont pas rares au XIXe siècle, à l'instar des émeutes des journaliers et domestiques du Bas-Berry en 1946-1947 [MORICEAU et MADELINE, 2017], mais elles sont le plus souvent circonscrites et ponctuelles. Les ouvriers du secteur agricole ont globalement tardé à se fédérer pour conquérir des droits sociaux. Ils commencent globalement à se structurer à partir de la fin du XIXe siècle, en lien avec le processus de politisation des masses rurales.

En France, au tournant des années 1890-1900, le monde des salariés agricoles se dégage peu à peu de la tutelle agrarienne pour s'engager dans la lutte syndicale, tandis que les partis politiques commencent à s'intéresser à eux. C'est au Congrès socialiste de Marseille de 1892 que le Parti Ouvrier Français évoque pour la première fois la question du prolétariat agricole. Le mouvement démarre dans les milieux viticoles, extrêmement gourmands en main d'œuvre salariée précaire. Des chambres syndicales des Travailleurs de la Terre sont créées en 1893 à Narbonne, Carcassonne, Béziers ou encore Perpignan. La Fédération des Travailleurs Agricoles et Parties similaires de la Région du Midi voit le jour dix ans plus tard. Les revendications sont simples: de meilleurs salaires, de meilleures conditions de travail, un logement, la reconnaissance des accidents du travail, le droit aux assurances sociales... Ce syndicalisme agricole de gauche peine à se fédérer à ses débuts. Néanmoins, il se poursuit progressivement après la Grande Guerre. Les mouvements, assez localisés, concernent le plus souvent des revendications salariales [LYNCH, 2002]. Il en va ainsi du mouvement des salariés du Bassin parisien qui exigent des augmentations en pleines moissons (1919), ou des actions de la Fédération des Fermiers, Métayers Gemmeurs et Parties similaires des Landes, affiliée à la CGT (créée en 1919). En 1920, est créée la Fédération nationale des Travailleurs de l'Agriculture (FTA), affiliée à la CGT, qui se partage au lendemain du Congrès de Tours entre la Fédération des Travailleurs de l'Agriculture (CGTU) et la Fédération de l'Agriculture (CGT). Renaud Jean (Lot-et-Garonne) regroupe environ 5000 métayers dans la Fédération de défense paysanne dans le Sud-Ouest; la Fédération des paysans-travailleurs créée par Marius Vareize en Corrèze connaît également un certain succès. Ces deux structures forment le noyau du Conseil Paysan Français, créé par le PCF en 1925 pour diffuser l'influence communiste dans les campagnes. Notons que ce syndicalisme de gauche, dont le principal moyen d'action est la grève, n'a touché que des minorités contestataires de salariés agricoles. Même chose en Allemagne où, en 1914, les syndicats d'ouvriers agricoles ne réunissent guère plus de 30000 individus quand le pays en compte environ 3 millions. En Poméranie par exemple, globalement délaissés par les organisations ouvrières sociales-démocrates plus tournées vers les villes, les ouvriers agricoles se sont très peu engagés à gauche [KÖLLING, 1996], préférant préserver les intérêts de leurs petites productions agricoles. La situation très instable et précaire des saisonniers et la grande dépendance des salariés agricoles installés sur des lopins entravent leur possibilité d'organisation, d'autant que, contrairement à leurs homologues du secteur industriel, ils n'ont pas le droit de coalition ou de grève. En Italie enfin, il existe de profondes différences entre les aspirations des salariés agricoles du Centre ou du Nord et ceux du Sud. Les *braccianti** méridionaux sont motivés par une véritable "faim de terres", tandis que ceux de la vallée du Pô luttent essentiellement pour l'amélioration de leur salaire et de leurs conditions de travail.

Bien plus encore que les ouvriers du secteur industriel, le monde ouvriers agricoles présente une très grande diversité, qu'il s'agisse des savoir-faire, des statuts – souvent complexes et imbriqués – ou encore des conditions de vie. Globalement plus mal payés, certains ont en revanche la chance – certes très relative – de disposer du couvert et/ou du gîte, que ce soit de manière temporaire (pour certains journaliers) ou permanente (pour les domestiques ou les ouvriers fixes). Leur engagement politique et syndical est plus tardif que celui des ouvriers de l'industrie, ce qui explique leur retard manifeste dans l'acquisition de droits sociaux. Reste que la frontière entre les ouvriers agricoles et ceux de l'industrie demeure poreuse, puisque nombreux sont ceux qui s'emploient dans les deux secteurs en fonction des saisons et des opportunités, ou encore ceux qui partent travailler pour des périodes plus ou moins longues en ville avant de revenir au pays.

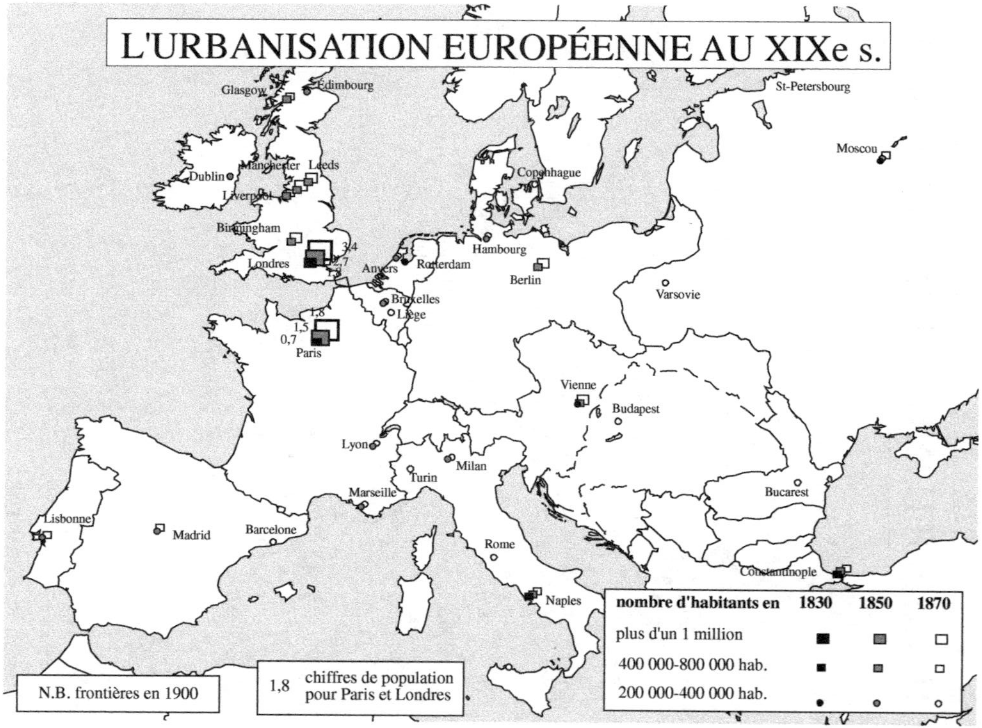
L'URBANISATION EUROPÉENNE AU XIXe s.
Glasgow
Edimbourg
St-Petersbourg
Moscou
Dublin
Manchester
Leeds
Liverpool
Copenhague
Birmingham
Hambourg
Londres
3,4
2,7
1,3
Anvers
Rotterdam
Berlin
Varsovie
Bruxelles
Liège
1,8
1,5
0,7
Paris
Vienne
Budapest
Lyon
Milan
Turin
Marseille
Bucarest
Lisbonne
Madrid
Barcelone
Rome
Constantinople
Naples
nombre d'habitants en 1830 1850 1870
plus d'un 1 million
400 000-800 000 hab.
200 000-400 000 hab.
N.B. frontières en 1900
1,8 chiffres de population pour Paris et Londres

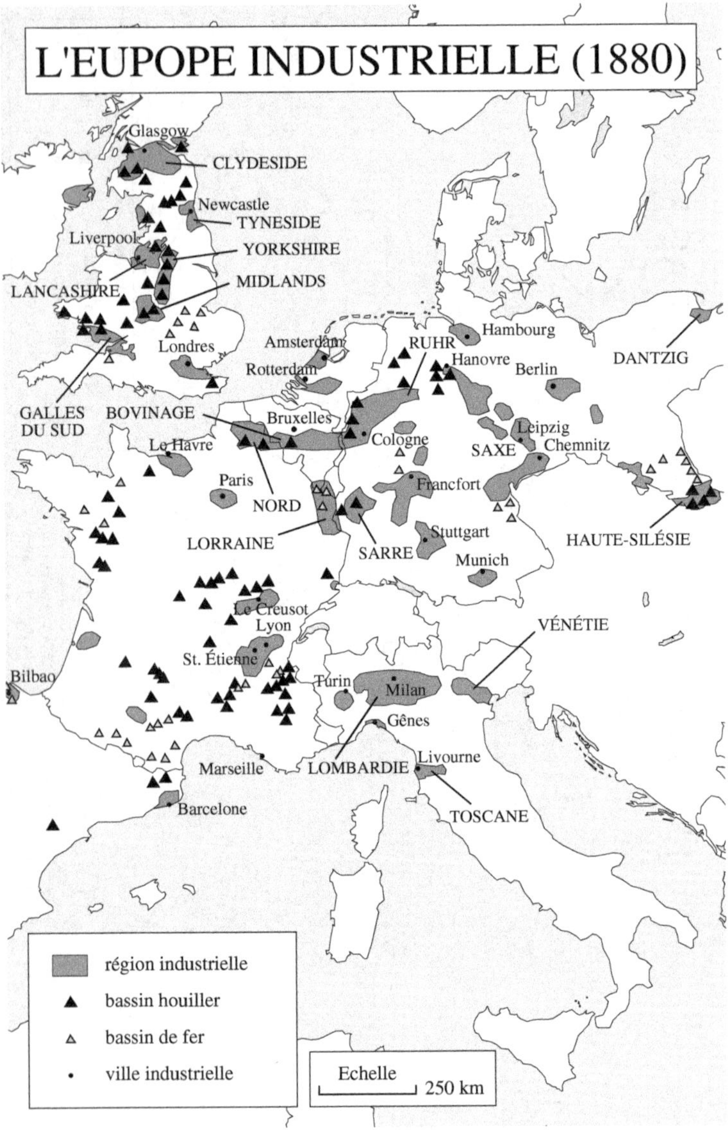
L'EUPOPE INDUSTRIELLE (1880)
Glasgow
CLYDESIDE
Newcastle
TYNESIDE
Liverpool
YORKSHIRE
MIDLANDS
LANCASHIRE
Londres
GALLES DU SUD
BOVINAGE
Amsterdam
Rotterdam
Bruxelles
Le Havre
Paris
NORD
LORRAINE
SARRE
RUHR
Hambourg
Hanovre
Berlin
DANTZIG
Cologne
Leipzig
SAXE
Chemnitz
Francfort
Stuttgart
Munich
HAUTE-SILÉSIE
Le Creusot
Lyon
St. Étienne
Bilbao
Turin
Milan
VÉNÉTIE
Gênes
Marseille
LOMBARDIE
Livourne
TOSCANE
Barcelone
région industrielle
bassin houiller
bassin de fer
ville industrielle
Echelle
250 km

ÉVOLUTION DE L'ESPACE INDUSTRIEL RUHR-RHÉNANIE (1880-1970)

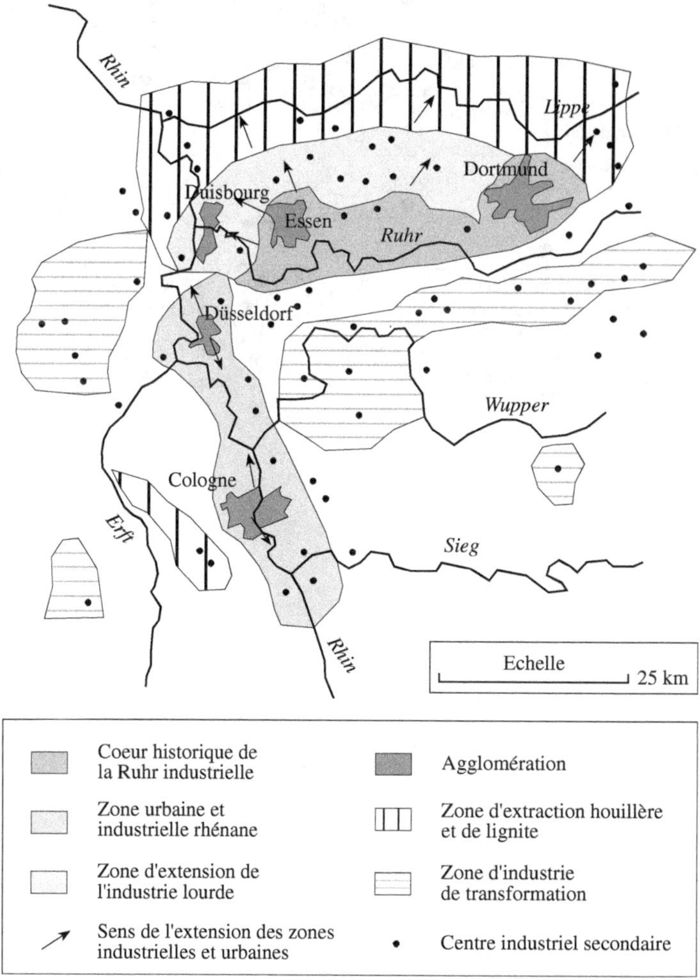

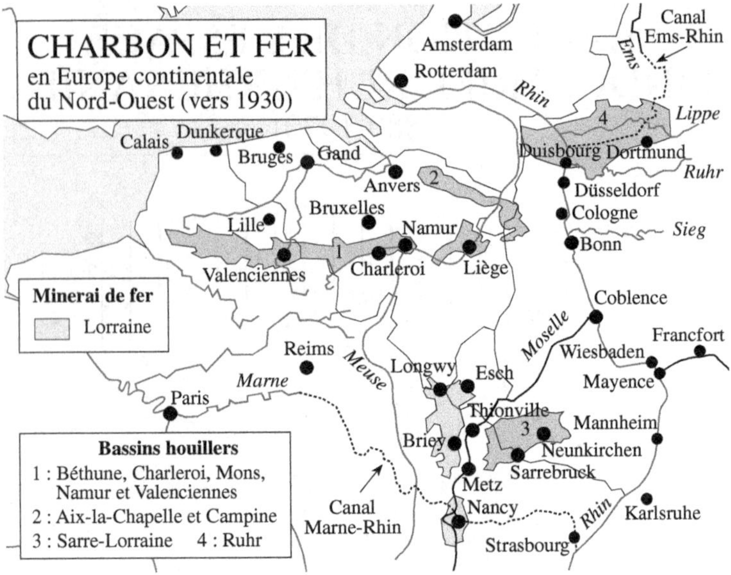
CHARBON ET FER
en Europe continentale
du Nord-Ouest (vers 1930)
Minerai de fer
Lorraine
Bassins houillers
1 : Béthune, Charleroi, Mons, Namur et Valenciennes
2 : Aix-la-Chapelle et Campine
3 : Sarre-Lorraine
4 : Ruhr
Amsterdam
Rotterdam
Canal Ems-Rhin
Ems
Rhin
Lippe
Ruhr
Calais
Dunkerque
Bruges
Gand
Anvers
Duisbourg
Dortmund
Düsseldorf
Cologne
Sieg
Bonn
Bruxelles
Lille
Namur
Valenciennes
Charleroi
Liège
Coblence
Moselle
Francfort
Wiesbaden
Mayence
Reims
Meuse
Marne
Longwy
Esch
Paris
Thionville
Mannheim
Briey
Neunkirchen
Sarrebruck
Metz
Canal Marne-Rhin
Nancy
Rhin
Karlsruhe
Strasbourg

CHRONOLOGIE

1830

France, 27, 28, 29 juillet 1830. Trois jours d'émeutes et de révoltes qui amènent à la révolution des "Trois Glorieuses" et au changement de régime en France, suivie de nombreuses grèves et conflits ouvriers durant l'été et l'automne. Nombreuses révoltes partout en Europe.

Belgique, 25 août. Soulèvement révolutionnaire à Bruxelles. Dans les jours qui suivent, des ouvriers parcourent les faubourgs aux cris d'"à bas les mécaniques !" Naissance de la Belgique indépendante.

1831

France, du 21 novembre au 3 décembre. Les canuts lyonnais – ouvriers de la soie – se révoltent contre la baisse des tarifs du paiement à la pièce. L'armée est envoyée pour mater la rébellion.

1832

France. L'épidémie de choléra fait plusieurs dizaines de milliers de morts à Paris. En juin, insurrection républicaine à Paris composée de nombreux ouvriers et artisans.

Royaume-Uni, 7 juin. *Reform Act* qui élargit le suffrage censitaire, mais dont les classes populaires restent exclues.

Suisse, 22 novembre. Dans le canton de l'Uster (Zurich), des ouvriers du textile détruisent des filatures mécaniques de la fabrique Corrodi & Pfister.

Royaume-Uni. James Philipps Kay publie la *Condition morale et physique des classes laborieuses employées dans l'industrie du coton à Manchester.*

1833

France. Jules Lechevalier publie la *Question sociale. De la Réforme industrielle considérée comme problème fondamental de la politique positive*.

Royaume-Uni. Création d'une structure syndicale à l'échelle nationale, la *Grand National Consolidated Trades Union (Grand union nationale des syndicats consolidés)*, une tentative qui dure deux ans.

1834

Confédération germanique, 1er janvier. Entrée en vigueur de l'union douanière (*Zollverein*) qui unifie certaines pratiques économiques et d'échanges commerciaux, donnant lieu à un premier décollage industriel.

France, du 9 au 15 avril. Deuxième révolte des canuts à Lyon. Nouvelle répression.

Royaume-Uni, 14 août. Le *Poor Law Amendment Act* supprime l'assistance aux plus pauvres et met en place des *workhouses*, des institutions de travail obligatoire.

1835

France, 5 juin. Une loi définit le statut des caisses d'épargne en tant qu'établissements privés d'utilité publique. Cela permet ainsi de créer une première épargne populaire.

France. George Sand publie *André*, qui met en scène Geneviève, ouvrière fleuriste.

Espagne. L'usine Bonaplata située à Barcelone, ouverte en 1833 et la première à utiliser la vapeur dans le pays, est assaillie et incendiée.

1837

France. Adolphe Blanqui utilise l'expression “révolution industrielle” dans son ouvrage *Histoire de l'économie politique*.

France, 10 octobre. Mort de Charles Fourier, un des représentants français des premières pensées socialistes, regroupées ensuite sous l'appellation péjorative de “socialisme utopique”.

1838

France. Création de la première école de fabrication de dentelle, au Puy-en-Velay.

Royaume-Uni. Adoption de la Charte du Peuple, à l'initiative de l'Association des travailleurs londoniens. Elle formule une série de revendications démocratiques et initie le mouvement du chartisme qui durant dix ans structure l'action des travailleurs britanniques.

1839

Belgique. Natalis Briavoinne, dans *De l'industrie en Belgique*, écrit que "les savants et les industriels, autrefois isolés les uns des autres, réunissent leurs efforts et leurs études ; et la *révolution industrielle* commence sur le continent".

Prusse, 9 mars. La loi appelée "Règlement de l'activité des jeunes travailleurs dans les fabriques", interdit le travail pour les enfants de moins de 9 ans.

1840

France. Étienne Cabet publie Le voyage en Icarie. Sur la première page de ce récit utopique destiné aux ouvriers, dans la deuxième édition de 1845, il est inscrit "Premier droit : Vivre ; Premier devoir : Travailler" ainsi que "À chacun suivant ses besoins ; De chacun suivant ses forces". Philippe Buchez fonde le journal ouvrier *L'Atelier*. Agricole Perdiguier publie le Livre du Compagnonnage, premier écrit sur les compagnons et par un compagnon. Le médecin Villermé fait paraître son *Tableau de l'état physique et moral des ouvriers employés dans les manufactures de coton, de laine et de soie*.

Paris, septembre. Grèves massives des ouvriers du bâtiment.

1841

France. Première loi sur la limitation du travail des enfants dans les grands établissements industriels ; elle est peu appliquée.

1842

Royaume-Uni. Conflits sociaux dit du *Plug Plot :* de grandes grèves ont lieu dans le Lancashire, le Cheshire, le Yorkshire, le Staffordshire, le Warwickshire et le Sud du Pays de Galles. Les ouvriers du coton sabotent les chaudières des machines à vapeur pour interrompre le travail.

France, juin 1842. Loi relative à l'établissement des grandes lignes de chemin de fer qui accélère la construction du réseau ferroviaire en France.

1843

Lombardie. Le gouvernement autrichien règlemente le travail des enfants : le travail de nuit est interdit, les punitions corporelles également, et la limite d'âge pour travailler est fixée à 9 ans.

1844

France, 30 avril. Un gazomètre de 46 mètres de diamètre sur 10 mètres de haut explose à Paris.

Confédération germanique, 4 au 6 juin. Une immense révolte secoue les tisserands de coton de Silésie (actuelle Pologne), autour des villes de Peterswaldau (Pieszyce) et Langenbielau (Bielawa). Elle attire l'attention de toute la confédération, et fera l'objet d'un drame écrit par Gerhart Hauptmann en 1892, *Les Tisserands*.

1845

Confédération germanique. Friedrich Engels publie à Leipzig un ouvrage intitulé *La situation de la classe laborieuse en Angleterre*.

France, 3 février. Les tisserands de la ville de Lodève, qui fournissent des draps pour l'armée, sont en grève. Celle-ci dure plus de 100 jours et est emmaillée d'un *lock-out* patronal.

Irlande. Début de la Grande Famine.

1846

France. Pierre Dupont compose *Le chant des ouvriers*, aux paroles suivantes : "Nous tous qu'un salaire incertain / Ramène avant l'aube à l'enclume [...] / Aimons-nous et quand nous pouvons / [...] Buvons [...] / À l'indépendance du monde !" Jules Michelet publie *Le Peuple*.

1847

Royaume-Uni. Le *Ten Hours Bill* est adopté. Les femmes et filles de tout âge, ainsi que les garçons de 13 à 18 ans, ne peuvent travailler plus de 10 heures par jour.

1848

France, 22-25 février. Après de nombreuses révoltes en Europe, c'est à Paris qu'une insurrection de plus grande ampleur, appelée ensuite "révolution de février", met fin à la Monarchie de Juillet. Nombreux troubles et soulèvements ouvriers dans le pays, comme à Reims où les ateliers de tissage du fabricant Croutelle sont incendiés au faubourg Fléchambault.

France. Décret du 2 mars qui limite la durée du travail ; décret du 27 avril abolissant l'esclavage dans l'ensemble de l'empire colonial français.

Londres, février. Publication par Friedrich Engels et Karl Marx du *Manifeste du parti communiste* (*Manifest der kommunistischen Partei*). L'opus est traduit en anglais en 1850 ; en français en 1885 ; en espagnol en 1886 ; en italien en 1893.

Royaume-Uni, 10 avril. Le mouvement chartiste présente sa pétition publique, après un rassemblement de masse au *London's Kennington Common*. La pétition regroupe entre deux et cinq millions de signatures, réclamant un accès plus égalitaire au vote. Elle est rejetée par le Parlement, marquant la fin du chartisme.

France, 22-26 juin. Les mois qui séparent la "révolution de février" de la révolte populaire et ouvrière des "journées de juin" sont riches en débat sur la forme de la gestion publique du travail. Les ateliers sociaux de Louis Blanc sont supplantés par les ateliers nationaux. La fermeture de ces derniers déclenche une révolte ouvrière, réprimée dans le sang.

Berlin, août-septembre. Un congrès ouvrier donne naissance à la confédération nationale appelée "Fraternisation des travailleurs", qui compte bientôt 15 000 membres. Elle est interdite en 1850.

1849

Confédération germanique, 23 juillet. Dans un contexte européen de reflux des révoltes et de répression massive des mouvements nationaux et ouvriers, les armées révolutionnaires allemandes, qui ont compté jusqu'à 45 000 combattants, finissent par être écrasées à Rastatt.

1850

France. La loi du 31 mai 1850 crée une obligation de domicile de 3 ans pour pouvoir voter. Sans revenir sur le principe du suffrage universel, cette mesure exclut près d'un tiers des électeurs, principalement les ouvriers urbains.

1851

Royaume-Uni. La première Exposition universelle a lieu à Londres. Elle est appelée “Grande exposition des produits de l’industrie de toutes les nations”.

1852

Paris. Transformation de la mercerie Au Bon Marché en grand magasin, le premier en France.

1853

Italie. L’usine de réparation de chemins de fer de l’Ansaldo s’engage dans la production de locomotives.

1854

France, 22 juin. Le livret ouvrier, qui permet de réduire la mobilité ouvrière et de contrôler les travailleurs, ne peut plus être retenu par les patrons (droit de rétention) ; en revanche, le dispositif est étendu aux femmes et aux travailleurs à domicile.

Royaume-Uni. Charles Dickens publie *Hard Times For These Times (Les Temps difficiles)*, où il décrit notamment la misère ouvrière et pollution dans la ville fictive de Coketown.

Espagne. L’*Unión de Clases*, regroupement d’associations ouvrières, est créée.

1855

Royaume-Uni. Des industriels créent l’*Association for the Prevention of Steam Boiler Explosions*. Henry Bessemer brevette un procédé d’affinage de la fonte brute permettant de fabriquer de l’acier moins coûteux.

1856

France. Les femmes représentent un tiers de la population active (14 millions).

Royaume-Uni. Henry Bessemer dépose le brevet du procédé qui porte son nom. Celui-ci permet, dans la production de la fonte de produire par décarbonification un acier de meilleure qualité et à moindre coût.

1858

France, mai-juin. Des tisseurs des industries de Roubaix et du Nord de la France initient une pétition pour demander l'interdiction du tissage à la vapeur. Elle recueille 572 signatures début juin.

1859

Royaume-Uni. Grande grève des maçons et ouvriers du bâtiment à Londres (*London builders' strike*). Les grévistes proposent l'arrêt de la journée de travail le samedi à 16h. Samuel Smile publie *Self-Help*, éloge de l'effort et de la réussite individuelle qui connaîtra un vif succès et sera traduit dans de nombreuses langues européennes (en Français en 1865).

1860

Royaume-Uni. Le pays produit à lui seul 60 % de l'acier du charbon mondial, 50 % des cotonnades.

France. Traité de libre-échange dit Cobden-Chevalier, entre l'Empire français et le Royaume-Uni, destiné à abolir les taxes douanières sur les matières premières et la majorité des produits alimentaires.

1861

Europe. Début de la "famine du coton" à la suite de la guerre de Sécession aux États-Unis qui interrompt les exportations de coton vers l'Europe. En Angleterre, les arrivages de coton à Manchester et Liverpool chutent de près de 75 % entre 1861 et 1863, entraînant la fermeture de nombreuses filatures et la misère pour des milliers d'ouvriers.

France. 11 octobre 1861, à Bessèges (Gard), l'inondation de la mine provoque la mort de 106 ouvriers.

1862

France. Grèves des typographes parisiens qui protestent contre la faiblesse de leur rémunération et contre l'embauche de femmes dans la profession ; elles sont accusées de faire baisser les salaires. Un procès très suivi a lieu pour juger leur cessation de travail.

1863

France. Honoré Daumier peint *La Blanchisseuse* (Huile sur bois, 49 sur 33,5 cm).

Leipzig, 23 mai. Ferdinand Lassalle fonde l'ADAV (*Allgemeine Deutsche Arbeiterverein*, Association générale des travailleurs allemands). Elle est considérée comme le premier parti ouvrier.

1864

France, 25 mai. La loi Ollivier – du nom de son rapporteur Émile Ollivier – supprime le délit de coalition.

France, 17 février. Publication du *Manifeste des soixante*, rédigé par l'ouvrier ciseleur Henri Tolain, qui énonce un programme de revendications sociales en soutien à une candidature ouvrière lors d'une élection législative complémentaire.

Royaume-Uni, 28 septembre. L'Association internationale des travailleurs (AIT), ou Première Internationale, est fondée à Londres. L'adresse inaugurale est rédigée par Karl Marx. Sont présents des ouvriers de toute l'Europe: Alfred Walton, George Howell (Angleterre) ; Henri Tolain (France) ; César de Paepe (Belgique) ou encore Mikhaïl Bakounine (Russie), etc.

1865

France. Mort de Pierre-Joseph Proudhon.

1866

Belgique, 31 mai. L'article 415 du Code pénal est abrogé. Depuis 1810, celui-ci interdisait la grève, les "coalitions ouvrières" étant intégrées dans les statistiques de la criminalité.

1867

Royaume-Uni. L'AIT compte 50000 membres. Les bronziers parisiens en grève obtiennent le soutien du *London Trade Council*.

Allemagne. Publication du Livre I du *Capital* par Karl Marx.

Royaume-Uni. Le gouvernement Disraeli fait voter le second *Reform Act* qui élargit le droit de vote aux travailleurs urbains.

France. Exposition universelle organisée à Paris (ou "Exposition universelle d'art et d'industrie"). Des délégations mandatées par les corps de métier parisiens rédigent des rapports ouvriers où ils énoncent leur vision du travail et de ses transformations.

1868

Royaume-Uni. Création du *Trades Union Congress (TUC)* à Manchester. Il compte un million de membres sept ans plus tard.

Espagne, septembre. Une révolution éclate et met fin au règne d'Isabelle II.

1869

Confédération d'Allemagne du Nord, 21 juin. Le droit de coalition est autorisé par les articles 152 et 153 du code du commerce et de l'industrie (*Gewerbeordnung*).

Espagne. Fondation des sections madrilène et barcelonaise de l'AIT.

1870

Suisse, 4 avril. Sur fond de conflit entre Karl Marx et Mikhaïl Bakounine, l'AIT connaît ses premières scissions, au congrès de la Chaux-de-Fonds.

1871

Belgique. Présentation de la première dynamo électrique par Zénobe Gramme devant l'Académie des Sciences.

Italie. Le premier recensement de la jeune Italie unifiée dénombre 1,7 million de femmes dans l'industrie, contre 1,4 million d'hommes.

France, du 18 mars au 28 mai. Dans la ville de Paris, épuisée par le siège prussien, une révolte éclate. La Commune de Paris est née. Sa "Commission du Travail, de l'industrie et des Échanges" limite le temps de travail, lutte contre le chômage… L'insurrection est écrasée durant la "semaine sanglante", qui fait des milliers de victimes.

1872

Pays-Bas, septembre. L'AIT, réunie en congrès à La Haye, se divise.

1873

Autriche, avril. Faillite du *Creditanstalt* à Vienne ; début de la crise bancaire et de la “Grande Dépression”.

1874

Espagne. Dissolution de l’Association internationale des travailleurs en Espagne

France. En mai, vote d’une loi qui interdit le travail des enfants âgés de moins de 13 ans et réglemente le travail des femmes. Un corps d’inspection est créé pour son application.

Royaume-Uni. En juillet, vote du *Factory Act* qui limite la durée de travail et dépénalise la rupture du contrat de travail par le salarié.

1875

Allemagne, 22-27 mai. À Gotha, les membres de l’ADAV de Lassalle et du SDAP d’August Bebel et Wilhelm Liebknecht crée le SAP (Parti socialiste ouvrier d’Allemagne), qui devient en 1890, le SPD – Parti social-démocrate d’Allemagne.

1877

France. Émile Zola publie *L’Assommoir* : description de la déchéance sociale de Gervaise Macquart, blanchisseuse à Paris.

France, 29 juin. Fondation de la Société de médecine publique et d’hygiène industrielle à Paris.

1878

Royaume-Uni. Sidney Gilchrist Thomas et Percy Carlyle Gilchrist brevettent un procédé et un nouveau convertisseur, qui permettent d’utiliser des minerais de fer de basse qualité (“minette”) en récupérant, qui plus est, du phosphore comme engrais agricole.

Allemagne. Après plusieurs attentats anarchistes ayant ciblé l’empereur allemand, Otto von Bismarck fait interdire toutes les organisations socialistes.

1879

États-Unis, octobre. Thomas Edison met au point la lampe à filament.

1880

Royaume-Uni. Les ouvriers représentent près de la moitié de la population active.

Belgique. La coopérative “En avant” (*Vooruit*) est fondée à Gand.

1881

Allemagne, 31 décembre. La maison Dietz, maison d’édition socialiste, est fondée à Stuttgart.

France, août-novembre. Première Exposition internationale d’Électricité à Paris.

1882

Italie, 22 janvier. Le suffrage est élargi. Le corps électoral passe de 2,18 % de la population à 6,79 %.

France. Fondation, par les partisans de Jules Guesde, du Parti ouvrier français.

1883

France. Maurice Fallies peint les transformations du paysage industriel dans *Gare et usines à Saint-Denis*.

Londres. Mort de Karl Marx, à l’âge de 64 ans.

Allemagne, 21 juin. Première loi sur l’assurance “contre la maladie”. Elle est suivie, l’année suivante, par une autre loi sur les accidents du travail. C’est également la naissance d’une première administration centrale chargée des questions sociales.

1884

France, 21 mars. Loi Waldeck-Rousseau qui légalise les associations ouvrières.

1885

Belgique. Fondation du Parti ouvrier belge.

Royaume-Uni. Ouverture de l’immense usine Singer de Clydebank près de Glasgow (Ecosse) En 1913, l’usine bat tous ses records de production avec 1 301 851 machines fabriquées par 14 000 travailleurs.

France. Parution de *Germinal* d’Émile Zola.

1886

Allemagne. L'entreprise Benz produit le premier véhicule à essence.

Belgique, mars. Grandes grèves en Wallonie. À l'occasion de l'anniversaire de la Commune, vaste mouvement de grève qui démarre dans le bassin minier de Liège avant de s'étendre à d'autres secteurs.

France, janvier. Grève des mineurs de Decazeville, dans l'Aveyron, au cours de laquelle l'ingénieur Jules Watrin est défenestré.

1887

Allemagne. Walter Rathenau fonde l'AEG, *Allgemeine Elektricität-Gesellschaft*.

Espagne. Loi sur les associations qui autorise la création des syndicats ouvriers.

1888

Espagne, 4 février. L'armée tire sans sommation sur des mineurs qui protestent contre les conditions de travail et les fumées toxiques de l'exploitation de mines de l'entreprise Rio Tinto en Andalousie.

Espagne, août. Création de l'union générale des travailleurs ou UGT (*Unión General de Trabajadores*)

1889

France, 31 mars. Inauguration de la tour Eiffel, qui lance l'exposition universelle de Paris.

France, 14 juillet. Fondation de la Deuxième Internationale – Internationale ouvrière ou Internationale socialiste – à Paris.

Italie. Exclusion de la grève du champ des délits avec le nouveau Code pénal.

Royaume-Uni, août-septembre. Grève des dockers de Londres (*London Dock Strike*). Plus de 20000 personnes manifestent le 21 août. Les grévistes obtiennent notamment une augmentation du salaire horaire. Elle marque un tournant par l'ampleur de la participation et les liens établis avec les travailleurs coloniaux.

1890

Allemagne. Levée des "lois anti-socialistes" édictées 12 ans plus tôt. Le SPD obtient le plus grand nombre de voix avec 19,7 % des suffrages.

Europe, 1er mai 1890. Célébration de la première "fête du travail" dans la plupart des pays européens.

1891

France, 1er mai. Fusillade de Fourmies (Nord) : l'armée tire dans la foule d'une manifestation pour la "fête ouvrière internationale". Neuf personnes, dont deux enfants, perdent la vie.

France, 20 juillet. Création de l'Office du travail, qui a pour mission de recueillir et de publier toutes les informations relatives au travail.

Italie. Le pape Léon XIII publie l'encyclique *Rerum novarum*. Il y est précisé le positionnement de l'Église catholique sur sa doctrine sociale.

1892

France, 11 janvier. Loi Méline (ou "tarifs Méline") qui crée un double tarif douanier et symbolise le retour du protectionnisme en Europe.

Italie, 14-15 août. Fondation du Parti indépendant des travailleurs italiens.

1893

Belgique, avril. Grève générale dans le pays.

France, août. Massacre des travailleurs italiens d'Aigues-Mortes employés à la Compagnie des Salins du Midi.

1895

France, 23 septembre. Fondation de la CGT, la Confédération générale du travail, à Limoges.

1896

Royaume-Uni, Le *Conciliation Act* permet une meilleure négociation collective dans les conflits autour du travail.

Royaume-Uni, du 26 juillet au 2 août. Au congrès de Londres de l'Internationale socialiste, les anarchistes et les marxistes s'opposent.

1897

Italie, 9 mai. Une manifestation ouvrière est réprimée par le général Florenzo Beccaris, faisant des centaines de morts et de blessés.

1898

France, 9 avril. Loi sur les accidents du travail. Elle indique qu'un accident survenu sur le lieu de travail donne droit à une "indemnité".

1899

Allemagne. L'entreprise Bayer réalise la première fabrication industrielle d'aspirine.

France. Fondation des usines automobiles Berliet à Lyon.

France, septembre-octobre. Grève générale au Creusot: Eugène II Schneider pousse à la création du "syndicat des corporations ouvrières du Creusot et de ses dépendances", premier syndicat "jaune" d'origine patronale.

1900

Espagne, 13 mars. Loi sur le travail des femmes et des enfants, qui interdit le travail des jeunes de moins de 16 ans, et première loi sur les accidents du travail.

France. Fondation à Paris de l'association internationale pour la protection légale des travailleurs (AIPLT). Léon et Maurice Bonneff publient *Les métiers qui tuent*, et Émile Zola *Travail*.

Royaume-Uni. Fondation du *Labour Representation Committee*, qui prend le nom de *Labour Party* en 1906.

Paris. L'Internationale socialiste se dote d'un Bureau, le Bureau socialiste international (BIT), qui édite un bulletin trilingue.

1901

France. Loi contre les congrégations religieuses et sur la liberté d'association.

1903

États-Unis. Fondation de la *Ford Motor Company* par Henry Ford.

1904

Italie, 16 septembre. Grève générale pour protester contre la répression armée des manifestations ouvrières.

Amsterdam, 14-18 août. L'Internationale ouvrière condamne la participation des socialistes à des gouvernements bourgeois, en pleine “querelle du ministérialisme”. Vingt-cinq nations sont représentées au Congrès.

1905

France, 23-26 avril. Création de la SFIO, Section française de l'Internationale socialiste, au Congrès du Globe. Courants réformistes et révolutionnaires s'unissent.

1906

France, 10 mars 1906. À Courrières, dans le Pas-de-Calais: catastrophe minière qui fait 1099 morts, la plus grande catastrophe industrielle d'Europe. L'émotion soulevée est à l'origine d'un vaste mouvement de grève débouchant sur l'instauration du repos hebdomadaire.

France. Albert Aftalion signe une enquête: *Le développement de la fabrique et du travail à domicile dans les industries de l'habillement*.

Italie, 29 septembre-1er octobre. Fondation du syndicat national, la CGdL, la *Confederazione generale del lavoro*, à Milan.

France, octobre. La CGT adopte à son 9e congrès la Charte d'Amiens, et proclame son indépendance par rapport à tout parti politique, y compris la SFIO.

Suisse, 26 septembre. Convention internationale sur l'interdiction, dans plusieurs pays européens (Allemagne, Danemark, France, Italie, Pays-Bas), de l'utilisation industrielle du phosphore blanc dans l'industrie des allumettes.

Royaume Uni. Adoption du *Trade Disputes Act*, sous la pression du *Labour Party*, instaurant la limitation du travail à 8 heures dans les mines de charbon, et l'interdiction de poursuivre un syndicat dans les conflits du travail.

1907

Allemagne. L'Internationale ouvrière, réunie à Stuttgart, revendique l'arme de la grève générale face au risque d'une guerre entre pays européens.

1908

France, mai-juillet. Après une année 1907 très riche en contestations diverses, notamment dans le monde agricole, George Clemenceau gagne son surnom de “briseur de grève” en réprimant – au prix de deux morts – la grève de Draveil-Villeneuve-Saint-Georges.

Autriche. Au Congrès international des syndicats miniers, à Salzbourg, les mineurs réclament l'interdiction des femmes dans les mines.

Espagne. Fondation de la *Casa del Pueblo* à Madrid, par Pablo Iglesias.

1909

Royaume-Uni. William Beveridge publie une analyse sur le chômage: *Unemployment. A Problem of Industry*.

1910

Royaume-Uni. Les usines Singer, qui fabriquent des machines à coudre près de Glasgow, appliquent une première organisation scientifique du travail et du management.

France. Un premier “Code du travail et de la prévoyance sociale” est adopté. Loi sur les retraites ouvrières et paysannes. Échec de la grève générale des cheminots.

1911

Allemagne. La population urbaine dépasse la population rurale.

États-Unis. Frederick Winslow Taylor publie sa théorie de l'organisation scientifique du travail, intitulée, *The Principles of Scientific Management*.

Royaume-Uni. Début du *Great Labour Unrest* – la “Grande fièvre ouvrière” – une période de conflits de quatre ans, qui commence par une grève de grande ampleur dans les transports à Liverpool. Les syndicats passent de 2,5 à 4 millions d'adhérents.

Espagne. Création de la *Confederación Nacional del Trabajo* à Barcelone.

France. Émile Pouget, figure du syndicalisme révolutionnaire, publie *Le Sabotage*.

1912

Allemagne. Les usines Siemens emploient plus de 80 000 ouvriers.

Allemagne, janvier. Le SPD obtient 34,8 % des voix aux élections législatives.

1913

Europe. 90 % de l'énergie consommée par les pays industriels provient du charbon.

Royaume-Uni. Le 14 octobre 1913, la catastrophe minière de Senghenydd (Pays de Galles) s'affirme comme la pire du pays, causant la mort de 439 ouvriers.

1914

Allemagne. Le SPD compte un million de membres.

Royaume-Uni. Triple Alliance* des syndicats des mines, des chemins de fer et des transports suite au *Great Labour Unrest*.

France, 31 juillet. Assassinat de Jean Jaurès, représentant majeur de la SFIO, à Paris, par un nationaliste, Raoul Villain.

Allemagne et France, 4 août. Au Parlement français et au Reichstag allemand, les partis ouvriers votent les crédits de guerre, en contradiction flagrante avec les engagements antimilitaristes qu'ils défendaient au sein de l'Internationale. C'est l'Union sacrée en France, la *Burgfrieden* outre-Rhin.

Europe. Fin du régime de migration alors en place, du fait de la guerre. Là où immigration et émigration étaient plutôt libres auparavant, les États prennent dorénavant une place importante dans la régulation et les politiques migratoires.

1915

Royaume-Uni. Face à la production de masse de la guerre, les munitions manquent. Cette pénurie provoque un scandale, le *Great Shell Scandal*.

France, juin. Un sous-secrétariat à l'Artillerie et aux Munitions est créé, confié au socialiste Albert Thomas. Il devient ministre de l'Armement en décembre 1916.

Pays-Bas. Le Congrès international des Femmes de La Haye dénonce le danger d'une législation spécifique pour les femmes et appelle à "des mesures de protection à l'égard de toute la population ouvrière, sans distinction de sexe".

1916

Allemagne, 13 septembre. Paul von Hindenburg, chef de l'armée, face aux difficultés de la production de guerre, demande au Chancelier Bethmann Hollweg une militarisation de la force de travail, via la création d'un service auxiliaire (*Hilfsdienstgesetz*).

Royaume-Uni. Création du ministère du Travail (*Ministry of Labour*).

Belgique. Déportation de 60 000 travailleurs belges vers les usines allemandes de production de guerre.

Suisse, 24-30 avril. Après une première réunion à Zimmerwald, en 1915, des socialistes de toute l'Europe essayent de faire survivre l'esprit de l'Internationale, en se réunissant à Kienthal.

1917

Russie, février-octobre. Dans un pays affaibli par la guerre, la révolution de Février provoque la chute du tsarisme. Le gouvernement provisoire ne parvient pas, cependant, à stabiliser la situation, et en octobre, Lénine et les bolcheviques prennent le pouvoir, donnant naissance à la première expérience durable de régime communiste.

Allemagne, avril. 200 000 ouvriers allemands font grève à Berlin.

France. Grève des munitionnettes en janvier ; grèves parisiennes des midinettes en mai et des métallos en juin.

1918

Allemagne, janvier. Grandes grèves et manifestations, qui réunissent 500 000 personnes à Berlin.

Royaume-Uni. 90 % de l'industrie métallurgique et de l'industrie chimique est tourné vers l'effort de guerre. L'État emploie 3,1 millions d'ouvriers. Les mines sont sous un régime de quasi-nationalisation.

Allemagne, Luxembourg, Autriche, novembre-décembre. Dans les conflits sociaux majeurs de la sortie de guerre, la journée de 8 heures est acquise par les ouvriers.

1919

Espagne, février-mars. Barcelone est plongée dans 44 jours d'obscurité par une grève massive. Grèves générales et révoltes sont matées par l'armée.

Moscou. Création de la Troisième Internationale, l'Internationale communiste (*Komintern*), qui demande aux partis ouvriers européens de s'aligner avec les conditions édictées par Lénine, ce qui aboutit, dans les deux années qui suivent, à la scission de tous les partis entre une branche socialiste et une branche communiste.

Washington, avril. Création officielle de l'Organisation internationale du travail (OIT).

1920

Italie. La CGdL passe de 321 000 à 2,2 millions de membres, dans le contexte très agité de la sortie de guerre et du *biennio rosso*.

Pays-Bas. Fondation de la Confédération internationale des syndicats chrétiens (CISC) à La Haye.

Allemagne, septembre. Le congrès international des syndicats d'ouvriers peintres décide, à Stuttgart, d'agir pour la prohibition totale de la céruse, un élément chimique toxique contenu dans les peintures.

France, décembre. Congrès de Tours au cours duquel la SFIO se divise sur la question de l'adhésion à la Troisième Internationale, la scission donne naissance au futur Parti communiste Français.

1921

Allemagne. Le 21 septembre, explosion d'un silo contenant du nitrate d'ammonium dans une usine de l'entreprise BASF à Oppau, sur le Rhin : la commune est ravagée, on compte 561 morts et 2000 blessés.

1922

Royaume-Uni. Premier modèle de l'automobile Austin 7, sortie des usines de Longbridge, Birmingham.

1923

Allemagne, janvier-août. Les armées françaises et belges occupent la région industrielle de l'Allemagne, la Ruhr. Le gouvernement déclare la résistance passive. Les communistes tentent un soulèvement en octobre ; les nazis en novembre. Ce sont des échecs.

1924

Royaume-Uni. Un travailliste, Ramsay MacDonald, accède pour la première fois au poste de Premier ministre.

Allemagne, mai. Les usines Opel de Rüsselheim inaugurent le travail à la chaîne pour la production d'automobiles.

1925

Italie. Promulgation des lois fascistissimes et interdiction du Parti socialiste italien (PSI). Une charte du travail, *Carta del Lavoro*, est édictée deux ans plus tard.

Belgique. Création de l'association "La Jeunesse ouvrière chrétienne" (JOC) à Bruxelles, qui essaime ensuite en France.

1926

Royaume-Uni. Grève générale de deux millions de grévistes.

1927

Allemagne. *Berlin, symphonie d'une grande ville* (W. Rüttmann) et *Metropolis* (F. Lang) immortalisent sur la pellicule les nouvelles capitales vibrantes de la modernité des "années folles".

1928

Moscou, juillet-août. Au sixième congrès du *Komintern*, Staline, qui a pris la tête des principales institutions en URSS, déclare une stratégie générale pour les partis communistes européens : la tactique dite du "classe contre classe". Elle consiste à lutter, en priorité, contre la social-démocratie.

1929

Allemagne. Les firmes automobiles Daimler et Benz fusionnent.

États-Unis, 24 octobre. La bourse de New York, Wall Street, chute lourdement, créant une panique boursière. C'est le "jeudi noir". La crise économique se propage ensuite dans le monde entier.

France. Début de la construction de l'usine Renault sur l'île Seguin, sur la Seine à l'ouest de Paris. Elle devient la plus grande usine de France, possédant sa propre centrale électrique et de vastes équipements.

1930

Belgique, décembre. Le “brouillard de la Meuse” près de Liège: une inversion de température combinée à une concentration de gaz polluants cause plusieurs dizaines de morts.

1931

France. La population urbaine dépasse la population rurale.

1932

Allemagne. Un tiers de la population active est au chômage.

France, mars. Fondation de l’Association des écrivains et artistes révolutionnaires.

Belgique, mai. Grève insurrectionnelle dans les charbonnages du Borinage ; incendie volontaire du château d’un dirigeant des charbonnages.

1933

Allemagne, 30 janvier. Nomination d’Adolf Hitler à la fonction de Chancelier. En l’espace de six mois, les partis de gauche – socialistes et communistes – sont persécutés et enfermés, les syndicats interdits.

1934

France, décembre. La jeune agrégée de philosophie Simone Weil s’engage comme manœuvre à l’usine. Elle découvre et dénonce la monotonie du travail parcellisé, qu’elle décrira dans son livre *La condition ouvrière* publiée de façon posthume en 1951.

1936

Espagne, février. Victoire du *Frente Popular*, qui conduit à une radicalisation des conflits partisans et à la guerre civile, déclenchée par la tentative de coup d’État de Francisco Franco, en juillet 1936.

France, mai. Victoire du Front populaire aux élections et grand mouvement de grèves d’occupations d’usines. S’en suivent les accords Matignon, le 7 juin, qui accordent la semaine de 40 heures, les congés payés, et une augmentation de salaire de 15 %.

1937

Moscou. L'ISR, l'Internationale syndicale rouge, ou *Profintern*, est dissoute.

Royaume-Uni. Le journaliste et écrivain britannique Georges Orwell publie *The Road to Wigan Pier,* où il décrit les conditions des ouvriers dans le nord de l'Angleterre, notamment celles des mineurs.

France, août. Création de la SNCF à la suite de la nationalisation des compagnies ferroviaires.

1938

France. Les ouvriers métallurgistes de Citroën font grève pour protester contre le démantèlement des mesures sociales du Front populaire par le nouveau gouvernement Daladier.

1939

Allemagne, août. Le pacte germano-soviétique est signé entre l'Allemagne nazie et l'URSS, et ouvre la voie à une guerre européenne. Les deux pays envahissent la Pologne en septembre.

BIBLIOGRAPHIE

10 mars 1906. La catastrophe des mines de Courrières… Et après ?, Lewarde, Centre Historique Minier, 2007.

Adorno T., Horkheimer M., *Kulturindustrie. Raison et mystification des masses*, Paris, Allia, 2019 [1947].

Agulhon M., "Classe ouvrière et sociabilité avant 1848", in Agulhon M., *Histoire vagabonde,* t. I *: ethnologie et politique dans la France contemporaine*, Gallimard, Paris, 1988, p. 60-97.

Agulhon M., *1848 ou l'apprentissage de la République*, Paris, Seuil, 1973.

Alayrac P., *L'Internationale au milieu du gué. De l'internationalisme socialiste au Congrès de Londres (1896)*, Rennes, PUR, 2018.

Albert A., "Les midinettes parisiennes à la Belle Époque : bon goût ou mauvais genre ?", *Histoire, économie & société*, vol. 32, n° 3, 2013, p. 61-74.

Albert A., Rossigneux-Méheust M., "Une question économique dominée par des enjeux moraux", introduction au dossier "Morales de la consommation et moralisation des consommateurs", *Histoire, économie & société*, Paris, Armand Colin, 2013/3.

Albertelli S., *Histoire du sabotage. De la CGT à la Résistance*, Paris, Perrin, 2016.

Aldenhoff R., *Schulze-Delitzsch. Ein Beitrag zur Geschichte des Liberalismus zwischen Revolution und Reichsgründung*, Baden-Baden, Nomos Verlagsgesellschaft, 1984.

Alexander M. et Graham H. (dir.), *French and Spanish Popular Fronts. Comparative Perspectives*, Cambridge, Cambridge University Press, 1989.

Allen R. C., *The British Industrial Revolution in Global Perspective*, Cambridge, Cambridge University Press, 2009.

Anceau E., Boudon J.-O., Dard O. (dir.), *Histoire des internationales. Europe, XIXe-XXe siècles*, Paris, éditions Nouveau Monde, 2017.

Andolfatto D. et Labbé D., *Histoire des syndicats, 1906-2006*, Paris, Seuil, 2006.

Andrieux J.-Y., *Les travailleurs du fer*, Paris, Découvertes Gallimard, 1991.

Angenot M., *L'Utopie collectiviste. Le Grand récit socialiste sous la Deuxième Internationale*, Paris, PUF, 1993.

ANGENOT M., *La propagande socialiste. Six essais d'analyse du discours*, Montréal, éditions Balzac, 1996.

APRILE S., CARON J.-C., FUREIX E. (dir.), *La liberté guidant les peuples. Les révolutions de 1830 en Europe*, Seyssel, Champ Vallon, 2013.

APRILE S., HUARD R., LÉVÊQUE P., MOLLIER J.-Y., *La Révolution de 1848 en France et en Europe*, Paris, Éditions sociales, 1998.

APRILE S., LAURENT M. et PONTY J., *Polonaises aux champs. Lettres de femmes immigrées dans les campagnes françaises (1930-1935)*, Paris, Numilog, 2015.

ARCHER J. E., *Social Unrest and popular Protest (1780-1840)*, Cambridge, Cambridge University Press, 2000.

ARFÈ G., *Storia del socialismo italiano (1892-1926)*, Turin, Einaudi, 1977.

ARNAUD P. (dir.), *Les origines du sport ouvrier en Europe*, Paris, L'Harmattan, 1994.

ASHTON T. S., *Industrial Revolution 1760-1830*, Oxford, Oxford University Press, 1948.

AUSLANDER L. et ZANCARINI-FOURNEL M. (dir.), *Différence des sexes et protection sociale (XIXe-XXe siècle)*, Saint-Denis, Presses Universitaires de Vincennes, 1995.

AUSTRIN T. et BEYNON H., *Master and Servants. Class and Patronage in the Making of a Labour Organisation*, Londres, Rivers Oram Press, 1994.

AUZIAS C.et HOUEL A., *La Grève des ovalistes. Lyon, juin-juillet 1869*, Paris, Payot, 1982.

AVRANE C., *Ouvrières à domicile. Le combat pour un salaire minimum sous la Troisième République*, Rennes, Presses Universitaire de Rennes, 2013.

AYÇOBERRY P., *La question nazie. Essai sur les interprétations du national-socialisme (1922-1975)*, Paris, Le Seuil, 1979.

BADE K. J., EMMER P. C., LUCASSEN L., OLTMER J. (éd.), *The encyclopedia of migration and minorities in Europe: from the 17th century to the present*, Cambridge, Cambridge University Press, 2011.

BADE K., *L'Europe en mouvement. La migration de la fin du XVIIIe siècle à nos jours*, Paris, Le Seuil, 2002.

BAECHLER C., *L'Allemagne de Weimar 1919-1933*, Paris, Fayard, 2007.

BAECHLER C., *L'Allemagne et les Allemands en guerre, 1914-1918*, Paris, Hermann, 2016.

BAINES D., *Emigration from Europe, 1815-1930*, Cambridge, Cambridge University Press, 1995.

BAIROCH P., "International Industrialisation Levels from 1750 to 1980", *Journal of European Economic History*, vol. II, n° 2, 1982.

BAJAC Q., *La photographie. L'époque moderne 1880-1960*, Paris, Gallimard, "Découvertes", 2005.

BANTMAN C. et ALTENA B. (éd.), *Reassessing the Transnational Turn. Scales of Analysis in Anarchist and Syndicalist Studies*, Oakland, PM Press, 2017.

BANTMAN C., "*The Militant Go-between: Émile Pouget's Transnational Propaganda (1880-1914)*", *Labour History Review*, 74 (3), décembre 2009, p. 274-287.

BARBIER F., "Les ouvriers du livre et la révolution industrielle en France au XIXe siècle", *Revue du Nord*, Tome LXIII, n° 248, janvier-mars 1981.

BARBIER F., *Histoire du livre en Occident*, Paris, Armand Colin, 2012.

BARBIER F., *L'Empire du livre : le livre imprimé et la construction de l'Allemagne contemporaine (1815-1914)*, Paris, éditions du Cerf, 1995.

BARJOT D. (dir.), *Le travail à l'époque contemporaine*, Paris, éditions du CTHS, 2005.

BARJOT D. et alii., *Les sociétés rurales face à la modernisation. Évolutions sociales et politiques en Europe des années 1830 à la fin des années 1920. Étude comparée de la France, de l'Allemagne, de l'Espagne et de l'Italie*, Paris, SEDES, 2005.

BARON G., "Le Vimeu industriel : une étude de 'pays'", *Hommes et Terres du Nord*, 1985/4, p. 317-326.

BARRINGER T., *Men at Work: Art and Labour in Victorian Britain*, New Haven, Yale University Press, 2005.

BARTRIP P. et BURMAN S., *The Wounded Soldiers of Industry. Industrial Compensation Policy, 1833-1897*, Oxford, Clarendon Press, 1983.

BARTRIP P. et FENN P.T., "*The measurement of safety. Factory accident statistics in victorian and edwardian Britain*", *Historical research*, vol. 63, 1990, p. 58-72.

BARTRIP P., "*State Intervention in Mid-Nineteenth Century Britain: Fact or Fiction?*", *Journal of British Studies, 23* (1), 1983, p. 63-83.

BARTRIP P., *The Home Office and the Dangerous Trades. Regulating Occupational Disease in Victorian and Edwardian Britain*, Clio Medica 68, Amsterdam – New York, Rodopi, 2002.

BARZMAN J., *Dockers, métallos et ménagères : les mouvements sociaux au Havre de 1912 à 1923*, Rouen, Publications des universités de Rouen et du Havre, 1997.

BEACH B. et HANLON W. W., "*Coal Smoke and Mortality in an Early Industrial Economy*", *The Economic Journal*, vol. 128, novembre 2018, p. 2652-2675

BÉAUR G., "Paysans", in CHARLE C. et ROCHE D. (dir.), *L'Europe. Encyclopédie historique,* Paris, Actes Sud, 2018, p. 591-594.

BEAUVALET M., "Aux origines du roman populiste", *Le vent se lève*, Paris, 2018.

BEAVEN B., *Leisure, citizenship and working-class men in Britain, 1850-1945,* Manchester, Manchester University Press, 2005.

BEC C., *Assistance et République. La recherche d'un nouveau contrat social sous la Troisième République, Paris*, Éditions de l'Atelier, 1994.

BECKER J.-J., KRUMEICH G., *La Grande Guerre. Une histoire franco-allemande*, Paris, Tallandier, 2008.

BÉDARIDA F., "Le socialisme en Grande-Bretagne de 1875 à 1914", in DROZ J. (dir.), *Histoire générale du socialisme*, t. 2 (1974), Paris, PUF, 1997, p. 347-404.

BEECHER J., *Fourier. Le visionnaire et son monde*, Paris, Fayard, 1993.

BELARDELLI G., *Mazzini*, Bologne, Il Mulino, 2010.

BELHOSTE B. et CHATZIS K., "*From technical corps to technocratic power: French state engineers and their professional and cultural universe in the first half of the 19th century*", *History and Technology*, 23, 2007, p. 209-225.

BÉLIARD Y., "*Introduction: Revisiting the Great Labour Unrest (1911-1914)*", *Labour History Review*, vol. 79, n° 1, p. 1-17, 2014.

BELTRAN A. et GRISET P., *Histoire des techniques aux* XIXe *et* XXe *siècles*, Paris, Armand Colin, 1990.

BENAERTS P., "Les origines de la grande industrie allemande. Essai sur l'histoire économique de la période du Zollverein (1834-1866)", *Revue belge de Philologie et d'Histoire,* Paris, 1932.

BENOIT S., "L'introduction des métiers Northrop", in FAVIER R., GAYOT G., KLEIN J.-F., TERRIER D., WORONOFF D. (éd.), *Tisser l'histoire. L'industrie et ses patrons* XVIe*-*XXe *siècles,* Valenciennes, Presses universitaires de Valenciennes, 2009, p. 85-96.

BENOIT S., *D'eau et de feu : forges et énergie hydraulique :* XVIIIe*-*XXe *siècle. Une histoire singulière de l'industrialisation,* Rennes, PUR, 2020.

Bensimon F. (éd.), *Les Sentiers de l'ouvrier. Le Paris des artisans britanniques (autobiographies, 1815-1850). Textes de John Colin, Charles Manby Smith et William Duthie*, traduit de l'anglais par Sabine Reungoat, Paris, éditions de la Sorbonne, 2017.

Bensimon F., "*British workers in France, 1815-1848*", *Past and Present*, novembre 2011, p. 147–189.

Bensimon F., "*The emigration of British lace makers to continental Europe (1816-1860s)*", *Continuity and Change. A Journal of Social Structure, Law and Demography in Past Societies*, avril 2019a, p. 15-41.

Bensimon F., "2. Engels et l'enquête sociale en Grande-Bretagne", in Geerkens E. (dir.), *Les enquêtes ouvrières dans l'Europe contemporaine*, Paris, La Découverte, 2019b, p. 53-66.

Bensimon F., "L'Angleterre victorienne, un modèle démocratique?", in Lebecq S. (dir.), *Histoire des îles britanniques*, Paris, PUF, 2013, p. 687-706.

Bensimon F., Deluermoz Q. et Moisand J. (dir.), *"Arise Ye Wretched of the Earth": The First International in a Global Perspective*, Leyde, Brill, 2018.

Berg M., *The Machinery Question and the Making of Political Economy 1815-1848*, Cambridge, CUP, 1982.

Berger H. et Spoerer M., "*Economic Crises and the European Revolutions of 1848*", *Journal of Economic History*, 61, 2001, p. 293-326.

Berger S., Croll A., La Porte N. (éd.), *Towards a Comparative History of Coalfield Societies*, Aldershot, Ashgate Publishing, 2005.

Bergeron L., *Le Creusot : une ville industrielle, un patrimoine glorieux*, Paris, Belin-Herscher, 2001.

Bergery C. L., *Économie industrielle*, Metz, Thiel, t. 3, 1831.

Bergier J.-F., *Naissance et croissance de la Suisse industrielle*, Berne, Francke Verlag, Monographies d'histoire, 1974.

Bergounioux A. et Grunberg G., *L'ambition et le remords. Les socialistes français et le pouvoir, 1905-2005*, Paris, Fayard, 2005.

Bertaux-Wiame I., "*The Life History Approach to the Study of Internal Migration*", *Oral History*, Spring, 1979, vol. 7, n° 1, p. 26-32.

Berti G., *Errico Malatesta e il movimento anarchico italiano e internazionalista, 1872-1932*, Milano, Franco Angeli, 2003.

Bette P., *Veuves de la Grande Guerre. Itinéraires et combats*, Francfort, Peter Lang, 2017.

Bigazzi D., *La grande fabbrica. Organizzazione industriale e modello americano alla Fiat dal Lingotto a Mirafiori*, Milan, Feltrinelli, 2000.

Blackburn S. C., "*Princesses and Sweated-Wage Slaves Go Well Together: Images of British Sweated Workers, 1843-1914*", *International Labor and Working-Class History*, n° 61, 2002, p. 24-44.

Blackburn S., "*Ideology and Social Policy: The Origins of the Trade Boards Act*", *The Historical Journal*, vol. 34, n° 1, 1991, p. 43–64.

Blais M.-C., *La solidarité. Histoire d'une idée*, Paris, Gallimard, 2007.

Blänsdorf A., *Die Zweite Internationale und der Krieg*, Stuttgart, Klett-Cotta, 1979.

Blaszkiewicz-Maison A., *Albert Thomas, Le socialisme en guerre, 1914-1918*, Rennes, Presses universitaires de Rennes, 2016.

Bluma L. et Rainhorn J. (dir.), *A History of the Workplace: Environment and Health at Stake*, London, Routledge, 2014.

Bock G., "*Women's History and Gender History: Aspects of an International Debate*", *Gender & History*, n° 1, 1989, p. 7-30.

Bolle F., "Les effets de la Première Guerre mondiale sur le mouvement syndical en Belgique", *La bataille de Charleroi, 100 ans après. Actes de colloque, Charleroi, 22 et 23 août 2014*, Bruxelles, Académie royale de Belgique, 2014, p. 163-182.

Bonin H., *Bordeaux et la Gironde dans la guerre économique en 1914-1919*, Paris, Les Indes Savantes, 2018.

Bonin H., *La Firme Schneider dans la guerre industrielle en 1914-1918*, Paris, Les Indes Savantes, 2019.

Bonin H., Thomes P. (dir.), *Old Paternalism, New Paternalism, post-Paternalism (19th-21st Centuries)*, Bruxelles, Peter Lang, 2013.

Bonnet S., *L'Homme du fer. Mineurs de fer et ouvriers sidérurgistes lorrains, tome I, 1889-1930*, 2e édition, Nancy-Metz, PUN-éditions Serpenoise, 1986 ; *L'Homme du fer. Mineurs de fer et ouvriers sidérurgistes lorrains, tome II, 1930-1959*, 2e édition, Nancy-Metz, PUN-éditions Serpenoise, 1987.

Borderías C. (dir.), *Género y políticas del trabajo en la España contemporánea, 1836-1936*. Barcelone, Icaria, 2007.

Bouché-Mulet J., *Le mouvement coopératif et mutualiste sous le Second Empire*, Paris, EHESS, 1993.

Bouchet T., Bourdeau V., Castleton E., Frobert L. et Jarrige F., *Quand les socialistes inventaient l'avenir. Presse, théories et expériences, 1825-1860*, Paris, La Découverte, 2015.

BOUCHET T., GACON S., JARRIGE F., NÉRARD F.-X. et VIGNA X.(dir.), *La gamelle et l'outil. Manger au travail en France et en Europe de la fin du XVIIIe siècle à nos jours*, Nancy, Arbre Bleu éditions, 2016.

BOUHEY V., *Les anarchistes contre la République, 1880-1914*, Rennes, PUR, 2009.

BOULLAND P., "Les Internationales", in CHARLE C. et ROCHE D. (dir.), *L'Europe. Encyclopédie historique*, Arles, Actes Sud, 2018, p. 1750-1757.

BOURDEAU V., JARRIGE F., VINCENT J., *Les luddites. Bris de machines, économie politique et histoire*, Maisons-Alfort, éditions Ère, 2006.

BOURGUINAT N., *Les Grains du désordre. L'État face aux violences frumentaires dans la première moitié du XIXe siècle*, Paris, EHESS, 2002.

BOURKE J., *Working-Class Culture in Britain 1890-1960. Gender, Class and Ethnicity*, Londres, Routlede, 1994.

BOUVIER J., *Mes Mémoires, ou, 59 années d'activité industrielle, sociale et intellectuelle d'une ouvrière*, Paris, La Découverte/Maspero, 1983.

BOYER R., "Les salaires en longue période", *Économie et Statistique*, 1978, 103, p. 27-57.

BRAKELMANN G., GRESCHAT M. et JOCHMANN W., *Protestantismus und Politik. Werk und Wirkung Adolf Stöckers*, Hambourg, Hans Christians, 1982.

BRAUDEL F. et LABROUSSE E. (dir.), "Années 1880-1950 la croissance industrielle, le temps des guerres mondiales et de la grande crise", *Histoire économique et sociale de la France*, t. IV. Paris, PUF, 1993 [1976].

BRAUNE A., HESSELBARTH M. et MÜLLER S. (dir.), *Die USPD zwischen Sozialdemokratie und Kommunismus 1917-1922. Neue Wege zu Frieden, Demokratie und Sozialismus?*, Stuttgart, Franz Steiner Verlag, 2018.

BRETIN-MAFFIULETTI K., "Les loisirs sportifs en milieu de grande industrie : sport, patronat et organisations ouvrières au Creusot et à Montceau-les-Mines (1879-1939)", *Le Mouvement Social*, n° 226, janvier-mars 2009, p. 49-66.

BRETON Y., BRODER A. et LUTFALLA M. (dir.), *La Longue Stagnation en France. L'autre grande dépression, 1873-1897*, Paris, Economica, 1997.

BRIGGS A. et SAVILLE J. (dir.), *Essays in Labour History 1886-1923*, Basingstoke, Palgrave MacMillan, 1977.

BRODER A., *Histoire économique de l'Espagne contemporaine*, Paris, Economica, 1998.

BRONSTEIN J. L., *Caught in the Machinery. Workplace Accidents and Injured Workers in Nineteenth-Century Britain*, Stanford University Press, Stanford, 2008.

BROSE E. D., *German History, 1789-1871: From the Holy Roman Empire to the Bismarckian Reich,* New-York, Berghahn Books, 1997.

BROSE E. D., *The Politics of Technological Change in Prussia: Out of the Shadow of Antiquity, 1809-1848*, Princeton, New Jersey, Princeton University Press, 1993.

BRÜGGEMEIER F.-J., "*The Ruhr Basin 1850-1980: A Case of Large-Scale Environmental Pollution*", in BRIMBLECOMBE P., PFISTER C. (dir.), *Silent Countdown. Essays in European Environmental History*, Berlin et Heidelberg, Springer-Verlag, 1990, p. 210-227.

BRULAND K., GERRITSEN A., HUDSON P. et RIELLO G. (éd.), *Reinventing the economic history of industrialization*, Montreal, McGill-Queen's University Press, 2020.

BRUNO A.-S. et GEERKENS E., "L'indemnisation des accidents du travail. Justifications et contestations du forfait en France et en Belgique (1re moitié du XXe siècle)", in LE ROUX T. (dir.), *Risques industriels. Savoirs, régulations, politiques d'assistance, fin XVIIe-début XXe siècle*, Rennes, Presses Universitaires de Rennes, 2016, p. 135-152.

BRUNO A.-S., GEERKENS E., HATZFELD N. et OMNÈS C. (dir.), *La santé au travail, entre savoirs et pouvoirs (XIXe-XXe siècles),* Rennes, Presses universitaires de Rennes, 2011.

BRUNO A.-S., et OMNÈS C. (dir.), *Les mains inutiles. Inaptitude au travail et à l'emploi en Europe*, Paris, Belin, 2004.

BUCHANAN B. J. (dir), *Gunpowder, Explosives and the State. A Technological History*, Aldershot, Ashgate, 2006.

BURDY J.-P., DUBESSET M., et ZANCARINI-FOURNEL M., "Rôles, Travaux Et Métiers de Femmes dans une ville industrielle: Saint-Étienne, 1900-1950", *Le Mouvement Social*, n° 140, 1987, p. 27-53.

BURDY J.-P., *Le soleil noir. Un quartier de Saint-Étienne 1840-1940*, Lyon, Presses universitaires de Lyon, 1989.

BURGESS J., "L'industrie de la chaussure à Montréal: 1840-1870. Le passage de l'artisanat à la fabrique", *Revue d'histoire de l'Amérique française*, 31, 1977/2, p. 187-210.

BURLAUD A. et DUCANGE J.-N. (dir.), *Marx, une passion française*, Paris, La Découverte, 2017.

BUTSCHEK F., "*Organization of War Economies (Austria-Hungary)*", *1914-1918-online.net*, International Encyclopedia of the First World War, Freie Universität Berlin, 2016.

BUZZI S., DEVINCK J.-C. et ROSENTAL P.-A, *La santé au travail (1880-2006)*, Paris, La Découverte, coll. Repères, 2006.

BYTHELL D., *The Handloom Weavers. A Study in the English Cotton Industry during the Industrial revolution*, Cambridge, Cambridge University Press, 1969.

CABOT B., *"À bas les Belges!". L'expulsion des mineurs borains (Lens, août-septembre 1892)*, Rennes, PUR, 2017.

CACHIN F., "Le paysage du peintre", Pierre Nora (dir.), *Les lieux de mémoire*. T. 2: *La Nation*, Paris, Gallimard, 1986.

CADÉ M., *L'écran bleu. La représentation des ouvriers dans le cinéma français*, Perpignan, Presses universitaires de Perpignan, 2000.

CAILLY C., "Contribution à la définition d'un mode de production proto-industriel", *Histoire & Mesure*, vol. 8, n° 1/2, 1993, p. 19-40.

CAMMAROSANO S. O., "*Condizione femminile e industrializzazione tra Otto e Novecento*", in MUSSO S. (dir.), *Tra fabbrica e società. Mondi operai nell'Italia del Novecento*, Milano, Feltrinelli, 1999.

CANDAR G. et DREUX G., *Une loi pour les retraites, débats socialistes et syndicalistes autour de la loi de 1910,* Lormont, Le Bord de l'eau, 2010.

CANDAR G., *Édouard Vaillant. L'invention de la gauche*, Paris, Armand Colin, 2018.

CANDAR G., *Jean Longuet (1876-1938). Un internationaliste à l'épreuve de l'histoire*, Rennes, PUR, 2007.

CANNADINE D., "*The Present and the Past in the English Industrial Revolution 1880-1980*", *Past and Present*, 108, 1984, p. 131-172.

CANNING K., *Languages of Labor and Gender. Female Factory Work in Germany, 1850-1914,* Ann Arbor, The University of Michigan Press, 2002 (1re éd. 1996).

CARANTON J., *Les fabriques de la paix sociale: acteurs et enjeux de la régulation sociale (Grenoble, 1942-1938),* Thèse de doctorat d'histoire, Grenoble, Université de Grenoble Alpes, 2017.

CARNINO G. et HILAIRE-PÉREZ L., "Qu'est-ce que la technologie? Jalons pour l'histoire longue d'un concept oublié", in CARNINO G., HILAIRE-PÉREZ L. et HOOCK L. J. (dir.), *La technologie générale. Johann Beckmann, Entwurf der allgemeinen Technologie/Projet de technologie générale (1806)*, Rennes, PUR, 2017, p. 13-36.

CARON F., *La dynamique de l'innovation, Changement technique et changement social (XVIe–XXe siècles),* Paris, Gallimard, 2010.

CARON F., *Les deux révolutions industrielles du XXe siècle*, Albin Michel, *1997*

CARON J.-C., "“Printemps des peuples” : pour une autre lecture des révolutions de 1848", Revue d'histoire du XIXe siècle, 52, 2016, p. 31-45.

CARRÉ J., *La prison des pauvres. L'expérience des* workhouses *en Angleterre*, Paris, Vendémaire, 2016.

CASILLI A., *En attendant les robots, Enquête sur le travail du clic*, Paris, Seuil, 2019.

CASSATA F., *Molti, sani e forti: l'eugenetica in Italia*. Torino, Bollati Boringhieri, 2006.

CASTEL R., *Les métamorphoses de la question sociale. Une chronique du salariat*, Paris, Fayard, 1995.

CASTILLO S., "Les sociétés de secours mutuels en Espagne contemporaine", in DREYFUS M. et GIBAUD B. (dir.), *Mutualités de tous les pays. Un passé riche d'avenir*, Paris, Mutualité française, 1995, p. 141-153.

CATEL A., *Le traducteur et le démiurge. Hermann Ewerbeck, un communiste allemand à Paris (1841-1860)*, Nancy, éditions Arbre Bleu, 2019.

CATY R. (dir.), *Enfants au travail. Attitudes des élites en Europe occidentale et méditerranéenne aux XIXe et XXe siècles*, Aix, Publications de l'Université de Provence, 2002.

CAYET T., *Rationaliser le travail, organiser la production. Le Bureau International du Travail et la modernisation économique durant l'entre-deux-guerres*, Rennes, Presses universitaires de Rennes, 2010.

CAYEZ P., "Une proto-industrialisation décalée: la ruralisation de la soierie lyonnaise dans la première moitié du X1X siècle", *Revue du Nord*, n° 248. 1981.

CERTEAU M. (de), *L'invention du quotidien. 1. Arts de faire*, Paris, Folio, 1990 [1980].

CHADEAU E., *L'industrie aéronautique en France, 1900-1950. De Blériot à Dassault*, Paris, Fayard, 1987.

CHADEAU E., *Le rêve et la puissance. L'avion et son siècle*, Paris, Fayard, 1996.

CHADYCH D., LEBORGNE D., *Atlas de Paris*, Paris, Parigramme, 2007.

CHAMBARLHAC V., *Marcel Martinet, un parcours dans la gauche révolutionnaire (1910-1944)* Thèse de doctorat en Histoire, sous la direction Serge Wolikow, Dijon, 2000.

CHANDLER A. D., *Scale and Scope: the Dynamics of Industrial Capitalism*, Cambridge (MA)/London, Harvard University Press, 1990, traduction française *Organisation et performance des entreprises*, Paris, éditions d'organisation, 3 tomes, 1992-1993.

CHANDLER, A. D. Jr, *La main visible des managers. Une analyse historique*, (1977), trad. fr. Economica, 1988.

CHANUT J.-M., HEFFER J., MAIRESSE J., POSTEL-VINAY G. (dir.), *L'industrie française au milieu du XIXe siècle. Les enquêtes de la Statistique Générale de la France*, Paris, Ed. EHESS, 2000.

CHARLE C., *La crise des sociétés impériales. Allemagne, France, Grande-Bretagne (1900-1940). Essai d'histoire sociale comparée*, Paris, Le Seuil, 2001.

CHARPY M., "Piqué-machine et cousu-main. Succès et rejets de la machine à coudre dans la confection au XIXe siècle", *Les Cahiers d'Adiamos 89*, n° 16, 2018, p. 67-112.

CHASE M., *Le chartisme. Aux origines du mouvement ouvrier britannique (1838-1858)*, Paris, Publications de la Sorbonne, 2013.

CHASSAGNE S., "Le travail des enfants aux XVIIIe–XIXe siècles", in BECCHI E. et JULIA D. (dir.), *Histoire de l'enfance en Occident*, Seuil, Paris, 1998, vol.2, p. 224-272.

CHASSAGNE S., *Le coton et ses patrons, France (1760-1840)*, Paris, éditions de l'EHESS, 1991.

CHASTAGNARET G., "La Méditerranée ou l'industrialisation masquée", *Alliages*, 1995, p. 295-306.

CHASTAGNARET G., *De fumées et de sang. Pollution minière et massacre de masse, Andalousie, XIXe siècle*, Madrid, Casa de Velázquez, 2017.

CHASTAGNARET G., *L'Espagne, puissance minière dans l'Europe du XIXe siècle*, Madrid, Casa de Velasquez, 2000. CHÂTELAIN A., "La main d'œuvre et la construction des chemins de fer au XIXe siècle", *Annales. ESC*, n° 4, 1953, p. 502-506.

CHATRIOT A., HORDERN F., TUFFERY-ANDRIEU J.-M. (dir.), *La codification du travail sous la IIIe République*, Rennes, Presses universitaires de Rennes, 2011.

CHATRIOT A., JOIN-LAMBERT O., VIET V., *Les politiques du travail (1906-2006) : acteurs, institutions, réseaux*. Rennes, Presses universitaires de Rennes, 2006.

CHAUVEAU A., "Du travail physiologique et de son équivalence", *Revue Scientifique*, Paris, 1888.

CHAUVET P., *Les ouvriers du livre en France de 1789 à la constitution de la fédération du livre*, Paris, Librairie Marcel Rivière et Cie, 1956.

CHESSEL M.-E., "Le genre de la consommation en 1900. Autour de la Ligue sociale d'acheteurs", *L'Année sociologique*, vol. 61, n° 1, 2011, p. 125-149.

CHESSEL M.-E., *Histoire de la consommation*, Paris, La Découverte, 2012.

CHEVALIER L., *Classes laborieuses et classes dangereuses à Paris pendant la première moitié du XIXe siècle*, Paris, Plon, 1958, (rééd. "Pluriel", 1978).

CHEVANDIER C. ; *Un corps intermédiaire dans la formation professionnelle. Le Comité d'entente des écoles d'infirmières*, Mont-Saint-Aignan, Presses universitaires de Rouen et du Havre, 2020.

CHEVANDIER C., *Cheminots en usine. Les ouvriers des ateliers d'Oullins au temps de la vapeur*, Lyon, PUL, 1993.

CHEVANDIER C., et PIGENET M., "L'histoire du travail à l'époque contemporaine, clichés tenaces et nouveaux regards", *Le Mouvement Social*, vol. 200, n° 3, 2002, p. 163-169.

CHEVANDIER C., *Infirmières parisiennes (1900-1950). Emergence d'une profession*, Paris, Publications de la Sorbonne, 2011.

CHEVANDIER C., *L'hôpital dans la France du XXe siècle*, Paris, Perrin, 2009.

CHEYSSON E., "L'évolution du patronage", *La Réforme sociale*, Secrétariat de la Société d'économie sociale, Paris, 1892, p. 170-189.

CHEYSSON E., "Le rôle social de l'ingénieur", *La Réforme sociale*, Secrétariat de la Société d'économie sociale, Paris, 1897, p. 510-527.

CHOLVY G., *Frédéric Ozanam, l'engagement d'un intellectuel catholique au XIXe siècle*, Paris, Fayard, 2003.

CHRIST K., *Sozialdemokratie und Volkserziehung. Die Bedeutung des Mannheimer Parteitags der SPD im Jahre 1906 für die Entstehung der Bildungspolitik und Pädagogik der deutschen Arbeiterbewegung vor dem Ersten Weltkrieg*, Francfort, Peter Lang, 1975.

CHRISTEN C. et BESSE L. (dir.), *Histoire de l'éducation populaire 1815-1945. Perspectives françaises et internationales*, Villeneuve-d'Ascq, Presses universitaires du Septentrion, coll. "Histoire et civilisations", 2017.

CHRISTEN C. et VATIN F. (dir.), *Charles Dupin (1784-1873), savant, économiste, pédagogue et parlementaire du Premier au Second Empire*, Rennes, Presses universitaires de Rennes, 2009.

CHURCH Clive H., *Europe in 1830. Revolution and Political Change*, Londres, George Allen, 1983.

CHURCH R. and OUTRAM Q., *Strike and Solidarity: Coalfield Conflict in Britain 1880-1966,* Cambridge, Cambridge University Press, 1998.

CLAEYS G., *Citizens and Saints. Politics and Anti-Politics in the Early British Socialism*, Cambridge, Cambridge University Press, 2002.

COATS A. W., "*Changing Attitudes to Labour in the Mid-Eighteenth Century*", *The Economic History Review*, New Series, vol. II, n° 1, 1958, p. 35-51.

COCHET F., *La Grande Guerre. Fin d'un monde, début d'un siècle*, Paris, Perrin, 2018.

COEURÉ S., *La grande lueur à l'Est. Les Français et l'Union soviétique, 1917-1939*, Paris, Le Seuil, 1999.

COFFIN J. G., *The Politics of Women's Work. The Paris Garment Trades, 1750-1915*, Princeton, Princeton University Press, 1996.

COFFIN J., "*Consumption, Production, and Gender: The Sewing Machine in Nineteenth-Century France*", in *Gender and Class in Modern Europe*, L. FRADER and S. ROSE (eds.), Cornell University Press., 1996, p. 111–141.

COHEN Y., "Mouvement social et politiques d'organisation: Peugeot et le Pays de Montbéliard de 1919 à 1922", *Le Mouvement Social*, n° 175, 1996, p. 113-147.

COHEN Y., *Le Siècle des chefs. Une histoire transnationale du commandement et de l'autorité (1890-1940)*, Paris, éditions Amsterdam, 2013.

COHEN Y., *Organiser à l'aube du taylorisme : la pratique d'Ernest Mattern chez Peugeot, 1906-1919*, Besançon, Presses universitaires franc-comtoises, 2001.

COLEMAN W., *Death is a social disease. Public health and political economy in early industrial France*, Winconsin, The University of Wisconsin Press, 1982.

COLEMANN T., *The Railway Navvies. A History of The Men who Made the Railways*, London, Penguin Books, 1965.

COLLARD C., "L'indemnisation des accidents du travail à l'épreuve de l'invalidité de guerre en France (1915-1919)", *Histoire@politique*, n° 36, septembre-décembre 2018.

CONNELL R., *Masculinités. Enjeux sociaux de l'hégémonie*, Paris, Amsterdam, 2014 [1995].

CONUS M.-F.et ESCUDIER J.-L., "La transformation d'une mesure: la statistique des accidents dans les mines de charbon en France (1833-1988)", *Histoire et Mesure*, volume n° 1/2, 1997, p. 37-68.

COOPER-RICHET D., Le *peuple de la nuit. Mines et mineurs en France (XIXe-XXe siècle)*, Paris, Perrin, 2002.

CORBIN A. (dir.), *L'Avènement des loisirs 1850-1960,* Paris, Flammarion, 1995.

CORBIN A. et MAYEUR J.-M. (dir.), *La barricade*, Paris, éditions de la Sorbonne, 1997.

CORBIN A., COURTINE J.-J. et VIGARELLO G. (dir.), *Histoire du corps*, Paris, Seuil, 2006.

CORNU R., "Les portefaix et la transformation du port de Marseille", in *Annales du Midi, t.* 86, n° 117, 1974. p. 181-201.

COTTEREAU A. (dir.), "*L'usure au travail*", numéro spécial, *Le Mouvement Social,* n° 124, 1983.

COTTEREAU A., "Droit et bon droit. Un droit des ouvriers instauré, puis évincé par le droit du travail (France, XIXe siècle)", *Annales. Histoire, Sciences Sociales*, 57e année, n° 6, 2002. p. 1521-1557.

COTTEREAU A., "Les règlements d'atelier au cours de la révolution industrielle en France", étude introductive à Biroleau A., *Les règlements d'atelier* (catalogue), Paris, Bibliothèque nationale, 1989, p. 1-23.

COTTEREAU A., "Problèmes de conceptualisation comparative de l'industrialisation: l'exemple des ouvriers de la chaussure en France et au Royaume-Uni", dans MAGRI S. et C. Topalov (dir.), *Villes ouvrières, 1900-1950,* Paris, L'Harmattan, 1990, p. 41-82.

COTTEREAU A., "Sens du juste et usages du droit du travail: une évolution contrastée entre la France et la Grande-Bretagne au XIXe siècle", *Revue d'histoire du XIXe siècle*, n° 33, 2006, p. 101-120.

COTTEREAU A., "Théories de l'action et notion de travail: note sur quelques difficultés et quelques perspectives", *Sociologie du travail*, n° HS-94: "Les énigmes du travail", 1994, p. 73-89.

COTTEREAU A., "Vie quotidienne et résistance ouvrière à Paris en 1870", in POULOT D., *Le Sublime*, Paris, Maspéro, 1980, p. 7-104.

CREBOUW Y., "Recherches sur l'évolution numérique de la main d'œuvre industrielle depuis un siècle (1866-1962)", thèse dactylographiée, Paris Sorbonne 1967.

CREW D., *Town in the Ruhr. A Social History of Bochum, 1860-1914*, New York, Columbia University Press, 1979.

CRICK M., *History of the Social-Democratic Federation*, Edinburgh, Edinburgh University Press, 1994.

CRONIER E., *Permissionnaires de la Grande Guerre*, Paris, Belin, 2013.

CROSS G. S. *Immigrant Workers in Industrial France. The Making of a New Laboring Class*, Philadelphia, Temple University Press, 2018 [1983].

CROSSICK G., "*Masters: in search of the artisan in European history*", in id., (eds.), *The Artisan and the European Town, 1500-1900*, Cambridge, Scolar Press, 1997, p. 1-41.

CROWSTON C. H. et LEMERCIER C., "*Surviving the End of the Guilds: Apprenticeship in Eighteenth and Nineteenth-Century France*", in PRAK M. et WALLIS P.(dir.), *Apprenticeship in Early Modern Europe*, Cambridge, Cambridge University Press, 2019,

CURTHOYS M., *Governments, labour and the law in mid-victorian Britain: the trade union legislation of the 1870s*, Oxford, Oxford University Press, 2004.

CZERWINSKA-SCHUPP E., *Otto Bauer (1881-1938). Thinker and Politician*, Leyde, Brill, 2016.

D'AINVAL H., *Deux siècles de sidérurgie française*, Grenoble, Presses Universitaires de Grenoble, 1994.

D'ALMEIDA F. et ATTAL F., "Culture populaire, culture de masse et encadrement partisan", dans GUEDJ F. et SIROT S., *Histoire sociale de l'Europe*, Paris, Seli Arslan, 1998, p. 377-400.

D'ALROY JONES P., *Christian Socialist Revival 1877-1914: Religion, Class and Social Conscience in Late Victorian Britain*, Princeton (NJ), Princeton University Press, 1968.

DA SILVA H., *La naissance de la profession infirmière : le cas portugais*, Roubaix, Publibook, 2019.

DANIEL U., *Arbeiterfrauen in der Kriegsgesellschaft. Beruf, Familie und Politik im Ersten Weltkrieg*, Göttingen, Vandenhoeck & Ruprecht, 1989.

DANIEL U., *The War from within. German Working-Class Women in the First World War,* Oxford, Berg, 1997.

DÄNZER-KANTOF B., LEFEBVRE V., et TORRES F., *Un siècle de réformes sociales, Une histoire du ministère du travail 1906-2006*, Paris, La Documentation française, 2006.

DARLINGTON R., "*Revolutionary Syndicalist Opposition to the First World War: A Comparative Reassessment*", *Revue belge de Philologie et d'histoire*, vol. 84, n° 4, 2006, p. 983-1003.

DARRÉ Y. *Histoire sociale du cinéma français*, Paris, La Découverte, "Repères", 2000.

DAS S., *Race, Empire and First World War Writing*, Cambridge, Cambridge University Press, 2011.

DAUMALIN X., RAVEUX O., "Marseille (1831-1865). Une révolution industrielle entre Europe du Nord et Méditerranée", *Annales. Histoire, Sciences Sociales*. 56e année, n° 1, 2001, p. 153-176.

DAUMAS J.-C. (dir.), *Le capitalisme familial : logiques et trajectoires*, Besançon, Presses universitaires de Franche-Comté, 2003.

DAUMAS J.-C., "Districts industriels : du concept à l'histoire. Les termes du débat", Revue économique, vol. 58, n° 1, 2007, p. 131-152.

DAUMAS J.-C., CHATRIOT A., FRABOULET D., FRIDENSON P., JOLY H. (dir.), *Dictionnaire historique des patrons français*, Paris, Flammarion, 2010.

DAUMAS J.-C., *L'amour du drap. Blin & Blin, 1827-1975. Histoire d'une entreprise lainière familiale,* Besançon, Presses universitaires franc-comtoises, 1999.

DAUMAS J.-C., *La révolution matérielle. Une histoire de la consommation.* Paris, Flammarion, 2018.

DAUMAS J.-C., *Les territoires de la laine. Histoire de l'industrie lainière en France au XIXe siècle*, Villeneuve d'Asq, Presses universitaires du Septentrion, 2004.

DAUMAS, J.-C., *La Révolution matérielle. Une histoire de la consommation France XIXe-XXe siècles*, Paris, Flammarion, 2018.

DAVIDSON R., CHARLOT M., "La formation du *Labour Department.* Le département du travail et la question ouvrière en Grande-Bretagne de la fin de la période victorienne à la période édouardienne", Genèses, 2, 1990, p. 56-82.

DAVIES S. *et alii*, (dir.), *Dock Workers: International Explorations in Comparative Labour History, 1790-1970,* Aldershot, Ashgate, 2000.

DAVIET J.-P., *Une multinationale à la française histoire de Saint-Gobain, 1665-1989*, Paris, Fayard, 1989.

DAVRANCHE G., *Trop jeunes pour mourir. Ouvriers et révolutionnaires face à la guerre (1909-1914)*, Montreuil/Paris, L'insomniaque/Libertalia, 2014.

DAYAN-HERZBRUN S., *L'invention du parti ouvrier. Aux origines de la social-démocratie 1848-1864*, Paris, L'Harmattan, 1990.

DE GRAZIA V., *The Culture of Consent. Mass Organization of Leisure in Fascist Italy*, Cambridge, Cambridge University Press, 1981.

DEAKIN S. and WILIKINSON F., *The Law of the Labour Market. Industrialization, Employment, and Legal Evolution*, Oxford University Press, 2005.

DEBOUZY M., "Permanence du paternalisme ?", *Le Mouvement Social*, n° 144, 1988, p. 3-16.

DEFERT D., "*Popular Life and Insurantial Technology* ", in BURCHELL G., GORDON C., MILLER P.(dir.), *The Foucault Effect: Studies in Governmentality*, Londres, Harvester, 1991, p. 211-233.

DEGL'INNOCENTI M. (dir.), *Le case del popolo* in *Europa, dalle origine alla seconda guerra mondiale*, Firenze, Sansoni Editore, 1984.

DELALANDE N., "Émile-Justin Menier, un chocolatier en République. Les controverses sur la légitimité de la compétence politique d'un industriel dans la France des années 1870", *Politix,* n° 84, 2008.

DELALANDE N., *La lutte et l'entraide. L'âge des solidarités ouvrières*, Paris, Seuil, 2019.

DELPHY C., "L'ennemi principal", "La libération des femmes : année zéro", *Partisans,* n° 54-55, Maspéro, 1970.

DELUERMOZ Q., *Commune(s), 1870-1871. Une traversée des mondes au XIXe siècle*, Paris, Le Seuil, 2020.

DELUERMOZ Q., FUREIX E., THIBAUD C., *Les mondes de 1848*, Seyssel, Champ Vallon, à paraître.

DELUERMOZ Q., *Le crépuscule des révolutions, 1848-1871*, Seuil, 2012.

DÉMIER F. (dir.), *Louis Blanc, un socialiste en République*, Paris, Créaphis, 2005.

DÉMIER F., "Définir le salariat de la révolution industrielle", in F. VATIN, *Le salariat. Théorie, histoire et formes*, Paris, La Dispute, 2007, p. 49-64.

DENECKERE G., "*The Transformating Impact of Collective Action: Belgium, 1886*", *International Review of Social History*, vol. 38, décembre 1993, p. 345-367.

DEPECKER T., "L'alimentation rationnelle des corps au travail. Cheval de trait et budget ouvrier à Paris dans le second XIXe siècle", in BOUCHET T., GACON S., FRANÇOIS J., Nérard F.-X., Vigma X. (dir.), *La gamelle et l'outil. Manger au travail en France et en Europe de la fin du XVIIIe siècle à nos jours*, Nancy, Arbre bleu, 2016, p. 143-160.

DESMAREZ P., TRIPIER P., "Les études empiriques de Max Weber sur le travail agricole et industriel", dans Geerkens E. (ed.), *Les enquêtes ouvrières dans l'Europe contemporaine*. Paris, La Découverte, "Recherches", 2019, p. 114-124.

DESROSIÈRES A., "Séries longues et conventions d'équivalence", *Genèses*, 9, 1992, p. 92-97.

DEWERPE A., "Croissance et stagnation protoindustrielles en Italie méridionale : la vallée du Liri au XIXe siècle", *Mélanges de l'école française de Rome – Moyen Âge et temps modernes*, n° 93-1, 1981, p. 277-345.

DEWERPE A., "Les pouvoirs du sens pratique. Carrières professionnelles et trajectoire des chefs d'atelier de l'Ansaldo (Gênes, 1900-1920)", in LEQUIN Y., VANDECASTEELE S. (dir.), *L'usine et le bureau. Itinéraires sociaux et professionnels dans l'entreprise XIXe et XXe siècles*, Lyon, Presses Universitaires de Lyon, Centre Pierre Léon, 1990, p. 109-150.

DEWERPE A., *Histoire du travail*, Paris, Presses universitaires de France, coll. "Que sais-je ?", 2001.

DEWERPE A., *L'Industrie aux champs : essai sur la proto-industrialisation en Italie septentrionale (1800-1880)*, Rome, École française de Rome, 1985.

DEWERPE A., *Le Monde du travail en France (1800-1850)*, Paris, Armand Colin, 1998.

DEWERPE A., *Les Mondes de l'industrie. L'Ansaldo, un capitalisme à l'italienne*, Paris, Rome, éditions de l'EHESS, Publications de l'école française de Rome, 2017.

DHERMY-MAIRAL M., et LESPINET-MORET I., "Réalités de terrain et terrain des réalités. Les enquêtes du Bureau international du travail entre 1920 et 1940", 2019, in GEERKENS E. (dir.)., *Les enquêtes ouvrières*, p. 301-317.

DI GIROLAMO P., "L'État, les ouvriers et la régulation des conflits du travail durant la Grande Guerre", *Histoire et sociétés*, n° 10, 2004, p. 38-48.

DIDRY C., "La production juridique de la convention collective. La loi du 4 mars 1919", Annales, Histoire, Sciences Sociales. 56 année, n° 6, 2001. p. 1253-1282.

DIDRY C., *Naissance de la convention collective, débats juridiques et luttes sociales*, Paris, EHESS, 2002.

DIEBOLT E., FOUCHÉ N., *Devenir infirmière en France, une histoire atlantique ? (1854-1938)*, Paris, éditions Publibook Université, 2011.

DIETSCHY P. et MOURAT A., "Professionnalisation du football et industrie automobile : les modèles turinois et sochaliens", *Histoire et Sociétés*, n° 18-19, juin 2006, p. 154-175.

DIETSCHY P., "Le sport italien entre modernité et fascisme", in BENSOUSSAN G., DIETSCHY P., FRANÇOIS C. , STROUK H., *Sport, corps et sociétés de masse. Le projet d'un homme nouveau*, Paris, Armand Colin, 2012, p. 73-90.

DINGWALL R., RAFFERTY A.- M. et WEBSTER C., *An introduction to the social history of nursing*, Londres, Routledge, 1993.

DODIER N., "Élargissements et aménagements de l'économie taylorienne des corps au travail (Commentaire)", *Sciences sociales et santé*, vol. 6, n° 3-4, 1988. p. 99-114.

DOGLIANI P., *Le socialisme municipal en France et en Europe de la Commune à la Grande Guerre*, Nancy, éditions Arbre Bleu, 2018.

DOMENECH J., "*Legal origin, ideology, coalition formation, or crisis? The emergence of labor law in a civil law country, Spain 1880-1936*", *Labour History*, 2011, n° 52, p. 71-93.

DOMENICHINO J., GUILLON J.-M., MENCHERINI R. (dir.), *Dockers de la Méditerranée à la mer du Nord. Des quais et des hommes dans l'histoire,* Aix-en-Provence, Edisud, 1999.

DÖRFLER S., WERNHART G., *Die Arbeit von Männern und Frauen*, Forschungsbericht, Österreichisches Institut für Familienforschung, n° 19, 2016.

DORNEL L., "La Grande Guerre et les migrations: les travailleurs étrangers, coloniaux et chinois en France. Enjeux d'une recherche en cours", HAL, 2013.

DORNEL L., *La France hostile. Socio-histoire de la xénophobie (1870-1914)*, Paris, Hachette, 2004.

DORNEL L., *Les Chinois dans la Grande Guerre. Des bras au service de la France*, Les Indes Savantes, 2019.

DORNEL L., *Les étrangers dans la Grande Guerre*, Paris, La documentation française, 2014.

DOS SANTOS J., *L'utopie en héritage. Le Familistère de Guise (1888-1968),* Tours, Presses universitaires François Rabelais, 2016.

DOWE D., HEINZ-GERHARD H., LANGEWIESCHE D. and SPERBER J. (éd.), *Europe in 1848. Revolution and Reform*, traduit de l'Allemand par D. Higgins, New-York, Berghahn Books, 2001.

DOWNS L. L., *L'inégalité à la chaîne. La division sexuée du travail dans l'industrie métallurgique en France et en Angleterre,* Paris, Albin Michel, 2002.

DOWNS L.L., "Les marraines élues de la paix sociale? Les surintendantes d'usine et la rationalisation du travail en France, 1917-1935", *Le Mouvement Social*, 1993/3 (n° 164), p. 53-76.

DREYFUS F.-G., *Réformisme et révisionnisme dans les socialismes français, allemand et autrichien*, Paris, Publications de la Maison des Sciences de l'Homme, 1984.

DREYFUS M. *et alii* (dir)., *Se protéger, être protégé, une histoire des assurances sociales en France*, Rennes, PUR, 2006.

DREYFUS M., "Mutualité et organisations politiques et sociales internationales (1889-1939)", *Vingtième siècle. Revue d'histoire*, 48, 1995, p. 92-101.

DREYFUS M., *Histoire de l'économie sociale. De la Grande Guerre à nos jours*, Rennes, Presses universitaires de Rennes, 2017.

DREYFUS M., *L'Europe des socialistes*, Bruxelles, Complexe, 1991.

DREYFUS M., Liberté, égalité, mutualité. Mutualisme et syndicalisme, 1852-1967, Paris, Les Éditions de l'Atelier, 2001.

DROZ J. (dir.), *Histoire générale du socialisme,* t. III, Paris, PUF, Paris, PUF, 1974.

DROZ J., "La social-démocratie allemande (1875-1914)", dans DROZ J. (dir.), *Histoire générale du socialisme*, t. I-II, (1974), Paris, PUF, 1997, p. 21-73.

DUBESSET M. et ZANCARINI-FOURNEL M., *Parcours de femmes. Réalités et représentations. Saint-Étienne 1880-1950,* Lyon, Presses universitaires de Lyon, 1993 (thèse 1988).

DUBESSET M., THÉBAUD F., VINCENT C., "Les munitionnettes de la Seine", dans FRIDENSON P. (dir.), *1914-1918 : L'autre front*, Paris, Les éditions ouvrières, 1977, p. 189-219.

DUCANGE J.-N., *Jules Guesde, l'anti-Jaurès ?*, Paris, Armand Colin, 2017.

DUCANGE J.-N., *La Révolution française et la social-démocratie. Transmissions et usages politiques de l'histoire en Allemagne et en Autriche, 1889-1934*, Rennes, PUR, 2012.

DUCOULOMBIER R., *Camarades! La naissance du Parti communiste en France*, Paris, Perrin, 2010.

DUFFY P., *The Skilled Compositor. An Aristocrat among Working Men*, Aldershot, Ashgate, 2000.

DURAND J.-D., *L'Europe de la démocratie chrétienne*, Bruxelles, Complexe, 1995.

DURKHEIM E., *Le socialisme*, Paris, PUF, 1992 1928].

DURRIVE B., «De la chaleur (animale) au travail (humain) : une certaine idée de l'activité corporelle mesurée au calorimètre (1780-1901)", *e-Phaïstos*, VII-1, 2019.

DUVEAU G., *La vie ouvrière sous le Second Empire*, Paris, Gallimard, 1946.

EASTWOOD D., "*Rethinking the Debates on the Poor Law in Early Nineteenth-Century England*", *Utilitas*, 6, 1994, p. 97-116.

ECK J.-F. et LESCURE M. (dir.), *Villes et districts industriels en Europe occidentale, XVIe-XXe siècles*, Tours, Presse de l'Université François Rabelais, 2002.

EDELSTEIN T. J., "They Sang 'The Song of the Shirt': The Visual Iconology of the Seamstress", *Victorian Studies*, vol. 23, n° 2, 1980, p. 183-210.

EDEN S., "*Labour Law in the Nazi State: The Labour Trustees and the Criminalization of Breaches of Employment Contract*" in NÜTZNADEL A. (dir.), *Bureaucracy, Work and Violence: the Reich Ministry of Labour in Nazi Germany*, Berghan Book, 2020, p. 208-238.

EDGERTON D., *Quoi de neuf? Du rôle des techniques dans l'histoire globale*, Paris, Seuil, coll. "L'univers historique", 2013

EL AMRANI F., "Femmes entre elles. Un atelier de couture à Doué-la-Fontaine durant la première moitié du XXe siècle", *Annales de Bretagne et des Pays de l'Ouest*, vol. 111, n° 2, 2004, p. 167-181.

ENGELMANN D. et NAUMANN H., *Zwischen Spaltung und Vereinigung. Die Unabhängige Sozialdemokratische Partei Deutschlands in den Jahren 1917-1922*, Berlin, Edition Neue Wege, 1993.

EPSTEIN J., THOMPSON D. (eds.), *The Chartist Experience. Studies in Working-Class Radicalism and Culture, 1830-1860*, Basingstoke, MacMillan, 1982.

ERICKSON C., *Invisible immigrants: The adaptation of English and Scottish Immigrants in Nineteenth-century America*, London, Weidenfeld and Nicolson, 1972.

ESCUDERO A., BARCIELA C., "*Nivelas de vida en la mineria espanola (1870-1913)*", in HUETZ DE LEMPS X., LUIS J.-P. (dir.), *Sortir du labyrinthe. Études d'histoire contemporaine de l'Espagne. Hommage à Gérard Chastagnaret*, Madrid, Casa de Velázquez, 2012, p. 90-126.

ESCUDIER J.-L., "L'emploi et la protection sociale dans l'agriculture au filtre des rapports de genre. Les salariées agricoles aux XIXe et XXe siècles", *Travail et emploi*, n° 149, 2017/1, p. 73-97.

ETEMAD B., *De l'utilité des empires. Colonisation et prospérité de l'Europe*, Paris, Armand Colin, 2005.

EWALD F., *L'État providence*, Paris, Grasset, 1986.

EWALD F., "Le genre des bris de machines: violence et mécanisation à l'aube de l'ère industrielle (Angleterre-France, 1750-1850)", *Clio. Femmes, Genre, Histoire*, n° 38, 2013, p. 17-40.

FAURE A., "Petit atelier et modernisme économique: la production en miettes au XIXe siècle", *Histoire, Économie et Société*, n° 4, 1986, p. 531-557.

FEBVRE L., "Travail, évolution d'un mot et d'une idée", *Journal de psychologie normale et pathologique*, janvier-mars 1948, p. 19-28.

FEINSTEIN C. H., "*Pessimism Perpetuated: Real Wages and the Standard of Living in Britain During and After the Industrial Revolution*", *Journal of Economic History*, vol. 58, n° 3, 1998.

FERNANDEZ A., "Some Aspects of Industrial Paternalism in Spain. The Asturias and Biscay (1880-1919)", in BONIN H., P. THOMES (dir.), *Old Paternalism, New Paternalism, post-Paternalism (19th-21st Centuries)*, Bruxelles, Peter Lang, 2013, p. 143-154.

FINK W., *Le Peuple, la populace et le prolétariat. L'émergence du personnage de l'ouvrier dans le roman allemand 1780-1848*, Paris, Maison des Sciences de l'Homme, 2002.

FIORENTINO K., "Protéger l'enfant ouvrier. La loi du 19 mai 1874, une 'législation intermédiaire' ?", *Revue historique*, vol. 682, n° 2, 2017, p. 327-358.

FLAUBERT V., "Quels enseignements tirer de la première mondialisation (1870-1914) ?", *Économies et prévision*, 2012/2-3, n° 200-201, p. 217 à 226.

FOMBONNE J., *Personnel et DRH. L'affirmation de la fonction Personnel dans les entreprises (France, 1830-1990)*, Paris, Vuibert, 2001.

FONTAINE M. (dir.), "Culture ouvrière", *Mil Neuf Cent. Revue d'histoire intellectuelle*, 35, 2017.

FONTAINE M., "Introduction" *in* "Cultures ouvrières", *Mil Neuf Cent. Revue d'histoire intellectuelle*, n° 35, 2017/1, p. 9-17.

FONTAINE M., "L'Internationale des syndicalistes", *Cahiers Jaurès*, avril-septembre 2014, avril septembre-213, p. 91-103.

FONTAINE M., "La législation minière : un cas particulier dans le processus de codification du travail", in CHATRIOT A., HORDERN F., TUFFERY-ANDRIEU J.-M. (dir.), *La codification du travail sous la IIIe République*, Rennes, Presses Universitaires de Rennes, 2011, p. 101-111.

FONTAINE M., "Mineurs français et britanniques : un réformisme syndical ?", *Mil Neuf Cent. Revue d'histoire intellectuelle*, n° 39, 2012, p. 69-84.

FONTAINE M., "Mineurs, classe et contre-société : quels nouveaux questionnements ?", in HATZFELD N., PIGENET M. et VIGNA X., *Travail, travailleurs et ouvriers d'Europe au XXe siècle*, Dijon, EUD, 2016, p. 285.

FONTAINE M., "Travail et loisirs", dans BECKER J.-J.et CANDAR G. (dir.), *Histoire des gauches en France, Vol.2. XXe siècle : à l'épreuve de l'histoire*, Paris, La Découverte, 2004, p. 703-722.

FONTAINE M., *Le Racing Club de Lens et les "Gueules noires" : essai d'histoire sociale*, Paris, Les Indes savantes/La Boutique de l'Histoire, 2010.

FORO P., *L'Italie fasciste*, Paris, Armand Colin, 2016.

FOUCAULT M., *Naissance de la biopolitique. Cours au Collège de France 1978-1979*, Paris, Gallimard-Seuil, 2004.

FOUCAULT M., *Surveiller et punir. Naissance de la prison*, Paris, Gallimard (Tel), 1975.

FOURCADE M., *Economists and Societies: Discipline and Profession in the United States, Britain, and France*, Princeton (NJ), Princeton University Press, 2009.

FOVILLE A. de, *La transformation des moyens de transport et ses conséquences économiques et sociales*, Paris, Guillaumin, 1880.

FRABOULET D., *Quand les patrons s'organisent. Stratégies et pratiques de l'UIMM 1901-1950*, Villeneuve d'Ascq, Presses universitaires du Septentrion, 2008.

FRANÇOIS P. et LEMERCIER C., *Sociologie historique du capitalisme*, Paris, La Découverte, à paraître en 2021.

FREI A. et HOCHSTUHL K., *Wegbereiter der Demokratie. Die badische Revolution 1848/49. Der Traum von der Freiheit*, Karlsruhe, Verlag G. Braun, 1997.

FRESSOZ J.-B., *L'apocalypse joyeuse. Une histoire du risque technologique*, Paris, Le Seuil, 2012.

FRIDENSON P. (dir.), *1914-1918 : l'autre front*, Paris, éditions ouvrières, 1977.

FRIDENSON P., "Les ouvriers de l'automobile et le sport", *Actes de la Recherche en Sciences Sociales*, n° 79, septembre 1989, p. 49-62.

FRIDENSON P., "Un tournant taylorien de la société française (1904-1918)", *Annales*, 5, septembre-octobre 1987, p. 1031-1060.

FRIDENSON P., *Histoire des usines Renault*, t. I, 2e éd. revue, Paris, Seuil, 1998.

FRIDENSON P., REYNAUD B. (dir.), *La France et le temps de travail, 1814-2004*, Paris, Odile Jacob, 2004.

FRIEDMANN G., *Problèmes humains du machinisme industriel*, Paris, Gallimard, 1946.

FRITZSCHE P., *Vivre et mourir sous le IIIe Reich. Dans l'intimité des Allemands*, Bruxelles, André Versaille éditeur, 2012.

FROBERT L., """Vivre en travaillant ou mourir en combattant". Les révoltes des canuts (1831, 1834)", dans *Histoire des mouvements sociaux en France. De 1814 à nos jours*, Paris, La Découverte, 2014, p. 121-129.

FROBERT L., *Les Canuts ou la démocratie turbulente*, Lyon, 1831-1834, Paris, Tallandier, 2009.

FRUIT E., *Les syndicats dans les chemins de fer en France (1890-1910)*, Paris, Les Éditions ouvrières, 1976.

FUCHS R.G. et MOCH L.P., "*Pregnant, Single, and Far from Home: Migrant Women in Nineteenth-Century Paris*", *The American Historical Review*, vol. 95, n° 4, octobre, 1990, p. 1007-1031.

FÜHRER K. C., *Carl Legien 1861-1920. Ein Gewerkschafter im Kampf um ein "möglichst gutes Leben" für alle Arbeiter*, Essen, Klartext, 2009.

FUREIX E., *La France des larmes. Deuils politiques à l'âge romantique (1814-1840)*, Paris, Champ Vallon, 2009.

GACON S., JARRIGE F., "Les trois âges du paternalisme. Cantines et alimentation ouvrière au Creusot (1860-1960)", *Le Mouvement Social*, n° 247, 2014, p. 27-45.

GAILUS M., "*Food Riots in Germany in the Late 1840s*", *Past and Present*, n° 145, Nov., 1994, p. 157-193.

GALASSI F. L., HARRISON M., "Italy at War, 1915-1918", in BROADBERRY S., HARRISON M., *The Economics of World War I*, Cambridge, Cambridge University Press, 2005, p. 276-309.

Galloro P.-D., *Ouvriers du fer, princes du vent. Histoire des flux de main-d'œuvre dans la sidérurgie lorraine (1880-1939)*, Metz, Éditions Serpenoise, 2001.

Gallot F. et Hamelin D., "Expressions de la rébellion: institutions, organisation et individus", Cahiers d'histoire. Revue d'histoire critique, 2014, p. 13-19.

GAUNY C., "*Les chemins de fer*" 1851, in *Le philosophe plébéien*, textes réunis par RANCIÈRE J., La Découverte-Maspéro / Presses universitaires de Vincennes, 1983.

GEERKENS E., HATZFELD N., LESPINET-MORET I., VIGNA X. (dir.), *Les enquêtes ouvrières dans l'Europe contemporaine. Entre pratiques scientifiques et passions politiques*, Paris, La Découverte, coll. "Recherches", 2019.

GEERKENS E., "Quand la silicose n'était pas une maladie professionnelle. Genèse de la réparation des pathologies respiratoires des mineurs en Belgique (1927-1940)", *Revue d'histoire moderne et contemporaine*, vol. 56, n° 1, 2009, p. 127-141.

GEERKENS E., et MOUTET A., "La rationalisation du travail en France et en Belgique", *Travail et emploi*, n° 112, octobre-décembre 2007, p. 75-86.

GEHRMANN S., "*Football in an industrial region: the example of Schalke 04 Football Club*", *International Journal of History of Sport*, 3, 1989, p. 334-355.

GENART C., "Cordonnier de la fabrique collective de Binche. Province du Hainaut, Belgique. Tâcheron dans le système des engagements volontaires permanents, d'après les renseignements recueillis sur les lieux de 1901 à 1903", *Les Ouvriers des deux mondes : études sur les travaux, la vie domestique et la condition morale des populations ouvrières des diverses contrées et sur les rapports qui les unissent aux autres classes*, Paris, Société internationale des études pratiques d'économie sociale, 1904.

GÉRARD E. et WYNANTS P. (dir.), *Histoire du mouvement ouvrier chrétien en Belgique*, Louvain, Presses de l'Université de Louvain, 1994.

GIONO J., *Lettre aux paysans sur la pauvreté et la paix*, Paris, Grasset, 1938.

GOCH S., *Sozialdemokratische Arbeiterbewegung und Arbeiterkultur im Ruhrgebiet : eine Untersuchung am Beispiel Gelsenkirchen, 1848 – 1975*, Drost, Düsseldorf, 1990.

GOLDMAN L., "The origins of British 'social science': political economy, natural science and statistics, 1830-1835", *Historical Journal*, vol. 26, n° 3, 1983, p. 587-616.

GONNET P., "Esquisse de la crise économique de 1827 à 1832", *Revue d'histoire économique et sociale*, 1955, vol. 33, n° 3, p. 249-292.

GONZALO F. M., "*Renovarse y morir. Costureras y lavanderas, dos estrategias familiares diferentes en los inicios de la industrialización (Pamplona, 1840-1930)*", in CAPISTEGUI GORASURRETA F. J. (dir.), *Mito y realidad en la historia de Navarra - vol. 1*, Pamplona, Sociedad de Estudios Históricos de Navarra, 1998, p. 317-331.

GORDON M.-F., "Ouvrières et maladies professionnelles sous la Troisième République : la victoire des allumettiers français sur la nécrose phosphorée de la mâchoire", *Le Mouvement social*, 1993, n° 164, p. 77-93.

GORZ A., "Le travail, entre écologie et socialisme", *Écologie & politique* 1/2008, n° 35, p. 119-127.

GOSSEZ R., *Les Ouvriers de Paris*, Paris, Société d'histoire de la révolution de 1848, 1967.

GOUGEON J.-P., *La social-démocratie allemande, 1830-1996. De la révolution au réformisme*, Paris, Aubier, 1996.

GOURVISH T. R., *Mark Huish and the London & North Western Railway. A study of management*, Leicester, Leicester University Press, 1972.

GRANDJONC J., *Communisme/Kommunismus/Communism. Origine et développement international de la terminologie communautaire prémarxiste des utopistes aux néo-babouvistes, 1785-1842*, Paris, éditions des Malassis, 2013.

GRANGER C., "'Cette chose exquise'. Naissance des vacances ouvrières, 1900-1914", *Vingtième Siècle. Revue d'histoire*, n° 136, 2017/4, p. 21-41.

GRANIER A., *La Zone et les zoniers de Paris, approches spatiales d'une marge urbaine (1912-1946)*, thèse en histoire contemporaine soutenue le 7 décembre 2017, à l'ENS Lyon.

GRATTON P., *Les luttes des classes dans les campagnes*, Paris, Anthropos, 1971.

GRAY R., *The Factory Question and Industrial England, 1830-1860*, Cambridge, Cambridge University Press, 1996.

GREGAREK R., "Le face-à-face de la République française et de l'Empire allemand dans les politiques sociales", Revue germanique internationale, 4, 1995, p. 103-126.

GRELON A. (dir.), *Les ingénieurs de la crise, titre et profession entre les deux guerres*, éditions de l'EHESS, 1986.

GREVET J.-F., "Sur le front du travail. Effort de guerre et gestion de la main d'œuvre chez Berliet (1914-1920)", *Guerres mondiales et conflits contemporains*, n° 267, 2017/3, p. 99-110.

GRIBAUDI M. et RIOT-SARCEY M., *1848, la révolution oubliée*, Paris, La Découverte, 2008.

GRIBAUDI M., *Itinéraires ouvriers. Espaces et groupes sociaux à Turin au début du XXe siècle*, Paris, éditions de l'EHESS, 1987.

GRIFFATON M.-L., *François Bonhommé, peintre témoin de la vie industrielle au XIXe siècle*, Metz, éditions Serpenoise, 1996.

GRIFFIN C., *The Rural War: Captain Swing and the Politics of Protest*, Manchester, Manchester University Press, 2012.

GRIFFIN E., "*Diets, Hunger and Living Standards During the British Industrial Revolution*", *Past & Present*, Volume 239, Issue 1, May 2018, p. 71–111.

GRIGNON C., PASSERON J.-C., *Le savant et le populaire. Misérabilisme et populisme en sociologie et en littérature*, Paris, Seuil, 2015 [1989].

GROH D., *Negative Integration und revolutionärer Attentismus. Die deutsche Sozialdemokratie am Vorabend des Ersten Weltkrieges*, Berlin, Propyläen, 1973.

GROPPO B., PENNETIER C. et PUDAL B., "Mouvement ouvrier: renouveau comparatiste et biographique", *Matériaux pour l'histoire de notre temps*, n° 104-105, 2011, p. -5.

GUALDÉ K., *En guerres. 1914-1918, 1939-1945. Nantes et Saint-Nazaire*, Nantes, éditions du château des ducs de Bretagne, 2013.

GUASCO M., *Romolo Murri: tra la "Cultura sociale" e "Il Domani d'Italia" (1898-1906)*, Rome, Studium, 1988.

GUBIN É. (dir.), "Travail", *Sextant*, Bruxelles, 1995/4.

GUBIN E., SCHOLLIERS P., "La crise linière des Flandres. Ouvriers à domicile et prolétariat urbain (1840-1900)", *Revue belge de philologie et d'histoire*, t. LXXIV, fasc. 2, 1996, p. 365-401.

GUEDJ F. (dir.), "Pour une histoire des États sociaux", dossier, *Histoire & Sociétés. Revue européenne d'histoire sociale*, n° 6, 2003.

GUESDE J., *Les huit heures à la chambre*, Brochure de la bibliothèque du parti ouvrier, Paris, 1895.

GUESLIN A., "Le paternalisme revisité en Europe occidentale (seconde moitié du XIXe siècle, début du XXe siècle)", *Genèses*, n° 7, 1992, p. 201-211.

GUESLIN A., *L'invention de l'économie sociale. Idées, pratiques et imaginaires coopératifs et mutualistes dans la France du XIXe siècle*, Paris, Economica, 1987.

GUGLIELMO J., *Living the Revolution: Italian Women's Resistance and Radicalism in New York City, 1880-1945*, Chapel Hill, University of North Carolina Press, 2010.

GUICHONNET P., "Le socialisme italien", dans J. Droz (dir.), *Histoire générale du socialisme*, t. III (1978), Paris, PUF, 1997, p. 175-199.

GUIGNARD L, RAGGI P. et THÉVENIN E. (dir.), *Corps et machines à l'âge industriel, XIXe-XXe siècles*, Rennes, Presses Universitaires de Rennes, 2011, p. 259-272.

GUILHAUMOU J.et BRANCA S., "De 'société' à 'socialisme' (Sieyès) : l'invention néologique et son contexte discursif", *Langage et Société*, n° 83-84, mars-juin 1998, p. 39-77.

GUINCHARD F., "Vers la structuration d'un pôle anarcho-syndicaliste international, 1915-1921: idées, rencontres, organisations", *Actuel Marx*, n° 66, 2019/2, p. 26-43.

GUMPLOWICZ P., *Les travaux d'Orphée*, Paris, Aubier, 1987.

GUTTSMAN W. L., *The German Social Democratic Party 1875-1933. From Ghetto to Government*, Londres, Allen&Unwin, 1981.

GUTTSMAN W. L., *Workers' Culture in Weimar Germany. Between Tradition and Commitment,* Oxford, Berg, 1990.

HAHN H.-W., *Die Industrielle Revolution in Deutschland*, 3. Auflage, München, Oldenbourg Enzyklopädie Deutscher Geschichte 49, 2011.

HAIMSON L. and TILLY C. (eds), *Strikes, War and Revolutions in an International Perspective: Strike Waves in the Late Nineteenth and Early Twentieth Centuries*, Cambridge, Cambridge University Press, 1989.

HAKE S., *The Proletarian Dream. Socialism, Culture and Emotion in Germany, 1863-1933,* Berlin et Boston, De Gruyter, 2017.

HAMLIN C., *Public health and social justice in the age of Chadwick: Britain, 1800-1854*, Cambridge, Cambridge University Press, 1998.

HAMP P., *Le Rail*, Paris, NRF, 1912.

HANNE G., "L'impact de l'abolition des corporations: une mesure comparée", *Histoire, économie & société*, vol. 22(4), 2003, p. 565-589.

HARISON C., "*An Organization of Labor: Laissez-Faire and Marchandage in the Paris Building Trades through 1848*", *French Historical Studies*, vol. 20, n° 3, 1997, p. 357-380.

HARTWELL R. M., "*The Rising Standard of Living in England, 1800-1850*", *The Economic History Review*, New Series, vol. 13, n° 3, 1961, p. 397-416.

HASTINGS M., *Halluin la rouge*, Lille, Presses universitaires de Lille, 1991.

HATZFELD N., "Travail, travailleurs et engagements: "dire le vrai de cette force, c'est-à-dire ses possibilités"", *Cahiers Jaurès*, n° 191, 2009/1, p. 49-68.

HATZFELD N., PIGENET M., VIGNA X. (dir.), *Travail, travailleurs et ouvriers d'Europe au XXe siècle,* Dijon, Éditions Universitaires de Dijon, coll. Histoire, 2016.

HAU M., *Histoire économique de l'Allemagne, XIXe-XXe siècles*, Paris, Economica, 1994.

HAU M., *Un siècle d'histoire industrielle en Allemagne. Industrialisation et sociétés*, 1880-1970, Paris, SEDES, 1997.

HAUBTMANN P., *Pierre-Joseph Proudhon, sa vie et sa pensée*, Paris, éditions Beauchesne, 1982.

HAUPT H.-G., “La survivance des corporations au XIXe siècle : une esquisse comparative”, *Revue du Nord*, tome 76, n° 307, Octobre-décembre 1994, p. 801-807.

HAUPT H.-G., “Une nouvelle sensibilité : la perspective “transnationale”. Une note critique”, *Cahiers Jaurès*, n° 200, 2011/2, p. 173-180.

HAUTCOEUR P.-C., *La crise de 1929*, Paris, La Découverte, 2009.

HAUTCOEUR P.-C., *Le Marché financier français au XIXe siècle*, 2 volumes, Paris, Publications de la Sorbonne, 2007.

HAY D., “*Master and Servant in England: Using the Law in the Eighteenth and Nineteenth Centuries*”, *in* STEINMETZ W. (éd.), *Private Law and Social Inequality in the Industrial Age. Comparing Legal Cultures in Britain, France, Germany and the United States*, Oxford, Oxford University Press, 2000, p. 227-64.

HAY D., “*Patronage, Paternalism, and Welfare: Masters, Workers, and Magistrates in Eighteenth-Century England*”, *International Labor and Working-Class History*, 53, printemps 1998, p. 27-48.

HAYAT S., *Quand la République était révolutionnaire. Citoyenneté et représentation en 1848*, Paris, Seuil, 2014.

HAYES P., *Industry and ideology. IG Farben in the Nazi Era*, Cambridge University Press, 1987, 2001.

HEATHER J., “Endurer la captivité. Les mécanismes de *coping* des prisonniers de guerre pendant la Grande Guerre”, N. Beaupré, J. Heather, A. Rasmussen, *Dans la guerre 1914-1918. Accepter, endurer, refuser*, Paris, Les Belles Lettres, 2015.

HENNOCK P., *The origins of the Welfare State in England ang Germany: social policies compared*, Cambridge, Cambridge UP, 2007.

HENRY C., et IOTEYKO J., “Sur une loi de décroissance de l’effort à l’ergographe”, *Comptes rendus des séances de l’Académie des sciences*, Paris, Gauthier-Villars, 1903.

HENRY C., *La Mesure des capacités intellectuelle et énergétique : notes d’analyse statistique*, Bruxelles, Misch et Thron, 1906.

HERBET D. (dir.), *Culture ouvrière. Mutations d’une réalité complexe en Allemagne du XIXe au XXIe siècle*, Villeneuve d’Ascq, Presses universitaires du Septentrion, 2011.

HERMENT L. (dir.), *Histoire rurale de l’Europe. XVIe-XXe siècle*, Paris, Éditions de l’EHESS, 2019.

HESSE P.-J. (dir), *Histoire des accidents du travail*, Nantes, CRHES, 12 vol., 1975-1985.

HESSE P.-J., "Les accidents du travail et la responsabilité pénale au XIXe siècle", *Histoire des accidents du travail*, n° 8, 1980, p. 61-102.

HEYBERGER L. (éd.), "L'histoire anthropométrique en France", *Histoire, économie & société* 2009/1.

HEYBERGER L., "Corps et industrialisation en France au XIXe siècle : approche par l'histoire anthropométrique", in GUIGNARD L., RAGGI P., THÉVENIN E. (dir.), *Corps et machines à l'âge industriel*, Rennes, Presses universitaires de Rennes, 2011.

HEYBERGER L., *Santé et développement économique en France au XIXe siècle. Essai d'histoire anthropométrique*, Paris, L'Harmattan, 2003.

HEYRIÈS H., *Les travailleurs militaires italiens en France pendant la Grande Guerre. "Héros de la pelle et de la truelle" au service de la victoire*, Presses universitaires de la Méditerranée, 2014.

HEYWOOD P., *Marxism and the failure of organized socialism in Spain, 1879-1936*, New York, Cambridge University Press, 1990.

HICKEY S.H.F, *Workers in Imperial Germany: the Miners of the Ruhr*, Oxford, Oxford University Press, 1985.

HIDALGO-WEBER O., "Expertise britannique à l'OIT dans l'entre-deux-guerres : enjeux politiques et transferts de savoirs", *Revue d'histoire de la protection sociale*, 2017/1, n° 10, p. 22-41.

HILAIRE-PÉREZ L., "L'invention technique et les figures de l'inventeur (XVIIIe-XXe siècles)» (éd.), *Documents pour l'histoire des techniques*, n° 17, 2009.

HILAIRE-PÉREZ L., "Le vol de déchets dans l'industrie en France et en Angleterre au XVIIIe siècle. Jalons pour une histoire comparée de *l'embezzlement*", in B. GARNOT (éd.), *La petite délinquance du Moyen Âge à l'époque contemporaine*, Dijon, EUD, 1998, p. 281–308.

HIRN G.-A., *Recherches sur l'équivalent mécanique de la chaleur*, Colmar, Bureau de la Revue d'Alsace, 1858.

HIRSCH J.-P. et MINARD P., "*Laissez-nous faire et protégez-nous beaucoup*: Pour une histoire des pratiques institutionnelles dans l'industrie française, XVIIIe-XIXe siècles", in BERGERON L., BOURDELAIS P. (dir.), *La France n'est-elle pas douée pour l'industrie ?*, Paris, Belin, 1998, p. 135-158.

HIRSCH J.-P., Les *deux rêves du commerce. Entreprise et institution dans la région lilloise (1760- 1860)*, Paris, Éditions de l'EHESS, 1991.

HOBSBAWM E. J. et WALLACH SCOTT J., "Des cordonniers très politiques", *Revue d'histoire moderne et contemporaine*, 53, 2006/4 bis (1re éd. anglaise 1980), p. 29-50.

HOBSBAWM E. J., "*The tramping Artisan*", *The Economic History Review*, vol. 3, n° 3, 1951, p. 299-320.

HOBSBAWM E. J., "Sexe, symbole et politique", *Actes de la recherche en sciences sociales*, 1978, vol. 23, n° 1, p. 2-18.

HOBSBAWM E. J., "The British Standard of Living 1790-1850", *The Economic History Review*, New Series, vol. 10, n°. 1, 1957, p. 46-68.

HOBSBAWM E. J., *Histoire économique et sociale de la Grande-Bretagne*. t. II : *De la révolution industrielle à nos jours*, Paris, Seuil, 1977.

HOBSBAWM E. J., *Histoire économique et sociale de la Grande-Bretagne*, Paris, Seuil, 1997.

HOBSBAWM E. J., *L'ère des révolutions* (1962), Bruxelles, Complexes, 2000.

HOFFROGGE R., *Working-Class Politics in the German Revolution. Richard Müller, the Revolutionary Shop Stewards and the Origins of the Council Movement*, Leyde, Brill, 2014.

HOGGART R., *33 Newport Street. Autobiographie d'un intellectuel issu des classes populaires anglaises,* Paris, Hautes Études-Gallimard-Le Seuil, 1991 [1988].

HOLT R., "La tradition ouvriériste du football anglais", *Actes de la Recherche en Sciences Sociales*, n° 103, 1994, p. 36-60.

HOLTHOON F. L. van, VAN DER LINDEN M. (eds.), *Internationalism in the Labour Movement: 1830-1940*, Leyden, Brill, 1988.

HONEYMAN K., *Women, Gender and Industrialisation in England, 1700-1870*, Londres, Macmillan, 2000.

HOOCK-DELMARE M. -C., "Du 'visiteur des pauvres' au 'manifeste Communiste' : l'exclusion en Allemagne (1800-1850)", in KALIFA D. et GUESLIN A. (dir.), *Les Exclus en Europe, 1830-1930*, Paris, L'Atelier, 1999, p. 422-435

HORN G.-R., *European Socialists Respond to Fascism: Ideology, Activism and Contingency in the 1930s*, Oxford, Oxford University Press, 1996.

HORN J. L., ROSENBAND N. et ROE SMITH M. (éd.), *Reconceptualizing the Industrial Revolution*, Cambridge (MA), MIT Press, 2010.

HORNE J., *Le Musée social. Aux origines de l'État providence,* Paris, Belin, 2004.

HOWELL D., *British Workers and the Independent Labour Party 1888-1906*, New York, St. Martin's Press, 1983.

HOWORTH J., *Édouard Vaillant. La création de l'unité socialiste en France, la politique de l'action totale*, Paris, Syros, 1982.

HUDSON P. (éd.), *Regions and industries. A Perspective on the Industrial Revolution in Britain*, Cambridge, CUP, 1989.

HUDSON P., *The Genesis of the West Riding Wool Textile Industry, 1750-1850*, Cambridge, CUP, 1986.

HUGH ADLER F., *Italian Industrialists from Liberalism to Fascism. The political development of the industrial bourgeoisie, 1906-1934*, Cambridge, Cambridge University Press, 1995.

HUNDT M., *Geschichte des Bundes der Kommunisten 1836-1852*, Francfort, Peter Lang, 1993.

HUPFEL S., *L'économie politique des soieries : les manufactures de Lyon et de Londres de leur origine à 1848*, Paris, Classiques Garnier, 2019.

HUTEAU M., *Psychologie, psychiatrie et société sous la troisième république. La biocratie d'Édouard Toulouse (1865-1947)*, Paris, L'Harmattan, 2002.

IMBERT A., "Tableau méthodique des professions qui appellent des recherches et nature de ces recherches" in BLANCHARD S. et OUVRIER-BONNAZ R. (eds.), *Connaissance du travail et orientation. Une histoire en débats*, Toulouse, Octarès, 2018 (1912), p. 18-53.

IMBERT A., *Mode de fonctionnement économique de l'organisme.*, Évreux, Hérissey, 1902.

IMLAY T., *The Practice of Socialist Internationalism: European Socialists and International Politics, 1914-1960*, Oxford, Oxford University Press, 2017.

INHO N.A., *Sozialreform oder Revolution. Gesellschaftspolitische Zukunftsvorstellungen im Naumann-Kreis 1890-1903/04*, Marbourg, Tectum, 2003.

IRUELA CUADRADO L. M., *Psiquiatría, psicología y armonía social. Homenatge al Doctor Emilio Mira y López,* Barcelone, Edicions Universitat de Barcelona, 1993.

ISAAC A., *Journal d'un notable lyonnais 1906-1933*, Lyon, éditions BGA Permezel, 2002.

JACKSON JR JA. H., *Migration and Urbanization in the Ruhr Valley, 1821-1914*, Atlantic Highlands, New Jersey, Humanities Press, 1997.

JACKSON JR. JA. H., "*Migration in Duisburg, 1867-1890; Occupation and Familial Contexts*", *Journal of Urban History*, 8, 1982, p. 244-5.

JACKSON JU., *The Popular Front in France*, New York, Cambridge University Press, 1988.

JALLA D., "Le quartier comme territoire et comme représentation: les 'barrières' ouvrières de Turin au début du XXe siècle", *Le Mouvement Social*, n° 118, 1982, p. 79-98.

JARRIGE F. "Les ouvriers parisiens et la question des machines au début de la monarchie de Juillet", in HARISMENDY P. (dir.), *La France des années 1830 et l'esprit de réforme*, Rennes, Presses Universitaires de Rennes, coll. Carnot, 2006, p. 211-222.

JARRIGE F. (dir.), *Dompter Prométhée. Technologie et socialismes à l'âge romantique (1820-1870)*, Besançon, Presses universitaires de Franche-Comté, 2016.

JARRIGE F. et LE ROUX T., "Corps, gestes et santé au travail à l'âge industriel (XVIIIe-XXe siècles)", *Historiens & Géographes*, n° 438, 2017a, p. 81-90.

JARRIGE F. et LE ROUX T., "Naissance de l'enquête: les hygiénistes, Villermé et les ouvriers autour de 1840", in E. GEERKENS, N. HATZFELD, I. LESPINET, X. VIGNA (dir.), *Enquêtes ouvrières dans l'Europe contemporaine, entre pratiques scientifiques et passions politiques*, Paris, La Découverte, 2019, p. 41-52.

JARRIGE F. et LE ROUX T., *La contamination du monde. Une histoire des pollutions à l'âge industriel*, Paris, Le Seuil, coll. "L'univers Historique", 2017b.

JARRIGE F., "Le genre des bris de machines: violence et mécanisation à l'aube de l'ère industrielle (Angleterre-France, 1750-1850)", *Clio. Femmes, Genre, Histoire*, n° 38, 2013, p. 17-40.

JARRIGE F., "Le travail discipliné: Genèse d'un projet technologique au XIXe siècle", *Cahiers d'histoire. Revue d'histoire critique*, n° 110, octobre-décembre 2009, p. 99-116.

JARRIGE F., "Se prémunir contre les préjugés ouvriers: l'économie politique des machines entre l'Angleterre et la France (1800-1850)", *Documents pour l'histoire des techniques*, n° 19, juin 2010, p. 251-258.

JARRIGE F., *Au temps des "tueuses de bras". Les bris de machines à l'aube de l'ère industrielle (1780-1860)*, Rennes, Presses universitaires de Rennes, 2009.

JARRIGE F., et B. REYNAUD, "La durée du travail, la norme et ses usages en 1848", *Genèses*, vol. 85, no. 4, 2011, p. 70-92.

JARRIGE F., et CHALMIN C, "L'émergence du contremaître. L'ambivalence d'une autorité en construction dans l'industrie textile française (1800-1860)", *Le Mouvement Social*, vol. 224, n° 3, 2008, p. 47-60.

JARRIGE F., REYNAUD B., “Les usines en feu. L’industrialisation au risque des incendies dans le textile (France, 1830-1870)”, *Le Mouvement Social*, 2014/4 (n° 249), p. 141-162.

JARRIGE F., VRIGNON A., *Face à la puissance. Une histoire des énergies alternatives à l’âge industriel*, Paris, La Découverte, 2020, p. 71-83.

JOHNSON C., “*The Revolution of 1830 in French Economic History*”, in MERRIMAN J. (eds.), *1830 in France*, New York, New viewpoints, 1975, p. 139-202.

JOHNSTON R. et MACIVOR A., *Miners’ Lung: a History of Dust Disease in British Coal Mining*, Aldershot, Ashgate, 2007.

JOUSSE E., *Les hommes révoltés. Les origines intellectuelles du réformisme en France (1871-1917)*, Paris, Fayard, 2017.

JOUSSE E., *Réviser le marxisme ? D’Eduard Bernstein à Albert Thomas, 1896-1914*, Paris, L’Harmattan, 2007.

JUDT T., *La reconstruction du parti socialiste (1921-1926)*, Presses de la Fondation nationale des sciences politiques, Paris, 1976.

JULLIARD J., *Autonomie ouvrière. Essai sur le syndicalisme d’action directe*, Paris, Hautes Études-Gallimard-Le Seuil, 1988.

KALIFA D., “Enquête et ‘culture de l’enquête’ au XIXe siècle”, *Romantisme*, n° 149, 2010, p. 3-23.

KALIFA D., “Les historiens français et le ‘populaire’”, *Hermès. La Revue*, n° 42, 2005, p. 54-59.

KALIFA D., *La culture de masse en France, 1860-1930*, Paris, La Découverte, 2001.

KAMPHOEFNER W., *The Westfalians: From Germany to Missouri*, Princeton, Princeton University Press, 1987.

KANDER A., MALANIMA P. et WARDE P., *Power to the People. Energy in Europe over the last five Centuries*, Princeton/Oxford, Princeton University Press, 2013.

KAPLAN S. L., *La fin des corporations*, Paris, Fayard, 2001.

KAPLAN S., “Les corporations, les “faux ouvriers” et le faubourg Saint-Antoine au XVIIIe siècle”, *Annales. ESC, n°* 2, 1988. p. 353-378.

KASDI M., *Les entrepreneurs du coton : innovation et développement économique (France du Nord, 1760-1830)*, Valencienne, Presses du Septentrion, 2016.

KATZ H., *The Emancipation of Labor: A History of the First International*, Westport, CT: Greenwood Press, 1992, p. 34.

KELLY A., *The German Worker: Working-Class Autobiographies from the Age of Industrialization*, California, University of California Press, 1987.

KENEFICK W. and MACIVOR A. (eds), *The Roots of Red Clydeside 1910-1914. Labour Unrest and Industrial Relations in West Scotland,* Edinburgh, John Donald Publishers, 1996.

KERSHAW I., *L'Europe en enfer (1914-1949)*, Paris, Le Seuil, 2016.

KERSHAW I., *L'opinion allemande sous le nazisme*, Paris, CNRS éditions, 2010.

KINGSFORD P., *Hunger Marchers in Britain, 1920-1940,* Londres, Lawrence & Wishart, 1982.

KIRBY P., "Travail des enfants, risques professionnels et législation industrielle dans les industries textiles et minières en Grande-Bretagne au début du XIXe siècle", *Le Mouvement Social*, n° 249, 2014/4 p. 91-114.

KISCH H., "*The Textile industries in Silesia and the Rhineland: A comparative study in industrialization*", in KRIEDTE P., MEDICK H., SCHLUMBHOM J. (dir.), *Industrialization before industrialisation. Rural Industry in the Genesis of Capitalism,* Cambridge-Paris, CUP/MSH, 1980, p. 178-200.

KLESSMANN C., *Polnische Bergarbeiter im Ruhrgebiet 1870-1945. Soziale Integration und nationale Subkultur einer Minderheit in der deutschen Industriegesellschaft*, Göttingen, Vandenhoeck&Ruprecht, 1978.

KNOTTER A., MAYER D. (éd.), '*Migration and Ethnicity in Coalfields: Global Perspectives*', dossier special, *International Review of Social History*, vol. 60, 1, 2015.

KOCKA J., '*The rise of the modern industrial enterprise in* Germany', in CHANDLER A.D. et DAEMS H. (dir.), *Managerial Hierarchies: Comparative perspectives on the rise of the modern industrial enterprise*, Cambridge, Harvard University Press, 1980.

KOLAKOWSKI L., *Histoire du marxisme*, Paris, Fayard, 1987.

KÖLLING B., *Familienwirtschaft und Klassenbildung. Landarbeiter im Arbeitskonflikt: Das ostelbische Pommern und die norditalienische Lomellina 1901-1921*, Vierow SH – Verl, 1996.

KÖNIG M. et JULIEN É., *Histoire franco-allemande. Rivalités et interdépendances : 1870-1918,* Villeneuve-d'Ascq, Presses universitaires du Septentrion, 2018.

KOTT S. "Dynamiques de l'internationalisation : l'Allemagne et l'Organisation internationale du travail (1919-1940)", *Critique internationale*, vol. 52, n° 3, 2011, p. 69-84.

KOTT S., "La justice sociale dans un monde global. L'Organisation internationale du travail (1919-2019)", *Le Mouvement Social*, 2/263, 2018, p. 3-14.

Kott S., "Vers une historiographie européenne de l'État social ? Recherches récentes sur les cas français et allemands au xixe siècle", *Archiv für Sozialgeschichte*, n° 35, 1995b, p. 445-456.

Kott S., Droux J. (éd.), *Globalizing Social Rights. The International Labour Organization and Beyond*, Palgrave Macmillan, 2013.

Kott S., *L'État social allemand. Représentations et pratiques*, Paris, Belin, 1995 a.

Kott S., *L'Allemagne du xixe siècle*, Paris, Hachette, 1991.

Kott S., Lengwiler M. "Expertise transnationale et protection sociale", *Revue d'histoire de la protection sociale*, vol. 10, n° 1, 2017, p. 9-21.

Kourchid O. et Trempé R. (dir.), *Cent ans de conventions collectives, Arras, 1891-1991*, *Revue du Nord*, Hors-Série, coll. Histoire, n° 8, 1994.

Krausmann F., "*The Social Metabolism of European Industrialization: Changes in the Relation of Energy and Land Use from the Eighteenth to the Twentieth Century*", in UngerR W. (éd.), *Energy Transitions in History*, RCC Perspectives 2013, n° 2, 31–36.

Kriedtke P., Medick H., Schlumbohm J., *Industrialization before Industrialization: Rural Industry in the Genesis of Capitalism*, Cambridge, Cambridge University Press, 1982.

Kriegel A., *Aux origines du communisme français. Contribution à l'histoire du mouvement ouvrier français*, Paris, Flammarion, 1969.

Kriegel A., *Le pain et les roses. Jalons pour une histoire du socialisme*, Paris, PUF, 1968.

Kroker E. et Farrenkopf M., *Grubenunglücke im deutschsprachigen Raum. Katalog der Bergwerke, Opfer, Ursachen und Quellen*, Deutsches Bergbau-Museum, 1999.

Krüger D., *Das Stinnes-Legien-Abkommen 1918-1924. Voraussetzungen, Entstehung, Umsetzung und Bedeutung*, Berlin, Duncler&Humblot, 2018.

Kuczynski J., *Geschichte der Lage der Arbeiter unter dem Kapitalismus*, Vols. 1-3, Berlin 1961/1962.

Kuhn T., "Un exemple de découverte simultanée : la conservation de l'énergie" [1959] repris in *La tension essentielle*, Paris, Gallimard, 1990, p. 111-156.

La Berge A., *Mission and Method. The Early-Nineteenth-Century French Public Health Movement*, Cambridge, Cambridge University Press, 1992.

La Puma L., *Giuseppe Mazzini, democratico e riformista europeo*, Salento/Lecce, Leo S. Olschki, 2008.

LABROUSSE E. (dir.), *Aspects de la crise et de la dépression de l'économie française au milieu du XIX siècle, 1846-1851*. Études, Bibliothèque de la révolution de 1848, t. XIX, Paris, Société d'histoire de 1848, 1956.

LAFARGUE P., *Le droit à la paresse, réfutation du droit au travail de 1848*, 1883 (repris et présenté dans LAFARGUE P., *Paresse et révolution*, Texto, 2009).

LAFFOND C., "L'industrie de la chaussure à Izeaux (Bas-Dauphiné), *Revue de géographie alpine*, 34, 1946/1, p. 69-85.

LAGEDAMON P.-H., *Travail, temps libre et socialisme. Le temps du travailleur dans la pensée d'Owen, Fourier, Cabet et Proudhon*, Rennes, PUR, 2016.

LALLEMENT M., *Le réel de l'utopie. Godin et le familistère de Guise*, Paris, Les Belles Lettres, 2009.

LALLEMENT M., *Le Travail. Une sociologie contemporaine*, Paris, Gallimard, coll. Folio essais, 2007.

LAMANTHE A., *Les métamorphoses du paternalisme. Histoire, dynamiques et actualités*, Paris, CNRS éditions, 2011.

LAMIRAND G., *Le rôle social de l'ingénieur. Scènes de la vie d'usine*, Paris, éditions de la Revue des Jeunes, 1932.

LANARO S., *Nazione e lavoro. Saggio sulla cultura borghese in Italia (1870-1925)*, Padova, Marsilio, 1979.

LANDES D., "*French Entrepreneurship and Industrial Growth in the Nineteenth* Century", *Journal of Economic History*, vol. 9, 1949, p. 45-61.

LANDES D., *L'Europe technicienne. Révolution technique et libre essor industriel en Europe occidental de 1750 à nos jours*, Paris, Gallimard, 1975 [1969], p. 124.

LAYBOURN K. et SHEPHERD J. (dir.), *Britain's First Labour government*, Basingstoke, Palgrave Macmillan, 2006.

LE BIANIC T., "Le Conservatoire des Arts et Métiers et la machine humaine. Genèse et développement des sciences du travail au CNAM de 1910 à 1990", *Revue d'Histoire des Sciences Humaines*, n° 11, 2004, 185-214.

LE BIANIC T., "Les sciences du travail et la question sociale. Autour du ministère du Travail (1890-1950)", *Bulletin de psychologie*, n° 496, Paris, Varia, 2008, p. 327-330.

LE BIANIC T., et VATIN F., "Armand Imbert (1850-1922), la science du travail et la paix sociale", *Travail et Emploi*, n° 111, DARES, 2007, p. 719.

LE BOT F. et PERRIN C., "Mobiliser l'industrie de la chaussure, mobiliser ses territoires", *Terrains & Travaux*, n° 19, Paris, ENS Paris-Saclay, 2011, p. 205-224.

LE BOT F., "Les bottiers parisiens face aux mutations de l'économie française", in EFFOSSE S., DE FERRIÈRE LE VAYER M. et JOLY H., *Les entreprises de biens de consommation sous l'Occupation*, Tours, PUFR, 2010, p. 267-282.

LE BOT F., "Les ressorts du développement du district fougerais de la chaussure, XIX-XXe siècle", in LESCURE M. (éd.) *La mobilisation du territoire. Les districts industriels en Europe occidentale du XVIIe au XXe siècle*, Paris, CHEFF, 2006, p. 139-166.

LE BOT F., *La fabrique réactionnaire. Antisémitisme, spoliations et corporatisme dans le cuir, 1930-1950*, Paris, Presses de Sciences Po, 2007.

LE RAY E., *Marinoni : Le fondateur de la presse moderne (1823-1904)*, Paris, L'Harmattan, 2009.

LE ROUX T. (dir.), *Risques industriels. Savoirs, régulations, politiques d'assistance, fin XVIIe-début XXe siècle*, Rennes, Presses Universitaires de Rennes, 2016.

LE ROUX T. et PIERROT N., "Représenter le travail et l'industrie à Paris, 1750-1900", *Histoire de l'art*, n° 74, 2014, p. 43-54.

LE ROUX T., "L'effacement du corps de l'ouvrier. La santé au travail lors de la première industrialisation de Paris (1770-1840)", *Le Mouvement social*, n° 234, Paris, édition de l'Atelier, janvier-mars 2011a, p. 103-119.

LE ROUX T., "L'émergence du risque industriel. France, Grande-Bretagne, XVIIIe-XIXe siècles", *Le Mouvement Social* (numéro spécial), n° 249, 4, 2014.

LE ROUX T., "Les puissances vives soumises aux forces mortes. Hygiénistes, corps ouvriers et machines au XIXe siècle en France (1800-1870)", in GUIGNARD L., RAGGI P., THÉVENIN E. (dir.), *Corps et machines à l'âge industriel, XIXe-XXe siècles*, Rennes, Presses universitaires de Rennes, 2011 c, p. 259-272.

LE ROUX T., "Risques et maladies du travail : le Conseil de salubrité de Paris aux sources de l'ambiguïté hygiéniste au XIXe siècle", in BRUNO A.-S., GEERKENS E., HATZFELD N., OMNÈS C. (dir.), *La santé au travail, entre savoirs et pouvoirs (19e-20e siècles),* Rennes, Presses universitaires de Rennes, 2011 b, p. 45-63.

LE VAN HO M., "Les Vietnamiens dans la Grande Guerre : des recrues pour l'industrie de l'armement", *Hommes et migrations*, 1309, 2015, p. 168-171.

LE VAN-LEMESLE L., *Le Juste ou le Riche. L'enseignement de l'économie politique, 1815-1950*, Paris, Comité pour l'Histoire Économique et Financière de la France, 2004.

LEBOUTTE R., *Proto-industrialisation : recherches récentes et nouvelles perspectives : mélanges en souvenir de Franklin Mendels*, Genève, Librairie Droz, 1996.

LEBOUTTE R., *Vie et mort des bassins industriels en Europe, 1750-2000*, Paris, L'Harmattan, 1997.

LEBRUN P., *Essai sur la révolution industrielle en Belgique (1770-1847)*, Bruxelles, 1979.

LEFEBVRE D., *Marcel Sembat, Franc-maçonnerie, art et socialisme à la Belle Époque*, Paris, Dervy, 2017.

LEFEBVRE P., *L'invention de la grande entreprise. Travail, hiérarchie, marché. France, fin XVIIIe-début XXe siècle*, Paris, PUF, 2003.

LEFRANC G., *Histoire du travail et des travailleurs*, Paris, Flammarion, 1957.

LEMBRÉ S., "Au secours du métier. Les écoles de dentellière en France et en Belgique des années 1850 aux années 1930", *Histoire de l'éducation*, n° 123, juillet-septembre 2009, p. 45-70.

LEMBRÉ S., *L'école des producteurs. Aux origines de l'enseignement technique (1800-1940)*, Rennes, Presses universitaires de Rennes, 2013.

LEMÉNOREL A., DÉSERT G., DUPRÉ P., LECHARBONNIER Y., RÉAL E., "Hydraulique, vapeur et industrialisation au XIXe siècle : la "voie normande"", *Cahier des Annales de Normandie* n° 25, 1993, p. 7-22.

LEMERCIER C., "'Il faut parler de ce qu'on sait'. 'Hommes pratiques', 'économistes distingués' et législateurs face au travail des enfants (1837-1874)", in CHARLE C. et VINCENT J. (éd.), *La société civile. Savoirs, enjeux et acteurs en France et en Grande-Bretagne, 1780-1914*. Rennes, Pur (Collection Carnot), 2011, p. 127-146.

LEMERCIER C., "Le rapport de travail en France au XIXe siècle : un rapport marchand ?", *L'Homme & la Société*, 209, 2019.

LEMMES F., "'*Ausländereinsat' und Zwangsarbeit im Ersten und Zweiten Weltkrieg : neuere Forschungen und Ansätze*", *Archiv für Sozialgeschichte*, n° 50, 2010, Dietz Verlag, p. 395-444.

LENTACKER F., "Un épisode de la Révolution industrielle : Ouvriers à demeure, ouvriers immigrés dans l'industrie cotonnière de Roubaix de 1857 à 1864", *Revue du Nord*, Tome LXIX, n° 275, oct.-déc. 1987, p. 767-775.

LENTACKER F., *La frontière franco-belge. Étude géographique des effets d'une frontière internationale sur la vie de relations*, Lille, Librairie Giard, 1974.

LÉONARD M., *L'émancipation des travailleurs, Une histoire de la Première Internationale*, Paris, La Fabrique, 2011.

LEQUIN Y. (dir), "*Ouvriers dans la ville*", numéro spécial, *Le Mouvement Social*, n° 118, 1982.

LEQUIN Y., "L'apprentissage en France au XIXe siècle: rupture ou continuité ?", *Formation Emploi*, n° 27-28, 1989. p. 91-100.

LEQUIN Y., *Les ouvriers de la région lyonnaise (1848-1914)* 2 tomes, Lyon, Presses universitaires de Lyon, 1974-1977.

LEROUX-HUGON V., *Des saintes laïques. Les infirmières à l'aube de la Troisième République*, Paris, Sciences en situation, 1992.

LESPINET-MORET I., "Hygiène industrielle, santé au travail. L'OIT productrice de normes, 1919-1939" dans LESPINET I., VIET V. (dir.), L'organisation internationale du travail. Origine, développement, avenir, Rennes, PUR, 2011, p 63-79.

LESPINET-MORET I., "La question sociale", dans DUCLERT V. et PROCHASSON C. (dir.), *Dictionnaire critique de la République*, Paris, Flammarion, 2007a (2e édition), p. 237-242.

LESPINET-MORET I., "Les risques du métier. Des congrès internationaux à l'Organisation internationale du travail, politiques et représentations transnationales en matière d'accidents du travail, 1889-1939", in LE ROUX T. (dir.), *Risques industriels. Savoirs, régulations, politiques d'assistance, fin XVIIe-début XXe siècle*, Rennes, Presses Universitaires de Rennes, 2016, p. 117-133.

LESPINET-MORET I., *L'Office du Travail 1891-1914. La République et la réforme sociale*, Rennes, Presses universitaires de Rennes, 2007b.

LESPINET-MORET I., VIET V. (dir)., L'organisation internationale du travail. Origine, développement, avenir, Rennes, PUR, 2011.

LEVILLAIN P., *Albert de Mun. Catholicisme français et catholicisme romain du Syllabus au Ralliement*, Rome, École française de Rome, 1983.

LEVIN M., *The Condition of England Question: Carlyle, Mill, Engels*, Londres, Macmillan, 1998.

LÉVY-LEBOYER M. et BOURGUIGNON F., *L'économie française au XIXe siècle. Analyse macro-économique*, Paris, Economica, 1986.

LEVY-LEBOYER M., *Les Banques européennes et l'industrialisation internationale dans la première moitié du XIXe siècle*, Paris, PUF, 1964.

LHÉRITIER A., *Les physiologies de 1826 à 1894 : contribution à l'étude du livre illustré au XIXe siècle*, Paris, 1955.

LHOMME J., "Le pouvoir d'achat de l'ouvrier français au cours d'un siècle : 1840–1940", *Le Mouvement social*, n° 63, avril-juin 1968, p. 41–69.

LIDTKE V. L., *The Alternative Culture. Socialist Labor in Imperial Germany*, Oxford University Press, 1985.

LIDTKE V. L., *The Outlawed Party. Social Democracy in Germany, 1878-1890*, Princeton N. J., Princeton University Press, 1966.

LORETO F., "Le voyage du syndicalisme italien dans l'Europe du début du 20e siècle", *Vingtième Siècle. Revue d'histoire*, n° 132, 2016/4, p. 3-14.

LORIAUX F., *Enfants machines. Histoire du travail des enfants en Belgique au XIXe et XXe siècle*, Bruxelles, Carhop, 2000.

LOUBET J.-L., *L'industrie automobile (1905-1971)*, Archives économiques du Crédit Lyonnais, Genève, Droz, 1999.

LOUVIER F., "*A Comparative Study of the Dress, Food and Leisure of Domestic Servants in France and Britain, 1900-1939*", PhD thesis, University of Oxford, 2019.

Lovell J., *Stevedore and Dockers. À Study of Trade Unionism in the Port of London, 1870-1914*, Mac Millan and Co Lt, London, 1969.

LOWN J., "'Père plutôt que maître...' : le paternalisme à l'usine dans l'industrie de la soie à Halstead au XIXe siècle", *Le Mouvement Social*, n° 144, Paris, Édition de l'Atelier, 1988, p. 51-70.

LUCASSEN J., *Migrant Labour in Europe 1600-1900*, London, Croom Helm, 1987.

LUCIANI J., SALAIS R., "Matériaux pour la naissance d'une institution : l'Office du travail (1890-1900)", *Genèses. Sciences sociales et histoire*, n° 2, Paris, Belin, 1990.

LÜDTKE A. (dir.), *Histoire du quotidien*, (1989), Paris, Édition de la Maison des sciences de l'homme, 1994.

LÜDTKE A., "Le domaine réservé : affirmation de l'autonomie ouvrière et politique chez les ouvriers d'usine en Allemagne à la fin du XIXe siècle", *Le Mouvement Social*, n° 126, janvier-mars 1984, p. 29-52.

LÜDTKE A., "Ouvriers, *Eigensinn* et politique dans l'Allemagne du XXe siècle", *Actes de la recherche en sciences sociales*, vol. 113, juin 1996, p. 91-101.

LÜDTKE A., *Des ouvriers dans l'Allemagne du XXe siècle. Le quotidien des dictatures*, Paris, L'Harmattan, 2000.

LUGON O., *Le style documentaire d'August Sander à Walker Evans 1020-1945*, Paris, Macula, 2001.

LUKS T., “*The factory as environment: social engineering and the ecology of industrial workplaces in inter-war Germany*”, *European Review of History*, n° 20, 2013, p. 271-286.

LUTZ R., *Imperiale Gewalt und mobiliserte Nation: Europa 1914-1945*, München, C. H. Beck, 2011.

LYNCH E., *Moissons rouges. Les socialistes français et la société paysanne durant l'Entre-deux guerres (1918-1940)*, Villeneuve d'Ascq, Septentrion, 2002.

LYON-CAEN J., “Enquêtes, littérature et savoir sur le monde social en France dans les années 1840”, *Revue d'histoire des sciences humaines*, n° 17, 2007, p. 99-118.

LYON-CAEN J., “Saisir, décrire, déchiffrer: les mises en texte du social sous la monarchie de Juillet”, *Revue historique*, n° 630, 2004, p. 303-331.

LYONS M., “La culture littéraire des travailleurs. Autobiographies ouvrières dans l'Europe du XIXe siècle”, *Annales HSS*, n° 4-5, juillet-octobre 2001, p. 927-946.

LYONS M., “Les nouveaux lecteurs du XIXe siècle: femmes, enfants, ouvriers”, in CAVALLO G. et CHARTIER R. (dir.), *Histoire de la lecture dans le monde occidental*, Paris, Le Seuil, 1997.

M. RAGON, *Histoire de la littérature prolétarienne de langue française*, Paris, Albin Michel, 1974, (rééd. 2005).

MA L. (dir.), *Les travailleurs chinois dans la Première Guerre mondiale*, Paris, CNRS éditions, 2012.

MAC KIBBIN R., *Classes and Cultures: England 1918-1951,* Oxford University Press, 1998.

MACHU L., “Les conventions collectives dans la première moitié du XXe siècle: éléments pour une histoire comparée” dans HATZFELD N. et *al.* (dir.), *Travail, travailleurs et ouvriers d'Europe au XXe siècle*, Dijon, EUD, 2016, p. 273-283.

MACHU L., “Les relations professionnelles à l'épreuve du conflit: perspectives croisées franco-allemandes” dans LESPINET I., MACHU L. , VIET V. (dir.), *Mains-d'œuvre en guerre*, Paris, La Documentation française, 2018, p. 94-10.

MACHU L., *Les conventions collectives du Front populaire. Construction et pratiques du système français de relations professionnelles*, thèse soutenue le 21 novembre 2011 à l'Université Paris 10.

MACHU L., VIET V. (dir.), *Mains-d'oeuvre en guerre*, Paris, La Documentation française, 2018, p. 49-57.

MacIvor A. J., *A History of Work in Britain, 1880-1950,* Basingstoke, Palgrave, 2001.

MacLeod C., *Heroes of Invention. Technology, Liberalism and British Identity (1750-1914)*, Cambridge University Press, 2007.

MacLeod H., *Piety and poverty: working-class religion in Berlin, London, and New York, 1870-1914,* Londres, Holmes & Meier, 1996.

Maddison A., *L'économie mondiale*, 1820-1992, Paris, OCDE, 1995.

Magalhães N., Bonneuil C., Fressoz J.-B., Jarrige F., Le Roux T., Levillain G., Lyautey M., "L'économie matérielle de la France (1830-2015). L'histoire d'un parasite ?". 2018.

Magri S. et Topalov C. (dir.), *Villes ouvrières, 1900-1950,* Paris, L'Harmattan, 1989

Maher V., "*Sewing the Seams of Society: Dressmakers and Seamstresses in Turin Between the Wars*", in Fishburne Collier J. et Junko Yanagisako S. (dir.), *Gender and Kinship: Essays toward a Unified Analysis*, Stanford, Stanford University Press, 1987, p. 132-159.

Maitron J., *Le mouvement anarchiste en France, des origines à 1914*, t. I, Paris, éditions Maspero, 1975 (rééd. 2011).

Maitte C., *La trame incertaine. Le monde textile de Prato. XVIIIe-XIXe siècles*, Villeneuve d'Ascq, Presses Universitaires du Septentrion, 2001.

Maitte C., et Terrier D. (dir.), *Les temps du travail : normes, pratiques, évolutions, XIVe-XIXe siècle*, Rennes, PUR, 2014.

Maitte C., et Terrier D., "Une question (re)devenue centrale : le temps de travail", *Genèses*, vol. 85, n° 4, 2011, p. 156-170.

Mak A., "Danser la Lambeth Walk ou les formes de folklorisation de la culture cockney. Étude et revisite de l'enquête du *Mass Observation*", *Mil neuf cent. Revue d'histoire intellectuelle*, 2017/1, n° 35, p. 117-158.

Malm A., *Fossil Capital: The Rise of Steam Power and the Roots of Global Warming*, Verso, Londres, 2016.

Marchand O. et Thélot C., *Deux siècles de travail en France,* Paris, INSEE, 1991.

Marcilloux P. (dir.), *Le travail en représentations*, Paris, Editions du CTHS, 2005.

Marcobelli E., *L'internationalisme à l'épreuve des crises. La IIe Internationale et les socialistes français, allemands et italiens (1889-1915)*, Nancy, Arbre bleu éditions, 2019.

Marczewski J., *Introduction à l'histoire quantitative*, Genève, Droz, 1965

Mariot N., *Tous unis dans les tranchées? 1914-1918. Les intellectuels rencontrent le peuple*, Paris, Le Seuil, 2013.

Marsollek I. et Ott R., *Bremen im Dritten Reich. Anpassung, Widerstand, Verfolgung*, Bremen, Schünemann, 1986.

Marty L., *Chanter pour survivre, culture ouvrière, travail et technique dans le textile (Roubaix, 1850–1914)*, Paris, L'Harmattan, 1996.

Marx R., *La révolution industrielle en Grande-Bretagne*, Paris, A. Colin, 1992.

Mastin J.-L., *Victimes et profiteurs de guerre ? Les patrons du Nord (1914-1923)*, Rennes, Presses universitaires de Rennes, 2019.

Mathie B., "*Charles Turner Chackrah, 1795-1833, 'The Father of Occupational Medicine'*", *Occupational Medicine*, 67/4, 2017, p. 251-253.

Mathieu L. et Piéchu C., "Résistance", in Fillieule O., Mathieu L. et Piéchu C., *Dictionnaire des mouvements sociaux*, Paris, Presses de Sciences Po, 2020, p. 508-516.

Mathis C.-F., *In Nature We Trust. Les paysages anglais à l'ère industrielle*, Paris, Presses de l'Université Paris-Sorbonne, 2010.

Matonti F., "Francs-tireurs ou partisans: les historiens communistes français et britanniques", *Revue d'histoire moderne & contemporaine*, vol. 53-4 bis, n° 5, 2006, p. 80-87.

Mattera P., "Protection sociale, citoyenneté et mobilisations populaires dans l'Italie de la Première Guerre mondiale (1916-1920), dans *Revue d'histoire de la protection sociale*, n° 12, 2019/1, p. 36-55.

Mayaud J.-L., *La petite exploitation rurale triomphante. France, XIXe siècle*, Paris, éditions Belin, 1999.

Mayer C., "Éducation professionnelle et genre Allemagne (1850-1913)", *Histoire de l'éducation*, 2012, p. 111-140.

McBriar A. M., *Fabian Socialism and English Politics, 1884-1918*, Cambridge, Cambridge University Press, 1962.

McCloskey D. N., *Bourgeois dignity. Why economics can't explain the modern world*, Chicago, University of Chicago Press, 2010.

Méda D., *Le Travail. Une valeur en voie de disparition*, Paris, Aubier ; rééd. Champs-Flammarion, 1998.

Melucci A., "Action patronale, pouvoir, organisation. Règlements d'usine et contrôle de la main d'œuvre au XIXe siècle", *Le Mouvement Social*, octobre-décembre 1976, p. 139-159.

Mendels F., "*Protoindustrialization, the first phase of the industrialization process*", *Journal of Economic History*, mars 1972, p. 241-261.

MENDELS F., “Des industries rurales à la protoindustrialisation: historique d’un changement de perspective”, *Annales. Économies, Sociétés, Civilisations*. 39e année, n° 5, 1984, p. 977-1008.

MERCIER L., Les *universités populaires: 1899-1914: éducation populaire et mouvement ouvrier au début du siècle,* Paris, éditions ouvrières, 1986.

MERGER M., “L’Industrie italienne de locomotives, reflet d’une industrialisation tardive et difficile (1850-1914)”, *Histoire, économie et société*, , 8e année, n° 3, 1989, p. 335-370.

MICHEL A. P., *Travail à la chaîne. Renault 1898-1947*, Boulogne Billancourt, ETAI, 2007.

MICHEL J., “Charbon (mines) : grandeur et décadence”, dans CHARLE C. et ROCHE D. (dir.), *L’Europe. Encyclopédie historique,* Arles, Actes Sud, 2018, p. 2218-2021.

MICHEL J., “L’échec de la grève générale des mineurs européens avant 1914”, *Revue d’histoire moderne et contemporaine*, t. XXIX, n° 2, avril-juin 1982. p. 214-234.

MICHEL J., *La Mine. Une histoire européenne*, Paris, La Documentation Photographique, n° 8010, août 1999.

MICHEL J., *Le mouvement ouvrier chez les mineurs d’Europe occidentale (Grande-Bretagne, Belgique, Allemagne, France). Étude comparative des années 1880-1914*, thèse pour le doctorat d’État en histoire, Université Lyon II, 1987.

MILLER P. B., *From Revolutionaries to Citizens: Antimilitarism in France, 1870-1914*, Durham, Duke University Press, 2002.

MILLER S., *Die Bürde der Macht. Die deutsche Sozialdemokratie 1918–1920*, Düsseldorf, Droste Verlag, 1978.

MINARD P. et STEVEN K. (éd.), *La France, malade du corporatisme ? XVIIIe-XXe siècles*, Paris, Belin, 2004.

MINARD P., “Le métier sans institution: les lois d’Allarde et Le Chapelier de 1791 et leur impact au début du XIXe siècle”, in KAPLAN S. L., MINARD P. (dir.), *La France, malade du corporatisme? XVIIIe-XXe siècles*, Paris, Belin, 2004, p. 81-96.

MINOVEZ J.-M., *L’industrie invisible. Les draperies du Midi, XVIIe-XXe siècles. Essai sur l’originalité d’une trajectoire*, Paris, CNRS éditions, 2012.

MINOVEZ, J. -M., “La désindustrialisation en longue durée”, *20 & 21. Revue d’histoire*, vol. 144, n° 4, 2019, p. 18-33.

MINOVEZ J.-M., "Pourquoi le Midi toulousain s'est-il désindustrialisé au début du XIXe siècle ?", *Revue historique*, 1996/2.

MIRANDA ENCARNACIÓN J. A., "*De la tradición artesana a la especialización industrial. El calzado valenciano, 1850-1930*", *Revista de Historia Industrial*, 1993/4, p. 11-36.

MITCHELL B.R., *International historical statistics, Europe 1750-2005*, Basingstoke, Macmillan, 2007.

MITCHELL H., *The Hard Way Up. The Autobiography of Hannah Mitchell, Suffragette and Rebel*, ed. George Mitchell, London, Faber and Faber, 1968.

MITCHELL T., *Carbon democracy. Le pouvoir politique à l'ère du pétrole*, Paris, La Découverte, 2013 (éd. anglaise 2011).

MITTMANN U., *Fraktion und Partei. Ein Vergleich von Zentrum und Sozialdemokratie im Kaiserreich*, Droste, Düsseldorf, 1976.

MOCH L. P. et TILLY L., "*Joining the Urban, World: Occupation, Family and Migration in three French cities*", *Comparative Studies in Society and History* 27, 1985, 39-47.

MOCH L. P., *Moving Europeans. Migration in Western Europe since 1650*, (1992), Bloomington, Indiana University Press, 2003.

MOINDROT C., "Les vagues d'immigration en Grande-Bretagne", *Population*, 20□année, n° 4, 1965, p. 633-650.

MOISAND J., "Migrant-e-s entre deux empires. Journaliers agricoles espagnols à Cuba et en Algérie dans les années 1880-1890", *Revue d'histoire du XIXe siècle*, n° 51, 2015, p. 89-106.

MOKYR J., *La culture de la croissance ; les origines de l'économie moderne*, Paris, Gallimard, 2020.

MOLE F., *L'École laïque pour une République sociale. Controverses politiques et pédagogiques (1900-1914)*, Rennes, Presses universitaires de Rennes, 2010.

MOLINAS C. et PRADOS DE LA ESCOSURA L., "*Was Spain different? Spanish historical backwardness revisited*", *Explorations in Economic History*, vol. 26, issue 4, octobre 1989, p. 385-402.

MÖLLER H., *La république de Weimar, 1919-1933*, Paris, Tallandier, 2005.

MONIER F., *Le Front populaire*, Paris, La Découverte, 2002.

MONTMOLLIN M. de, *Le taylorisme à visage humain*, Paris, PUF, 1981.

MOOSER J., *Ländliche Klassengesellschaft, 1770-1848: Bauern und Unterschichten, Landwirtschaft und Gewerbe im östlichen Westfalen*, Vandenhoeck & Ruprecht, 1984.

MORELLI A. et GOTOVITCH J., *Contester dans un pays prospère : l'extrême gauche en Belgique et au Canada*, Bruxelles, Peter Lang, 2007.

MORICEAU C., *Les douleurs de l'industrie. L'hygiénisme industriel en France, 1860-1914*, Paris, EHESS, 2009.

MORICEAU J.-M. et PHILIPPE M. (dir.), *Les petites gens de la terre. Paysans, ouvriers et domstiques (Moyen-âge-XXIe siècle)*, Caen, Presses universitaires de Caen, 2017.

MOSES J., "Foreign Workers and the Emergence of Minimum International Standards for the Compensation of Workplace Accidents, 1880-1914", *Journal of Modern European History*, 7/2, 2009, p. 219-239.

MOSES J., *The first modern risk, workplace accidents and the origin of European Social State*, Cambridge, Cambridge University Press, 2018.

MOSLEY S., *The Chimney of the World: A History of Smoke Pollution in Victorian and Edwardian Manchester*, Cambridge, White Horse Press, 2001.

MOSS B. H., *Aux origines du mouvement ouvrier français, le socialisme des ouvriers de métier, 1830-1914*, Besançon, Annales littéraires de l'université de Franche-Comté, 1986.

MOSS B. H., *Le socialisme des ouvriers de métiers, 1830-1914*, Paris, Les Belles Lettres, 1989.

MOSSO A., *La fatigue intellectuelle et physique*, [1891], Paris, Alcan, 1908.

MOSSO A., *Les exercices physiques et le développement intellectuel* [1903], Paris, Alcan, 1904.

MOTTEZ B., *Systèmes de salaire et politiques patronales,* Paris, éditions du CNRS, 1966.

MOUTET A., *Les Logiques de l'entreprise. La rationalisation dans l'industrie française de l'entre-deux-guerres*, Paris, éditions de l'EHESS, 1997.

MOYA J. C., *Cousins and Strangers: Spanish Immigrants in Buenos Aires, 1850-1930*, Berkeley, University of California Press, 1998.

MÜLLER J. K. (dir.), *Der deutsche Widerstand, 1933-1945*, Paderborn, Schöningh, 1986.

MUÑIZ-SANCHEZ J., "Le réformisme dans le syndicalisme minier en Espagne au début du XXe siècle", *Le Mouvement Social,* n° 234, 2011, p. 33-44.

MUÑOZ ABELEDO L., *Género, trabajo y niveles de vida en la industria conservera de Galicia, 1870-1970*, Barcelone, Icaria Editorial / Universitat de Barcelona, 2010.

MUSIEDLAK D., *Mussolini*, Paris, Presses de Sciences Po, 2005.

MUSSO P., *La religion industrielle. Monastère, manufacture, usine : Une généalogie de l'entreprise*, Paris, Fayard, 2017.

MUSSO S. (dir.), *Storia del lavoro in Italia*. Vol 5 : *Il Novecento, 1896-1945. Il lavoro nell'età industriale*, Roma, Castelvecchi, 2015.

MUSSON A. E., *The Typographical Association. Origins and history up to 1949*, Londres, Oxford University Press, 1954.

MUTERT S., "Une intégration ambiguë : Femmes et syndicats en Bavière 1868/69-1892", *Clio. Histoire, femmes et sociétés*, 3, 1996.

N. L. GREEN, "La main d'œuvre immigrée et l'industrie du vêtement. Au-delà de la culture et du capital", *Sociologie du Travail*, 36-2, 1994, p. 165-184.

NA I., *Sozialreform oder Revolution. Gesellschaftspolitische Zukunftsvorstellungen im Naumann-Kreis 1890-1903/04*, Marbourg, Tectum, 2003.

NA'AMAN S., *Ferdinand Lassalle*, Hanovre, Verlag für Literatur und Zeitgeschehen, 1970.

NADAL J., "*The failure of the industrial Revolution in Spain*", in CIPOLLA C. M. (eds.), *The Fontana Economic History of Europe*, vol. 4, "*The Emergence of Industrial Societies, Londres*", Londres, Collins, 1973.

NADAL J., "Industrialisation catalane et désindustrialisation espagnole au XIXe siècle : l'exemple du textile", in NÚÑEZ C. E. (dir.), *De-industrialisation in Europe, 19th-20th Centuries*, Séville, Universidad de Sevilla, 1998, p. 11-21.

NADAL J., SUDRIÁ C. et VAL JULIÁN C., "La controverse sur le retard économique de l'Espagne dans la seconde moitié du XIXe siècle (1860-1913)", *Revue d'histoire moderne et contemporaine*, tome 41, n° 2, avril-juin 1994, p. 329-352.

NADAUD M., *Léonard, maçon de la Creuse*, Bourganeuf, 1895.

NANI M., "*Introduction*", in MOSSO A., *La fatica*, Firenze, Giunti, 2001.

NARDINELLI C., "*Child Labor and the Factory Acts*", *The Journal of Economic History*, vol. 40, n° 4, 1980, p. 739–755.

NEAVE D., "Les sociétés de secours mutuels en Grande-Bretagne", in DREYFUS M. et GIBAUD B. (dir.), *Mutualités de tous les pays. Un passé riche d'avenir*, Paris, Mutualité française, 1995, p. 209-223.

NEMEC G., "Lavorare sotto tutela. Le operaie nelle fabbriche della prima metà del Novecento", in MUSSO S., (a cura di), *Operai. Figure del mondo del lavoro nel Novecento,* Turin, Rosenborg & Sellier, 2006, p. 163-201.

NESS I. (ed.), *The Encyclopaedia of Global Human Migration*, Oxford, Wiley-Blackwell, 2013.

NIJHOF É., BARZMAN J., LOVELL J., "Les syndicats de dockers de Londres, du Havre, de Rotterdam et deHambourg, 1880-1914", in ROBERT J.-L., BOLL F., PROST A. (dir.) *L'Invention des syndicalismes. Le syndicalisme en Europe occidentale à la fin du XIX*e *siècle,* Paris, Publications de la Sorbonne, 1997, p. 73-95.

NIVET P., *La France occupée. 1914-1918*, Paris, Armand Colin, 2014.

NIVET P., *Les réfugiés de la Grande Guerre. Les "Boches du Nord"*, Paris, Economica, 2004.

NOIRIEL G., "Du 'patronage' au 'paternalisme' : la restructuration des formes de domination de la main d'œuvre ouvrière dans l'industrie métallurgique française", *Le Mouvement Social*, n° 144, juillet-septembre 1988, p. 17-35.

NOIRIEL G., *Immigration, antisémitisme et racisme en France (XIX*e*-XX*e *siècle)*, Paris, Fayard, 2007.

NOIRIEL G., *Les ouvriers dans la société française, XIX*e*-XX*e *siècle*, Paris, Seuil, 1986.

NOIRIEL G., *Longwy. Immigrés et prolétaires 1880-1980,* Paris, PUF, 1984.

NOIRIEL G., *Une histoire populaire de la France. De la guerre de Cent ans à nos jours*, Marseille, Agone, 2018.

NÜTZNADEL A. (dir)., *Bureaucracy, Work and Violence: the Reich Ministry of Labour in Nazi Germany,* Berghan Book, 2020.

O'BRIEN P. (ed.), *Industrialisation: Critical Perspectives on the World Economy,* London, Routledge, vol. 1, 1998,.

O'BRIEN P. et CAGLAR K. *Economic Growth in Britain and France, 1780-1914*, Londres, Allen & Unwin, 1978.

O'GRADA C., PAPING R. & VANHAUTE E. (éd.), *When the potato failed. Causes and effects of the Last European Subsistence crisis, 1845-1850,* Turnhout, Brepols, CORN series, 2007, p. 149-184.

OGILVIE S., "*Proto-industrialization in Germany"*, in OGILVIE S. (eds.), *European protoindustrialization*, Cambridge, Cambridge University Press, 1996, p. 118–136.

OGILVIE S., "Aux origines de l'industrialisation en Allemagne", *Revue d'Allemagne*, 2008, p. 5-36. OGILVIE S., *Proto-Industrialization in Europe*, Cambridge, CUP, 1993.

OLIVIER J.-M., “L’industrialisation rurale douce : un modèle montagnard ?”, Ruralia, 1999.

OLIVIER J.-M., *Des clous, des horloges et des lunettes. Les campagnards moréziens en industrie (1780-1914)*, Paris, CTHS, 2004.

OLPHE-GAILLARD G., *Les industries rurales à domicile dans la Normandie orientale*, Paris, Bureaux de la science sociale, 1913.

OMNÈS C. et PITTI L. (dir.), *Cultures du risque au travail et pratiques de prévention. La France au regard des pays voisins*, Rennes, Presses universitaires de Rennes, 2009.

OMNÈS C., *Ouvrières parisiennes. Marchés du travail et trajectoires professionnelles au XXe siècle*, Paris, éditions de l’EHESS, 1997.

OSTERHAMMEL J., *Une histoire globale du XIXe siècle*, Paris, Nouveau Monde, 2017.

OUVRIER-BONNAZ R. (dir.), *Les archives de Jean-Maurice Lahy (1872-1943) à Sainte-Anne*, Octarès, 2019.

OUVRIER-BONNAZ R., “L’histoire des chaires du CNAM concernant l’Homme au travail (1900-1945) entre production de savoirs et engagement politique”, *Cahiers d’histoire. Revue d’histoire critique*, 111, 2010, 99-122.

PARMENTIER I., *Histoire de l’environnement en Pays de Charleroi, 1730-1830. Pollution et nuisances dans un paysage en voie d’industrialisation*, Bruxelles, Académie royale de Belgique, 2008.

PASI A., “Les enfants dans l’industrialisation lombarde (1876-1911)”, dans ROLAND C. (dir.), *Enfants au travail : attitude des élites en Europe occidentale et méditerranéenne au XIXe et XXe siècle*, Aix-en-Provence, PU de Provence, 2002, p 71-105.

PASSAQUI J.-P., “Connaître, comprendre et combattre les risques dans les mines de combustibles minéraux (bassin de Bourgogne-Nivernais, 2e moitié du XIXe siècle)”, *Le Mouvement Social*, n° 249, 4, 2014, p. 115-139

PASTEUR P., *Les pratiques politiques et militantes de la social-démocratie autrichienne, 1888-1934*, Paris, Belin, 2003.

PAVAN I., “War and the Welfare State: the case of Italy form WWI to Fascism”, *Historia Contemporanea*, 2019, 61, p. 835-872.

PELLEGRINO A., “La perception de la nocivité sociale du risque d’accidents du travail à travers la documentation photographique en Italie (1880-1914)”, in LE ROUXT. (dir.), *Risques industriels. Savoirs, régulations, politiques d’assistance, fin XVIIe-début XXe siècle*, Rennes, Presses Universitaires de Rennes, 2016, p..153-173.

PELLEGRINO A., *Les Fées machines. Les ouvriers italiens aux Expositions universelles (1851-1911)*, traduction de l'italien par DRUBIGNY-SARACENI C., Paris, Classiques Garnier, 2017.

PELLING H., *Histoire du syndicalisme britannique*, Paris, Seuil, 1967 (éd. anglaise 1963).

PERDONNET A., *Notions générales sur les chemins de fer*, Lacroix et Baudry, 1859, p. 452.

PERQUY J.-L.-M., *La typographie à Bruxelles au début du XX*e *siècle*, Bruxelles, Oscar Schepens, 1904.

PERROT M. (dir.), "Travaux de femmes", *Le Mouvement social*, n° 105, 1978.

PERROT M., "Femmes et machines au XIXe siècle", *Romantisme*, 41, 1983, p. 5-18.

PERROT M., "Grèves, grévistes et conjonctures. Vieux problème et travaux neufs", *Le Mouvement social*, n° 63, avril-juin 1968, p. 109-125.

PERROT M., "L'éloge de la ménagère dans le discours des ouvriers français au XIXe siècle", *Romantisme*, n° 13-14, 1976, p. 105-122.

PERROT M., "Machines à coudre et travail à domicile", *Le Mouvement Social*, n° 105, 1978, p. 161-164.

PERROT M., "Vies ouvrières", dans NORA P. (dir.), *Les lieux de mémoire*, 3. *Les France*, Paris, Gallimard, coll. "Quarto", 1997 [1992], p. 3937-3971.

PERROT M., *Enquêtes sur la condition ouvrière en France au XIX*e *siècle*, Paris, Hachette, 1972.

PERROT M., *Jeunesse de la grève*, Paris, Le Seuil, 1984.

PERROT M., *Les Ouvriers en grève, France (1871-1890)*, Paris, La Haye Mouton, 2 vols., 1974.

PERROT M., *Mélancolie ouvrière : 'Je suis entrée comme apprentie, j'avais alors douze ans', Lucie Baud, 1908*, Paris, Grasset, coll. "Héroïnes", 2012.

PETILLON C., *La population de Roubaix. Industrialisation, démographie et société, 1750-1880*, Lille, Presses du Septentrion, 2006.

PÉTRÉ-GRENOUILLEAU O., *Saint-Simon. L'utopie ou la raison en actes*, Paris, Payot, 2001.

PEUKERT D., *La république de Weimar. Années de crise de la modernité*, Paris, Aubier, 1995.

PEYRIÈRE M., "Femmes au travail, machines en chaleur : l'emprise de la machine à coudre", *Communications*, n° 81, 2007, p. 71-84.

PFISTER U., "*Real wages in Germany during the first phase of industrialization, 1850–1889*", Jahrbuch für Wirtschaftsgeschichte 59, 2, 2018, p. 567–596.

PHILLIPS C., "*Organization of War Economies (Great Britain and Ireland)*", *1914-1918-online.net, International Encyclopedia of the First World War*, Berlin, Freie Universität Berlin, 2018.

PICON A., "Gestes ouvriers, opérations et processus techniques. La vision du travail des encyclopédistes", *Recherches sur Diderot et sur l'Encyclopédie*, n° 13, 1992, p. 131-147.

PICON A., *Les saint-simoniens. Raison, imaginaire et utopie*, Paris, Belin, 2002.

PIERRARD P., *L'Église et les ouvriers en France (1840-1940)*, Paris, Hachette, 1984.

PIERROT N. et WORONOFF D. (dir.), *Les images de l'industrie de 1850 à nos jours*, Paris, CHEFF, 2002.

PIERROT N., *Les images de l'industrie en France : peintures, dessins, estampes, 1760-1870*, thèse doctorat en Histoire, sous la direction d'Anne-Françoise Garçon, Université de Paris I, 2010.

PIGENET M., "À propos des représentations et des rapports sociaux sexués : identité professionnelle et masculinité chez les dockers français (XIXe-XXe siècles), *Le Mouvement Social*, n° 198, 2002, p. 55-74.

PIGENET M., "Identité professionnelle et masculinité. Une approche historique des rapports sociaux sexués dans les ports français aux XIXe et XXe siècles", *Le Mouvement social,* n° 198, janvier-février 2002, p. 55-74.

PIGENET M., "L'usine et le village : Rosières (1869-1914)", *Le Mouvement Social,* n° 119, avril-juin 1982, p. 33-61.

PIGENET M., "Les origines d'une configuration sociale singulière : logiques et acteurs des dynamiques sociales portuaires en Europe au XXe siècle ; une approche comparative", in Le Crom J.-P. (dir.), *Les acteurs du droit du travail,* Presses universitaires de Rennes, 2004, p. 371-381.

PIGENET M., "Les travailleurs de la manutention portuaire ou les métamorphoses du modèle corporatiste" in KAPLAN S., MINARD P. (dir.), *Le corporatisme : impasse ou troisième voie ?,* Paris, Belin, 2004, p. 265-280.

PILBEAM P., "*The Economic Crisis of 1827-32 and the 1830 Revolution in Provincial France*", *The Historical Journal*, vol. 32, n° 2, juin 1989, p. 319-338.

PILLON T., *Le corps à l'ouvrage*, Paris, Stock, 2012.

PILLON T., VATIN F., "Retour sur la question salariale : actualité d'un vieux problème", *Sociologia del Lavoro*, n° 85, 2002.

Pinchemel P., *Structures sociales et dépopulation rurales dans les campagnes picardes*, Paris, Armand Colin, 1957.

Pingeot A. (dir.), *Orsay. La sculpture*, Paris, Scala, 1995.

Platini V., *Krimi. Une anthologie du récit policier sous le Troisième Reich*, Toulouse, Anarchasis, 2014.

Platini V., *Lire, s'évader, résister. Essai sur la culture de masse sous le Troisième Reich*, Paris, La Découverte, 2014.

Poisson M., *Origines républicaines d'un modèle infirmier (1870-1900)*, Paris, éditions hospitalières, 1998.

Poitrineau A., *Les Espagnols de l'Auvergne et du Limousin du xviiie au xixe siècle*, Aurillac, 1985.

Polanyi K., *La Grande Transformation, Aux origines politiques et économiques de notre temps*, Paris, Gallimard, 1983 [1 944].

Pollard S. (dir.), *Region und Industrialisierung. Studien zur Rolle der Region in der Wirtschaftsgeschichte*, Göttingen, Vandenhoeck and Ruprecht, 1980.

Pollard S., *Peaceful Conquest: The Industrialization of Europe, 1760–1970*, Oxford, Oxford University Press, 1981.

Pomeranz K., *Une grande divergence. La Chine, l'Europe et la construction de l'économie mondiale*, Paris, Albin Michel, coll. “Bibliothèque de l'évolution de l'humanité”, 2010.

Pons S. et Smith S., *The Cambridge History of Communism. Vol. 1: World Revolution and Socialism in One Country 1917-1941*, Cambridge, Cambridge University Press, 2017.

Portelli A., *Biografia di una città. Storia e racconto: Terni 1830-1985*, Torino, Einaudi, 1985.

Poulot D., *Le Sublime*, Paris, Maspéro, 1980 [1869].

Prass R., “les communaux et leurs usages dans l'économie domestique paysanne : un nouveau regard sur un domaine trop longtemps négligé”, in Béaur G., Duhamelle C., Prass R. et Schlumbohm J. (éd.), *Les sociétés rurales en Allemagne et en France (xviiie-xixe siècles)*, Rennes, PUR, 2004.

Prêcheur C., *La Lorraine sidérurgique*, Paris, SABRI, 1959,

Price R., *Masters, Unions and Men. Work Control in Building and the Rise of Labour*, 1830-1914, Cambridge, Cambridge University Press, 1980.

Procacci G., “*Le donne e le manifestazioni popalari durante la neutralità e negli anni di guerra (1914-1918)*”, *Deportate, Esuli, Profughi*, n° 31, 2016, p. 86-121.

PROCACCI G., "*State Coercion and Worker Solidarity in Italy (1915-1918): the Moral and Political Content of Social Unrest*", dans HAIMSON L., SAPELLI G. (dir.), *Strikes, social conflict and the First World War. An international perspective*, Milan, Feltrinelli, 1992, p. 145-179.

PROCACCI G., *Gouverner la misère. La question sociale en France 1789-1848*. Préface de Michelle Perrot, Paris, Seuil, 1993.

PROCHASSON C. (dir.), *Dictionnaire critique de la République*, Paris, Flammarion, 2007 (2e édition), p. 237-242.

PROCHASSON C., *Saint-Simon ou l'anti-Marx. Figures du saint-simonisme français XIXe-XXe siècles*, Paris, Perrin, 2005.

PROST A., "Entre le front et l'usine : France, Allemagne, Grande Bretagne" dans LESPINET I.,

PROST A., "Mariage, jeunesse et société à Orléans en 1911", *Annales ESC*, vol. 36, n° 4, 1981, p. 672-701.

PROST A., *Les Français de la Belle Époque*, Paris, Gallimard, 2019.

PROTHERO I., *Artisans and politics in early nineteenth century London. John Gast and his Times*, London, 1979.

PROTHERO I., *Radical artisans in England and France, 1830-1870*, Cambridge University Press, 2006

PROUDHON P.-J., *Des réformes à opérer dans l'exploitation des chemins de fer*, Garnier, 1855, p. 392.

PUISSANT J., "La coopération en Belgique. Tentative d'évaluation globale", *Revue belge d'histoire contemporaine*, n° 22, 1991, p. 31-72.

RABINBACH A., "Entre psychotechnique et politique : la psychologie industrielle dans l'Allemagne de Weimar", *in* COHEN Y., BAUDOUÏ R., *Les chantiers de la paix sociale (1900-1940)*, Fontenay/Saint-Cloud, ENS éditions, 1995, p. 127-150.

RABINBACH A., *L'énergie, la fatigue et les origines de la modernité*, Paris, La fabrique, 2004.

RABINBACH A., *The Human Motor: Energy, Fatigue, and the Origins of Modernity*, New York, BasicBooks, 1990.

RACINE N., "Marcel Martinet et la culture ouvrière", *Le Mouvement social*, n° 91, 1975, p. 59-78.

RAGON M., *Histoire mondiale de l'architecture et de l'urbanisme modernes*, Paris, Casterman, 1986.

RAINHORN J. (dir.), *Santé et travail à la mine, XIXe-XXIe siècles*, Villeneuve d'Ascq, Presses universitaires du Septentrion, 2014.

RAINHORN J., *Blanc de plomb. Histoire d'un poison légal*, Paris, Presses de Sciences Po, 2019.

RANCIÈRE J., "*The myth of the artisan: critical reflections on a category of social history*", in KAPLAN S. L. et KOEPP C. J. (eds.), *Work in France. Representations, Meaning, Organization, and Practice*, Ithaca, Cornell University Press, 1986, p. 317-334.

RANCIÈRE J., *La nuit des prolétaires. Archives du rêve ouvrier*, Paris, Fayard, 1981.

RANDALL, A. J., "*Peculiar perquisites and pernicious practices. Embezzlement in the West of England woollen industry, c. 1750–1840*", *International Review of Social History,* 35, 2, 1990, p. 193–219.

RAPPORT M., *1848: Year of Revolution*, New York, Basic Books, 2008.

RASMUSSEN A., "Introduction. Protéger la société de la guerre : de l'assistance aux "droits sur la nation"", *Revue d'histoire de la protection sociale*, vol. 9, n° 1, 2016, p. 9-24.

RASMUSSEN A., "Tournant, inflexions, ruptures : le moment internationaliste", *Mil neuf cent. Revue d'histoire intellectuelle*, vol. 19, n° 1, 2001, p. 27-41.

RAVENSTEIN A., "*The Laws of Migration*", *Journal of the Royal Statistical Society,* n° 48 et n° 52, 1976 [1885 et 1889].

RAVEUX O., *Marseille, ville des métaux et de la vapeur au XIXe siècle*, Paris, CNRS éditions, 2013.

REBÉRIOUX M. (dir.), "*Culture et militantisme en France : de la Belle Époque au Front Populaire*", dossier *Le Mouvement Social,* n° 91, avril-juin 1975.

REBÉRIOUX M. (dir.), *Fourmies et les Premier Mai*, Paris, éditions de l'Atelier, 1994.

REBÉRIOUX M., "Avant-garde esthétique et avant-garde politique : le socialisme français entre 1890 et 1914", repris dans REBÉRIOUX M., *Pour que vive l'histoire,* Paris, Belin, 2017, p. 583-596.

REBÉRIOUX M., "Jaurès devant le problème de la croissance industrielle au début du XXe siècle", repris dans REBÉRIOUX M., *Pour que vive l'histoire. Écrits,* Paris, Belin, 2017 [1989], p. 321-334.

REBÉRIOUX M., "L'ouvrier à travers l'art et la littérature", *in* C. Willard (dir.), *La France ouvrière*, t. I, Paris, éditions sociales, repris dans *Pour que vive l'histoire. Écrits*, Paris, Belin, 2017 [1993 b].

REBÉRIOUX M., “La culture au pluriel”, *in* A. Burguière, J. Revel (dir.), *Histoire de la France. Les formes de la culture*, Paris, Le Seuil, 1993 a, p. 455-516.

REBÉRIOUX M., “Le socialisme belge de 1875 à 1914”, *in* DROZ J. (dir.), *Histoire générale du socialisme*, t. II (1974), Paris, PUF, 1997, p. 321-333.

REBÉRIOUX M., “Les ouvriers et les expositions universelles de Paris au XIXe siècle”, in *Le Livre des expositions universelles, 1851-1989*, Paris, Union centrale des arts décoratifs, 1983, p. 277-286.

REBÉRIOUX M., “Quelles ruptures ? Quelles cultures ? Pour quelle société ?”, *Mil neuf cent. Revue d'histoire intellectuelle*, n° 21, 2003/1, p. 43-48.

REBÉRIOUX M., *Les ouvriers du livre et leur fédération. Un centenaire, 1881-1981*, Paris, 1981.

REBÉRIOUX M., préface à *Images du travail*, exposition au musée national Fernand Léger de Biot (06410), Paris, éditions de la RMN, 1985.

REDDY W., “Modes de paiement et contrôle du travail dans les filatures de coton en France, 1750-1850”, *Revue du Nord*, n° 248, 1981, p. 135-146.

REDONDI P., “*Educare per la vita. L'Istituto civico di psicologia sperimentale*” in ZOCCHI P., CANADELLI E. (dir.) *Milano scientifica, 1875-1924*, vol. 1, Milan, éditions Sironi, 2008, p 277-303.

REID A. J., *United We Stand. A History of Britain's Trade Unions*, London, Allen, 2004.

REID D., “Industrial Paternalism: Discourse and Practice in Nineteenth-Century French Mining and Metallurgy”, *Comparative Studies in Society and History*, vol. 27, n° 4, 1985, p. 579-607.

REID D., *Les mineurs de Decazeville. Historique de la désindustrialisation*, Decazeville, ASPIBD, 2009 [1985].

RÉMY S., *Jean, Jules, Prosper et les autres. Les socialistes indépendants en France à la fin du XIXe siècle*, Villeneuve d'Ascq, Presses universitaires du Septentrion, 2011.

RENARD D., “Assistance et assurance dans la constitution du système de protection sociale française”, Genèses, 18, 1995, p. 30-46.

REUCHLIN M., “Naissance de la psychologie appliquée”, in REUCHLIN M. (dir.), *Traité de psychologie appliquée, tome 1 Les applications de la psychologie*, Paris, PUF, 1971, p. 13-52.

REYNOLDS J., *The Great paternalist: Titus Salt and the gowth of nineteenth-century Bradford*, Londres, New York, Maurice Temple Smith, St Martin's press, 1983.

RIBEILL G., *et alii*, “Revues en lutte””, *Revue d’histoire du xixe siècle*, n° 60, 2020/1, p. 9-72.

RIBEILL G., *La révolution ferroviaire. La formation des compagnies de chemins de fer en France (1823-1870)*, Paris, Belin, 1993.

RIBEILL G., *Mémoires de cheminots. 150 ans de solidarité et de culture à travers leurs associations*, La Vie du rail, 2018.

RICARDO D., *Des principes de l’économie politique et de l’impôt* (1817), Paris, Flammarion 1999.

RICCIARDI F., “Une utopie conservatrice. Rationalisation et sciences du travail dans l’Italie fasciste”, *Vingtième siècle. Revue d’histoire*, n° 136, octobre-décembre 2017, p. 57-70.

RIDDELL N., *Labour in Crisis. The Second Labour Government 1929-1931*, New York, Manchester University Press, 1999.

RIDEL C., *Les embusqués*, Paris, Armand Colin, 2007.

RIFKIN J., *La Fin du travail*, Paris, La Découverte, 1996.

RINAUDO Y., “Un travail en plus: les paysans d’un métier à l’autre (vers 1830-vers 1950)”, Annales ESC, 1987 42-2, p. 283-302.

ROBERt J.-L., *Les Ouvriers, la Patrie et la Révolution. Paris 1914-1919*, Besançon, Annales Littéraires de l’Université de Besançon, 1995.

ROBERT V., “Géographie de l’utopie. Icariens et phalanstériens à la veille de 1848”, *Cahiers Charles Fourier*, n° 10, 1999.

ROBERT V., *Le temps des banquets. Politique et symbolique d’une génération (1818-1848)*, Paris, Publications de la Sorbonne, 2010.

ROCHE D., *Histoire des choses banales. Naissance de la consommation dans les sociétés traditionnelles (XVIIe- XIXe siècles)*, Paris, Fayard, 1997.

ROGERS H., “*’The Good Are Not Always Powerful, nor the Powerful Always Good’: The Politics of Women’s Needlework in Mid-Victorian London*”, *Victorian Studies*, vol. 40, n° 4, 1997, p. 589-623.

ROGGER F., *«Wir helfen uns!» Die kollektive Selbsthilfe der Arbeiterverbrüderung 1848/49 und der individuelle Selbsthilfe Stephan Borns. Borns Leben, Entwicklung und seine Rezeption der zeitgenössischer Lehren*, Erlangen, Palm und Enke, 1986.

ROJON J., “L’industrialisation du Bas-Dauphiné: le cas du textile (fin XVIIIe siècle à 1914)”, Thèse de doctorat en histoire, sous la direction de CHASSAGNE S., Lyon, Université Lumière Lyon 2, 2007.

ROMANIELLO L. (dir.), *Le radici del socialismo italiano*, Milan, Amici del Museo del Risorgimento, 1997.

ROSANVALLON P., *L'État en France de 1789 à nos jours*, Paris, Seuil, 1990.

ROSE J., *The intellectual life of the British working classes,* New Haven, Yale University Press, 2010.

ROSE S. O. "'Frères et sœurs en détresse'. Ouvriers du tissage mécanique et syndicats dans le Lancashire au XIXe siècle", *Genèses*, 6, 1991, p. 52-72.

ROSE, A. G., "*The Plug Plot Riots of 1842 in Lancashire and Cheshire*", *Transactions of the Lancashire and Cheshire Antiquarian Society*, LXVII, 1957.

ROSENTAL P.-A. et OMNÈS C. (coord.), "Les maladies professionnelles: genèse d'une question sociale", *Revue d'histoire moderne et contemporaine*, 56-1, janvier-mars 2009, p. 5.

ROSENTAL P.-A., "Géopolitique et État-providence. Le BIT et la politique mondiale des migrations dans l'entre-deux-guerres", *Annales. Histoire, Sciences Sociales*, n° 1, 61e année, 2006, p. 99-134.

ROSENTAL P.-A., "La silicose comme maladie professionnelle transnationale", *Revue française des affaires sociales*, n° 2-3, 2008, p. 255-277.

ROSENTAL P.-A., *Les Sentiers invisibles. Espaces, familles et migrations dans la France du XIXe siècle,* Paris, éditions de l'EHESS, 1999.

ROSTOW W.W., *Les étapes de la croissance économique*, Paris, Seuil, 1962.

ROUGERIE J., "*Remarques sur l'histoire des salaires à Paris* au XIXe siècle," Le Mouvement social, n° 63,1968, p. 89.

ROUGERIE J., "L'Association ouvrière 1851-1870. Par-delà le coup d'état, la continuité de l'action et de l'organisation ouvrières", communication au colloque de Lyon, décembre 2001.

ROUGERIE J., *Paris libre 1871*, Paris, Seuil, 1971.

ROUGERIE J., *Procès des Communards*, Paris, Gallimard, 1973.

ROWE S. E., "*Labor*", *1914-1918-online.net*, International Encyclopedia of the First World War, Berlin, Freie Universität Berlin, 2014.

ROWLEY A., "Deux crises économiques modernes: 1846 et 1848?", *1848, révolutions et mutations au XIXe siècle*, 1986, n° 2, p. 81-90.

RUDE F., *Les révoltes des Canuts 1831-1834*, Paris, Maspéro, 1982.

RUDISCHHAUSER S., "L'autonomie ou le syndicalisme producteur de normes: les conventions collectives avant la lettre: 1890-1919" dans M. Pigenet ,A. Narritsens (dir.), *Pratiques syndicales du droit*, Rennes, PUR, 2014, p. 101-113.

RUDISCHHAUSER S., "Les conventions collectives, regards croisés sur la fondation des modèles sociaux" dans M. Dupré et *al.* (dir.), *Trajectoires des modèles nationaux. État, démocratie et travail en France et en Allemagne*, P.I.E. Peter Lang, 2012, p. 157-186.

RUDISCHHAUSER S., Geregelte Verhältnisse. Eine Geschichte des Tarifvertragsrechts in Deutschland und Frankreich (1890-1918/19), Böhlau Verlag, Cologne, Weimar et Vienne, 2017.

RUEDLIN, "Les fonctionnaires, employés et ouvriers des chemins de fer", in *Les chemins de fer d'aujourd'hui, et plus spécialement les Chemins de fer allemands*, Chap. XXVIII, Paris-Bruxelles-Berlin, 1912.

RYGIEL P., *Destins immigrés. Cher 1920-1980: Trajectoires d'immigrés d'Europe*, Besançon, Presses universitaires franc-comtoises, 2001.

SABBATUCCI SEVERINI P., "Les districts de production de chaussures en Italie, 1880-1960", in DAUMAS J.-C., LAMARD P. et TISSOT L. (éd.), *Les territoires de l'industrie en Europe, 1750-2000*, Besançon, PUFC, 2007, p. 361-382.

SABEL C. et ZEITLIN J. (eds.), *World of Possibilities. Flexibility and Mass Production in Western Industrialization*, Cambridge, Cambridge University Press, 1997.

SABEL C. et ZEITLIN J., "*Historical Alternatives to Mass production: Politics, markets and Technology in Nineteenth century Industrialization*", *Past and Present*, 108, 1985, p. 133-176.

SALY P., MARGAIRAZ M., PIGENET M., ROBERT J.-L., *Industrialisation et sociétés. Europe occidentale, 1880-1970,* Paris, Atlande, 1998.

SAMUEL R., "*Workshop of the World: Steam Power and Hand Technology in mid-Victorian Britain*", *History Workshop*, n° 3, 1977, p. 6-73.

SANNA F., "Les travaux sur la fatigue humaine à l'épreuve du terrain. Le cas du système Gennaper dans les mines de Pertulosa (1930-1940)", *e-Phaïstos* [En ligne], 2019.

SARACENO M. et SEGUIN T., "Ernest Solvay, Max Weber et l'énergie. De l'évaluation énergétique de l'activité sociale aux valeurs sociales des activités énergétiques.", *L'Année sociologique*, vol. 67, n° 2, 2017, p. 453-480.

SARACENO M., "La fatigue des organismes. La mesure physiologique du temps entre corps biologique et corps social", *Histoire & Politique,* n° 39, septembre-décembre 2019.

SARACENO M., "Mesurer le risque par la fatigue : la psychophysiologie dans les débats sur l'indemnisation des accidents de travail à la fin du XIXe siècle", *in* LEROUX T. (dir.), *Risques industriels : Savoirs, régulations, politiques d'assistance, fin XVIIe début XXe*, PUR, 2016.

SARACENO M., *De la mesure du corps à la politique des corps : une histoire des sciences du travail (1880-1920)*, thèse de sociologie, Université Paris Ouest Nanterre-La Défense, 2013.

SARACENO M., *Pourquoi les hommes se fatiguent-ils ?* Toulouse, Octares, 2018.

SAUL S. B., *The Myth of the Great Depression, 1873-1896*, Londres, Macmillan, 1985.

SAUNIER P.-Y., "*Wedges and Webs: Rockefeller Nursing Fellowships 1920-1940*", in TOURNÈS L. et SCOTT-SMITH G (dir.), *Global Exchanges Exchange Programs, Scholarships and Transnational Circulations in the Modern World,* New York, Berghahn Books, 2017, p. 127-140.

SAVOYE A., CARDONI F., LE PLAY F., *Parcours, audience, héritage*, Paris, Presses de l'École des Mines, 2007.

SCHMELZER M. et BOROWITZ I. (éd.), *The past of the future of growth. Historical roots of current debates about sustainable degrowth*, Londres, Routledge, 2017.

SCHMITZ N., "Le paternalisme d'Émile Mayrisch", in *Terres rouges Histoire de la sidérurgie luxembourgeoise*, vol. 3, Luxembourg, Centre d'études et de recherches européennes Robert Schuman, Archives nationales de Luxembourg, 2012.

SCHOLLIERS P. et ZAMAGNI V. (éd.), *Labour's reward: real wages and economic change in 19th and 20th century,* Ashgate, Aldershot, 1995.

SCHOLLIERS P., *Wages, Manufacturers and Workers in the Nineteenth-Century Factory: The Voortman Cotton Mill in Ghent*. Oxford, Berg Publishers, 1996.

SCHWEITZER S., Des engrenages à la chaîne : Les usines Citroën (1915-1935), Lyon, Presses universitaires de Lyon, 1982.

SCOTT J. C., *La domination et les arts de la résistance. Fragments du discours subalterne*, Paris, éditions Amsterdam, 2009 (éd. anglaise 1992).

SCOTT J. W., "*Gender, a useful category of historical analysis*", *American Historical Review*, t. XCI, n° 5, 1986, p. 1052-1075, traduction française d'E.Varikas "Genre : une catégorie utile d'analyse historique", *Les cahiers du GRIF*, "Le genre de l'histoire", n° 37/38, 1988, p. 125-153.

SCOTT J. W., "*Men and women in the Parisian garment trades: Discussions of family and work in the 1830s and 1840s* ", in THANE P., CROSSICK G. et FLOUD R. (dir.), *The Power of the Past: Essays for Eric Hobsbawm*, Cambridge, Cambridge University Press, 1984, p. 67-94.

SCOTT J. W., *Gender and the politics of history*, New York, Columbia University Press, 1988.

SEIDEL-HÖPPNER W., *Wilhelm Weitling (1808-1871). Eine politische Biographie*, Frankfurt am Main, Peter Lang, 2014.

SEWELL W. H., *Gens de métier et révolutions. Le langage du travail, de l'Ancien Régime à 1848*, trad. par J.-M. Denis, Paris, Aubier Montaigne, 1980, (réed. 1983).

SIEFERLE R. P., *The Subterranean Forest: Energy Systems and the Industrial Revolution*, Cambridge, The White Horse Press, 2001.

SILVESTRI A., *"Retour à l'utopie sans socialisme :* La Ville noire *de George Sand, Revue italienne d'études françaises*, 2013-3.

SIMÉON O., *Robert Owen's Experiment at New Lanark. From Paternalism to Socialism*, Cham, Palgrave Macmillan, 2017.

SIMONTON D., *A History of European Women's Work, 1700 to the Present*, Londres, New York, Routledge, 1998.

SLOSSE A et WAXWEILER E., *Recherches sur le travail humain dans l'industrie. 1. Enquête sur l'alimentation de 1065 ouvriers belges*, Bruxelles, Misch et Thron, 1910.

SMITH M. S., *The Emergence of Modern Business Enterprise in France, 1800-1930*, Cambridge (MA)/London, Harvard University Press, 2006.

SNYDER T., *Terres de sang. L'Europe entre Hitler et Staline*, Paris, Gallimard, 2010.

SOHN A.-M. (dir.), *Une histoire sans les hommes est-elle possible ?*, Lyon, ENS éditions, 2013.

SOLVAY E., *Note sur des formules d'introduction à l'énergétique physio- et psycho-sociologique.*, Bruxelles, Misch et Thron, 1906.

SÖREN E., "Labour Law in the Nazi State: The Labour Trustees and the Criminalization of Breaches of Employment Contract" in NÜTZNADEL A. (dir.), *Bureaucracy, Work and Violence: the Reich Ministry of Labour in Nazi Germany*, Berghan Book, 2020, p. 208-238.

SOREZ J., *Le football dans Paris et ses banlieues. Un sport devenu spectacle*, Rennes, Presses universitaires de Rennes, 2013.

SOUAMAA N., "La loi des huit heures : un projet d'Europe sociale ? (1918-1932)", *Travail et Emploi*, n° 110, avril-juin 2007, p. 27-36.

SPEHR M., *Maschinensturm. Protest und Widerstand gegen technische Neuerungen am Anfang des Industrialisierung*, Munich, Westfälisches Dampfboot, 2000.

SPERBER J., *The European Revolutions, 1848-1851*, Cambridge, Cambridge University Press, 2005 [2nd ed.].

STAFFORD D., *From Anarchism to Reformism. A study of the political activities of Paul Brousse within the First International and the French socialist movement 1870-1890*, Londres, Weidenfield & Nicolson, 1971.

STANZIANI A. (dir.), *Le Travail contraint en Asie et en Europe, XVIIe-XXe siècles*, Paris, éditions de la MSH, 2010.

STANZIANI A., *Les métamorphoses du travail contraint. Une histoire globale XVIIIe-XIXe siècles*, Paris, Presses de Sciences Po, 2020.

STEARNS P., *The industrial revolution in world history*, 4e éd., New York, Routledge, 2018.

STEDMAN JONES G., "*National Bankruptcy and Social Revolution: European Observers on Britain, 1813-1844*", *in*. O'BRIEN P. K. et WINCH D.(eds.), *The Political Economy of British Historical Experience 1688-1914*, Oxford, Oxford University Press, 2002, p. 61-92.

STEDMAN JONES G., "Repenser le chartisme", *Revue d'histoire moderne & contemporaine*, vol. n° 54-1, n° 1, 2007, p. 7-68 ["*Rethinking Chartism*", *Languages of Class: Studies in English Working Class History,1832-1982*, Cambridge, Cambridge University Press, 1983].

STEGER Manfred B., *The Quest for Evolutionary Socialism. Eduard Bernstein and Social Democracy*, Cambridge, Cambridge University Press, 1997.

STEINBERG M. W., "*Capitalist Development, the Labor Process, and the Law*", *American Journal of Sociology*, 2003, p. 445 495

STIBBE M., "*Women's Mobilisation for War (Germany)*", International Encyclopedia of the First World War, Freie Universität Berlin, Berlin, 2014.

STOVALL T., *Paris and the Spirit of 1919. Consumer Struggles, Transnationalism and Revolution*, Cambridge, Cambridge University Press, 2012.

STRANGLEMAN T., "*Mining a productive seam? The coal industry, community and sociology*", *Contemporary British History*, 2018, vol. 32, n° 1, p. 18-38

STUART R., *Marxism at Work. Ideology Class and French Socialism during the Third Republic*, Cambridge, Cambridge University Press, 1992.

SUDROW A., "La guerre des chaussures. Allemagne, Grande-Bretagne, 1936-1945", Alain Chatriot, M.-E. Chessel et M. Hilton (éd.), *Au nom du consommateur. Consommation et politique en Europe et aux États-Unis au XXe siècle*, Paris, La découverte, 2005, p. 45-62.

TAILBY S., "*Taylorism in the Mines? Technology, Work Organization and Management in British Coal Mining Before Nationalization*", dans RICHARDSON M. et NICHOLLS P. (éd.), *A Business and Labour History of Britain: Case Studies of Britain in the Nineteenth and Twentieth Centuries*, Londres, Palgrave Mac Millan, 2011, p. 155-181.

TANNER D., *Political Change and the Labour Party 1900-1918*, New York, Cambridge University Press, 1990.

TARDY J.-N., *L'âge des ombres. Complots, conspirations et sociétés secrètes au XIXe siècle*, Paris, Les Belles Lettres, 2017.

TARTAKOWSKY D., *"Le 1er mai"*, dans PIGENET M. et TARTAKOWSKY D. (dir.), *Histoire des mouvements sociaux en France. De 1814 à nos jours*, Paris, La Découverte, 2014, p. 270-282.

TARTAKOWSKY D., *Le Front Populaire*, Paris, Gallimard, 1996.

TEDESCHI P., "Au service du développement des entreprises: les organisations patronales milanaises des origines aux premières phases de l'intégration économique européenne", *Histoire, économie et société*, 33e année, 2014/1, p. 87-103.

TERRIER D., "Construire et déconstruire le temps du travail. Ouvriers du textile et de la mine dans le pays de Liège (milieu XIXe siècle)", in MAITTE C. et TERRIER D. (dir.), *Les temps du travail: normes, pratiques, évolutions, XIVe-XIXe siècles*, Rennes, PUR, 2014, p. 455-480.

TERRIER D., *Les Deux âges de la proto-industrie. Les tisserands du Cambrésis et du Saint-Quentinois, 1730-1880*, Paris, éditions de l'EHESS, 1996.

TESI F., "Michelin et le taylorisme", *Histoire, économie & société*, 2008/3, p. 111-126.

THÉBAUD F., "La Grande Guerre. Le triomphe de la division sexuelle", in THÉBAUD F. (dir.), Histoire des femmes en Occident, le XXe siècle, Plon, Paris, 1992.

THÉBAUD F., "Le genre de l'OIT. Place des femmes dans les organes représentatifs, hiérarchie sexuée des emplois et politiques genrées de justice sociale", *Le Mouvement Social* 2018/2 (n° 263), p. 93-108.

THÉBAUD F., *Les femmes au temps de la guerre de 14*, Paris, Payot, 2013.

THIVEND M., "Former filles et garçons à un métier : Jalons pour une histoire sexuée des formations techniques professionnelles", *Genre et techniques (XIXe-XXIe siècle)*, Rennes, PUR, 2013, p. 25-37.

THOMPSON E. P., *La formation de la classe ouvrière anglaise*, Paris, Seuil, 2012 (rééd. française 2017 ; éd. anglaise 1963).

THOMPSON E. P., *Temps, discipline du travail et capitalisme industriel*, Paris, 2004 [1967].

THOMPSON E., *William Morris: Romantic to Revolutionary*, Londres, Lawrence & Wishart, 1955.

THOMPSON F. M. L., *The Rise of Respectable Society: A Social History of Victorian Britain 1830–1900*. Cambridge (Mass.), Harvard University Press, 1988.

THOMSON J. K., *A distinctive industrialization, cotton in Barcelona (1728-1832)*, Cambridge, Cambridge University Press, 1992, p. 319.

THORPE W. et VAN DER LINDEN M., "Essor et déclin du syndicalisme révolutionnaire", *Le Mouvement social*, n° 159, avril-juin 1992, p. 3-39.

THORPE W., "Une famille agitée. Le syndicalisme révolutionnaire en Europe de la Charte d'Amiens à la Première Guerre mondiale", *Mil Neuf Cent. Revue d'histoire intellectuelle*, n° 24, 2006/1, p. 123-152.

TILLY C., "Les origines du répertoire d'action collective contemporaine en France et en Grande-Bretagne", *Vingtième Siècle. Revue d'histoire*, 4, 1984, p. 89-108.

TILLY C., SHORTER E., "Les vagues de grèves en France, 1890-1968", *Annales. Économies, sociétés, civilisations*, n° 4, 28e année, 1973, p. 857-887.

TIMMINS G., *The Last Shift. The Decline of Handloom Weaving in Nineteenth-century Lancashire*, Manchester, Manchester University Press, 1993.

TISSEAU V., "À l'ombre des familles, les nénènes à Madagascar aux XIXe et XXe siècles", *Clio. Femmes, Genre, Histoire*, 2019, p. 155-165.

TODD D., "*John Bowring and the Global Dissemination of Free Trade*", *The Historical Journal*, vol. 51, n° 2, juin 2008, p. 373-397.

TODD D., *A Velvet Empire: French Informal Imperialism in the Nineteenth Century*, Princeton, Princeton University Press, à paraître en 2021.

TODD D., *L'identité économique de la France. Libre-échange et protectionnisme (1814-1851)*, Paris, Grasset, 2008.

TODD S., *Young Women, Work, and Family in England 1918-1950*, Oxford, Oxford University press, 2005.

TOMASSINI L., "Les sociétés de secours mutuels en Italie (1861-1922)", in DREYFUS M. et GIBAUD B. (dir.), *Mutualités de tous les pays. Un passé riche d'avenir*, Paris, Mutualité française, 1995, p. 295-309.

TOMASSINI L., FROST C., "*Industrial Mobilization and the Labour Market in Italy during the First World War*", *Social History*, vol. 16, n° 1, 1991, p. 59–87.

TOMBS R., *Paris, bivouac des révolutions. La Commune de 1871*, Paris, Libertalia, 2014.

TOOZE A., *Les salaires de la destruction. Formation et ruine de l'économie nazie*, Paris, Les Belles Lettres, 2012.

TOPALOV C. (dir.), *Laboratoires du nouveau siècle : la nébuleuse réformatrice et ses réseaux en France, 1880-1914*, Paris, éditions de l'EHESS, 1999.

TOPALOV C., "Une révolution dans les représentations du travail. L'émergence de la catégorie statistique de 'population active' en France, en Grande-Bretagne et aux États-Unis", *Revue française de sociologie,* XL-3, 1999, p. 445-473.

TOPALOV C., *Naissance du chômeur*, Paris, Albin Michel, 1994.

TOUCAS P., "Une histoire de la coopération", in DREYFUS M. (dir.), *Les coopérateurs. Deux siècles de pratiques coopératives*, Paris, éditions de l'Atelier, 2005, p. 21-107.

TOULOUSE E., *Enquête médico-psychologique sur les rapports de la supériorité intellectuelle avec la névropathie. Émile Zola*, Paris, Société d'éditions scientifiques, 1896.

TOULOUSE E., *Enquête médico-psychologique sur les rapports de la supériorité intellectuelle avec la névropathie. Henri Poincaré*, Paris, Flammarion, 1910.

TOUTAIN J.-C., *La population de la France de 1700 à 1959*, vol. 3, Paris, I. S. E. A., 1963.

TRAUGOTT M., *Armies of the poor: determinants of working-class participation in the Parisian insurrection of June 1848*, Princeton (New Jersey), Princeton university press, 1985.

TRAUGOTT M., *The Insurgent Barricade,* Berkeley (Calif.), University of California Press, 2011.

TRAVERSO E., *À feu et à sang. De la guerre civile européenne*, Paris, Stock, 2007

TREMPÉ R., "Travail à la mine et vieillissement des mineurs au XIXe siècle", *Le Mouvement Social*, n° 124, 1983, p. 131-152.

TREMPÉ R., *Les mineurs de Carmaux,* Paris, éditions Ouvrières, 1971.

TRENTMANN F., *Free Trade Nation. Commerce, Consumption and Civil Society in Modern Britain*, Oxford, Oxford University Press, 2008.

TREVES Z., "Le travail, la fatigue et l'effort". *L'année psychologique*, vol. 12, 1905, p. 34-69.

TREVES Z., "Sur les lois du travail musculaire". *Archives Italiennes de Biologie*, 1898, p. 1-34.

TURBIAUX M., "La résistible création d'un laboratoire du travail", *Bulletin de psychologie*, vol. 496, n° 4, 2018, p. 341-356.

TURBIAUX M., "La résistible création d'un laboratoire du travail", *Bulletin de psychologie*, vol. 496, n° 4, 2008, p. 341-356.

TURBIAUX M., "Sous le drapeau rouge: la conférence internationale de psychotechnique de Moscou de 1931. 1re partie: Psychotechnique et taylorisme à la russe", *Bulletin de psychologie*, vol. 527, n° 5, 2013, p. 417-435.

UHL K., "*The ideal of Lebensraum and the spatial order of power at German factories, 1900-45*", *European Review of History*, n° 20, 2013, p. 287-307.

ULLMANN H.-P., "*Organization of War Economies (Germany)*", *1914-1918-online.net*, International Encyclopedia of the First World War, Freie Universität Berlin, Berlin, 2014.

VAN DER LINDEN M. et LUCASSEN J., *Prolegomena for a Global Labour history*, Amsterdam, International Institute of Social History, 1999.

VAN DER LINDEN M., "*Trade Unions*", in K. HOFMEESTER et M. VAN DER LINDEN (éds.), *Handbook Global History of Work*, Berlin, De Gruyter Oldenbourg, 2018, p. 551-570.

VAN DER LINDEN M., *Workers of the World. Essays towards a Global Labor History,* Leiden, Brill, 2008.

VAN DER VELDEN S., "*Strikes, Lockouts and Informal Resistance*", dans HOFMEESTER K. and VAN DER LINDEN M. (eds.), *Handbook Global History of Work*, De Gruyter Oldenbourg, 2018, p. 521-550.

VAN GENNEP A., *Manuel du folklore français contemporain*, Paris, éditions Picard, 10 vol., 1955.

VAN NECK A., *Les débuts de la machine à vapeur dans l'industrie Belge, 1800-1850*, Bruxelles, 1979

VAN VOSS L. H. et VAN DER LINDEN M. (dir.), *Class and other identities. Gender, Religion and Ethnicity in the Writing of European Labour History*, New York/Oxford, Berghahn, 2002.

Van Voss L. H., Pasture P., de Maeyer J., *Between Cross and Class: Comparative Histories of Christian Labour in Europe 1840-2000*, Suisse, Peter Lang, 2005.

Vanderpelen-Diagre C., "Le monde catholique et les cités-jardins à Bruxelles dans l'entre-deux-guerres", in *Archives de sciences sociales des religions*, n° 165, janvier-mars 2014.

Vanthemsche G. (dir.), *Les classes sociales en Belgique : deux siècles d'histoire*, Bruxelles, CRISP, 2016.

Varaschin D. et Laloux L (dir.), *10 mars 1906. Courrières, aux risques de l'histoire*, Vincennes, GRHEN, 2006.

Vaschide N., Piéron H., et Toulouse E. *Technique de psychologie expérimentale, examen des sujets*, Paris, O. Doin, 1904.

Vatin F. "Introduction", in Vatin F. (eds.) *Organisation du travail,* cit., 1990.

Vatin F. (dir.), "Le social avant la sociologie", *Année sociologique*, vol. 30, 2017.

Vatin F., "Contrainte productive et contrainte salariale", in Vatin F. (dir.), *Le salariat. Théorie, histoire et formes,* Paris, La Dispute, 2007.

Vatin F., "De la naissance de la psychologie appliquée au débat sur le taylorisme, autopsie d'un échec : le cas français (1890-1920)" in Clot Y. (dir.), *Les histoires de la psychologie du travail : approche pluri-disciplinaire*, Toulouse, Octares, 1996.

Vatin F., "Fatigue industrielle", in Zawieja P. (dir.), *Dictionnaire de la fatigue*. Librairie Droz, 2016, p. 310-312.

Vatin F., "L'homme mécanique et l'homme social. Une histoire des sciences du travail", in Carroy J., Richard N. et Vatin F. (dir.), *L'homme des sciences de l'homme. Une histoire transdisciplinaire*, Paris, Presses universitaires de l'Université Paris-Nanterre, 2013, p. 65-85.

Vatin F., "Le travail, la servitude et la vie. La critique de l'économie politique d'Eugène Buret" in *Trois essais sur l'origine de la pensée sociologique*, Paris, La Découverte, 2005.

Vatin F., "Modèle et contre-modèle anglais de Jean-Baptiste Say à Eugène Buret : Révolution industrielle et question sociale (1815-1840)", in Aprile S. et Bensimon F. (dir.), *La France et l'Angleterre au XIXe siècle*, Paris, Creaphis, 2006a, p. 69-88.

Vatin F., "Pierre-Édouard Lemontey, l'invention de la sociologie du travail et la question salariale", *Revue du MAUSS*, vol. 27, n° 1, 2006b, p. 398-420.

Vatin F., *Le travail, économie et physique (1780-1830)*, Paris, PUF, 1993.

Vauthier G., "Les ouvriers de Paris sous l'Empire", *Revue des études napoléoniennes*, 1913, p. 426-451.

VERCIER B. *La mauvaise fortune. Charles-Louis Philippe*, Paris, Gallimard, 2011.

VERDIER Y., *Façons de dire, façons de faire. La laveuse, la couturière, la cuisinière*, Paris, Gallimard, 1979.

VERLEY P., Entreprises et entrepreneurs du XVIIIe siècle au début du XXe siècle, Paris, Hachette, 1994.

VERLEY P., *L'Échelle du Monde. Essai sur l'industrialisation de l'Occident*, Paris, Gallimard, 1997a.

VERLEY P., *La première révolution industrielle, 1750-1880*, 2e éd., Paris, Armand Colin, 2008.

VERLEY P., *La révolution industrielle*¸ Paris, Gallimard, 1997b.

VERNANT J.-P., *Mythe et pensée chez les Grecs. Études de psychologie historique*. Paris, Maspéro, 1965.

VERNE J., *Les Cinq Cents Millions de la Bégum*, Paris, Le livre de poche, 1879 (réed. 1986).

VERSCHUEREN N., "Mineur au front, soldat au fond. La formation d'une icône de la classe ouvrière", *Revue du Nord*, n° 417, 2016, p. 855-870.

VIAL J., *L'industrialisation de la sidérurgie française 1814-1864*, Paris, Mouton, 1967.

VIET V., "Entre protection légale et droit collectif: la loi du 2 novembre 1892 sur le travail des enfants, des filles mineures et des femmes dans les établissements industriels", in LE CROM J.-P., *Deux siècles de droit du travail, l'histoire par les lois*, Paris, Éditions de l'Atelier, 1998, p. 61-73.

VIET V., "La question sociale et son traitement à la fin du XIXe siècle", *Histoire et sociétés*, n° 6, 2003, p. 6-22.

VIET V., "Le droit du travail s'en va-t-en guerre (1914-1918)", *Revue française des affaires sociales*, 2002/1, p. 155-167.

VIET V., "Les républicains face aux grèves: intervenir pour ne plus avoir à intervenir (1880-1914)", *Cahiers Jaurès*, vol. 199, n° 1, 2011, p. 53-69.

VIET V., *Les voltigeurs de la République. L'inspection du travail en France jusqu'en 1914*, Paris, CNRS, Éditions, 1994.

VIGNA X. (dir.), "Enquêter sur le monde ouvrier: autour de Léon de Seilhac", *Cahiers Jaurès*, n° 223-224, 2017.

VIGNA X. et ZANCARINI-FOURNEL M. (dir.), "Ouvrières, ouvriers", *CLIO FGH,* 2013 [en ligne].

VIGNA X., *Histoire des ouvriers en France au XXe siècle*, Paris, Perrin, 2012.

VIGNA X., *L'espoir et l'effroi. Luttes d'écritures et luttes de classes en France au XXe siècle*, Paris, La découverte, 2016.

VIGREUX J., *Histoire du Front populaire. L'échappée belle*, Paris, Tallandier, 2016.

VILAR P., "Le socialisme en Espagne (1917-1945)", in DROZ J. (dir.), *Histoire générale du socialisme*, t. II-III, 1997 [1978], p. 279-321 et p. 421-464.

VINCENOT H., *La vie quotidienne dans les chemins de fer au XIXe siècle*, Paris, Hachette, 1975.

VINCENT J., "La réforme sociale à l'heure du thé: La porcelaine anglaise, l'empire britannique et la santé des ouvrières dans le Staffordshire (1864-1914)", *Revue d'histoire moderne et contemporaine*, n° 56/1, 2009, p. 29-60.

VINCENT J., "Ramazzini n'est pas le précurseur de la médecine du travail. Médecine, travail et politique avant l'hygiénisme", *Genèses*, 2012/4, p. 88-111.

VIVIER N., "Pour un réexamen des crises économiques du XIXe siècle en France", *Histoire & mesure*, 2011, p. 135-156.

VON BUELTZINGSLOEWEN I., *Machines à instruire, machines à guérir. Les hôpitaux universitaires et la médicalisation de la société allemande 1730-1850*, Lyon, Presses universitaires de Lyon, 1997.

VON HODENBERG C., *Aufstand der Weber: Die Revolte von 1844 und ihr Aufstieg zum Mythos*, Bonn, J.H.W. Dietz, 1997.

VON SALDERN A., *Auf dem Wege zum Arbeiter-Reformismus. Parteialltag in sozialdemokratischer Provinz Göttingen (1870-1920)*, Frankfurt-am-Main, Materialistische Verlag, 1984.

VOTH H. J., *Time and Work in England, 1750-1830*, Oxford, Oxford University Press, 2000.

VRIES J. de, *The Industrious Révolution: Consumer Behavior and the Household Economy, 1650 to the Present*, Cambridge, Cambridge University Press, 2008.

VULIC M., "Le débit de boissons, le cabaret, le bistrot, dans le bassin houiller du Nord/Pas-de-Calais, témoins de la sociabilité populaire", *Revue du Nord*, t. LXX, n° 279, octobre-décembre 1988, p. 771-787.

WACHSMANN N., *KL. Une histoire des camps de concentration nazis*, Paris, Gallimard, 2017

WARD J. T., *The Factory Movement, 1830-1855*, Londres, Macmillan, 1962.

WEBER M. „*Energetische' Kulturtheorien*", *Gesammelte Aufsätze zur Wissenschaftslehre*, Tübingen, Mohr, 1988 [1909], p. 400-426.

WEBER M., „*Erhebungen über Auslese und Anpassung (Berufswahl und Berufsschicksal) der Arbeiterschaft des geschlossene Großindustrie*“ in *Zur Psychophysik der industriellen Arbeit: Schriften und Reden 1908-1912*, Tübingen, Mohr, 1995 a [1908], p. 78-149.

WEBER M., „*Zur Psychophysik der industriellen Arbeit*“ in *Zur Psychophysik der industriellen Arbeit: Schriften und Reden 1908-1912*, Tübingen, Mohr, 1995 b [1908], p. 162-38.

WEBER P., *Gescheiterte Sozialpartnerschaft-Gefährdete Republik, Industrielle Beziehungen, Arbeitskämpfe und der Sozialstaat. Deutschland und Frankreich im Vergleich (1918-1933/39)*, R. Oldenburg Verlag, München, 2010.

WEHLER H.-U., *Essais sur l'histoire de la société allemande (1870-1914)*, Dijon, Fondations Maison des sciences de l'homme, 2003.

WEIR D. R., "*Economic Welfare and Physical Well-Being in France, 1750-1990*", in STECKEL R. H. et FLOUD R. (eds.), *Health and Welfare during Industrialization*, Chicago, NBER, 1997, p. 161-200

WEISSBACH L. S. C., *Child Labor Reform in Nineteenth Century France. Assuring the Future Harvest*, Baton Rouge et Londres, Louisiana State University Press, 1989.

WHALEN R. W., *Bitter wounds, German victims of the great War, 1914-1939*, Ithaca and London, Cornell University Press, 1984.

WHITESIDE N., "*Concession, Coercion or Cooperation? State Policy and Industrial Unrest in Britain, 1916-1920*" *in* HAIMSON L. , SAPELLI G. (dir.), *Strikes, social conflict and the First World War. An international perspective*, Milan, Feltrinelli, 1992, p. 107-123.

WHITESIDE N., "L'assurance sociale en Grande-Bretagne, 1900-1950. La genèse de l'État providence" dans DREYFUS M. (dir.), *Les assurances sociales en Europe*, Rennes, PUR, p. 127-159, 2009.

WILFERT-PORTAL B., "Syndicats et syndicalismes : solidarités et particularismes", in CHARLE C. et ROCHE D. (dir.), *L'Europe. Encyclopédie historique*, Arles, Actes Sud, 2018, p. 2225-2242.

WILLARD C. (dir.), *La France ouvrière. Des origines à 1920*, t. I, Paris, éditions de l'Atelier, 1993.

WILLARD C., *Le mouvement socialiste en France (1893-1905) : les guesdistes*, Paris, Éditions sociales, 1965.

WILLIOT J.-P., *Jules Petiet, un ingénieur de la première industrialisation et ses réseaux (1813-1871)*, Indivision Henri M. Petiet, 2007.

WINKLER H. A., *Von der Revolution zur Stabilisierung. Arbeiter und Arbeiterbewegung in der Weimarer Republik 1918 bis 1924*. Berlin/Bonn, Dietz Verlag, 1985.

WORLEY M. (dir.), *The Foundations of the British Labour Party: identities, cultures and perspectives, 1890-1939*, Abingdon-on-Thames, Routledge, 2009.

WORONOFF D., *Histoire de l'industrie en France du XVIe siècle à nos jours*, Paris, éditions du Seuil, 1998.

WRIGLEY C. (dir.), *Challenges of Labour: Central and Western Europe 1917-1920*, London, Routledge, 1993.

WRIGLEY C., "L'impact de la Grande Guerre sur le syndicalisme en Europe", dans ROBERT J. L. (dir.), *Le syndicalisme à l'épreuve de la Première Guerre mondiale*, Presses Universitaires de Rennes, 2017, p. 349-365.

WRIGLEY C., *Arthur Henderson*, Cardiff, University of Wales Press, 1990.

WRIGLEY E. A., *Energy and the English Industrial Revolution*, Cambridge, Cambridge University Press, 2010.

ZANCARINI-FOURNEL M., *Les luttes et les rêves. Une histoire populaire de la France de 1685 à nos jours*, Paris, La Découverte, 2016.

ZANGHERI R., *Storia del socialismo italiano*, Turin, Einaudi, 1993.

ZEMON DAVIS N., "*Women's history" in transition: The european case*", Feminist Studies 3 (3/4), 83, 1976, p. 83-103.

ZIEGLER D. et CZIERPKA J., "Les régions motrices dans l'histoire de l'industrialisation. Réflexions théoriques et méthodologiques pour une histoire économique moderne de l'Europe", *Revue du Nord*, vol. 387, n° 4, 2010, p. 726-745.

ZIMMERMAN B., *La constitution du chômage en Allemagne entre professions et territoires*, Paris, Éditions de la MSH, 2001.

ZIMMERMANN B., DIDRY C., WAGNER P. (dir.), *Le Travail et la Nation : histoire croisée de la France et de l'Allemagne*, Paris, éditions de la MSH, 1999.

ZOLA É., *L'Assomoir*, Lausanne, La Guilde du Livre, 1877 (réed. 1956).

GLOSSAIRE

Abattage Terme qui désigne l'extraction du charbon dans les mines, d'abord avec des rivelaines (pioches) puis, plus tardivement avec des marteaux-piqueurs, qui permettent de creuser la roche et d'y faire une saignée.

Affectés spéciaux Expression qui désigne les ouvriers qui travaillent dans les industries de guerre en 1914-1918, en étant détachés spécialement depuis le front, et spécialement affectés dans des usines vitales à l'effort de guerre. Ils restent sous contrôle militaire indirect.

Asbestose Maladie des poumons provoquée par une exposition prolongée aux fibres d'amiante.

Askaris Le terme désigne les soldats des troupes coloniales, notamment dans l'Empire allemand. Il est l'équivalent des "tirailleurs sénégalais" pour la France, sans que ces désignations ne précisent réellement l'origine nationale des dits soldats.

Avventizi Mot italien qui désigne les journaliers – brassiers ou manouvriers agricoles – qui travaillent à la tâche dans les campagnes.

Barrières De l'italien "*barriere*". Désigne les quartiers ouvriers autour de la ville de Turin, et plus largement les quartiers populaires de certaines grandes villes italiennes, qui se construisent autour de l'identité des travailleurs qui y habitent.

Bataïsme Terme qui provient de l'entreprise de chaussure Bata (Tchécoslovaquie). Par extension, il désigne cette forme puissamment organisée de paternalisme et d'organisation de la vie ouvrière, par exemple sur le site de l'entreprise à Hellocourt (Moselle), où se dresse une "Bataville".

Braccianti "Brassiers", ou journalier, à savoir un ouvrier agricole qui travaille souvent à la journée.

Broches Dans l'industrie textile, nom donné aux tiges métalliques sur laquelle on enfile les bobines de fils d'un métier à filer.

Cartel/cartellisation En économie, le cartel désigne un oligopole, une forme de concentration horizontale où des entreprises juridiquement et financièrement indépendantes ayant des activités comparables sur un même marché, s'entendent en vue de contrôler ce marché, afin de rendre plus difficile l'entrée de nouveaux concurrents et ainsi maximiser leurs profits. La cartellisation désigne l'action de regrouper les entreprises en cartel.

Céruse Carbonate de plomb ou substance blanche fabriquée à partir de carbonate de plomb et utilisée massivement en peinture au XIXe siècle, son emploi croissant a provoqué de nombreux débats en raison de sa toxicité pour les ouvriers ; elle a finalement été peu à peu interdite au début du XXe siècle.

Chartisme Nom donné à un mouvement politique et social radical britannique qui se développe au cours des années 1838-1848 et qui tire son nom de la Charte du peuple, document portant devant le Parlement une série de revendications démocratiques. Ce mouvement, d'abord politique, comprenait de nombreux ouvriers du textile et d'artisans urbains qui en firent un outil pour porter les revendications des classes populaires et du monde du travail.

Chemineaux Travailleurs journaliers recrutés sur place comme simples manœuvres pour la construction des chemins de fer.

Cheminots Le mot servait d'abord à désigner un ouvrier parcourant les chemins pour trouver du travail, proche du vagabondage, avant de désigner au cours du XIXe siècle les employés des compagnies de chemins de fer qui, se déplaçant le long des voies, cheminaient. Le terme en est venu à désigner toute personne employée au transport ferroviaire.

Chemises brunes Le terme "chemise brune" désigne, par métonymie, la Section d'assaut (*Sturmabteilung*), du parti nazi (NSDAP). Au départ considéré comme un service d'ordre, elle se développe par la suite en véritable bras armé du parti, comptant des milliers de membres.

Coalition La coalition désigne un groupement de patrons ou d'ouvriers qui se réunissent pour exercer une pression afin d'obtenir une augmentation ou une baisse des salaires. La loi Le Chapelier du 14 juin 1791, qui proclame la liberté du travail, interdit les rassemblements ouvriers et crée le délit de coalition, défini comme "toutes tentatives des gens de même métier de se réunir pour discuter de leurs intérêts, de refuser de concert ou de n'accorder qu'à un prix déterminé, le secours de leur industrie et de leurs travaux". Délit abrogé par la loi du 25 mai 1864.

Cokéfié Action de transformer la houille en coke, combustible au pouvoir calorifique particulièrement élevé utilisé dans la sidérurgie. Le coke est obtenu par pyrolyse du charbon dans un four à l'abri de l'air, dit four à coke, afin d'en éliminer les matières volatiles. Il s'agissait d'une opération particulièrement polluante.

Colbertisme Doctrine économique et politique proche du mercantilisme, associé au ministre Colbert qui l'aurait promu en France au XVIIe siècle, et qui se caractériserait par l'intervention de l'État et la conduite d'une politique dirigiste et protectionniste, afin de contrôler les activités économiques d'un pays. Plus qu'une véritable théorie économique, il s'agit davantage d'un ensemble de pratiques variables et largement réinventées après coup.

Cousettes Désigne les travailleuses – le plus souvent des femmes – qui travaillent dans l'industrie de la couture.

Croissance schumpétérienne Modèle de croissance nommé d'après l'économiste Joseph Schumpeter, fondé sur l'innovation ; selon cette théorie dynamique de la croissance économique, l'entrepreneur innovateur est l'acteur clé qui permet la sortie de l'état stationnaire et la croissance de l'économie.

Croissance smithienne Modèle de croissance nommé d'après le philosophe et économiste britannique du XVIIIe siècle Adam Smith, pour qui la prospérité dépend étroitement de la taille des marchés d'une économie, elle-même liée à la division du travail.

Curateurs Sous la dictature national-socialiste, ce terme désigne les *Treuhänder der Arbeit*, des mandataires qui, en vertu d'une loi de 1933, sont chargés, pour le compte du ministère du Travail, de régler les conflits qui peuvent survenir entre les ouvriers et les patrons.

Deputanten Dans l'est de l'Allemagne, ouvrier agricole qui travaille sur une propriété terrienne, pour un salaire au jour, à l'année, contre des paiements en nature. C'est un statut intermédiaire entre le métayer et le salarié agricole.

District industriel Concept forgé et utilisé pour désigner un modèle productif territorial fondé sur une structure industrielle, voire artisanale, composée d'un grand nombre de petites entreprises indépendantes les unes des autres, spécialisées dans la même production et qui, de façon combinée, permettent au final une production à grande échelle.

Driving Théorie de la direction d'une entreprise ou du management qui repose sur une "poigne" ferme.

Dumping social Pratique consistant à utiliser les différences de rémunérations et de réglementation du travail entre pays pour baisser les coûts de production d'une entreprise.

Économats Magasins de vente créés et administrés par un employeur, et à l'usage exclusif de ses employés. Ils participent des politiques paternalistes et concernent surtout les plus grandes entreprises comme les compagnies ferroviaires.

Embusquage Terme d'argot des soldats de la Grande .. Il est synonyme du terme de "planqués", et désigne les personnes qui échappent à leur devoir militaire au front en cherchant une place à l'arrière. On critique ainsi "l'embusqué", désigné comme lâche.

Enclosures Les enclosures désignent un mouvement massif de changement dans la propriété foncière et l'exploitation agricole qui commence à la fin du XVIe siècle en Grande-Bretagne. Ce mouvement ne se résume pas à la mise en place de clôtures ou de haies, mais constitue un remembrement profond des nombreuses petites parcelles. Derrière l'efficacité prônée par ce nouveau système se cachait une remise en cause majeure des pratiques des petits paysans, dépendant d'un système communautaire.

Ergographe Appareil utilisé pour l'étude et la mesure du travail musculaire, mis au point à fin du XIXe siècle pour déterminer les lois de la fatigue humaine.

Espionnite Terme français qui décrit un sentiment paranoïaque au début de la guerre de 1914-1918. Au moment où se déclare le conflit, chaque pays regarde d'un œil nouveau les minorités sur son territoire quand celle-ci appartiennent à un pays belligérant ennemi. Dans toute l'Europe se développe une peur des espions et des potentiels "ennemis intérieurs".

Exhaure Technique de l'extraction minière qui permet de pomper et d'évacuer à l'extérieur les eaux des galeries souterraines.

Fafiotage Le terme désigne en même temps de petites chaussures pour enfant, et un système d'organisation économique des cordonniers, qui se mettent à la solde de gros négociants et travaillent comme sous-traitants dans la deuxième moitié du XIXe siècle.

Fasci "Faisceaux" de combats. Il s'agit des troupes de bases du mouvement fasciste italien, crée par Benito Mussolini en 1919, et qui fusionnent deux ans plus tard, dans le PNF (Parti national fasciste).

Goguette Pratique festive de petit groupe, qui consiste à se retrouver – souvent dans une compagnie masculine – pour chanter.

Guesdisme Terme qui vient de l'homme politique Jules Guesde, représentant très important du socialisme en France. Son parti, fondé en 1882, le Parti ouvrier, fusionne avec le Parti socialiste révolutionnaire, puis se fond dans la SFIO en 1905.

Guild socialism Mouvement politique britannique des années 1910-1920, associé au Parti travailliste, puis communiste, et qui prône le contrôle ouvrier de l'industrie par l'intermédiaire de guildes.

Hauts fourneaux Installation industrielle destinée à désoxyder et fondre les métaux contenus dans un minerai, par la combustion d'un combustible solide riche en carbone. En général, le haut fourneau transforme du minerai de fer en fonte liquide, en brûlant du coke qui sert à la fois de combustible et d'agent réducteur.

Heuerlinge Ouvrier agricole du Nord et de l'Ouest de l'Allemagne, qui travaille comme journalier, et est payé en nature ou par un salaire.

Koulak Avec la lente conquête du pouvoir par Joseph Staline dans les années 1920, les koulaks deviennent peu à peu un groupe ciblé par la politique de répression, car ils sont considérés (souvent à tort) comme des paysans riches qui s'opposent à la collectivisation des terres. Staline, pour marquer son emprise sur le régime à partir de 1929, lance la "dékoulakisation".

Lamarckisme Théorie inspirée des travaux de Jean-Baptiste de Lamarck (1744-1829), botaniste et naturaliste français, qui a eu une importance capitale dans la formation de la théorie de l'évolution de Darwin. On réduit souvent son nom à l'idée de "l'hérédité de l'acquis" et de l'amélioration des espèces.

Laminoir En métallurgie, désigne la machine formée de deux puissants cylindres d'acier tournant en sens inverse, entre lesquels on fait passer les masses de métal afin de terminer l'affinage des métaux. Par extension machine qui par pression réduit l'épaisseur d'un objet, d'un matériau, d'une substance, ou en fait disparaître les irrégularités.

Lassalliens Deux groupes se distinguent dans le socialisme allemand le plus précoce : un autour de August Bebel et Wilhelm Liebknecht (SDAP) ; un autre autour de Ferdinand Lassalle, qui meurt en 1864, en laissant une tradition originale de pensée politique derrière lui. Les Lassalliens et le SDAP fusionnent en 1875 au congrès de Gotha, pour fonder le premier parti politique moderne, le SAP (puis SPD).

Line and staff Théorie du management moderne qui identifie les différentes fonctions de la structure hiérarchique d'une entreprise, entre les fonctions opérationnelles (*line*) et un "état-major" (staff).

Linotypiste Dans l'industrie du livre, nom donné à l'ouvrier qui travaille sur une linotype, ou machine à composer et à fondre les caractères d'imprimerie par lignes, mis au point à la fin du XIXe siècle.

Livret ouvrier ou livret de travail Document, registre ou fascicule, individuel sur lequel étaient mentionnés les différents emplois, avec l'identité de l'employeur, occupés par l'ouvrier.

Lock-out Expression d'origine anglaise désignant une grève patronale, c'est-à-dire la fermeture provisoire d'une entreprise décidée par l'employeur pour répondre à un conflit du travail et faire pression sur les grévistes, les salariés non-grévistes n'étant alors plus rémunérés. Le *lock-out* peut être préventif ou être une réponse à une grève en cours.

Louage d'ouvrage Contrat fixé par le Code civil par lequel une personne ou une entreprise s'engage au profit d'une autre, et moyennant un certain prix, à réaliser un travail ou un certain type d'ouvrage.

Louée Grandes foires de recrutement des salariés agricoles, qui contrastent avec les pratiques d'embauche plus traditionnelle, par connaissances interposées.

Luddite/Luddisme Nom donné, en référence à un personnage mythique, aux ouvriers du textile anglais des années 1811-1812 qui s'attaquent aux employeurs et usines qui utilisaient notamment des nouvelles machines dans le travail de la laine et du coton. Par extension, nom donné aux ouvriers s'opposant violemment à la mécanisation du travail, et à toute révolte ouvrière aboutissant à la destruction des machines.

Machinerie Terme vieilli et peu usité désignant le système combiné des machines productives dans l'atelier ou l'usine, ou ensemble des machines réunies dans un lieu et concourant à fabriquer, à usiner un même produit.

Male breadwinner Expression issue de l'anglais, littéralement "l'homme qui gagne le pain", désignant un modèle économique et social construit autour de la figure de l'homme travaillant pour apporter les ressources nécessaires au foyer. Il s'agit d'une idéologie triomphante au XIXe siècle, selon laquelle le salaire du mari doit suffire à la subsistance de la famille, la mère étant renvoyée aux tâches domestiques et à la sphère privée. Ce modèle a des implications importantes en termes de légitimation de la division genrée du travail.

Manifeste des Soixante Texte important dans l'histoire du mouvement ouvrier français, signé en 1864 par soixante travailleurs, et fixant un programme de revendications en soutien à une candidature ouvrière à une élection partielle sous le Second Empire. Les signataires dénoncent l'hypocrisie de l'égalité formelle des droits proclamée par la Révolution de 1789 et demandent une véritable égalité sociale, économique et politique.

Manœuvre Ouvrier exécutant des travaux qui n'exigent aucune qualification professionnelle. Le mot désigne la part de la main d'œuvre employée aux tâches supposées les plus simples et qui est à la base de la hiérarchie des salaires.

Marchandage Le marchandage désigne l'acte par lequel un sous-entrepreneur, notamment dans le secteur du bâtiment, accepte, après discussion sur le prix, de fournir de la main d'œuvre à une entreprise chargée de l'exécution de certains travaux, recevant en échange une commission prélevée sur le salaire des ouvriers. Le preneur d'ouvrage – ou sous-entrepreneur – se charge d'une portion de travail pour un entrepreneur principal, travail qu'il fait exécuter par des ouvriers qu'il rétribue selon un accord passé entre eux. Le preneur d'ouvrage est donc à la fois un ouvrier vis-à-vis de l'entreprise, et un entrepreneur vis-à-vis de ceux qu'il emploie.

Marteau-pilon Équipement d'une forge destiné à provoquer la déformation du métal par l'action d'une masse tombante. Mise au point vers 1840 dans l'industrie métallurgique, cette machine-outil reprend le principe du martinet, mais en l'associant désormais à la puissance de la vapeur.

Materialschlacht Terme allemand traduit en français par "bataille de matériel". Il s'agit de la désignation commune des grandes batailles de la Première Guerre mondiale (Somme, Verdun), pour montrer l'importance prise par la guerre industrielle, les obus, les munitions, les grenades, et la logistique dans son ensemble.

Métiers à la marche Métier à tisser traditionnel, actionné à la main, à domicile.

Métiers à la mécanique Métier à tisser mécanique.

Métiers ordinaires Métier à tisser traditionnel, non mécanique

Métiers renvideurs Dans l'industrie lainière, métier à filer mécanique qui dérive du métier mécanique "Mule Jennys". Il fut remplacé par le métier à filer continu.

Midinettes Surnom donné aux 20 000 couturières et modistes de la haute-couture de Paris, qui représentent d'un tiers à un cinquième des couturières de la capitale à la Belle époque.

Minette Minerai de fer dont le nom provient d'un dérivé du mot "mine". Elle est considérée comme de moins bonne qualité, du fait de sa haute teneur en phosphore, à une époque où il est difficile de l'exploiter avec efficacité. D'immenses gisements existaient en Lorraine et au Luxembourg.

Modèle chandlérien Modèle économique associé à la figure d'Alfred Chandler qui propose une théorie explicative de l'essor des grandes entreprises modernes à partir du XIXe siècle.

Monographies leplaysiennes Ensemble d'enquêtes et méthode d'investigation développées au XIXe siècle par l'ingénieur Frédéric Le Play et ses disciples, considérés comme précurseurs de la sociologie empirique.

Munitionnettes Surnom donné en France aux femmes qui travaillent dans l'industrie de l'armement pendant la Première Guerre mondiale. Elles étaient souvent affectées à l'assemblage des munitions, d'où le nom.

Mutineries Partout en Europe, l'année 1917 témoigne d'une grande fatigue face à la dureté de la guerre et l'inefficacité des offensives de la guerre de tranchées. De grandes mutineries ont lieu et débouchent parfois sur un assouplissement des règles militaires, parfois sur des répressions massives.

Myographe Instrument de mesure médical utilisé pour enregistrer et représenter les contractions musculaires, et donc mesurer l'effort au travail.

Navvies Nom donné aux ouvriers britanniques accompagnant les débuts de la construction du chemin de fer en Europe. Au-delà de l'Europe, les *navvies* désignent généralement des terrassiers et manœuvres méprisés.

Ovaliste Terme technique désignant les ouvrières et ouvriers qui, dans l'industrie de la soie, surveillent les moulins, garnissent et dégarnissent les bobines, vérifient la qualité de la soie, nouent et dénouent les fils cassés.

Perruque Travail effectué illégalement avec les matériaux et l'outillage de l'entreprise. Cette pratique de détournement et d'appropriation des matières et des outils de production prend des noms variables selon les groupes. chez les verriers de la fin du XIXe siècle on parlait du "bousillage". La perruque est considérée comme une pratique témoignant de l'autonomie de la main d'œuvre, de ses capacités de résistance à la discipline.

Physicaliste Élément ou individu lié à la doctrine suivant laquelle toutes les connaissances sont réductibles, au moins théoriquement, aux énoncés de la physique.

Piétiste Mouvement de la religion luthérienne qui se fonde sur l'idée de piété personnelle.

Power loom Nom anglais donné au premier métier à tisser mécanique, mis au point en Angleterre à la fin du XVIIIe siècle, et actionné par une énergie autre que la main de l'ouvrier (de plus en plus la vapeur après 1830).

Principe de l'obligation Obligation pour les ouvriers de l'Allemagne bismarckienne d'adhérer au régime de protection sociale.

Psychotechnique Dans les années 1920, nom que se donne l'étude des aptitudes professionnelles.

Puddleur Dérivé d'un mot anglais, "*to puddle*", qui signifie brasser. Dans la métallurgie, le puddleur est le nom de l'ouvrier spécialisé qui travaille au four à puddler et est chargé de brasser la fonte en fusion avec des scories pour la décarburer (par combustion du carbone) et la transformer en un matériau plus souple pouvant être martelé, laminé ou forgé : le fer puddlé ou l'acier. C'est un travail particulièrement éprouvant qui se pratique avec une longue perche à crochet.

Ramasseurs (ou facteurs) Acteurs intermédiaires entre le marchand et l'ouvrier dans le système proto-industriel ; ils étaient chargés de distribuer les matières premières et de ramasser le produit fini.

Risorgimento Terme italien qui peut être traduit par "renaissance" ou "résurrection". Il désigne la période allant de 1848 à 1870, c'est-à-dire celle de la lente unification nationale. Plus largement, le terme décrit un éveil culturel et idéologique national, sur une chronologie plus longue.

Roue à aube Les roues à aube sont des mécanismes en bois, en métal, qui permettent de créer, à l'aide de pales, un mouvement rotatif à partir d'un cours d'eau, et équipent, par exemple, un moulin à eau. Elles peuvent se situer juste au-dessus du cours d'eau ("roue en dessous") ou recevoir l'eau par le haut ("roue en dessus").

Saturnisme Maladie caractérisée par la présence excessive de plomb dans l'organisme, fréquente chez les ouvriers travaillant au contact du plomb comme les fondeurs de caractères dans l'imprimerie.

Selbstverwaltung "Auto-administration", au sens littéral. Cette idée désigne la participation paritaire des ouvriers, via les organisations ouvrières, à la gestion des différentes prestations sociales.

Shop stewards' movement Mouvement des représentants et délégués syndicaux d'entreprise pendant la Première Guerre mondiale, en Angleterre, proches du syndicalisme révolutionnaire et qui rejoignent pour partie le Parti communiste britannique.

Silicose Nom d'une maladie professionnelle des poumons provoquée par l'inhalation de particules de poussières de silice, notamment dans les mines, les carrières, les chantiers du bâtiment et des travaux publics. Elle frappe particulièrement les mineurs et tarde à être reconnue et indemnisée.

Sonderweg "Voie particulière". Cette théorie, largement répandue au-delà des cercles d'historiens, veut que, pour expliquer l'irruption du nazisme en Allemagne et le crime atroce de la destruction des Juifs d'Europe, on ait recours à l'idée d'un "chemin particulier" qu'aurait suivi l'Allemagne par rapport aux autres pays européens. Cette "voie particulière" remonte, selon les auteurs, plus ou moins loin, montrant la déviation du pays par rapport à la voie générale de la modernité.

Spinning-jenny La "*spinning-jenny*" est une machine inventée par James Hargreaves dans les années 1760 dans le Lancashire, et utilisée dans l'industrie textile. Elle permettait de produire simultanément plusieurs fils et est devenue le symbole des nouvelles machines textiles du début de l'ère industrielle.

Squadristes Dans l'Italie de la "sortie de guerre" existe une politisation active du milieu des anciens combattants, qui débouche sur l'utilisation de la violence politique par des "escadrons", qui répriment les mouvements de grève socialistes ou communistes. Bien que ce mouvement soit relativement indépendant du mouvement fasciste au départ, il finit par fusionner avec lui.

Sweating system Littéralement "système qui fait suer". Enjeu de nombreux débats en Grande-Bretagne, le *sweating system* désigne un lieu de production caractérisé par de mauvaises conditions de travail et inscrit dans une chaîne de sous-traitance. Il s'oppose à la production centralisée dans des fabriques, en dispersant le travail dans de petits ateliers, voire à domicile. Il concerne notamment les couturières et les travailleurs de l'habillement, et est proche de ce que Frédéric Le Play appelait en France une "fabrique collective".

Syndicat de l'Aiguille Syndicat exclusivement féminin du secteur de l'habillement parisien de la Belle Époque, qui réunit ouvrières et patronnes.

Syndicats "jaunes" Forme de syndicalisme qui naît au début du XXe siècle en France, mais qui existe sous cette dénomination dans d'autres pays, comme en Angleterre ("*yellow unions*") et en Italie ("*i gialli*"), souvent créé par le patron pour s'opposer aux syndicats "rouges", c'est-à-dire socialistes ou communistes. Hostiles aux grèves et à tout affrontement avec le patronat, "les jaunes" deviennent un terme péjoratif pour désigner les non-grévistes, voire des "traîtres".

Trade unions Nom anglais pour désigner les syndicats d'ouvriers.

Triple Alliance (des syndicats) Unification, durant la Première Guerre mondiale en Angleterre, des trois grands syndicats des mines, des transports et des chemins de fer.

Unitarisme Doctrine religieuse qui s'oppose à la doctrine trinitaire du christianisme de l'après Concile de Nicée, et qui affirme que Dieu est un seul et même esprit. Il se développe au sein ou à la marge des Églises protestantes britanniques et nord-américaines à la fin du XVIIIe siècle et se caractérise par son libéralisme philosophique et un parti pris d'ouverture et de tolérance.

Water frame Nom donné à une machine à filer mise au point en Grande Bretagne à la fin du XVIIIe siècle, actionnée au moyen de l'énergie hydraulique, et qui améliorait les performances de la *Spinning Jenny* de James Hargreaves.

Workhouse Littéralement, "maison de travail", la *workhouse* désigne le lieu qui accueillait au Royaume-Uni les personnes indigentes ou sans ressources qui pouvaient y subsister en échange de leur travail. Systématisée après la nouvelle loi sur les pauvres de 1834, cette institution qui date du XVIe siècle s'étend ensuite afin de mettre les pauvres au travail en échange d'un minimum vital. Les conditions de vie y étaient extrêmement dures et devaient inculquer le sens du travail et de l'effort.

Zoning Théorie d'urbanisme développée au début du XXe siècle qui encourage la séparation des différentes fonctions urbaines (habitat, travail) en zones fonctionnelles dédiées, reliées par des infrastructures. On a pu également désigner cette vision de l'urbanisme sous le terme de "fonctionnalisme".

INDEX

Éditions Atlande
F - 92200 Neuilly
www.Atlande.eu

Achevé d'imprimer sur les presses d'Evoluprint
à Bruguières (Haute-Garonne) en novembre 2020.
Numéro d'impression : 25060

Dépôt légal novembre 2020.